U0796162

第六版

刑事诉讼法

规则 原理 应用

CRIMINAL PROCEDURE

RULES PRINCIPLES APPLICATIONS

易延友 著

法律出版社
LAW PRESS · CHINA
北京

图书在版编目（CIP）数据

刑事诉讼法：规则　原理　应用 / 易延友著.
6版. -- 北京：法律出版社，2024. -- ISBN 978 - 7
- 5197 - 9459 - 0

Ⅰ. D925.2

中国国家版本馆 CIP 数据核字第 2024MW7215 号

刑事诉讼法:规则　原理　应用(第六版)
XINGSHI SUSONGFA:GUIZE　YUANLI　YINGYONG(DI - LIU BAN)

易延友 著

责任编辑 陈　慧
装帧设计 凌点工作室

出版发行 法律出版社
编辑统筹 法律教育出版分社
责任校对 裴　黎　王语童
责任印制 刘晓伟
经　　销 新华书店

开本 787 毫米 × 1092 毫米　1/16
印张 43.75　　**字数** 805 千
版本 2024 年 10 月第 6 版
印次 2024 年 10 月第 1 次印刷
印刷 固安华明印业有限公司

地址:北京市丰台区莲花池西里 7 号(100073)
网址:www.lawpress.com.cn
投稿邮箱:info@lawpress.com.cn
举报盗版邮箱:jbwq@lawpress.com.cn

销售电话:010 - 83938349
客服电话:010 - 83938350
咨询电话:010 - 63939796
版权所有 · 侵权必究

书号:ISBN 978 - 7 - 5197 - 9459 - 0
定价:108.00 元

凡购买本社图书,如有印装错误,我社负责退换。电话:010 - 83938349

作者简介

易延友

清华大学法学院教授,博士生导师,证据法研究中心主任,中国案例法学研究会副会长。出版教材《刑事诉讼法:规则 原理 应用》(法律出版社 2004 年第 1 版、2024 年第 6 版),《证据法学:原则 规则 案例》(法律出版社 2017 年第 1 版、2024 年第 2 版),《刑事诉讼法精义》(北京大学出版社 2013 年版),《解读中国刑事诉讼法》(*Understanding China's Criminal Procedure*,清华大学出版社 2011 年版、美国 Homa 出版社 2013 年版);专著《沉默的自由》(中国政法大学出版社 2001 年第 1 版、北京大学出版社 2015 年第 2 版),《陪审团审判与对抗式诉讼》(三民书局 2004 年版、北京大学出版社 2022 年版),《证据法的体系与精神——以英美法为特别参照》(北京大学出版社 2010 年版);论文集《中国刑诉与中国社会》(北京大学出版社 2010 年版),《非法证据排除规则的中国范式》(北京大学出版社 2022 年版)等。在《中国社会科学》《法学研究》《中外法学》《政法论坛》《现代法学》《法律科学》《比较法研究》《环球法律评论》《政治与法律》,以及 *Columbia Journal of Asian Law*、*Punishment & Society: The International Journal of Penology*、*Tsinghua China Law Review* 等期刊发表中英文论文五十余篇,在《法治日报》《检察日报》《南方周末》等媒体发表随笔数十篇。

第六版序言

刑事诉讼法于2018年第三次修订后,最高人民法院2021年颁布了新的司法解释,这使得教材的修订与司法解释的修订很难同步。同时,《监察法》虽是2018年颁行,《监察法实施条例》2021年才予以公布。另外,《法律援助法》也于2021年颁布。本次修订最重要的内容,就是根据最新的司法解释和新颁布的刑事诉讼法周边法律法规对相关内容作更新和回应。另外,本书既以关注实践著称,自然应当对实务中的一些新变化、新发展给予关注,展开研讨。因此,收入一些新的案例,对一些新的现象增加一些评注,也是本次修订的重点。

2023年,全国人大法工委再次将《刑事诉讼法》的修订提上议事日程。不过,即便刑事诉讼法明天就修改,今天实施的也还是昨天的法律。因此,为了今天,也还是要把昨天制定的规则解释清楚。为了在未来将已经颁布的刑事诉讼法实施好,认真解释还是有必要的。何况,一部法律,只有在经过充分解释的情况下,才能知道它到底哪些地方不适应实践的发展;在这个基础上进行的修订,也才是真正符合新时代发展要求的修订。因此,不遗余力的解释,其实应当是下一次修订的基础。

在解释的同时,我们也可以发现刑事诉讼法真正存在的问题。对于这些问题,通过立法意图的明确和法条技术的调整,也可以实现刑事诉讼制度的完善。本次修订,对于有必要且有可能在立法技术上作出调整的事项,也给予充分关注和重点研讨,以期为之后的修订提供点滴的知识贡献,为刑事程序法治的发展贡献微薄的力量。

本书第五版一如既往地得到广大读者和同行的支持与厚爱,在此一并表示感谢!

是为序。

易延友

2024年7月31日

第五版序言

2018年10月，第十三届全国人民代表大会常务委员会再一次对《刑事诉讼法》作了修改。2018年《刑事诉讼法》修改的主要内容包括五个方面：一是随着《监察法》的颁布，将原属于人民检察院直接立案侦查的贪污贿赂等犯罪案件改由监察机关立案调查，同时赋予了国家海警局对海上发生的案件立案侦查的权力，由此导致《刑事诉讼法》在立案管辖、侦查权限、人民检察院审查起诉与监察机关之间的衔接等一系列的变化。二是在总则中确立了“认罪认罚从宽原则”，在分则各相应部分为体现该原则增加了一系列的规则，并设立了速裁程序。三是在特别程序一编另辟专章专门规定了刑事缺席审判制度。四是基于《人民陪审员法》的颁布对合议庭的组成形式作了修改。五是增加了值班律师制度。为回应关于侦查权限的变化，本书对立案管辖、侦查权限、审查起诉等相应章节作了修订，对《监察法》的有关内容进行了吸收和阐述。对于认罪认罚从宽，本书专门增设了认罪认罚从宽程序，在吸纳原有“简易程序”的基础上，增设了“速裁程序”和“认罪认罚从宽程序”，专门对以认罪认罚从宽为基础的控辩协商程序进行讨论。对于刑事缺席审判程序，本书在特别程序一编专辟一章，讨论缺席审判程序的具体内容。对于《人民陪审员法》，本书在第五章第三节“人民陪审”原则中作了论述，并在相应章节对合议庭的组成形式根据修改后的《刑事诉讼法》作了修订。对于值班律师制度，本书在第六章律师帮助权中专门作了阐述。

本次修订还根据需要调整和增加了部分内容。首先，对第六章“律师帮助权”在内容和结构方面都作了比较大的调整。本书认为，辩护权的核心是律师帮助权，律师帮助权又属于犯罪嫌疑人、被告人。因此，选任律师辩护和指派律师辩护都应当围绕犯罪嫌疑人、被告人的利益。选任律师和指派律师分别成为其中的两节。其中，指派律师一节又对值班律师制度作了完整的归纳和概括。同时，律师帮助权一章还增加了“有效辩护”一节，对实务中日益成为问题、理论界的探讨也正在逐步深入的主题进行了全面和深入的讨论。其次，对“非法证据排除规则”一章根据2012年以来新颁布的司法解释和法律解释作了新的阐述，增加了部分案例。最后,在“公正审判权”一章,将原有内容如“公平法院的组成”中包含的审判管辖、回避等内容调整到总则的“管辖与回避”,仅保留了“对质权与强制程序取证权”,同时增加了“迅速审判权”、“由无偏倚的法庭审判的权利”、“知悉被指控证据的权利”(证据开示)以及“反对双重归罪的权利”等内容,几乎是重写了这一章。

另外,本书对结构重新作了安排。本书第四版采用“基本原理”“审前程序”“审判与执行”这一结构,目的是突出程序的重要性,因此将很多属于总则讨论的内容分散到各个不同的程序中;这样安排的好处是让学生在学习刑事诉讼法的时候能够尽快看到程序的开始和进展,弊端是容易将本来可以放在一起论述的内容分散到不同程序中,另外也与《刑事诉讼法》的编排不够统一。因此,本次修订将原来的三编改为五编:第一编导论,就是原来的“基本原理”,除了第一章概论和第五章原则因为涉及《刑事诉讼法》的修改而作了比较大的改动外,其他三章基本上未作修订。第二编总论,具体阐述《刑事诉讼法》总则规定的管辖与回避、辩护与代理、证据与证明、期间、送达与附带民事诉讼等内容;为了强调和突出律师帮助权,辩护与代理的内容以“律师帮助权”为章名,作为总论的第一章。第三编侦查程序与人权保障,从立案、侦查与调查开始,阐述侦查机关的基本权限、在侦查机关行使国家侦查权的过程中可能对公民基本权利构成的威胁和侵犯,包括对住宅权、财产权、隐私权的侵犯(搜查与扣押);对人身自由权的侵犯(强制措施)、对反对强迫自证其罪的权利的侵犯(讯问犯罪嫌疑人),其他侦查措施可能导致的对基本权利的侵犯(技术侦查、辨认、通缉等);以及基本权利遭受非法侵犯后的救济——非法证据排除规则。第四编起诉与审判,介绍审查起诉、公正审判权、公诉案件第一审程序、自诉案件第一审程序、认罪认罚从宽程序、上诉与抗诉、申诉与再审以及死刑复核程序等。第五编是执行程序与特别程序。如此安排,既照顾了《刑事诉讼法》本身的体系,又借鉴了美国刑事诉讼法教材的体例编排和写作方法,延续了本书第四版以基本人权为写作顺序和阐述重点的做法,力图做到中西合璧。

光阴荏苒,岁月如梭。一转眼,本书已经走过了十六个年头。当初呱呱坠地一婴儿,今已长成翩翩一少年。衷心感谢购买和使用本书的学生、法官、检察官、律师和教师同行。没有你们的支持与呵护,本书不会走到今天。特别感谢那些将本书作为指定用书或将本书推荐给学生的教师同行。你们对本书的认可始终是我前进动力的源泉。也有一些同行虽然没有推荐学生使用本书,但自己在使用本书进行教学,并告诉我他们这样做取得了很好的教学效果,尤其是赢得了学生的崇敬和爱戴。对这些同行,我同样心怀感激。你们的坦诚和对本书的认可也给了我继续前行的勇气和信心。衷心地谢谢你们。谢谢所有关心和支持本书的亲人和朋友!

易延友

2019 年 8 月 22 日

第四版序言

一、2012 年刑事诉讼法的修改和我的贡献

2012 年,世界末日没有来临,但却发生了许多大事。对于中国而言,其中影响最为深远的也许莫过于刑事诉讼法的修改。我本人一直对修改刑事诉讼法持怀疑态度。这主要是因为,第一,法律修改应当主要是由于社会思想发生了重大变化,而过去十几年来中国社会主流思想并未发生重大变化。第二,法律的修改应当是在该法律经充分解释后仍然不能适应社会生活的变化与发展,但 1996 年刑事诉讼法显然没有得到充分解释。第三,法律修改应当能够解决司法实践中突出存在的问题,但刑事诉讼法的修改显然无法完成这一任务,因为司法实践中的诸多问题并非因为刑事诉讼法本身不完善,而是刑事诉讼法未能获得贯彻实施所致。因此,我几乎从未参加过有关刑事诉讼法修改的项目论证、学术会议和高层讨论。

但是,没有亲自参与立法,并不表明对新修改的刑事诉讼法就毫无贡献。相反,修正后的刑事诉讼法在诸多方面与我的学术主张不谋而合。例如,我在 2001 年出版专著《沉默的自由》,这是国内第一部以沉默权为研究对象的专著,我在这本书中集中论证了反对强迫自证其罪的特免权的正当性与可行性。2012 年《刑事诉讼法》第 50 条规定了不得强迫任何人证实自己有罪的条款。又如,我于 2010 年发表在《中国社会科学》的《证人出庭与刑事被告人对质权的保障》一文,明确提出必要证人出庭率这个概念,其中关键因素一是被告人对证人证言有异议,二是证人证言对定罪量刑有影响。修改后的《刑事诉讼法》第 187 条的表述,基本上吸收了我的意见。另外,我在 2011 年 9 月以个人名义,向全国人大常委会提交书面意见,对《刑事诉讼法(修正案草案)》提了 8 条意见,其中 2 条被采纳。这 2 条意见分别是:第一,关于证明责任分配。该草案规定:证明被告人有罪的举证责任,由控诉方承担;但是法律另有规定的除外。我的意见是,删除但书规定。修正后的刑事诉讼法删除了但书的规定。第二,该草案规定,严禁以刑讯逼供等非法方法收集证据。我的意见是,在“刑讯逼供”一词后应当保留原刑事诉

讼法规定的威胁、引诱、欺骗以及其他非法方法,将这些方法与刑讯逼供一道,列入严格禁止的范围。修改后的刑事诉讼法保留了威胁、引诱、欺骗以及其他非法方法的禁止性规定。

刑事诉讼法修改之后,最高人民检察院、最高人民法院的司法解释也分别作了修改。在撰写本版的过程中,我发现:本书第二版、第三版批评过的那些司法解释,很多也都或者予以删除,或者作了修改。作为一位学者,即便不赞成在不恰当的时机修改立法,但如能为立法修改提供政策选择或立法技术上的帮助,能够通过自己的学术研究为中国的程序法治贡献哪怕是微薄的力量,也是极为荣幸之事。

二、解释刑事诉讼法的意义

在本书前三版,我就一直主张认真对待刑事诉讼法,认真对待对刑事诉讼法的解释。这并不是说我认为刑事诉讼立法不重要,而是说对相关立法的批评、修改和完善都应当以对当时法律的正确解释为前提。没有正确的解释,就不会有正确的批评,也就不会有成功的立法。但由于声音微弱,这种呼吁仿如空谷足音,未能激起哪怕一点点回声。在刑事诉讼法修改之后,我也发表了对修改后的刑事诉讼法的批评意见,指出修改后的刑事诉讼法在某些方面还不如原来的刑事诉讼法。但是,批评归批评,归根结底还是要实施,但实施的前提则在于正确解释。如果不解释,则即使是那些进步的部分,也不能成其为现实。如今,本书虽然也随着刑事诉讼法的修改而改版,但是解释的初衷依然不变。因此,本书秉持一贯的原则,将解释刑事诉讼法作为明确的目标,并且成为贯彻全书的一种努力。

如果这种努力仍然只是一两个人或一小部分人的努力,那么它也许仍然会是空谷足音,难以引起反响。但是,如果所有刑事诉讼法学者都加入解释的阵营,哪怕他们不同意我的解释,甚至对我的解释提出了批判,那么这种努力也是值得的,因为通过这种同行间的对话、沟通、批判、反思、检讨,我们至少可以在能够达成一致的地方形成一致,达成共识,从而在这些领域影响有权发布立法解释、司法解释和其他形式法律解释的部门,促使这些部门认同法学界对刑事诉讼法文本的解释,修改他们的解释,从而推动法治的进步。对于那些未能达成共识的部分,也可以通过学术上的探讨,加深对这些领域问题的认识,为将来达成共识奠定知识的基础。

无论如何,刑事诉讼法都应当是大家共同解释、分析、研究和探讨问题的前提,是大家期望其在实践中兑现允诺的目标。这是一个基础。没有了这个基础,所有人都可以从自己设定的原点出发,向着自己设定的目标前进。学术界就不会有真正的争鸣,不会有真正的理论批评,也不会有真正的法律科学的进步。

三、本书可能引起争鸣的解释意见

刑事诉讼法修改后,全国人大法工委、最高人民检察院、最高人民法院以及学术界各位同仁,纷纷出版解释刑事诉讼法的专著或教材,发表了自己对刑事诉讼法修改条文的见解。在这些见解中,有一些涉及可能引起争鸣的问题,但大多数不涉及完全可能引起争鸣的问题,或虽有涉及而语焉不详。对于其中的有些问题,原先的理论研究纯粹是从立法学、比较法学(介绍外国经验、批评中国制度)的角度而不是从法解释学的角度所作的探讨。如今,我们有了一个更加具有诠释空间的刑事诉讼法,如果仍然从立法学、比较法学的角度来研究这些问题,难有意义。因此,我们应当从法解释学的角度来阐述这些问题。本书的特色在于,不回避这些有争议或者可能有争议的问题,而是选择直接面对这些问题,提出自己对这些问题的看法,并对其进行广泛和深入的探讨。

例如,《刑事诉讼法》第 50 条规定"不得强迫任何人证实自己有罪",第 118 条又规定,"犯罪嫌疑人对侦查人员的提问,应当如实回答"。本书的解释是:第 50 条的规定属于总则性规则,第 118 条属于分则性规定,第 50 条的规定应当优先适用。因此,当犯罪嫌疑人选择回答问题时,他才应当如实回答;当犯罪嫌疑人选择不回答问题时,不得强迫他回答。又如,对于侦查讯问中的律师在场权问题,本书通过评注的方式指出:刑事诉讼法的规定暗含了犯罪嫌疑人在遭受侦查讯问时享有要求其律师在场提供法律咨询的权利。再如,《刑事诉讼法》第 188 条规定,"证人没有正当理由不出庭作证的,人民法院可以强制其到庭,但是被告人的配偶、父母、子女除外"。这一规定既可以理解为被告人的配偶、父母、子女既不能被强制到庭也不能被宣读书面证言,从而确立了配偶父母子女之间的证言特免权,也可以理解为配偶父母子女不能被强制到庭但可以宣读其书面证言,从而没有确立特免权。本书明确解释为该规定应当且只能理解为确立了特免权。又如,关于物证、书证的非法证据排除问题,理论上大多赞成"裁量排除"或"可补正的排除"这一立场,本书则旗帜鲜明地指出,刑事诉讼法关于物证、书证的排除,应当解释为强制排除的规则。本书为这些问题的解释提供了详细的论证。

这样的例子在本书中随处可见,此处仅列举一二。我并不是说我的解释一定是正确的。我热烈欢迎来自立法机关、司法机关和学术界乃至任何方面的批评。如果我的解释能够引起大家对这些文本应当如何理解的探讨、争鸣、批判，我将感到无比欣慰。因为，我衷心地希望有更多学者走出刑事诉讼修改法学的老路，对刑事诉讼法的解释给予认真的对待。

四、案例在本书的运用

本书大量运用了案例分析。这既是解释刑事诉讼法文本的一种方法，也是本书对实务的一种关照。理论与实务脱节的批评，在过去的理论研究中一直不绝于耳。最主要的原因，仍然是学者的理想不在于解释法律，而在于另起炉灶，按照自己的意愿来立法；而实务部门却只能在刑事诉讼法的框架内行事。这样当然会产生理论和实务脱节的现象。本书既以法解释学为基本方法，以法律的可操作性为基本目标，自然要努力避免这一问题。当然，由于立场的不同，本书的解释不一定为实务部门所采纳，但是，对于刑事诉讼实务中存在的大部分问题，本书至少能给出一个答案，告诉他们一个认真对待刑事诉讼法文本的学者对于这些问题，在理论上是如何思考的。

网络时代、自媒体时代的出现，使这个国家发生的每一件事情，都可以进入公共的视野。刑事司法实践中的每一个案件，也都可以成为公众关注的事件。但本书是一本公开出版发行的作品，因此只能选用已经公开报道的案例。本书用这些案例来说明刑事诉讼法以及相关司法解释条文设置的目的、含义、实践中存在的问题以及解决问题的方案。例如，最高人民法院《关于适用〈中华人民共和国刑事诉讼法〉的解释》第 21 条规定："第二审人民法院发回重新审判的案件，人民检察院撤回起诉后，又向原第一审人民法院的下级人民法院重新提起公诉的，下级人民法院应当将有关情况层报原第二审人民法院。原第二审人民法院根据具体情况，可以决定将案件移送原第一审人民法院或者其他人民法院审判。"对于初次接触刑事诉讼法的学生而言，甚至对于广大律师、检察官、法官而言，乍然读到上述文本，也许会不知所云。其实这就是贵阳市小河区法院审理黎庆洪案件得出来的教训。感谢媒体详尽地报道了这个案件，本书得以使用这个案件来说明上述规定的具体含义及其法理基础。

有时候，本书不得不使用西方的案例尤其是美国的案例来说明我国刑事诉讼法条文的含义，以及它应有的含义。这是因为，一方面，我们的案例指导制度仍然在摸索当中，最高司法机关发布的指导性案例有时候仅仅是表明一种态度。另一方面，媒体公开报道的案件很多最多只能用来说明一项制度设置的背景、立法的原因和动机,但对于刑事诉讼法文本的具体含义,这些案例却无能为力。但是,用一些西方的案例却恰好能够说明文本的含义。这实际上也说明,我们的法律实际上参考了西方的一些制度,这既是国际交流的一个自然的结果,也表明了立法者对于其他国家和地区法律制度的开放态度。

五、本书结构与体例

本书完全打乱了传统上以及本书前三版采取的总论、制度、分论的结构,而是尽量照顾到刑事诉讼发生、发展的先后顺序,并以此为线索来安排章节顺序;在此基础上,本书尽量将刑事诉讼法总则规定的基本制度放到分则相应程序部分加以论述,或者放到与程序部分最密切相关的章节论述。另外,本书的论述基本上围绕犯罪嫌疑人、被告人的诉讼权利展开。因此,本书除第一编论述刑事诉讼的基本原理以外,第二编实际上是论述审前程序中刑事被追诉人的基本权利,如获得律师帮助权(辩护制度)、私生活秘密权(搜查与扣押)、人身自由权(强制措施)和反对强迫自证其罪的特免权(侦查讯问),以及对这些权利的救济(非法证据排除规则)。第三编则主要论述被告人的公正审判权、上诉权、申诉权,以及执行程序、特别程序中的相关权利。

在形式方面,本书将全部内容分为基础知识、案例、评注、思考等板块,并以不同的字体加以区分。其中,基础知识是全书的主体部分。案例是对基础知识的说明,也是对相关理论问题的阐释。评注分几种情况:一是笔者对某一特定理论问题或案例发表的意见;二是域外法治,是对相关问题域外经验的介绍,是基础知识的重要补充;三是对个别理论问题的详细探讨,目的是充实和丰富有关基础知识的内容。思考是对读者提出的建议,表明该领域在理论或实务上均有探讨的空间,但是笔者并不给出答案,目的仅仅是激发读者对相关问题进一步探索的兴趣。

做如此区分的目的,主要是希望本书能够做到重点突出、层次分明、阅读方便。对于一般读者而言,如果仅仅想获取有关规则的知识,只需要阅读基础知识部分即可。对于法学本科生、研究生,则应当精读全部内容。对于实务界人士,则可以将本书作为刑事诉讼实践的指南,随时翻阅。

六、本书的定位与目标

本书定位为大学法学院本科生、法学研究生的基础教材以及优秀本科生、研究生的增进阅读教材。本书的目标是为大学法学院本科生、法学研究生提供有关刑事诉讼法的基本原理、基本制度、基本程序方面的基础知识，为其全面了解、掌握、精通刑事诉讼法奠定基础。本书以基础性、知识性、全面性、务实性、可读性为基本追求。本书试图通过对法理、规则、案例、实务的有机结合，实现理论与实务的有效沟通，原理与规则的完美诠释。不谦虚地说，本书亦希望成为高端法律人士尤其是人民检察院、人民法院的检察人员、审判人员以及专业刑辩律师的案头书。

七、关于本书的改版

本书脱胎于2008年《刑事诉讼法》（第三版）。本版沿用了《刑事诉讼法》这一书名，但增加了"规则　原理　应用"这一副标题；在内容、结构和版面上均作了重大调整，同时也从原来的"21世纪法学规划教材"系列调整到"法学新阶梯"教材系列。本书自2003年出版第一版以来，得到很多高校教师和学生的认可，在学生中享有很好的声誉。2004年，本书即获再版，此后的5年当中，每年至少重印一次。2008年，本书荣获清华大学优秀教材一等奖，并出版第三版。2011年，刑事诉讼法修正案草案公布，本书的改版也随即列入规划。同一年，本书入选清华大学首批名优教材支持计划。

但是，2013年的刑事诉讼法颁布之后，我并没有急于立即修订，而是对新教材作了全新的构思，无论是从内容上还是结构上都做了全面的调整。我希望它不仅改头换面，而且脱胎换骨。2013年年初，我有幸在耶鲁大学法学院学习半年，也对这所举世闻名的大学使用的教材进行了仔细研读。在写作本教材期间，对该法学院使用的刑事诉讼法教材自然也时有参照。从刑事诉讼法在2011年8月公布修正案开始至今，我用了将近2年的时间来构思、探索和写作本版。但因水平所限，书中谬误仍然在所难免，敬请各位方家批评指正。

易延友

2013年6月30日

常用法律法规司法解释简称

《刑事诉讼法》	《中华人民共和国刑事诉讼法》
《最高法解释》	最高人民法院《关于适用〈中华人民共和国刑事诉讼法〉的解释》
《最高检规则》	《人民检察院刑事诉讼规则》
《最高检规则(试行)》	《人民检察院刑事诉讼规则(试行)》(已失效)
《公安部规定》	《公安机关办理刑事案件程序规定》
《六机关规定》	最高人民法院、最高人民检察院、公安部、司法部、国家安全部、全国人大常委会法制工作委员会《关于实施刑事诉讼法若干问题的规定》
《排除非法证据规定》	《关于办理刑事案件排除非法证据若干问题的规定》
《审查判断证据规定》	《关于办理死刑案件审查判断证据若干问题的规定》
《严格排除非法证据规定》	《关于办理刑事案件严格排除非法证据若干问题的规定》
《人民陪审员法》	《中华人民共和国人民陪审员法》
《人民警察法》	《中华人民共和国人民警察法》
《律师法》	《中华人民共和国律师法》
《法官法》	《中华人民共和国法官法》
《检察官法》	《中华人民共和国检察官法》
《监察法》	《中华人民共和国监察法》
《监察法实施条例》	《中华人民共和国监察法实施条例》
《法律援助法》	《中华人民共和国法律援助法》
《刑法》	《中华人民共和国刑法》
《民法典》	《中华人民共和国民法典》
《未成年人保护法》	《中华人民共和国未成年人保护法》
1998 年《六机关规定》	最高人民法院、最高人民检察院、公安部、司法部、国家安全部、全国人大常委会法制工作委员会《关于刑事诉讼法实施中若干问题的规定》

目 录

第一编 导 论

第二编　总　论

案例与评注目录

第一编　导　论

第一章　刑事诉讼概论

人类纠纷源于私欲导致的冲突，诉讼则是以和平方法解决这种冲突的理性方式。在这个冲突解决过程中，政府作为社会公共利益代表，拥有较为强大的权力和资源；个人与强大的政府相抗衡，往往显得势单力孤。刑事诉讼法就是对政府权力进行约束和控制的法律规范的总称，其目的主要在于保障人权。刑事诉讼以解决刑事责任问题为核心，以实现国家刑罚权为己任。但在实现刑罚权的过程中，法院裁判对事实的确定和对法律的适用都必须具备一定的正当性；在现代社会中，保障人权有助于加强裁判的正当性。在中国现行体制下，有些惩罚措施（如行政拘禁或非司法性拘禁等）未被纳入刑罚体系，因而不适用刑事诉讼法规定的程序，致其对被处罚人保护不周。但从原理上看，这些行政处罚决定应当纳入司法程序，以解决对轻微违法者施加惩罚决定的程序正当性。刑事诉讼法学同大部分法学学科一样，属于解释之学，其意义就在于为现行法提供正当化基础和可操作性指南。刑事诉讼法学兼顾法社会学研究及法哲学研究，同时也希望从比较法研究中获益，所有这些努力都是为了更好地实现法解释学研究的目标。使刑事诉讼法学成为一门真正的学问，让法律人掌握一门真正的学问，是本书的使命。

第一节 刑事诉讼

一、刑事诉讼的概念与本质

任何一个社会都会有犯罪以及为追究刑事责任而设置的刑罚。所谓刑事诉讼,就是解决犯罪嫌疑人、被告人刑事责任问题的程序、步骤和方法。传统上,诉讼是指讼争的一方或双方将致讼的原因、内容、主张和理由告知、倾诉于听讼之人,以求讼的息解的活动。按此理解,传统诉讼概念仅包含当今法庭上的诉讼活动,难以涵括起诉之前的侦查、审查起诉等行为。因此,也有学者主张使用"刑事程序"一词,以概括侦查犯罪、审查起诉等诉讼行为。但由刑事诉讼法的内容观之,则犯罪侦查、侦查之前的立案以及侦查终结之后的审查起诉,均在刑事诉讼法规范的范围之内。因此,"刑事诉讼"这一概念,早已约定俗成,包含法庭审判之前的侦查、起诉以及审判之后的执行等一系列法律行为,因而不必拘泥于"刑事诉讼"与"刑事程序"之区分,宜将二者等同对待。

案例1-1 武松斗杀西门庆——《水浒传》第二十六回

……三个人下楼来。何九叔道:"小人告退。"武松道:"且随我来,正要你们与我证一证。"把两个一直带到县厅上。知县见了,问道:"都头告甚麽?"武松告说:"小人亲兄武大被西门庆与嫂通奸,下毒药谋杀性命。这两个便是证见。要相公做主则个。"

知县先问了何九叔并郓哥口词,当日与县吏商议。原来县吏都是与西门庆有首尾的,官人自不必说;因此,官吏通同计较道:"这件事难以理问。"知县道:"武松,你也是个本县都头,不省得法度?自古道:'捉奸见双,捉贼见赃,杀人见伤。'你那哥哥的尸首又没了,你又不曾捉得他奸;如今只凭这两个言语便问他杀人公事,莫非忒偏向麽?你不可造次。须要自己寻思,当行即行。"武松怀里去取出两块酥黑骨头,十两银子,一张纸,告道:"覆告相公:这个须不是小人捏合出来的。"知县看了道:"你且起来,待我从长商议。可行时便与你拿问。"

何九叔、郓哥都被武松留在房里。当日西门庆得知,却使心腹人来县里许官吏银两。次日早晨,武松在厅上告禀,催逼知县拿人。谁想这官人贪图贿赂,回出骨殖并银子来,说道:"武松,你休听外人挑拨你和西门庆做对头;这件事不明白,难以对理。圣人云:'经目之事,犹恐未真;背後之言,岂能全信?'不可一时造次。"

狱吏便道:“都头,但凡人命之事,须要尸、伤、病、物、踪——五件俱全,方可推问得。”

武松道:“既然相公不准所告,且却又理会。”收了银子和骨殖,再付与何九叔收下了;下厅来到自己房内,叫土兵安排饭食与何九叔同郓哥吃,“留在房里相等一等,我去便来也。”又自带了三两个土兵,离了县衙,将了砚瓦笔墨,就买了三五张纸藏在身边,就叫两个土兵买了个猪首,一只鹅,一只鸡,一担酒,和些果品之类,安排在家里。约莫也是巳牌时候,带了个土兵来到家中。那妇人已知告状不准,放下心不怕他,大着胆看他怎的。

……

土兵斟到第四杯酒,前后共吃了七杯酒过,众人却似吃了吕太后一千个筵席!只见武松喝叫土兵:“且收拾过了杯盘,少间再吃。”武松抹桌子。众邻舍却待起身。武松把两只手一拦,道:“正要说话。一干高邻在这里,中间那位高邻会写字?”姚二郎便道:“此位胡正卿极写得好。”武松便唱个喏,道:“相烦则个。”便卷起双袖,去衣裳底下飕地只一掣,掣出那口尖刀来;右手四指笼着刀靶,大拇指按住掩心,两只圆彪彪怪眼睁起,道:“诸位高邻在此,小人‘冤各有头,债各有主,’只要众位做个证见!”

只见武松左手拿住嫂嫂,右手指定王婆。四家邻舍,惊得目瞪口呆,罔知所措,都面面厮觑,不敢做声。武松道:“高邻休怪,不必吃惊。武松虽是个粗卤汉子,——便死也不怕!——还省得‘有冤报冤,有仇报仇,’并不伤犯众位,只烦高邻做个证见。若有一位先走的,武松翻过脸来休怪!教他先吃我五七刀了去,武二便偿他命也不妨!”众邻舍都目瞪口呆,再不敢动。

……

武松一提,提起那婆娘,跪在灵床子前,喝一声“淫妇快说!”那妇人惊得魂魄都没了,只得从实招说;将那日放帘子因打着西门庆起,并做衣裳入马通奸,一一地说;次後来怎生踢了武大,因何设计下药,王婆怎地教唆拨置,从头至尾,说了一遍。武松叫他说一句,却叫胡正卿写一句。王婆道:“咬虫!你先招了,我如何赖得过!只苦了老身!”王婆也只得招认了。把这婆子口词也叫胡正卿写了。从头至尾都写在上面。叫他两个都点指画了字,就叫四家邻舍画了名,也画了字。叫土兵解答膊来,背接绑了这老狗,卷了口词,藏在怀里。叫土兵取碗酒来供养在灵床子前,拖过这妇人来跪在灵前,喝那老狗也跪在灵前,洒泪道:“哥哥灵魂不远!今日兄弟与你报仇雪恨!”叫土兵把纸钱点着。

那妇人见势不好,却待要叫,被武松脑揪倒来,两只脚踏住他两只胳膊,扯开胸脯衣裳。说时迟,那时快,把尖刀去胸前只一剜,口里衔着刀,双手去挖开胸脯,抠出心肝五脏,供养在灵前;胳察一刀便割下那妇人头来,血流满地。四家邻舍眼都定了,只掩了脸,看他忒凶,又不敢劝,只得随顺他。

……

武松伸手下凳子边提了淫妇的头,也钻出窗子外,涌身望下只一跳,跳在当街上;先抢了那口刀在手里,看这西门庆已跌得半死,直挺挺在地下,只把眼来动。武松按住,只一刀,割下西门庆的头来;把两颗头相结在一处,提在手里;把着那口刀,一直奔回紫石街来;叫土兵开了门,将两颗人头供养在灵前;把那碗冷酒浇奠了,有洒泪道:"哥哥灵魂不远,早升天界!兄弟与你报仇,杀了奸夫和淫妇,今日就行烧化。"便叫土兵楼上请高邻下来,把那婆子押在前面。

武松拿着刀,提了两颗人头,再对四家邻舍道:"我又有一句话,对你们高邻说,须去不得!"那四家邻舍叉手拱立,尽道:"都头但说,我众人一听尊命。"武松说出这几句话来,有分教景阳冈好汉,屈做囚徒;阳谷县都头,变作行者。毕竟武松说出甚话来,且听下回分解。

| 评注 1-1 |　诉讼是和平解决争端的理性形式

《水浒传》描述的是宋朝的社会生活。从小说描述的情形看,武松是在得知他哥哥系被潘金莲与西门庆残忍杀害之后,希望通过向知县衙门提起诉讼的途径,以和平的方式理性地解决他和加害方潘金莲与西门庆之间的纠纷。解决纠纷有很多种形式。把街坊邻居叫来,请其中德高望重者裁断是非曲直,是一种方式。我们通常称这种方式为"民间调解"。在武松的案件中可以清晰地看到,民间调解的方式对于刑事案件的解决有其天然的局限性,如权威不够、强制力不够、执行力不够等(请注意在本案中一直都是当事人武松在强制街坊邻居,以及本案的知情人、证人作证)。

另一种方式是直接找到加害方,面对面处理。理论上通常称这种方式为"私力救济"。这种方式也有其局限性,那就是如果主张救济的当事人自己力量不够,则不但救济不能,还会反遭杀害(请注意本案中西门庆一脚将武松的刀踢飞,如不是武松武艺高强,贸然上门私力救济只怕是白白送死)。当然,私力救济也可以请外援,如《水浒传》第二回中提到的鲁提辖拳打镇关西,也是私力救济的一个典型案例(鲁提辖是金家父女请来的外援)。可以看到,在所有这些私力救济的情形下,其救济的方式、程度比起法庭诉讼而言,都超过了一定的限度,如武松的剖胸、挖心、割头,以及鲁提辖三拳将镇关西打得脑浆迸裂、一命呜呼等(当然必须承认,古代刑罚也有凶残的一面,只是其程度不如本案)。可见,私力救济并不符合现代法治的精神。

当然,这并不是指责武松。请注意本案中武松是在尝试以官方提供的诉讼机制即"公力救济"的途径来维护他的权利遭到失败之后,不得已才走上私力救济的道路。显然,以武松的武功,私力救济"畅通"多了。所以,这个案件也反映出,公权力一旦受到腐蚀,不能发挥其应有的作用,社会的机能就会出现障碍,其组织结构就可能发生崩溃。但在任何成熟的法治社会中,公力救济都应当是纠纷解决的首要通道,甚至应当是绝大多数纠纷解决的唯一通道。但是,其成本也是显而易见的。例如,本案中知县言:"武松,你也是个本县都头,不省得法度?自古道:'捉奸见双,捉贼见赃,杀人见伤。'你那哥哥的尸首又没了,你又不曾捉得他奸;如今只凭这两个言语便问他杀人公事,莫非忒偏向麽?你不可造次。须要自己寻思,当行即行。"即使放到现代社会,这话说的也没错。可见,公力救济也要求当事人自己必须要有一定的证据。法律对证据的要求,就是横亘在当事人面前的一座大山。另外,从救济形式来看,公权力也不可能满足当事人剖胸、挖心、割头、祭灵等需求。但是,公权力的介入,可以使争斗的双方更加理性,至少以和平的方式解决纠纷。另外,公力救济也是以国家、以整个社会的名义对犯罪的当事人施加刑罚,从而可以防止仇恨的无限绵延。

二、刑事诉讼的起因

诉讼是纠纷、争斗的一种解决方式,而争斗又是欲望、人性自私与资源稀缺的产物。资源是稀缺的,再加上人性的自私,为了争夺有限的资源而发生争斗和纷争,就是不可避免的事情。既然有纷争,就会有解决纷争的办法,诉讼就是为解决纷争而提出的众多办法中的一种,并且由于它所具有的文明和理性(相对其他非理性的办法而言)的性质,这种办法被一直保存并发展下来,现在不仅具备了多样的形式,而且增加了丰富的内容。诉讼不仅在原始社会存在,而且在资本主义社会存在,在社会主义社会也存在,并且在将来还会一直存在。诉讼是人性中具有自私的性质的反映,也是世界资源相对稀缺的结果。只要人性不变,产生纠纷的可能性就随时存在。可见,诉讼乃是与人类同生共长的社会现象。它是随着人类的产生而产生,随着人类的消亡而消亡的。孔子曰:"听讼,吾犹人也;必也,使无讼乎?"亦有论者正确地指出:"人情漓靡,机事横生,已难使之无讼,惟尽吾情以听之而已。"[1]现代学者徐朝阳说:"诉讼实为人世间所不能避免之事。政治之清明与否,与人民间之诉讼,固极有关系而谓古有无讼之国,殆系鉴空之谈,未足为信。"[2]可见,即使将来一切永恒的东西都不再存在,只要有人,诉讼就必然存在。

---

〔1〕(宋)胡太初:《昼帘绪论·听讼篇》。

〔2〕徐朝阳:《中国古代诉讼法》,载中国政法大学法律系刑事诉讼法教研室编:《程序法论》,中国政法大学教务处印,1993年版,第82页。

| 评注1－2 |　诉讼、欲望、人性、资源与争斗

争斗的产生首先是因为欲望。荀子尝言:“人生而有欲,欲而不得,则不能无求,求而无度量分界,则不能不争。”[3]边沁在其著名的《道德与立法原理导论》一书第一章开篇即指出:“自然把人类置于两位公主——快乐和痛苦——的主宰之下。只有它们才能指示我们应当干什么,决定我们将要干什么。是非标准,因果联系,俱由其定夺。凡我们所言、所行、所思,无不由其支配:我们所能做的力图挣脱被支配地位的每项努力,都只会昭示和肯定这一点。一个人在口头上可以声称绝不再受其主宰,但实际上他将照旧每时每刻对其俯首称臣。功利原理承认这一被支配地位,把它当作旨在依靠理性和法律之手建造福乐大厦的制度的基础。凡试图怀疑这个原理的制度,都是重虚轻实,人性昧理,从暗弃明。”[4]无论我们是否赞同边沁的功利主义哲学,他关于人类所有的行为均基于快乐与痛苦的判断,都是至理名言。人类所有的幸福和痛苦,都与欲望有关。叔本华在其哲学著作中将痛苦定义为意志受到阻却的那种状态,将幸福定义为意志得到实现的那种状态。[5]又由于欲望是意志的核心,欲望是一切痛苦与幸福的根源。“举不胜举的痛苦渗透进世界的每一处角落,它们发源于与生命本身不可分离的需要和欲念。”[6]人既是有欲望的,又是贪婪的,其所得到的每一次满足都促使其去追逐另一新的欲望,因此个人的欲望是无止境的,其痛苦也是无止境的。叔本华指出,这正是人类何以如此悲惨的原因。[7]

争斗的产生还因为人性中有自私的成分。休谟曾经断言:一切科学对于人性总是存在或多或少的联系,任何学科无论其表面上似乎与人性离得有多远,它们都会通过这样或那样的途径回到人性。[8]刑事诉讼法学也是如此。作为一门法学学科,刑事诉讼法学将其理论建立在人性自私或者说人性恶的理论基础之上。必须明确的是,人性善恶的问题,仅仅是一种理论上的假设。人性自私的假设并不否认人性中有恻隐、利他等因素的存在,但是作为一种解释和论证法律存在之理由,我们必须承认人在本质上具有出于私利而作恶的可能性。

中国古代占主导地位的人性思想是人性本善的思想。这种思想为儒家所首倡。孔子提出了统治者必须施行仁政的主张,但是他所创立的理论没有解释为什么必须施行仁政这个问题。为了解决这个问题,孟子提出人性本善的学说,认为行仁政乃是人性之内在要求。既然“人人皆可为尧舜”,帝王为何就不可以呢?既然

---

[3]《荀子·礼论》。

[4][英]边沁:《道德与立法原理导论》,时殷弘译,商务印书馆2000年版,第57页。

[5][德]叔本华:《爱与生的苦恼》,金玲译,华龄出版社2001年版,第7页。

[6][德]叔本华:《叔本华论说文集》,范进等译,商务印书馆1999年版,第415页。

[7][德]叔本华:《叔本华论说文集》,范进等译,商务印书馆1999年版,第434页。

[8][英]休谟:《人性论》(上册),关文运译,商务印书馆1980年版,第6页。

人性本善,人人皆可以为尧舜,施行仁政、善政,就是理所当然。

与孟子不同,儒家的另一个代表人物荀子提出了人性本恶的思想,并且为法家所倡导。荀子明确主张:“人之性恶,其善者伪也。”[9]他又说:“性者,本始材朴也;伪者,文理隆盛也。无性则伪之无所加;无伪则性不能自美。”[10]这样,荀子与孟子在对人性的基本问题上分道扬镳。二者虽然在人性观点上并无一致,但是都主张应当通过教化、制裁等实现内圣外王的境界,只不过方法不一样:孟子强调充分发挥人的本性,荀子则强调革除人的本性;目的则都是达到圣人的境界,“涂之人也,皆有可以知仁、义、法、正之质,皆有可以能仁、义、法、正之具,然则其可以为禹,明矣”。[11]

荀子的学生韩非子完全继承了荀子的人性学说,二者的不同之处仅仅在于,荀子在承认人性恶的同时,还强调要通过人为的教化和法律的制裁使人类摆脱恶欲的束缚,通过修身养性等方法实现“涂之人可以为禹”这样天下大同的目标。而韩非子则强调人性不可改变,所以要实行“法治”,通过法律的力量驱逐人的恶性。[12]中国古代“法”字之形象,亦从一定角度体现了法家这种通过法律去除人之恶性的思想。[13]

除了欲望、自私以外,资源稀缺也是争斗的起因之一。即使人类既有欲望又有自私的本性,也不一定就发生争斗。如果欲望全部都能立刻获得满足而无须争取,或者说,如果世界的资源足够丰富,可以满足所有人的所有欲望,则争斗同样不会发生。正如叔本华所言,“如果世界是一个豪奢而安逸的伊甸园,一块流溢乳蜜的田野,在那里,每个少男毫不费力立刻就能得到他心爱的少女,那么人们或者会厌倦而死,或者会自缢身亡”。[14] 如果资源是取之不尽用之不竭的,则生产什么、如何生产和为谁生产等问题就不会产生。“如果能够无限量地生产每一种物品,或者,如果人类的需要已经完全满足,那么,某一种物品生产得过多是无关重要的事

〔9〕《荀子·性恶》。

〔10〕《荀子·礼论》。

〔11〕《荀子·性恶》。

〔12〕所谓“以刑去刑、以杀去杀”,正是此意。

〔13〕“法”,古字为“灋”,从水,从“廌”,从“去”。传统理论认为,这一字形体现了法律中“平等”的思想,这实际上是以西人之义臆测古人。实际上,中国古代法律中很少有关于平等思想之体现,恰恰相反,儒家思想一直占据统治地位,其理论核心在于强调“礼”之重要,从而也在于强调等级差别之重要性,因此其法律制度中始终一贯体现的是“差等”而不是“平等”。所谓“礼不下庶人,刑不上大夫”即此之谓也。法字的字形,实际上也是体现差等的思想。“水”的字形象征着“从上往下流动”这样的含义,而不是象征着“平”“公平”的含义。中国古代有关法的定义可作为佐证:“法者,编著之图籍,设之于官府而布之于百姓者也。”这就说明法律是从上往下公布的官方命令,它强调的是老百姓的服从,隐含的是皇帝和官僚的特权。详细讨论可参见苏力:《“法”的故事》,载《读书》1998 年第 7 期。

〔14〕[德]叔本华:《叔本华论说文集》,范进等译,商务印书馆 1999 年版,第 417 页。

情,劳动与原料是否配合得恰当也是无关重要的事情。”〔15〕同时,由于每一个人都能随心所欲地得到自己想要的东西,物品和收入如何在个人和阶级之间分配,也就成了无关紧要的事情。

但是实际上,这样的世界并不存在。无论是自然世界还是人文世界,所有的资源相对人类的需求而言都是稀缺的。正是由于资源的稀缺,经济学这种寻求经济上之方法的学科才会产生。同样,因为人总是有欲望的,而欲望产生了以后又并不总是能够得到立刻的满足,多数时候是不能得到满足的,在为争夺有限的资源而进行的活动中,不可避免地就要发生争斗和纠纷。有了纠纷,才有了诉讼。

三、刑事诉讼的特征

在我国,诉讼被分为民事诉讼、行政诉讼和刑事诉讼三种,划分的依据则是诉讼所要解决的实体问题和所依据的实体法。民事诉讼依据的实体法主要是民事实体法,它规范的是平等主体之间的权利义务关系;行政诉讼依据的主要是行政法(关于行政法,本书认为其既有实体法的因素,也有程序法的性质,因此不单纯地将其归入实体法范畴),它规范的是行政管理人和行政相对人之间的权利义务关系;刑事诉讼依据的实体法是刑事实体法,它规范的是犯罪和刑罚问题。

案例1-2 曾某钦诈骗案

曾某钦经营着上海恒栋租赁站、上海恒广建设工程队以及上海得高偌华等公司,公司的主营业务是钢管、扣件等建筑施工材料的租赁业务。姜某长是中建四局六公司的副总经理;除此以外,姜某长自己还经营上海树天公司、四川举创公司。曾某钦与姜某长从2008年开始有了长期的业务合作。其间,李某明作为曾某钦一方的业务代表,负责双方的资金结算。从2008年到2012年合作的三个项目,租赁金额达到900多万元,双方都没有过诉讼,曾某钦一方也没有对李某明的结算提出疑问。

2013年开始,双方先后在苏州华润、常州华润、昆山世茂、无锡惠山、南京华润等五个项目上继续合作(以上项目顺序按时间先后顺序排列)。2017年,双方交恶,姜某长一方对东原句容等三个没有书面合同的租赁关系既拒绝支付租金,也拒绝签订书面合同,导致双方关系进一步恶化。这导致曾某钦一方在上海市闵行区人民法院就双方最新开展合作的两个新项目也就是无锡惠山、南京华润项目提起了第一批民事诉讼。在这两个诉讼中,曾某钦一方主张姜某长分文未付,姜某长一

〔15〕[美]保罗·A.萨缪尔森、威廉·D.诺德豪斯:《经济学》(上),高鸿业等译,中国发展出版社1991年版,第41页。

方主张已付260万元，后又主张仅付210万元。经闵行区人民法院公开审理，曾某钦一方的主张获得法院支持。

姜某长一方认为，其在无锡惠山、南京华润两个项目上已付对方210万元，既然法院不认可该210万元是支付在无锡惠山、南京华润两个项目上，那这210万元就属于多付的租金，因此要求曾某钦一方返还。曾某钦一方则认为，该210万元系支付在苏州华润、常州华润和昆山世茂这三个旧项目上，而三个旧项目还有租金尚未支付。因此，在姜某长一方否认该210万元系支付在三个旧项目之后，曾某钦一方面同意将争议款项原路退回，除此之外又针对三个旧项目提起了第二批诉讼，要求姜某长一方支付欠付的租金。

正是在第二批诉讼中，曾某钦一方认为李某明在结算租金时作出了不合理的让利，超出了代理权限，属于无权代理，因此不承认双方的结算效力。双方就李某明的结算是否具有相应的代理权限发生了分歧，民事法官也对该问题作出了有利于曾某钦一方的认定，认为李某明超出代理权限的结算行为不属于表见代理并判决曾某钦一方胜诉。

在上述三个涉及代理权的民事诉讼中，上海市第一中级人民法院的终审判决均于2019年12月30日作出。在民事诉讼败诉之后，姜某长于2020年3月3日向徐汇区公安分局报案，称自己被曾某钦以虚假诉讼方式诈骗。根据最高人民检察院、公安部《关于公安机关办理经济犯罪案件的若干规定》第20条规定，本案属于"人民法院正在审理或者作出生效裁判文书的民事案件，属于同一法律事实或者有牵联关系"的案件，应当"经省级以上公安机关负责人批准"方能立案。但徐汇区公安分局未经合法审批，就在没有管辖权的情况下将该案作为刑事案件立案侦查。

徐汇区公安机关经侦查，向徐汇区人民检察院移送审查起诉。在该案审查起诉阶段，辩护律师向徐汇区人民检察院提出，本案根本不构成虚假诉讼，当然也不构成虚假诉讼类型的诈骗。因为根据公安机关在侦查阶段搜集的证据和委托审计机构出具的审计报告，截至曾某钦一方就五个项目提起民事诉讼之时，姜某长一方在五个项目中均不同程度存在拖欠租金未付的问题，其中最少的一个项目欠款6万元。因此，即使按照审计报告计算的拖欠租金数额来认定，曾某钦一方提起的民事诉讼也均不属于"无中生有"，最多属于"部分篡改"。而根据辩护人的计算，曾某钦一方其实连"部分篡改"也谈不上，其所提起的每一个民事诉讼都有事实依据。

徐汇区人民检察院并未采纳辩护人的意见，仍决定向徐汇区人民法院提起公诉。由于辩护人书面异议，认为徐汇区人民法院对该案无管辖权，徐汇区人民法院向上海市第一中级人民法院请示，该案经上海市第一中级人民法院指定，由闵行区人民法院管辖。

与此同时,姜某长一方针对五个项目引发的民事诉讼均进行了申诉。上海市高级人民法院在明知上述诉讼已经由公安机关作为刑事案件处理、曾某钦已被采取强制措施且案件已经由检察机关提起公诉的情况下,分别在2021年1月21日、2021年6月25日就昆山世茂、常州华润、苏州华润三个案件裁定驳回姜某长一方的再审申请,依然判定:李某明的结算让利行为超出代理权限,且不属于表见代理。

但在曾某钦涉嫌诈骗罪提起公诉之后,闵行区人民法院经审理,于2022年8月9日作出一审判决,认定李某明的代理结算行为属于表见代理;曾某钦的行为构成诈骗犯罪,判处有期徒刑10年6个月。判决宣告后,曾某钦提出上诉。上海市第一中级人民法院于2022年12月21日开庭审理,2023年11月22日裁定维持原判。

| 评注1-3 |　刑事诉讼不应介入民事纠纷

不同的诉讼程序以解决不同的实体法问题为依归。因此,究竟以何种程序来解决当事人之间的纠纷,通常以该纠纷所属的实体法为依据。但有些时候,当事人之间的纠纷究竟属于何种实体法问题,在理论上和实践方面均存在争议。在此情况下,其所属诉讼究竟为何种诉讼也就容易混淆。但是,曾某钦案所涉及的问题应当属于比较明显的民事纠纷,上海市徐汇区公安机关将其作为刑事案件立案侦查明显违法。尤其是在其直接上级法院上海市第一中级人民法院以及上海市高级人民法院均曾将该案作为民事案件受理并作出判决、裁定的情况下,徐汇区公安分局既没有管辖权,又未经上海市公安局负责人批准,就将该案作为刑事案件立案侦查,显属违法。闵行区人民法院在明知李某明的代理是否属于表见代理、结算之后是否可以再结算等问题纯属法律问题而不属于可以虚构的事实问题的情况下,仍然对曾某钦作出有罪判决,于法理、情理上均龃龉。

除以上实体法上的依据不同之外,刑事诉讼与其他诉讼还存在主体身份上的差别。通常而言,民事诉讼是以私人为原告、以私人为被告的诉讼,因此是民告民之诉讼;行政诉讼是以私人为原告、以政府为被告的诉讼,因此乃民告官之诉讼;刑事诉讼一般是以政府为原告、以私人为被告的诉讼,因此通常为官告民之诉讼。当然,以上区别以忽略刑事诉讼中的私人起诉为基础。在实行国家追诉主义原则时,刑事诉讼仅得由国家提起;但在以国家追诉为主、以私人追诉为辅的体制下,私人亦可提起刑事诉讼。但绝大部分刑事诉讼仍为国家提起,因此上述区别大体上可以成立。

四、刑事诉讼的阶段

中国通常将刑事诉讼分为立案、侦查、起诉、审判、执行五个阶段。其具体经过如图1-1所示。

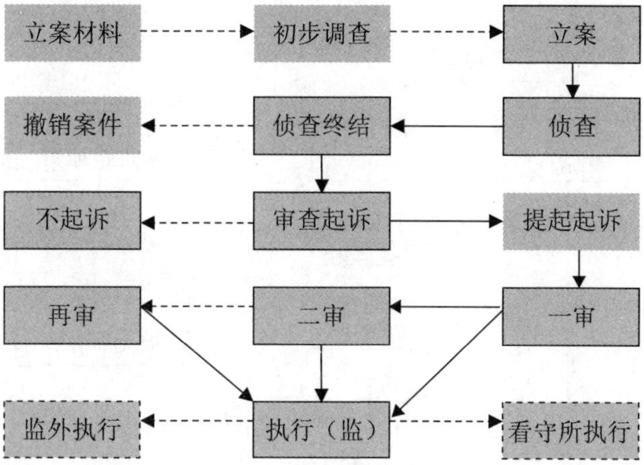

图1-1　刑事诉讼阶段

注:图中虚线表示程序性图中程序性结果发生的概率较小;实线表示图中程序性结果发生的概率较大。

需要了解的是,并非所有刑事案件都要经历刑事诉讼的所有阶段。很多案件在经历初查之后,因不符合立案条件而没有立案。有些案件立案之后因不符合继续追诉条件而在侦查阶段被撤销。有些案件在审查起诉阶段因不符合起诉条件而不起诉。有些案件在审判阶段被终止审理。大部分案件在一审宣判后因被告人不上诉且检察机关不抗诉,一审裁判生效后即交付执行。只有不到20%的案件进入第二审程序。二审之后可能会有一部分案件发回重审,但大部分案件直接维持原判或者改判。因我国实行两审终审制,二审之后裁判交付执行。但当事人可以对生效裁判提出申诉,从而启动审判监督程序,又称生效裁判再审程序,简称再审。只有不到0.5%的案件进入审判监督程序。再审不影响执行。图1-2显示的是1990年美国刑事司法系统对案件的处理情况。年代或显久远,比例却大体不变,可供参考。

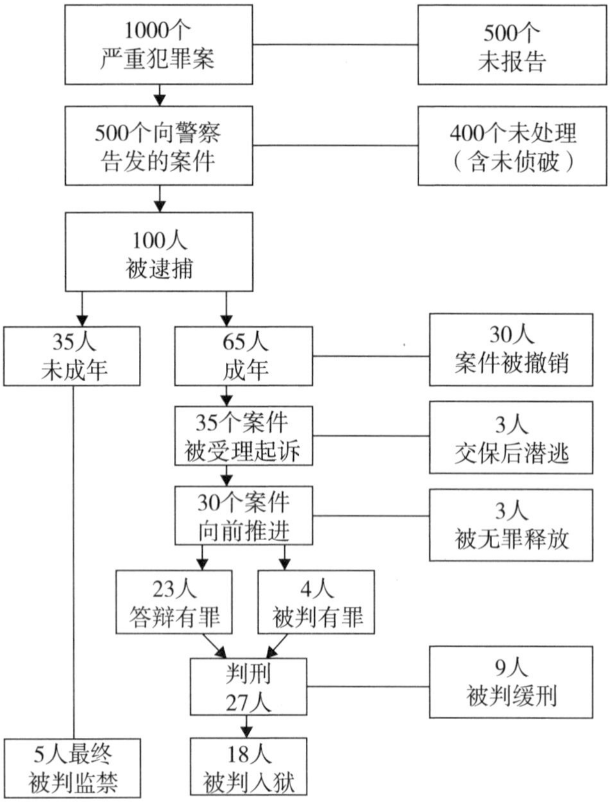

图1－2　1990年美国刑事司法系统对案件的处理

资料来源：J. Senna & L. Siegel, *Criminal Justice: An Introduction*, West Publishing, 1993。

五、刑事诉讼中的当事人

一般认为，刑事诉讼中的当事人是指在诉讼中处于原告或被告地位、履行控诉或辩护职能，并与案件事实和案件处理结果具有切身利害关系的诉讼参与人。根据《刑事诉讼法》第108条第2项之规定，我国刑事诉讼中的当事人包括被害人、自诉人、犯罪嫌疑人、被告人、附带民事诉讼的原告人和被告人。

（一）犯罪嫌疑人、被告人

犯罪嫌疑人是指被怀疑犯有罪行，从而在侦查阶段和审查起诉阶段受到公安机关、人民检察院追究的当事人。被告人是指被认为犯有某种罪行而受人民检察院正式起诉或者被自诉人起诉到人民法院，由人民法院决定其罪行之有无的人。被告人是对被追究刑事责任的人在审判阶段的不同称谓。犯罪嫌疑人、被告人统称"刑事被追诉人"。

（二）被害人、自诉人

被害人是指人身、财产或其他合法权益遭受犯罪行为直接侵害的人。实体法上的被害人在刑事诉讼程序中可能以多种身份出现：对于法律规定可以提起自诉的案件，被害人可以提起自诉，从而成为自诉人；在被害人遭受财产损失的案件中，被害人还可以提起附带民事诉讼，成为附带民事诉讼原告人；在公诉案件中，被害人与公诉人一道，共同对犯罪行为进行指控。

自诉人是指以自己的名义向人民法院提起诉讼，请求追究被告人刑事责任的人。自诉人通常是遭受犯罪行为直接侵害的被害人。但根据《刑事诉讼法》第114 条之规定，被害人丧失行为能力的，其法定代理人、近亲属有权向人民法院起诉；根据《刑法》第 98 条之规定，在告诉才处理的案件中，被害人因受强制、威吓无法告诉的，人民检察院可以告诉。此时，人民检察院是否取代被害人成为自诉人，有待商榷。

（三）附带民事诉讼的原告和被告

附带民事诉讼原告人是指由于被告人的犯罪行为而遭受直接经济损失，并在刑事诉讼中提出赔偿请求的人。附带民事诉讼原告人通常是被害人本人，但也可能是被害人的法定代理人、监护人，或者是死亡被害人的近亲属、继承人。单位也可以成为附带民事诉讼原告人。《刑事诉讼法》第 101 条第 2 款规定：“如果是国家财产、集体财产遭受损失的，人民检察院在提起公诉的时候，可以提起附带民事诉讼。”因此，人民检察院也可以是附带民事诉讼原告人。

附带民事诉讼被告人是指对刑事案件被告人的犯罪行为导致的物质损失负有赔偿责任的人。附带民事诉讼被告人通常就是刑事被告人，但也可以是刑事被告人的法定代理人、监护人或者对被告人的犯罪行为导致的物质损失负有赔偿责任的其他公民和单位；此外，还包括没有被追究刑事责任的共同致害人以及审结前死亡的被告人的遗产继承人等。

六、其他诉讼参与人

根据《刑事诉讼法》第 108 条第 4 项之规定，诉讼参与人包括当事人、法定代理人、诉讼代理人、辩护人、证人、鉴定人和翻译人员。因此，“其他诉讼参与人”是指除当事人以外的、参加刑事诉讼的人，包括法定代理人、诉讼代理人、辩护人、证人、鉴定人和翻译人员。其他诉讼参与人既不属于国家机关，也不独立承担诉讼职能，理论上一般不认为具有诉讼主体的地位，但是他们享有一定的权利，并履行相应的义务。

（一）法定代理人

法定代理人是指依照法律规定而享有代理权的人。法律之所以规定某些人为另一些人的法定代理人，是因为被代理的人要么没有行为能力，要么只有部分行为能力，通常包括未成年人和精神病人。《刑事诉讼法》第108条第3项规定："'法定代理人'是指被代理人的父母、养父母、监护人和负有保护责任的机关、团体的代表。"此概念与民法上法定代理人的概念不尽相同。《民法典》第23条规定："无民事行为能力人、限制民事行为能力人的监护人是其法定代理人。"可见，民法上的法定代理人仅指监护人，而监护人又包括配偶、父母、祖父母、成年子女、其他的亲属等。若纠缠于民法上法定代理人的概念，则未免产生逻辑上之混乱。刑事诉讼中的法定代理人应当是指父母、养父母和除父母、养父母以外的监护人（负有保护责任的机关、团体的代表应当在成为监护人之后才能作为法定代理人）。

（二）诉讼代理人

《刑事诉讼法》第108条第5项规定："'诉讼代理人'是指公诉案件的被害人及其法定代理人或者近亲属、自诉案件的自诉人及其法定代理人委托代为参加诉讼的人和附带民事诉讼的当事人及其法定代理人委托代为参加诉讼的人。"

（三）辩护人

辩护人是指接受犯罪嫌疑人、被告人及其法定代理人的委托，或者接受人民法院指定，为犯罪嫌疑人、被告人提供辩护、维护其合法权益的诉讼参与人。关于辩护人的权利和义务，参见本书"辩护与代理"部分。

（四）证人

证人是了解案件情况的人。《刑事诉讼法》第62条规定："凡是知道案件情况的人，都有作证的义务。""生理上、精神上有缺陷或者年幼，不能辨别是非、不能正确表达的人，不能作证人。"[16]因此，成为证人必须具备两个条件：一是知道案件情况，二是生理上、精神上没有缺陷并且能够辨别是非、能够正确表达。

（五）鉴定人

鉴定人是接受公安机关、人民检察院、人民法院的指派或聘请，凭借自己的

---

〔16〕 本书引用习惯：凡同一法条以多个引号引用的，表明分属不同款。如该条用两个引号，表示分属第1款和第2款。

专门知识和技能，对案件中的专门性问题进行鉴别、判断并提出书面意见的人。成为鉴定人必须具备四个条件：一是鉴定人必须是自然人，只有自然人才可能具备专门知识，对有关问题作出判断；二是鉴定人必须具备专门知识，能够对案件中的专门问题进行鉴别和判断；三是鉴定人必须与案件没有利害关系，有利害关系的人必须回避；四是鉴定人必须接受专门机关的指派或者聘请。

（六）翻译人员

翻译人员是指接受公安机关、人民检察院和人民法院的指派或者聘请，为诉讼中有着特定语言需要的人提供翻译的人员。成为翻译人员的条件是：第一，必须通晓特定语言需要的人员的语言和文字；第二，必须与案件没有利害关系；第三，接受专门机关的指派或聘请。

七、刑事诉讼中的公众与媒体

公众虽然不是刑事诉讼法规定的诉讼参与人，但是会参与刑事诉讼。公众的参与显然不是刑事诉讼法所规定的直接参与，但是公众对刑事诉讼的结果有间接的影响。公众关心刑事案件，关心刑事诉讼，是在关心自身的安危，关心国家法治，关心程序正义。在我国，普通公众参与刑事诉讼的途径主要有三种：一是通过担任人民陪审员直接参与案件的审理和裁决；二是通过参与公开审判案件的旁听对人民法院、人民检察院是否正确履行职责进行监督；三是通过媒体表达自己对案件的看法。

媒体也不属于刑事诉讼法规定的诉讼参与人。但是，媒体既影响公众，又可能影响司法，也就是诉讼的结局。在西方，媒体被誉为“无冕之王”。对于绝大多数案件，公众并不知情。尽管公众可以去法院旁听案件，但是很少有公众主动积极地采用这种方法去获取案件信息。实际上，公众对案件的了解，主要是通过媒体。因此，媒体是公众了解案情的主要渠道。媒体对案件进行宣传，实现了公众对司法的知情权，有利于公众对司法的监督，防止司法的腐败。媒体在报道案件时，尽管可能会保持克制，尽量以客观中立的立场进行报道，但是公众的情绪仍然容易被媒体渲染的案件情节所煽动。因此，媒体对案件的报道，常常容易让公众形成对被告人的偏见，甚至导致审判案件的法官对被告人形成偏见；即使没有偏见，也容易让法官迎合公众的意见，形成对被告人不利的裁判。在我国，相关规则对辩护律师通过媒体公布案情、发表对案件的看法有诸多限制，但对官方在侦查阶段就对案情进行选择性披露、倾向性报道、定罪性宣传等做法，却鲜有制约。

第二节 刑事诉讼法

一、《刑事诉讼法》

刑事诉讼法是国家制定的规范人民法院、人民检察院、公安机关、当事人和诉讼参与人进行刑事诉讼的法律规范的总称。凡是以解决刑事责任为目的、以实现国家刑罚权为归宿的法律规范,都属于刑事诉讼法规范,也都是刑事诉讼法源。但是,刑事诉讼法最重要的渊源,则是《刑事诉讼法》。我国第一部《刑事诉讼法》于1979年7月1日经第五届全国人大第二次会议通过,1980年1月1日起施行;并于1996年3月17日第八届全国人大第四次会议作了第一次修正,1997年1月1日起施行。2012年3月14日,第十一届全国人大第五次会议对《刑事诉讼法》作了第二次修正,修订后的《刑事诉讼法》自2013年1月1日起施行。2018年10月26日,第十三届全国人大常委会第六次会议通过了《关于修改〈中华人民共和国刑事诉讼法〉的决定》,对《刑事诉讼法》作了第三次修正,修订后的《刑事诉讼法》由国家主席于2018年10月26日公布,自公布之日起施行。

从世界各国刑事诉讼法的内容来看,刑事诉讼法规范的内容包括以下一些方面:刑事诉讼法本身的目的、任务与宗旨;刑事诉讼中的国家机关及其各自的职权、刑事诉讼中的犯罪嫌疑人、被告人及其诉讼权利;进行刑事诉讼的基本原则;刑事诉讼各阶段的基本规则;等等。我国《刑事诉讼法》采取编、章、节的形式,每一编规范一大类问题,下面设章节规范各类小问题,章节之下设具体条文规范每一个具体问题。具体而言,1979年《刑事诉讼法》共分四编、164条,其中第一编为总则,规定刑事诉讼原则以及刑事诉讼的基本制度,包括管辖、回避、辩护、证据制度、强制措施、期间与送达等。第二编立案、侦查和提起公诉,分别规范刑事诉讼中的立案、侦查与起诉三个阶段。第三编审判,规范第一审程序、第二审程序、死刑复核程序以及审判监督程序。第四编执行,对执行中的程序问题进行规范。

1996年,全国人大对《刑事诉讼法》作了第一次修正。这次修正主要是在学者的主导下进行。全国人大法工委委托中国政法大学陈光中教授组成专家组,对如何修正《刑事诉讼法》提出专家建议稿,全国人大法工委在专家建议稿的基础上形成修正案草案,再向全社会征求意见。可以说,1996年修正的《刑事诉讼法》是一个比较充分地体现学者参与的《刑事诉讼法》。修正后的《刑事诉讼法》

在体例上没有任何变动，但是在内容上作了重大修改，比较明确地规定了无罪推定原则；废除了充满争议的免予起诉制度和实践中被广泛滥用的收容审查；明确规定犯罪嫌疑人自第一次讯问后或采取强制措施之日起有权聘请律师；明确犯罪嫌疑人侦查阶段聘请的律师有权会见；将实质性的庭前审查改为程序性的庭前审查，并废除了具有争议的法院在开庭前的庭外调查权。

2012 年修正的《刑事诉讼法》对原体例也未作更动，但是增加了“特殊程序”一编，也就是从原来的四编变成五编，第五编规范未成年人案件审理程序、公诉案件和解程序、逃亡被告人财产没收程序，以及有暴力行为精神病人的强制医疗程序。在内容上，2012 年修正的《刑事诉讼法》用 5 个条文明确规定了非法证据排除规则，这是一个划时代的进步。

2018 年修订的《刑事诉讼法》主要增加了认罪认罚从宽制度、值班律师制度、刑事速裁程序、缺席审判程序；取消了人民检察院对贪污、贿赂等案件的侦查权，增加了监察委与人民检察院衔接的规定；明确了国家海警局对海上发生的刑事案件的刑事侦查权。

评注 1－4 刑事诉讼法是国家法、程序法、限权法

刑事诉讼法是国家法。国家法亦称官方法，与民间法相对应。它是由国家的立法机关通过一定的立法程序制定的法律。拉德布鲁赫指出，国家不仅是法律的渊源，而且是法律的产物：它确实是从宪法和国家法中引导出形态以及由此被决定的法律上的存在。[17] 因此，国家实际上是一切法律的渊源，也是一切现代法律存在的前提。民间法则是通过历史、风俗、传统、习惯等因素形成、依赖民间力量得以生存的法律。有时候，官方法和民间法又被称为“正式的法”和“非正式的法”。现代法律基本上均属于国家制定法。本书所探讨的刑事诉讼仅限于国家法，即“正式的法”。

刑事诉讼法是程序法。刑事实体法是规定何为犯罪以及犯罪应当受到何种处罚的法律规范。刑事程序法则是规定国家刑罚权通过何种方式得以实现的法律规范。从表面上看，似乎是先有犯罪，后有处罚，因而也就是先有实体法，后有程序法。实则不然，从诉讼的起源来看，总是先有纠纷，然后才有纠纷的解决办法。在第一个纠纷获得解决之前，诉讼的双方都认为自己会得到支持。但是，纠纷的结果则是，原告和被告必然有一方败诉。法官以同样的方式不断地重复着同种类型纠纷的裁决，从而形成了关于人们相互之间权利义务关系的实体规则。因此，诉讼活动先于实体规则而存在。在这个意义上，我们认为“程序乃实体之母”（谷口安

---

〔17〕［德］拉德布鲁赫：《法学导论》，米健、朱林译，中国大百科全书出版社 1997 年版，第 32 页。

平语)。

刑事诉讼法是限权法。刑事诉讼法是规范国家刑罚权实现活动的法。国家刑罚权主要通过国家机关在刑事诉讼中的活动获得实现。在专制或独裁国家,原告及法官为同一人或同一机构,此即通常所谓的“纠问式诉讼”。在这一体制下,被告为刑事诉讼之客体,因而成为刑讯之对象。因此,我国自古代起称诉讼不为诉讼,而曰“打官司”。《笑林广记》记载:官吏听讼断狱“无是非,无曲直,曰打而已矣;无天理,无人情,曰痛打而已矣。故民不曰审官司而曰打官司,官司而名之曰打,真不成为官司也”[18]。为防止诉讼成为“打官司”而使当事人挨打,现代国家在诉讼中确立了一系列原则约束国家机关在刑事诉讼中之权力,其中如审判公开原则、无罪推定原则等皆是。就这一角度而言,刑事诉讼法与宪法之功能殊途同归,并且宪法上所定之人民权利在刑事诉讼中最易为国家机关越权侵犯,因此在刑事诉讼中设立一系列机制约束其权力之行使殊为必要,很多国家甚至直接以宪法来规范刑事诉讼。因此,刑事诉讼法通常亦被称为“小宪法”。

| **案例 1-3** | 布朗诉马特诺玛郡地区法院[19]

俄勒冈州议会在修改 1975 年俄勒冈汽车法典时,将醉酒状态下的驾驶行为(driving a motor vehicle under the influence of intoxicants)归入交通违规行为(traffic infraction),以使其区别于交通犯罪(trafic crimes)。根据上述法律,此类违法行为可以使被告人在不受俄勒冈宪法提供的程序保障的情况下受到审判。布朗在受醉酒驾驶违规指控时,请求法院为其指定辩护(因其无力支付律师费),要求组成陪审团进行审判,并要求控方将其违规行为证明到排除合理怀疑的程度。这些权利在上述法律中均告阙如,法院当然地拒绝了被告人的请求。

俄勒冈汽车法典在很多方面实际上是一个民法、刑法和行政法的混合体。它将罚款、没收和吊销执照等均作为“民事惩罚”(civil penalties)来对待,既可以由行政机关来决定,又可以由行政相对人自行缴纳罚款,也可以由法院经无陪审团的审判,在无须证明到“排除合理怀疑”而只需要达到“优势盖然性”标准的情况下,授权法官对拒不缴纳罚款的行为人吊销执照。一方面,它排除了将交通违规行为当作犯罪行为处置的后果,包括如在作为证人时不得以其曾经违法为由对其证言进行弹劾等。另一方面,它又将刑事诉讼程序中的逮捕、监禁、附条件释放等延伸至交通违法案件中,使之等同于交通犯罪。

区分一个惩罚是否属于宪法保护范围内的“刑事指控”并不是一件容易的事。

---

[18] (清)游戏主人纂辑:《笑林广记》,卷三之“听讼异同”。

[19] Brown v. Multnomah County District Court.

基本的路径首先是看这个惩罚是由何种法律所施加的。如果立法明确将一种行为界定为犯罪行为，那么对行为人进行惩罚在宪法保护的意义上当然就是犯罪行为，即便该行为的后果实际上与民事行为或行政程序上的后果并没有什么不同。但是这并不意味着，一个法律可以在界定一种行为的性质时通过避免使用"犯罪"这一术语而规避宪法提供给公民的保护。宪法提供的保障具有更多的实质内容。

俄勒冈州最高法院判定：俄勒冈汽车法典这一立法的目的实际上并非对交通违规行为"去犯罪化"，而是对处理交通违规行为的程序"非刑事诉讼化"（dicriminalize the procedure）；综合考虑各种情况，该立法中规定的醉酒状态影响下的驾驶行为以及对它的惩罚，仍然保留了诸多刑罚的特征，却不受宪法规范的"刑事指控"提供的保护……因此决定，初审法院的判决应当予以推翻。

二、宪法中的刑事诉讼规范

宪法是一国的根本大法，其在实质上通常除了规定国家最重要机关的组织职权及其相互关系，以及宪法本身的修改以外，第三个内容就是个人的基本权利与义务；其在形式上表现为效力的至高无上性以及修改程序的严格性。[20] 虽然宪法的一项重要内容是规范国家最重要机关的组织职权及其相互关系，但其最终目的仍在于维护国家之正常运转，而国家之正常运转又服务于公民个人利益之实现。因此，宪法最重要的价值乃在于实现公民个人之价值，在于维护公民个人之基本权利——人权。

三、监察法中的刑事诉讼规范

2018 年 3 月 20 日，第十三届全国人大第一次会议通过了《监察法》，并于公布之日起施行。该法共九章 69 条，包含总则、监察机关及其职责、监察范围和管辖、监察权限、监察程序、反腐败国际合作、对监察机关和监察人员的监督、法律责任以及附则等内容。《监察法》第 4 条和第 11 条都明确规定，监察机关有权办理职务犯罪案件，有权对职务犯罪进行调查，有权将涉嫌职务犯罪的人员移送人民检察院依法审查、提起公诉。该法第四章监察权限和第五章监察程序分别对监察机关办理职务犯罪案件的权力范围和具体程序作了规定，其中包含的大部分内容，都属于刑事诉讼规范。

四、人民陪审员法

2018 年 4 月 27 日，第十三届全国人大常委会第二次会议通过了《人民陪审

---

〔20〕 有关宪法特征之论述，详见王世杰、钱端升：《比较宪法》，中国政法大学出版社 1997 年版，第 2～7 页。

员法》。该法共32条,于通过之日公布,同日起实施。该法对担任人民陪审员的条件、人民陪审员的产生程序、人民陪审员与法官组成合议庭的原则、人民陪审员的权利与义务、应当由人民陪审员参与审理的案件范围、人民陪审员的任职保障等进行了规定。人民陪审员既可以参与刑事案件的审判,也可以参与民事、行政案件的审判。《人民陪审员法》自然包含了刑事诉讼规范。

五、其他法律中的刑事诉讼规范

除宪法和以上所列法律外,可能构成刑事诉讼法律渊源的法律还包括:第一类,包含程序规范的实体法,如《刑法》《未成年人保护法》等;第二类,组织法,如《人民法院组织法》《人民检察院组织法》《监狱法》《检察官法》《法官法》《律师法》《法律援助法》等;第三类,补充性法律,如1983年9月2日第六届全国人大常委会第二次会议通过的《关于国家安全机关行使公安机关的侦查、拘留、预审和执行逮捕的职权的决定》等。

六、有关刑事诉讼的法律解释与司法解释

法律解释既包括最高人民法院、最高人民检察院发布的司法解释,也包括公安部等机关发布的对刑事诉讼法的解释。有时候,最高人民法院、最高人民检察院、公安部等司法机关与行政机关,甚至包括全国人大法工委等机关,会联合发布有关刑事诉讼法具体实施的规则。例如,最高人民法院、最高人民检察院、公安部、国家安全部、司法部、全国人大法工委于1998年1月19日制定的《六机关规定》,就是1996年《刑事诉讼法》修改以来最重要的法律解释。2012年《刑事诉讼法》再次修改之后,上述六机关于2012年12月26日重新发布了新的《六机关规定》(以下如无特别指明,《六机关规定》均指2012年的《六机关规定》)。该规定仍然是有关刑事诉讼法实施问题效力最高的法律解释。另外,最高人民检察院于2012年11月22日发布的《最高检规则》(试行);最高人民法院于2012年12月20日发布的《最高法解释》;公安部于2012年12月13日发布的《公安部规定》等,都是刑事诉讼的重要法律渊源。

证据方面,最高人民法院、最高人民检察院、公安部、司法部、国家安全部于2010年首次发布了《排除非法证据规定》和《审查判断证据规定》。其中第一个规定在2017年6月27日更新,上述五机关重新颁布了《严格排除非法证据规定》,对2010年的规定作了一定程度的更新和发展。

七、国际法中的刑事诉讼规范

国际法又称“国际公法”,以区别于国际私法。国际公法调整的是国家和其

他国际法主体之间的关系；国际私法则主要是国内法的一部分，调整的是一国国内具有涉外因素的私人之间的案件以及由此所产生的该国法院是否享有对该案件的管辖权的问题以及准据法的选择问题。因此，“国际法是从各国并列状态中产生的，而国际私法则是从各种法律体系的并列状态中产生的”〔21〕。其主要渊源包括国际公约、国际条约、国际惯例以及一般法律原则等。

国际法和国内法的关系问题一直是理论上争论不休的问题。比较有代表性的两种观点分别是“二元论”和“一元论”。根据二元论观点，国际法和国内法是两个完全独立的体系，国际法不是国内法的组成部分，在特殊情况下，国际法规范可以在国内适用，但其适用的根据并非因为它们是国际法，具有国际上的效力，而是因其作为国内法的一部分得到适用。〔22〕根据这种理论，不存在国际法和国内法哪个效力更高的问题，两个法律体系在各自的范围内都拥有最高效力。根据一元论观点，则国际法和国内法这两个法律体系乃是单一的法律结构的一部分，各国国内法体系均是从国际法体系中派生出来的，国际法的效力高于国内法。〔23〕根据这一理论，国际法在国内具有效力，是因为国内法的效力本身就源于国际法。〔24〕

从实践中看，各国的司法实践表明，在各国领土内，使国际法规则具有效力的程序具有较大的灵活性。但在考虑国际法在国内的效力时，对不同的国际法渊源尤其是条约（公约）和习惯加以区分是完全必要的，因为二者在国内具有效力的程序乃至设置程序所依据的理论都很可能大相径庭。

在我国，不同领域内的国际法的效力也很可能是不一样的，其生效的条件和程序也会有一些差别。具体到刑事诉讼法中，刑事诉讼法本身并没有规定国际法在国内的效力，因此国际法是否具有高于国内法的效力，是否可以在诉讼过程中乃至在判决中加以引用，无论在理论上还是实践中都是一个值得探讨的问题。目前，我国已经加入并对我国刑事司法较有影响的国际法渊源主要有：《世界人权宣言》（1948 年通过）、《公民权利和政治权利国际公约》（1966 年通过）、《经济、社会及文化权利国际公约》（1966 年通过）、《禁止酷刑和其他残忍、不人道或有辱人格的待遇或处罚公约》（1984 年通过）、《囚犯待遇最低限度标准规则》

---

〔21〕［英］詹宁斯·瓦茨修订：《奥本海国际法》（第 1 卷第 1 分册），王铁崖等译，中国大百科全书出版社 1995 年版，第 4 页。

〔22〕［英］詹宁斯·瓦茨修订：《奥本海国际法》（第 1 卷第 1 分册），王铁崖等译，中国大百科全书出版社 1995 年版，第 31 页。

〔23〕［英］詹宁斯·瓦茨修订：《奥本海国际法》（第 1 卷第 1 分册），王铁崖等译，中国大百科全书出版社 1995 年版，第 32 页。

〔24〕另有一种一元论观点则认为，国内法的效力高于国际法，根据这一理论，国际法如果适用于一国国内而具有效力，则其效力乃是来自国内法的赋予。

(1955年通过)、《为罪行和滥用权力行为受害者取得公理的基本原则宣言》(1985年批准)、《关于司法机关独立的基本原则》(1985年通过)、《关于律师作用的基本原则》(1990年通过)等。尽管由于前述原因,这些国际公约是否具有高于国内法的效力在理论上仍然悬而未决,但是这些国际公约对于国内法以及国内司法实践的影响,应当是显而易见的。

第三节 刑事诉讼法学

一、刑事诉讼法学的概念

卡尔·拉伦茨(Karl Larenz)认为,法学是指"以每个特定的,在历史中逐渐形成的法秩序为基础及界限,借以探求法律问题之答案的学问"[25]。拉伦茨是在将法学与法哲学、法理学、法社会学、法史学加以区分的基础上使用"法学"这一概念的。依拉伦茨之论述,对法规范提出效力主张的根据及界限何在的问题,以哲学性的方式予以思考及论证的学科,属于法理学;对于过往的法秩序如何形成,以及过往对于法的持续影响,运用历史学的方法进行研究,则属于法史学;对于法在社会演进过程中的角色,以及法的发生、贯彻及其实效性的社会条件等作为社会现象的法的问题的探讨,则属于法社会学。拉伦茨认为,"法史学家只能运用史学的方法,法社会学家则应用社会学的方法,法律家作为法律家而非法史学家或法社会学家时,亦须运用法学的方法"[26]。

不难看出,拉伦茨此处主张之"法学"概念,是一个纯粹的法学的概念,因为它实际上完全以法规范为研究对象(因为法学以"处理规范性角度下的法规范为主要任务"[27]),以解释为主要的法学方法(因为"其主要想探讨规范的'意义'"[28]),在现存的法秩序及其情状中取得立足点。拉伦茨特别强调:"假使法学不想变成一种或者以自然法,或者以历史哲学,或者以社会哲学为根据的社会理论,而想维持其法学的特色,它就必须假定现行法秩序大体看来是合理的。"[29]

根据以上观念,本书赞成将纯粹的"刑事诉讼法学"界定为:在一特定的历史

---

〔25〕[德]卡尔·拉伦茨:《法学方法论》,陈爱娥译,商务印书馆2003年版,第19页。
〔26〕[德]卡尔·拉伦茨:《法学方法论》,陈爱娥译,商务印书馆2003年版,第74页。
〔27〕[德]卡尔·拉伦茨:《法学方法论》,陈爱娥译,商务印书馆2003年版,第77页。
〔28〕[德]卡尔·拉伦茨:《法学方法论》,陈爱娥译,商务印书馆2003年版,第77页。
〔29〕[德]卡尔·拉伦茨:《法学方法论》,陈爱娥译,商务印书馆2003年版,第77页。

情境下形成的法律秩序背景中,探求当前刑事诉讼法规范之规范效力、意义内容及法院判决中包含的裁判准则的科学。依此,刑事诉讼法学所要处理的是以其规范性意义来理解的当下的现行法,这种现行法既存于有效的法规范中,亦存于法院裁判所包含的裁判准则中。就我国实际情况而言,我国不实行判例法,法院判决亦无须恪遵先例,因此现行法规范主要存在于制定法规定的条文中。

不过,拉伦茨显然并不反对对现行法作理论上之批判及制度上之改良。恰恰相反,他一方面强调法学对于司法裁判提供助力的作用,另一方面又强调法学最重要的任务之一乃是发现现行法尚未解决的法律问题,以促进司法裁判或立法的改变。拉伦茨明确指出:"在立法准备工作上,法学有三方面的任务:其一,将待决之务当作法律问题清楚地显现出来,并且指出因此将产生的牵连情事;其二,它必须与其他学科,特别是经验性的法社会学合作,研拟出一些能配合现行法的解决建议,供作立法者选择的方案;其三,它必须在起草技术上提供协助。"[30]基于此,本书亦尝试将较广义的刑事诉讼法学定义为:以探求当前具有实效之刑事程序规范之意义为核心内容,同时兼用哲学(主要是伦理学)、历史学、社会学以及比较法学乃至经济学之方法,对现行刑事程序法律进行阐释、批判并期望改良的法律科学。

二、刑事诉讼法学的对象

(一)刑事诉讼法律规范

刑事诉讼法律规范是一个国家关于刑事诉讼程序的正式的权威规范。要了解一国的刑事诉讼,最直接、最便捷的方式之一,就是学习、研究该国颁布的正式的刑事诉讼法律规范。规范研究主要是指对实定法规范进行的研究。对刑事诉讼规范的研究最主要的乃是解释和分析的方法。这种研究以国家制定法为研究对象,以具体的法律条文为分析内容。从表面上看,传统刑事诉讼法学所作的工作主要就是对国家制定法进行分析和解释,但是这种工作并不是做过了头,而是远远不够。对于刑事诉讼规范的各个法源之间的关系问题、各具体规范之间的关系问题,我国法律仍然没有进行系统的梳理。这是今后的研究中必须加以注意之点。

(二)刑事诉讼历史

对刑事诉讼历史进行研究,主要有两个方面的原因:一方面,刑事诉讼程序

---

〔30〕［德］卡尔·拉伦茨:《法学方法论》,陈爱娥译,商务印书馆2003年版,第114页。

经历了发生、发展、演变的过程,这一过程所构造的历史是人类在追究犯罪、保障人权的程序方面进行实践的经验和教训的结晶。学习、研究这一过程的主要目的是明确中国乃至世界历史上各种类型的刑事诉讼制度的基本内容、主要特点和历史作用,从中探求其规律性,并为我们现代的法治作贡献。

另一方面,对刑事诉讼法律文本进行意义的追问与探求,也需要对该文本之历史背景进行掌握。因为,"谁想对某个法律作正确的意义调整,他就必须首先知道该法律的原本意义内容。所以他必须自身作法学历史性的思考"。[31] 而历史性的认识,通常又只能这样被获得:"在任何情况下都必须从过去与现代的连续性中去考察过去——而这正是法律学家在其实际的通常工作中所做的,因为法律学家的任务就是确保法律的不可中断的连续性和保持法律思想的传统。"[32]

(三)刑事司法实践

在实行判例法的英美法系国家,法律通常是判例的汇集,而判例实际上是活的法律,是实践中的法律,因此法律不过是实践经验的总结,而非理性逻辑的推演。正是在这个意义上,霍姆斯(Oliver Wendell Holmes)法官一语道破判例法之天机:"法律的生命在于其经验而不是逻辑。"[33] 因此我们可以认为,在这类国家,法律实践与法律本身罕见脱节之现象。但在实行成文法的国家,因现实生活之多样性与法律文本之有限性以及法律的相对保守性,立法与司法总是不可避免地存在一定的距离。对司法实践进行研究就是要在实践中发现问题,找出原因,并提出解决之方略。

我国虽非判例法国家,但是判例之重要性对于实现法治之理想而言自不待言。我国刑事诉讼法规定"以事实为根据、以法律为准绳"之原则,亦有法学学者尚嫌不够,增加一语为:"以政策为指导,以案例为参考。"

三、刑事诉讼法学的方法

加达默尔(Cadamer)曾主张:"对学术而言,方法上纯净固然是不可或缺的要求,但是所有研究的本质恐怕是发现新方法(它需要研究者的创意),而不是单纯

---

〔31〕[德]汉斯-格奥尔格·加达默尔:《真理与方法——哲学诠释学的基本特征》,洪汉鼎译,上海译文出版社1999年版,第419页。

〔32〕[德]汉斯-格奥尔格·加达默尔:《真理与方法——哲学诠释学的基本特征》,洪汉鼎译,上海译文出版社1999年版,第421页。

〔33〕Oliver Wendell Holmes, *The Path of the Law*, Applewood Books.

适用通常的方法。”[34]然而,对于初学者而言,掌握最通常方法总是第一要务,而对于新方法的探索则以熟悉通常方法为前提。就法学之方法而言,其与自然科学之区别在于,前者针对的是自然的(实存的)事实或行为(natural material fact),而后者针对的则是实存的事实所具有的意义。[35] 从而无论是哪一门法学,其通常的方法都离不开解释,以获得对现行法律的理解。拉伦茨指出:“假使法学不能获取知识,以促进对现行法、法律问题及其解决可能性的理解,则其对法律实践的贡献亦将极端有限。”[36]当然,在解释现行法律的同时,亦有必要同时关注刑事诉讼之历史、刑事诉讼之实践。对于不同的关注重点,自然有不同的方法。具体而言,对于以下不同对象,可以分别使用以下方法。

(一)法解释学

加达默尔指出:“凡是本文的意义不能直接被理解的地方,我们就必须进行解释。凡是我们不想信任某个现象直接表现的东西的地方,我们就必须进行解释。”[37]同时,法律还需要通过被解释而变得具体且有效。对刑事诉讼法规范意义的探求实际上就是对刑事诉讼法律文本的解释。这种解释的目的是通过文本解释的方法以求得法律在最适切意义上的适用。之所以需要对法律文本进行解释,主要是因为法律条文一般追求简洁、抽象,从而其意义通常具有确定性,因为极度的确定性实际上将破坏确定性本身。正是因为这个缘故,在英美国家,“很大一部分法律训练,特别是在精英法学院里,就是研究法律的不确定性,并且创造了一种与一般的外行人并且事实上也与许多法律人的看法相距遥远的关于法律的基本看法”[38]。

在1979年刑事诉讼法颁布后的十几年中,刑事诉讼法在实施中出现了很多问题,因此1996年、2012年、2018年全国人大分别对刑事诉讼法进行了修订。通过立法对现行法律进行完善当然无可厚非,刑事诉讼法学也可以为法律政策的选择和立法技术的完善提供方案和计策。但刑事诉讼法学要想成为一门真正的法学,则必须对法律条文的解释高度重视。

(二)法律社会学

根据马克斯·韦伯(Max Weber)的解释,“社会学指的是一门试图说明性地

---

〔34〕 Gadamer, *Truth and Method*, Cross Roads, 2nd Rev. ed., 1984.

〔35〕 [奥]凯尔森:《法与国家的一般理论》,沈宗灵译,中国大百科全书出版社1996年版,第Ⅱ页。

〔36〕 [德]卡尔·拉伦茨:《法学方法论》,陈爱娥译,商务印书馆2003年版,第119页。

〔37〕 [德]汉斯-格奥尔格·加达默尔:《真理与方法——哲学诠释学的基本特征》,洪汉鼎译,上海译文出版社1999年版,第432页。

〔38〕 [美]理查德·A.波斯纳:《法理学问题》,苏力译,中国政法大学出版社2002年版,第55页。

理解社会行为,并由此而对这一行为的过程和作用作出因果解释的科学”[39]。法律社会学则通常将法律作为一种社会现象或社会事实加以研究。因此,我们可以把法社会学恰当地界定为:一门试图说明性地理解法律这种社会现象,并由此而对这一现象的过程和作用作出因果性解释的科学。这一研究方法的侧重点在于探求法律的社会作用,一面研究“活的法律”而适用之,另一面以法律制度之改良为法学者之任务,以期实现法律之目的。

法社会学的发展,可以认为与法解释学的缺陷有关。法解释学虽然是法学研究的一般方法,也是最主要的方法,但是这一方法至少存在两大缺陷:第一,它将法律文本作为注释的对象,以单纯的形式论理方法构造其原理与概念,并以此为基础达到一定的结论,而将目的论的考察置之度外,从而其所为之结论与现实生活有何意义,有时候很成疑问;第二,此方法以为法律可以完全脱离社会而存在,这一理解实属荒谬,因为如果不考虑社会之发展状况及法律之实际效果,致使法律与生活事实上脱节,这样的研究就极可能成为文字的游戏。

但是,法律社会学的研究也不能离开法律解释学而独立存在。换言之,对法律进行社会学意义的研究,必须以探求法律本文的意义为前提。[40] 不以此为前提的法律研究,属于纯粹的社会学研究,其所获得的结论为社会学意义上的结论,而非法学上的结论;以此为业之学者,其身份亦为社会学专家,而非法律专家。作为法律家(或法学家),应当始终一贯地以法律解释为己任,同时结合社会学研究方法,从而作出法律学上之贡献。

(三)法哲学与法律伦理学

伦理批评亦称价值评判,是根据伦理上善与恶、正义与非正义的观念对刑事诉讼法以及刑事司法实践进行判断,以求获得立法与司法上的改进的一种方法。传统上的法学方法主要是对现行刑事诉讼法进行伦理角度的批判,这种批判以普遍存在且能明显感觉到的正义观念为基础。自马克斯·韦伯以来,在社会科学领域似乎已经达成以下共识:对于价值以及包含价值意义的事物,均不可能提供有学术性的知识。如果照此而论,则法学根本无法登堂入室成为一门“科学”。但是对“科学”或“学问”的这种理解实际上过于狭隘。拉伦茨针锋相对地指出,“只要我们把学问理解为:一种为获得知识而进行的,有计划的活动”,则我们仍

---

〔39〕[德]马克斯·韦伯:《社会学的基本概念》,胡景北译,上海人民出版社2000年版,第1页。

〔40〕例如,关于证人出庭作证问题,首先必须明确法律上关于证人身份之界定,在刑事诉讼中,还必须明确其与被告人、被害人、鉴定人之区别;如果不进行这样的界定与区分,就很难得出法律意义上的结论。

然可以认定法学是一门学问。[41] 从而，在法学研究活动中，应当理直气壮地使用价值判断的方法，甚至应当为求得法学知识而进行有计划的、系统的价值判断。自然，这一方法不仅适用于刑事诉讼历史，而且适用于刑事诉讼规范和刑事司法实践的研究。

（四）法律史学

如前所述，刑事诉讼历史也是刑事诉讼法学研究的对象之一。对刑事诉讼历史的研究包括对外国刑事诉讼历史的研究和对中国刑事诉讼历史的研究。对外国刑事诉讼历史的研究有助于我们了解在全球化背景下当代各国刑事诉讼制度的沿革与发展、继承与嬗变、规律与特点。虽然我国当代刑事诉讼也参考了西方的刑事诉讼制度，但我国古代刑事司法传统仍然或多或少地对当代刑事诉讼的司法实践产生潜意识的影响。因此，对中国刑事诉讼历史的研究有助于了解中国古代刑事诉讼的基本制度、发展更替中的基本规律、我国古代司法文化传统中的要素特征以及其中所包含的经验教训。

拉伦茨指出："任何人想要了解法的当下情况，就必须同时考量它的历史演进以及它对于未来的开放性。过往对于——在历史中演变之——法的持续影响，这正是法史学的课题。"[42] 不同的研究者运用不同的研究方法侧重于不同的研究对象，得出不同的研究结论，并在不同的领域作出各自的贡献。对刑事诉讼历史的研究，涉及史料的考稽、史实的甄别，自然需运用到史学的研究方法。按照拉伦茨的观点，它本质上属于史学的范畴，所作的贡献自然属于史学的贡献。但我国台湾地区学者黄源盛认为，法史学既是史学的一支，也是法学的一支，但明显偏重于法学的属性——"因为它涉及法的概念、法的本质、法的作用以及法规范、法制度、司法裁判等范畴，而这些都必须置于当时的时空背景中来加以理解，才具有特殊的社会、历史与法学的脉络意义"[43]。

本书认为，历史学家很少专门对古代刑事诉讼展开历史研究；若真的展开刑事诉讼历史的研究，则一定是运用历史学的方法，对法律起源的原因进行考证，对法律变迁的动力加以考察；这或许能带给法律人耳目一新的感觉，但其成就显然属于史学的范畴。法学家若对古代刑事诉讼历史感兴趣，则一定是带着他所受的法学方法论训练，使用其在法学语境中早已熟习的术语，以及在法学训练中形成的思维逻辑，去审视历史上曾经存在的刑事诉讼制度及其实践；其所获得的

---

[41] ［德］卡尔·拉伦茨：《法学方法论》，陈爱娥译，商务印书馆2003年版，第20页。

[42] ［德］卡尔·拉伦茨：《法学方法论》，陈爱娥译，商务印书馆2003年版，第73页。

[43] 黄源盛：《中国法史导论》，广西师范大学出版社2014年版，第8～9页。

成就,通常应当以历史学家考稽订正的史料为依据,并提炼出法学上的命题,因此主要属于法学上的贡献。如果仅仅是从法律文本的时代背景、历史沿革等角度对法律条文进行规范意义的探求,则纯粹属于法解释学的范畴,与史学其实并无关联。

(五)比较法学

对刑事诉讼规范研究比较常用的方法还有比较的方法。比较研究的方法既可应用于对刑事诉讼历史和刑事诉讼规范的研究,也可运用于刑事诉讼实践的研究。对于这些对象,既可进行中外的比较,也可进行古今的比较。刑事诉讼法学界对在该领域进行比较法之研究并不陌生。既可以从同一主题出发,对各国功能相同的制度进行比较研究,以求得对该领域各国制度之共同特征、优劣对比的领悟;也可以从一国刑事司法制度的整体出发,求得对该国制度总体运行机制的完整掌握,并求得对本国制度之理解的偶然灵感。

值得注意的是,国际比较法学界在刑事诉讼法的比较研究方面研究还比较微弱。迄今为止,比较法学从开始到现在,仍主要集中在大陆法系学者称作"私法"的领域,对公法领域的比较研究则鲜有成就。这一方面是因为只有比较私法学者才关注法系理论,"而且这个理论在发展中几乎常常好像是一切法律都是由于私法而成立似的"〔44〕。无论其原因如何,结果都是公法领域的比较研究处于落后甚至被动的状态,关于刑事诉讼法的比较研究甚至不得不借用私法领域关于法系划分的理论,而这种划分实际上很难完全适用于公法领域。就刑事诉讼法而言,英美法系中的英国在追求发现真实方面远远超过美国,而且一直在朝与美国相反的方向发展,实际上日益接近欧洲大陆。尤其是,英国关于非法证据排除的规则一直是采取由法官自由裁量的态度,而这与美国实行强制排除的政策大相径庭,却与大陆法系的做法暗相吻合。因此,刑事诉讼领域中的比较研究在使用法系概念时应当谨慎。另外,各国刑事诉讼法在描述各类刑事诉讼行为时偶尔会用相同的术语指称不同的概念,因此在进行刑事诉讼比较研究时,应当更多以功能相同而不仅仅是术语相同的概念来进行比较,否则就容易犯张冠李戴、圆凿方枘的错误。

〔44〕 [德]K. 茨威格特、H. 克茨:《比较法总论》,潘汉典等译,法律出版社 2003 年版,第 103 页。

第二章　刑事诉讼历史沿革

在进入中世纪以前，无论大陆法系还是英美法系，其诉讼都具有弹劾式诉讼的特征。但在中世纪之后，以1215年为分界线，大陆法系在教会法院的刑事诉讼中率先走向纠问式诉讼，并且扩张到世俗法院。在英国，其刑事诉讼则逐渐由与被告人身份、地位平等之人组成的陪审团主导，从而孕育、诞生了当今英美的对抗式诉讼。进入近代以来，以法国大革命为分界线，大陆法系的刑事诉讼逐步借鉴了英美刑事诉讼中的对抗式因素，从而由纯粹的纠问式诉讼转向了对抗式诉讼，不过其对抗程度仍远不及英美法系；同时，英美法系的刑事诉讼虽然也对大陆法系有所借鉴，但总体而言保留了自己的特色。

第一节 古老的弹劾式诉讼

诉讼是解决纷争的一种方法,这是所有文明社会的一个共同特征。在今天,不同的文明已经发展出不同的诉讼模式;在同一种文明的不同阶段,也存在不同的诉讼模式。但是,如果稍微留意一下历史,兴许会发现,任何一种文明的源头,其诉讼形式几乎都是弹劾式诉讼。

一、古罗马的弹劾式诉讼

这一点首先可以从古罗马的诉讼形式得到印证。

(一)古罗马的诉讼形式

一般认为,罗马法的历史从十二铜表法(The Twelve Tables)开始。[1] 在这之前,罗马的法律以不成文习惯的方式存在,十二铜表法仅仅是这些原始习惯的集合。它并未规定让每个人都接受的法律,而是专注于如何解决已经提起或可能提起的争端。它尤其重视法律程序的细节,如公民如何在不寻求法院帮助的情况下进行自力救济以及如何启动一个法院诉讼程序。[2] 在罗马共和国的早期,纠纷通常是以考验和宣誓等原始的方式来解决的。十二铜表法规定,对于在夜晚入室行窃者,主人可以抓捕并在遇到反抗时将其杀死,但在大多数案件中当事人在采取行动之前还是需要法院的裁决。法院会允许当事人采取报复的手段,但是报复不能超过侵害的程度("以眼还眼,以牙还牙")。[3]

(二)集会审判

罗马人早就已经认识到,在很多情况下,争议并非来自对法律理解的不一致,而是来自对事实的认识。而后者是任何普通公民,包括没有任何法律经验的公民,都完全有能力作出决断的。[4] 这正是古罗马采用集会审判和陪审团审判

---

〔1〕 有学者将罗马法分为五个时期,其中第一个时期就是十二铜表法时期。See James Bryce, *A Comparison of the History of Legal Development at Rome and in England*, Select Essays in Anglo - American Legal History, Vol. 1, Wildy & Sons Ltd., 1968, p. 334.

〔2〕 Peter Stein, *Roman Law in European History*, Cambridge University Press, 1999, p. 4.

〔3〕 Peter Stein, *Roman Law in European History*, Cambridge University Press, 1999, p. 5.

〔4〕 Peter Stein, *Roman Law in European History*, Cambridge University Press, 1999, p. 8.

的方式的原因。但是,一直到苏拉(Sula)时代(公元前 82 ~ 前 81 年在位),常设的陪审团法院(standing jury courts)才得以建立,也只有在此以后,刑事法律才有其地位,如果没有这一制度,那么刑事法理论的产生将是不可能的。因为在此以前,古罗马的一些特别委员会是有特定意义的,而其集会审判的方式也仅应用于解决政治问题。自有了陪审团法庭之后,集会审判的方式就不再被使用。[5]

(三)陪审团审判

陪审员一开始从元老院(senators)中产生。后来的法律又设立了由元老院议员(senatorial)和骑士(questrian)以及征税人(tribuniaerarii)组成的备选陪审员,陪审员的年龄限制为 30 ~ 60 岁,并且居住在罗马或者罗马附近。陪审团的规模由设立陪审团法院的制定法规定,据西塞罗说是 32 人;在政治案件中,人数可能会更多,有资料表明曾经出现过 300 人和 360 人组成的陪审团。但后来陪审团的人数固定为 75 人,上述三种人每种人占 25 人,通过抽签的方式随机产生。[6]

从技术上说,每一个犯罪至少允许有一个起诉人;如果有多个原告(claimants),则必须首先就谁代表大家提起诉讼达成一致。起诉人必须宣誓他的起诉是出于善良意志(good faith)。然后,指控在被告人出席的条件下正式作出。如果被告人不出席,就将被视为自动放逐。然后,起诉人被允许有一段时间的调查,最短的时间期限是 10 日。在调查期间,品行良好的被告人可以获得自由,而他在这段时间内通常会准备他的辩护。在审判之日,如果起诉人缺席,则案件立即撤销;但是,被告人的缺席并不导致程序的终止。如果被告人有合理的理由不出席,如他必须在同一天出席另外一个法庭,或者正在处理共和国的事务,或者有病在身等,则审判延期。陪审团宣誓后,通常必须亲自进行诉讼的起诉人在法庭上以一个长篇的陈述开始他提起的指控。然后,被告人发表事先已经准备好的演说,但被告人的演说通常由好几个辩护人替代。接着,起诉人提出他的证据,被告人也提供自己的证据。起诉方的证人必须出庭。亲自作证,书面文书,相关文件,都可被接受,但是亲自作证最有分量。品格证据尤为重要,缺乏赞美者本身就是对该当事人的一种指责。被告人只能要求或乞求他的证人出庭。所有的证人都将被己方询问并被对方反询问。

陪审员的评议秘密进行。三种人分三组分别投票。因此,可能会出现元老院议员组成的陪审员赞成谴责被告人而骑士组成的陪审员却反对谴责的情形。

---

〔5〕 O. F. Robinson, *The Criminal Law of Ancient Rome*, Duckworth, 1995, p. 1.

〔6〕 O. F. Robinson, *The Criminal Law of Ancient Rome*, Duckworth, 1995, p. 4.

除了赞成和反对以外，陪审团还可以作出“未得到证明”的裁决。多数同意即可作出有罪裁决，如票数相等则裁决无罪释放。如果是“未得到证明”的裁决，则审判无效，重新审判。裁决之后不许上诉。[7]

（四）陪审团审判的弹劾式特征

综上可见，古罗马的诉讼程序没有任何纠问式色彩。在罗马共和国时代，被告人虽然无权强制证人出庭，但是可以获得辩护人的帮助，而原告却未能获得这种便利；在候审期间，被告人的人身自由也未受限制。因此，起诉人不享有任何优于被告人的地位；相反，被告人反而受到更为周到的保护。可以说，古代罗马法中“被告人利益更应当受到照顾”的原则在这一时期已经发展起来。另外，在指控正式提出之后，被告人还必须签发一种文件表示愿意接受审判，这一文件也是确立法院管辖权的依据。[8] 这一程序无疑体现了“没有当事人就没有法官”的弹劾式诉讼原理。这种状况延续了很长时间。在梯伯利优斯（Tiberius）[9] 时代，（在所有的政治案件中）对于原告而言，他选择国王的法院还是选择执政官法院完全出于他自己的意愿。[10]

二、古代英国的弹劾式诉讼

英国在诺曼征服以前就已经存在多种原始的诉讼形式，并且这些诉讼形式在诺曼征服以后的两个世纪内还一直存在。直到 13 世纪普通法发展起来的时候，英国的诉讼形式才开始成熟。在这之前的 4 ~ 5 个世纪中，盎格鲁 - 撒克逊人的诉讼程序只有“证明”（proof），并无“审判”（trial）。

（一）共誓涤罪、考验与决斗

证明的第一种方式是共誓涤罪。如果一个人被指控犯罪，被告人就必须通过发誓来证明自己的清白，他的誓言往往由一些支持者的誓言予以加强，这些支持者被称为“共誓涤罪人”。在“共誓涤罪”制度中，当事人可能因为口误或其他过失而败诉，也可能因为没有足够的证人的帮助而败诉。而一旦败诉，他将没有

---

〔7〕 O. F. Robinson, *The Criminal Law of Ancient Rome*, Duckworth, 1995, p. 6.

〔8〕 O. F. Robinson, *The Criminal Law of Ancient Rome*, Duckworth, 1995, p. 5. 该文件拉丁文名为“*inscriptio*”。

〔9〕 具体在位时间不详，但处于罗马帝国时代。

〔10〕 A. H. M. Jones, *The Criminal Courts of the Roman Republic and Principate*, Basil Blackwell, 1972, p. 94.

任何补救的机会。[11] 通常情况下，一个有着好名声的人总是能够通过誓证（共誓涤罪）的方式洗清罪名。但是在一些特别的案件中，如有证据显示被告人有较大的嫌疑，或者被告人有不好的品格，则可能使被告人接受"考验"这种审判。

证明的第二种方式是考验。考验的方法有两种：一种是将被告人放进冷水中看被告人是沉下去还是浮上来；[12] 在这种审判方式中，被告人的死亡几乎是毫无疑问的，因为只有在被告人沉入水中的情况下，他才被视为是无辜的，而如果他漂浮在水面上，则他必须被判处死刑。[13] 另一种是让被告人把胳膊伸进滚烫的开水中，或者让被告人用手握住烧红的热铁。[14] 毫无疑问，这些考验的方式出现的年代都非常久远，并且每一种模式都诉诸某种超自然的力量；而主持这些考验的仪式则是在宗教职员出现之后加上去的。教会职员通过一定的仪式使这样的考验客观化、长期化、神圣化。由于被告人只有在无法找到足够的证人的时候才必须接受这种审判，诉讼的结果显然离正义十分遥远，而被告人被无罪释放的比例也相当的高。

除上述两种审判方式以外，另一种为德意志部落所推崇的审判方式就是决斗，但是这种审判方式第一次出现在英国时不是撒克逊人的传统，而是诺曼人的创造。[15] 同时，它在英格兰的使用也非常罕见。[16]

（二）英国早期审判的弹劾式性质

无论是哪种审判方式，其结果对当事人都不具有当然的约束力。审判的管辖权一开始就是当事人自愿的选择，它不是来自国家的权威而是来自当事人的同意。如果他们一致同意去法院进行诉讼，则他们也只是在名誉上受诉讼结果的约束，但是法院对当事人没有更多的强制力量。它有点类似现代社会的仲裁机关，虽然有权作出裁断，但无权执行自己的判决。换句话说，诉讼的结果存在执行上的缺陷。当事人赢得了诉讼并不等于赢得了财产，如果必须实现正义，则

---

〔11〕 Sir Fredrick Pollock, Bart, *English Law before the Norman Conquest*, Selection Essays in Anglo – American Legal History, Vol. I. Wildly & Sons Ltd., 1968, p. 92.

〔12〕 在法国，冷水审判不是让被告人接受考验，而是从旁观者中随机抽出一个人放进水中进行考验。无论如何，其原理都是一样的：审判并非为了惩罚，只是让神的意志干预审判的结果，从而确定被告人是否有罪。

〔13〕 Alice Stopford (Mrs. John Richard) Green, *The Centralization of Norman Justice under Henry* Ⅱ, Selection Essays in Anglo – American Legal History, Vol. Ⅰ, Wildly & Sons Ltd., 1968, p. 116.

〔14〕 Sir Fredrick Pollock, Bart, *English Law before the Norman Conquest*, Selection Essays in Anglo – American Legal History, Vol. I. Wildly & Sons Ltd., 1968, p. 93.

〔15〕 Sir Fredrick Pollock, Bart, *English Law before the Norman Conquest*, Selection Essays in Anglo – American Legal History, Vol. I. Wildly & Sons Ltd., 1968, p. 92 – 94.

〔16〕 Alice Stopford (Mrs. John Richard) Green, *The Centralization of Norman Justice under Henry* Ⅱ, Selection Essays in Anglo – American Legal History, Vol. Ⅰ, Wildly & Sons Ltd., 1968, p. 116.

当事人还必须借助自己的力量去实现胜诉。[17] 法院与其说可以强迫当事人接受判决,不如说仅仅向当事人施加一些压力。

三、古代中国的弹劾式诉讼

(一)没有原告就没有法官

在中华法系的源头,其诉讼形式最初也是以弹劾式的面目出现的。这种形式首先表现在"没有原告就没有法官"的原则方面。"没有原告就没有法官",意味着原告有选择法官的权利,有选择追诉或者不追诉的权利。从传说中的三王时代开始,这一权利是始终存在的。史料记载:"尧崩,三年之丧失,舜让丹朱,避于南河之南。诸侯朝见者不之丹朱而之舜,狱讼者不之丹朱而之舜。"[18] 可见,在原始社会,或者说在舜的那个时代,原告可以选择法官,法官并不强迫原告。这样的制度不仅存在于原始社会,一直到夏朝的初期,情况也仍然没有多少变化。孟子在提到夏朝的一个案件时曾说:"禹崩,三年之丧异,益避禹之子于箕山之阴,朝讼狱者,不之益而之启。"[19] 所不同的是,这回避让的人权威不够,因此被避让者启欣然受理了向他投诉的案件。

(二)两造对抗,言词审理

在诉讼程序方面,古代早期的诉讼程序强调两造对抗,言词审理。关于两造对抗,可见于《尚书》的记载:"两造具备,师听五辞;五辞简孚,正于五刑。"[20] 也就是说,只有原告和被告双方当事人都到齐以后,法官才能开始审判。虽然没有明确的史料表明原告或被告缺席时的处理方法,但是法官不能偏听偏信这一点应当是很明确的。史书记载:法官断案必须"明清于单词"[21],就是因为在一造审理的情况下,相对方将失去防御之机会,法官的审理也难以真正查明案情,从而导致不公平的审判结果。

毫无疑问,"两造具备"的目的就是实现言词审理。古代文献在提到审理案件时绝口不提"阅卷"二字,而是反复强调"听讼"二字,显然不是没有道理的。比如,孔子就说:"听讼,吾犹人,必也使无讼乎?"也就是说,直到孔子的时代,诉讼都是以言词审理的方式进行的。《周礼》有一段文字详细描述了"听讼"的要

---

[17] Sir Fredrick Pollock, Bart, *English Law before the Norman Conquest*, Selection Essays in Anglo – American Legal History, Vol. I. Wildly & Sons Ltd. ,1968, p. 96.

[18] 《史记·尧纪》。

[19] 《孟子·万章》。

[20] 《尚书·吕刑》。

[21] 《尚书·吕刑》。"单词者,无证之词也。"

领:“以五声听狱讼,求民情,一曰辞听,二曰色听,三曰气听,四曰耳听,五曰目听。”[22]后人对此要求的解释是:“辞听所以视其出言,不直则烦;色听所以观其颜色,不直则赧然;气听所以观其气息,不直则喘;耳听所以视其听聆,不直则惑;目听所以观其眸子,不直则毛然。”[23]由此可见,古代的审判多以言词为主。

（三）审判公开

除以上几个原则以外,中国古代诉讼还有一个特点,那就是实行公开审判。在这方面,虽然史料显示有些冲突,但还是可以作出一些符合逻辑的推论。根据《尚书》记载,“明启刑书胥占”,《书经集传》作出的解释是“群明法律与泉共占度”,实际上就是公开审判。但是《礼记》说:“疑狱汎与泉共之。”[24]其意思似乎是遇到可疑的案件就与泉共商量,显得有点神秘主义。《周礼》还说:“凡男女之阴讼,听之于胜国之社。”[25],意思是对于男女阴讼这种有碍善良风俗的诉讼,必须实行秘密审判。[26] 因此,在古代中国,大概是属于疑难案件或者有害善良风俗的案件,才实行秘密审理,而不属于疑难案件或有害善良风俗的案件,则不属于“胜国之社”审理的案件范围。尽管如此,秘密审判的方式也必然出现在公开审判之后。因为,《诗经》曾记载召伯听讼时就不是秘密进行的。孔颖达对此诗的注释是:“召伯听男女之讼,不重烦劳百姓,止舍小堂之下而听断。国人被其德,说其化思其人,敬其树。”因此,同是男女之讼,《周礼》说要秘密审理,《诗经》却说公开审理,显然存在冲突。对此,《周礼》的注疏有一个解释:“案:诗召伯听男女之讼于小棠之下,不在腾国之社者,彼谓周公未制礼前,此据周公制礼之后,故不同。”[27]

评注2－1　弹劾式诉讼的理念

关于以上种种的诉讼形式,我们都可以把它们叫作诉讼的原初状态。就像法律史学家们经常总结的那样,这些诉讼形式具有弹劾式特征。在这样的诉讼形态之下,法院对案件的管辖一般都出自当事人的选择而不是来自国家的权威;法院的判决仅仅具有道德上的说服力而不具有当然的执行力,其执行有赖法官自身的权

[22]《周礼·秋官·小司寇》。
[23] 徐朝阳:《中国古代诉讼法》,商务印书馆1927年版。
[24]《礼记·王制》。
[25]《周礼·地官·媒氏》。
[26] 徐朝阳《中国古代诉讼法》引证说,男女之讼属于女淫之事,以其有害善良风俗,停止公开而为秘密审理。
[27] 徐朝阳:《中国古代诉讼法》,商务印书馆1927年版。

威(法官有权威的话);诉讼过程实行两造对抗、言词辩论的形式;判决往往体现着形式上的正义,实质的正义还是遥远的未来的事情。

这种弹劾式的诉讼程序有一个核心的原因:国家观念的不发达以及国家暴力的缺席。可以想象,在人类尚未完全开化的阶段,在对资源的占有和利用发生争议时,最简单、最普遍的方法就是个人暴力。以暴力的手段解决纠纷甚至一直保留到中世纪末期。它代表了人类在野蛮时期解决争议的最初形态。随着人类的不断进化,人们逐渐发展出一种不需要通过互相伤害而解决资源分配问题的手段。这种手段是如何发展起来的现在已经无从考证,但是显而易见,这经历了一个相当漫长的过程。在这个过程中,人类自身发展的需要——比如种族的繁衍、部落的强大、狩猎的需要等,这些经济上的因素必然在发挥深层的作用。

可以说,在比较原始的时代,种种世俗的禁锢还不像后来那么厉害。婚姻制度方面的发展可以作为诉讼制度方面的一个旁证:根据《诗经》的记载,古代的男女关系并不像后来那样复杂,求爱和示爱的程序也比较直接,当事人选择婚姻的自主度也比较高。在婚姻方面,"娶妻如之何?必告父母。娶妻如之何?匪媒不得"这一首诗已经脍炙人口,但是可能很少有人体会到它所映射的当时的社会状况:娶妻虽然必须告诉父母,必须有媒人提亲,但这仅仅是一种程序上的设置,实质上还是当事人自己说了算,它仅仅是在当事人自己先看中了以后对父母的一个告知程序。它与后来的"父母之命,媒妁之言",以及《周礼》所规定的"六礼"具有本质上的区别。因为后者对当事人具有实质的约束力,而前者则只具有程序上的意义。而后来这一切的出现都是社会观念发展的结果。在原始社会,婚姻关系并不稳定,男人与女人之间的关系更多的是一种性关系,这种关系的性质是一种自然关系,其目的是满足个人的需要;而当国家发展起来以后,群居或杂居状况已经改变,性的关系开始从属于婚姻这种社会关系,其目的在于实现社会所设定的"双系抚育"。[28] 如果从这个意义上来理解古代的诉讼,当然可以得出这样的结论:原始的纠纷解决形式主要是为了解决个人的问题,而不是保障所谓社会的安宁,因为那时候还没有国家,关于正义的观念也不发达,而后来的诉讼形式则渗透着国家主义甚至专制主义的精神,所侧重的也是社会关系的稳定与法秩序的安宁,个人的需要则是在社会需要获得满足的过程中附带性地得到满足。

关于国家观念的发达,也可以从中国的历史中窥见一斑。传说尧在退位之前,经四岳推举,乃确定舜为自己的继承人;在舜的时代,确定禹为继承人已经不再是经四岳的推举,而是舜自己确定后向四岳征求一下意见而已。到禹的儿子启的时候,征求意见也都免了,从此以后天下为公即为"溥天之下,莫非王土;率土之滨,莫

---

〔28〕 费孝通:《乡土中国·生育制度》,北京大学出版社1998年版,第116~117页。

非王臣”所取代。另外，在舜的时代，皋陶的作为明确显示当时王权的不够发达，因为皋陶居然可以把舜的父亲拘禁起来。[29]

因此，在国家尚未充分建立起来的时候，诉讼乃是当事人自己的事情，诉讼结果具有不确定性，当事人可以自行和解；法官居中裁断，其裁断的权威性取决于法官的权威而不是像后来那样取决于法官的权力。而当国家建立起来并且中央集权逐渐强大时，国家和社会这种“必要的恶”的效应即开始显露出来。纠问式的诉讼程序仅是其中一例。

第二节　欧洲大陆之纠问式诉讼

一、纠问式诉讼的起源

（一）弹劾式诉讼的缺陷

12 世纪末以前，教会法院适用的程序长期以来都是弹劾式的。早期教会法主要借用了罗马法的诉讼程序规则，并且扩大了其在宗教事务方面的应用。但其结果却是使刑事诉讼程序招致了很多严重的缺陷。首先，启动一个刑事诉讼程序要求私人以个人身份提交告发书。同时，诉讼的开销要由原告来支付，因此个人提起刑事诉讼的积极性常受打击。更为严重的是，如果原告败诉，则他还要对被告人因此而遭受的损失承担责任，被告人可以因此而起诉他恶意控告。此外，起诉方的证明标准也非同寻常的高，他必须为他提出的指控提供一个“完全的证明”。他提供的证据必须“像正午的太阳一样清晰”[30]。它的实际效果则是，起诉方要么让被告人招供，要么提供两个可信的目击证人，他们将作证他们看到或听到被告人实施了犯罪行为。这一标准实际上源于圣经上“对于一项指控而言至少需要两个或三个证人”这一教条。[31] 而实际上，尽管也有一些被告人在法庭上招供了，但仍有很多犯罪分子成功地抵制了任何可能导向他自我归罪的劝说。因此，定罪的判决总是很难获得。

（二）名声定罪程序

因此，在 12 世纪的最后 10 年以及 13 世纪初，教皇就已经开始试行一些惩治

---

〔29〕 详见《孟子》，“瞽瞍杀人，皋陶执之”。

〔30〕 James A. Brundage, *Medieval Canon Law*, Longman Group Limited, 1995, p. 142.

〔31〕 James A. Brundage, *Medieval Canon Law*, Longman Group Limited, 1995, p. 143.

犯罪的替代措施。其中一个对付宗教犯罪的新策略就是“名声定罪程序”(*per notorium*)。这一程序背后的原理认为,如果犯罪事实和犯罪分子的身份已经明显并且在这个社区已经众所周知,传统的精密、美好的正式程序就与之无关从而不必适用。[32] 这一程序不仅不要求有起诉人或告发,而且法院还可以放松传统程序要求的严格的证明标准。如果两个目击证人所构成的完全的证明是不可达到的,那么部分证明,即一个证人提供的有间接证据支持的证言,也可以定罪。[33]

(三)纠问式诉讼的产生

在教皇英诺森三世在位期间,英诺森三世在1199年的教令中发明了一种新的诉讼形式:纠问程序(*per inquisitionem*)。这种新的诉讼模式坚定地作为一种常设的教会刑事诉讼程序则是在1215年的拉特兰宗教会议。英诺森三世主持的这一会议有两大成果,一是通过了禁止教会职员参与考验审判的决议;[34] 二是肯定了举世闻名的纠问式诉讼。但是,英诺森三世却像所有的改革者或革命者所作的那样,声称这一诉讼模式并非最近的创造,而是有着长期的传统支持。英诺森三世还宣称,上帝自己是赞成纠问式诉讼程序的。[35] 这些断言实际上把本来是激进的变革伪装成来自圣经的权威。尽管英诺森三世所做的合理化的努力所援引的权威实际上与纠问式诉讼程序并无必然联系,但是这一程序最终还是获得了合法性。教会法官起诉被告人并决定其是否有罪这种纠问式的诉讼程序只是一个很短的步骤。英诺森三世跨出了这一步,第四次拉特兰宗教会议肯定了这一步。

二、教会法院纠问式诉讼的特征

达马斯卡(Mirjan Damaska)认为,纠问式诉讼的特征可归纳为十个方面:第一,刑事诉讼程序的启动是由国家的侦查官员在其原先进行的秘密侦查的基础上发动的。第二,在侦查的第一个阶段,侦查员的任务是确定犯罪是否存在并辨认犯罪嫌疑人;犯罪嫌疑人确定后,则程序进入侦查该特定犯罪嫌疑人的第二阶段。第三,通常被告人在此阶段总是被关押并与外界失去联系。第四,无论是被告人还是证人都在宣誓的要求下单独受到讯问,对讯问的所有回答或其他反应

---

〔32〕 James A. Brundage, *Medieval Canon Law*, Longman Group Limited, 1995, p. 144.

〔33〕 James A. Brundage, *Medieval Canon Law*, Longman Group Limited, 1995, p. 145.

〔34〕 据说,教会的这一决议的目的在于使君王和其他世俗权威认识到他们的统治离不开教会的配合。用英诺森三世的一个著名的比喻来说就是:“教会权力之于国家权力,就好比太阳的光辉之于月亮的光辉。”See James A. Brundage, *Medieval Canon Law*, Longman Group Limited, 1995, p. 141.

〔35〕 James A. Brundage, *Medieval Canon Law*, Longman Group Limited, 1995, p. 148. Gen. 18:20 - 21.

都将制成笔录。第五，直至侦查进入最后阶段，被告人也不清楚自己被指控的罪名和对他归罪的证据。第六，在所有严重的犯罪案件中，情况证据（间接证据）都不足以对被告人定罪：唯一"合法"的证明通常就是被告人的口供。第七，在严重的犯罪案件中，如果被告人拒绝供述，而侦查人员又不能收集到强有力地证明他有罪的证据，则拷打以迫使被告人供述乃是家常便饭。第八，当侦查人员结束所有的侦查活动后，他会将所有的案件材料（通常称为卷宗）移送法庭以作裁决；法庭程序的进行就建立在这样的卷宗的基础上，而在很多国家法庭基本上不见被告人。实际上，审判并不存在，法庭的功能仅仅在于终结程序。第九，公诉人即使存在，其存在对于程序的启动、推动和结束也无关紧要。第十，在众多国家，被告人均不享有获得律师帮助的权利。[36]

应当说，中世纪欧洲大陆的宗教法庭适用的诉讼程序完全具备这些特征——实际上，这些特征正是根据这样的程序总结出来的。在这个程序中，不需要起诉人，也不需要告发书，法官就可以强迫犯罪嫌疑人"依职权宣誓"。法官可以在相信嫌疑人实施了犯罪行为的基础上启动一个诉讼程序。纠问程序的整个过程——决定何时和是否提起刑事诉讼，决定指控的罪名和指控的对象，提供证人，获得他们的证言，对被告人的论证和争辩作出反应，以及作出和宣告判决，均由法官来掌握。于是，整个调查和起诉的功能都集中于法官一人身上。这种做法明显将被告人置于非常不利的地位，它为预见和偏激留下了广阔的空间。更糟糕的是，被告人在教会的任何刑事诉讼程序中都不允许有代诉人出庭作为他的代表，另外他也没有资格接受辩护人的咨询。[37]

在纠问式诉讼程序中，教会的法官成为他自己的法律，以秘密的方式控制诉讼程序。每一种辩护手段都受到拘束，每一条逃脱的路径都被堵死，被告人只能寄希望于得到他的法官——纠问者的同情。法官被任命为神圣职责的履行者，其任务就是通过铲除异端的方法为上帝复仇并纯洁信仰。他不仅是犯罪行为的法官，而且是他的牺牲者的忏悔之父，他还必须寻求他的有罪供述以便使他的灵魂得救，而不顾他曾经犯有可能导致永久受罚的良心上的错误。从而，纠问者的任务，就几乎是不可能的任务，因为它要求辨别被告人秘密的思想和观念。

秘密的侦查、自我归罪誓言的要求，以及最后拷问的使用，都只有一个目标，那就是获取被告人的口供。14 世纪的一个纠问法官写到：除非被告人招供或者被证人定罪，否则他不能受到谴责。所以，法官在深信被告人有罪但是又缺乏罪

---

〔36〕 MirjanDamaska, *Evidentiary Barriers to Conviction and Two Models of Criminal Procedure*: *A Comparative Study*, 121 U. Pa. L. Rev. 557.

〔37〕 在传统的 *ordoiudiciarius* 诉讼程序之下，一旦起诉被接受，被告人就有权了解指控的信息，他必须被传唤到法官面前，他必须获得辩护人的帮助，除非他愿意作有罪答辩。

证的情况下,就必然会采取拷问的方式获取口供。纠问式诉讼程序是一个以目的正当的方式证明其手段正当的经典例证。1252 年,英诺森四世签署了一个文件,指示建立一个制度化地迫害异端的机器,并授权使用拷打手段。这一文件授权世俗的政权拷问嫌疑人,目的在于迫使他供认出他的同谋并供认自己的异端罪行。4 年以后,教皇又授权教会法官免除相互之间的分工,因而他们可以直接运用拷问程序。[38]

通过拷打获得的口供还必须在拷打之后“自由地”复述一遍;如果被告人撤回供述,他就必须被送回拷问台重新接受折磨。毫无疑问,拷问是一种很有效的侦查方式,它既节约时间,也省了很多麻烦。除此之外,教会法官还有很多其他方法可以说服被告人招供。他可以将被告人无限期地关押,经常一关就是好几年。被告人在漆黑的地牢里,单独遭到监禁,并且总是处于半饥饿状态;他还经常受冻,有时候还不被允许睡觉。当他被带到纠问法官那里接受肉体拷问的时候,他已经根本没有能力为自己进行防卫了。

三、世俗法院诉讼程序的纠问化

利威(L. W. Levy)指出:教会是第一个将弹劾式诉讼转变为纠问式诉讼的权力机关;并且由于其无上的权威和榜样作用,这种程序迅速地激发了大陆国家世俗政权的灵感,开始按照罗马的模式改造他们自己的刑事诉讼程序;在除英格兰以外的任何地方,秘密讯问、纠问誓言和拷打都成为标准,刚开始的时候还只运用于“特别突出”的案件中,但是迅速地就蔓延到除了最轻微的刑事案件以外的所有案件的诉讼程序中。[39] 郎本(John H. Langbein)也认为,到 16 世纪中期的时候,欧洲大陆的刑事诉讼程序尽管也还存在一些细微的差别,但在总体上十分相似。德国于 1532 年、法国于 1539 年、西班牙于 1570 年分别颁布了法令。到 16 世纪,罗马教会的纠问程序在欧洲大陆已经随处可见。[40]

(一)沃姆塞法律改革

在欧洲大陆的世俗法院中,纠问式诉讼早在 13 世纪的时候就已经开始发展了。纠问式诉讼的建立是为了废除一种不合理的制度,但是它同时创立了另一种不合理的制度。德国花了三个世纪的时间来建立纠问式的诉讼制度,后来又花了三个世纪的时间来控制并彻底从刑事诉讼中废除刑讯制度。在 1496 年至

---

〔38〕 L. W. Levy, *The Palladium of Justice: Origins of Trial by Jury*, Ivan R. Dee, 1999, p. 34.

〔39〕 L. W. Levy, *The Palladium of Justice: Origins of Trial by Jury*, Ivan R. Dee, 1999, p. 35.

〔40〕 John H. Langbein, *Prosecuting Crime in the Renaissance*, Harvard University Press, 1974, p. 129.

1497 年的法律改革运动中,是否保留刑讯曾被争论。在整个 16 世纪,对这一争议的回应都是普遍的妥协,即仅仅设计一个可以将无辜者从刑讯中拯救出来的制度。[41]

1498 年沃姆塞法律改革(The Wormser Reformation)的内容,对于刑讯进行了比较文明的限制。它规定了在哪种情况下可以刑讯,对哪种人可以刑讯,对哪些人不能刑讯,并规定当好多人必须刑讯时,必须首先刑讯最可能开口说话的那个人。比如,年轻人先于老年人,体弱的人先于强悍的人,儿子先于老子,妻子先于丈夫。[42]

(二)马克西米利安刑事法院令

德国纠问式程序的中世纪传统在 1499 年颁布的法令中达到顶峰。1506 年,该法令在作轻微改动的情况下在哈布兹堡(Hapsburg)公布。这两部法律就是人们所熟知的"国王马克西米利安一世刑事法院法令"。郎本认为,这一法令所规定的诉讼程序所具有的纠问式诉讼的性质是不容置疑的。[43] 它规定:"在对某人,无论是男人还是女人,进行刑讯之下的讯问的场合。法官必须带领从来自御前会议或者舍芬庭的三个人。在他们在场的时候,以及法庭进行记录的场合下,指定之人接受讯问。违法者承认其罪行并肯定之。法庭记录必须无讹误地反映被告人之供述。法官以及跟他在一起的人必须将供述念给他听。当需要作出判决的时候,还必须读给舍芬庭或御前会议官员听。然后三名参与审讯的人必须在法官和其他舍芬庭官员的面前一致地宣誓证实这一供述。如此,这一供述就满足条件了。然后,在舍芬庭,三个人中的其中一个首先被问到他关于本案的判断。"[44]

这一程序的惊人之处并不在于它与以前的程序形成的对比,而在于它与将来的程序形成的对比。按照规定,刑讯是在一个外行侦查人员组成的委员会的面前进行的,这个委员会在将来会证明这一供述的真实性,如果被告人撤回该供述的话。古老的仪式性的程序消失了。但是,对于刑讯的限制性规定——在何时以及由谁出于何种需要进行刑讯——这些内容在后来的卡罗林那法典(The Carolina)中均有规定,但是在这两部法典中却是没有的。

---

〔41〕 John H. Langbein, *Prosecuting Crime in the Renaissance*, Harvard University Press, 1974, p. 157 – 158.

〔42〕 John H. Langbein, *Prosecuting Crime in the Renaissance*, Harvard University Press, 1974, p. 161.

〔43〕 John H. Langbein, *Prosecuting Crime in the Renaissance*, Harvard University Press, 1974, p. 158.

〔44〕 John H. Langbein, *Prosecuting Crime in the Renaissance*, Harvard University Press, 1974, p. 159.

(三)卡罗林那法典

在此之后的就是卡罗林那法典。卡罗林那法典尽管也包括一些实体的内容,但主要还是一个程序性法典。郎本认为,卡罗林那法典一个最重要的方面就是限制刑讯的使用,这也是德国的世俗政权第一次在这方面的努力。[45] 当时的人们已经认识到强迫供述的危险性,所以卡罗林那法典的有些规定就在于削弱强迫供述的不真实的危险性。它规定:

在被告人否认所指控的犯罪的时候,就必须勤勉地问他,当指控的犯罪发生时,他是否和什么人在一起,或者他在一个可以辨认的地方而且如果他在该地方就不可能实施所指控的罪行,以此来证明他的无辜。这样的措施是必要的是因为,很多人因为头脑简单或者因为害怕,甚至即使他是无辜的他也不知道他必须怎样做才能开脱自己。并且如果被告人以这种方式或者以相似的方式表明自己的清白后,法官就必须立即调查被告人所提供的情况是否存在。[46]

当开脱的借口被否定掉以后,法官仍然还有一种获得真相的替代措施,那就是使用拷打。卡罗林那法典并不相信自己规定的拷打所获得的口供,相反,它规定,在拷打的时候,不允许作笔录。必须等拷打停止的时候,被告人的供述才可以被记录下来。无论如何,这一规定都显示了该法典的起草者认识到拷打这种程序获得的供述是有问题的。所以,它又规定:“在拷打和供述两天后,被告人还必须被带到法官和两名陪审员面前;他两天前作出的供述向他宣读,并让他签字,然后他还要再次被问到,他的供述是否真实。他的回答也被制成笔录。”[47]

(四)对拷问供述的不信任

提高供述证据可信性的一个更有效的机制是调查和核实。一旦被告人供认有罪,就应当停止拷打,并继续讯问以便获得更进一步的信息。下面的规定是一个比较典型的例子:

如果被告人供认自己杀人,则法官必须问他为什么杀人;在哪一天杀的;具体什么时间;在什么地方;是否有人帮助,如果有,都是谁;尸体埋在何处,或者放在何处;用的是什么工具;他是怎样殴打或者伤害或者刺伤被他杀害的那个人,或者他是怎样杀死他的;被害人的什么东西、金钱还是其他,吸引了他,他从他身上拿走了什么;他把这些东西放在何处,或者卖了,或者分散了,或者分开了,或

[45] John H. Langbein, *Prosecuting Crime in the Renaissance*, Harvard University Press, 1974, p. 155.
[46] John H. Langbein, *Prosecuting Crime in the Renaissance*, Harvard University Press, 1974, p. 183.
[47] John H. Langbein, *Prosecuting Crime in the Renaissance*, Harvard University Press, 1974, p. 185.

者藏起来了……[48]

在获得相关的细节后，法官就必须进行可能的核查。他必须到讯问时被告人供认的地方去查看，以便证实被告人口供的真实性。当然，这样的程序可能会引导被告人说出无辜者不可能知道的地方。

思考　在现代社会，刑讯逼供早已成为过街老鼠、人人喊打。但是在有些国家，刑讯逼供仍然盛行无忌。在有些官员心中，刑讯逼供仍然是侦破案件的有力工具。在有些公众看来，刑讯逼供仍然让人很“解气”：那些事实上有罪的犯罪嫌疑人，就是应当挨打。请问：刑讯逼供虽然已经不再具有合法性了，但是其心理基础依然是存在的。你对这种心理基础如何评价？

（五）纠问制的弊端及其原因

尽管卡罗林那法典也处理其他问题，但是其最关心的还是如何调控刑讯的问题。刑讯使纠问式诉讼成为打击犯罪的有效工具，但是它的有效性已经过头了。在足够的压迫下，一个无辜的人也会同有罪的人一样急迫地供认自己有罪。另外，刑讯制度还使官员过分依赖通过刑讯口供获得的其他证据。在很高的定罪要求下，除了以刑讯这种方式收集证据就没有可行的替代方式。在开始的时候，需要口供来废除古老的证明方式；后来，罗马—教会法制度又规定可以以2名能够证明控诉要旨的目击证人代替口供。证据收集机关的地域限制、他们的管辖权，通常受到严格的限制。并且，现代的侦查技术在那时候也并不存在。更为重要的是，他们缺乏对证据进行评价的能力。一方面，证明的要求如此之高；另一方面，司法人员的专业化要求又如此之低，刑讯逼供就不可避免。

｜评注2－2｜　大陆法系诉讼制度的现代化

在英国的对抗式诉讼逐渐发展的时候，欧洲大陆国家的刑事诉讼也在发展。具体来说，当英国的诉讼在13世纪通过陪审团审判制度的引入而继续保留着原始的弹劾式诉讼风格的时候，欧洲大陆则由于宗教裁判所的建立及其诉讼程序产生的对世俗法院的影响而导致了教会法院和世俗法院均发展出了令人谈虎色变的纠问式诉讼，这种纠问式诉讼在15～16世纪臻于成熟。17、18世纪，随着启蒙运动的开展和深入，纠问式诉讼受到了激烈的批判；随后，法国大革命期间，法国率先引进

〔48〕 John H. Langbein, *Prosecuting Crime in the Renaissance*, Harvard University Press, 1974, p. 186.

了英国的陪审团审判制度，这一引进在欧洲起到了开先河的作用，大陆国家纷纷跟进，从而导致诉讼程序的革命性改变。虽然欧洲大陆国家的刑事诉讼程序没有完全成为英国模式，但二者实际上已经相去不远。

第三节　英美陪审团审判

就在欧洲大陆发展纠问式诉讼的同时，英国确立了陪审团审判制度。有意思的是，这一过程与纠问式诉讼的产生和发展几乎是同步的。当大陆国家开始建立纠问式诉讼的时候，英国开始建立陪审团审判制度；当纠问式诉讼步入鼎盛时期的时候，也正是英国的陪审团审判基本成熟的时候。

一、诺曼征服与陪审团的引进

（一）英国陪审团起源于诺曼征服

关于英国陪审团的起源，比较权威的说法是，它起源于1066年的诺曼征服。梅特兰（F. W. Maitland）指出，陪审团的萌芽可以追溯到法兰克王国，它原是法兰克国王用以保护自身利益的一种特权工具。当王室土地出现争议时，国王可以不用古代大众集会法庭的习惯方法，而是任命一名王室官员从当地居民中选择数人，组成陪审团，由陪审团决定是非曲直。其他人若想使用陪审团，则必须得到国王的恩准。法兰克王国衰落后，法国西北部的诺曼人建立的诺曼底公国却吸收了这一制度。1066年，随着诺曼征服，诺曼人将陪审团制度带进了英国。〔49〕

梅特兰关于陪审团起源的这一论述得到很多西方学者的认同。在霍兹沃斯（William Holdsworth）主编的《英国法律史》一书中，作者认为，尽管我们可以承认陪审团可能会有更多的起源，但是它肯定是诺曼国王引进的制度。〔50〕除霍兹沃斯以外，其他很多学者也认为陪审团在英国的引进是诺曼征服的结果。哈罗德·J. 伯尔曼（Harold J. Berman）认为，从公元8世纪起，法兰克皇帝和国王就曾经传唤邻居调查团，让他们回答一位巡回王室法官提出的问题——主要是关于当地习惯所确认的王室权利和违反王室命令的问题。诺曼人从法兰克人手中接

---

〔49〕 F. Pollock & F. W. Maitland, *The History of English Law*, Vol. 1, Cambridge University Press, 1923, p. 121 - 124.

〔50〕 Sir William Holdsworth, *A History of English Law*, Vol. 1, Methuen & Co Ltd. and Sweet & Maxwell Ltd., 1956, p. 313.

过了这一方法，并将其传到英国。[51] 另外，历史学家布伦纳(Brenner)也曾就陪审团的起源问题做过一个经典的评述，他认为陪审团是从发生于1066年的诺曼征服引进的一种制度，并将这一制度追溯到加洛林王朝时期的“集体侦查”(group inquests)。[52]

(二)陪审制度引进目的是丈量土地

必须注意的是，陪审团在英国的使用最初乃是出于行政的目的而非司法的目的。在诺曼征服后不久，威廉一世曾进行过一次规模庞大的全国性调查，要求申报全部地产和税款，全部统计数字记录在1085～1086年的《末日审判书》中。[53] 据记载，各村镇分别由村长和6位村民组成陪审团，经宣誓后，向钦差大臣汇报各村的土地、牲畜及财产状况。对此，科尼希(W. R. Cornish)曾评论说：“无疑地，威廉使用了当地邻居集体侦查的手段，不过只是出于获得行政信息的目的。”[54]陪审团广泛地应用于司法，则主要是亨利二世的贡献。

二、亨利二世改革与陪审团的司法化

(一)英国原始审判方式的缺陷

在亨利二世改革时代，原始的共誓涤罪的证明模式已经开始堕落。其非理性变得越来越明显。诺曼征服之后，它变得日益不为人们相信，因而也就很难继续生存下去。同时，亨利二世也不相信考验这种证明模式，因为它很容易被主持这一证明模式的牧师操纵。但是，决斗的方式又太危险了，它可能导致生命或肢体的丧失，从而减少国王的税收。所以，亨利二世决心改变这一状况。

(二)民事审判陪审团的产生

但是，亨利二世并没有取消这些证明模式。他只是在任何可能的情况下以另外的程序取代它们，通过对诉讼当事人提供更为公平的诉讼形式的方式对他

---

[51] [美]哈罗德·J. 伯尔曼：《法律与革命——西方法律传统的形成》，中国大百科全书出版社1993年版，第541页。

[52] W. R. Cornish, *The Jury*, Allen Lane The Penguin Press, First Published 1968, p. 11。丘吉尔也曾指出：陪审团是古老的法兰克王国给予英国法制的一个伟大的贡献；在诺曼征服以前，英国人并不知晓此一制度，而它在遥远的加洛林王朝时期即已存在。See Winston Churchill, *A History of the English-Speaking Peoples*, Cassell & Co., 1998, p. 90.

[53] [美]哈罗德·J. 伯尔曼：《法律与革命——西方法律传统的形成》，中国大百科全书出版社1993年版，第541页。

[54] W. R. Cornish, *The Jury*, Allen Lane the Penguin Press, 1968, p. 11.

们表示不信任。[55] 革新开始于1164年,这一年的《克拉伦登宪章》(Constitutions of Calarendon)第9条授权使用陪审团来确定某块土地是由教会持有的特殊土地(utrum)还是俗人的保有土地(assizutrum);1166年在克拉伦登举行的另一次王室会议规定,如果原告占有的土地最近为被告侵占,原告因此而提出返还该土地的诉讼请求,则这类案件应由陪审调查团审理。[56]

评注2-3 当代民事陪审团的适用状况[57]

民事陪审团是陪审团制度用于审判的第一次尝试,但其在今天的适用也最先受到限制。在英国,1854年以前,陪审团审判都是普通法院唯一的审判方式。从1854年开始,法官可以在双方当事人都同意的情况下独任审判。到1883年的时候,只有诽谤、恶意中伤、恶意起诉、非法拘禁、引诱(seduction)和违反婚约等案件由陪审团审判,其他案件则必须经申请方能由陪审团进行审判。1918年以后,陪审团在除了诈骗案件和以上提到的六种案件以外的案件中都不再适用。[58]

1913年的时候,陪审团审判在民事案件中都还占据主导地位,那一年在高等法院审理的案件中有55%是由陪审团审判的。1918年,这一数字减少到36%;1919年,即新法颁布的第一年,由陪审团审判的案件已经下降到16.5%;1922年,这一数字下降为8%。因为1918年的法律遭到批评,所以1926年由陪审团审判的案件数又上升到36%,也就是1918年的水平;这一水平一直维持到1933年;但是1933年的法律重申了1918年的原则,所以1935年这一数字又下降到12%。1968年,当德弗林勋爵应邀作汉姆林讲座时,由法官独任审判的机制已经占据了决定性地位,由陪审团审判的案件只占2%到3%。[59]

尽管陪审团在民事案件中的适用越来越少,但是这并不表明陪审团审判制度正在消亡。科尼希指出:"在英格兰和威尔士,每年都有175000人被征召为陪审员,其中有111000人真正担任陪审员。事实上,与其说陪审团审判制度在消亡,不如说其运用正在日益进入这样一个法律领域:主要刑事案件的审判。正是在这一领域,一个公正无偏的、具有代表性的且对国家的自由承担责任的法庭,显得尤为

---

[55] 丘吉尔说,亨利二世在其法制改革计划中很少使用强力(compulsion),其改革政策的第一个原则就是通过吸引(attract)而不是强迫(compel)的方式促使人们到王室的法院去提起诉讼。参见前引Winston Churchill,*A History of the English-Speaking Peoples*,Cassell& Co.,1998,p. 89。

[56] [美]哈罗德·J. 伯尔曼:《法律与革命——西方法律传统的形成》,中国大百科全书出版社1993年版,第541页。

[57] 易延友:《陪审团审判与对抗式诉讼》,台北,三民书局2004年版,第259页。

[58] 以上变化过程可参见Sir Patrick Devlin,*Trial By Jury*,Stevens & Sons Limited,Sixth Impression 1978,p. 130-131。

[59] Sir Patrick Devlin,*Trial By Jury*,Stevens & Sons Limited,Sixth Impression 1978,p. 132.

重要。”[60]在刑事审判领域,陪审团仍然发挥着重要的作用。甚至可以说,这种作用的象征意义或许与其实践意义同等重要,它对于整个国家的司法制度而言,起着榜样的作用。

(三)刑事起诉陪审团(大陪审团)的产生

克拉伦登宪章还规定,世俗人不得以不可靠的证据或不充分的证据被起诉到教会法院,但是如果嫌疑人是谁也不敢起诉的人,则镇长在教士的要求下可以让 12 个人组成的陪审团宣誓并以提起控告的方式宣告事实真相。从此,在克拉伦登宪章的规定下,就有了解决土地争议的民事陪审团和承担刑事告发义务的大陪审团。[61] 至此,民事案件中的审判陪审团和刑事案件中的起诉陪审团已经诞生。但在刑事案件中,陪审团并不裁断被告人是否有罪。其功能与其说是裁判,不如说是检举。因此,1166 年亨利二世改革产生的刑事陪审团实际上仅仅是后来刑事案件中起诉陪审团的前身。因为,这些陪审团并不作出终局性裁决,而仅作出中间性裁决。被陪审团怀疑有罪的人要求其接受考验的审判方式,对仅有犯罪名声而不被陪审团怀疑有罪的人则安排比较容易的证明方式,即共誓涤罪。[62]

| 案例 2-1 |　波士顿倾倒茶叶案

在美国还是英国殖民地的时候,英国殖民政府大肆对殖民地人民征税,并于 1765 年和 1767 年分别通过了《印花税法》和《汤森德法》,引起殖民地人民的强烈不满。由于北美殖民地在英国政府中并无代表,殖民地人民开始宣扬“无代表,不纳税”的观点。波士顿商人汉考克联合其他商人抵制英国政府通过东印度公司从中国进口的茶叶,同时销售自己通过走私渠道进口的茶叶,致使东印度公司的茶叶销量大幅下降。1773 年,英国颁布茶叶法案,允许东印度公司的茶叶直接到北美销售,从而大大降低东印度公司的茶叶成本,帮助英国本土商人与殖民地商人竞争。在此情形下,殖民地革命党人塞缪尔·亚当斯领导当地人民组织成“自由之子”,分三组每组 50 人,均打扮成印第安人,登上英国本土茶叶商人的商船,将船上货物全部捣毁,并将茶叶倒入海中。英国政府大为光火,下令关闭波士顿港口,将战船和军队开进殖民地,同时对参与倾倒茶叶的革命分子提出指控。但是由波士顿本地

---

〔60〕 W. R. Cornish, *The Jury*, Allen Lane the Penguin Press, 1968, p. 10.

〔61〕 Leonard W. Levy, *The Palladium of Justice: Origins of Trial by Jury*, Ivan R. Dee, 1999, p. 11.

〔62〕 J. S. Cockburn & Thomas Green, *Twelve Good Men And True: The Criminal Trial Jury in England*, 1200－1800, Princeton University Press, 1988, p. 5.

人组成的大陪审团拒绝合作,将所有被指控的犯罪嫌疑人都予以释放,殖民地人民反抗殖民统治的斗争受到极大鼓舞。

评注 2-4 当代美国的大陪审团起诉制度

在美国,大陪审团曾经扮演过非常光荣的角色:殖民地时期,大陪审团在很长时期内被当作人民反抗殖民地政府压迫的有力武器。其中比较著名的案件包括曾格案、波士顿倾倒茶叶案等。正是基于这个原因,独立后的美国继承和保留了殖民地时期的大陪审团起诉制度。

但在19~20世纪,美国的大陪审团起诉制度已经很难说还能扮演反抗政府压迫的角色。大陪审团成员的挑选仍然是随机性的。从大陪审团名簿中随机挑选出23名陪审员。他们担任陪审员的时间视案情而定,但一般不超过18个月。每个月履行职责的天数要视检察官的案件压力而定。在陪审团组成之后,通常由一名地区法院的法官对陪审团的职责作指示。这是法官在大陪审团面前几乎唯一的职责,也是唯一一次露面。从那之后,大陪审团听证的程序就由检察官主导。

大陪审团听证最大的特征是它的秘密性。不仅媒体和公众都被屏蔽在听证程序之外,而且犯罪嫌疑人和辩护律师也是如此,甚至连法官也不得进入大陪审团听证室。能够参与听证的只有检察官、陪审员、法庭书记员,以及被传召作证的证人。所有参与听证的人都必须宣誓保守秘密。即使在听证结束之后,陪审员也不得泄露其在听证程序中的所闻、所言。如有违反,就会被法庭判处藐视法庭罪。

听证期间,大陪审团的主要职责就是对政府提交到其面前的案件进行审查。在这个程序中,检察官负责传唤和询问证人,出示与犯罪相关的书面证据。与小陪审团不同的地方在于,大陪审团可以对证人发问,可以与检察官就案件中的证据问题进行探讨。证据出示完毕之后,检察官要求陪审团投票。陪审团会私下评议。如果12名以上的陪审员认为有适当根据怀疑犯罪嫌疑人实施了犯罪,大陪审团就会返回"起诉之决定"(true bill),经检察官签署后成为大陪审团告发书(indictment)。如陪审团认为证据不够充分,就返回一个"不起诉之决定"(no bill),针对犯罪嫌疑人的所有指控都自动撤销。

三、拉特兰宗教会议及审判陪审团的产生

(一)宗教会议禁止了考验审判

1215年,欧洲发生了两件在世界历史上足以引人注目的事件:一是英国国王约翰在兰尼米德的草地上,在一片刀光剑影中,签署了举世闻名的《自由大宪章》;二是教皇英诺森三世在第四次拉特兰宗教会议上签署了禁止教士参加考验

的审判程序的命令,以及不遗余力地镇压异端的决议。后来令人谈虎色变的宗教裁判所,就是根据这一决议而设置的。因此,利维称前者象征着自由的主题,而后者则象征着拷问的刑具。[63]

(二)《自由大宪章》与第四次拉特兰宗教会议

但是,作为"象征着自由永存之明灯"的审判陪审团,却并不是《自由大宪章》规定的结果。相反,在很大程度上,它是拉特兰宗教会议禁止教士参加决斗的审判活动的结果。如前所述,共誓涤罪在很早的时候就已经衰退了,但还没有完全消亡。而考验的审判方式取消后,唯一合法的审判方式似乎就只有决斗了。但是,英国人并不喜欢决斗的审判方式,而且法律也在朝着废除决斗的方向发展。1187 年,格兰维尔就已经指出,自由地拥有某物的权利很少能通过决斗的方式得到证明。[64] 而且,决斗永远也不能适用于年老、残疾、有病的人和妇女。因此,随着考验的消亡,英格兰的刑事诉讼程序,就像波洛克和梅特兰所宣称的那样"被夺走了最趁手的武器"。[65]

(三)刑事审判陪审团的诞生

既然考验的审判方式已经被禁止,共誓涤罪又仅适用于轻罪案件,那么在被告人被指控重罪的情况下,如果被告人不适于决斗,或者因告发者死亡而无法进行决斗时,这样的案件又当如何处理?这样的案件在 1220 年的时候发生了。其中一个案件的主角是威廉。他指控了好几个人,其中包括山姆。但是,在第一场决斗中,威廉就被山姆击败,从而被判处绞刑。这样,被威廉指控的另外几个被告人的案件就无法再通过决斗的方式进行审判。被威廉指控的被告人中有一人名叫罗杰。他是被陪审团怀疑有罪的。他本来应该通过与威廉决斗的方式证明自己无罪。但是威廉已经死了,所以罗杰也选择了由陪审团来决定:如果邻人们认为他无罪他就获得释放,如果邻人们认为他有罪那就对他定罪。在罗杰的案件中,首次出现了"接受陪审团终局裁决"的答辩形式,正是这一答辩形式标志着审判陪审团的诞生,因为从此以后,陪审团所作出的裁决就不再是中间性裁决,而是终局性裁决。[66] 至此,我们可以说刑事案件中的审判陪审团正式诞

---

〔63〕 Leonard W. Levy, *The Palladium of Justice*: *Origins of Trial by Jury*, Ivan R. Dee, 1999, p. 24.

〔64〕 Leonard W. Levy, *The Palladium of Justice*: *Origins of Trial by Jury*, Ivan R. Dee, 1999, p. 17.

〔65〕 Leonard W. Levy, *The Palladium of Justice*: *Origins of Trial by Jury*, Ivan R. Dee, 1999, p. 17.

〔66〕 *The Early - Thirteenth Century Criminal Jury*, in J. S. Cockburn and Thomas Green, Twelve Good Men and True: The Criminal Trial Jury in England, 1200 - 1800, Princeton University Press, 1988, p. 18.

生了。[67]

陪审团审判制度的确立有着深远的历史意义。它从根本上保障了英国刑事诉讼程序没有滑入纠问式诉讼的泥淖。在15世纪后半期,当福特斯鸠写下对英国法律赞美的词句时,陪审团审判制度已经被看作全英国人引以为傲的普通法中最有价值的成分。霍兹沃斯曾经写道:"由于它(陪审团)保持了那样的地位,它在16世纪极大地限制了星座法院和御前会议引进(欧洲)大陆(纠问式诉讼)程序的能力。在后来的几个世纪,它又有力地保证了行政上自由裁量权的行使符合当时人们的一般观念。"[68] 利威称陪审团为"正义的守护神";[69] 德弗林勋爵盛赞其为"象征着自由永存的明灯"。[70]

评注2-5 陪审团审判之相关制度及其意义

陪审团的挑选具有随机性,因此陪审团审判是人民直接行使国家审判权、刑罚权的唯一方式,是直接民主的直接体现形式。在美国,法律规定,陪审团的组成应当具有交叉的代表性,陪审员的挑选应当具有随机性。只有随机挑选出来的陪审团才能真正代表民意。只要是年龄在21~70岁的公民,就有担任陪审员的机会。陪审团的组成是人民真正当家做主的体现。因为任何代议制民主本质上都属于间接民主,只有陪审团审判才是由人民群众直接参与国家司法审判,并就具体案件作出裁判的权力行使方式。就司法民主化的角度而言,陪审团是民意进入法庭的最佳通道。在法官审判的情况下,法官并没有了解和掌握民意对于具体个案的动向;在网络媒体时代,汹涌的网络民意其实并不一定代表真正的民意,真正的民意也许往往成了沉默的大多数。但是,陪审团的组成人员都是普通民众,他们对案件的看法就是民意的真实体现。

陪审团的审判继承了弹劾式诉讼中当事人挑选法官的观念。由于无因回避制度辅以有因回避制度的存在,从某种意义上说,陪审员都是控辩双方自己挑选的。无因回避是指控辩双方均有权无条件要求特定的陪审员回避;其次数为20~30次不等;有因回避是有条件要求陪审员回避的制度,不受次数限制。很多时候,挑选陪审员的过程甚至超过了陪审团审理的时间长度。这种耗费时日的制度,就是希望弹劾式诉讼中当事人挑选法官的理念得到延续,通过这种方式加强法庭裁决的

---

[67] 关于陪审团审判产生之详细过程,参见易延友:《陪审团审判与对抗式诉讼》,台北,三民书局2004年版。

[68] W. S. Holdsworth, *A History of English Law*, Vol. 1, Methuen & Co. Ltd. and Sweet & Maxwell Ltd., p. 320.

[69] Leonard W. Levy, *The Palladium of Justice: Origins of Trial by Jury*, Ivan R. Dee, 1999, p. 17.

[70] Devlin, *The Jury*, Stevens & Sons Limited, Sixth Impression, 1978, p. 60.

正当性和可接受性。

陪审团最初实行一致裁决的制度，并且延续至今。在美国，大多数州都仍然实行一致裁决制度。这一制度体现了乐观理性主义的认识论。它假定：社会上所有正常的理性人，其认识客观世界的能力大体上是一样的；它不承认一部分人有着高于另一部分人的理性能力；它认为理性面前人人平等。所以，如果被告人真的犯罪了，怎么会有一个人不同意定罪呢？既然还有一个人不同意定罪，就说明控方的证据仍然存在缺陷！所以，一致裁决实际上也抬高了“排除合理怀疑”的定罪标准：在只有一个人或者三个人组成的法庭中，最多可以从三个人的角度提出合理怀疑；但由12个人组成的陪审团，却至多可以从12种不同的角度提出合理的怀疑。也正是在这个意义上，陪审团审判增加了定罪的难度。

一致裁决还体现了少数制约多数的理念。民主最简单的定义，就是少数服从多数。在这一点上，陪审团却与民主背道而驰了。相反，在陪审团的决策机制上，它体现了共和的精神：任何权力都需要制约；多数并不总是正确的；少数人的意见也应当得到尊重。所以，即使只有一个人反对，也不能对被告人定罪，陪审团必须予以解散，重组陪审团直至达到一致裁决。

陪审团这种权力制约与平衡的精神，不仅体现在一致裁决的要求当中，也体现在法官和陪审团的分工当中。在陪审团审判的过程中，最一般的说法是：法官负责法律的适用，陪审团负责事实的认定。情况基本如此。这有点类似于英国议会的上院和下院：尽管都是立法机关，但是下院却制约着上院。陪审团也是如此：尽管都是履行审判职能，但法官只能在陪审团认定事实的范围内适用法律。但是，情况又不尽如此。法官偶尔会行使认定事实的权力，陪审团偶尔会行使适用/不适用法律的权力。法官认定事实的权力在证据法中体现得比较充分：关联性的判断通常被认为是事实问题，却由法官来判断。陪审团适用法律的权力主要体现在陪审团否决法律这一实践做法：陪审团如果不喜欢某一法律，就可以通过判决明显违反该法的被告人无罪的方式，促使立法机关修改法律。

第三章　刑事诉讼模式

从诉讼模式理论之发展历程来看,比较成熟且较有影响的主要有埃斯曼的三分法理论、帕卡的“两个模式”理论以及达马斯卡的诉讼模式理论。埃斯曼的三分法将刑事诉讼分为弹劾式诉讼、纠问式诉讼与混合式诉讼。帕卡的“两个模式”理论将刑事诉讼分为犯罪控制模式和正当程序模式。达马斯卡的理论则略显复杂。首先,达马斯卡认为决定一国诉讼模式的核心因素是国家理念,国家理念则可区分为放任自由主义与积极行动主义;前者决定的诉讼模式为纠纷解决模式,后者决定的则是政策执行模式。其次,达马斯卡认为,不同的司法官僚结构可形成不同的诉讼风格。司法官僚结构可分为同位模式和等级模式。同位模式之下,诉讼呈争斗风格;等级模式之下,诉讼呈合作风格。国家理念与司法官僚结构之间又可进行不同的组合,从而产生不同诉讼模式之下的不同诉讼风格。本章第一节介绍埃斯曼的三分法理论,第二节介绍帕卡的“两个模式”理论,第三节介绍达马斯卡的诉讼模式理论。

第一节 埃斯曼的三分法理论

法国学者埃斯曼认为,诉讼制度起源于弹劾式诉讼,后来又变迁到纠问式诉讼,而近代又在很多方面回归到弹劾式诉讼。[1] 这种弹劾式诉讼与纠问式诉讼的区分是根据刑事诉讼制度在人类文明的不同发展阶段中所表现的具体特征而作的,其划分之主要依据则是国家官员在诉讼启动方面所具有的不同作用。

一、弹劾式诉讼

根据埃斯曼的论述,弹劾式诉讼最主要的特征是:(1)任何个人均有权自由地对犯罪行为提出控告;没有起诉人就没有惩罚,控告者承担起诉之责,并承担相应后果。(2)原始的习俗倾向于将紧急之需要及理想之情境最小化,它总是尽可能地避免以暴力进行复仇;被侵犯之当事人对于一些特定形式的尊重以及适当延缓其权利的实现压倒了原始的个人仇恨,这被认为是一大进步。(3)在原始社会,对被告人的审判几乎总是由与其地位相等之人,由居住在被告人所在之部落或城堡之人来进行,这被认为是对公正无偏之司法的最佳保障。(4)当事人必须亲自到场的观念来自原始诉讼所具备之决斗性质,因为所有的决斗都必须以双方到场为前提;这具有一定的象征意味,但是这无关紧要;重要的是形式盖过了实质。(5)法官在弹劾式诉讼中不得主动提起诉讼;他既不能主动管辖某一案件,又不能主动收集证据,他的职责仅仅是对提交到他面前的问题作出回应;对证据进行审查,并在证据的基础上作出决断。(6)揭露犯罪以及发现犯罪分子的程序充分地体现着当时的信仰,反映着时代的偏见。[2]

二、纠问式诉讼

与弹劾式诉讼相比,纠问式诉讼更加技术化和复杂化。根据埃斯曼的说法,

---

〔1〕 目前能够看到的资料显示,关于诉讼模式的这种区分首先在埃斯曼的著作中得到阐述。在《欧洲刑事诉讼史》的开篇,就是关于刑事诉讼模式的介绍。这种区分是根据刑事诉讼制度在人类文明的不同发展阶段中所表现的具体特征而作的区分。See A. Esmein, *A History of Continental Criminal Procedure: With Special Reference to France*, translated by John Simpson, The Law Book Exchange, Ltd., 2000. 本书引用的该书是出版社根据1913年的版本重印的版本,该书法文版的成书则是在1877~1880年——参见该书英译版作者序。

〔2〕 A. Esmein, *A History of Continental Criminal Procedure: With Special Reference to France*, translated by John Simpson, The Law Book Exchange, Ltd., 2000, p. 4-6.

纠问式诉讼最显著的特征是：(1)侦查和起诉犯罪分子不再由个人来启动，而是由国家依照职权来行使这一双重职能，由国家创制的机构负责侦查和起诉；(2)法官的职能逐渐专业化，不再由当事人自己选择，而是由国家任命，他成为统治者的代表，垄断性地行使司法权；(3)法官对案件之调查并不局限于当事人提出的证据，他自己也可以进行调查，并且这种调查以书面的形式秘密地进行；(4)拷打首先出现于较高级别的法院，并逐渐渗透到低级别的法院；(5)当事人不服下级法院之裁判，可以向上级法院上诉；(6)秘密的纠问式调查程序导致了严格的"法定证明"制度，以形成对法官必要之约束，以及对被告人必要的保护。[3]

三、混合式诉讼

埃斯曼认为，弹劾式诉讼和纠问式诉讼各有优劣，二者均不能涵盖实现正义所必要的因素。因此，在历史的发展中，二者在互相借鉴的基础上形成了混合式诉讼。其特征在于：(1)有罪断定不能在程序开始时形成，法官不能在没有控诉时就对人定罪；因此，发展出由公诉机关进行指控的制度，在公诉制度下，被害的当事人在诉讼中仅起辅助之作用。(2)判决由治安官或陪审员作出，这一制度综合了各国的实践。(3)程序被分为审前程序和审判程序两大部分，前者既不具公开性也不具对质性；后者则既具公开性又具对质性。(4)法官无须对其判决所依据之证据进行说明。(5)尽管对证据的调查及判断均须依法进行，但证据之证明力则并非由法律预先规定。[4]

| 评注3-1 |　诉讼模式的方法论意义

马克斯·韦伯认为，社会科学的任务是要获得关于具有完全特殊性质的文化现象的知识。为了获得这种知识，理想模型的建构是一座必要的桥梁。理想类型不是凭空的假设，但它能为假设提出构成的方向；它也不是对现实的一种描述，但它为现实的描述提供了一种表达的手段。获取理想类型的方式或者是片面地强化一种或几种观点，或者是把从属于这些片面地突出了观点的个别现象联合在一个自身一致的思想图像之中。这种思想图像因其概念的纯粹性而不可能经验地存在于任何实在之中，但是如果运用得当，这个概念就特别有助于达到研究和阐述的目的。[5]

---

〔3〕 A. Esmein, *A History of Continental Criminal Procedure: With Special Reference to France*, translated by John Simpson, The Law Book Exchange, Ltd., 2000, p. 8-10.

〔4〕 A. Esmein, *A History of Continental Criminal Procedure: With Special Reference to France*, translated by John Simpson, The Law Book Exchange, Ltd., 2000, p. 11-12.

〔5〕 [德]马克斯·韦伯：《社会科学方法论》，韩水法、莫茜译，中央编译出版社2002年版，第40页。

韦伯在阐述他的社会科学方法论时,并不认为他所提出的理想类型的方法是自己的首创。恰恰相反,他认为,人们早就已经在使用这种理想类型的方法。其中最典型的例子就是马克思的历史唯物主义理论。韦伯认为,所有马克思主义的特殊规律和发展结构,都具有理想类型的特点,这些理想类型在用来与实在作比较时具有卓尔不群的启迪意义。[6] 另外,人们通过思想和理解来把握实在时所依据的概念,如“个人主义”“帝国主义”“封建主义”“重商主义”等概念结构,其内容都是通过对某种具体现象的无前提条件的描述,或通过综合为许多具体的现象所共有的特征得到规定的。[7] 韦伯所举的这些例证都是为了说明理想类型对于社会科学研究的方法论意义。

刑事诉讼中的诉讼模式理论,就是通过建立理想模型的方法,求得对诉讼程序进行认识、描述、分析和评价的工具。这些模式或模型均不是现实情况的精确反映,相反,我们可以说它们是对现实状况的蓄意扭曲。它们都是在综合考察现实制度与观念的基础上,对这些具体的制度和观念加以一定程度的抽象和概括,并将其推至极端,从而形成相对或相反的概念。历史上或者现实中实际存在的制度与观念,都不会完全符合这些理想类型,在各自对立的两极之中,它们只能处于两极中的某个位置,或者接近两极,而不会处于两个极点。当我们运用这些理想模型去研究具体的制度或观念时,我们会发现,这些制度或观念与理想模型之间存在差距。但是,这种差距并不否定理想模型的价值,恰恰相反,理想模型在运用的过程中完成了它的逻辑目标,因为它在这一过程中证明了它自身的非实在性。正如韦伯在阐述理想类型对于分析历史问题中的价值时所言,“只要人们始终意识到:理想类型的发展结构与历史是有严格区别的两种东西,而结构在这里仅仅是一种手段,它能够从我们现有的知识出发有计划且有效地把历史事件归源于它的实在原因”。[8]

第二节　帕卡的“两个模式”理论

当代著名法学理论家帕卡在其著名的论文中,将刑事诉讼分为犯罪控制和正当程序两种模式。

---

〔6〕［德］马克斯·韦伯:《社会科学方法论》,韩水法、莫茜译,中央编译出版社2002年版,第52页。
〔7〕［德］马克斯·韦伯:《社会科学方法论》,韩水法、莫茜译,中央编译出版社2002年版,第42页。
〔8〕［德］马克斯·韦伯:《社会科学方法论》,韩水法、莫茜译,中央编译出版社2002年版,第51页。

一、犯罪控制模式

犯罪控制模式的理论前提在于假设刑事诉讼的首要目的在于镇压犯罪行为。法律的执行如果不能使犯罪行为得到严格的控制,就意味着公共秩序的崩溃和作为人类自由的重要条件的消失。因此,刑事诉讼程序被视为社会自由的积极保障。犯罪控制模式要求对于刑事诉讼的效率予以首要的关注,刑事诉讼必须在过滤犯罪嫌疑人、获得定罪以及对被定罪者的适当处置方面能够有效地运转。[9] 为实现这一目标,该模式将刑事程序过滤嫌犯、决断有罪以及对罪犯进行适当处置的效率视为刑事诉讼的首要注意事项;为了实现诉讼效率,首先需要使刑事诉讼迅速地进行;为了刑事诉讼能够迅速地进行,必须依赖一些非正式的制度;所以,这一模式对非司法程序的青睐胜过正式的司法程序;警察官员被赋予极大的权力而几乎不受任何法律机制的约束,法院的正式审判则尽可能后延。[10] 在犯罪控制模式之下,对犯罪嫌疑人和被告人通常实行有罪推定;其基本的假设在于:由警察和检察官控制的过滤程序可靠地显示出——没有被过滤掉的人显然很可能是有罪的。当然,此处的有罪推定并非无罪推定的相反含义,它仅仅是对于警察官员表达的一种信任。[11]

二、正当程序模式

如果说犯罪控制模式像一条流水作业式的生产线,则正当程序模式就像障碍跑式的运动场。[12] 程序中每一个连续的阶段都被设计为防止将犯罪嫌疑人送入下一程序阶段的障碍。首先,正当程序模式并不反对预防犯罪,但是该模式视个人自由重于社会安宁,对国家官员的权力总是予以限制,从而在诉讼中对政府尤其是警察的权力设置了诸多限制;其次,正当程序模式总是怀疑非正式程序的可靠性,并总是强调人类犯错误的可能性以及在非正式的调查中可能之偏见的影响,因此非正式的程序在这里几乎没有市场;最后,犯罪控制模式对犯罪嫌疑人和被告人实行"事实上的""有罪推定",正当程序模式则对犯罪嫌疑人和被告人实行"法律上的""无罪推定"。[13] 因此,正当程序模式就像一个实行严格质量

---

〔9〕 Herbert Packer, *Two Models of the Criminal Procedure*, 113 U. PA. L. Rev. 1 (1964), p. 11.

〔10〕 Herbert Packer, *Two Models of the Criminal Procedure*, 113 U. PA. L. Rev. 1 (1964). p. 10 - 11.

〔11〕 Herbert Packer, *Two Models of the Criminal Procedure*, 113 U. PA. L. Rev. 1 (1964), p. 12.

〔12〕 Herbert Packer, *If the Crime Control Model resembles an assembly line, the Due Process Model looks very much like an obstacle course*, Two Models of the Criminal Procedure, 113U. PA. L. Rev. 1 (1964), p. 13.

〔13〕 Herbert Packer, *Two Models of the Criminal Procedure*, 113 U. PA. L. Rev. 1 (1964), p. 13 - 14.

控制的工厂,从而其产出的数量必然受到严重的削减。[14]

第三节 达马斯卡的诉讼模式理论

达马斯卡于1960年毕业于南斯拉夫卢布尔雅那大学(University of Ljubljana),获博士学位;此后在南斯拉夫萨格勒布大学(University of Zagreb)任教授;现为耶鲁大学法学院教授,从事比较法学研究数十年,并兼任美国比较法学会会长。1973年,达马斯卡发表的《对定罪的证据限制:刑事诉讼的两个模式——一个比较的研究》[15]一文,奠定了他在比较法学研究领域的地位;1975年,他又发表文章,论证举证模式与发现事实之精确性的关系;[16]这篇文章实际上是对他1973年所发表文章中观点的补充。同年,达马斯卡发表文章对司法官僚结构对诉讼风格的影响首次提出自己的看法。[17] 在这篇文章的基础上,达马斯卡经过10年的研究,于1986年出版著作《正义之脸与国家权威》,[18]首次对政治因素对诉讼程序的影响进行了总结和概括,从而将对诉讼模式的分析推进到一个更为广阔的空间。该书出版后,在学术界引起广泛关注。[19] 1994年,该书即获再版。本节目的即在于对达马斯卡《正义之脸与国家权威》一书建构的理论进行介绍,并通过将其与传统的诉讼模式理论及帕卡的"两个模式"理论进行比较而阐述其理论之价值。

达马斯卡认为,决定诉讼模式的因素可以分为两个方面:一是由国家理念也就是意识形态(ideology)所决定的诉讼目标,二是由司法官僚结构(structure of judicial officialdom)所决定的诉讼风格。

---

〔14〕 Herbert Packer, *Two Models of the Criminal Procedure*, 113 U. PA. L. Rev. 1 (1964), p. 15.

〔15〕 Mirjan Damaska, *Evidentiary Barriers to Conviction and Two Models of Criminal Procedure: A Comparative Study*, 121 U. Pa. L. Rev. 506, 1973.

〔16〕 Mirjan Damaska, *Presentation Of Evidence And Factfinding Precision*, 123 UPALR 1083, May, 1975.

〔17〕 Mirjan Damaska, *Structure of Authority and Comparative Criminal Procedure*, in 84 Yale Law Journal, p. 480 - 543.

〔18〕 Mirjan Damaska, *Faces of Justice and State Authority*, Yale University, New Haven and London, 1986.

〔19〕 评论文章可参见 Arthur Taylor von Mehren, *The Importance of Structures and Ideologies for the Administration of Justice*, 97 Yale L. J. 1987; Detlev Vagts & Mathias Reimann, *The Faces of Justice and State Authority: A Comparative Approach to the Legal Process*, in 82 Am. J. Int'l L. 1988; Inga Markovits, *Playing the Opposite Game: On Mirjan Damaska's The Faces of Justice and State Authority*, 41 Stan. L. Rev., 1989。

一、国家理念与诉讼目标

对于主导诉讼的国家理念，达马斯卡建立了放任自由主义（reactive ideology）与积极行动主义（reactive ideology）两种理想类型，所对应的诉讼模式分别是纠纷解决模式与政策执行模式。

（一）放任自由主义与纠纷解决模式

在一个放任自由主义理念占统治地位的国家，国家并没有自己的目的，其职责仅仅在于为社会的交往提供一个框架。社会不受有着自己意识的政府的控制，政府不能为他的人民规定什么是值得向往的生活方式，并强迫人们为这样的生活方式而努力。政府通常被称为最小主义的政府，其职责仅仅在于保护社会秩序和解决不能由当事人自己解决的纠纷。公民对于消极的国家的联系也仅仅在于，这个国家为其提供了一种解决纠纷的中立的平台。[20]

在放任自由主义理念之下，其诉讼程序主要体现着纠纷解决的风格，从而被称为“纠纷解决模式的诉讼程序”（conflict - solving type of proceeding）。其特征体现在：第一，裁判的合法性主要来自程序的正当性。在这一前提下，公平成为涉及法律程序的首要关怀。第二，为了实现诉讼程序的公平，必须要为当事人配备平等的武装，因此往往要为力量较弱的一方提供律师的帮助。第三，当事人的自主意识得到充分尊重，纠纷解决的诉讼程序通常是当事人控制的诉讼程序。第四，诉讼中的真实更被视为当事人争论的结果，而不被视为对现实的一种反映。所以，这种程序几乎不可能成为刨纠事件真实状态的纠问程序，从而将当事人视为信息来源的做法也是不能容忍的。第五，律师的角色就是维护他的委托人的利益，并且这一利益也应当由其委托人来界定。第六，它反对改变程序的结果，哪怕该结果的确建立在错误的事实基础之上。这是因为，一是实体的正义对于一个放任自由主义的政府来说并不特别重要；二是纠纷解决程序的首要任务乃是吸收冲突。[21]

（二）积极行动主义与政策执行模式

在积极行动主义理念占主导地位的国家，国家和政府都被视为有自我意识的主体，这个主体有权为社会设定目标，有权定义什么是好的生活，并且有权在全国范围内执行它的意识形态。放任自由主义的国家将它的政府功能限定于维

---

〔20〕 Mirjan Damaska, *Faces of Justice and State Authority*, Yale University, 1986, p. 73 - 75.

〔21〕 Mirjan Damaska, *Faces of Justice and State Authority*, Yale University, 1986, p. 103 - 145.

持社会的平衡,而积极行动主义的国家则允许政府侵入公民生活的各个领域。[22]

相应地,一个理想的积极行动主义国家的法律程序就被设计为由官吏的侦查和执行国家政策组成的程序,称为“政策执行模式的诉讼程序”(policy - implementing type of proceeding)。其特征是:第一,诉讼中任何决定的合法性都主要来自它的正确性,而不是来自程序的公正性。所以,诉讼程序就有必要尽最大可能地获得一个实体上正确的结果,而不是加强公正的观念或保护其他并列的实体价值。第二,在积极行动主义国家,程序规则就只有较小的重要性和不独立的地位:它基本上是实体法的仆人。第三,由于积极行动主义国家的意识形态并不当然地认为个人是其利益的最佳代表者,当事人在政策执行模式的诉讼程序中常常被当作未成年人来对待。当事人的自主性并不具有第一重要的意义,他们通常被拒绝作为控制诉讼程序的主人。第四,由于正确地执行法律要求精确地决定过去发生的事件并为将来的发展提供可靠的预见,正确地发现事实就具有极其重要的意义。因此,政策执行模式很容易将当事人转变为信息的提供者。同时,政策执行模式喜欢职权控制模式胜于喜欢当事人主导模式。第五,私人律师对他的当事人的忠诚还要受制于遥远的国家利益的考量。当个人利益与国家利益发生冲突时,前者要服从后者。另外,由于达致一个正确的结果的责任由国家官员来承担,所以私人律师的才能对于诉讼而言并不具有关键性的作用。第六,由于诉讼中的决定随时可因其非正确性而遭到推翻,程序的结果具有高度的不确定性。[23]

二、司法官僚结构及其对诉讼程序的影响

对于司法官僚结构,达马斯卡也建立了两种理想类型。

(一)等级模式的司法官僚结构与合作风格的诉讼程序

在这种模式的司法官僚结构之下,法官往往由等级分明的专业法官组成,上下级之间的关系强调不平等的特征。职业化的官僚以及长时期的任职,均不可避免地导致专业化和程式化,而这些又导致司法官员划定一个他们认为属于他们的领域,并在处于相同情境中的人员内部发展出彼此之间自我认同的身份意识。逐渐地,“内部人”和“外部人”之间的区别变得严格化,从而“外部人”对程序的参与以及对程序决定的制作而言则变得无关紧要。为了加强权威性和统一性,不同的意见很少得到容忍。这同时导致了视逻辑上的前后一致重于个案公

---

〔22〕 Mirjan Damaska, *Faces of Justice and State Authority*, Yale University, 1986, p. 71 – 72.

〔23〕 Mirjan Damaska, *Faces of Justice and State Authority*, Yale University, 1986, p. 148 – 178.

正的“法律条文主义”或“逻辑合法主义”。[24]

它在程序上的效果是：程序的“内部人”垄断着程序的进行，“外部人”的功能则在一系列的法律程序中受到严格的限制。不仅如此，程序经常被分割成连续的片段，并在一个以服从为特征的官僚链条中展开。最后的审判则建立在这些程序阶段所积累的案卷以及程序碎片的不同决定的基础上。所有这些决定都必须为将来的审查作准备。由于每一个程序都有下一个程序进行全面的审查和检验，初始的决定常常并非注意的焦点。因此，程序的进行弥漫着合作与服从的精神。[25]

（二）同位模式的司法官僚结构与争斗风格的诉讼程序

与等级模式相对应，同位模式的司法官僚结构由未受过法律训练的外行人组成。这些外行人只是临时地在有限的时间内履行当局的职责。“内部人”和“外部人”的区分因而并不明显。因为任何人都并不优于其他人，所以法官之间浸透着平等的精神。即使是高级别的官员和低级别的官员之间也具有一种同质性，享有相同的威望。因此，不同的意见总是能够得到容忍，并且不同意见者总是能够自由而不断地重复他们的意见。因为并没有严格的级别的区分，所以很少有上级的审查。因此，整个权威的结构充满着最初裁决者的特征。从而，诉讼程序也把个案的公正看得比逻辑上的一致性重要。[26]

这样的司法官僚结构在诉讼程序上导致的效果是：由于权威只有一个等级，法律程序将注意力集中于审判事件。由于没有常设的全面审查机制，审判所作出的决定就通常被认为是最终的和不可撤销的，而来自上级法院的审查则总是作为例外而存在。所以，卷宗也就是不必要的。从而，程序也就趋向于口头化而不是书面化。程序是由外行人主持的，所以程序总是集中的，不会被分成若干个碎片。令人惊讶或者不可预见的事件在程序中也就能够得到更多的容忍。另外，法庭的戏剧化效果也由于法官裁决的终局性而得到加强。不仅如此，由于并不存在官僚和个人之间的严格的区分，程序大部分是依赖于个人提供的材料来进行的。[27]

---

〔24〕 Mirjan Damaska, *Faces of Justice and State Authority*, Yale University, 1986, p. 18 – 23.

〔25〕 Mirjan Damaska, *Faces of Justice and State Authority*, Yale University, 1986, p. 47 – 56.

〔26〕 Mirjan Damaska, *Faces of Justice and State Authority*, Yale University, 1986, p. 23 – 28.

〔27〕 Mirjan Damaska, *Faces of Justice and State Authority*, Yale University, 1986, p. 56 – 66.

三、法律程序的类型与应用

(一)法律程序的类型

因为诉讼模式是由司法官僚结构和国家意识形态共同决定的,所以这两个因素也是共同发生作用的。如果将司法官僚结构与国家意识形态相结合,则可以得出四种类型的法律程序(司法制度):(1)等级模式的司法官僚结构之下的政策执行程序;(2)等级模式的司法官僚结构之下的纠纷解决程序;(3)同位模式的司法官僚结构之下的政策执行程序;(4)同位模式的司法官僚结构之下的纠纷解决程序。尽管每一种类型的司法制度均会结合司法官僚结构和诉讼目标这两方面因素所显露的特征,但在某些场合下,这两方面的特征亦可能被加强或者削弱。例如,在积极行动主义的意识形态之下,国家也希望公民参与各种形式的仪式或程序,此时,普通公民将成为政府这个"大合唱团"中的一员,为政策执行的旋律加强音量;但是,如果司法官僚结构采取的是等级模式,那么这样的司法官僚结构必然会排斥外行人对法律程序的介入,或者阻止或削弱外行人参与法律程序的力度。此外,政策执行程序的有些方面则充斥着纠问式诉讼的因素,这些在与等级模式的司法官僚结构结合之后将得到进一步的加强,如卷宗的功能以及常设性质的上诉审查对诉讼的影响等。

(二)法律程序类型的应用

在应用这些理论模型对历史上曾经存在或现实中仍然存在的法律程序进行分析时,达马斯卡将不同的诉讼程序分别置入其所给定的表格中不同的位置(见表3-1)。

表3-1 司法制度类型的应用

模式	政策执行模式	纠纷解决模式
等级模式	中世纪欧洲大陆的刑事诉讼;大革命后欧洲大陆国家实行的混合式程序;苏联模式的诉讼程序;新中国成立初期的诉讼程序	大陆法系国家的民事诉讼程序
同位模式	以自身信息为基础的陪审团审判程序;大陪审团调查程序;当代英美积极主动的司法程序	治安法官主持的民事程序;英美传统的民事诉讼

评注3-2 达马斯卡诉讼模式的理论贡献

刑事诉讼中的诉讼模式理论,就是通过建立理想模型的方法,求得对诉讼程序进行认识、描述、分析和评价的工具。达马斯卡的诉讼模式理论是不满于传统的三分法和帕卡的二分法而产生的。无论是传统的理论还是帕卡的理论,虽然均有其应用范围内的理论价值,但是对于分析和比较诉讼程序而言,亦均有其力所不逮之处。其一,传统的诉讼模式理论主要侧重于对诉讼模式的描述,而不是侧重于对诉讼模式的理解或解释。换句话说,我们通过历史学家对诉讼模式的分类,可以了解到弹劾式诉讼、纠问式诉讼和混合式诉讼的特征,但是我们无从了解这些诉讼制度何以产生,以及它们何以具有这些特征。帕卡的二分法从价值的角度为诉讼模式建立了两种模型,其理论对于解释法律程序的诸多特征之形成原因具有很强的说服力,但是帕卡仍然没有解释为什么有些法律程序中犯罪控制的观念多一些,有些法律程序中则正当程序的精神多一些。进一步言之,如果我们将某种刑事诉讼程序标记为犯罪控制模式或者正当程序模式,那么主导这些诉讼模式背后的因素是什么?帕卡的理论,不能回答这样的问题。其二,对于当代英美法系和大陆法系诉讼程序之间的区别,无论是传统的理论还是帕卡的"两个模式"理论,都不足以对其进行解释和概括。按照传统的诉讼模式理论,纠问式诉讼和对抗式诉讼之间的区别在现代英美法系和大陆法系之间已经不存在。但是,这并不意味着二者已经完全一致。对于那些不一致的地方,如英美法系的律师比大陆法系的律师更加积极、英美法系的法庭辩论比大陆法系的法庭辩论更加激烈、英美法系的法庭审判比大陆法系的法庭审判更富有戏剧化色彩等,传统的理论在比较时便显得捉襟见肘。达马斯卡的理论正好在这两方面显示出其方法论的贡献。

达马斯卡理论贡献的第一方面,就在于他回答了诉讼模式形成的原因问题。在阅读和欣赏达马斯卡的理论的同时,我们可以清晰地感觉到,古代英国和当代英美法系的诉讼程序凸显出的风格,与这些国家所奉行的意识形态有着密不可分的联系。中世纪欧洲大陆实行纠问式诉讼;按帕卡的理论,自然是犯罪控制模式;按达马斯卡的理论,则应当是政策执行模式,这无疑导源于积极行动主义的意识形态。而英国实行的是弹劾式诉讼,是正当程序模式的诉讼,带有纠纷解决模式的特征,亦无疑导源于放任自由主义的意识形态。当代大陆法系和英美法系之间的刑事诉讼在很多方面已经趋同,乃是因为二者在意识形态方面已然不存在本质的区别。我们再看看苏联和成立初期的新中国,其刑事诉讼显然属于政策执行模式,具有纠问式诉讼的风格,这些当然是导源于比较极端的积极行动主义意识形态。思虑至此,很多原来熟知的内容,在达马斯卡的理论模式之下得到全新的解释,达马斯卡为我们已经掌握的知识提供了新的能源,从而使之闪耀出熠熠的光芒。

在这个意义上,达马斯卡的理论与传统的诉讼模式理论并不冲突,人们在运用传统的诉讼模式理论和帕卡的"两个模式"理论进行分析时完全可以同时运用达马斯卡的诉讼模式理论。达马斯卡的理论是对传统诉讼模式理论和帕卡的"两个模式"理论的充实和丰富。

不仅如此,达马斯卡的理论对于传统的诉讼模式理论和帕卡的诉讼模式理论力所不逮之处,也能给予富有见地的描述和分析。这就是达马斯卡理论的第二个贡献。在中世纪的欧洲,大陆国家完全依赖书面的材料进行刑事诉讼,一切证据和诉讼行为都必须形成书面的笔录,原因即在于等级模式的司法官僚结构存在对书面材料的需要,因为在这种司法官僚结构之下,上诉审查作为一种常设的机制而存在,初审的裁决仅仅是为上诉的审查作准备,因此程序的书面化就不可避免。而在同时代的英国,由于作为一种比较接近极端形式的同位模式司法官僚结构的陪审团裁决通常就是最终的裁决,上诉制度一直到晚近的时代才得到确立,书面笔录在诉讼过程中几乎毫无必要,其诉讼程序也就充满着言词、辩论的特征。在大陆法系,虽然等级模式的司法官僚结构并不妨碍其采用直接、言词原则,但是即使这样的司法官僚结构采用了这一原则,其实践效果也不可能达到同位模式的司法官僚结构那样的程度。可以说,上诉程序越发达,诉讼中对书面材料的依赖就越严重。在这个意义上,卷宗移送的问题与法官的素质无关,而仅与司法官僚结构有关。

另外,英美法系的律师通常比大陆法系的律师更为积极主动;就法庭辩论的激烈程度而言,大陆法系也远远不如英美法系。对于这些特征,达马斯卡的理论也具有很强的解释力。在英美法系,由于其司法官僚结构具有典型的同位模式的特征,法官与律师之间更容易产生共同语言;在实行陪审团审判的案件中,陪审团作为外行的法官,不可能与律师形成等级模式的司法官僚结构之下的所谓"内部人"与"外部人"的区分。外行人组成的陪审团一般不会形成职业的偏见,因而律师作用可以得到充分的发挥。一旦律师的作用得到加强,法庭辩论的技巧就会得到充分的发展,法庭辩论的激烈程度也自然得到增加。同时,由于对事实问题的上诉审查进行严格的限制,第一审的裁决具有决定性的意义,这同样导致了法庭辩论激烈程度的增加。这些因素同时构成了英美法系法庭审判"争斗模式"的风格。在欧洲大陆,由于上诉审查作为一种常设的机制而存在,大大削弱了第一审裁决的重要性,法庭辩论的激烈程度自然削弱。由于法官实行高度的职业化,很容易形成法官与律师之间"内部人"与"外部人"的区分,律师的作用相应难以得到发挥,法庭辩论技巧也相应地没有得到充分的发展,法庭辩论的激烈程度自然下降,剧场化的效果也终究难以出现。

达马斯卡的论证是令人信服的,因为很多问题的表述实际上是为人们所熟知的,只不过因为"熟知并非真知",经达马斯卡一说,才令人有恍然大悟之感。

第四章　刑事诉讼理念

刑事诉讼理念乃是刑事诉讼法律规范之灵魂与核心，它是指导刑事诉讼法规范确立的价值目标，是进行刑事诉讼的行动指南。因此，刑事诉讼理念是一国刑事诉讼法规范确立的动力，也是一国刑事诉讼法规范所呈现之样态的内因。一个国家有什么样的刑事诉讼理念，也就有什么样的刑事诉讼规范。而一国的刑事诉讼规范，通常是围绕刑事诉讼理念之实现而设置的。因此，解释刑事诉讼法规范，不能脱离刑事诉讼理念这一居于规范之抽象意义之上的精神实体。

不同的国家、不同的时代，存在不同的刑事诉讼理念。因此，刑事诉讼理念同时代表着一个时代的精神，它至少应当是该时代精神的体现。既然如此，刑事诉讼理念就成为一个总的价值判断标准，它应当是一个关于何为善、何为恶的基本判断准则。它反映着一个时代人们对于善恶是非的价值准则，反映着人们对世界应当如何的内心渴望。

第一节　程序正义

一、正义与程序正义

一位经济学家在分析“端起碗来吃肉、放下筷子骂娘”这一独特的社会现象时指出:第一,人的需要具有多样化的特征,并非光有肉吃就能满足;第二,照理今年的肉应当比去年多,可实际上今年碗里的肉比去年少了;第三,按社会贡献来说,本来应当是自己碗里的肉比别人碗里的多,实际上却看见别人碗里的肉比自己碗里的多,有分配不公的感觉。所以,尽管端起碗来吃了肉,放下筷子还是要骂娘。

上面提到的第三种情况,就牵涉公平、正义这一类问题。人们在很多时候会觉得自己受到了不公平的对待。这种不公平的感觉,也就是非正义的感觉。非正义的反面,就是正义。罗尔斯曾经断言:“正义是社会制度的首要价值,正像真理是思想体系的首要价值一样。一种理论,无论它多么精致和简洁,只要它不真实,就必须加以拒绝或修正;同样,某些法律和制度,不管它们如何有效率和有条理,只要它们不正义,就必须加以改造或废除。每个人都拥有一种基于正义的不可侵犯性,这种不可侵犯性即使以社会整体利益之名也不能逾越。”〔1〕

从历史上看,对于何为正义,古往今来曾经牵动过无数哲学家、伦理学家的心神,迄今也未能得到令人满意的答案(因为自古以来对于这些哲学问题从来都是只有永恒的问题,没有永恒的答案)。柏拉图认为,正义存在于社会有机体各个部分之间的和谐关系之中;每个公民在其所属的地位上尽自己的义务,做与其本性最相适合的事情,这就是正义。〔2〕 但他的学生亚里士多德却认为,正义寓于某种平等之中,它要求按照比例平等原则把事物公平地分配给社会成员,因此“公正在于成比例”。〔3〕 与此截然相反的是,英国哲学家斯宾塞认为,与正义相关的最高价值并非平等,而是自由。他说,“每个人都可以自由地做他想做的事,

〔1〕［美］约翰·罗尔斯:《正义论》,何怀宏、何包钢、廖申白译,中国社会科学出版社1988年版,第1页。

〔2〕［古希腊］柏拉图:《理想国》(第1卷、第2卷),郭斌和、张竹明译,商务印书馆1986年版;阿拉斯代尔·麦金太尔关于柏拉图正义观念的讨论,参见［美］阿拉斯代尔·麦金太尔:《伦理学简史》,商务印书馆2003年版,第五章。

〔3〕［古希腊］亚里士多德:《尼各马可伦理学》,廖申白译,商务印书馆2003年版,第135页。

但这是以他没有侵犯任何其他人所享有的相同的自由为条件的”。[4] 马克思和恩格斯则从纯粹分配平等的角度界定正义,它们全力反对收入水平上存在的悬殊差距,主张以生产资料的公有制来纠正经济分配的不平等;在这一基础上,它们提出了一个正义社会的基本构想,在这个社会中,所有的个人需要都将得到满足,从而真正的平等也将得到实现。[5] 正是由于对正义存在如此多的理解,博登海默指出:“正义有着一张普洛透斯似的脸,变幻无常、随时可呈不同形状并具有极不相同的面貌。当我们仔细查看这张脸并试图解开隐藏其表面背后的秘密时,我们往往会深感迷惑。”[6]

从以上论述来看,人们在探讨正义问题的时候,首先考虑的通常是分配的正义,以及实质的正义;而分配的正义首先体现为结果的正义,几乎很少有人想到程序的正义。实际上,程序与实体是两个截然不同的概念:实体通常直接指向一项决定的结果所包含的具体内容,程序则主要是指一项决定制作的过程与步骤。因此,实体的正义通常也可被替换为“结果的正义”,而程序的正义亦可被替换为“过程的正义”。此处所要探讨的就是程序的正义,即过程的正义。

评注 4-1 《大宪章》——程序正义的法律溯源

亚里士多德在其久享盛名的《尼各马可伦理学》的开篇就指出:“每种技艺与研究,同样地,人的每种实践与选择,都以某种善为目的。”[7] 诉讼法学也必须以表达和追求善为目的,这种善就是程序正义。程序正义的观念发达于英国,其思想最早可追溯到1215年制定的《大宪章》。它规定:“凡自由民除经与其地位相等之人依法判决或遵照内国法律之规定外,不得加以扣留、监禁、没收其财产、褫夺其法律保护权,或加以放逐、伤害、搜索或逮捕。”通常认为,该规定就是英国正当程序的法律渊源。[8]

日本学者谷口安平在分析程序正义原则在英美法中得到发展的原因时指出,陪审裁判以及作为其前提的当事人主义诉讼结构、先例拘束原则和衡平法的发展是正当程序观念发生和发达的最主要因素。[9] 首先,陪审团裁判的一个重要特征

---

〔4〕 [英]斯宾塞:《论正义》。转引自[美]E. 博登海默:《法理学:法律哲学与法律方法》,邓正来译,中国政法大学出版社1999年版,第255页。

〔5〕 [德]马克思、恩格斯:《共产党宣言》,中共中央马克思恩格斯列宁斯大林著作编译局译,人民出版社1997年版。

〔6〕 [美]E. 博登海默:《法理学:法律哲学与法律方法》,邓正来译,中国政法大学出版社1999年版,第252页。

〔7〕 [古希腊]亚里士多德:《尼各马可伦理学》,廖申白译,商务印书馆2003年版,第3页。

〔8〕 Leonard Levy, *Origins of the Fifth Amendment*, Macmillan Publishing Company, 1986.

〔9〕 [日]谷口安平:《程序的正义与诉讼》,王亚新、刘荣军译,中国政法大学出版社1996年版,第4页。

在于,陪审团对事实作出的裁决不需要给出任何理由,其性质就像神的声音那样拥有绝对的权威。在这样的制度下,结果是否符合客观真实无法证验,只能由程序的正当性来支持结果的可接受性。其次,先例拘束原则的核心是相同的情况必须给予相同的对待,但是事实上从来都不存在所谓完全相同的先例,所以“辩论的技术和程序就具有了重要的意义”。最后,衡平法的功能仅仅在于对确定的事实提供救济,但是保证认定事实之结果正确的仍然是正当程序。所以,在这些因素的影响下,程序的结果是否正确并没有客观的标准来加以衡量,而充实和重视程序本身以保证结果能够得到接受则是其共同的精神实质。在这里,只要严格遵守正当程序,结果就被视为是合乎正义的。

评注 4-2 “努力让人民群众在每一个司法案件中都能感受到公平正义”包含程序正义思想

习近平总书记在2013年对做好新形势下政法工作的批示中指出:“政法机关……要顺应人民群众对公共安全、司法公正、权益保障的新期待,全力推进平安中国、法治中国、过硬队伍建设,深化司法体制机制改革,坚持从严治警,坚决反对执法不公、司法腐败,进一步提高执法能力,进一步增强人民群众安全感和满意度,进一步提高政法工作亲和力和公信力,努力让人民群众在每一个司法案件中都能感受到公平正义,保证中国特色社会主义事业在和谐稳定的社会环境中顺利推进。”〔10〕这段讲话中的“努力让人民群众在每一个司法案件中都能感受到公平正义”一语,戳中了每一个法律人内心深处的正义感。本书认为,“努力让人民群众在每一个司法案件中都能感受到公平正义”的说法体现了程序正义的思想。

首先值得注意的是,这句名言指涉的主体是“人民群众”。人民群众当然包括当事人,但是绝不仅限于当事人,还包括诉讼参与人、旁听案件的公民、通过网络或其他渠道了解并关注案情的人。无论是不是案件的当事人,无论案件裁判结果是否与我们存在直接利害关系,也无论我们是否旁听了这个案件的审判,只要我们通过不同渠道了解到这个案件,关注了这个案件,我们作为这句名言中的主体,“人民群众”的一员,都有资格感受公平正义。这就是典型的“正义不仅要得到实现,而且要以人们看得到的方式得到实现”。如果司法机关悄悄地做了工作,让案件实现了结果的正义,但是广大人民群众完全不了解,或者只是看到了司法机关公开的工作中令人不快的部分,那就没有让人民群众感受到公平正义。只有当正义以人们看得见的方式得到实现的时候,才能说司法机关尽到了让人民群众感受到公平正义的适切努力。

---

〔10〕 习近平:《论坚持全面依法治国》,中央文献出版社2020年版,第17页。

这句名言的另一个关键词是“司法案件”。注意这里的表述不是“司法判决”,而是“司法案件”。既然是司法案件,就包括了从立案、侦查、起诉到审判、宣判、执行的每一个环节,而不仅仅是作出一个实体上正确的司法判决。如果仅仅是强调实体上的公平正义,这句名言的表述就应当是“努力让人民群众在每一个司法判决中都能感受到公平正义”。而这句名言的表述,恰恰是让人民群众在每一个司法案件中感受到公平正义,而不仅仅是在每一个司法判决中感受公平正义。可见它强调的显然不仅是结果的正义,还包含了过程的正义,也就是程序正义。

这句名言还用了“每一个司法案件”这样的表述。这实际上要求司法人员不能机械地拘泥于实体法的规定,而是要根据每一个案件的具体情况,结合法律规定作出适切和妥当的裁判。因此,与普遍的实体正义相较而言,这句名言更多地注重个案的正义。个案的正义往往对程序正义提出了更多的要求。因为,个案正义通常会要求对实体法的适用应根据不同案件的具体情况作出调整。如果没有程序正义的保障,对实体法的适用进行调整就会偏离法治的轨道。可见,“努力让人民群众在每一个司法案件中感受到公平正义”的提法,由于强调了个案中的公平正义,正是与程序正义的思想不谋而合。

二、程序正义的基本要素

对于程序正义的基本要素,理论上也是见仁见智。陈瑞华认为,程序正义的基本构成要素包括程序的参与性、裁判者的中立性、程序的对等性、程序的合理性、程序的及时性和程序的终结性等六个方面。[11] 陈瑞华的观点深受萨默斯程序价值理论的影响。[12] 程序正义是否应当包含程序的终结性,值得商榷。本书认为,程序正义的内容应当包括法官中立、程序参与、平等武装、程序理性以及程序及时等原则,以下就上述五个方面略作展开。

程序正义的第一个要素是法官中立,它指的是法官必须是一个不偏不倚(impartial)的裁判者,他必须不受偏见(bias)、利益(interest)、不适当的动机(improper motive)等的影响,而且必须效忠于法律之下的平等原则(committed to equality under the law)。

程序正义的第二个要素是程序参与。这里的参与主要是指诉讼当事人在程序决定的制作过程中应当有机会充分表达自己的声音,其意见应当得到充分的听取;司法裁判者应当注意与当事人的交流,充分尊重当事人及其委托人表达意

〔11〕 陈瑞华:《刑事程序的法理》(上卷),商务印书馆 2021 年版,第 228 ~ 236 页。

〔12〕 关于萨默斯的程序价值理论,参看陈瑞华:《程序正义理论》(第 2 版),商务印书馆 2022 年版,第 52 ~ 58 页。

见的意愿,等等。除此之外,诉讼中的司法官员必须对当事人、其他诉讼参与人表现出充分的尊重。这里的尊重,指的是司法官员在其所主持或主导的诉讼程序中对诉讼当事人及其他参与人都必须以礼相待。[13]

| **案例4-1** | 曾某钦诈骗案(续)

案例1-2介绍了曾某钦诈骗案的起因、经过与裁判结果。二审过程中,辩护人通过庭审和提交书面意见,发表辩护意见如下:

一、本案不属于凭空捏造,不构成虚假诉讼类型的诈骗;即使认定为部分篡改型诉讼,也不构成诈骗

1.本案不属于凭空捏造,不构成虚假诉讼类型的诈骗。虚假诉讼类型的诈骗以构成虚假诉讼罪为前提。但本案并不存在虚假诉讼。《刑法》第307条之一规定,所谓虚假诉讼,是指"以捏造的事实提起民事诉讼,妨害司法秩序或者严重侵害他人合法权益"的行为。所谓"捏造的事实",就是指凭空编造的不存在的事实,就是无中生有,从零到一。就本案来看,本案涉及的5个民事诉讼,即便按照姜某长一方的计算,或者按照一审法院的认定,每一个项目被告方都欠原告方租赁款,只是各个项目所欠金额不等,完全不存在以捏造的事实提起民事诉讼的情况。因此,不存在虚假诉讼,也就不存在以虚假诉讼为表现形式的诈骗。

值得一提的是,辩护人在徐汇区人民检察院审查起诉期间就已经向当时负责审查起诉的检察官提出过上述观点。检察官显然是同意上述观点的。因为,一审庭审期间,从徐汇区人民检察院到闵行区人民检察院担任本案公诉人的检察官当庭表示,本案不构成虚假诉讼,检察院并非将曾某钦的行为当成虚假诉讼类型的诈骗。因此,辩护人对此观点不作更多展开。

2."部分篡改"型的诉讼行为,不能评价为诈骗罪,何况本案也不存在"部分篡改"。最高人民法院、最高人民检察院《关于办理虚假诉讼刑事案件适用法律若干问题的解释》(法释〔2018〕第17号)第7条规定:"采取伪造证据等手段篡改案件事实,骗取人民法院裁判文书,构成犯罪的,依照刑法第二百八十条、第三百零七条等规定追究刑事责任。"该解释前6条都是在说"凭空捏造型"的虚假诉讼,只有在这一条才说到"部分篡改型"的虚假诉讼;根据这一条规定,"部分篡改型"虚假诉讼显然是只能以手段行为来定罪,而不能认定为诈骗罪。对此,最高人民检察院法律政策研究室检察官撰写的《〈关于办理虚假诉讼刑事案件适用法律若干问题的解释〉重点难点解读》一文明确指出,在"部分篡改型"的案件中,民事诉讼中的一方如果有伪造证据、妨害证人作证的行为,则仍然只能以其手段行为定罪,并不能直

〔13〕 Roger K. Warren, *Public Trust and Procedural Justice*, 37 Court Review 12, 2000, p. 14.

接认定为诈骗罪;如果手段行为不构成犯罪,则也不能以诈骗罪直接追究刑事责任。可见,不构成虚假诉讼却以诉讼为表现形式的诈骗,在我国刑法体系中根本就不存在。根据司法解释,部分篡改型的诉讼行为如果有伪造证据、妨害作证等行为,就只能按照手段行为触犯的罪名来处理,不能按照诈骗罪来处理。如果仅仅是虚假陈述,没有伪造证据、妨害作证等行为,就完全不构成犯罪。

辩护人并不是说曾某钦实施了部分篡改的行为,而是说即使按照一审法院的认定,曾某钦也没有伪造证据、妨害作证等行为,其行为无论如何也不构成犯罪。其实,在本案第一审程序中,辩护人在庭审过程中以及庭后提交的书面辩护意见中,就已经反复表达过这一观点。遗憾的是,一审判决对辩护人的观点完全没有回应。二审庭审中,检察官的答辩对于辩护人发表的上述意见也没有作出回应。

二、本案所谓“诈骗款”均被冻结在法院,曾某钦不可能完成“诈骗”

2020 年 2 月 28 日,曾某钦一方发函给中建四局六公司,表示愿意将诉讼中多收的款项退回。3 月 2 日,该函件被签收。3 月 3 日,姜某长向公安机关报案,并获得立案。3 月 6 日,姜某长主动向闵行区人民法院支付 286332.05 元,该款执行到曾某钦一方账户。这是案发后唯一一笔执行到曾某钦一方账户上的执行款。3 月 11 日,闵行区人民法院从姜某长账户划拨 1356796.65 元,但是在该款执行到曾某钦一方账户之前,姜某长就以刑事报案为由中止了执行,因此该款并未执行到曾某钦一方账户。2020 年 5 月 20 日、7 月 17 日,姜某长又主动向闵行区人民法院付款 200 万元、1435594.17 元,合计 3435594.17 元;这部分资金汇入后,姜某长仍以刑事报案为由申请中止执行。以上三笔执行款共计约 479 万元,均在法院冻结。

也就是说,姜某长打入法院的执行款,不仅是在已经刑事立案之后打入,而且是一边打入后,一边申请了中止执行,将执行款冻结在了法院。这意味着,姜某长打入法院的这些执行款,即使在认定诈骗罪成立的情况下,也根本不可能到曾某钦手上。

需要指出的是,诈骗罪的既遂,指的是诈骗罪的完成形态。诈骗罪的完成形态,包括以下几个环节:(1)行为人虚构事实、隐瞒真相;(2)被害人上当受骗、陷入错误;(3)被害人处分财产;(4)行为人取得财产。

在通过诉讼进行诈骗的案件中,诈骗罪的完成形态略有变化,具体为:(1)行为人虚构事实、隐瞒真相;(2)法院上当受骗、陷入错误;(3)被害人向法院交付执行款;法院处分财产,向行为人交付财产;(4)行为人取得财产。

无论是哪种类型的诈骗,都以行为人取得财产为诈骗的完成形态。但本案中,由于姜某长在交付财产之前已经报案并向法院申请中止执行,无论如何曾某钦一方都不可能取得财产。因此,曾某钦根本不可能完成诈骗。

另外,一审判决关于第一批诉讼涉及 210 万元的认定也自相矛盾。一审判决认定曾某钦通过第一批诉讼诈骗了210万元的前提，是姜某长在昆山世茂、常州华润、苏州华润三个老项目不欠钱；但与此同时，一审判决又认可三个旧项目尚欠146万元。这个认定显然自相矛盾。

三、第二批诉讼中的“否认结算效力”不属于诈骗

对于结算，曾某钦一方认为，根据每个月的月结单就可以进行结算，每个项目最后一个月的月结单，就是总结算；不需要李某明再进行所谓的结算。对此问题，姜某长的说法与曾某钦的说法存在矛盾，只能说明双方对于结算的方式有分歧，对于结算的效力有分歧。事实上，曾某钦一方从来都没有“否认结算”，一直都只是否认结算的效力。结算效力问题本身是一个法律问题，对结算效力的否定，不等于隐瞒真相。

1. 第二批诉讼涉及的三个项目中，李某明的确超越了代理权，所签订的结算协议实际上是无效的。刑事一审判决和二审出庭检察官认为李某明有权进行结算，主要是因为：第一，在案证人证言及微信聊天记录等证实上海得高偌华公司和恒系公司混同经营并由曾某钦实际控制，李某明是曾某钦的妹夫；第二，在过去所有的商业合作中，都是李某明出面签订合同并进行结算；第三，其他与曾氏家族合作的公司也都认为李某明有代理权。辩护人认为，这种认定完全没有法律依据。第一，从法律上看，有没有代理权，关键看有没有授权；如果没有授权，即使李某明是曾某钦的亲弟弟，也不一定有代理权。第二，李某明出面签订合同并在结算单上签字，并不意味着李某明的结算就一定能获得公司认可。对此，曾某钦反复表示：只要是在合同范围内的结算，公司肯定是认可的；超出合同范围外的结算，公司肯定不认可。民事诉讼中的法院也认为，被告主张李某明为经办人的“补充协议”仅为草签、后被取代，证明力较低；且结算内容中出现了多处不利于原告的合同条款变更，被告无法证明李某明从原告处获得了权限。法院还指出，即使认为李某明构成表见代理，其代理行为也必须获得事后追认；而民事诉讼中的被告并没有证据证明原告对李某明的行为事后进行了追认。第三，在警方调查的与上海恒栋租赁站、上海恒广建设工程队等公司有过合作经历的其他民事主体中，也有证人明确提道：“如果有授权的他就可以代表，我们一般都要对方公司提供授权到个人。”而在前述诉讼涉及的项目中，被告方并无证据证明原告公司授权给了李某明。

基于以上事实，辩护人认为，李某明的结算行为确实没有获得授权，民事诉讼中的被告也没有提供证据证明李某明的让利行为得到了授权。既然没有获得授权，事后也没有获得追认，那么结算行为当然无效。在此问题上，民事诉讼中的原告并没有虚构事实，也没有隐瞒真相。

更加重要的是，李某明到底有没有结算权代理权，归根结底是一个民法问题。这个问题在民事诉讼中已经得到充分调查、充分辩论。

2. 即使双方已经进行了结算,原告方要求重新结算也不是诈骗。刑事一审判决书第23页认定:“昆山世茂、常州华润、苏州华润这三个项目分别在2014年底、2015年底完工,李某明签订的结算单均系在工程结束后两个月内,姜某长一方亦按照结算单上所述金额支付了绝大部分款项,付款时间线也符合工程结算规律,之后近3年时间里,双方均未提出任何异议、未催收款项。直至2018年11月,曾某钦一方突然提起诉讼,否认结算行为。”这一认定完全是错误的。曾某钦一方并不是直到2018年11月才突然提起诉讼否认结算行为。事实上,对于常州华润项目,李某明2017年9月已经到东原句容去找姜某生结算。

综观全案,警方、检察机关、一审法院都在纠结于已经结算的项目是否可以重新结算这个问题。例如,在对姜某东的询问中,证人姜某东表达了已经结算过的项目就不能推翻的观点。被害人姜某长也说:“那几年甲方付款慢,我们没有根据协议具体要求时间付款,那么对方可以讲明按协议条款进行处置,但你根据协议条款可以取消让利,却不能推翻已经做的结算。”

问题是,“已经结算就不能再结算”的观点即使成立,也属于规范命题,并非事实命题;对于这个问题,恰恰是应当由法院的民事法庭来作出判断的,而不是由公安机关通过证人之口得到证明。事实上,本案的确存在结算错误的情形,甚至不排除李某明和对方一起谋取私利的可能性。

以苏州华润项目为例,在苏州华润项目的诉讼中,项目总金额407万余元,已经支付50万元,尚欠350余万元;姜某长在与李某明结算时将尚欠款350万元说成项目总金额350万元,后来又将已支付50万元说成已支付200万元,一加一减少算了100万元。对这一过程,李某明的供述与曾某钦的供述能够相互印证,足以认定。而在警方对姜某长讯问时,姜某长对这一问题则顾左右而言他,最后估计被侦查人员追问了,才又回到这个问题,但其回答实际上相当于认可了曾某钦一方的这个说法。在这一事实前提下,仅苏州华润项目一项,姜某长就“套路”了曾某钦一方100万元。

常州华润项目,李某明作出大幅让利后回到公司,公司不予认可,李某明第二天即通知袁某荣。后因姜某长出国,李某明打电话给姜某长,姜某长说找他弟弟姜某生结算即可,因此李某明才找到姜某长的弟弟姜某生,姜某生签字表示按实结算。这样的重新结算,在民法上没有任何问题,不应认定为诈骗。

3. 即使不允许重新结算,债务人也没有全额履行债务,在此情况下起诉也谈不上诈骗。就算李某明确实有代理权,或者其无权代理的行为已经获得事后追认,已经结算的项目也不允许推翻。问题是,在第二批起诉的所有三个项目中,债务人姜某长一方都没有按照李某明签字认可的日期和金额足额支付、及时支付。李某明做过总结算,但是,姜某长没有按照结算单及时、足额支付结算款。本案中,涉案的苏州华润、常州华润、昆山世茂三个项目都存在不及时支付、不足额支付的问题。按照李某明的证言,让利取消,意味着之前在已损坏或灭失的钢管米数、扣件个数、合同单价等基础上所做的让利都是要取消的,实际上就意味着每个项目都要按照最后一个月的月结单上记载的金额来付款。

……

八、从本案程序来看,也很容易看出来这是一个姜某长个人借助国家公权力干预经济纠纷的假案

1. 本案徐汇区公安机关无管辖权。《关于办理虚假诉讼刑事案件适用法律若干问题的解释》第 10 条规定:"虚假诉讼刑事案件由虚假民事诉讼案件的受理法院所在地或者执行法院所在地人民法院管辖……"据此,虚假诉讼刑事案件只能由民事诉讼的受理法院或执行法院所在地管辖。从公安机关的起诉意见书来看,该案最初显然是被当作虚假诉讼类型的诈骗来受理、立案并移送检察院提起公诉的,因此当然应当适用上述解释关于管辖的规定。本案民事诉讼受理法院和执行法院均为闵行区人民法院,因此本案只能由闵行区公安机关立案。

案件进入徐汇区人民检察院之后,经过辩护人与检察官沟通,检察官没有采纳辩护人关于曾某钦无罪的意见,但是采纳了辩护人关于曾某钦不构成虚假诉讼的意见,因此以所谓的诈骗罪坚持起诉。但是,即使按照诈骗罪处理,本案仍然不属于徐汇区管辖。根据《刑事诉讼法》第 25 条的规定,刑事案件由犯罪地或者被告人居住地的人民法院管辖。本案徐汇区既不属于犯罪地,也不属于被告人居住地。曾某钦和姜某长就五个项目分别签订的租赁合同中,约定的合同履行地均是闵行区,昆山项目中的租赁合同又特别注明,合同签订地是斜土路 500 号,即黄浦区。双方交付货物的地点均在上海之外,而领取汇票后,曾某钦一方兑现的银行是在闵行区的中国银行或者松江区的中国农业银行。因此,本案的犯罪行为发生地和犯罪结果发生地均不在徐汇区。因此,徐汇区没有管辖权。

对此,审查起诉阶段检察官的答复是"被害人管辖权"。经查,《刑事诉讼法》并无被害人管辖权一说。公安部《关于受害人居住地公安机关可否对诈骗犯罪案件立案侦查问题的批复》(2000 年 10 月 16 日,公复字〔2000〕10 号)指出:"诈骗犯罪案件的犯罪结果地是指犯罪嫌疑人实际取得财产地。因此,除诈骗行为地、犯罪嫌疑人实际取得财产的结果发生地和犯罪嫌疑人居住地外,其他地方公安机关不能对诈骗犯罪案件立案侦查,但对于公民扭送、报案、控告、举报或者犯罪嫌疑人自首的,都应当立即受理,经审查认为有犯罪事实的,移送有管辖权的公安机关处理。"据此,被害人居住地公安机关无权管辖,姜某长可以向其居住地的徐汇分局报案,但徐汇分局受理后,应当移送给有管辖权的公安机关。

2. 徐汇公安机关不仅没有管辖权,而且在程序上也是违法立案。最高人民检

察院、公安部《关于公安机关办理经济犯罪案件的若干规定》第20条规定："涉嫌经济犯罪的案件与人民法院正在审理或者作出生效裁判文书的民事案件，属于同一法律事实或者有牵连关系，符合下列条件之一的，应当立案：……（三）公安机关认为有证据证明有犯罪事实，需要追究刑事责任，经省级以上公安机关负责人批准的……"本案未见上海市公安局局长的批准。一审庭审时，公诉人明确表示不知道上述规定。

3. 从姜某长报案经过来看，也能看出这是一个人为制造的假案。本案曾某钦一方于2020年2月28日给中建四局六公司发函表示愿意退还因诉讼中追加诉讼请求导致多收的款项。姜某长3月2日收到函件后立即向公安机关报案，公安机关违法立案后姜某长立马给法院汇入执行款，以造成曾某钦诈骗"既遂"的假象；但姜某长打款后公安机关立即到法院将执行款查封，实际上姜某长并无任何损失，所谓的执行款也并未流入曾某钦账户。不仅如此，公安机关在法院已经将执行款冻结的情况下，还继续查封了曾某钦账户上1300万元资金。这种前脚立案、后脚打款，打款之后立即冻结的行为，很明显是人为制造的刑事案件。

综上所述，姜某长故意报假案、公安机关在没有管辖权的情况下，未经上海市公安机关负责人批准违规立案，立案后姜某长故意将执行款汇入法院，公安机关无缝衔接将执行款查封，并大幅超额查封曾某钦账上资金，这一系列操作，都说明本案就是一起私人利用公权力插手经济纠纷制造的假案。

思考　曾某钦案辩护意见中的第一、二、三、八部分都是在阐述辩护律师对于本案有关的法律规定的理解。就你所掌握的刑法学知识而言，你认为辩护律师的意见是否成立？人民法院如果对辩护律师的意见不赞成，是否应当在判决书、裁定书中反驳并说明理由？

程序正义的第三个要素是平等武装。平等武装也包含对当事人的平等对待。但是，平等武装首要的内容是从法律上赋予被追究刑事责任的那一方当事人更多的防御力量，如反对自我归罪的特权，获得律师帮助的权利等。其中，获得律师帮助的权利实际上是通过加强被告方防御的力量而平衡控告方力量过于强大的现实。赋予犯罪嫌疑人、被告人反对自我归罪的特权也意味着被告方不得被强迫提供不利于己的证据，不得被强迫为自己的敌人提供打击自己的武器。

程序正义的第四个要素是程序理性原则。美国学者富勒指出，程序理性原则要求法官在审判过程中必须做到仔细地收集证据并对各项论点进行考虑；仔细地对这些证据和论点进行衡量；冷静而详细地对案件作出评议；公正而无偏私地解决问题并以事实为根据；为判决和决定提供充足的理由。

程序正义的第五个要素是及时性原则。这是基于诉讼效率和保障人权两方面的考虑。关于诉讼效率的思想,我国古代早有论述。《易经》有“不留狱”之说,即为例证。《周礼·秋官》曰:“凡士之治有期日,国中一旬,郊二旬,野三旬,都三月,邦国期。期内之治听,期外不听。”这一关于诉讼期间的规定,也可以被视为诉讼效率思想的体现。日本学者谷口安平认为,“迟延诉讼或积案实际上等于拒绝审判。因此,迅速地审判一直被当作诉讼制度的理想”[14]。这里所说的迅速审判首先意味着迅速及时的判决,迅速及时的判决也体现着刑事诉讼的效率原则。从保障人权的角度看,对被告人进行迅速的审判乃是被告人的一项基本人权,因为久拖不决的诉讼一方面有可能使被告人遭到无限期的羁押,另一方面有可能使其法律地位处于长期的不确定状态,而这与人类追求确定性的心理本性显然正相违背。同时,一个无辜的被告人总是希望早日洗清自己的冤屈,而一个受害的正常人也同样希望其正义早日得到伸张。因此,无论是对于被告人还是被害人而言,对正义的耽搁即为对正义的拒绝(justice delayed is justice denied),对正义的拒绝即为对正义的嘲笑(justice denied is justice derided)。

三、为什么需要程序正义

在现代国家,刑事审判程序并不仅仅是为了发现真相(这一价值背后隐含的目标实际上是打击犯罪,因此两个语词基本上可以相互替换)。打击犯罪既不是刑事诉讼的唯一目标,也不是刑事诉讼的最高目标。相反,与打击犯罪、发现真实处于同一层次的目标还包括保障人权、维护社会的一些基本关系(如婚姻关系、律师与委托人之间的职业秘密等)等内容。

从其根本来说,刑事诉讼与民事诉讼一样,其首要目标仍然是解决纠纷,只不过这种纠纷通常是由代表国家的政府提起的、以公民为另一方的纠纷。法院在解决纠纷的过程中还要禁止邪恶的事件、展示文化的意味、树立善良的风俗、塑造行为的模式。从这个角度来说,法院的决定必须具有正当性,或者说可接受性。对此,查尔斯·尼桑曾经精辟地指出,裁决的可接受性是法律能够道德化和具有教育功能的关键;因此,审判尽管表面上看起来是一个发现真实的过程,但实际上则是一个剧场、一场戏剧,公众通过参与而从中吸收应当如何行为的信息。[15] 在这个过程中,发现真实和打击犯罪均不是最终目标,它们与程序正义一样,都服从于更高的目标:树立司法机构的权威性,加强裁判的正当性。

---

〔14〕 [日]谷口安平:《程序的正义与诉讼》,王亚新、刘荣军译,中国政法大学出版社 1996 年版,第 55 页。

〔15〕 Charles Nesson, *The Evidence or The Event? On Judicial Proof and the Acceptability of Verdicts*, 92 Harv. L. Rev. 1359. 参见本书第一章。

毋庸讳言,之所以需要程序的正当性来加强司法机构以及法院裁决的权威性,最根本的原因还是在于程序本身的缺陷,即刑事审判不可能成为一种完善的正义。在这方面,罗尔斯是正确的。无论诉讼程序如何设计,都不可能完美地实现实体正义的结果。即使在以发现真相作为其唯一目标的纠问式诉讼程序之下,也不是所有的裁判都体现着真相。更何况,在当今世界,任何一个文明的国家都至少在理论上声称其刑事诉讼的重要目标之一在于保障人权。对人权的保障在很大程度上是要阻碍真相的实现的,其中著名的规则莫过于反对自我归罪的特权。它在中国未能得到确立的一个重要原因是理论上通常认为,它可能会成为发现真实的最大障碍。另外一些规则如非法证据的排除规则、律师辩护制度等,均在一定程度上阻碍着真相的发现。在这样的情况下,一个可能在实体上错误的裁判结果如何获得其正当性就是一个问题。至少,司法机关的权威性和裁判的正当性绝无可能单纯通过裁判结果的正确性而得到确立。因此,程序的正义就成为加强司法机关权威性和司法裁判正当性的一个重要考虑因素。

随着世界政治经济形势的发展,程序正义已成为一种深入人心的诉讼观念。美国联邦最高法院大法官杰克逊认为,程序的公正和合理是自由的内在本质;可能的话,人们宁愿选择通过公正的程序实施一项暴厉的实体法,也不愿选择通过不公正的程序实施一项较为宽容的实体法。〔16〕 而之所以要坚持程序的公正,美国学者戈尔丁认为,一是因为程序公正能够促进争端的真正解决,而不是简单了结;二是因为程序公正可确保诉讼各方对整个司法审判制度产生信任。〔17〕 季卫东认为,任何程序所作出的决定都不可能实现皆大欢喜的效果,因而需要吸收部分甚至全体当事人的不满,程序要件的满足可以使决定变得容易为失望者所接受;程序要件不充分的决定,即使其目的是正当的,也容易引起争论,从而造成贯彻执行上的阻碍;如果要强行实施之,就会给社会以一种被放大了的压抑感;而如果试图解释说服,就只能是事倍功半。〔18〕 根据季卫东提出的有关程序的制度化标准,所谓程序要件的充足实际上就是要实现程序的公正。他说,公正的程序在相当程度上强化了法律的内在化、社会化效果。〔19〕 西方有一句格言说:“正义是国家的基础;即使世界消亡,也要实现正义。”所以,在刑事诉讼中,正义应当是它的首要价值。

---

〔16〕 Christopher Osakwe, *The Bill of Rights for the Criminal Defendant in American Law*, in Human Rights in Criminal Procedure, Martinus Nijhoff Publishers, 1982, p. 260. 此处译文参见陈瑞华:《刑事审判原理论》,北京大学出版社 1997 年版,第 57 页。

〔17〕 [美]戈尔丁:《法律哲学》,齐海滨译,生活 · 读书 · 新知三联书店 1987 年版,第 241 页。

〔18〕 季卫东:《程序比较论》,载《比较法研究》1993 年第 1 期。

〔19〕 季卫东:《程序比较论》,载《比较法研究》1993 年第 1 期。

评注4-3 罗尔斯的程序正义理论

在罗尔斯的论著中,程序正义被分为"纯粹的程序正义"和"不纯粹的程序正义"两种,其中"不纯粹的程序正义"又被分为"完善的程序正义"和"不完善的程序正义"。[20] 国内学者在介绍罗尔斯的正义论时通常将其概括为"纯粹的程序正义""完善的程序正义""不完善的程序正义"三种。[21]

纯粹的程序正义可以赌博为例。在这个例子中,可以假设公平的赌博是那些没有得利期望的赌博(如亲友之间的赌博),赌博在自愿的情况下进行,过程中不许欺骗而且通过一些规则的设置无法欺骗等。在这样的前提下,这些背景的假设就确定了一种公平的程序,对参加赌博者拥有的全部现金的任何一种分配都可能从公平的赌博程序中产生,但是这种分配的结果显然无所谓公平与不公平。因此,纯粹的程序正义的两个基本特征就是:虽然存在评价公平与正当的程序的标准,但不存在关于何为结果公正的评价标准。这就是纯粹的程序正义。[22] 之所以称其为纯粹的程序正义,就是因为在这种程序中完全不考虑结果的公平,既不需要考虑结果的公平,也无法考虑结果的公平。

完善的程序正义可以分蛋糕为例,在分蛋糕的过程中,公平的办法就是让划分蛋糕的人最后拿走他自己的那一份,这样他将尽可能将蛋糕分成均等的等份,因为只有这样他才可能确保实现自身利益的最大化。从这个例子来看,完善的程序正义有两个特征:首先,对于什么是公平的分配有一个独立的标准;其次,设计一种保证达到预期结果的程序是有可能的。[23]

不完善的程序正义以刑事审判为例。在这个例子中,人们对正义的期望是:所有事实上有罪的被告人都被定罪,所有事实上无辜的被告人都不被定罪。罗尔斯认为,审判程序通常都是为探求和确定被告人是否有罪这方面的真实情况而设计的,但是无论立法者怎样设计,都不可能使程序的产出总是正确的结果。在此条件下,即使法律程序被仔细地遵守,过程被恰当地引导,还是有可能出现错误的结果:无辜者可能被定罪,有罪者却可能逍遥法外。因此,不完善的程序正义的标志就是:存在判断结果是否正义的标准,却没有保证达到这种结果的程序。[24]

---

[20] [美]约翰·罗尔斯:《正义论》,何怀宏、何包钢、廖申白译,中国社会科学出版社1988年版,第81页。

[21] 何怀宏:《契约伦理与社会正义——罗尔斯正义论中的历史与理性》,中国人民大学出版社1993年版。

[22] [美]约翰·罗尔斯:《正义论》,何怀宏、何包钢、廖申白译,中国社会科学出版社1988年版,第82页。

[23] [美]约翰·罗尔斯:《正义论》,何怀宏、何包钢、廖申白译,中国社会科学出版社1988年版,第81页。

[24] [美]约翰·罗尔斯:《正义论》,何怀宏、何包钢、廖申白译,中国社会科学出版社1988年版,第82页。

按照罗尔斯的观点，无论我们的诉讼程序如何设计，它都不可能达到完善的程序正义的要求，都不可能万无一失地达到实现正义的结果，那我们在这里探讨所谓的程序正义是否还有意义？

必须注意的是，罗尔斯作为一个伟大的伦理学家，在有关诉讼程序的问题上却令人失望地采取了传统的程序工具主义立场，即将诉讼程序纯粹当作一种实现实体结果的工具来对待，而不是将其视为自治和独立的实体而存在。在这种理论指导之下，法律程序本身没有任何可以从其自身的品质上找到合理性和正当性的因素，它本身不是目的，而是用于实现某种外在目的的手段或工具；因此，法律程序也只有在对于实现上述目的有用或有效时才有存在的意义和价值。〔25〕

四、程序正义的实践效果

如前所述，程序正义的理想价值是加强或支撑法院裁判的正当性或可接受性。那么，程序正义在实践中是否真的可以加强司法机构的权威性和确立司法裁判的可接受性呢？从大量的实证资料来看，程序正义的确具有这样的功能。美国法学家汤姆·泰勒明确指出，人民对警察和法院行使其权威的程序公平与否的主观评价有力地影响着人们对法律的遵从、与警察的合作等与法律有关的行为；特别地，人民对法律机构的反应在惊人的程度上建立在他们对法律机构作出决定的程序以及对待公众成员时是否公正的评价的基础上；心理学研究表明，人们对法律机构所施加的约束是否愿意接受强烈地受到他们对警察与法院的程序正义之评价的影响。〔26〕

在汤姆·泰勒发表的一篇文章中，其主要论点就是，尽管警察能够并且经常通过威胁或使用武力而强迫人们服从，但他们同样可以较友好的方式获得他们必须与之打交道的人的合作。合作与同意是非常重要的，因为它们可以促进决定的立即接受和对法律的长期服从。如果人们感到他们受到了公平的对待，那么他们将更有可能与警察和法官合作。因此，对程序正义的评价一贯成为使人们形成对法律机构之体验的中心评价因素。结果就是，警察和法院可以通过程序性机制——使居民感到警察和法院以公平的方式在行使权威——促进其可接受性。什么可以促进合法性？研究同样表明，公众对于权力机关行使权力的方式——程序性正义十分敏感；对合法性的看法深深地植根于对警察和法院在对

---

〔25〕 关于程序工具主义的详细讨论，参见陈瑞华：《刑事审判原理论》，北京大学出版社 1997 年版，第 27 页。

〔26〕 Tom R. Tyler, *Procedural Justice, Legitimacy, and the Effective Rule of Law*, 30 Crime & Just. 283, 2003, p. 284.

待社区成员时是否公正的评价方面。[27]

汤姆·泰勒还指出,以前存在的权威对于人们在与警察和法院打交道的过程中形成的特殊经验的评价也起着十分重要的作用。如果人们认为法律机构是合法的,则在他们碰到这些机构的人员时更有可能因为其行为公正而与之合作。这就使特定的警察或法院官员在实施规则的程序性策略时更为简便。换句话说,以前的一般观念可以促进或阻碍特定法律机构制定规则以调整社会行为的努力。因此,法律机构能够通过程序的公平获得公众的服从。如果它们能够做到这一点,它们也就建立起了自己的权威,从而也就使其以程序为基础的社会调整有可能在将来更为有效。如果它们不能做到这一点,它们就不得不实现从以程序为基础的规制向以暴力和惩罚为基础的规制转变,它们也就较少有能力使人们感到它们的行为是公平的。这将葬送其权威并使其在将来运用以程序为基础之规制的有效性受到影响。[28] 同时,美国的民意测验也显示,在公众对司法不满意的项目中,公众对纠纷解决程序之公平与否的感觉最终决定着公众对它的信任程度。例如,尽管公众对诉讼的高费用和慢速度均表示不满,但是这些均不是首要的因素,而只有法院程序的公平程度才是决定公众对法院信任程度的首要因素。[29]

五、程序正义与我国刑事诉讼

本书认为,当代中国应当强调程序正义,在刑事诉讼中应当加强程序正义。程序正义的基本含义之一,是双方当事人地位平等、手段平等。按英文说法,就是"fairplay",英文原意就是公平竞争。鲁迅先生尝言,对于已经落水之狗,应当高抬贵手,放它一马;如果仍然要打,则不妨等这只狗摆好架式再打;这是进步的文明人所应当具备的绅士风度。这体现在刑事诉讼当中,就是强调控辩双方的平等对抗;控辩双方应当地位平等、权利对等,通过在法庭上公正、公开的平等竞争,决定案件的胜负输赢。然而从事实上看,在公诉案件中,控辩双方无论如何都是不平等的。因为控诉方代表国家对犯罪嫌疑人、被告人进行追诉,他们拥有犯罪嫌疑人、被告人所无法拥有的强大的国家强制力量。卢梭曾经说道:"恰恰因为事实的力量总是倾向于摧毁平等,所以法律的力量就应当总是倾向于维持

---

〔27〕 Tom R. Tyler, *Procedural Justice, Legitimacy, and the Effective Rule of Law*, 30 Crime & Just. 283, 2003, p. 286.

〔28〕 Tom R. Tyler, *Procedural Justice, Legitimacy, and the Effective Rule of Law*, 30 Crime & Just. 283, 2003, p. 287.

〔29〕 Roger K. Warren, *Public Trust and Procedural Justice*, 37 Court Review 12, 2000, p. 13.

平等。”[30]为了实现法律上的平等，必须赋予犯罪嫌疑人、被告人以必要的防御和对抗之手段，赋予它们针对指控进行反驳和辩解的现实力量。必须充分保障犯罪嫌疑人、被告人有获得律师帮助的权利，充分保障犯罪嫌疑人、被告人所聘请的律师享有调查取证和阅卷的权利，切实保障被告人在法庭审理中最后陈述的权利，并赋予犯罪嫌疑人、被告人有针对讯问保持沉默的权利。这些都是加强被告方防御力量、实现控辩平衡的基本措施。

第二节 人权保障

一、人权保障观念的起源与发展

（一）作为道德权利的人权

“人权”是在“二战”之后出现的一个概念。其前身则是以道德权利的形式，并以“自然权利”为表述著称于世。在17～18世纪，启蒙思想家包括霍布斯、洛克、孟德斯鸠、卢梭、伏尔泰等均属于自然权利论者。他们认为，在自然状态下，每个人都有运用自己的力量保全自己生命的自由；人们可以自由地处置自己的财产和人身，而无须得到任何人的许可或听命于任何人的意志；平等、生命、自由和财产都属于个人的自然权利，谁的权利受到侵犯，谁就有权进行报复、惩罚与反抗。

（二）国际公约中的人权

道德权利理论受到长期、持久的批判，其主要缺陷是其假定的“自然状态”在事实上并不存在。“二战”之后，联合国于1948年颁布了《世界人权宣言》，后又于1966年签订了《公民权利和政治权利国际公约》及《经济、社会及文化权利国际公约》，“自然权利”的说法逐渐被“人权”概念取代。在这些公约中，平等权，生命权，财产权，反对不人道的待遇和刑罚的权利，不被任意逮捕、拘禁或放逐的权利，在刑事诉讼中被推定为无罪的权利以及有权受公正审判的权利等，均被作为基本人权得到尊重和规定。

---

〔30〕［法］卢梭：《社会契约论》，何兆武译，商务印书馆2003年版，第70页。

| 评注 4-4 | 刑事诉讼人权保障的终极价值:主体性原则

刑事诉讼人权保障的功能在于保护人的自由和尊严,在于保证为人类所珍视的基本权利不受野蛮的践踏或恣意的侵犯。然而,自由并不意味着幸福。哈耶克有一句名言:“我们可能是自由的,但同时也有可能是悲苦的。自由并不意味着一切善物,甚或亦不意味着一切弊端或恶行之不存在。”[31] 既然如此,那么我们为什么还要追求自由,并且甘愿为了自由而献出自己的生命,而且为了实现自由的原则,要求国家在宪法和刑事诉讼法中规定一系列保障自由的条款呢?

这是因为,对自由的尊重,对人权的保障,体现了对人的尊严的尊重,体现了主体性原则的思想。[32] 所谓主体性原则,按西方传统哲学的原文原意,其实质是强调、赞扬自我、主体,主张自我的价值,反对把人与作为客体的物同等对待主张。主体不为客体所决定,亦不为别的主体所决定。其存在的意义,就在于主体自身。康德在其《道德形而上学》一书中明确提出:“我认为,人以及一般的任何理性存在物都作为自身的目的存在着,而不仅仅是这个或那个意志任意使用的手段。在他的一切行动中,不管它们涉及自己还是其他理性存在物,都必须总是同时被当作目的。”[33] 关于主体与客体之间的区分,康德说道:“其存在不依赖于我们的意志而依赖于自然的意志的存在物,如果他们是非理性存在物,就只具有作为手段的相对价值,因而叫作事物;相反地,理性存在物叫作人物,因为他们的本性指出了他们本身就是目的,是不能只被当作手段使用的东西。”[34] 根据这样的精神原则,康德得出了关于实践的最高命令:“在行动中,要把不管是你自身的还是任何其他人的人性都永远当作目的,永远不能只当作手段。”[35] 另一位伟大的哲学家黑格尔也认为,理性的基本要求之一是必须尊重他人的权利和人格,法律是被设计来加强和保证这种尊重的主要手段之一。黑格尔指出:“人格的要义在于,我作为这个人,在一切方面(在内部任性、冲动和情欲方面,以及在直接外部的定在方面)都完全是被规定了的和有限的……因此我是在有限性中知道自己是某种无限的、普遍的、自由的东西。”[36]

---

〔31〕 [英]弗里德利希·冯·哈耶克:《自由秩序原理》,邓正来译,三联书店 1997 年版,第 13 页。

〔32〕 从这个意义上说,自由也许并不是人类所追求的最崇高的价值目标,它也仅仅是体现人作为人的尊严的手段。自由并不保证个人一定能获得幸福,而强制也不一定导致个人的不幸福。举例言之,包办婚姻是一种强制,自由恋爱是一种自由,但是自由恋爱结成的婚姻获得幸福的比率不一定高于包办婚姻获得幸福的比率。但是,恋爱自由、婚姻自由的意义并不在于给婚姻的当事人带来幸福,而在于赋予婚姻当事人以做人的尊严。

〔33〕 [德]康德:《道德形而上学的基本原则》,载[德]康德:《康德文集:哲学史上哥白尼式的革命家》,刘克苏等译,改革出版社 1997 年版,第 91 页。

〔34〕 [德]康德:《康德文集:哲学史上哥白尼式的革命家》,刘克苏等译,改革出版社 1997 年版,第 91 页。

〔35〕 [德]康德:《康德文集:哲学史上哥白尼式的革命家》,刘克苏等译,改革出版社 1997 年版,第 92 页。

〔36〕 [德]黑格尔:《法哲学原理》,范扬、张企泰译,商务印书馆 1996 年版,第 46 页。

主体性原则作为一项思想原则体现到诉讼中,就是要求将被指控犯有罪行的人作为有着其自身目的的主体来对待,而不是将他作为惩罚的对象和获得证据的工具。对此,黑格尔指出:“不是把罪犯看成是单纯的客体,即司法的奴隶,而是把罪犯提高到一个自由的、自我决定的地位。”[37]这一论断正是基于对封建专制之下黑暗腐败的司法制度的一种鞭挞。在中世纪欧洲的纠问式诉讼中,被告人处于几乎没有任何诉讼权利的纠问客体地位。纠问程序对国家官吏发动职权追究案件真相给予充分的信任,而对被告人而言则只是一种发现真实的手段。在这种诉讼模式之下,被告人无权提出有利于自己的证据,也难以进行有效的辩解,因为他不是拥有诉讼权利的独立主体;诉讼过程中对被告人实施刑讯逼供等非人道的取证手段、强迫他作出非自愿的自白,被认为是合理合法的事情。中国古代的审判模式是否属于纠问式审判模式,在理论界固有争论,然而刑讯逼供是中国古代司法实践中一种司空见惯的现象这一事实却无可否认。所有这些,都是因为人们在观念上忽视甚至否定人的主体性。道德上缺乏对人的主体性原则的认同,诉讼上也就缺乏程序主体性的理论,自然也就难以避免侵犯人权的弊端。这种状况直至16世纪文艺复兴时期西方启蒙思想家积极主张起人的主体性原则以后才有所改善。

二、平等自由主义者的人权观

(一)人权保障与权衡原则

在刑事诉讼中保障人权,就需要对犯罪嫌疑人、被告人予以更多的保护。这就有可能会影响到控制犯罪、保护人民的诉讼目的的实现。控制犯罪和保障人权都是刑事诉讼法的基本任务,而这二者并不总是统一的,因为刑事诉讼中的保障人权主要是指保障犯罪嫌疑人、被告人的人权。于是,我们有些论者提出,在刑事诉讼当中,要实现控制犯罪与保障人权的结合;在二者不能统一的时候,要根据我国的现实国情,在控制犯罪与保障人权之间进行权衡,也就是进行取舍。还有一种观点认为,保障人权既包括保障被告人人权,也包括保障被害人人权;二者发生冲突时,应当以社会、经济等条件作为权衡之标准。这两种观点看似有所区别,实质上都将人权置于可随意限制、随意剥夺的境地,本书称之为“权衡原则”。

(二)平等自由主义人权观

本书在各种人权观中,采罗尔斯、德沃金等平等自由主义者所持之消极人权

---

〔37〕［德］黑格尔:《法哲学原理》,范扬、张企泰译,商务印书馆1996年版,第45页。

观,主张人权乃其他一切权利之渊源,且高于其他一切权利;只有为了人权之目的,才可限制或剥夺人权(德沃金所谓之“王牌对王牌”原则);在其他任何场合,人权均不受侵犯。此处所谓“消极人权观”,是将人权界定为“不受侵犯的权利”,而不是将其界定为“自由行动的权利”。因此,当我们说“生命权是一种人权”时,指的是生命权不受侵犯,而不是指一个人为了活命可以实施抢劫。在这一前提下,刑事诉讼中的人权保障,主要就是指对犯罪嫌疑人、被告人的人权保障,在大多数场合专指犯罪嫌疑人、被告人之人权保障,不包括所谓的“被害人人权保障”。同时,犯罪嫌疑人、被告人在诉讼中的人权,也仅仅是指“不受侵犯的权利”,而不是“自由行动的权利”。也就是说,政府对犯罪嫌疑人、被告人的义务仅限于不得非法剥夺或限制其人权,而不包括以积极的方式实现其人权。例如,政府不得强迫被告人自证其罪,但亦不必为被告人证明自己无罪收集证据。但是,有些措施虽然看上去似乎是为了实现被告人人权,因而属于积极性措施,但在没有这些措施的情况下,被告人人权将处于危险的境地。例如,如果犯罪嫌疑人、被告人被讯问时没有律师在场,就极可能导致其遭受不当讯问,从而使其人权遭到侵犯。犯罪嫌疑人、被告人讯问时的律师在场权,虽不属于人权,但为保障人权所必需;在这种情况下,这些措施亦属于保障人权之必要内容。

既然人权是指不受恣意侵犯的权利,这种权利就不应当受到权衡。所以,平等自由主义人权观与可受权衡的人权观水火不容。

三、我国刑事诉讼的人权保障

(一)作为宪法权利的人权

我国 2004 年《宪法》第 33 条第 1 款规定:“凡具有中华人民共和国国籍的人都是中华人民共和国公民。”第 2 款规定:“中华人民共和国公民在法律面前一律平等。”第 3 款规定:“国家尊重和保障人权。”第 4 款规定:“任何公民享有宪法和法律规定的权利,同时必须履行宪法和法律规定的义务。”其中第 3 款的规定,就是 2004 年修改《宪法》时增加的规定,这是宪法第一次将人权作为公民的基本权利予以确认和保障。从上述规定来看,宪法是将平等权作为第一位的权利来加以规定的,在此基础上才将尊重和保障人权加以规定。我们可以理解为,宪法如此规定的逻辑基础是,每一个人都平等地享有人权。这正是罗尔斯、德沃金等平等自由主义哲学家所主张的人权观。宪法在规定了尊重和保障人权之后,才规定公民应当履行宪法和法律规定的义务,这说明人权是优于公民的义务的,即使在公民未履行义务的情形下,也不能侵犯人权。这并不是说公民义务不重要,而是说如果公民未履行义务,就应当在保障人权的基础上,追究其不履行义务的法律责任。

(二)刑事诉讼法上的人权

2012年《刑事诉讼法》第2条规定:"中华人民共和国刑事诉讼法的任务,是保证准确、及时地查明犯罪事实,正确应用法律,惩罚犯罪分子,保障无罪的人不受刑事追究,教育公民自觉遵守法律,积极同犯罪行为作斗争,维护社会主义法制,尊重和保障人权,保护公民的人身权利、财产权利、民主权利和其他权利,保障社会主义建设事业的顺利进行。"

很多学者认为这一规定体现了刑事诉讼法的进步。本书认为,对于上述条文应当解释为规定了刑事诉讼法的直接任务、间接任务和根本任务,其中惩罚犯罪分子、保障无罪的人不受刑事追究属直接任务,教育公民属间接任务,尊重和保障人权是刑事诉讼法的根本任务。根本任务是优于直接任务和间接任务的。因此,当保障人权和惩罚犯罪发生冲突时,保障人权应当优先。这是因为,《宪法》已经把尊重和保障人权放在公民的基本权利和义务一章的第1条加以规定,又是在规定了平等权之后、基本义务之前加以规定,显示了人权是优于基本义务,同时也优于《宪法》第二章规定的其他基本权利。为了保持与宪法的一致,刑事诉讼法必须将保障人权作为优先任务加以考虑。

在根本任务当中,保护公民人身权利、财产权利和保障社会主义建设事业的顺利进行也得到表述,但是它们之间不是并列的关系,而是递进的关系。也就是说,只有在人权得到尊重和保障的前提下,公民的人身权利、财产权利才能得到有效的保障,社会主义建设事业才能顺利进行。反过来说,任何侵犯人权的行为,都是和公民人身权利、财产权利的保护背道而驰的,都对社会主义建设事业的顺利进行具有破坏性,从而都是不值得提倡的。

(三)刑事诉讼人权保障的基本内容

刑事诉讼法虽然明文规定了尊重和保障人权,但是并没有明确保障人权的基本内容。我们也可以将人权保障作为一个宏观的、总体的目标和原则,而将刑事诉讼中的一些具体的制度、程序、权利当作人权保障的具体机制。例如,刑事诉讼法规定的对强制措施的约束,对犯罪嫌疑人、被告人辩护的保障,有关无罪推定原则的表述,有关审判公开制度的规定等,均可以当作刑事诉讼人权保障的实施机制。

至于刑事诉讼中人权的基本内容,本书认为,《公民权利和政治权利国际公约》第14条规定的所有权利,都应当被当作基本人权来加以保障。这些权利是:(1)人人有资格由一个依法设立的、合格的、独立且无偏倚的法庭进行公开且公正的审判;(2)凡受刑事控告者,在未依法证实有罪之前,应当被推定为无罪;(3)迅速被告知自己被指控的性质和原因;(4)有相当时间和便利准备其辩护并与自己选择的律师联络;(5)受审时间不被无故拖延;(6)出席受审并亲自辩护或由自己选定的律师辩护,以及在经济困窘时由政府指定免费的法律援助机构指派律师为其辩护;(7)与不利于己的证人当庭对质及申请法庭强制传唤有利于己的证人到庭作证;(8)不通晓当地通用语言的被告人,能够免费获得翻译;(9)不被强迫自证其罪;(10)未成年人获得适合于其年龄的必要帮助;(11)被定罪者由更高审级的法院复审;(12)被错误定罪者获得国家赔偿;(13)不得因同一行为遭受双重危险。

评注 4-5　中国当代刑事诉讼应当加强人权保障

如前所述,在刑事诉讼中保障人权的最基本理由,乃是出于对人性的尊重。即使我们知道这个人就是犯罪分子,即使这个犯罪分子恶贯满盈,我们也必须以文明的方式来对待他。犯罪分子也是人,不能因为他的犯罪行为而将其视为另类。那些非人性对待关在看守所的犯罪嫌疑人、被告人,以及强迫犯罪嫌疑人、被告人提供证明他自己有罪的证据等做法,显然不是基于对人性的理解和尊重,而是对人性的侮辱和践踏。

本书认为,任何人在刑事诉讼中,均应当享有一些与生俱来且不可被剥夺的权利。我们不仅要强调打击犯罪,还要强调犯罪嫌疑人、被告人也有做人的权利,也有做人的尊严,并享有与对方平等的权利。作为一个普通公民,我们每一个人都有可能在打击犯罪的名义之下被剥夺做人的权利、被侵犯做人的尊严。生存确实是每一个人都应当享有的最基本的权利。但是在历史的车轮已经驶过了鲁迅先生所说的"做奴隶都不可得的时代",也抛却了"做稳了奴隶的时代",并且进入人民群众"当家作主"的时代的时候,我们绝不能仅仅要求生存的权利,而更应当要求比生存更高级的权利。我们不能在人的权利上仅仅强调人是否有权存在,更应当强调人是否能够作为一个有尊严的理性主体而存在。

第三节　审判权独立行使

一、审判权独立行使之制度价值

(一)审判权独立行使是公民自由的保障

从历史上看,审判权独立行使的思想从其提出之日起就是代表一种保障公民个人权利与自由的思想。英国著名法学家洛克指出,法律的目的“不是废除或限制自由,而是保护和扩大自由”。[38] 孟德斯鸠提出“以权力制约权力”的思想,其本质正在于保护公民权利不受政府的侵犯。[39] 这些思想的核心在于,审判权应当不受来自掌握权力者的干涉。

(二)审判权独立行使是法治精神的体现

英国法学家戴雪(A. V. Dicey)认为,“法治的意义,首先就是法律绝对的超越或卓越的地位与专横的权力的效力相对敌。法治排除政府的专横、特权,甚至他的一种无限制的裁夺的威权。英国人受法律的统治,并且只受法律的统治!”[40]法治的理想对于法律的要求体现于法律的普适性,也就是我们通常所说的“法律面前人人平等”的原则。它要求相同的情形必须给予相同的对待:无论是谁,只要其违反了法律,就必须受到法律的追究,并且必须受到法律平等的追究。

(三)审判权独立行使是法律权威的前提

“任何社会都需要靠权威来维持,因而也需要维持权威。”[41] 审判权独立行使的意义也体现在它有利于保证法律的权威。法律的权威是一个逐步确立的过程。法治演进的过程,就是一步一步提高法律的地位、缩小有权者的地位的过程。当审判权不是掌握在审判机关手中而是掌握在审判机关以外的机关或人员手中的时候,法律是不会有权威的,因为这些机关和个人会运用手中的权力牟取自身或某个部门的利益。

(四)审判权独立行使是审判终局性的要求

审判的过程是一个解决纠纷的过程。审判权独立行使在程序上的意义还在于,它为纠纷的解决提供了一个最终的裁判机关。从诉讼的历史来看,在远古时代,人们在发生纠纷时,总是找那些德高望重的人来进行裁断。之所以需要裁判,在很大程度上是因为实体的规则是不确定的,而裁判者的权威则是确定的。如果实体规则不确定、裁判者的权威也不确定,则诉讼实际上不可能得到发展。

---

〔38〕［英］洛克:《政府论》(下篇),叶启芳、瞿菊农译,商务印书馆1997年版,第36页。

〔39〕据说伏尔泰对孟德斯鸠《论法的精神》推崇备至,称赞它为“理性和自由的法典”。参见侯鸿勋:《孟德斯鸠及其启蒙思想》,人民出版社1992年版,第41页。

〔40〕罗隆基:《什么是法治》,载刘军宁主编:《北大传统与近代中国:自由主义的先声》,中国人事出版社1998年版,第206页。个别文句在翻译上略有改动。另可参见［英］戴雪:《英宪精义》,雷宾南译,中国法制出版社2001年版,第273页,译文亦与此略有不同。

〔41〕季卫东:《法治秩序的建构》,中国政法大学出版社1999年版,第53页。

所以,裁判者对某一个案件的裁决之所以能够得到执行,并不是因为裁判者的裁决总是正确的,而是因为它是有权威的。也正是这个缘故,美国一位大法官曾经说:"不是因为我们总是正确的所以我们才有权威,而是因为我们有权威,所以我们才总是正确的。"

所以,审判权独立行使在程序上的意义在于确立纠纷解决机制的审判终局性。由于每个人的个性、经历不同,人们对于任何事物都会出现不同或者至少是不完全相同的判断。对于纠纷也是如此。对事实的认定、法律适用的选择,法官和法官之间都可能存在分歧,法官和行政官员之间更可能存在分歧。如果除去法官渎职的情形,则我们很难说谁的判断更为正确。因此,行政机关或者其他国家机关都没有资格声称自己的判断优于法官的判断。既然如此,确立审判终局性的意义就在于,它可以避免纠纷无休止地进行下去。在审判权不独立行使的情况下,审判不具有裁断纠纷的终极权威,当事人只要不服审判机关作出的裁判,就可以不间断地向各个国家机关进行申诉,而这些机关的人员就会以自己的判断来评判法官的判断,并对法官形成压力。

二、我国依法独立行使审判权之制度建设

1954 年《宪法》第 78 条规定:"人民法院独立进行审判,只服从法律。"这是中华人民共和国第一次以宪法的形式宣告依法独立行使审判权这一原则在我国的确立。应当说,这一法律规定离真正意义上的审判权独立行使已经十分接近。但是在 1957 年的反右过程中,审判权独立行使被当作右派言论而遭到批判。1960 年 11 月,最高人民法院、最高人民检察院与公安部合署办公,由公安部党组统一领导,从而抛弃了党的八大确立的"公检法分工负责互相制约"的原则,审判权独立行使已经无从谈起。1975 年《宪法》完全抛弃了审判权独立行使。1979 年通过的《人民法院组织法》重新规定了"人民法院独立进行审判,只服从法律"这一体现审判权独立行使的条文。

1982 年修改《宪法》时,关于审判权独立行使的表述改为"人民法院依照法律规定独立行使审判权、不受行政机关、社会团体和个人的干涉"。"人民检察院依照法律规定独立行使检察权,不受行政机关、社会团体和个人的干涉。"基于以上表述,《刑事诉讼法》第 5 条规定:"人民法院依照法律规定独立行使审判权,人民检察院依照法律规定独立行使检察权,不受行政机关、社会团体和个人的干涉。"通说认为,这一规定包括以下两层含义:(1)依法独立行使审判权的主体为人民法院;依法独立行使检察权的主体为人民检察院。在我国,无论人民检察院还是人民法院都被视为司法机关。有时候,公安机关也被视为司法机关。(2)依法独立行使审判权、依法独立行使检察权并非指人民法院的法官和人民检察院

的检察官个体独立行使，而是指人民法院和人民检察院整体独立行使而且是指不受行政机关、社会团体和个人的干涉，不是指不受任何干涉。

我国要建设法治国家，必须实行依法独立行使审判权。依法独立行使审判权是民主、自由发展的结果。从它最初设立的功能来看，它所实现的是对专制权力的限制。从它所要追求的目标来看，它是要通过司法审判实现对人民的保护。

习近平总书记指出：坚持人民主体地位，必须坚持法治为了人民、依靠人民、造福人民、保护人民。任何组织和个人都必须尊重宪法法律权威，都必须在宪法法律范围内活动，都必须依照宪法法律行使权力或权利、履行职责或义务，都不得有超越宪法法律的特权。[42] 本书认为，树立宪法法律权威的前提，就是得有一个机构能够完全忠诚于宪法法律。因此，依法独立行使审判权的精髓就是：在法律适用问题上，在审判机关之外，不存在任何权威。法官除了服从法律以外，不服从任何意志。排除一切来自审判机关之外的干扰，是依法独立行使审判权不致成为一句空洞口号的实现机制。任何个人和机关都必须在法律之下的原则，是依法独立行使审判权赖以存在的基石。既然依法独立行使审判权是对意志自由的尊重，那么对恣意的限制以及意志主体的素质也就必然是依法独立行使审判权的实现条件。

---

〔42〕 习近平：《论坚持全面依法治国》，中央文献出版社2020年版，第106～108页。

第五章　刑事诉讼原则

刑事诉讼原则是刑事诉讼中各方参与人在进行刑事诉讼时必须遵循的基本准则。其中的各方参与人包括公安机关、人民检察院、人民法院、当事人和其他诉讼参与人。它与刑事诉讼理念的区别在于,现代刑事诉讼理念是指导刑事诉讼立法的立法原则,刑事诉讼原则则是在理念指导之下确立的司法原则。刑事诉讼原则与刑事诉讼规则的区别在于,刑事诉讼规则是指刑事诉讼参与人进行刑事诉讼所必须遵循的具体行为准则,而刑事诉讼原则则居于更为抽象的层面,它不是刑事诉讼行为的具体准则,而应当是协调各具体准则的准则,是在缺乏刑事诉讼具体准则时适用的准则,是在各具体规则之间发生冲突时适用的准则,是在刑事诉讼具体规则存在模糊因而无法适用时适用的准则。因此,一方面,刑事诉讼原则决定着刑事诉讼规则的内容,它是刑事诉讼规则产生的母体;另一方面,它对刑事诉讼规则起着补充作用,是在刑事诉讼规则缺乏或不明确或相矛盾时解决问题的方略。

我国《刑事诉讼法》第一编第一章冠以“任务和基本原则”之名,一共规定了 18 个条文。其中,第 1 条和第 2 条规定的是制定刑事诉讼法的根据和刑事诉讼法的任务。理论上一般认为,剩下的 15 个条文,均为刑事诉讼原则之规定。本章第一节阐述国际通行的刑事诉讼原则,并对我国刑事诉讼原则中与之呼应的部分进行介绍。第二节介绍我国刑事诉讼中特有的原则。第三节介绍刑事诉讼法规定的实际上带有制度、规则性质的原则。

第一节 国际通行原则

不同的刑事诉讼理念,产生不同的刑事诉讼原则,并决定刑事诉讼的不同模式。在放任自由主义理念之下,产生的是纠纷解决模式,从而其诉讼奉行当事人主义;在积极行动主义理念之下,产生的是政策执行模式,因而其诉讼奉行职权主义。在当事人主义与职权主义这两个不同的核心原则之下,又各自存在若干不同的基本原则。当事人主义奉行不告不理、法官中立、言词辩论、审判公开、无罪推定、反对双重归罪、形式真实等原则;职权主义则奉行职权告发、职权调查、直接言词、实质真实等原则。应该说,二者都是围绕裁判的正当性而作出的界定。通常情况下,程序正义理念与当事人主义原则血脉相连,而实体正义理念则与职权主义休戚与共。从实然的角度考察,大陆法系职权主义比较浓厚,英美法系当事人主义比较盛行。因此,其诉讼中各自奉行的基本原则并不一致;但在权利保障方面,却有异曲同工之妙。因此,本节所介绍之基本原则,以各国普遍赋予犯罪嫌疑人、被告人的基本权利为依据,称为"国际通行原则"。本书认为,从《世界人权宣言》《公民权利和政治权利国际公约》及世界主要国家的规定来看,与刑事被追诉者基本权利相关的原则主要包括无罪推定,不受任意逮捕与拘禁,住宅、隐私不受任意干涉,不被强迫自证其罪,迅速审判,公开审判,获得律师帮助,与不利于己的证人当庭对质并申请有利于己的证人出庭作证,反对双重归罪。兹分述如下。

一、无罪推定

(一)无罪推定的起源

莱昂纳德·利威认为,在古代以色列人的法律中,就已经存在无罪推定原则。那时的法律规定,直至对他有罪的证明达到确定无疑且十分准确、其有罪的每一个重要的方面都得到了证实,并且达到了排除合理怀疑的程度——直到此时,被告人才被假定为有罪。[1] 英国也很早就有了关于无罪推定原则的思想的表述。在15世纪中期,英国的首席大法官福特斯鸠(Fortescue)就曾经明确地表

---

〔1〕 Leonard W. Levy, *Origins of the Fifth Amendment: The Right against Self-Incrimination*, Ivan R. Dee, 1999, p. 434.

达过一个后来上升为英国法律之一部分的观点:“一个人宁愿20个有罪者逃脱死刑的惩罚,也不愿一个无辜者遭受谴责并承受极刑。”一个半世纪以后,甚至连星座法院也承认:“释放20个有罪者要胜过谴责一个无辜者。”〔2〕

但是,一般认为,现代意义上的无罪推定最初是由意大利法学家贝卡里亚提出的。贝卡里亚在其名著《论犯罪与刑罚》一书中说道:“在法官判决之前,一个人是不能被称为罪犯的。只要还不能断定他已经侵犯了给予他公共保护的契约,社会就不能取消对他的公共保护。”〔3〕而在我国,“无罪推定”一词是从日文转译而来。该词的法文原文为“presomption innoccte”,英文为“presumption of innocence”。它的完整表述应当是:“任何公民未经法定的能够为其辩护所需之一切权利提供保障的公开的审判程序证明其有罪之前,均应被假定为无罪。”〔4〕

(二)无罪推定的含义

1. 作为举证责任分配原则的无罪推定

无论是在法学家的著作中,还是在法院的判例中,无罪推定原则最基本、最常用同时也是最为普遍承认的含义,就是其在分配举证责任方面的含义。格兰维尔·威廉姆斯(Glanville Williams)指出:“当人们说面对刑事控告的被告人应当被推定无罪时,它的真实含义其实就是控方应当承担证明被告人有罪的责任。”〔5〕在英美法律传统中,证明标准问题通常是依附于证明责任问题之上的。负有证明责任的一方,如果没有将相应事实证明到法律要求的程度,就视为没有履行证明责任。因此,证明标准是证明责任制度的组成部分。在刑事诉讼中,证明有罪的标准通常是排除合理怀疑。证明责任既然由控诉方承担,控诉方就应当将被告人有罪的事实证明到排除合理怀疑的程度。例如,在史蒂芬(James Fitzjames Stephen)的《证据法概要》一书中,其关于无罪推定的定义就包含了证明程度的要求:“如果是否实施犯罪属于争议事实,则对该事实应当证明到排除合理怀疑的程度。承担证明被告人有罪或者实施了过错行为的责任存在于主张该事实的一方。”〔6〕威格默(Wigmore)亦指出,就无罪推定的举证责任分配功能而言,其含义包括两个方面:一是提供证据的责任由控诉方承担;二是控诉方应

---

〔2〕 Leonard Levy, *Origins of the Fifth Amendment*, Macmillan Publishing Company, 1986, p. 33.

〔3〕 [意]贝卡里亚:《论犯罪与刑罚》,黄风译,中国大百科全书出版社1993年版,第31页。

〔4〕 Everyone charged with a penal offense has the right to be presumed innocent until proved guilty according to law in a public trial at which he has had all the guarantees necessary for his defense.

〔5〕 Glanville Williams, *The Proof of Guilt: A Study of the English Criminal Trial*, 2nd ed., Stevens & Sons, 1958, p. 152.

〔6〕 James Fitzjames Stephen, *A Digest of the Law of Evidence*, second edition reprint, ST. Louis F. H. Thoma and Company, 1879, p. 115.

当将被告人有罪的事实证明到排除合理怀疑的程度。[7]

2. 作为正当程序要素的无罪推定

作为正当程序要素的无罪推定的核心内容,是强调“未经证明有罪即应当视为无罪”,它解决的不是由谁来承担证明责任的问题,而是在未经证明有罪之前,对犯罪嫌疑人、被告人应当如何对待的问题。它承担着一种规范性功能,包含任何人未经正当程序不得被剥夺自由的思想。它提出并坚持“法定有罪”的概念,即任何人,在其罪行未经法定程序获得证明之前,均不能仅仅因为其事实上可能有罪而被认定有罪;相反,只有在经过一系列法定程序,其罪行得到证明之后,才能被认定有罪。例如,一个人因实施抢劫被当场抓获。直到法院作出有效判决宣告其有罪之前,他在法律上都是无罪的。但是这并不妨碍人们在事实上认为他有罪,只是因为他还没有受到审判,没有享受法律程序提供给他的一切保护,所以法律上仍然暂时不能断定他有罪。也就是说,事实上的有罪与法律上的有罪,完全是两个截然不同的层面。无罪推定就是对所有人从事实上的有罪到法律上的有罪设置的一种程序上的障碍。只有越过这种障碍,通过在法庭上举证,将被告人有罪的事实证明到排除合理怀疑的程度,并经法庭依法判决,才能认定这个人在法律上有罪。

| 评注 5－1 |　无罪推定与有罪推定之关系[8]

关于无罪推定与有罪推定的关系,帕卡曾经有过一段精彩的论述:“将有罪推定当作无罪推定原则的对称是错误的。无罪推定是刑事诉讼程序的中流砥柱,在正当程序模式的刑事诉讼中占有举足轻重的地位。无罪推定并非有罪推定的对称,它与有罪推定毫无关联。这两个概念代表的是完全不同的而不是相对的观念……无罪推定的功能是指导政府官员如何推进刑事诉讼程序,而不是对诉讼结果的一种预测。有罪推定则代表着对结果的预测。无罪推定实际上是指示政府权力机关在对待犯罪嫌疑人时忽略对被告人有罪的假定。因此,有罪推定必定是描述性的和事实性的,而无罪推定则是规范性的和法律性的。”[9]根据帕卡的论述,一个人是否有罪,实际上可以区分为事实和法律两个不同的层面。区分了这样的层面之后,就产生出事实上的有罪、法律上的有罪、事实上的无罪、法律上的无罪这几个概念。事实上有罪的被告人,不一定在法律上就有罪;法律上无罪的被告人,也不一定事实上就无辜。

---

〔7〕 John Henry Wigmore, *Evidence in Tirals at Common Law*, Peter Tillers Rev., Little, Brown and Company, 1983, Vol. IX, p. 530.

〔8〕 易延友:《论无罪推定的涵义与刑事诉讼法的完善》,载《政法论坛》2012 年第 1 期。

〔9〕 Herbert L. Packer, *Two Models of the Criminal Process*, 113 U. Pa. L. Rev. 1, 1964, p. 12.

无罪推定中的“无罪”，是指法律意义上的无罪，并非事实层面上的无罪。因此，法律亦允许公安机关、人民检察院、人民法院对犯罪嫌疑人、被告人采取必要之强制措施，其中既包括剥夺、限制人身自由之措施（如拘留、逮捕后的羁押），又包括剥夺、限制财产权利之措施（如取保候审、保证金的没收、有关财产的查封、扣押、冻结等）。理论上认为，这些措施乃为保证诉讼顺利进行而采取，乃是诉讼中不得已而采取之暂时措施，并非对犯罪嫌疑人、被告人作出的最终处置，因此并不违反无罪推定之原则。[10]

（三）我国刑事诉讼中的无罪推定

1996 年《刑事诉讼法》第 12 条规定：“未经人民法院依法判决，对任何人都不得确定有罪。”2012 年、2018 年《刑事诉讼法》均延续了这一规定。对此规定，理论界和实务界也是莫衷一是。有论者认为，该规定只是解决了对被告人应当由谁定罪的问题，不涉及无罪推定原则。[11] 也有学者指出，该规定已经吸收了无罪推定的合理因素。[12]

本书认为，中国刑事诉讼法已经确立无罪推定原则，但是体现该原则的规定却不限于第 12 条的规定。理由如下：第一，无罪推定在证据法上的功能，是将证明责任分配于控诉方。关于这一点，1996 年《刑事诉讼法》第 162 条第 3 项规定的“指控的犯罪不能成立”的无罪判决，就是无罪推定中“控诉方负举证责任”和“疑罪作无罪处理”规则的贯彻；2012 年《刑事诉讼法》关于举证责任的规定，使无罪推定原则关于控方承担举证责任的要求更加明晰。第二，无罪推定的核心，乃是保障无辜的被告人免受错误追究，同时给予所有被告人一体的保护，实现程序法治，加强裁判的正当性。对此，我国 1979 年《刑事诉讼法》和 1996 年《刑事诉讼法》均有体现。不过，由于 1979 年《刑事诉讼法》规定的免予起诉制度明显违反无罪推定原则，说 1979 年《刑事诉讼法》就已经确立无罪推定难免让人难以置信。但是，1996 年《刑事诉讼法》在保障人权、加强程序法治方面的确取得了重大进步，其加强程序法治和保障人权的决心是显而易见的。这些变化，正是无

---

〔10〕 理论界有些论者将该原则理解为公安机关提请批准逮捕书、人民检察院起诉书等均不得声称犯罪嫌疑人、被告人构成犯罪。笔者不认同此观点。若公安机关、人民检察院不认为其构成犯罪，则何以无端将人进行逮捕或起诉至法院？其实，无罪推定并非禁止公安机关、人民检察院、人民法院认为犯罪嫌疑人、被告人有罪，而仅仅禁止上述机关以及其他人将犯罪嫌疑人、被告人当作罪犯来对待。实际上，尽管这些机关可以认为犯罪嫌疑人、被告人构成犯罪，但是这种认为不具有最终法律上之效力，而只有人民法院经过两审终审程序（以及在死刑案件中经过死刑复核程序）后作出犯罪嫌疑人、被告人有罪的判决、裁定后，才能将其在法律上视为有罪之人。

〔11〕 胡康生、李福成主编：《中华人民共和国刑事诉讼法释义》，法律出版社 1996 年版，第 15 页。

〔12〕 陈光中、严端主编：《中华人民共和国刑事诉讼法释义与应用》，吉林人民出版社 1996 年版，第 20 页。

罪推定精神的体现。第三,尽管1996年《刑事诉讼法》规定第12条的动机也许是取消人民检察院的定罪权,但这也丝毫不影响其确立无罪推定原则的效果。因为,免予起诉制度本身是明显违反无罪推定的,废除免予起诉,就是确立无罪推定。

当然,也必须承认,我国刑事诉讼法的确没有完整地确立无罪推定。如前所述,无罪推定是一系列法律规则的总称。除了分配证明责任以外,无罪推定还意味着分权与制衡机制、犯罪嫌疑人、被告人权利保护机制等一系列制度。恰恰是在这方面,我国现行刑事司法体制仍然不够完善,比较明显的问题是:第一,犯罪嫌疑人、被告人在面对讯问时是否有权保持沉默,法律尚未明示。第二,在侦查阶段,犯罪嫌疑人在司法实践中普遍不能获得律师帮助,尤其是在讯问时不享有律师在场权,从而无法真正行使应当享有的辩护权。第三,我国的逮捕羁押机制尚未完全司法化,导致司法实践中批捕率较高;最近十几年来,审前羁押率已有改善迹象,但仍有进一步改善之必要。第四,检察机关、公安机关和审判机关之间的一些非程序性往来,有时候会架空刑事诉讼法规定的分权与制衡机制。第五,被告人的对质权不能得到保障,公正审判权有所缺失。[13]

二、有权获得辩护

有权获得辩护原则不仅在西方获得普遍认可,在我国法律体系中亦得到确认。我国《宪法》第130条规定,“被告人有权获得辩护”。《刑事诉讼法》第11条规定,“被告人有权获得辩护,人民法院有义务保证被告人获得辩护”。

我国1979年制定的《刑事诉讼法》对被怀疑犯罪的人在各个诉讼阶段一律称为“被告人”。因此,当时的宪法只规定了“被告人有权获得辩护”的内容,这一内容可以理解为被告人在任何阶段都享有辩护权。1996年修订后的《刑事诉讼法》将侦查、审查起诉阶段被怀疑犯罪的人称为“犯罪嫌疑人”,而将被提起公诉的人称为“被告人”。2012年、2018年《刑事诉讼法》延续了这一规定。法律的这一区分是为了更好地保护公民人身权利和其他权益,并不意味着犯罪嫌疑人不享有辩护权。因此,修正后的《刑事诉讼法》如将这一原则规定为“犯罪嫌疑人、被告人有权获得辩护”则更为确切。

该原则的具体要求体现为两个方面:(1)犯罪嫌疑人、被告人在任何阶段均享有辩护权。犯罪嫌疑人、被告人既可以自行辩护,也可以委托辩护人帮助辩护。(2)人民法院、人民检察院、公安机关应当保证犯罪嫌疑人、被告人获得辩护。《刑事诉讼法》第11条仅仅规定人民法院有义务保证被告人获得辩护,似乎

---

〔13〕 易延友:《论无罪推定的涵义与刑事诉讼法的完善》,载《政法论坛》2012年第1期。

排除了人民检察院、公安机关在这方面的义务，这一理解是不确切的。因为，《刑事诉讼法》在第14条明确规定了公安机关、人民检察院和人民法院均有义务保障犯罪嫌疑人、被告人的辩护权。除第14条以外，《刑事诉讼法》的其他条文也规定，公安机关、人民检察院、人民法院在诉讼中的各个阶段均有义务告知犯罪嫌疑人有权聘请律师为其提供法律帮助；对于特殊人群，公安机关、人民检察院、人民法院均有义务通知法律援助机构为符合条件的犯罪嫌疑人、被告人提供法律援助，这些都是公安机关、人民检察院和人民法院均有义务保证被告人获得辩护的具体体现。

| 评注5－2 |　犯罪嫌疑人、被告人权利的优先性

《刑事诉讼法》第14条第1款规定："人民法院、人民检察院和公安机关应当保障犯罪嫌疑人、被告人和其他诉讼参与人依法享有的辩护权和其他诉讼权利。"根据该款规定，人民法院、人民检察院和公安机关对犯罪嫌疑人、被告人以及其他一切诉讼参与人的诉讼权利都必须予以尊重和保障，不得随意剥夺、限制诉讼参与人合法的诉讼权利。

1996年《刑事诉讼法》对该款的规定没有特别提到犯罪嫌疑人、被告人，也没有特别提到辩护权；2012年《刑事诉讼法》修改时在原条文的基础上增加了犯罪嫌疑人、被告人这一主体，并特别提到辩护权这一权利。传统上，犯罪嫌疑人、被告人既是当事人，也是诉讼参与人。诉讼参与人的范围比较广泛，被害人、证人、鉴定人、辩护人、翻译人员等均属于诉讼参与人。法律对诉讼参与人的权利都需要给予保护。但是，立法在此处将犯罪嫌疑人、被告人单独予以强调，表明立法者希望对犯罪嫌疑人、被告人的诉讼权利予以重点保护；这与本书所持平等自由主义人权观的立场不谋而合，也恰恰印证了本书第四章刑事诉讼理念在阐述人权保障理念时阐述的人权保障主要是犯罪嫌疑人、被告人人权保障的观点。同时，该规定还将犯罪嫌疑人、被告人的辩护权单独予以强调，也表明立法者认为，在犯罪嫌疑人、被告人的权利中，要对辩护权给予重点保护。这也是因为辩护权是犯罪嫌疑人、被告人最基本的人权，可以说犯罪嫌疑人、被告人的其他诉讼权利均以辩护权为基础。所以，保障辩护权的目的是突出强调基本人权。这一规定也表明了立法上对于基本人权保护的优先性。

法律不会做无意义的事。立法者既然将犯罪嫌疑人、被告人的辩护权单独予以重点强调，就表明立法者希望对犯罪嫌疑人、被告人的辩护权予以优先保护。换句话说，上述规定作为刑事诉讼的一项基本原则，在指导司法实践时应当侧重两个方面：首先，在犯罪嫌疑人、被告人诉讼权利与其他诉讼参与人诉讼权利发生冲突时，应当优先保护犯罪嫌疑人、被告人的诉讼权利；其次，在犯罪嫌疑人、被告人的

辩护权与其他诉讼参与人的权利发生冲突时,尤其应当优先保护犯罪嫌疑人、被告人的辩护权这一基本权利。

《刑事诉讼法》第14条第2款规定:“诉讼参与人对于审判人员、检察人员和侦查人员侵犯公民诉讼权利和人身侮辱的行为,有权提出控告。”根据第2款的规定,对于公安机关、人民检察院和人民法院侵犯诉讼参与人合法诉讼权利的行为,诉讼参与人有权提出控告。《刑事诉讼法》本身并未规定提出控告的具体程序,因此向谁控告、如何控告等问题均由司法解释或相关部门的法律解释来规定。但是,《最高法解释》和《公安部规定》在对《刑事诉讼法》第14条第2款的解释方面均毫无建树。但《最高检规则》第57~58条对此问题做了比较详尽的规定。具体可见本书关于辩护权一章的阐述。

2012年《刑事诉讼法》删除了1996年《刑事诉讼法》第14条第2款“对于不满十八岁的未成年人犯罪的案件,在讯问和审判时,可以通知犯罪嫌疑人、被告人的法定代理人到场”的规定,不是因为法律取消了对未成年人的特殊保护,而是因为2012年《刑事诉讼法》在“特别程序”中增加了“未成年人刑事案件诉讼程序”这一章,上述内容也相应移至这一章加以规定。也正是这个缘故,将《刑事诉讼法》第14条理解为原则而不是规则就显得更加准确。因为有关未成年人诉讼权利保护的具体规定更像具体规则而不是原则。在这一规定转移至“未成年人刑事案件诉讼程序”之后,《刑事诉讼法》第14条的规定看上去更像是第11条的姊妹篇,因此它应当与第11条结合起来解释。

三、不受任意逮捕与拘禁

刑事诉讼不仅要打击犯罪,还要保障人权。其中,保障人权是打击犯罪的前提;不能以牺牲人权为代价打击犯罪。因此,对于刑事诉讼中国家机关权力的行使必须加以约束。不受任意逮捕与拘禁原则,就是一项人权保障原则。它要求对任何公民自由的剥夺都必须建立在一定的事实和法律基础之上。在证据方面,它要求至少有合理的理由怀疑被逮捕或拘禁之人实施了犯罪。在程序方面,它要求被逮捕之人必须被迅速地、毫不迟延地带到司法官员面前,由司法官员决定是否有适当的理由对被逮捕人进行拘禁。[14]

因此,所谓不受任意逮捕与拘禁原则,是对侦查官员逮捕权的双重约束:一是实体上之约束,即证据上之约束;二是程序上之约束,即法官对逮捕和拘禁之

〔14〕 此处所说的“逮捕”,是指对现行犯、准现行犯的抓捕、截停、带到措施,与我国刑事诉讼法中规定的强制措施中的“逮捕”(监禁)并非同一含义;相反,它类似于我国刑事诉讼中的“拘留”。此处说的“拘禁”,则类似于我国刑事诉讼中的“逮捕”。

实质理由进行审查的约束。这两方面的约束都是必不可少的。尤其是程序上的约束,其对于保障公民人身自由不受任意侵犯发挥着至关重要的作用。它可以有效地防止侦查官员肆意地决定逮捕和拘禁公民,也只有它才可以有效地防止侦查官员权力的滥用。因为对于任何一项事实的判断,如果没有一个中立的第三方进行裁判,则其后果都只能是掌握权力的一方获得胜利。同样地,对于是否有证据证明被逮捕人有实施犯罪行为之嫌疑,也只有第三方才能够进行中立的裁判;倘若由当事人之任何一方来判断,就可能失之偏颇。因此,对犯罪嫌疑人、被告人的羁押决定,只有引入第三方裁判,才可能真正起到保障人权之作用。

四、私生活秘密不受任意侵犯

1955 年,美国联邦最高法院将私生活秘密权确认为美国宪法权利之一,其根据是美国《宪法修正案》第 4 条"人民有保护其身体、住所、文件与财产的权利……"联邦最高法院从这一规定中演绎出私生活不受侵犯这一权利。1974 年,美国进一步将隐私权的保护纳入制定法的范畴。[15] 自此之后,西方国家普遍承认和加强了对私生活权的保护,并在其宪法中写入了相应的内容。根据美国学者的考察,142 个国家的宪法中,涉及私生活保护的国家有 117 个,占被考察国家总数的 80.4%。[16] 其中,意大利《宪法》第 14 条规定:"住宅不得侵犯。除非按法定手续并根据保护个人自由的各项保证条件,不得进行检查、搜查和查封。"比利时《宪法》第 49 条规定:"住宅不受侵犯。除依照法律规定的情况和条件外,不经户主的同意,任何人都不得进入私人住所或其房屋,也不得搜查。"第 50 条规定:"每个公民都有保护他的私人生活和家庭生活不受非法干涉,以及保护其荣誉和名誉不受侵犯的权利。"第 51 条规定:"除非在总动员或戒严时期,或者由法院或国家检查官予以授权,否则通信、电话、电信的秘密不得侵犯。"

我国《宪法》第 38 条规定:"中华人民共和国公民的人格尊严不受侵犯。禁止用任何方法对公民进行侮辱、诽谤和诬告陷害。"在有些大陆法系国家,对隐私权的保护就是通过立法机关对"人格尊严"的立法确认或者由最高法院对人格尊严作出司法解释的途径而得到承认的,所以该条规定的"人格尊严"应当理解为包括隐私权的内容。《宪法》第 39 条规定:"中华人民共和国公民的住宅不受侵犯。禁止非法搜查或者非法侵入公民的住宅。"这一规定是对私生活秘密权的重要内容之一——居住安宁权的直接确认与保护。《宪法》第 40 条规定:"中华人

---

〔15〕 在其内容中规定隐私权的法律包括 1974 年的《隐私权法》《家庭教育及隐私权法》《财务隐私权法》和 1976 年的《税收修正法案》《公平签章账单法》以及 1978 年的《质询自由法》等。

〔16〕 [荷]亨利·马尔赛文、[荷]格尔·范德唐:《成文宪法的比较研究》,陈云生译,久大文化股份有限公司、桂冠图书股份有限公司 1990 年版,第 146 页。

民共和国公民的通信自由和通信秘密受法律的保护。除因国家安全或者追究刑事犯罪的需要,由公安机关或者检察机关依照法律规定的程序对通信进行检查外,任何组织或者个人不得以任何理由侵犯公民的通信自由和通信秘密。"这一规定既是对通信自由的保护,也是对通信秘密的保护。

五、不被强迫自证其罪

(一)法律内涵

在证据法上,证人特免权与强制传唤证人作证的制度存在天然的联系。如果法律上没有强制证人作证的手段,那么证人愿意作证就作证,不愿意作证就不作证,也就不可能产生特免权规则。因此,特免权制度以强制证人作证制度为前提。之所以被称为"特免权",是因为一般人通常情况下都有义务向法庭作证,但是个别特殊身份者有权拒绝向法庭作证。反对自我归罪的特免权,是指当一个人的证言有可能被用来证明自己有罪时,该人可以拒绝提供证言的制度。它是英美证据法上众多特免权中的一种,也是唯一被美国联邦宪法承认的特免权。美国《宪法第五修正案》明文规定:"任何人不得被迫在任何刑事案件中成为反对他自己的证人。"该项特权不仅在美国联邦宪法中获得肯定,在各州的宪法中也有相应的规定,只是语言的表述上有所不同。

(二)理论基础

英美学者从各方面论证了特权存在的理由。归纳起来,大体包括以下诸条:第一,特免权保护无辜的被告人不会因为在证人席上的不良表现而被错误定罪;第二,特免权可以防止法庭被伪证所困扰;第三,特免权规则可以鼓励第三方证人出庭作证,因为其不必担心因作证而使自己被定罪;第四,特免权是对政府权力需要受到约束的承认,既然真正的自我归罪的回答不可能是被强迫的,那么强迫也就没有意义;第五,特免权可以防止法庭审判程序沦为星座法院、高等委员会所适用的纠问式诉讼;第六,特免权规则经过了历史的检验;第七,特免权规则可以防止法庭审判成为无尊严、不文明的场合;第八,特免权可以鼓励控诉方作完全彻底的独立侦查;第九,特免权可以在涉及宗教、政治等案件中击败"恶法"和"不好的程序";第十,特免权可以防止一个人仅仅因名声不好而被起诉;第十一,特免权有助于防止刑讯逼供和其他不人道的方法;第十二,特免权规则可促使政府在没有合理理由怀疑一个人犯罪的情况下不去干扰公民个人的生活。[17]

---

〔17〕 John Henry Wigmore, *Evidence in Trials at Common Law*, Vol. 8, p. 310 – 317.

（三）我国的规定

2012 年之前，我国刑事诉讼法并未明文规定反对强迫自我归罪的特免权，相反，1979 年《刑事诉讼法》和 1996 年《刑事诉讼法》均规定犯罪嫌疑人"对与本案无关的问题，有拒绝回答的权利"。但是，这并不表明 1979 年或 1996 年《刑事诉讼法》反对"强迫自证其罪"。因为，"强迫自证其罪"中的强迫，既包括肉体上的强迫，如刑讯逼供，也包括精神上的强迫，如威胁、引诱、欺骗等，还包括法律上的强迫，即强制证人向法庭作证。1979 年、1996 年《刑事诉讼法》虽未明文规定反对强迫自我归罪的特免权，但是明文禁止刑讯逼供、威胁、引诱、欺骗等非法的讯问方法。因此，可以说 2012 年之前的《刑事诉讼法》已经在一定程度上确立了反对强迫自我归罪的特免权，只是还没有赋予被告人拒绝向法庭作证的权利。2012 年《刑事诉讼法》虽然明文规定了"不得强迫任何人证实自己有罪"，但是在具体内容上与之前的规定并没有太多变化。其具体含义，还需要结合其他法条进行解释。

六、迅速审判

《公民权利和政治权利国际公约》第 9 条第 3 款规定，"任何因刑事指控被逮捕或拘禁的人……应有权在合理的时间内受审或在审判前释放"。第 14 条第 3 款规定，"受审时间不被无故拖延"。上述两项规定可以并称为刑事被告人享有的"迅速审判权"。其功能和目的包括三个方面：一是缩短刑事被告人（犯罪嫌疑人）在审判前遭受羁押的时间，减少被告人羁押候审的痛苦；因此，该原则要求，如果对被告人不能在合理时间内审判，就通常应当将其取保释放。二是缩短刑事被告人等待审判以及审判结果的时间，降低被告人因受刑事指控而使其法律身份处于不确定状态以及个人名声、荣誉等方面的损失。三是促使司法机关提高效率，加快办案节奏，节约司法资源。

我国《宪法》和《刑事诉讼法》虽未明文规定被告人的迅速审判权，但是有关拘留期限、逮捕以后的侦查羁押期限、审查起诉期限以及法院审理期限的规定，都在一定程度上体现了迅速审判原则的要求。首先，有关拘留期限的规定，在一定程度上体现了抓捕之后的"迅速带到"要求；其次，有关侦查羁押期限以及审查起诉期限的规定，体现了尽快结束侦查、尽快提起公诉以缩短犯罪嫌疑人、被告人被羁押时间的要求；最后，一审期限、二审期限都体现了缩短被告人等候结果的时间要求。

七、审判公开

(一)含义与渊源

审判公开原则是指法院在审理刑事案件与宣告刑事判决时,除特殊情况外,应当允许与该案件无关之不特定多数人,在法院空间允许的范围内,旁听刑事诉讼程序之进行。这一原则直接针对的是中世纪欧洲大陆刑事诉讼中奉行的“秘密原则”,是在法国大革命之后确立的一项重要原则,我国刑事诉讼法也规定了这一原则。其意义在于:第一,通过审理和宣判程序的公开,普通民众能够有效地监督国家司法权力的行使,防止权力滥用,确保被告人获得公平、公正的审判;第二,使公民通过旁听案件之审理,增加民众对司法的信心,从而可以确立司法的权威性,使法院裁判更加具有可接受性;第三,通过法庭审理和宣判活动,公民亲身感受法庭之崇高与庄严,并将其感受通过家庭、学校等场所传播于社会,实现刑事诉讼为社会树立行为范式之目标。

(二)基本规则

我国《宪法》第130条规定,“人民法院审理案件,除法律规定的特别情况外,一律公开进行”。《刑事诉讼法》第11条对此作了相同规定。最高人民法院《关于严格执行公开审判制度的若干规定》(1999年3月8日发布)对此进行了更为细致的规范。

审判公开的对象既包括当事人,也包括一般社会公众。依据最高人民法院《关于严格执行公开审判制度若干规定》,依法公开审理的案件,公民可以旁听,但精神病人、酗酒的人和未经人民法院批准的未成年人除外。根据法庭场所和参加旁听人数等情况,旁听人员需要持旁听证进入法庭的,旁听证由人民法院制发。外国人和无国籍人持有效证件要求旁听的,参照中国公民旁听的规定办理。旁听人员必须遵守《人民法院法庭规则》的规定,并应当接受安全检查。新闻记者对庭审实况进行记录、录音、录像、摄影、转播的,必须经人民法院许可。外国记者的旁听则按照我国外事管理的规定办理。

根据《宪法》第130条和《刑事诉讼法》第11条的规定,凡是实行审判公开的案件,不仅第一审程序要公开,而且第二审程序、生效裁判再审程序、死刑复核程序都要公开。但是,最高人民法院对于第二审程序实行公开审判进行了限制:(1)当事人对不服公开审理的第一审案件的判决、裁定提起上诉的,应当公开审理,但因违反法定程序发回重审的和事实清楚依法径行判决、裁定的除外;(2)人民检察院对公开审理的案件的判决、裁定提起抗诉的,应当公开审理,但需发回重审的除外。

根据《刑事诉讼法》第 187 条第 3 款的规定，对于公开审判的案件，人民法院应当在开庭 3 日以前先期公布案由、被告人姓名、开庭时间和地点。根据最高人民法院《关于严格执行公开审判制度的若干规定》第 7 条规定，凡应当依法公开审理的案件没有公开审理的，应当按下列规定处理：(1)当事人提起上诉或者人民检察院对刑事案件的判决、裁定提起抗诉的，第二审人民法院应当裁定撤销原判决，发回重审。(2)当事人申请再审的，人民法院可以决定再审；人民检察院按照审判监督程序提起抗诉的，人民法院应当决定再审。上述发回重审或者决定再审的案件应当依法公开审理。

(三)例外情形

根据宪法和刑事诉讼法的规定，一般案件都必须公开审判。但是也有例外，即存在不公开审判的案件。不公开审判是指法庭审判程序不公开，但是宣告判决一律公开进行。也就是说，法庭审理公开有例外，宣告判决公开则没有例外。根据《刑事诉讼法》第 188 条、最高人民法院《关于严格执行公开审判制度的若干规定》第 2 条以及《最高法解释》第 557 条之规定，不公开审理的案件包括以下三种情形：(1)有关国家秘密或者个人隐私的案件，对此类案件一律不公开审理；(2)涉及商业秘密的案件，经当事人申请，人民法院可以决定不公开审理；(3)开庭时被告人不满 18 周岁的案件，一律不公开审理。

八、对质和申请法庭强制证人出庭作证

对质权是指受刑事指控之人与提供不利于己证言的证人当庭对质的权利。该项权利包括三项权能：一是被告人有自始至终出席法庭审判的权利；二是有与证人当庭、面对面质证的权利；三是对证人进行交叉盘问的权利。[18] 强制权是指被告人享有的申请法庭强制传唤有利于己的证人出庭作证的权利。上述两项权利都是被告人针对证人享有的权利。因被告人自身并无强制证人到庭的权利，为保证审判程序公正，并精确地发现真实，西方法律普遍赋予被告人上述两项权利。其效果则都是使证人能够出席法庭并接受控辩双方的交叉询问。

评注 5－3　直接、言词原则的含义及其法理

直接原则，有时候称为“直接、言词原则”，有时候称为“直接原则”。其中，“言词原则”又被称为“言词辩论主义”，但从有关学者的论述来看，其含义应当包括在

---

〔18〕 易延友：《“眼球对眼球的权利”——对质权制度比较研究》，载《比较法研究》2010 年第 1 期。

"直接原则"的概念之内。直接原则的确立是在法国大革命时期出于对纠问式诉讼之下侦查机关对被告人进行秘密审讯、刑求,法官依据侦查机关的审讯笔录进行审判的制度的否定而确立的制度;其中言词辩论原则、直接审理原则、自由心证原则等均是基于对英美法的继受。[19] 直接原则又称"直接审理原则",其又包括两层含义:第一层含义是指做成判决的法院不得将证据调查的工作委托他人完成,而必须自己进行证据调查,这一意义上的要求,通常被称为"形式的实质性";第二层含义是指法官必须对原始证据进行调查,而不得以证据的替代品为事实调查的依据,这一意义上的要求,通常被称为"实质的直接性"。[20]

就其形式的直接性而言,对法院所提出的要求包括三个方面:一是法官必须获得对于本案待证事实的直接印象,为达此目的,法院必须亲自践行审理程序,不能委托他人代为调查;二是法官在整个审理过程中必须始终在场,不得间断;三是在审理过程中法官因疾病、死亡或其他原因无法审理时,不能由其他法官径行代替,而是必须重新进行审理程序。[21] 就其实质的直接性而言,审判法院应当以最为接近事实的证据方法进行审理,不得以朗读文书等间接证据方法替代亲讯证人的直接证据方法,因此有时候该原则的实质直接性又被称为"禁止朗读原则"。[22]

直接原则的意义主要在于追求法治程序和发现实体真实。具体而言,其功能体现在三个方面:其一,直接原则可以切断侦查与审判之间的联系,防止法庭审理成为侦查程序的继续,防止诉讼程序演变为侦查、起诉和审判的接力赛跑,从而避免法官成为消化侦查卷宗的机器,避免审判成为朗读笔录卷宗的仪式。[23] 其二,直接原则是言词原则和审判公开原则的基础,没有直接原则,辩护方无法向证人发问,法官亦无从对证人进行"察言观色",审判必然沦为书面审,审判公开也无非就是卷宗的公开,至于侦查人员在侦查过程中如何讯问被告人,如何询问证人,法庭均无从获知,其实与秘密审理并无本质区别。[24] 其三,直接原则还是实行自由心证的前提,因为只有通过直接原则获得有关证据的直接印象,法官才可能获得有关证据之证明力的基本条件;相反,如果法官仅凭侦讯笔录而不能对被告人、证人进行察言观色并质疑,则在法官心证和侦查询问之间始终存在隔阂,自由心证就会沦为法官个人的恣意擅断。[25]

---

[19] [德]克劳斯·罗科信:《刑事诉讼法》,吴丽琪译,法律出版社 2003 年版,第 623 ~ 624 页。

[20] [德]克劳斯·罗科信:《刑事诉讼法》,吴丽琪译,法律出版社 2003 年版,第 429 ~ 430 页。

[21] 林钰雄:《严格证明与刑事证据》,台北,学林文化事业有限公司 2002 年版,第 48 页。

[22] 实质的直接性体现在德国《刑事诉讼法》第 250 条的规定中,该条规定:"对事实的证明如果是建立在一个人的感觉之上的时候,要在审判中对他询问。询问不允许以宣读以前的询问笔录或书面证言而代替。"《德国刑事诉讼法典》,李昌珂译,中国政法大学出版社 1995 年版,第 103 页。

[23] 林钰雄:《严格证明与刑事证据》,台北,学林文化事业有限公司 2002 年版,第 52 页。

[24] 林钰雄:《严格证明与刑事证据》,台北,学林文化事业有限公司 2002 年版,第 53 页。

[25] 林钰雄:《严格证明与刑事证据》,台北,学林文化事业有限公司 2002 年版,第 54 页。

从以上直接、言词原则的内容与功能来看，对质权、强制权与直接、言词原则有异曲同工之妙，但又存在一定的区别。二者共同的方面在于，它们均可实现促使证人出庭作证的效果。二者的区别则主要在于：直接、言词原则是从法官应当如何接受证据的角度所作的规范，对质权、强制权则是从保障被告人公正审判权的角度所作的规范；前者的出发点在于发现真实，后者的出发点在于保障人权；前者主要体现职权主义理念，后者主要体现当事人主义理念。

九、反对双重归罪

（一）历史渊源

反对双重归罪原则之发展经历了一个渐进的过程。古代罗马法上，即有“对于同一案件不得提起两次诉讼”（*bis de eadem re ne sit actio*）[26]之格言。利威认为，在英国15世纪末期的《年鉴》中即可找到反对双重归罪原则的微光；因为詹姆斯国王的《圣经译本》一书中就提到“痛苦不可两次施加于一人”[27]。据德弗林（Patrick Devlin）之叙述，1534年的法律规定，如果陪审团作出针对国王的不真实的裁决，就要对其施加惩罚；这种惩罚经常由更高级别的法院如星座法院行使，但是法官们自己也经常行使；在1602年的一个案例中，陪审团将一个杀人犯无罪释放，结果其中3名陪审员遭到罚款和监禁；但是所有这些案件也仅止于惩罚陪审员。换句话说，陪审员受到惩罚后，对于被告人无罪释放的裁决仍然执行，而不是另行组成陪审团重新审判。[28] 但是，这个时代即使存在反对双重归罪原则，也应当是十分有限的。1487年，亨利七世（Henry Ⅶ）就曾经颁布一个法令，它规定在杀人案件中，控告方可以对已经被宣告无罪的被告人通过上诉的方式重新开启审判程序，只不过这一“上诉”必须在1年加1日之内提出。[29]

17世纪初期，大法官科克亦曾经签发布告宣布曾被剥夺财产及公权之人不得被起诉；科克还相信，一个在杀人指控中以自卫作为辩护理由而被无罪释放之人，不得因其行为再次遭受审判。[30] 虽然反对双重归罪原则在那时仍处于朦胧阶段，但可以断定，从科克的时代开始，这一原则就逐渐得到确认。利威认为，从那时开始，被告人无论是答辩“已被定罪”还是答辩“已获释放”，在法律上都不得再对其进行审判。[31] 不过，刚开始时这一原则显然是比较模糊的。比如，一个

---

〔26〕 黄风编著：《罗马法词典》，法律出版社2002年版，第40页。

〔27〕 Leonard W. Levy, *Origins of the Bill of Rights*, Yale University Press, p. 203.

〔28〕 Sir Patrick Devlin, *Trial by Jury*, 6th Impression 1978, p. 76.

〔29〕 Alfredo Garcia, *The Fifth Amendment: A comprehensive Approach*, Greenwood Press, 2002, p. 26.

〔30〕 Leonard W. Levy, *Origins of the Bill of Rights*, Yale University Press, p. 203.

〔31〕 Leonard W. Levy, *Origins of the Bill of Rights*, Yale University Press, p. 204.

人如果第一次被指控杀人而被无罪释放,能否对其同一行为再以“抢劫罪”加以审判? 1696 年,英国最高刑事审判机关——王座法院对此给予了否定的回答,法院的立场是:只要被告人已被无罪释放,就不得对“同一事实”(the same fact)再“提出任何指控”。[32]

(二)内涵与法理基础

反对双重归罪原则强调任何人不能因为同一行为遭受两次危险。首席大法官普拉特(Pratt)在 1724 年就指出:“迄今为止,在任何以刑事起诉为基础的案件中,还没有听说过哪个将被告人无罪释放的裁决被搁置一旁。”[33] 但是,当被告人遭受冤枉时,1907 年的制定法允许法庭在他们认为裁决与证据不一致的时候搁置判决。从此,在新法之下,只有被告人有权上诉,因而有罪的裁决可能会被推翻,而无罪的裁决仍然不可挑战。

该制度在英国法律史上的地位是显而易见的。人们通常认为陪审团审判制度有效地保障了英国的自由,与这一制度密切相关。如果没有这一制度,政府就可以无数次地对同一公民就同一事实提出指控,直至其达到目的为止。即使所有陪审团都拒绝对被告人定罪,只要政府拥有不断起诉之权力,公民的自由就不可能得到有效的保障。

(三)我国的制度

我国目前尚未确立反对双重归罪原则。《最高检规则》第 424 条第 3 款规定:“对于撤回起诉的案件,没有新的事实或者新的证据,人民检察院不得再行起诉。”第 4 款规定:“新的事实是指原起诉书中未指控的犯罪事实。该犯罪事实触犯的罪名既可以是原指控罪名的同一罪名,也可以是其他罪名。”第 5 款规定:“新的证据是指撤回起诉后收集、调取的足以证明原指控犯罪事实的证据。”根据上述规定,对同一个被告人,人民检察院撤回起诉之后,经过重新侦查,有新的事实的,可以再行起诉;没有新事实但有新的证据的,也可以再行起诉。对于经过重新侦查发现有新事实的案件,人民检察院重新起诉并不违反反对双重归罪原则,因为该原则要求的是对“同一事实”或“同一行为”不得两次置人于危险境地。但对于经过重新侦查发现有新的证据的案件,人民检察院也可以再行起诉,则似有违反反对双重归罪原则之嫌。

---

〔32〕 Leonard W. Levy, *Origins of the Bill of Rights*, Yale University Press, p. 204.

〔33〕 Sir Patrick Devlin, *Trial by Jury*, 6th Impression 1978, p. 77.

第二节　我国特有的刑事诉讼原则

我国特有的刑事诉讼原则，是指刑事诉讼法规定的、在很大程度上体现当前社会之主流意识形态或者说国家理念的、对决定我国刑事诉讼模式发挥着举足轻重之作用的原则。这些原则之所以成为原则而不是规则，是因为他们对整个刑事诉讼模式发挥着举足轻重的作用，能够在一定程度上决定刑事诉讼模式的基本特征。之所以是我国特有的原则，有的是因为当今世界主要国家不实行这些原则，因此这些原则成为区分我国刑事诉讼与其他国家刑事诉讼的标志；有的则是因为其他国家虽然也奉行这样的原则，但是并没有明确将其作为原则来对待，或者虽然有些国家也将其作为原则来对待，但是并不普遍，因而很难称得上是国际通行的原则。

一、侦查权、检察权、审判权由专门机关行使

《刑事诉讼法》第 3 条第 1 款规定："对刑事案件的侦查、拘留、执行逮捕、预审，由公安机关负责。检察、批准逮捕、检察机关直接受理的案件的侦查、提起公诉，由人民检察院负责。审判由人民法院负责。除法律特别规定的以外，其他任何机关、团体和个人都无权行使这些权力。"该原则规定了两项内容：一是公安机关、人民检察院、人民法院在刑事诉讼中分别行使不同的职权，以及各自行使职权的内容；二是除法律另有规定以外，其他任何机关都无权行使侦查、拘留、执行逮捕、预审、检察、批准逮捕、提起公诉和审判等权力。其中，"除法律特别规定的以外"，包括《刑事诉讼法》第 4 条规定的国家安全机关在办理危害国家安全的刑事案件时行使与公安机关相同的职权。

侦查权、检察权与审判权必须由公、检、法三机关分别行使，不得由同一机关统一行使。这样设置的目的在于防止大权独揽于一身。三权分别由公、检、法三机关行使，在制度上要求公、检、法三机关互不隶属，而且也不共同隶属别的机关。即使互不隶属，若公、检、法三机关同时隶属一个别的机关，则分权与制衡的目的也难以实现。

二、严格遵守法律程序

《刑事诉讼法》第 3 条第 2 款规定："人民法院、人民检察院和公安机关进行刑事诉讼，必须严格遵守本法和其他法律的有关规定。"严格遵守法定程序是对

公、检、法三机关的要求,其内容是严格按照刑事诉讼和其他法律中有关刑事诉讼主体的权利、义务以及进行刑事诉讼的方式、方法、顺序、步骤等方面的规定进行刑事诉讼,否则将导致其程序不具有法律效力的后果。

严格遵守法定程序是法的形式理性观念的体现。所谓法的形式理性,指的是通过普遍适用的规则解决具体案件的观念。与形式相对应的概念是实体,而与理性相对应的概念为非理性;因此,与形式理性对应的概念就是实体非理性。实体非理性强调的是具体问题具体对待,在这样的观念指导下,不需要统一的、具有普遍效力的法律规范。中国古代所谓"临事议制",体现的就是实体理性,而非形式理性。

三、依靠群众

《刑事诉讼法》第 6 条规定,"人民法院、人民检察院和公安机关进行刑事诉讼,必须依靠群众",这是依靠群众原则的直接规定。另外,我国《刑事诉讼法》有些规定,也体现着依靠群众原则的精神。例如,《刑事诉讼法》第 52 条规定,"必须保证一切与案件有关或者了解案情的公民,有客观地充分地提供证据的条件,除特殊情况外,可以吸收他们协助调查"。第 84 条规定:"对于有下列情形的人,任何公民都可以立即扭送公安机关、人民检察院或者人民法院处理:(一)正在实行犯罪或者在犯罪后即时被发觉的;(二)通缉在案的;(三)越狱逃跑的;(四)正在被追捕的。"

从依靠群众原则产生的起源来看,它实际上是马锡五审判方式的经验总结。从这一原则产生的制度原理来看,它是在人民民主专政的理论之下建立的原则,人民群众被视为国家的主人,让他们参与刑事案件的侦查与审判是理所当然的。依靠群众原则是具有中国特色的刑事诉讼原则,是我国公安机关在刑事诉讼早期形成的优良传统。它对于准确、及时地打击犯罪,查明案件事实,在一定程度上起着不容忽视的作用。

四、以事实为根据,以法律为准绳

《刑事诉讼法》第 6 条规定,"人民法院、人民检察院和公安机关进行刑事诉讼,必须依靠群众,必须以事实为根据,以法律为准绳"。所谓"以事实为根据",就是指必须以已经查证属实的证据为根据。它所禁止的是以主观想象和怀疑猜测等为根据对案件作出判断。它强调办案人员必须重证据、重调查研究,在没有充分、确实的证据时,不能轻率认定一个人有罪。"以法律为准绳",就是以刑事诉讼法和刑法等法律规定为准据,指导刑事诉讼的进行。因此,公安机关、人民检察院、人民法院在办理刑事案件时,除了法律以外,不能有别的依据。

五、对一切公民在适用法律上一律平等

《刑事诉讼法》第 6 条规定，人民法院、人民检察院和公安机关在刑事诉讼中，“对于一切公民，在适用法律上一律平等，在法律面前，不允许有任何特权”。一般而言，平等可以分为形式上的平等和实质上的平等。前者是指程序的平等，如所有的机会均平等地向所有人开放；后者是指结果上的平等，如每个人都平等地享有生命权、健康权等。在法律上，平等又可以分为立法上的平等与司法上的平等。立法上的平等是指法律在制定时对所有人的利益均予以平等的对待；司法上的平等则是指法律一经制定就平等地适用于每一个人，任何人均不享有超越法律之外的特权，不享有不受法律管辖的豁免。我国刑事诉讼法规定的平等原则，指的就是司法适用上的平等。它要求在刑事诉讼中，司法机关对一切公民都必须平等对待。所谓平等对待，就是不分民族、种族、性别、年龄、职业、出身、宗教信仰、教育程度、财产状况等，任何公民均应当得到同等对待，司法机关不得有任何歧视或优待。因此，人民检察院之检察官在审判法庭也不得享有任何特权，其与作为被告人之公民、法人的地位平等，人民法院亦应将其与被告人平等看待。

六、分工负责、互相配合、互相制约

《刑事诉讼法》第 7 条规定：“人民法院、人民检察院和公安机关进行刑事诉讼，应当分工负责，互相配合，互相制约，以保证准确有效地执行法律。”此处的“分工负责”，主要是指公、检、法三机关应当依照法律规定各司其职、各尽其责，严格按照《刑事诉讼法》第 3 条规定的职权分工进行刑事诉讼，相互之间不得越俎代庖，更不能一家包办。所谓“互相配合”，有观点认为，它是指“公检法三机关在分工负责的基础上，通力合作，互相支持，共同完成惩罚犯罪和保护人民的任务，不能各行其是，互不通气，甚至互相扯皮”〔34〕。所谓“互相制约”，是指公、检、法三机关在刑事诉讼中按照各自的职权分工进行刑事诉讼，通过各自对案件的认定形成各自权力的约束。

本书认为，刑事诉讼中公、检、法三机关分工负责的原则，已经由《刑事诉讼法》第 3、4 条以及其他具体条文所规定的公、检、法三机关各自的职责所确定，各机关只要在各自职责的范围内办理刑事案件，就会在相互之间形成制约，因而不需要单列一个条文，将分工负责、互相制约规定为一项原则。

---

〔34〕 胡康生、李福成主编：《中华人民共和国刑事诉讼法释义》，法律出版社 1996 年版，第 10 页。

七、人民检察院依法对刑事诉讼实行法律监督

《刑事诉讼法》第 8 条规定:“人民检察院依法对刑事诉讼实行法律监督。”这就是法学界通常所说的“检察监督原则”,其依据是《宪法》第 134 条之规定:“中华人民共和国人民检察院是国家的法律监督机关。”人民检察院对刑事诉讼的监督贯穿于整个诉讼过程中,具体包括立案监督、侦查监督、审判监督与执行监督四个方面。

其中,立案监督主要是指《刑事诉讼法》第 113 条规定的监督。根据该条规定,人民检察院认为公安机关应当立案侦查的案件而不立案侦查的,或者被害人认为公安机关对应当立案侦查的案件而不立案侦查,并向人民检察院提出的,人民检察院应当要求公安机关说明不立案的理由。人民检察院认为公安机关不立案的理由不能成立的,应当通知公安机关立案,公安机关接到通知后应当立案。根据《六机关规定》的规定,公安机关在收到人民检察院要求说明不立案理由通知书后 7 日内应当将说明情况书面答复人民检察院。人民检察院认为公安机关不立案理由不能成立,应当发出通知立案书,并将有关证明应该立案的材料同时移送公安机关。公安机关在收到通知立案书后,应当在 15 日内决定立案,并将立案决定书送达人民检察院。

侦查监督是指人民检察院对侦查活动是否合法进行监督。这主要通过三种形式进行。第一种形式是通过审查批准逮捕和审查起诉进行监督。《最高检规则》第 569 条规定:“人民检察院负责捕诉的部门发现本院负责侦查的部门在侦查活动中有违法情形,应当提出纠正意见。需要追究相关人员违法违纪责任的,应当报告检察长。上级人民检察院发现下级人民检察院在侦查活动中有违法情形,应当通知其纠正。下级人民检察院应当及时纠正,并将纠正情况报告上级人民检察院。”第 552 条第 1 款规定:“人民检察院发现刑事诉讼活动中的违法行为,对于情节较轻的,由检察人员以口头方式提出纠正意见;对于情节较重的,经检察长决定,发出纠正违法通知书。对于带有普遍性的违法情形,经检察长决定,向相关机关提出检察建议。构成犯罪的,移送有关机关、部门依法追究刑事责任。”第二种形式是通过参与公安机关重大案件讨论的形式进行监督。《刑事诉讼法》第 87 条规定:“公安机关要求逮捕犯罪嫌疑人的时候,应当写出提请批准逮捕书,连同案卷材料、证据,一并移送同级人民检察院审查批准。必要的时候,人民检察院可以派人参加公安机关对于重大案件的讨论。”第三种形式是通过受理控告进行监督。《最高检规则》第 555 条规定第 1 款规定:“当事人和辩护人、诉讼代理人、利害关系人对于办案机关及其工作人员有刑事诉讼法第 117 条规定的行为,向该机关申诉或者控告,对该机关作出的处理不服或者该机关未在

规定时间内作出答复，而向人民检察院申诉的，办案机关的同级人民检察院应当受理。”该条第4款规定：“当事人和辩护人、诉讼代理人、利害关系人对刑事诉讼法第一百一十七条规定情形之外的违法行为提出申诉或者控告的，人民检察院应当受理，并及时审查，依法处理。”

审判监督是指对审判活动进行的监督。依照《刑事诉讼法》第209条之规定，人民检察院发现人民法院审理案件违反法律规定的诉讼程序，有权向人民法院提出纠正意见。对此，《最高检规则》第572条规定：“人民检察院在审判活动监督中，发现人民法院或者审判人员审理案件违反法律规定的诉讼程序，应当向人民法院提出纠正意见。人民检察院对违反程序的庭审活动提出纠正意见，应当由人民检察院在庭审后提出。出席法庭的检察人员发现法庭审判违反法律规定的诉讼程序，应当在休庭后及时向检察长报告。”另外，对于第一审未生效的判决、裁定，人民检察院认为确有错误的，可以提起抗诉，这也是人民检察院对审判活动进行监督的一种形式。

执行监督是指人民检察院对已经生效的判决、裁定在执行过程中进行的监督，具体包括对死刑执行的监督、对死缓执行的监督以及对判处其他刑罚案件的执行的监督，如对监外执行、减刑、假释等的监督。

第三节　基本制度与规则

《刑事诉讼法》第一编第一章“任务和基本原则”中有些条文的规定，虽然具有总领刑事诉讼各个阶段的作用，但是对于刑事诉讼模式的特征并无直接的决定作用，而是属于一些具体制度和具体程序的规范。因此，本书将它们归入“基本制度与规则”的范畴，单列一节加以论述。

一、使用本民族语言文字进行诉讼

《宪法》第139条规定：“各民族公民都有用本民族语言文字进行诉讼的权利。人民法院和人民检察院对于不通晓当地通用的语言文字的诉讼参与人，应当为他们翻译。在少数民族聚居或者多民族共同居住的地区，应当用当地通用的语言进行审理；起诉书、判决书、布告和其他文书应根据实际需要使用当地通用的一种或者几种文字。”宪法的这一规定，在《刑事诉讼法》第9条中得到体现。

根据宪法和刑事诉讼法的规定，使用本民族语言文字进行诉讼原则具体包括以下内容：（1）各民族公民无论是当事人还是其他诉讼参与人，都有权使用本民族语言文字进行诉讼,有权用本民族语言文字回答问题、对证人进行发问、书写证言、上诉书或其他诉讼文书;(2)如果当事人或其他诉讼参与人不通晓当地通用的语言文字,人民法院、人民检察院和公安机关有义务指定或聘请翻译人员为他们提供翻译;(3)在少数民族聚居或者多民族杂居的地区,应当用当地通用的语言进行审理,同时应当根据需要使用当地通用的一种或几种文字制作起诉书、判决书和其他诉讼文书。

二、两审终审

(一)基本内涵

《刑事诉讼法》第10条规定:"人民法院审判案件,实行两审终审制。"根据这一规定,地方各级人民法院按照第一审程序对案件审理后作出的判决、裁定,既不能立即发生法律效力,又不能交付执行;只有在法定期限内,当事人不上诉、人民检察院不抗诉的,该第一审判决、裁定才发生法律效力,才能交付执行;第二审的判决、裁定属于终审的判决、裁定,一经作出,立即发生法律效力。地方各级人民法院第一审的判决、裁定在经过法律规定的上诉、抗诉期限后,如果没有上诉,也没有抗诉,则发生法律效力,为生效判决、裁定,应当交付执行。因此,上诉或者抗诉是阻却第一审判决、裁定发生法律效力的唯一可能原因。

(二)例外情形

两审终审原则包括两种例外情形:(1)两审终审仅适用于地方各级人民法院审判的第一审案件,不适用于最高人民法院审判的案件。最高人民法院是我国的最高审判机关,也是我国的终审法院,其判决、裁定为终审的判决、裁定,无论是依照第一审程序还是第二审程序,一经作出,立即生效。(2)死刑案件即使经过两级人民法院审判,其死刑判决、裁定也不立即发生法律效力,而是必须经过死刑复核程序之后,才发生法律效力,才能交付执行。

(三)意义与问题

两审终审制度的意义体现在两个方面:一是就诉讼案件设定最终审级,使一个案件经过两级人民法院审判后能够得到最终解决,而不至于无休止地纠缠下去;二是赋予当事人上诉(抗诉)的机会,从而通过程序内机制消解法院之裁判可能给当事人带来的不满;因此,第二审程序应当具备吸收不满的功能。但实践中,存在部分下级法院法官在案件未作出判决前就向上级法院法官进行汇报、请示的做法,这种做法违反了两审终审原则。

它所导致的后果就是使刑事诉讼法所设置的上诉制度形同虚设。如果上级法院对下级法院的请示进行批示,则该下级法院的判决很可能体现的就是上级法院法官的意志;如果当事人或人民检察院不服一审裁判而上诉或抗诉至上级法院,该上诉或抗诉也将无法有效地说服上级法院的法官接受上诉人或抗诉人的主张;即使上级法院不进行批示,而仅仅是对下级法院拟作出的判决表示赞同或默许,当事人及检察人员也难以通过二审程序实现上诉或抗诉的目的,因为上级法院很可能早已经被下级法院的汇报所说服,在内心已经接受了下级法院法官的裁判。如果这种做法普遍化,上诉程序就不再能够承担吸收不满的功能,从而大量的案件将进入审判监督程序,或者使大量的当事人被迫选择申诉。这不仅使法院和法官的权威性受到损害,还使当事人的诉讼成本大大增加。

三、人民陪审

《刑事诉讼法》第 13 条规定:“人民法院审判案件,依照本法实行人民陪审员陪审的制度。”据此,我国刑事诉讼法实行陪审制度。根据 2018 年《人民陪审员法》之规定,我国人民陪审员制度主要包含以下几项内容。

(一)担任人民陪审员的条件

担任人民陪审员的条件是:(1)拥护《宪法》;(2)年满 28 周岁;(3)遵纪守法、品行良好、公道正派;(4)具有正常履行职责的身体条件;(5)一般应当具有高中以上文化程度。

但是下列人员不能担任人民陪审员:(1)人民代表大会常务委员会的组成人员,监察委员会、人民法院、人民检察院、公安机关、国家安全机关、司法行政机关的工作人员;(2)律师、公证员、仲裁员、基层法律服务工作者;(3)其他因职务原因不适宜担任人民陪审员的人员。

有下列情形之一的,也不得担任人民陪审员:(1)受过刑事处罚的;(2)被开除公职的;(3)被吊销律师、公证员执业证书的;(4)被纳入失信被执行人名单的;(5)因受惩戒被免除人民陪审员职务的;(6)其他有严重违法违纪行为,可能影响司法公信的。

(二)人民陪审员的产生办法

人民陪审员可以通过随机抽选、个人申请以及推荐三种方式产生。其中,随机抽选是指司法行政机关会同基层人民法院、公安机关从辖区内常住居民名单中随机抽选人员担任陪审员。随机抽选的人数应当是拟任命陪审员人数的 5 倍以上。被抽选的人员作为人民陪审员候选人,由司法行政机关对其进行资格审查,并征求候选人意见。之后,司法行政机关再从通过资格审查的候选人名单中随机抽选确定人选,由基层人民法院院长提请同级人民代表大会常务委员会任命。个人申请,是指有意愿参加人民陪审的公民,向所在地司法行政机关提出申请,在通过资格审查后,由基层人民法院院长提请同级人民代表大会常务委员会任命。推荐,是指公民所在单位、户籍所在地或经常居住地的基层群众性自治组织、人民团体向所在地司法行政机关推荐,通过资格审查后由基层人民法院院长提请同级人民代表大会常务委员会任命。根据规定,以个人申请和推荐方式产生的人民陪审员,不得超过人民陪审员名额数的1/5。

(三)人民陪审员陪审案件合议庭的组成

根据《刑事诉讼法》《人民法院组织法》《人民陪审员法》的规定,人民陪审员和法官组成合议庭审判案件的,合议庭的组成有两种方式:一种是三人合议庭,可以由两名法官、一名陪审员组成,也可以由一名法官、两名陪审员组成;另一种是七人合议庭,应当由法官三人、人民陪审员四人组成。无论哪种合议庭,都由法官担任审判长。

根据《人民陪审员法》第15条之规定,无论第一审案件是刑事案件、民事案件还是行政案件,有下列情形之一的,由人民陪审员和法官组成合议庭进行审判:(1)涉及群体利益、公共利益的;(2)人民群众广泛关注或者其他社会影响较大的;(3)案情复杂或者有其他情形,需要由人民陪审员参加审判的。但对于上述案件,法律也没有规定必须组成由人民陪审员参加的合议庭进行审判,相反,根据法律规定由法官独任审理或者由法官组成合议庭审理的,人民陪审员不得参加。

《人民陪审员法》第16条规定:“人民法院审判下列第一审案件,由人民陪审员和法官组成七人合议庭进行:(一)可能判处十年以上有期徒刑、无期徒刑、死刑,社会影响重大的刑事案件;(二)根据民事诉讼法、行政诉讼法提起的公益诉讼案件;(三)涉及征地拆迁、生态环境保护、食品药品安全,社会影响重大的案件;(四)其他社会影响重大的案件。”根据以上规定,对于上述第一审案件,人民法院只能组成由人民陪审员四人和法官三人组成的合议庭进行审判。

无论是基层人民法院、中级人民法院还是高级人民法院,如果需要由人民陪审员和法官共同组成合议庭,参加合议庭的人民陪审员都应当从辖区内基层人民法院的人民陪审员名单中随机抽取。

(四)当事人申请陪审制合议庭的权利

《人民陪审员法》第17条规定:“第一审刑事案件被告人、民事案件原告或者被告、行政案件原告申请由人民陪审员参加合议庭审判的，人民法院可以决定由人民陪审员和法官组成合议庭审判。”据此规定，刑事案件的被告人享有申请由人民陪审员参加的合议庭进行审判的权利。被告人提出申请，是否组成由人民陪审员参加的合议庭进行审判，由人民法院决定。人民法院对于一般案件，享有自由裁量权。但对于具备《人民陪审员法》第16条规定情形之一的案件，人民法院没有自由裁量权，只能由人民陪审员四人和法官三人共同组成的合议庭进行审判。

（五）法官与人民陪审员之间的权限划分

在法官与人民陪审员共同组成合议庭的案件中，审判长应当履行与案件审判相关的指引和提示义务，但不得妨碍人民陪审员对案件的独立判断。合议庭评议案件时，审判长应当对本案涉及的事实认定、证据规则、法律规定等事项及应当注意的问题，向人民陪审员进行必要的解释和说明。

对于由人民陪审员和法官共三人组成的合议庭，人民陪审员在审判案件时既可以对事实认定问题发表意见，也可以对法律适用问题发表意见，并独立行使表决权。但在人民陪审员四人和法官三人组成的七人合议庭中，人民陪审员仅对事实认定问题独立发表意见并行使表决权，对法律适用问题可以发表意见但不参加表决。

合议庭的表决均实行少数服从多数的原则。人民陪审员同合议庭其他组成人员意见有分歧的，应当将其意见写入笔录。合议庭组成人员意见有重大分歧的，人民陪审员或者法官可以要求合议庭将案件提请院长决定是否提交审判委员会讨论决定。

四、认罪认罚从宽

2018年《刑事诉讼法》第15条规定：“犯罪嫌疑人、被告人自愿如实供述自己的罪行，承认指控的犯罪事实，愿意接受处罚的，可以依法从宽处理。”从此，“认罪认罚从宽”正式成为我国刑事诉讼中一项通行于整个诉讼过程的制度。认罪认罚从宽应当是一项国际通例，因其并不属于基本权利，所以没有放在本章第一节加以探讨，但它也不是我国特有的刑事诉讼原则，只能说有一些我国的特点，因此将它作为基本制度来加以探讨。将它作为基本原则来对待也是没有问题的。

认罪认罚从宽既是一项实体法原则，也是一项程序法原则。说它是一项实体法原则，是因为“从宽”本身是对当事人实体问题的一种处分；说它是一项程序法原则，是因为“认罪认罚”既有实体法的意味，也有程序法的意味，因为它决定着刑事诉讼程序的具体环节,可能导致多项程序环节的变异或者简化。

该制度中的“认罪”,通常是指被告人对所指控犯罪的基本事实无异议并自愿认罪。所谓“认罚”,是指被告人自愿接受被指控犯罪所对应的刑法所规定的刑事责任这一后果;通常情况下,“认罚”实际上意味着被告人认可公诉机关在审判前的程序中对其提出的刑罚建议;不仅如此,“认罚”还意味着被告人放弃刑事诉讼法所规定的普通程序赋予被告人的保护性诉讼权利,同意简化诉讼程序中的部分环节来给自己定罪并处以刑罚。所谓“从宽”,是指在刑法规定的量刑幅度内从轻、减轻或者免除处罚。

对于犯罪嫌疑人、被告人认罪认罚的案件,人民法院在审理时既可能适用普通程序审理,也可能适用速裁程序审理,但适用速裁程序审理的案件,应当满足“可能判处三年以下有期徒刑”这一条件。不满足这一条件的,即使被告人认罪认罚,也只能适用普通程序审理,但在程序上可以有若干简化。

五、具有法定不追究刑事责任情形不能追究

《刑事诉讼法》第 16 条规定:“有下列情形之一的,不追究刑事责任,已经追究的,应当撤销案件,或者不起诉,或者终止审理,或者宣告无罪:(一)情节显著轻微、危害不大,不认为是犯罪的;(二)犯罪已过追诉时效期限的;(三)经特赦令免除刑罚的;(四)依照刑法告诉才处理的犯罪,没有告诉或者撤回告诉的;(五)犯罪嫌疑人、被告人死亡的;(六)其他法律规定免予追究刑事责任的。”

根据上述规定,具有法定不追究刑事责任情形不能追究这一原则包括两方面的内容:一是对不能追究刑事责任的情形作了规定;二是对不能追究而已经追究的情形如何处理作了规定。具体而言,在上述情形下,在诉讼的不同阶段应当作出不同的处理:(1)对于情节显著轻微、危害不大,不认为是犯罪的,在立案阶段,应当作出不立案决定。如果属于违反治安管理处罚条例规定的行为,则可以移送公安机关处理。如果是在侦查阶段,应当作出撤销案件的决定。如果是在审查起诉阶段,应当作出不起诉决定。如果是在审判阶段,应当作出无罪判决。(2)对于犯罪已过追诉时效期限的,在立案阶段应当作出不立案决定;在侦查阶段应当作出撤销案件决定;在审查起诉阶段应当作出不起诉决定;在审判阶段应当终止审理。(3)对于经特赦令免除刑罚的,其在各阶段的处理与对“犯罪已过追诉时效”这一情形的处理完全相同。(4)对于依照刑法告诉才处理的犯罪,没有告诉或者撤回告诉的,在立案阶段应当不予立案;在侦查阶段应当撤销案件;在审查起诉阶段应当作出不起诉决定;在审判阶段应当终止审理。(5)对于犯罪嫌疑人、被告人死亡的,应当依据具体情形进行分析。如果是在立案前,犯罪行为的实施者就已经死亡的,只要符合立案条件,一般应当予以立案。立案后经过

侦查,如怀疑作案人已经死亡,是否就应当停止侦查,或者应当撤销案件,从理论上值得探讨。本书认为不应当停止侦查,而应当继续侦查直至确定该案没有其他作案人后,才能写出侦查终结报告,并在此基础上撤销案件。如果是立案侦查并对犯罪嫌疑人采取强制措施以后犯罪嫌疑人死亡的,仍然应当继续侦查,侦查的结果有两种可能:一种可能是排除该死亡犯罪嫌疑人作案;另一种可能是确定系该死亡犯罪嫌疑人作案。对于后者,则应当在侦查终结后撤销案件;对于前者则应当继续侦查,直至案件的真相水落石出,真正的作案人被查获归案。

六、追究外国人刑事责任适用我国刑事诉讼法

《刑事诉讼法》第 17 条规定:"对于外国人犯罪应当追究刑事责任的,适用本法的规定。对于享有外交特权和豁免权的外国人犯罪应当追究刑事责任的,通过外交途径解决。"

(一)基本规则

对于外国人犯罪应当追究刑事责任的,适用我国刑事诉讼法的规定。这里的外国人是指不具有中华人民共和国国籍的人,既包括有外国国籍的人,也包括无国籍人或国籍不明的人。所谓应当追究刑事责任是指依照我国刑法规定应当追究刑事责任。所谓适用我国刑事诉讼法的规定,就是由我国公安机关、人民检察院和人民法院按照我国《刑事诉讼法》的规定进行侦查、起诉和审判。其包括两种情形:一种是指外国人在我国领域内犯罪,依照我国《刑法》规定应当受到刑事处罚的情形;所谓"我国领域"是指我国主权管辖范围所及的区域,具体包括我国领土、领空、领水以及我国驻外使领馆、在国外的航空器、船舶。另一种是指外国人在国外实施犯罪后进入中国,依据我国已经参加或者缔结的国际条约的规定,我国对其拥有刑事管辖权的情形。目前很多著作在论述这一原则时认为,对于外国人犯罪适用我国刑事诉讼法的原则仅限于外国人在我国领域内犯罪的情形,这是很不全面的,也是不正确的。

(二)例外规定

对于享有外交特权和豁免权的外国人犯罪应当追究刑事责任的,通过外交途径解决。所谓享有外交特权和豁免权的外国人,是指《外交特权与豁免条例》规定的下列人员:(1)外国驻中国使馆的外交代表以及他们的家属;(2)来中国访问的外国元首、政府首脑、外交部长以及其他具有同等身份的官员;(3)途经中国的外国驻第三国的外交代表和其共同生活的配偶及未成年人子女;(4)持有中国外交签证或者持有外交护照(仅限免签证的国家)来中国的外交官员;(5)经中

国政府同意给予外交特权和豁免权的其他来中国访问的外国人士。

| **案例 5-1** | 云南法院对糯康犯罪团伙的审判

2011 年 10 月 5 日,两艘中国货轮在泰国湄公河水域被泰国军警劫持,13 名中国船员被虐杀。2011 年 10 月 31 日,中国、老挝、缅甸、泰国四国在北京联合召开湄公河流域联合执法合作会议,建立湄公河流域安全执法合作机制。中国公安部成立了联合专案组,向老挝、缅甸、泰国三国派出警务工作组。经调查,湄公河惨案是缅甸毒贩糯康勾结泰国军警所为。糯康出生于 1969 年,缅甸少数民族掸族人,曾经跟随缅甸最大毒枭坤沙。2011 年 10 月 4～5 日,糯康经过密谋策划,在缅甸万东地区劫持了中国两艘货轮,将其押送至孟喜岛、孟喜滩一带,并将中国船员的眼睛蒙上,把一批毒品放到中国货轮上,之后用快艇押送中国船只进入泰国水域,在距梅塞河与湄公河 3 公里处,将中国船员残忍杀害。13 具中国船员尸首被打捞起来时,人们发现有的被挖去眼球,有的被割掉舌头,死状之惨,令人发指。2012 年 4 月 25 日,糯康在 2 名手下的陪同下乘船前往老挝境内,被严阵以待的老挝警察发现并成功抓获(《南方人物周刊》2012 年 7 月 25 日)。2012 年 11 月 6 日,云南省昆明市中级人民法院对糯康案公开宣判,以故意杀人罪、绑架罪、运输毒品罪、劫持船只罪数罪并罚,判处糯康等 3 名主犯死刑立即执行。

本案糯康所犯罪行,属于《刑法》第 8 条规定的"外国人在中华人民共和国领域外对中华人民共和国国家或公民犯罪",且按刑法规定最低刑为 3 年以上有期徒刑的情形,适用我国刑法的规定。糯康等人不属于享有外交特权和豁免权的人员,根据《刑事诉讼法》第 17 条的规定,应当按照我国刑事诉讼法进行侦查、起诉与审判。

七、国际司法协助

《刑事诉讼法》第 18 条规定:"根据中华人民共和国缔结或者参加的国际条约,或者按照互惠原则,我国司法机关和外国司法机关可以相互请求刑事司法协助。"

(一)实施条件

根据上述法律规定,进行国际刑事司法协助必须根据中华人民共和国缔结或者参加的国际条约,或者按照互惠原则,由司法机关进行。在我国,宪法规定的司法机关包括人民检察院和人民法院。虽然公安机关的侦查工作也存在国际协助的问题,但是这不属于国际司法协助,不过理论上可以称之为国际刑事侦查协助。

（二）协助内容

国际刑事司法协助从内容上可以区分为广义刑事司法协助和狭义刑事司法协助。广义刑事司法协助通常包括引渡、相互承认与执行刑事司法判决和刑事诉讼移管，以及狭义刑事司法协助的内容；狭义刑事司法协助则通常包括刑事诉讼文书送达、调查取证、解送被羁押者出庭作证、移交物证和书证、冻结或扣押财产、提供法律情报等。[35]

从世界范围来看，大多数以刑事司法协助为主题的国际条约采纳狭义刑事司法协助的概念。在我国，根据《最高检规则》第672条的规定，国际刑事司法协助的内容包括刑事方面的调查取证，送达刑事诉讼文书，通报刑事诉讼结果，移交物证、书证和视听资料，扣押、移交赃款、赃物以及法律和国际条约规定的其他司法协助事宜。根据上述规定，我国刑事司法协助实际上采用了狭义刑事司法协助的概念，也就是不包括引渡、相互承认与执行刑事司法判决、刑事诉讼移管等内容。

请求和提供司法协助，应当依照《国际刑事协助法》以及我国与有关国家、地区之间签订的刑事司法协助条约、移管被判刑人条约和有关法律规定进行。外国法院请求的事项有损我国的主权、安全、社会公共利益以及违反我国法律基本原则的，人民法院不予协助。人民法院请求外国提供司法协助的请求书，应当依照刑事司法协助条约的规定提出；没有条约或者条约没有规定的，应当载明法律规定的相关信息并附相关材料。请求书及所附材料应当附有被请求国官方文字的译本。外国请求我国法院提供司法协助的请求书，应当依照刑事司法协助的条约提出；没有条约或者条约没有规定的，应当载明我国法律规定的相关信息并附相关材料；请求书及所附材料应当附有中文译本。

案例5－2 赖昌星案

1999年4月，执法机关对厦门远华集团董事长赖昌星涉嫌走私等犯罪立案侦查。1999年8月，赖昌星得到消息后自香港逃亡加拿大并申请难民庇护。2005年8月，加拿大最高法院拒绝了赖昌星及其家属的难民身份申请。2011年7月23日，赖昌星被遣送回国。据查，自1991年起，赖昌星通过在香港、厦门等地设立公司、网罗人员，形成走私犯罪集团。1995年12月至1999年，赖昌星犯罪集团通过走私香烟、汽车、成品油等货物，案值共计人民币273.95亿元，偷逃应缴税额人民币139.99亿元。为实施走私活动和谋取其他不正当利益，赖昌星于1991年至1999

---

〔35〕 黄风：《国际刑事司法合作的规则与实践》，北京大学出版社2008年版，第103～104页。

年,先后向64名国家工作人员贿送钱款、房产、汽车等财物,折合人民币3912.89万元。2012年5月18日,赖昌星被厦门市中级人民法院一审以走私普通货物罪和行贿罪数罪并罚判处无期徒刑。

评注5-4 中国腐败贪官引渡任重道远

据有关部门统计,中国自20世纪90年代中期以来,外逃的党政干部、公安、司法官员、国家企事业单位高管以及驻外中资机构外逃、失踪人员达到16000~18000人;携带款项达8000亿元人民币,人均携带4000万元人民币。根据公安部公布的追逃情况,人均涉案金额为2亿元。[36] 贪官外逃之后,将这些人缉拿归案的途径主要就是根据我国与外逃国家签订的引渡条约,将外逃贪官引渡回国。在没有签订引渡条约的国家,原则上不引渡。当时,中国与加拿大并未签订引渡条约,但是加拿大在1999年之后采取了比较灵活的政策,请求国可以通过与加拿大外交部签署引渡个案协议的方法,对特定涉案个人予以引渡。不过,中国政府对赖昌星案件并没有启动签署引渡个案协议的程序,而是通过非法移民遣返程序,向加拿大提出遣返请求。赖昌星则同时向加拿大移民局提出难民申请,被拒绝后起诉到加拿大联邦法院,并一路上诉到加拿大最高法院,直至被最高法院驳回,前后经历了13年。可见,中国追缉外逃贪官的道路漫长。但是,反腐败最重要的还是腐败的预防机制,如官员财产公示制度、民主选举制度、新闻舆论的监督等。

---

〔36〕 资料来源:www.news.163.com,2013年1月16日最后访问。

第二编　总　论

第六章　律师帮助权
第七章　管辖与回避
第八章　证　据
第九章　证　明
第十章　期间、送达与附带民事诉讼

第六章　律师帮助权

以律师帮助权为核心的辩护制度是人类诉讼史上最具有革命性的制度，也是人类诉讼文明的里程碑。它是现代刑事诉讼程序正义理念和人权保障理念的集中体现，也是刑事程序规则在实践中得到遵守的最有力保障。辩护制度在中国经历了缓慢和曲折的发展过程，1979 年《刑事诉讼法》并未明确规定被告人何时可以聘请辩护人，理论和实务都认为律师只有在审判阶段才能介入诉讼，刑事被追诉人所能获得的律师帮助着实有限；1996 年《刑事诉讼法》将刑事被追诉人获得律师帮助的权利延伸至侦查阶段，但却没有赋予律师"辩护人"的名分；2012 年《刑事诉讼法》再次修改后，律师终于可以自侦查阶段始以辩护人的身份名正言顺地介入刑事诉讼，从而使刑事被追诉人获得律师帮助的权利能够贯穿始终，律师帮助权对刑事诉讼的影响也将体现在刑事诉讼的整个过程。2018 年《刑事诉讼法》第三次修改，将公职人员的职务犯罪案件改由监察机关调查，相应的调查程序也主要由 2018 年颁布的《监察法》规范，《监察法》虽未明确规定职务犯罪被调查人在接受调查期间的的律师帮助权，但也没有否定职务犯罪被调查人的律师帮助权。职务犯罪案件中律师在何时介入、以何种方式介入，既是一个理论问题，也是一个实务问题。近些年出台的有关保障律师执业权利的规范，表明该项权利在我国立法层面已经获得普遍接受并牢牢地生根发芽，也表明人们对律师帮助权在法治上的意义及价值已经给予高度重视。因此，本书将获得律师帮助权置于总论所有制度之前，既彰显其在刑事诉讼中的重要地位，也表达对律师帮助权在现代程序法治建设过程中的殷殷希望。

第一节　律师帮助权概论

一、律师帮助权的起源

（一）古罗马的辩护制度

最早记载允许被指控者进行辩护的成文法大约出现于古罗马。公元前450年前后制定的《十二铜表法》第7条即规定："若当事人双方不能和解，则他们应在午前到市场或会议场进行诉讼。出庭双方应依次申辩（自己案件）。"[1]这种允许双方当事人辩论的制度，在公元1世纪时发展成为允许代理人辩论的制度。当时的罗马皇帝对律师辩护制度给予了高度赞扬："那些消解诉讼中产生的疑问并以其常在公共和私人事务中进行辩护帮助他人避免错误、帮助疲惫者恢复精力的律师，为人类提供的帮助不亚于那些以战斗和负伤拯救祖国和父母的人。因此，对于我们的帝国来说，我们不仅把身披盔甲、手持剑盾奋战的人视为战士，同样认为律师也是战士。因为那些受托捍卫荣誉之声，保护忧虑者的希望、生活和后代的诉讼辩护人也是在战斗。"[2]

（二）律师帮助权的起源

被告人有权获得律师帮助辩护的制度起源于英国。英国在1696年以前，重罪案件都不允许被告人由其辩护人进行辩护，但是这一规则仅适用于重罪案件。换句话说，在轻罪案件中，被告人有权获得律师辩护。1696年颁布的英国《叛逆法》使被指控犯有叛逆罪的被告人境况有所改善，但该法仅仅赋予叛逆案件被告人有权获得律师辩护，其他重罪案件被告人则仍然无权获得律师帮助。[3] 大约从1730年开始，法官通过行使自由裁量权的方式，允许其他重罪案件被告人获得律师帮助。从此以后，律师辩护登上历史舞台，对于帮助被告人行使其权利发挥了巨大的作用。

---

〔1〕《世界著名法典汉译丛书》编委会编：《十二铜表法》，法律出版社2000年版，第5页。

〔2〕［意］桑德罗·斯奇巴尼选编：《司法管辖权·审判·诉讼》，黄风译，中国政法大学出版社1992年版，第42页。

〔3〕详尽论述可参见John H. Langbein, *The Privilege and Common Law Criminal Procedure: The Sixteenth to the Eighteenth Centuries*, in p. H. Helmholz et al., The Privilege against Self－Incrimination: Its Origins and Development, The University of Chicago Press, 1997, p. 82－108。参见易延友：《沉默的自由》，中国政法大学出版社2001年版，第82～85页。

二、律师帮助权的理论基础

(一)律师帮助权有助于消极实体真实主义的实现

传统理论认为,律师辩护制度有助于发现案件事实真相,因而是值得提倡的诉讼制度。至于其发现案件真相之机制,则是通过所谓"对立统一规律"实现的:"控诉与辩护是对立的两个方面,其处于一个矛盾统一体中,缺一不可。没有控诉,就没有辩护。辩护是针对控诉的,控诉也需要经过辩护考察、验证。控诉与辩护的论证过程是案件事实真相进一步暴露的过程,也是人们对案件认识的深化过程。"[4]国外亦有将律师辩护之功能界定为发现真实者。例如,艾玛(Akhil Reed Amar)在其名著中,就将美国《宪法第六修正案》赋予被告人之权利归结为三个方面:迅速审判、公开审判、公正审判(其中第3项包括获得律师帮助的权利);而这三者背后的理论则是要发现真相、保障无辜。[5]

本书认为,律师辩护制度在消极的实体真实主义的意义上,的确有助于真实的发现。所谓消极的实体真实主义,是指所有的无辜者都不应当被定罪,在这个意义上实现的真实发现,就是消极的实体真实主义。与之对应的是积极的实体真实主义,也就是所有有罪的人都不被放纵。从律师介入刑事诉讼的效果上看,这一制度设置的确可以有效地保护无辜的被告人不受刑事追究。从这一点来看,律师辩护对于增进发现真实目的之实现,的确具有积极意义。但是从总体上看,不能说律师的介入总是能够有助于发现真实目标之实现。因为,律师站在被告人一方维护其利益时,往往会出于各种因素之考虑,想方设法帮助被告人赢得诉讼,从而不由自主地忽略真实之发现,甚至有意绕过真实之发现。因此,律师付出的努力一方面可能会使无辜的被告人获得释放,另一方面也可能使有罪的被告人逃脱惩罚。律师辩护制度虽然有助于消极实体真实主义的实现,但不一定有助于积极实体真实主义的实现。

(二)律师帮助权有助于加强程序公正

早在1649年,英国大法官巴尔斯托德·怀特洛克(Barstold Whitelock)就曾经指出:"被告人应当有一个律师代替他进行法律答辩,但是法律却没有赋予他

---

〔4〕 陶髦主编:《刑事诉讼法学》,高等教育出版社1993年版,第39页。

〔5〕 "The deep principles underlying the Sixth Amendment's three clusters and many clauses (and, I submit, underlying constitutional criminal procdure generally) are the protection of innocence and the pursuit of truth." Akhil Reed Amar, *The Constitution and Criminal Procedure: First Principles*, Yale University Press, 1997, p. 90.

们这样的权利,我认为,出于正义的考虑,应当对这样的制度进行改革,应当赋予人们这样的权利。"[6]怀特洛克的看法实际上代表了英美法系刑事诉讼的一般观念:被告人需要获得公平的审判,这种公平除了一些特定的要求外,双方当事人的平等武装也是其内在的要求。为了实现当事人平等的武装,必须赋予被告人获得律师帮助的权利。因为,一方面,由检察官代表的政府一方拥有比较大的权力,而被告人则通常力量比较弱小;另一方面,检察官通常为通晓国家法律之人,而被告人通常并不通晓法律。[7] 因此,被告人在与国家对抗的程序中常常处于不利境地,控辩双方的力量不能达到平衡,这不符合公平竞争的原则。卢梭指出:"恰恰因为事物的力量总是倾向于摧毁平等,所以法律的力量就应当总是倾向于维持平等。"[8]这实际上就是在表达一种公平竞争的精神。赋予被告人获得律师帮助的权利,就是要通过加强被告人防御力量的方法,实现控辩双方力量的平衡(虽然这一制度并不总是能实现这一目标,但其大致意图几乎总是如此)。

| **案例 6-1** | 律师帮助权的目的在于实现程序正义:鲍威尔诉亚拉巴马[9]

案件记录显示,在所谓的案发当日,本案被告人与其他黑人一起,登上了一列开往亚拉巴马的火车。列车上有7名白人男孩和2名白人女孩。黑人男孩和白人男孩发生过一场斗殴。白人男孩除了一个叫吉力的以外全部被推下火车。白人男孩于是向前方报告了斗殴事件,并要求所有黑人下车。之后参与斗殴的黑人男孩和2名白人女孩都上了一辆货架车。2名白人女孩说,她们各自被6名黑人强奸了(不一定是同样的6个人),所以她们指认出了一共有7个人参与了强奸行为。除吉力以外,其他白人男孩均未被传唤作证。

火车到达斯科茨博罗之后,警察逮捕了被告人和另外2名黑人。2名白人女孩和黑人都被带到斯科茨博罗。有关他们的到来和他们性侵的报道在他们之前就已经到了,所以他们在斯科茨博罗遇到了大批人群。没有足够的证据证明被告人受到了严重的威胁,或者显示他们事实上遭受了群体暴力的危险;但确实有足够的证据表明当地社区对他们充满了敌意。警长感觉到有必要叫军队来帮助保护被告人的安全。十分明显,整个诉讼程序从一开始到最后都处在十分紧张、充满敌意和被

[6] Leonard W. Levy, *Origins of the Fifth Amendment*, Macmillan Company, 1986, p. 322.

[7] 黄东熊指出,不仅不熟谙法律之被告人不能善用法律保护自己,而且,即使熟谙法律之人在成为刑事被告之后,也往往因失却冷静,或因心理上受压迫,或因身体自由受拘束,而不能善用其权利。黄东熊、吴景芳:《刑事诉讼法论》,台北,三民书局2002年版,第111页脚注。

[8] [法]卢梭:《社会契约论》,何兆武译,商务印书馆1996年版,第70页。老子亦云:"天之道,其犹张弓乎? 高者抑之,下者举之,有余者损之,不足者补之。天之道,损有余而补不足。"联系到老子同时推崇天道,应当可以得出老子主张通过法律加强弱者力量的结论。

[9] Powell v. State of Ala., 287 U.S. 45 (1932).

激起兴奋的公众情绪中。案件记录没有披露被告人的年龄,但所有被告人都是年轻人,案件记录在很多地方提到他们时都是用“男孩”来称呼。他们既无知,也都是文盲。他们都居住于其他州,此时已经与自己的亲人隔离。

直到审判日的早上,也没有哪个律师被提名或确定地被指派为被告人的辩护律师。在那之前,审判法官曾经基于“初次聆讯的目的”“指派律师协会的所有成员”代理被告人的案件。但没有律师以被告人辩护人的名义出现在法庭上。这样的“指派”,哪怕是基于全部程序的目的,在任何方面也都远低于指派律师的要求。究竟有多少律师属于律师协会的成员,是不清楚的。但是无论多还是少,从事物的性质来看,在这样集体的指派下,他们是不会清晰地感觉到自己的责任和义务的,除非他们受到特别的提名和指派……尽管也有2名律师在庭审当天的早上被指派出庭为他们辩护,但他们在本案最后关头的出席,也只是徒具形式……在此情形下,我们认为被告人在任何实质的意义上都没有享受到获得律师帮助的权利。

本院从未怀疑,通知和听证乃是通过和执行一项判决之前必须经过的实质性步骤。与能够胜任审判且有管辖权的法庭一道,它们都是宪法所要求的法律正当程序的基本组成部分。

既然如此,那么听证又包含哪些内容呢?历史和实践都告诉我们,至少在我们国家,听证总是包含当事人依其意愿获得律师帮助的权利。在众多场合,被听取意见的权利如果不包含听取其律师意见的权利,就是空洞而无意义的。即使是睿智而受过良好教育的外行人也只有很少甚至根本没有法学方面的技巧。在受到刑事指控的情况下,他一般都没有能力自己判断针对他的起诉是好还是坏。他不熟悉证据规则。没有律师帮助,他可能会被一项不适当的指控推上法庭,可能会被没有证据资格的证据定罪,也可能被与争点无关或者因为其他原因不应当容许的证据定罪。他缺乏准备辩护方面的技巧和知识,尽管案件本身其实可能非常有利于他的辩护。在案件进展的每一个步骤上,他都需要律师伸出援手。没有律师的帮助,他即使在事实上无辜,也可能面临被定罪的危险,因为他根本就不知道如何去证明自己的无辜。如果这些情形对于聪明睿智的人而言确实如此,那么对于那些无知而又不识字的文盲而言就更是如此了。如果在任何案件中,一个州法院或联邦法院可以恣意地拒绝听取一方当事人提供的律师的意见,那么毫无疑问,这样的拒绝同时也就是对听证本身的拒绝。从而,这样的程序也就是对宪法正当程序的拒绝。

基于以上事实及理由,我们认为,本案中审判法院没有为被告人提供足够的时间让他们获得律师帮助,这是对正当程序明确的拒绝……因此,本案初审判决应予推翻。

加强控辩双方力量的平衡还有一种更深层次的原因,就是加强裁判结果的正当性。在一个公平竞争观念得到公认的社会,如果被告人不能获得与控诉方公平较量的机会,那么最终达成的结果尤其是定罪裁决很可能难以使被告人心服口服。同时,这样难以让人心服口服的裁决自然也难以达到其社会化效果,这种效果要求当事人和社会公众都能够对法院裁判所确立之规则加以吸收,从而实现通过诉讼为社会树立行为范式之功能。

(三)律师帮助权是刑事诉讼人权保障的内在组成部分

律师帮助权包含很多内容,但其基本内容是犯罪嫌疑人、被告人有权自由地选任律师帮助自己行使辩护权。就此而言,律师帮助权本身亦属于基本人权的一部分。与此同时,律师帮助权对于刑事被追诉人的其他基本权利能起到保障和促进的作用。律师帮助权除了加强程序的正当性、为被告人提供一个公平竞争的制度环境以外,还有一个功能就是通过律师的介入,抑制并约束国家官员的权力,防止政府侵犯公民人权。在这一制度下,犯罪嫌疑人、被告人的基本人权可以得到律师的悉心照顾,同时,如果辩护律师能够在侦查阶段不受阻碍地介入刑事诉讼,则事实上使刑事侦查程序及整个刑事诉讼程序处于律师的监督之下,国家官员即使要侵犯犯罪嫌疑人的权利,也将难以实现(虽然也不是全无可能)。所以,律师帮助权的第三个功能,应当是保护犯罪嫌疑人、被告人的基本权利不受侵犯。

应当说,律师帮助权的上述两个功能既有区别,又有联系。其区别在于,程序的正当性与基本人权之保障乃出于不同利益之考量,前者主要出于加强裁判结果正当性之愿望,后者则出于对政府侵犯人权之忧虑。其联系则在于,前者之设置通常有助于后者之实现。

三、我国宪法与刑事诉讼法规定的律师帮助权

我国 1954 年《宪法》就明文规定,“被告人有权获得辩护”。1979 年《刑事诉讼法》也规定,“被告人有权获得辩护,人民法院有义务保证被告人获得辩护”。1982 年以后的《宪法》以及此后历次修订的《刑事诉讼法》都沿袭了上述规定。对于以上规定,传统教材及理论均将其解释为被告人自行辩护的权利。但就其字面意义而言,上述规定应当仅指被告人有获得辩护人辩护的权利。因为,如果立法者想要表达的是被告人有权自行辩护,则“辩护”之前无须有“获得”二字;只有在立法者想要表达的内容是获得其他人包括律师辩护的意思时,才需要“获得”二字。因此,本书认为,《宪法》及《刑事诉讼法》的上述规定,应当理解为包含了获得律师帮助权的内容。另外,在上述规则制定之初,我国律师行业尚不发

达，律师刑事辩护亦不普遍，立法者考虑到并非人人有条件获得律师帮助，因此未在条文中将被告人的权利表述为"获得律师帮助权"，而是直接表述为"获得辩护"，实际上是为其他辩护人帮助被告人进行辩护预留了空间。从未来发展的趋势看，律师辩护应当成为主流，自行辩护永远属于被告人的自然权利得到保留，非律师辩护则会逐渐退出历史舞台。

第二节　选任律师辩护

一、选任律师辩护的权利

获得律师帮助权首先是指犯罪嫌疑人、被告人自行选定律师帮助其行使辩护权的权利，其次才是在特定情况下获得政府指定律师帮助的权利。前者是犯罪嫌疑人、被告人在经济条件以及其他客观条件允许的情况下根据自己的意愿选聘律师的权利，包括选聘那些被告人其实根本无力支付但是律师自愿免费代理其案件的律师的权利；它是不需要政府采取任何积极的措施就可以实现的自由，属于不受干涉的自由，是更加基本的权利。后者则属于犯罪嫌疑人、被告人在特定情况下可以向政府提出的积极请求，它的实现需要政府采取一定的积极措施；它虽然也属于基本权利的范畴，但是与选任律师的权利比起来，显然居于次要地位。

| **案例 6－2** |　美国诉宫泽勒兹·洛佩兹[10]

上诉人洛佩兹在密苏里州东区法院被指控共谋出售 100 公斤大麻。其亲属为其聘请了约翰·法勒为其辩护。初次聆讯之后，洛佩兹给加利福尼亚州的一名律师约瑟夫·罗打电话，问罗能否单独或与法勒一起代理他的案件。罗从加利福尼亚州前往密苏里州与洛佩兹会见，洛佩兹最终聘请了罗。一周之后，洛佩兹通知法勒，说他希望罗单独代理他的案件。于是，罗起草了一份申请，申请由他单独代理洛佩兹的案件。地区法院未加解释地拒绝了他的申请。一个月后，罗又递交了一份申请，地区法院再次未经解释就予以拒绝。

案件进入审判程序后，迪克豪斯代理被告人进行辩护。罗再次提出动议请求法庭允许他为被告人辩护，但再次遭到拒绝。法庭还拒绝了迪克豪斯提出的请求

---

〔10〕 United States v. Gonzalez－Lopez，548 U. S. 140（2006）.

允许罗与他一起坐在辩护席的申请,并命令罗只能坐在旁听席,还禁止罗在审判程序进行过程中与迪克豪斯有任何接触。为了执行法庭的命令,法庭还让法警坐在罗和迪克豪斯之间。除了最后一个晚上之外,被告人与罗在整个审判期间都无法会见。陪审团裁决被告人罪名成立。

被告人提出上诉。第八巡回法庭撤销了原判决,认定地区法院拒绝罗的动议侵犯了被告人依据美国《宪法第六修正案》享有的付费选择律师的权利。巡回法庭还判定,对美国《宪法第六修正案》权利的侵犯不属于无害错误。政府方面提出抗辩。政府的理由是,尽管本案审判法院拒绝了被告人自己选聘律师的权利,但除非被告方能够证明用于替代被告人自己选聘的律师提供的是无效辩护,否则就不能说本案被告人依据美国《宪法第六修正案》享有的获得律师帮助权受到了侵犯。最高法院发出了调卷令。

斯卡利亚大法官代表最高法院撰写了判词。最高法院认为,本案政府方面的抗辩不能成立。的确,在以往的案件中,我们曾经判定,"获得律师帮助权就是获得律师有效帮助的权利",但这一说法是建立在正当程序条款而非美国《宪法第六修正案》的规定的基础上。我们认为,获得律师有效帮助的权利是源于公正审判权,因此对于该项权利的限制也是基于公正审判权的考虑。而要求被告人在有效辩护的案件中证明存在偏见正是获得律师有效帮助权的语境中讨论的问题。有效辩护并不等于无错误的辩护。因此,在有效帮助权的语境之下,除非律师的错误有害于辩护,否则其辩护就不能被认定为是无效的。因此,在有效辩护语境下,除非被告人因律师的辩护而遭到法庭的偏见,否则美国《宪法第六修正案》就没有受到违反。

但是,按照自己意愿选择选任律师的权利从来没有被认为是源于美国《宪法第六修正案》中公正审判权的条款。相反,它一直被认为属于宪法保护的根基。在根据自己意愿选任律师的权利受到侵犯的场合,完全没有必要再去探究律师辩护究竟是有效还是无效的问题。只要被告人按照自己意愿聘请律师的权利受到拒绝,无论替代律师辩护的质量如何,该项权利都受到了剥夺。提出相反的主张其实就是混淆了选聘律师的权利和获得有效律师帮助的权利;前者是不考虑基于比较的观察得出谁更加有效而获得特定律师帮助的权利,后者则对什么样的律师能够获得选聘和指派提出了最基本的要求。

我们也不难得出结论:错误地剥夺了被告人选任律师的权利不属于无害错误,因此不受无害错误原则审查。不同的律师会根据案件的侦查和发现寻求不同的辩护策略,形成不同的辩护理由,挑选不同的陪审团,选择不同的证人出庭作证和安排不同的作证顺序,采用不同的询问证人风格和向陪审团总结陈述风格。从而,对律师的选择也就会影响到被告人是否以及以何种方式与其选聘的律师进行配合。因此,拒绝被告人自己选聘的律师直接影响到审判推进的基本框架,甚至影响它是否能够推进。我们不可能知道被拒绝的律师可能采取何种策略，从而也就无法计算不同的选择可能会对审判结局产生何种不同的影响。因此，无害错误理论实际上是对已经发生但被替代了的世界所进行的假想性分析，是毫无意义的。

二、选任辩护律师的主体

《刑事诉讼法》第34条第3款规定，犯罪嫌疑人、被告人在押的，其监护人、近亲属可以代为委托辩护人。这是2012年《刑事诉讼法》增加的规定，1996年《刑事诉讼法》并无这一规定。之所以增加这一规定，主要是针对实践中有的在押犯罪嫌疑人、被告人因各种原因未委托辩护人，其监护人、近亲属代为委托的法律效力问题。1996年《刑事诉讼法》第96条曾经规定，犯罪嫌疑人自第一次讯问后或者采取强制措施之日起，可以聘请律师为其提供法律咨询、代理申诉控告、申请取保候审；受委托的律师可以与在押的犯罪嫌疑人会见和通信。1996年《刑事诉讼法》第96条的规定只是说犯罪嫌疑人有权聘请律师，并未明确犯罪嫌疑人的监护人、近亲属可以为犯罪嫌疑人聘请律师。实务中，有的犯罪嫌疑人近亲属为犯罪嫌疑人委托律师后，律师持近亲属签名的授权委托书去看守所会见时，看守所以律师没有犯罪嫌疑人亲笔签名的授权委托书为由拒绝会见，从而形成了"你没有犯罪嫌疑人亲笔签名的授权委托书所以我不让你会见，我不让你会见所以你拿不到有犯罪嫌疑人亲笔签名的授权委托书"这样一个死循环。为了解决这一问题，根据1998年《六机关规定》的规定，犯罪嫌疑人在押的，其监护人、近亲属可以为其委托律师；受委托的律师持近亲属的授权委托书前往会见，看守所应当安排会见。2012年《刑事诉讼法》修改时，犯罪嫌疑人在侦查阶段聘请的律师正式具备了辩护人的身份，因此《刑事诉讼法》也顺便吸收了1998年《六机关规定》关于犯罪嫌疑人的监护人、近亲属可以代为委托辩护人的规定，2018年《刑事诉讼法》延续了这一规定。根据这一规定，犯罪嫌疑人、被告人既可以自行委托辩护人，也可以由其监护人、近亲属委托辩护人。犯罪嫌疑人、被告人的监护人、近亲属对辩护人的委托，同样具有法律效力，可以行使法律规定的辩护人的权利。注意这里之所以规定"监护人"，主要是针对未成年人以及有精神缺陷的人。对于神志正常的成年人，不存在监护人问题。

三、选任律师的时间

《刑事诉讼法》第34条第1款规定："犯罪嫌疑人自被侦查机关第一次讯问或者采取强制措施之日起，有权委托辩护人；在侦查期间，只能委托律师作为辩护人。被告人有权随时委托辩护人。"公诉案件中遭受刑事追究的人在侦查阶段、审查起诉阶段被称为“犯罪嫌疑人”,在提起公诉以后才被称为“被告人”,自诉案件被追诉的人统称“被告人”。上述规定中的第一句话,说的是公诉案件中的犯罪嫌疑人自侦查阶段有权聘请律师作为其辩护人;第二句话说的是无论公诉案件还是自诉案件中的被告人,都有权随时委托辩护人。

刑事诉讼法关于刑事被追诉人有权委托辩护人的时间的规定,经历了一个发展过程。1979 年的《刑事诉讼法》并未明确规定被追诉人有权委托辩护人的诉讼阶段和具体时间,但理论上和实务中都理解为被告人到审判阶段才有权委托辩护人。1996 年《刑事诉讼法》第 33 条规定,犯罪嫌疑人自被审查起诉之日起可以委托辩护人;第 96 条规定,犯罪嫌疑人自被第一次讯问后或者采取强制措施之日起,有权委托律师,不过该律师在法律上不具有辩护人的身份。2012 年修正的《刑事诉讼法》明确规定犯罪嫌疑人自第一次讯问或者采取强制措施之日起有权聘请律师作为其辩护人,实际上是明确了 1996 年《刑事诉讼法》第 96 条规定的侦查阶段犯罪嫌疑人委托的律师的辩护人身份,同时强调犯罪嫌疑人是自第一次讯问时而不是第一次讯问后即有权聘请律师辩护人。这一立法上的变化体现了对犯罪嫌疑人、被告人权利保障的进步。

四、执法机关的告知义务

《刑事诉讼法》第 34 条第 2 款规定,“侦查机关在第一次讯问犯罪嫌疑人或者对犯罪嫌疑人采取强制措施的时候,应当告知犯罪嫌疑人有权委托辩护人。人民检察院自收到移送审查起诉的案件材料之日起三日以内,应当告知犯罪嫌疑人有权委托辩护人。人民法院自受理案件之日起三日以内,应当告知被告人有权委托辩护人”。此处第一句规定的是侦查机关对犯罪嫌疑人聘请辩护人权利的告知义务,其中所说的侦查机关,主要是指公安机关、国家安全机关和人民检察院;当然,也包括军队保卫部门和监狱。第二句规定的是人民检察院作为审查起诉机关对犯罪嫌疑人聘请辩护人的告知义务。第三句规定的是人民法院的告知义务。

根据《最高检规则》的规定,人民检察院保证犯罪嫌疑人行使辩护权,应当注意以下事项:(1)属于人民检察院侦查的案件,人民检察院侦查部门在第一次讯问犯罪嫌疑人或者对其采取强制措施时,应当告知犯罪嫌疑人有权委托辩护人;并告知其如因经济困难或者其他原因没有委托辩护人的,可以依法申请法律援助;属于《刑事诉讼法》第 35 条规定情形的,应当告知犯罪嫌疑人有权获得法律援助;不属于人民检察院侦查的案件,人民检察院应当在收到移送起诉案卷材料之日起 3 日内告知以上内容。(2)人民检察院告知犯罪嫌疑人有权委托辩护人,可以当面告知、电话告知,也可以书面告知。当面告知的,应当记入笔录,由犯罪嫌疑人签名；电话告知的，应当记录在案；书面告知的，应当将送达回执入卷。(3)在押或者被指定居所监视居住的犯罪嫌疑人向人民检察院提出委托辩护人要求的，人民检察院应当及时向其监护人、近亲属或者其指定的人员转达要求并记录在案。

对于以上内容，《最高法解释》作了类似的规定，适用于审判阶段。

五、辩护人的人数与人员范围

(一)辩护人的人数

根据《刑事诉讼法》第 33 条的规定，犯罪嫌疑人、被告人除自己行使辩护权以外，还可以委托 1 ~2 人作为辩护人。据此规定，犯罪嫌疑人、被告人委托之辩护人人数最多不得超过 2 人。[11] 但是，法律作此规定仅在限制与公安机关、人民检察院和人民法院发生法律上联系之辩护人人数；倘若犯罪嫌疑人、被告人实力雄厚，自然可以聘请足够数量之律师为其服务，不过能以其辩护人之名义至公安机关、检察机关和审判机关行使辩护权、提供辩护意见者，仅限于 2 人而已。

(二)可以担任辩护人的人员范围

可以被委托为辩护人的人包括：(1)律师。根据《律师法》的相关规定，律师是指依法取得律师执业证书，接受委托或者指定，为当事人提供法律服务的执业人员。[12] (2)人民团体或者犯罪嫌疑人、被告人所在单位推荐的人。这里对推荐的主体进行了限定：一是人民团体，二是犯罪嫌疑人、被告人的所在单位。(3)犯罪嫌疑人、被告人的监护人、亲友。“亲友”是一个无法从法律上加以界定的概念，“亲”可以界定，“友”则无法界定。因此，这一规定实际上意味着一切有诉讼行为能力之人均可担任辩护人。

| 评注 6 –1 | 刑事辩护律师垄断制度

刑事辩护律师垄断制度是指只有取得律师执业证书的律师才能担任刑事被告人的辩护人的制度。该制度的理论基础是只有受过专业法律训练的人士才能为刑事被告人提供有效的法律帮助。我国不实行刑事辩护的律师垄断制度，主要原因在于律师业还不够发达、很多地方从业律师数量还不够。还有一个可能的原因则

---

〔11〕 我国台湾地区规定犯罪嫌疑人、被告人可以聘请律师之人数为 3 人。其理由为：“人数过多聚讼一堂之上，不免于事务进行反有阻碍，故本条特限制之。”参见黄东熊、吴景芳：《刑事诉讼法论》，台北，三民书局 2002 年版，第 113 页。笔者认为，此解释亦适用于我国刑事诉讼法对辩护人人数之限定。

〔12〕《律师法》第 2 条。

与我国的法律体制及法律风格有关。我国法律属成文法,并且法律文本追求通俗易懂,因此即使没有经过专业训练的人,也能看懂法律,或者自己认为能看懂法律。立法者也假定自己制定的法律是很容易明白,也很容易操作的,因此允许非法律从业人员担任辩护人。但从实际效果看,未受过专门法律训练之人,固然可能认识各规范中单个语词之内涵,却不一定能明了整个法律规范之意义;纵然能够明了单个规范之意义,亦不一定能了解各法律规范之关系;纵使能了解各法律规范之关系,也不一定能够达到熟练运用之程度。因此,律师以外之其他主体担任辩护人,能否达到平衡控辩力量及保障人权之效果,值得再作研究。

(三)不能担任辩护人的人员范围

根据《刑事诉讼法》第 33 条第 2、3 款和《最高法解释》第 40 条第 2 款的规定,下列人员不得担任辩护人:(1)正在被执行刑罚的人,包括被宣告缓刑和刑罚尚未执行完毕的人;(2)依法被剥夺、限制人身自由的人;(3)被开除公职和被吊销律师、公证员执业证书的人;(4)人民法院、人民检察院、监察机关、公安机关、国家安全机关、监狱的现职人员;(5)人民陪审员;(6)与本案审理结果有利害关系的人;(7)外国人或者无国籍人;(8)无行为能力或者限制行为能力的人。根据《最高法解释》第 40 条第 3 款,以上第 3 ~ 7 类人员,如果是犯罪嫌疑人、被告人的监护人、近亲属,则仍然可以担任辩护人。

"被开除公职和被吊销律师、公证员执业证书"的人不得担任辩护人是 2018 年《刑事诉讼法》修改时增加的内容。这些人之所以不得担任辩护人,主要是因为,他们被开除公职、被吊销律师执业证或被吊销公证员执业证,通常都是由于实施了违法甚至犯罪行为;他们担任辩护人,是否能够遵守刑事诉讼法规定的辩护人应当遵守的规定、是否能够依法履行辩护义务,都存有一定的疑问。因此,法律规定这些人不得担任辩护人。尤其是对于被吊销律师执业证书的人,其可能曾经担任过辩护人,但无论由于何种原因被吊销律师执业证书,都不得再担任辩护人。但是,上述人员是犯罪嫌疑人、被告人的监护人、近亲属的,作为例外可以担任辩护人。这一例外规定,隐晦地表露了立法者规定上述人员不得担任辩护人的真实意图,实际上是说,上述人员作为犯罪嫌疑人、被告人的监护人、近亲属偶尔担任辩护人还是可以的,但不得以辩护人作为职业进行营利和谋生的手段。这也是该规定将例外限定为"监护人、近亲属"的原因。《刑事诉讼法》第 33 条第 1 款第 3 项规定"犯罪嫌疑人、被告人的监护人、亲友"可以担任辩护人;第 3 款在规定被吊销执业证书的人不得担任辩护人的例外时,却只规定了监护人、近亲属,而将"友"排除在外。这就是因为近亲属的范围是确定的,"友"的范围则是不确定的。为了防止上述人员在被开除公职或被吊销执业证书之后又以“友”的身份关系重新以辩护人为业,才特别作了这一规定。

第三节 指定律师辩护

一、为可能面临严厉刑罚者指定辩护

从指定辩护在历史上出现的先后顺序来看,为贫穷而无力支付律师费的人指派律师帮助辩护的制度最开始萌芽于被告人可能面临严厉刑罚的案件;为轻罪案件被告人指定辩护则是更为晚近的事情。在美国,1932 年的鲍威尔诉亚拉巴马案就是一个死刑案件,以致有的下级法院在解读该案时更经常地认为它仅适用于死刑案件。在我国,为可能面临严厉刑罚者指定律师辩护的制度是在 1979 年颁布的第一部《刑事诉讼法》中就获得承认的,但最开始仅限于死刑案件,且这一限定一直延续到 1996 年。直到 2012 年,《刑事诉讼法》才增加规定对可能被判处无期徒刑的犯罪嫌疑人、被告人也要指定律师帮助辩护,指定辩护的范围进一步扩大。《刑事诉讼法》第 35 条第 3 款规定,犯罪嫌疑人、被告人可能被判处无期徒刑、死刑而没有委托辩护人的,人民法院、人民检察院和公安机关应当通知法律援助机构指派律师为其提供辩护。可见,为面临严厉刑罚者指定辩护的范围,仅限于可能判处死刑和无期徒刑的案件。

二、为有生理缺陷者指定辩护

《刑事诉讼法》第 35 条第 2 款规定,被告人是盲、聋、哑人,或者是尚未完全丧失辨认或控制自己行为能力的精神病人,没有委托辩护人的,人民法院、人民检察院或公安机关应当通知法律援助机构指派律师为其提供辩护。在被告人是盲、聋、哑人或者尚未完全丧失辨认或控制自己行为能力的精神病人的情况下,该被告人必然处于比其他被告人更为不利之地位,尤其需要获得辩护人的帮助,因此如果他们自己没有委托辩护人,那么人民法院、人民检察院、公安机关自然有义务指定承担法律援助义务的律师为其提供辩护。

1996 年《刑事诉讼法》将未成年人与盲聋哑人同等对待,均要求为其指定辩护。2012 年修改的《刑事诉讼法》增设了未成年人刑事诉讼程序,相应规定也调整至新增的编章,因而此处删去有关为未成年人指定辩护的规定。同时,1996 年《刑事诉讼法》并未规定为未完全丧失行为能力的精神病人的指定辩护,2012 年

对此予以了规定,扩大了指定辩护的范围,也是人道主义和诉讼文明的体现。另外,2012 年《刑事诉讼法》还规定,公安机关、人民检察院都是指定辩护的主体。这进一步贯彻了保障辩护的原则。

三、为经济困难者指定辩护

无论是为可能面临严厉刑罚者指定辩护还是为有生理或精神缺陷者指定辩护,前提都是被告人无力支付律师费,也就是没有自己选任律师。通常而言,他们都属于经济困难的群体。因此,广义上的"为经济困难者指定辩护",实际上既包含为可能面临严厉刑罚者指定辩护,也包含为生理上、精神上有缺陷者指定辩护。但是,此处的"为经济困难者指定辩护"乃是狭义上的"为经济困难者指定辩护",它仅指为生理上、精神上正常且不会面临死刑、无期徒刑的被告人由于经济困难无力支付律师费从而没有选任律师的情形,不包含之前所述的两种情形。《刑事诉讼法》第 35 条第 1 款规定:"犯罪嫌疑人、被告人因经济困难或者其他原因没有委托辩护人的,本人及其近亲属可以向法律援助机构提出申请。对符合法律援助条件的,法律援助机构应当指派律师为其提供辩护。"值得注意的是,根据 2012 年修正的《刑事诉讼法》,由于经济困难而产生的法律援助不仅限于公诉案件,自诉案件被告人由于经济困难而没有委托辩护人的,也属于法律援助的对象。另外,原《刑事诉讼法》的规定是由人民法院判断是否提供法律援助,2012 年修正的《刑事诉讼法》规定,犯罪嫌疑人、被告人可以自行向法律援助机构提出申请,由法律援助机构判断是否符合法律援助条件并决定是否为其提供法律援助。

案例 6-3 吉迪恩诉温赖特[13]

被告人吉迪恩在佛罗里达州法院被指控故意破门进入弹子房(台球室)并意图实施违法行为。该犯罪在佛罗里达州法律中属于重罪。该被告人既无资金又无律师出现在法庭上,他请求法庭为他指派一名律师。法庭却回答说:很抱歉,吉迪恩先生,本案中我无法为你指定律师;因为根据佛罗里达州法律,只有在被告人被指控的是可判处死刑的犯罪时,法庭才能指派律师为其提供免费辩护。于是,被告人在没有律师辩护的情况下自己选择了陪审团审判。他尽可能地为自己提供了一个未受过法律训练的外行人所能提供的最好的辩护。他在陪审团面前发表了开庭陈词,对控方证人进行了交叉询问,为他自己的辩护提供了证人,敲定并执行了自己不作证的辩护策略,并且发表了简短的总结陈词,声称自己无罪。陪审团裁决他罪

---

〔13〕 Gideon v. Wainwright, 372 U.S. 335, 83 S.Ct. 792, 9 L.Ed.2d 799 (1963).

名成立,并判处其5年监禁。被告人向州最高法院提出上诉,理由是审判法院拒绝为他指派律师的做法侵犯了他依据宪法享有的获得律师帮助权。州最高法院拒绝了他的请求。联邦最高法院考虑到自1942年贝茨诉布雷迪案[14]裁决以来该问题一直属于争议问题,因此决定颁发调卷令以对该问题重新考虑。

布莱克大法官代表多数意见阐述了立场。联邦最高法院认为,先例、理性和审慎的反思都要求我们承认:在我们对抗制的刑事司法程序中,任何进入法庭中的被告人,如果因为贫穷而不能聘请律师,除非我们给他配备律师,否则他将无法获得公正的审判。在我们看来,这是不言自明的真理。无论是州政府还是联邦政府,都花费了大量的金钱来建立将受指控的被告人送进法庭加以审判的机制。遍布各地的起诉律师也被认为是实现有秩序的自由这一公共利益的一部分。与此同时,那些因为贫穷而不能支付律师费的被告人却很少能够为自己的案件提供很好的辩护。政府雇用律师来指控犯罪以及有钱人雇用律师为自己辩护的做法昭示律师的帮助绝非奢侈品而实为必需品。一个被指控犯罪的人获得律师帮助的权利在某些国家或许不被视为公正审判的基本的和内在的组成部分,但是在我们看来应当是公正审判的基本的和内在的组成部分。从一开始,我们的州法律和国家法律就将每一个被告人都有权平等地在一个无偏倚的法庭接受公正审判的权利作为程序性和实质性保障加以强调。但是,如果贫穷的被告人不得不在没有律师帮助的情况下去面对他的起诉者,这一高贵的理念就无法获得实现。

基于上述考虑,联邦最高法院认定,1942年裁决的贝茨诉布雷迪案偏离了该法院在鲍威尔一案中作出的裁决所赖以建立的稳固的智慧。佛罗里达州以及另外两个支持佛罗里达的州,都请求维持贝茨诉布雷迪案的裁决;但是其他22个州以及法庭之友都认为贝茨诉布雷迪案的裁决在当初作出时就是不合时宜的从而应当予以推翻。所以,联邦最高法院决定推翻。

| 评注6-2 | 　为贫穷被告人提供法律援助的理论基础

必须为经济困难人员提供辩护人,应当是出于公平的考虑。这里的公平,更加侧重于实质上的公平,即着力于让每个人都能够得到辩护人的帮助,而不至于因为贫穷或者其他原因使自己处于与富人不平等的地位。在一个日益步入"不患寡而患不均"的社会,对贫穷者免费提供帮助乃是国家应尽的义务。"不患寡而患不均"是指我国目前一方面国民经济不断增长,另一方面贫富差距日益扩大的局面。因此,国家政策主要考虑的已经不再是解决温饱问题,而是社会的公平问题。何怀宏曾经将社会区分为四种模式,一是"患寡亦患不均",二是"患寡而不患不均",三是

---

[14] Betts v. Brady, 316 U.S. 455, 62 S.Ct. 1252, 86 L.Ed. 1595 (1942).

"不患寡而患不均",四是"不患寡亦不患不均"。前两种社会均是物质比较匮乏且分配亦不公平的社会,第三种社会则是相当富足但相对来说还不够平等的社会;第四种社会才是一个高度富足且高度平等的社会。[15] 本书认为,就我国目前的国情来看,将我国社会定位为第三种社会应当可以获得理性之共鸣。

思考 《刑事诉讼法》第238条规定,对于下列违反法定程序的情形,第二审人民法院应当裁定撤销原判、发回重审:(1)违反《刑事诉讼法》有关公开审判的规定的;(2)违反回避制度的;(3)剥夺或者限制了当事人的法定诉讼权利,可能影响公正审判的;(4)审判组织的组成不合法的;(5)其他违反法律规定的诉讼程序,可能影响公正审判的。根据上述规定,并结合本章有关指定律师辩护的论述,如果一审法院在被告人应当获得援助而没有获得法律援助的情况下进行了审判,二审法院是否应当将该案发回重审?另外,按照1996年《刑事诉讼法》的规定,由人民法院决定是否为贫穷被告人指定辩护人提供辩护;根据2012年《刑事诉讼法》的规定,由法律援助机构决定是否为贫穷被告人提供法律援助。为什么会有这一改变?这一改变意味着什么?它对于你回答第一个问题有何影响?

案例6-4 对贫穷被告人的法律援助费用能否要求返还——富勒案[16]

上诉人富勒在1972年7月20日的法庭上针对一项三级鸡奸罪的指控答辩有罪。在他针对该项指控答辩有罪之后检察官撤销了针对他的另一项指控。由于他贫穷而无力聘请律师,法院给他指定了一名本地律协的律师在他的答辩程序中为其辩护。富勒的律师聘请了一名调查员以帮助收集有关辩护事实的证据,调查员的费用也由政府支付。富勒被判处5年监禁但可缓期执行,条件是:第一,他应当遵守监狱基于工作而释放以便其能够完成大学学业的项目规定;第二,他应当返还政府因其贫困为其聘请律师和调查员而支付的费用。富勒提出上诉,其首要理由是,俄勒冈州关于要求其返还费用才能保释的规定违反宪法。除了一名法官以外,上诉法院其他法官一致同意维持对他的量刑。州最高法院则拒绝了富勒的重新审查的请求。基于本案包含的争议问题的重要性,本院决定发出调卷令。

俄勒冈州制定法规定,如果刑事案件中的被告人无力支付律师费,则政府应当为其指定一名律师并承担其费用。在俄勒冈州于1971年通过的一项赔偿法中规

---

[15] 何怀宏:《契约伦理与社会正义——罗尔斯正义论中的历史与理性》,中国人民大学出版社1993年版,第233~234页。

[16] Fuller v. Oregon, 417 U.S. 40 (1974).

定,在有些案件中,对于州政府用于刑事案件中为遭受刑事指控的被告人支出的辩护费用中的全部或一部分,被告人应当偿还;被告人如果被定罪并被判处缓刑,那么偿还该项费用可以被作为缓刑的条件。这些支出包括对被定罪被告人提供法律援助的费用。

但是,诚如俄勒冈州上诉法院所指出的那样,返还的要求并不是绝对的。相反,施加这一要求应当符合几个条件。第一,被告人应当被定罪。被无罪释放的被告人、审判被宣布无效或撤销的被告人,以及其定罪被上诉程序推翻的被告人,均不得要求返还。第二,除非被告人有能力或者将来有能力返还,否则法院也不得命令其返还。量刑法院应当充分考虑被告人的经济来源以及施加于被告人身上的返还费用这一负担的性质。如同俄勒冈州上诉法院在本案中指出的那样,如果在量刑的时候被告人的贫穷状态不可能结束,则不可能要求其返还。第三,被要求返还的被告人可以在任何时候请求法庭减免未返还的部分。如果其认为施加这项义务将导致被告人或者他的家庭处于明显的困难之中,那么法院也有权减免部分返还金额。第四,除非被告人未能返还是出于故意拒绝遵守法庭的命令,否则其不能被判定为藐视法庭。

因此,实际上只有那些在后来返还资金方面不存在困难的被告人,才有义务返还州政府为其辩护支付的费用。

上诉人的第二个上诉理由是俄勒冈州的赔偿法侵犯了他在宪法上的获得律师帮助权。这一主张并不是说本案中对他的律师帮助是无效的或者不充分的,也不是说他应当返还的开支是不合理的花销。毋宁说,上诉人的主张是,当一名被告人知道他将来有义务要偿还为他提供的法律代理费用时,这将驱使他拒绝接受被指派律师提供给他的服务,于是也就“冻结”(chill)了他在宪法上享有的获得律师帮助权。

本院认为,俄勒冈州的制度并不违反宪法。诚如俄勒冈州上诉法院所指出的那样,在刑事程序中的任何阶段,贫穷被告人都有权获得免费的律师帮助。一个接受政府指定的律师提供的法律代理的贫穷被告人知道他将来有一天会被要求偿还这些服务开销的事实并不影响他获得律师帮助的资格(eligibility)。俄勒冈州的法律已经作了精心设计,以保证只有那些事实上有偿还能力的人才被要求负有偿还义务。那些依旧贫困或者偿还费用会使其变得明显艰难的人,是永远被豁免了偿还的义务的。

俄勒冈州的法律只是规定那些被定罪但是后来具备偿还能力的被告人支付其律师费。俄勒冈州的立法已经将该义务限定在那些可以预见其有能力满足条件,而且限定在仅仅在一个人事实上已经能够毫不费力就具有偿还能力的人身上。

因此,俄勒冈州上诉法院的判决应当予以维持。

四、刑事案件律师辩护全覆盖

2017 年 10 月 9 日,最高人民法院、司法部联合发布了《关于开展刑事案件律师辩护全覆盖试点工作的办法》(以下简称《律师辩护工作办法》),首次提出了刑事案件律师辩护全覆盖这一概念。《律师辩护工作办法》第 2 条第 2、3、4、5 款规定:"被告人具有刑事诉讼法第三十四条、第二百六十七条规定应当通知辩护情形,没有委托辩护人的,人民法院应当通知法律援助机构指派律师为其提供辩护。""除前款规定外,其他适用普通程序审理的一审案件、二审案件、按照审判监督程序审理的案件,被告人没有委托辩护人的,人民法院应当通知法律援助机构指派律师为其提供辩护。""适用简易程序、速裁程序审理的案件,被告人没有辩护人的,人民法院应当通知法律援助机构派驻的值班律师为其提供法律帮助。""在法律援助机构指派的律师或者被告人委托的律师为被告人提供辩护前,被告人及其近亲属可以提出法律帮助请求,人民法院应当通知法律援助机构派驻的值班律师为其提供法律帮助。"

上述规定中,第 2 款规定的是法律援助机构根据原《刑事诉讼法》应当指定法律援助律师帮助辩护的情形(传统情形);第 3 款是将法律援助范围扩大到传统情形以外的其他情形,但特别指出只适用于适用普通程序案件审理的第一审、第二审和按照审判监督程序审理的刑事案件,也就是不适用于侦查阶段和审查起诉阶段;第 4 款是将值班律师直接纳入适用简易程序、速裁程序审理的案件中,让值班律师为适用简易程序、速裁程序审理的案件的被告人提供法律帮助。可见,刑事案件律师辩护全覆盖是指对于适用普通程序审理的第一审、第二审以及按照审判监督程序审理的刑事案件,被告人没有委托辩护人的,无论被告人是否符合刑事诉讼法规定的指定辩护情形,人民法院都应当通知法律援助机构指派律师为其辩护;按照简易程序、速裁程序审理的案件,无论被告人是否符合指定辩护情形,人民法院也都应当通知法律援助机构派驻的值班律师为其提供法律帮助。因此,律师辩护全覆盖,实际上就是将原来刑事诉讼法规定的指定辩护情形,覆盖到全部刑事案件,以便那些按照刑事诉讼法的规定本来不享受指定辩护待遇的被告人,也能在审判阶段享受到免费的律师辩护或免费的法律帮助。需要指出的是,根据《律师辩护工作办法》,对于适用普通程序审理的案件,全覆盖的程序范围不包括侦查程序和审查起诉程序;对于适用简易程序、速裁程序审理的案件,由人民法院直接指定法律援助机构派驻的值班律师为其提供法律帮助;《律师辩护工作办法》在这里用的是"法律帮助"而不是刑事辩护这一术语,表明该文件中涉及的法律帮助并不包含法庭辩护的内容。

《律师辩护工作办法》序言提到,制定《律师辩护工作办法》的目的是"为推进以审判为中心的刑事诉讼制度改革,加强人权司法保障,促进司法公正,充分发挥律师在刑事案件审判中的辩护作用”。前文指出,律师帮助权的理论基础,一是防止无辜者被错误追究;二是保障所有公民的人权不受公权力恣意侵犯;三是为刑事被追诉人提供平等武装,加强程序正义。以上三方面的理念,在《律师辩护工作办法》的上述表述中均有体现。“充分发挥律师在刑事案件中的辩护作用”,就是要赋予刑事被追诉人获得与控方平等的武装,加强程序的正义;“加强人权司法保障”,就是希望通过律师的介入,防止公权力对公民基本人权恣意侵犯;“促进司法公正”,既包含程序公正,也包含消极意义上的实体公正,也就是防止无辜者被错误追究。可见,刑事案件律师辩护全覆盖,正是在立法者逐渐认识到律师辩护在现代刑事司法中的重要意义的前提下,尤其是在认识到律师辩护对于促进程序正义、加强司法公正的重要价值的前提下,对我国刑事司法程序所作的重大改进。

不过,2018 年《刑事诉讼法》并未将刑事案件律师辩护全覆盖正式纳入其中,而只是对值班律师制度作了规定。

| 评注 6 - 3 |　刑事案件律师辩护全覆盖的对象应当限定为贫穷被告人

本书认为,刑事案件律师辩护全覆盖的价值应当充分肯定,但是在制度设计方面也应当有所限缩,即全覆盖的对象,仍然应当限定于贫穷被告人。对于那些有支付能力而不愿意委任律师的被告人,社会并无义务为其提供免费的律师帮助。对这类人提供免费法律帮助,并不符合罗尔斯所说的“最大化最小原则”,该原则要求分配的不公只有在能够使全社会最小受益者的利益最大化的情况下才具有合理性。当一个亿万富豪在受到刑事追究时,无论基于何种考虑其没有聘请律师帮助辩护,社会都不应当为其提供免费的法律服务,这显然不符合正义原则。另外,如果按照《律师辩护工作办法》第 9 条规定,探索实行由法律援助受援人分担部分法律援助费用;实行费用分担法律援助的条件、程序、分担标准等,由省级司法行政机关综合当地经济发展水平、居民收入状况、办案补贴标准等因素确定。这对于贫穷被告人而言,要求其在财务状况好转之后适当返还政府为其提供法律援助而支付的费用当然是恰当的;但对于富有而不愿意聘请律师的被告人而言,政府强行为其提供法律援助又要求其支付部分费用的做法,实际上属于强制消费,在一定程度上侵犯了其财产权。因此,刑事案件律师辩护全覆盖的对象,应当而且只能限定为经济困难的贫穷被告人。

思考　我国刑事诉讼法规定,对于可能面临严厉刑罚者,人民法院应当指定法律援助机构指派律师为其辩护,但刑事诉讼法并未将该情形限定为经济困难的贫

穷被告人。如果一个亿万富豪或高官被指控可判处死刑的犯罪,他自己早已将生死置之度外,或者完全相信党和政府而放弃辩护,且不相信律师能为他的案件发挥任何作用,因此他自己和他的亲属都没有为其聘请律师帮助辩护,法院是否应当通知法律援助机构为其辩护?

五、值班律师制度

2018年《刑事诉讼法》第36条规定,法律援助机构可以在人民法院、看守所等场所派驻值班律师;犯罪嫌疑人、被告人没有委托辩护人,法律援助机构没有指派律师为其辩护的,由值班律师为犯罪嫌疑人、被告人提供法律咨询、程序选择建议、申请变更强制措施、对案件处理提出意见等法律帮助;人民法院、人民检察院、看守所应当告知犯罪嫌疑人、被告人有权约见值班律师,并为犯罪嫌疑人、被告人约见值班律师提供便利。上述规定是《刑事诉讼法》首次对值班律师制度作出规定。

我国自2006年开始试点值班律师制度。2014年,中央深化体制改革领导小组正式将值班律师制度列为司法改革的重要内容。2016年,最高人民法院、最高人民检察院、公安部、国家安全部、司法部印发了《关于在部分地区开展刑事案件认罪认罚从宽制度试点工作的办法》,明确在认罪认罚从宽案件中,应当保障犯罪嫌疑人、被告人获得有效的法律帮助,确保其了解认罪认罚的法律性质和法律后果,保证认罪认罚的自愿性;因此,法律援助机构可以在法院或者看守所派驻值班律师,对于认罪认罚而又没有聘请辩护人的犯罪嫌疑人、被告人,公安机关、人民检察院或者人民法院应当通知值班律师为其提供法律咨询、进行程序选择或者申请变更强制措施等法律援助。2017年,上述五机关又联合发布了《关于开展法律援助值班律师工作的意见》,对值班律师制度作了进一步的明确和规范。2018年《刑事诉讼法》修改时,专门增加了一条,从法律的高度宣示了值班律师制度的确立。

根据《刑事诉讼法》和《关于开展法律援助值班律师工作的意见》,值班律师由法律援助机构派驻。派驻的场所包括看守所、人民法院和人民检察院;目前主要是看守所和人民法院。法律援助机构派驻的值班律师既可以是法律援助机构的律师,也可以是社会律师。法律援助机构应当根据律师的政治素质、道德水准和业务能力等因素建立法律援助值班律师名册或组建法律援助值班律师库,并将值班律师名册或人员信息送交人民法院、人民检察院、公安机关及看守所。值班律师则应当持律师执业证挂牌上岗。值班律师可以相对固定专人值班或轮流值班,在律师短缺地区也可以采用现场值班和电话、网络值班相结合的方式值班。

根据《刑事诉讼法》，值班律师为犯罪嫌疑人、被告人提供的法律帮助仅限于以下内容：(1)提供法律咨询；(2)提供程序选择建议；(3)申请变更强制措施；(4)对案件处理提出意见建议等。

根据《关于开展法律援助值班律师工作的意见》，值班律师还可以提供以下服务：(1)引导和帮助犯罪嫌疑人、被告人及其近亲属申请法律援助，转交申请材料；(2)在认罪认罚从宽制度中，除了提供法律咨询、提供程序选择等服务外，还可以对检察机关定罪量刑建议提出意见，并且在犯罪嫌疑人签署认罪认罚具结书时在场；(3)对刑讯逼供、非法取证情形代理申诉、控告；(4)承办法律援助机构交办的其他任务。

《关于开展法律援助值班律师工作的意见》还规定，法律援助值班律师不提供出庭辩护服务，符合法律援助条件的犯罪嫌疑人、刑事被告人，可以依申请或通知由法律援助机构为其指派律师提供辩护。

值班律师为犯罪嫌疑人、被告人提供法律帮助的条件是犯罪嫌疑人、被告人自己没有聘请辩护人，且法律援助机构也没有为其指定辩护人。也就是说，值班律师制度是指定辩护的一种辅助机制。一方面，它不同于选任律师辩护机制，因为它提供的是免费的法律服务；另一方面，它又不同于指定律师辩护机制，因为它提供的免费法律服务是面向所有既未选任律师也未获得指派律师帮助的犯罪嫌疑人、被告人，它并非为特定犯罪嫌疑人、被告人提供专门的法律帮助。另外，由于值班律师不提供出庭辩护服务，值班律师对犯罪嫌疑人、被告人提供的法律帮助不仅内容有限、形式有限，而且具有一定的阶段性——虽然不排除在审查起诉阶段和审判阶段提供法律帮助，但其最经常适用的阶段，应当是侦查阶段。

根据《刑事诉讼法》的规定，人民法院、人民检察院、看守所应当告知犯罪嫌疑人、被告人有权约见值班律师，并为犯罪嫌疑人、被告人约见值班律师提供便利。《关于开展法律援助值班律师工作的意见》规定，人民法院、人民检察院、看守所应当为法律援助工作站提供必要办公场所和设施；看守所应当为法律援助值班律师会见提供便利。通过值班律师制度的建立，我国刑事诉讼法正式确立了犯罪嫌疑人、被告人的会见权。

｜评注6－4｜　值班律师也是辩护律师

由于值班律师所提供的服务在内容上、形式上均有一定程度的限制，其是否具有辩护人身份在理论上有一定的争议。本书认为，值班律师就是辩护律师。其理由是：第一，尽管值班律师提供的服务内容有限、形式也受到一定限制，如不提供出庭辩护服务等，但是其服务的方向，必然是朝着有利于犯罪嫌疑人、被告人利益的方向;值班律师绝不能作出有损犯罪嫌疑人、被告人利益的事情;其在为犯罪嫌疑人、被告人提供法律咨询建议时,应当首先考虑的就是如何实现犯罪嫌疑人、被告人利益的最大化,而不是侦查机关、检控机关利益的最大化。第二,值班律师在了解到犯罪嫌疑人、被告人还有未被侦查机关、检控机关掌握的罪行时,也应当适用《刑事诉讼法》第48条的规定,除非例外情况,否则均应当保密。第三,根据《关于开展法律援助值班律师工作的意见》的规定,值班律师了解到犯罪嫌疑人、被告人受刑讯逼供、非法取证时,可以代理申诉、控告;该项权利虽然在《刑事诉讼法》第36条没有明确宣示,但是该条款也没有明确宣布值班律师不可以为犯罪嫌疑人代理申诉控告;可见值班律师是可以代理申诉控告的;这一服务显然属于辩护的范畴;值班律师提供的其他服务,虽然由于其权限受到限制导致内容不完整,但内容的不完整并不影响其内容属于辩护的性质。因此,值班律师显然具有辩护律师身份。

六、自我辩护与拒绝律师辩护

《刑事诉讼法》第45条规定:"在审判过程中,被告人可以拒绝辩护人继续为他辩护,也可以另行委托辩护人辩护。"这一条文延续了1979年《刑事诉讼法》的规定。根据1979年《刑事诉讼法》的规定,被告人要到审判阶段才有权委托辩护,所以侦查阶段、审查起诉阶段不存在犯罪嫌疑人拒绝辩护的问题。2012年《刑事诉讼法》赋予犯罪嫌疑人在侦查阶段委托辩护人的权利,犯罪嫌疑人委托辩护人后如认为辩护人不称职或者意见难以统一,当然有权在任何阶段拒绝辩护人辩护和另行委托辩护人辩护。

根据《最高法解释》第311条的规定,被告人在一个审判程序中更换辩护人一般不得超过两次。被告人当庭拒绝辩护人辩护,要求另行委托辩护人或者指派律师的,合议庭应当准许;被告人拒绝辩护人辩护后,没有辩护人的,应当宣布休庭;仍有辩护人的,庭审可以继续进行。有多名被告人的案件,部分被告人拒绝辩护人辩护后,没有辩护人的,根据案件情况,可以对该被告人另案处理,对其他被告人的庭审继续进行。重新开庭后,被告人再次当庭拒绝辩护人辩护的,可以准许,但被告人不得再次另行委托辩护人或者要求另行指派律师,由其自行辩护。被告人属于应当提供法律援助的情形,重新开庭后再次当庭拒绝辩护人的,不予准许。

案例6－5 法里塔诉加利福尼亚[17]

该案被告人法里塔被指控大盗窃罪(grand theft)。审判之前,法里塔请求允许自行辩护。审判法官通过询问了解到,他曾经在之前的一次刑事指控中为自己做过辩护;他接受过高中教育;他不希望由公设辩护人来为他辩护,因为他知道他们案件都很多(言下之意是这些公设辩护人根本顾不上他的案子)。审判法官于是召集了一次听证,以决定法里塔是否有能力自行辩护。在这个听证上,法官询问了一些有关传闻排除法则和申请陪审员回避的问题;在听了法里塔对这些问题的回答之后,法官裁决被告人放弃获得律师辩护权利的做法是不明智的。法官还裁决说,根据宪法,被告人不享有自行辩护的权利。法官指定了一名公设辩护人为其辩护。在接下来的审判中,法官命令法里塔只能通过法庭指派的辩护人发表辩护意见。法里塔被裁决有罪,并被判处监禁。上诉法院维持了对他的有罪裁决。

联邦最高法院认为,自行辩护的权利镶嵌在美国《宪法第六修正案》的表述中。美国《宪法第六修正案》不仅要求被告人必须有权获得辩护,而且赋予了被告人自己为自己辩护的权利。根据宪法,是被告人自己而非其律师享有"获悉其被指控的原因与性质"的权利;是被告人自己享有"与不利于己的证人当庭对质的权利";是被告人自己享有"通过强制程序申请有利于己的证人当庭作证的权利"。从而,自我代理的权利,也就是亲自辩护的权利,是当然地隐含在美国《宪法第六修正案》的表述结构之中的。辩护权是直接赋予被告人的;因为如果辩护失败了,那么正是被告人自己品尝失败的苦果。

美国《宪法第六修正案》有关律师的规定正是对这一制度安排的补充。它用的是获得律师"帮助"这一术语,而无论多么专业的帮助,都不过是帮助而已。美国《宪法第六修正案》关于律师帮助权的这一术语和精神与其他修正案中保护的辩护工具一样,都应当基于被告人的自愿——它们不应当是一个州政府强加于被告人的一个机构。因此,违背被告人自己的意愿为其指派律师的做法实际上是违反美国《宪法第六修正案》的逻辑的。不错,如果被告人选择由一名律师来代理和操控他的案件,法律和传统都将赋予该律师在很多领域作出有拘束力的决策的权利。但是,这一制度安排仅仅是在被告人从一开始就自愿接受律师代理的情况下才能获得正当性。一个不被接纳的律师对被告人的代理只能是徒劳无功和法律的虚构。除非被告人认可这种代理,否则该辩护就不是宪法保障的辩护,因为那不是他(被告人)的辩护。

因此,当我们自然地解读美国《宪法第六修正案》时,它实际上暗含了自行辩护(代理)的权利……总而言之,宪法的制定者们从未怀疑过自行辩护的权利,也从未

[17] Faretta v. California, 422 U.S. 806, 95 S.Ct. 2525, 45 L.Ed.2d 562 (1975).

试图以获得律师帮助的权利来干扰自行辩护的权利。相反,他们与其英国的祖先一样,总是将获得律师帮助的权利当作一项“帮助”被告人进行辩护的可选择的机制来设置。立宪者们在美国《宪法第六修正案》中选择了以理所当然的暗示的方式来规定自行辩护的权利。这一结论可以通过数百年的历史获得支持。

思考 在杭州保姆莫焕晶纵火案一审程序中,被告人莫焕晶的亲属为其聘请了两名律师。但两名律师在前往看守所会见时却遭到拒绝,理由是政府已经为其指定了辩护律师。最终被告人在政府指定的律师辩护的情形下接受审判。在被告人家属为被告人聘请了律师的情况下,政府是否还应当为被告人指定法律援助律师为其辩护?如果政府已经为被告人指定了法律援助律师,家属之后又为其聘请了律师担任其辩护人且获得被告人同意,则究竟应当由政府指定的律师还是家属聘请的律师担任其辩护人?

第四节 辩护人的责任与地位

一、辩护人的责任

根据《刑事诉讼法》第 37 条的规定,辩护人的责任是根据事实和法律,“提出犯罪嫌疑人、被告人无罪、罪轻或者减轻、免除其刑事责任的材料和意见,维护犯罪嫌疑人、被告人的诉讼权利和其他合法权益”。对此规定,可以分解为以下三个内容加以理解:(1)辩护人的责任是维护犯罪嫌疑人、被告人的诉讼权利和其他合法权益。1979 年和 1996 年《刑事诉讼法》都规定,辩护人的责任是维护被告人的“合法权益”。2012 年《刑事诉讼法》将“合法权益”改为“诉讼权利和其他合法权益”,这突出表明了立法者对犯罪嫌疑人、被告人诉讼权利的重视。(2)辩护人维护其委托人合法权益的方式,是提出犯罪嫌疑人、被告人无罪、罪轻或者具有减轻、免除刑事责任的材料和意见。不言而喻,律师不能提出犯罪嫌疑人、被告人罪重或者具有加重情节的材料和意见。法律并未规定辩护律师可以提出其委托人具有从轻情节的材料和意见,但若以为辩护人无权提出这样的材料和意见,则未免过于机械。1996 年《刑事诉讼法》在“提出”二字之后还有“证明”二字,2012 年修改《刑事诉讼法》时将“证明”二字删除,是为了突出公诉方的证明责任,强调提出这些材料乃是辩护人的权利,并非负担证明责任。(3)辩护人维护其委托人合法权益必须具有事实和法律上的依据。所谓事实依据是指提出有利于其委托人的证据材料；所谓法律依据指的是提出有利于其委托人的法律意见。

| 评注 6－5 | 律师是否只能为好人辩护？

在现代社会，即使无罪推定原则已经得到普遍承认并且在我国刑事诉讼中得到确立，人们也会问：明知一个被告人有罪，还要为其进行辩护，甚至利用控诉方可能的弱点，最终将有罪的被告人无罪释放，其正当性何在？

本书认为，既然律师辩护制度的功能在于实现公正司法与保障人权，那么这一制度就不能仅仅适用于无罪的被告人，应同时适用于有罪的被告人。既然它同时适用于有罪的被告人，其理论基础也就不是无罪推定。相反，过分强调无罪推定会使普通百姓以为，有罪的人就不需要保护，从而也不需要辩护。这种观念之所以错误，是因为普遍人权的观念没有得到确立，或者以为只有无辜者才有人权，有罪者就没有人权。事实上，人权保障观念不仅体现在对无辜者的保护方面，而且体现在对有罪者的保障方面。因为人权就其作为一个法律概念而言，永远应当是一种消极的权利，是永远也不可剥夺的权利，是一种哪怕以全体社会利益之名也不可加以剥夺的权利。因此，即使一个公民已经触犯法律，社会也不能剥夺他作为一个人而享有的基本权利。辩护制度的设置，就是要保证这一目标的实现。它要保护每一个人不受政府机关的人权侵犯。所以，即使是有罪的被告人，也必须给予其获得辩护人尤其是辩护律师帮助的权利。

当然，为"坏人"辩护总是存在遭受道德谴责的风险，正如一位美国律师所言，"在我健康的有生之年，我必须越过职业生涯的山脉，与人们仇视及恼怒的风雨相伴。作为代表被控有罪当事人的一名律师，我对我的当事人的职责不允许我态度暧昧，寻求风平浪静以躲避风雨"[18]。显然，人权的观念还没有深入人心，对于人权的理解还没有如此深刻。所以，那些为有罪被告人提出有力之辩护意见的辩护人，实际上更应当受到鼓励和肯定。

二、辩护人的义务

根据《刑事诉讼法》和《律师法》的规定，辩护人在刑事诉讼中的义务主要有：(1)根据事实和法律，提出其委托人无罪、罪轻或者具有从轻、减轻、免除刑事责任的材料和意见，维护委托人的诉讼权利和其他合法权益；辩护律师如无正当

---

〔18〕 江礼华、杨诚主编：《美国刑事诉讼中的辩护》，法律出版社 2001 年版，第 31 页。

理由,不得拒绝辩护。维护犯罪嫌疑人、被告人的诉讼权利和其他合法权益既是辩护人的责任,也是辩护人的义务,还是辩护人权利。(2)辩护律师和其他辩护人应当保守其在执业活动中知悉的国家秘密和商业秘密,不得泄露当事人的隐私。(3)依照《刑事诉讼法》第44条第1款之规定,辩护人或者其他任何人,不得帮助犯罪嫌疑人、被告人隐匿、毁灭、伪造证据或者串供,不得威胁、引诱证人作伪证以及进行其他干扰司法机关诉讼活动的行为。值得注意的是,1996年《刑事诉讼法》曾经规定辩护人"不得威胁、引诱证人改变证言作伪证";2012年《刑事诉讼法》去掉了"改变证言"这几个字,主要是担心实践中只要证人改变证言,执法机关就将责任推到辩护人身上。(4)其他义务,包括不得干扰法庭秩序;不得违反规定会见检察官、法官,影响诉讼的公正进行;不得向法官、检察官行贿或者指示当事人向法官、检察官行贿等。

根据《刑事诉讼法》第44条第2款的规定,辩护人或者其他任何人违反《刑事诉讼法》第44条第1款规定的义务,依法应当追究刑事责任;辩护人涉嫌犯罪的,应当由办理辩护人所承办案件的侦查机关以外的侦查机关办理;辩护人是律师的,应当及时通知其所在的律师事务所或者所属的律师协会。该规定的原理主要是基于回避制度的原理,其目的主要是防止辩护律师所承办案件的侦查机关利用国家权力打击报复竭心尽力为犯罪嫌疑人、被告人提供优质辩护的辩护人,因此要求在辩护人涉嫌此类犯罪时,其所承办案件的侦查机关应当全体回避,不得侦办辩护人涉嫌的犯罪;而应当将辩护人涉嫌的犯罪交由其他侦查机关办理。应当注意的是,此处规定的"其他侦查机关",仍然应当符合刑事诉讼法有关立案管辖的规定。例如,根据立案管辖的规定,律师如触犯《刑法》第306条所规定的犯罪,该案件应当由公安机关管辖;则执法机关不能以《刑事诉讼法》第44条第2款规定为由,突破有关立案管辖的规定,将该案件交由国家安全机关或者检察机关侦查。

案例6-6 李庄被控"律师伪证"案

2009年12月11日,重庆市公安机关接到龚刚模黑社会性质组织罪一案被告人龚刚模"举报",称龚刚模的辩护律师李庄指使其翻供,并要求龚刚模编造曾遭到刑讯逼供的伪证。12月12日,重庆市公安机关决定对李庄刑事拘留。12月13日,重庆市江北区人民检察院决定对李庄批准逮捕。12月16日,重庆市公安局江北分局对该案侦查终结并移送至重庆市江北区人民检察院审查起诉。12月18日,重庆市江北区人民检察院决定对李庄提起公诉。

起诉书指控:2009年11月20日,龚刚模等34人组织、领导、参加黑社会性质组织案被提起公诉。2009年11月22日、25日,龚刚模的妻子程琪、堂弟龚云飞先后与北京市康达律师事务所签订了《刑事案件代理委托协议》，北京市康达律师事务所指派被告人李庄及律师马晓军为龚刚模担任一审辩护人，龚刚模的亲属为此支付了律师代理费人民币150万元。2009年11月24日、11月26日、12月4日，被告人李庄在重庆市江北区看守所会见龚刚模时，为帮助龚刚模开脱罪责，诱导、唆使龚刚模编造公安机关对其刑讯逼供，并向龚刚模宣读同案人樊奇杭等人的供述，指使龚刚模推脱罪责。为使龚刚模编造被公安机关刑讯逼供的供述得到法院采信，被告人李庄还引诱证人作伪证。2009年11月底至12月初，李庄编造龚刚模被樊奇杭等人敲诈的事实，并要求程琪为此出庭作证。2009年11月24日，在重庆市高新区南方花园一茶楼内，李庄指使龚刚华安排重庆保利天源娱乐有限公司员工作伪证，否认龚刚模系重庆保利天源娱乐有限公司的实际出资人和控制者。龚刚华即安排重庆保利天源娱乐有限公司员工汪凌、陈进喜、李小琴等人作虚假证明。2009年12月3日，在重庆市渝北区的五洲大酒店内，李庄指使龚刚模的另一辩护人重庆市克雷特律师事务所律师吴家友贿买警察，为龚刚模被公安机关刑讯逼供作伪证。2009年12月1日，李庄向人民法院申请程琪、龚云飞等人出庭作证。被告人李庄的上述行为干扰了龚刚模等34人组织、领导、参加黑社会性质组织案审理工作的正常进行。[19]

2009年12月30日，重庆市江北区人民法院对李庄案开庭审理。法庭上，被告人李庄对公诉机关指控的事实及定性均予以否认，辩称龚刚模被刑讯逼供是龚刚模本人所说，自己没有伪造证据；其没有唆使龚刚模作被公安机关刑讯逼供的供述，没有指使吴家友贿买警察作伪证；法律对宣读同案人供述没有禁止性的规定；在其担任龚刚模的辩护人之前，龚刚模就作出了被樊奇杭等人敲诈的供述；公诉机关宣读的证人证言是在证人被限制人身自由的情况下取得，没有证明力；其不认识汪陵、陈进喜、李小琴，也没有指使龚刚华安排这三人作伪证；辩护人伪造证据、妨害作证罪应以实际发生后果为构成要件，在被公安机关捉获前其已声明退出龚刚模案的诉讼，没有造成后果，因而自己的行为不构成犯罪。被告人李庄的辩护人认为，受到刑讯逼供是龚刚模自己向李庄所说，并非李庄捏造，李庄向龚刚模宣读同案人樊奇杭的供述没有违反法律规定；龚刚模在李庄介入前就曾供述被樊奇杭等人敲诈；龚刚模是在公安机关对其讯问的过程中揭发了李庄，但此时龚刚模案已进入审判阶段，公安机关无权再对龚刚模进行讯问，公安机关的行为不具有合法性；龚云飞、马晓军等证人均是在被限制人身自由的情况下作出的证言，且均未出庭质证，无法判断其证言的真伪；指控李庄指使吴家友贿买警察证明龚刚模被刑讯逼供的证据不足；辩护人伪造证据、妨害作证罪是结果犯，李庄的行为并未造成后果，其

〔19〕 重庆市江北区人民检察院起诉书，北检刑诉(2009)818号。

行为不构成犯罪。[20]

经法庭审理,重庆市江北区人民法院基本确认了起诉书指控的事实并认定:被告人李庄在担任龚刚模的辩护人期间,利用会见龚刚模之机,向龚刚模宣读同案人供述,教唆龚刚模编造被公安机关刑讯逼供的供述,指使吴家友贿买警察证明龚刚模被刑讯逼供;引诱龚刚模的妻子程琪作龚刚模被敲诈的虚假证言,指使龚刚华安排保利公司员工作虚假证言,并向重庆市第一中级人民法院提交通知龚云飞、龚刚华、程琪等证人出庭作证的申请,其行为妨害了司法机关正常的诉讼秩序,已构成辩护人伪造证据、妨害作证罪,依法应予处罚。公诉机关指控被告人李庄犯罪的事实清楚,证据确实充分,指控的罪名成立。根据被告人李庄犯罪的事实、性质、情节和对于社会的危害程度,依照《刑法》第306条第1款的规定,判决被告人李庄犯辩护人伪造证据、妨害作证罪,判处有期徒刑2年6个月。[21] 李庄不服提出上诉。重庆市第一中级人民法院于2010年2月9日作出终审判决:被告人李庄犯辩护人伪造证据、妨碍作证罪,判处有期徒刑1年6个月。[22]

思考 《刑法》第306条禁止辩护律师向其委托人披露辩护人在查阅案卷过程中知悉的同案被告人供述吗?如果犯罪嫌疑人、被告人自己有权查阅案卷(参阅本章第五节相关论述),你对此问题的回答将有何不同?

本案被告人及其辩护人均认为,《刑法》第306条规定的辩护人、诉讼代理人毁灭证据、伪造证据、妨害作证罪属于结果犯,如未造成危害后果,其行为就不构成犯罪。你同意这一辩护意见吗?如果你是本案被告人李庄的辩护人,你将如何辩护?

请根据本案一审起诉书、一审判决书中提到的案件证据,以及有关本案的公开报道,为本案被告人写一份辩护词。

三、辩护人的独立地位

辩护人具有独立的诉讼地位。这种独立的诉讼地位既体现为不受其他机关、团体、个人的非法干涉,也体现为至少在一定程度上不受委托人意志的左右。其要旨在于:第一,不受控诉方意见之左右;第二,不受法院发现真实目标之约束;第三,不得帮助或代理当事人从事违法活动。

(一)辩护人独立于检察官之指控

辩护人独立于检察官之指控,是指辩护意见的发表不受控诉方意志的左右。

〔20〕 重庆市江北区人民法院刑事判决书,(2009)江法刑初字第711号。
〔21〕 重庆市江北区人民法院刑事判决书,(2009)江法刑初字第711号。
〔22〕 重庆市第一中级人民法院刑事判决书,(2010)渝一中法刑终字第13号。

这是因为，辩护人在刑事诉讼中承担的是辩护职能，其职责是维护犯罪嫌疑人、被告人的利益，其功能是实现控辩力量的平衡，保护其委托人的权利不受侵犯。如果辩护人的辩护意见必须受到控诉方的约束，那么其效果将不是平衡控辩力量，而是使本不平衡的控辩双方力量更不平衡，使犯罪嫌疑人、被告人可能遭受的权利侵犯之危险更加危险。因此，辩护人发表辩护意见，应完全不受控诉方意志的约束。

| 评注 6－6 |　西方国家辩护制度亦曾经历曲折

从西方国家辩护制度之发展来看，其能够有今天这样的规模，经历了一个比较漫长的过程。在最初的时候，其辩护人的辩护也受到各方面的阻碍。例如，在 1877 年时，日本司法部还极力反对刑事辩护制度，认为辩护人是帮助囚犯抵赖的最佳工具；实践中，一位辩护人因在辩论时说了一句“这个案子肯定是无罪的，如果有罪那等于太阳从西边出来”，而被以侮辱官吏罪判处禁锢 1 个月、停业 3 个月的处罚。〔23〕

（二）辩护人独立于法院发现真实之愿望

从理论上看，辩护制度之设立，一是为实现程序之正当性，二是为实现人权之保障。因此，辩护人无论是否为律师，都应当尽心尽力、竭尽全力维护其委托人之利益。虽然辩护人亦负有发现真实之道德责任，但该项义务以维护其委托人之合法利益为限。换句话说，只有在有利于犯罪嫌疑人、被告人合法权利实现的范围内，辩护人才负有发现真实的义务。如果超出此范围，则辩护人不再承担相应责任。因此，辩护人如果发现对其委托人不利而控诉方未曾掌握的证据，则不仅没有义务将此证据交给控诉方，而且有义务不将此证据交给负责侦查与控诉之机关。

不仅如此，即使辩护人明知其委托人有罪，而侦查机关或者检察机关并未提出证明其委托人有罪的充足证据，辩护人也应当依法指出上述机关之谬误，申请撤销案件或者要求作无罪判决。尤其是在审判阶段，如果控诉方不能提出确实、充分的证据证明被告人有罪，那么即使辩护人明知被告人有罪，也应当指出控诉方没有完成其证明责任，没有达到法定之证明要求，并请求法院作无罪之宣判。

本书认为，过去那种要求辩护人发现未被控诉方掌握的被告人有罪的证据，

---

〔23〕［日］田口守一：《刑事辩护制度》，载［日］西原春夫主编：《日本刑事法的形成与特色：日本法学家论日本刑事法》，李海东等译，法律出版社、日本成文堂 1997 年版，第 433 页。

必须向控诉机关报告的规定,实际上是出于发现真实与控制犯罪目的所作之要求。如今,法律已经废除这一规定,表明其已经向程序正当与人权保障之目标靠近。通过以上讨论,读者对于前述律师辩护制度的功能乃在于实现程序之正当性与人权之保障这一理论,应当有更加清醒之领会。

评注6-7 辩护律师职业伦理不同于检察官职业伦理

不同的诉讼模式决定不同的律师职业伦理。在对抗制之下,辩护律师的角色是完全不同于检察官扮演的角色的。辩护律师的介入是基于无罪推定原则、证明责任承担原理、宪法规定的获得律师帮助权以及反对强迫自我归罪的特免权等。基于这些原理,辩护律师可以对只有己方掌握的有关被告人有罪的证据予以保留:让一个事实上有罪的被告人保持沉默,留给检察官去证明被告人有罪,这丝毫也不会显得不道德。[24] 但检察官不一样,如果检察官明知嫌疑人是无辜的,那么无论在道德上还是法律上,他都有义务不提出检控。同样地,辩护律师通过交叉询问让原本诚实的控方证人显得不诚实也符合职业伦理规范。但是,如果检察官明知一名证人是诚实的,他就不得以任何计谋使该证人看上去像是在撒谎。

与之形成对照的是,在纠问式诉讼之下,辩护律师的角色几乎与检察官无异。例如,在古巴,律师的首要角色并不是争辩说他的委托人是无辜的,而是在假定其委托人有罪的情况下,究竟何种刑罚更加有助于对他的改造。一位美国学者问道:"如果辩护律师的职责是决定究竟何种刑罚更适合于其委托人的改造,那检察官的角色又是什么呢?"[25]

(三)辩护人不得帮助或代理委托人从事违法活动

辩护人意见不仅独立于控诉方、裁判方,而且在一定程度上独立于其委托人的意志。辩护人虽然不负担发现真实之职责,但是也不能以违法的手段维护其委托人的非法利益。其理论基础则在于,律师不仅是当事人利益的代表者,而且应当是社会正义的化身,因此不能一味屈从于当事人的意志。当然,如前所述,辩护人的这种"正义"身份,仅以维护犯罪嫌疑人、被告人合法权益为限。因此,辩护人不能帮助犯罪嫌疑人、被告人伪造证据、湮灭证据或者串供,也不能教唆或指使犯罪嫌疑人、被告人和证人作伪证。不仅在刑事诉讼中是如此,在其他任何民事上之委托关系中,代理人不得违法实施代理行为,也属于众所周知的

---

〔24〕 Monroe H. Freedman, *The Professional Responsibility of the Prosecuting Attorney*, 55 Georgetown Law Journal, Vol. 55 (1967), p. 1030.

〔25〕 Jesse Berman, *The Cuban Populor Tribunals*, Columbia Law Review, Vol. 60 (1969), p. 1341.

常识。

但是，辩护人与犯罪嫌疑人、被告人之间毕竟是一种民法上的委托关系，因此其辩护方向与辩护策略显然要以委托人的利益为依归，同样也应当受到委托人意志的约束。最显著的情形在于，如果犯罪嫌疑人、被告人坚称自己无罪，则律师只能作无罪辩护，不能出现被告人在法庭上答辩无罪而辩护人却作有罪辩护的情形。当然，辩护人可以以自己的法律知识和对案件的分析与把握为委托人的辩护方向和辩护策略提供建议，但是最终的辩护方向和策略应当以委托人的意志为准。

第五节 辩护人的权利

《刑事诉讼法》在辩护与代理一章集中规定了辩护人（主要是辩护律师）的权利。虽然这并不表明辩护人就只有这些权利（其他权利分散规定于《刑事诉讼法》的其他编章），但这些权利应当是辩护人最主要的权利。因此，以下以条文顺序为线索，对辩护人的这些法定权利逐项阐释。

一、侦查阶段的法律帮助权

《刑事诉讼法》第 38 条规定："辩护律师在侦查期间可以为犯罪嫌疑人提供法律帮助；代理申诉、控告；申请变更强制措施；向侦查机关了解犯罪嫌疑人涉嫌的罪名和案件有关情况，提出意见。"这一条文是从 1996 年《刑事诉讼法》第 96 条的规定演变而来的。1996 年《刑事诉讼法》第一次赋予犯罪嫌疑人在侦查阶段获得律师帮助的权利，但是并没有明确律师在侦查阶段的辩护人身份。2012 年修正的《刑事诉讼法》明确犯罪嫌疑人在侦查阶段即可聘请律师为其担任辩护人，但是辩护律师在侦查阶段享有的权利并没有发生实质性的变化，主要仍然是为犯罪嫌疑人提供法律帮助、代理申诉控告、申请变更强制措施，以及向侦查机关了解犯罪嫌疑人涉嫌的罪名和案件的有关情况，并向侦查机关提出自己对案件的处理意见。

值得指出的是，上述权利并非侦查阶段的辩护律师所独享，其他阶段辩护人均享有上述权利。

二、会见、通信权

（一）会见、通信权的一般原则

《刑事诉讼法》第 39 条第 1 款规定："辩护律师可以同在押的犯罪嫌疑人、被告人会见和通信。其他辩护人经人民法院、人民检察院许可，也可以同在押的犯罪嫌疑人、被告人会见和通信。"该规定确立了辩护人与在押犯罪嫌疑人、被告人会见和通信的一般原则。根据上述规定，辩护律师有权与在押的犯罪嫌疑人、被告人会见和通信；辩护律师同在押犯罪嫌疑人、被告人会见和通信不需要经过任何批准。其他辩护人同在押犯罪嫌疑人、被告人会见和通信，在侦查和审查起诉阶段需要经人民检察院批准，在审判阶段需经人民法院批准。之所以对其他辩护人设置了批准程序，主要是因为其他辩护人可能是与本案有利害关系的人，允许会见、通信可能会妨害诉讼的顺利进行。但在允许会见、通信不妨害侦查、起诉与审判的情况下，通常应当允许会见和通信。

（二）会见所需证件及安排会见时限

《刑事诉讼法》第 39 条第 2 款规定："辩护律师持律师执业证书、律师事务所证明和委托书或者法律援助公函要求会见在押的犯罪嫌疑人、被告人的，看守所应当及时安排会见，至迟不得超过四十八小时。"该规定进一步强化了这一观念和实践：辩护律师只需要持有律师执业证书、律师事务所证明和委托书或者法律援助公函，即通常所说的"三证"（执业证书证明律师乃合法执业；律师事务所证明乃证明律师合法收案，委托书或法律援助公函乃证明律师接受委托或指定），即可进行会见，而不需要其他任何手续。看守所在"三证"之外要求其他任何手续都是非法的。同时，该规定强调，当律师持"三证"要求会见时，看守所应当及时安排会见。所谓"及时"，就是指当时能够安排会见的，应当立即安排会见。所谓"至迟不得超过 48 小时"，并不是说只要在 48 小时之内安排会见就是合法的，而是说万一发生特殊情况不能即刻安排会见，也应当至迟在 48 小时内安排会见。

（三）特殊案件会见须经批准

《刑事诉讼法》第 39 条第 3 款规定，"危害国家安全犯罪、恐怖活动犯罪案件，在侦查期间辩护律师会见在押的犯罪嫌疑人，应当经侦查机关许可"。这一规定属于辩护律师会见通信权原则的一个例外规定。如前所述，会见、通信权原则是，辩护律师会见不需要经过任何批准。但这一原则只适用于一般案件。对于危害国家安全犯罪、恐怖活动犯罪案件，侦查期间会见应当经侦查机关许可。此项例外必须同时满足两个条件：一是在侦查期间，审查起诉、审判阶段皆不适用此规定。二是案件特殊，不属于特殊案件的，也不适用此规定。

侦查阶段的律师会见权是1996年修正《刑事诉讼法》的一项重要成果，也是人权保障的一大进步。为了让实务部门能够跟上前进的步伐，同时兼顾打击犯罪的效率，1996年《刑事诉讼法》同时对侦查阶段的律师会见权作了一定的限制，所以规定了特殊案件侦查阶段的会见应当经过批准，其中的特殊案件就包含了当时人民检察院负责侦查的特别重大贿赂案件。2018年《监察法》颁布，《刑事诉讼法》也作了相应修改，贪污贿赂等案件不再由人民检察院立案侦查，而是改由监察机关负责调查；与此同时，《监察法》也没有明确规定涉嫌职务犯罪的被调查人有权在调查期间获得律师帮助，所谓的律师会见也就无从谈起，对律师会见进行限制也就不再必要；因此，《刑事诉讼法》在侦查阶段的律师会见的例外规则上，删除了"重大贿赂犯罪"这一例外。

（四）会见时的权利

《刑事诉讼法》第39条第4款规定："辩护律师会见在押的犯罪嫌疑人、被告人，可以了解案件有关情况，提供法律咨询等；自案件移送审查起诉之日起，可以向犯罪嫌疑人、被告人核实有关证据。辩护律师会见犯罪嫌疑人、被告人时不被监听。"该规定有三项内容：(1)辩护律师在侦查阶段会见在押犯罪嫌疑人，可以了解有关案件情况，提供法律咨询。注意此处法律明文规定，律师会见可以向犯罪嫌疑人了解案件有关情况。地方公安机关不得以内部规定的名义，禁止律师在侦查会见时"谈案情"。(2)自审查起诉阶段始，辩护律师会见在押犯罪嫌疑人、被告人时，不仅可以了解案件有关情况，为犯罪嫌疑人、被告人提供法律咨询，而且可以向犯罪嫌疑人、被告人核实有关证据。换句话说，自审查起诉之日起，辩护律师会见犯罪嫌疑人、被告人时，可以将辩护律师掌握到的有关案件情况、证据向犯罪嫌疑人、被告人核实，核实有关证据时，向其宣读辩护律师在查阅案卷过程中接触、了解、知悉、掌握的证据，如证人证言、同案被告人供述等，均属于合法履行辩护职责的行为，有关执法机关不得横加干涉，更不能将其当作犯罪行为加以查处。(3)无论是侦查阶段还是审查起诉之后，辩护律师会见都不被监听。此处"不被监听"当然包含了不被尾随、"陪同"和监视。个别地方公安机关将"不被监听"解释为"不被监听设备监听"，完全是对刑事诉讼法的曲解。

（五）会见被监视居住人准用规定

《刑事诉讼法》第39条第5款规定，辩护律师同被监视居住的犯罪嫌疑人、被告人会见、通信,适用该条第1、3、4款的规定。这一规定是2012年《刑事诉讼法》新增的规定。在这之前,监视居住不具有羁押性质,根据相关的司法解释,辩护律师会见被监视居住的犯罪嫌疑人、被告人不受限制。2012年《刑事诉讼法》修改以后,监视居住属于羁押的替代性措施,但仍然不能等同于羁押。辩护律师会见被监视居住的犯罪嫌疑人、被告人也应当不受限制。所以,《刑事诉讼法》第39条第5款规定,辩护律师可以同被监视居住的犯罪嫌疑人、被告人会见和通信,但在特殊案件中,会见和通信应当经侦查机关批准;辩护律师会见被监视居住的犯罪嫌疑人、被告人,在侦查阶段可以了解案件有关情况,提供法律咨询;自案件移送审查起诉之日起,可以向犯罪嫌疑人、被告人核实证据;辩护律师会见被监视居住的犯罪嫌疑人、被告人不被监听。

| 评注6-8 | 会见权是谁的权利?

在1996年、2012年修正的《刑事诉讼法》有关会见权的表述中,会见权一直都被表述为律师的权利;但从2018年《刑事诉讼法》的表述来看,会见权既是律师的权利,也是犯罪嫌疑人、被告人的权利。2018年《刑事诉讼法》第36条规定,犯罪嫌疑人、被告人有权约见值班律师,明确犯罪嫌疑人、被告人有会见律师的权利;该法第39条又规定,辩护律师有权与犯罪嫌疑人、被告人会见和通信,表明会见权同时也是辩护律师的权利。本书认为,会见权本质上是犯罪嫌疑人、被告人的权利,它是犯罪嫌疑人、被告人依照宪法和刑事诉讼法享有的辩护权的内在组成部分。辩护律师的会见权,无非犯罪嫌疑人、被告人依据宪法享有的辩护权的延伸和实现方式。首先,没有犯罪嫌疑人、被告人的辩护权,就没有辩护律师的会见权;在这个意义上,可以说辩护律师的所有权利,都源自犯罪嫌疑人、被告人。其次,辩护律师会见犯罪嫌疑人、被告人的目的和功能,也均在于实现犯罪嫌疑人、被告人的辩护权。

如果我们接受会见权属于犯罪嫌疑人、被告人这一观点,则法律对辩护律师会见权的保障,本质上乃是保障犯罪嫌疑人、被告人的会见权。同时,从理论上看,既然会见权是犯罪嫌疑人、被告人的权利,那么犯罪嫌疑人、被告人何时想见自己的律师,都应当得到满足。由此出发,在犯罪嫌疑人、被告人接受讯问时,犯罪嫌疑人、被告人也可以要求会见其律师,以实现法律帮助权。

当然,当前理论和实践均不承认犯罪嫌疑人、被告人在接受讯问时有要求其律师在场的权利。但正如一句西班牙谚语所言,“过去不曾有过的事,将来未必不发生”。随着法治国家理想的逐步实现,对犯罪嫌疑人、被告人的保护必将更趋周到。

三、阅卷权

《刑事诉讼法》第40条规定:“辩护律师自人民检察院对案件审查起诉之日

起,可以查阅、摘抄、复制本案的案卷材料。其他辩护人经人民法院、人民检察院许可,也可以查阅、摘抄、复制上述材料。”对于辩护人查阅、摘抄、复制有关案卷材料的权利,理论界统称为阅卷权。根据1996年《刑事诉讼法》的规定,辩护人的阅卷权在审查起诉阶段仅限于诉讼文书和技术性鉴定材料。2012年《刑事诉讼法》对辩护人在审查起诉阶段和审判阶段的阅卷权作了统一规定,其查阅、摘抄、复制的内容均为“本案的案卷材料”,包括证明犯罪嫌疑人、被告人有罪、无罪、罪轻、罪重的所有证据材料、诉讼文书。

四、调查取证权

辩护人的调查取证权包括三种权能:自行调查取证、申请人民检察院或者人民法院调查取证、参与人民检察院或者人民法院的调查取证。

(一)自行调查取证

根据《刑事诉讼法》第43条的规定,辩护律师经证人或者其他有关单位和个人同意,可以向他们收集与本案有关的材料。辩护律师经人民检察院或者人民法院许可,并且经被害人或者其近亲属、被害人提供的证人同意,可以向他们收集与本案有关的材料。《最高法解释》第58条规定,辩护律师申请向被害人及其近亲属、被害人提供的证人收集与本案有关的材料,人民法院认为确有必要的,应当签发准许调查书。

(二)申请调查取证

辩护律师申请调查取证分两种情况:(1)向人民法院申请收集、调取证据,或者申请人民法院通知证人出庭作证(《刑事诉讼法》第43条)。根据《最高法解释》第59条之规定,辩护律师向证人或者其他有关单位、个人收集、调取与本案有关的材料,因证人或者有关单位、个人不同意,申请人民法院收集、调取,或者申请通知证人出庭作证,人民法院认为确有必要的,应当同意。该解释第60条规定,辩护律师直接申请人民法院收集、调取证据,人民法院认为辩护律师不宜或者不能向证人或者其他有关单位和个人收集、调取,并确有必要的,应当同意。(2)向人民检察院申请收集、调取证据。《最高检规则》第52条规定,辩护律师提出此类申请,经审查,人民检察院认为需要调查取证时,应当决定收集、调取并制作笔录附卷;决定不予收集、调取的,应当书面说明理由。

(三)参与调查取证

《刑事诉讼法》第196条规定:“法庭审理过程中,合议庭对证据有疑问的,可以宣布休庭,对证据进行调查核实。人民法院调查核实证据,可以进行勘验、检查、查封、扣押、鉴定和查询、冻结。”第197条第1款规定:“法庭审理过程中,当事人和辩护人、诉讼代理人有权申请通知新的证人到庭,调取新的物证,申请重新鉴定或者勘验。”从理论上看,为保证调查取证的公正性,人民法院在进行上述庭外调查时,应当在双方当事人或者其律师在场的情况下进行。根据最高人民检察院和最高人民法院的相关规定,人民检察院和人民法院根据辩护律师的申请收集、调取证据时,申请人可以在场。这实际上是律师实现调查取证权的一种方式。

五、保守执业秘密权

《刑事诉讼法》第48条规定:“辩护律师对在执业活动中知悉的委托人的有关情况和信息,有权予以保密。但是,辩护律师在执业活动中知悉委托人或者其他人,准备或者正在实施危害国家安全、公共安全以及严重危害他人人身安全的犯罪的,应当及时告知司法机关。”这是2012年《刑事诉讼法》修改时新增的规定。普遍认为,此规定确立了辩护律师的执业秘密特免权。

(一)律师执业秘密特免权的一般原理

律师执业秘密特免权,是指律师对于其执业过程中知悉的有关案件情况、委托人秘密,享有拒绝向司法机关透露、作证的权利。律师执业秘密特免权属于特免权规则的一部分。所谓特免权规则,就是指某特定证人可以选择拒绝向法院等司法机关提供证言,或者允许某人阻止某特定证人向法院等司法机关提供证言的规则。特免权规则是与证人作证的普遍义务相对的规则。一般情况下,任何人都有向司法机关作证的义务。但是在特定情况下,特定的证人有权拒绝向司法机关提供证言,或者特定人员享有阻止特定证人向司法机关提供证言的权利,这就是特免权。

| 评注6-9 | 律师执业秘密特免权的理论基础

之所以有律师执业秘密特免权制度,主要是基于两方面的考虑。首先,该制度是为了使当事人获得全面、有效的法律帮助。特免权制度豁免了律师就其执业过程中知悉的委托人秘密向司法机关作证的义务,从而可以打消委托人对律师知悉其秘密后向司法机关报告的顾虑。在没有这种顾虑的情况下,委托人才可能将其了解和掌握的全部案件情况向律师透露。只有在这一基础上,律师才可能为委托人提供全面、有效的法律帮助。

其次,律师执业秘密特免权制度也有助于提升律师职业的道德水准,有利于体现和提升律师职业的崇高性。在任何社会,背信弃义、背叛当事人、对当事人"当面一套、背后一套",都是不诚信的行为,都是违反道德的。法律不仅不应当鼓励人们做违反道德的事情,而且应当禁止这种行为。因此,如果法律要求、鼓励律师向司法机关告发自己的委托人、揭露委托人尚未被司法机关掌握的秘密,则无疑是在鼓励律师做背信弃义的事情。因此,法律禁止律师的这种行为,其意义就在于提升律师辩护职业的神圣性、崇高性。

(二)辩护律师执业秘密特免权的内容

律师执业秘密特免权的内容,是辩护律师对于在执业过程中知悉的委托人的有关情况和信息,有权保密。可见,保密是辩护律师的权利。在2007年修订的《律师法》中曾经规定,律师在执业活动中知悉的国家秘密、商业秘密和当事人隐私,应当予以保密。这是对律师提出的义务性要求,属于保守秘密的义务。将这两个规定结合起来,才构成辩护律师执业秘密特免权的完整内容。它包括两个组成部分:一是辩护律师自己有权保密;二是有关的当事人、委托人有权要求辩护律师保密。

保密的对象,既包括一般公众,又包括执法机关,即人民法院、人民检察院和公安机关及其他侦查机关。根据规定,辩护律师不仅不能向一般公众透露其执业过程中知悉的当事人秘密,也不能向执法机关透露委托人秘密。当执法机关要求其披露这些秘密时,辩护律师有权拒绝;委托人有权阻止其透露。在法庭上,对于辩护律师在执业过程中知悉的事项,法庭不得传唤其到庭作证;如果已经传唤,辩护律师在法庭上可以拒绝就其在执业活动中知悉的委托人秘密向法庭作证;即使辩护律师愿意作证,其委托人(被告人)也有权阻止其向法庭作证。

(三)辩护律师执业秘密特免权的例外

| 评注6-10 |　英美律师—委托人特免权的例外

在英美法系,律师—委托人特免权的例外,一般限定为以下几项情形:(1)犯罪或欺骗,即委托人向律师咨询的内容涉及将来的犯罪或欺骗行为,则不受特免权保护。(2)共同以已故委托人为由主张特免权。例如,在遗嘱案件中,争夺遗产的双方均以已故委托人为由拒绝披露立遗嘱人与律师之间的交流情况,则法庭将无从判断究竟哪一方的主张代表了立遗嘱人的真实意愿,因此双方均不得主张特免权。(3)违反义务。律师和委托人之间是一种委托代理关系,是一种基于合同而产生的权利义务关系,如果合同一方认为对方违反了合同义务,则双方交流的内容对于合同的解释至关重要,因此双方都不得主张特免权。(4)经律师见证的文书。律师—

委托人特免权要求律师为委托人提供的是法律服务。律师见证文书与公证员见证的事项具有同质性,此时律师提供的不是法律服务而是对事实进行认证的业务,因此不享有特免权。(5)共同委托人。不同的委托人共同委托同一名律师提供法律服务,之后委托人之间发生纠纷,则不同的委托人各自均不得就其与律师之间的交流主张特免权。

从前引刑事诉讼法的规定来看,对于辩护律师执业秘密特免权这项制度而言,我国的辩护律师执业秘密特免权仅参考了英美律师—委托人特免权例外中的第一项例外。这是因为其他例外都主要适用于民事案件。同时,在英美法系,律师—委托人特免权的例外限定为未来的“犯罪或欺骗”,也就是一切尚未发生的犯罪和欺骗行为都不属于特免权保护的范围,而无论该犯罪是否属于危害国家安全、公共安全和严重危害他人人身安全的犯罪。根据我国刑事诉讼法的上述规定,辩护律师执业秘密特免权的例外,限定于危害国家安全、公共安全以及严重危害他人人身安全的犯罪。本书认为,将辩护律师执业秘密特免权的例外限定于未来的“犯罪或欺骗”,更加具有可操作性,因为其分界线比较明确。只要是尚未发生的犯罪,都不属于律师执业秘密特免权的保护范围。我国的制度,对于何为“危害国家安全、公共安全和严重危害他人人身安全的犯罪”,并无清晰的标准。因此,本书倾向于认为,对于任何准备实施或者正在实施的犯罪,辩护律师都无权保密。但对于过去已经发生乃至刚刚发生的犯罪,无论是否涉及国家安全、公共安全以及他人人身安全,辩护律师都应当保守秘密。

六、申诉控告权

《刑事诉讼法》第 49 条规定,辩护人、诉讼代理人认为公安机关、人民检察院、人民法院及其工作人员阻碍其依法行使诉讼权利的,有权向同级或者上一级人民检察院申诉或者控告。人民检察院对申诉或者控告应当及时进行审查,情况属实的,通知有关机关予以纠正。该条实际上规定了三项内容:(1)辩护人、诉讼代理人认为公安机关、人民检察院、人民法院及其工作人员阻碍其依法行使诉讼权利的,有权向同级或上一级人民检察院申诉或者控告。申诉、控告的主体是辩护人、诉讼代理人。申诉、控告针对的客体是公安机关、人民检察院、人民法院及其工作人员阻碍其依法行使诉讼权利的行为。例如,应当安排会见而不安排会见、不在法律规定的时间内安排会见、会见时对律师进行监听或秘密录音、法庭上本应允许质证却不允许质证等。(2)受理申诉、控告的主体是同级人民检察院或上一级人民检察院。之所以设置为同级人民检察院或上一级人民检察院,主要是考虑到检察机关同时是诉讼监督机关。对于公安机关、人民法院及其工作人员阻碍律师依法履行职务的行为，通常应当向同级人民检察院控告；对于人民检察院及其工作人员的行为，既可以向该人民检察院控告，也可以向其上一级人民检察院控告。(3)人民检察院对申诉或者控告应当及时进行审查，情况属实的，应当通知有关机关纠正。

对于上述规定，《最高检规则》作了进一步的规范。根据《最高检规则》第57、58条规定，辩护人、诉讼代理人向同级或上一级人民检察院提出申诉或者控告的行为包括：(1)违反规定，对辩护人、诉讼代理人提出的回避要求不予受理或者对不予回避决定不服的复议申请不予受理的；(2)未依法告知犯罪嫌疑人、被告人有权委托辩护人的；(3)未转达在押的或者被监视居住的犯罪嫌疑人、被告人委托辩护人的要求或者未转交其申请法律援助材料的；(4)应当通知而不通知法律援助机构为符合条件的犯罪嫌疑人、被告人或者被申请强制医疗的人指派律师提供辩护或者法律援助的；(5)在规定时间内不受理、不答复辩护人提出的变更强制措施申请或者解除强制措施要求的；(6)未依法告知辩护律师犯罪嫌疑人涉嫌的罪名和案件有关情况的；(7)违法限制辩护律师同在押、被监视居住的犯罪嫌疑人、被告人会见和通信的；(8)违法不允许辩护律师查阅、摘抄、复制本案的案卷材料的；(9)违法限制辩护律师收集、核实有关证据材料的；(10)没有正当理由不同意辩护律师收集、调取证据或者通知证人出庭作证的申请，或者不答复、不说明理由的；(11)未依法提交证明犯罪嫌疑人、被告人无罪或者罪轻的证据材料的；(12)未依法听取辩护人、诉讼代理人的意见的；(13)未依法将开庭的时间、地点及时通知辩护人、诉讼代理人的；(14)未依法向辩护人、诉讼代理人及时送达本案的法律文书或者及时告知案件移送情况的；(15)阻碍辩护人、诉讼代理人在法庭审理过程中依法行使诉讼权利的；(16)其他阻碍辩护人、诉讼代理人依法行使诉讼权利的。

辩护人、诉讼代理人认为看守所及其工作人员有阻碍其依法行使诉讼权利的行为，向人民检察院申诉或者控告的，由负责刑事执行检察的部门接受并依法办理；其他办案部门收到申诉或者控告的，应当及时移送负责刑事执行检察的部门。辩护人、诉讼代理人认为其依法行使诉讼权利受到阻碍向人民检察院申诉或者控告的，人民检察院应当及时受理并调查核实，在10日以内办结并书面答复。情况属实的，通知有关机关或者本院有关部门、下级人民检察院予以纠正。

七、特定情形下拒绝辩护的权利

根据2017年《律师法》第32条第2款的规定，律师接受委托后，无正当理由的，不得拒绝辩护或者代理。但是，委托事项违法、委托人利用律师提供的服务从事违法活动或者委托人故意隐瞒与案件有关的重要事实的，律师有权拒绝辩护或者代理。《最高法解释》第312条规定:法庭审理过程中,辩护人拒绝为被告人辩护,有正当理由的,应当准许;是否继续庭审,参照该解释第311条的规定处理。该规定并没有将庭审中辩护人拒绝为被告人辩护的法定情形限定为委托事项违法、委托人利用律师提供的服务从事违法活动或者委托人故意隐瞒与案件有关的重要事实,但从严格遵从刑事诉讼法和律师法的角度来看,不能将该规定理解为辩护人在不具备法定理由的情况下也可以拒绝辩护。

第六节 有效的律师帮助权

一、有效律师帮助权的含义

有效律师帮助权是指犯罪嫌疑人、被告人不仅有权获得律师帮助,政府不得干预其选任律师进行辩护,在特定条件下不得拒绝为其指派律师进行辩护,而且有权从律师那里获得尽职尽责的服务,从而获得有效的辩护。美国联邦最高法院在1970年的麦克曼诉理查德森一案中就指出,律师帮助权就是律师有效帮助权。[26] 美国的地方法院也认为,律师帮助权就是律师有效帮助权;律师如未能提供有效帮助,同样构成对美国《宪法第六修正案》的违反。

| **案例6-7** | 律师不做精心准备,辩护意见自相矛盾

被告人被指控犯有故意伤害罪,原因是他唆使自己的狗冲上街道咬伤了与他有仇隙的邻居,人民检察院提起公诉,被害人亦提起附带民事诉讼。辩护律师经被告人委托后在法庭上答辩时提出三点理由:第一,被告人的狗拴在链子上,链子的长度有限,狗不可能冲上街道咬伤行人;第二,被告人的狗又老又没牙,所以即使能够冲上街道,它也无法咬伤行人;第三,被告人根本就没有养狗。

由该案可知,辩护人为完成其责任,最重要的义务是在接手案件后精心准备辩护。如果一个案件未精心准备,则辩护人很难从事实上或者法律上提出有利于其委托人的意见,或者即使提出,也可能因缺乏准备而语无伦次、自相矛盾。因此,未经过精心准备的辩护,实质上对于平衡控辩双方力量及保护人权而言均无意义。

律师帮助权究其本质是指政府不得干预犯罪嫌疑人、被告人选任律师,并通

[26] McMan v. Richardson,1970.

过选任律师获得律师的专业辩护的权利。因此，政府不得干预刑事被追诉人自由选聘律师的权利，这是律师帮助权首要的、核心的部分。只是在 20 世纪，这项权利才逐渐延伸至包含获得政府指定律师帮助的权利。获得指定律师帮助的权利实际上是犯罪嫌疑人、被告人经济权利的延伸，它属于政府对贫穷被告人提供的经济上的救助。但无论如何，这都属于公民和政府之间的关系问题，属于纯粹的公法问题。20 世纪晚期，律师帮助权进一步延伸为获得律师有效帮助的权利。这就使原先只有政府可能会侵犯刑事被追诉人权利的场合，扩大到如今公民个人（律师）也可能成为实施侵犯的主体。在传统的语境下，律师帮助权仅指政府不得干预公民个人自由选任律师以及公民有获得政府指定律师的资格；在新的语境下，律师也可以成为妨害刑事被追诉人行使权利的主体。在选任律师这一语境下，获得律师有效帮助的权利本质上是一个私法问题，因为律师提供的法律帮助是否有效，本质上是律师是否尽职尽责、是否有能力并且实际上提供了根据委托协议约定的法律服务事项的问题。只有在政府故意地指派律师进行配合式辩护（又称形式辩护）并且以此阻止当事人及其亲属自行选聘律师的情况下，无效辩护才构成一个典型的公法问题。但美国判例将律师帮助权延伸至律师有效帮助权，无论选任律师还是指派律师都适用同样的标准，就是将本属于私法领域的概念引入公法领域，使这一权利从纯粹的公法内容拓展至本来属于私法的领域，从而极大地丰富了该项权利的实质内容，同时也使这一问题成为该领域最富争议的问题。

二、有效律师帮助的标准

在美国联邦最高法院对斯特里克兰案作出判决之前，地方法院早已针对有效律师帮助的标准展开了争论。有的法院认为，律师低质量的辩护本身就足以构成对美国《宪法第六修正案》律师帮助权的违反。另外一些法院认为，只有当律师的缺陷行为对辩护产生了不利影响的时候，才构成无效辩护，从而构成对美国《宪法第六修正案》权利的侵犯。联邦最高法院一直没有参与下级法院的这一争论。直到 1984 年，联邦最高法院才在斯特里克兰一案中宣布，构成无效辩护既要求律师的辩护行为本身存在缺陷，也要求律师有缺陷的辩护导致被告人的案件遭受了不利的影响；只有当两方面的要素同时具备时，才能认为律师的辩护属于无效辩护。

案例 6－8　斯特里克兰诉华盛顿〔27〕

I

1976 年 9 月,被告人用 10 天的时间策划和实施了三组犯罪,包括三起野蛮的刺杀、一起拷打、一起绑架、一起重伤、一起谋杀未遂、一起敲诈未遂、一起盗窃。在他的两个同谋被警方逮捕之后,被告人向警方自首,自愿作出了一份长长的供述,承认了其中的第三起犯罪及其细节。佛罗里达州以绑架罪和谋杀罪对其提出起诉,并任命了一名经验丰富的律师为其辩护。

辩护律师积极地提出了审前动议并要求证据开示。不过,在知道他的委托人不顾他的建议,又承认了第一起和第三起谋杀之后,他根据自己的经验觉得本案几乎毫无希望,因此减少了原计划付出的努力。到审判日,被告人被指控三项一级谋杀、多项一级抢劫、一项绑架勒索、一项入室伤害、一项谋杀未遂以及一项共谋抢劫。再一次,被告人不顾辩护律师的建议,放弃了由陪审团审判的权利,并对所有指控答辩有罪,包括其中三项一级谋杀指控。

在他的答辩程序上,被告人告诉法官说,尽管他在之前曾实施过一起轻微的盗窃,但是并没有其他严重的犯罪;而且,在这次犯罪狂欢的过程中,他也因为经济上无力负担家庭支出而处于极大的压力之下。他还说,尽管如此,他愿意承担犯罪的一切责任。法官回应说,他对被告人愿意向前迈步并承认自己的犯罪行为充满了敬意,但法官没有告诉被告人他决定的刑罚可能会怎样。

辩护律师建议被告人援引佛罗里达州法律要求由陪审团来参加量刑听证的权利(根据佛罗里达州法律,尽管案件不由陪审团审判,定罪之后仍然可以由陪审团对量刑问题听证并提出建议)。遗憾的是,被告人也拒绝了这一建议并放弃了这项权利。相反,他选择由法官在没有陪审团建议的情况下量刑。

在准备量刑听证时,辩护人和被告人谈话时提到了他的背景信息。辩护律师和被告人的妻子和母亲通了电话,尽管他没能成功地见到她们,但他也没有去寻找其他的品格证人。由于他与被告人之间的谈话让他感觉他的委托人没有显示出心理上有什么问题,因此他也没有请求对被告人进行精神病诊断。

辩护律师决定不出示有关被告人品格和精神状态的证据,因此也就不再寻找有关被告人品格和精神状态的证据。这一决定反映了辩护律师对被告人供认的令人毛骨悚然的罪行的这些压倒性证据的无望感,也反映了辩护律师对口头答辩程序中披露出来的有关情况的判断:口头答辩交流已经提供了有关被告人背景材料及精神状况的足够信息,并且通过这些信息,辩护律师还成功地阻止了检方就这些问题向被告人发问。

---

〔27〕 Strickland v. Washington, 466 U.S. 668 (1984).

辩护律师还在量刑听证上排除了那些他认为可能是毁灭性的证据。他成功地排除了警方的犯罪登记表。他认为量刑前报告可能会有害而无利,因为其中可能包含被告人的犯罪记录,从而会葬送他有关其并无重大罪行的主张,所以他并未请求控方准备一份量刑前的报告。

在量刑听证上,辩护律师的策略主要建立在法官在口头答辩时对被告人的评论的基础上。法官认为被定罪的被告人愿意承担自己的责任具有重要的意义。辩护律师说被告人的悔罪和对责任的接受使其应该不被判处死刑。辩护律师还说被告人并无犯罪记录,而且在犯罪时处于极度的精神和情感压力之下。他进一步阐释说,被告人不应当判处死刑是因为他有自首、坦白、并提供了反对另一名同案被告的证词等情节,另外他是一个好人,只是在极端情况下一时糊涂才掉入了犯罪的深渊。检方则出示了大量的证据和传唤了大量的证人用于证明犯罪的细节。辩护律师没有对出庭证明被害人死亡原因的医学专家进行交叉询问。

审判法官就三项谋杀罪认定了多项加重情节。法官认定全部三项谋杀都是极端邪恶的、十分凶残的和非常残忍的,并且都包含了多次反复刺杀。全部三项谋杀都是在实施其他危险且暴力的严重犯罪过程中完成的,而且都包含了抢劫,所以谋杀的目的都包含了获得金钱上的利益。全部三项谋杀都是为了逃避逮捕以及阻碍执法。在其中一个谋杀犯罪过程中,被告人明知自己的行为可能让好几人处于死亡的威胁之中,但是仍然故意地对被害人的弟媳进行了刺杀和射击,将其重伤,并最终致命。

至于所谓的从轻情节,法官认定,第一,尽管没有容许有关前科的证据,但被告人自己承认其之前曾经实施过盗窃。无论如何,即使被告人没有严重的犯罪记录,本案的加重情节也足以压倒该项从轻因素。第二,在全部三项谋杀犯罪中,被告人都没有处于极端的精神或情感压力之下,而是完全能够理解其犯罪行为。第三,没有任何被害人同意被告人的行为或自愿参与了被告人的行为。第四,被告人参与的犯罪既不轻微也不属于受到胁迫。第五,被告人的年龄(26岁)也不能作为从轻的因素来考虑。

简言之,审判法官认定了一系列加重情节,而没有认定任何从轻情节。对于全部三项可被判处死刑的犯罪,法官总结说:经过对呈现到法庭面前的全部事项审慎的考虑,本庭被迫得出结论,本案不存在压倒加重情节并足以减轻其刑罚的情节。因此,法官针对全部三项谋杀犯罪均判处被告人死刑,并对其他犯罪判处了监禁刑。

佛罗里达州最高法院在被告人的直接上诉程序中维持了对被告人的定罪和量刑。

于是被告人在州法院进行了平行上诉。其中一项上诉理由是,辩护律师在量刑程序中提供的是无效帮助。被告人对辩护律师的帮助提出了质疑。他声称辩护律师的帮助是无效的,因为他没有提出延期审理以为量刑程序做充分准备;他没有申请对被告人进行精神病鉴定;没有调查和传唤品格证人作证;没有要求进行量刑前调查并出具调查报告;没有审查医学专家的检查报告并对医学专家进行交叉询问。为了支持其主张,被告人提交了由他的朋友、邻居和亲属签名的声明书,证明他们愿意接受调查和出具证明。被告人还提交了一份精神病学报告和一份心理学报告,表明被告人尽管没有受到极端的精神或情绪困扰,但却长期遭受挫折,并且在犯罪时由于经济上的困难而抑郁。

审判法院没有举行证据听证,认定法庭记录的证据排他性地证明被告人提出的无效辩护主张根本是没有意义的,因此拒绝给予任何救济。法院认为,被告人提出的四个理由根本就不值得讨论。第一,没有任何理由支持延期,因此当被告人作有罪答辩时辩护律师没有提出这一申请根本就没错。第二,审判法官拥有是否允许进行量刑前调查的自由裁量权,并且任何量刑前调查都可能导致被告人在警察部门登记的犯罪记录被作为证据获得容许,从而葬送被告人声称的"没有任何重大犯罪历史"的说法,因此辩护律师没有申请进行量刑前调查并无错误。第三,在本案存在压倒性的加重情节和完全欠缺从轻情节的情况下,辩护律师呈现给法庭的口头意见和书面备忘录都是令人钦佩的。第四,由于被告人自己承认被害人的死亡就是控方专家所声称的那样,所以辩护律师没有审查控方的检验报告、没有对控方专家进行交叉询问都没有错误。

审判法院还对被告人提出的另外两个理由进行了更加详尽的审视。法庭指出,被告人被初次聆讯之后政府一方就对其进行了精神病鉴定,鉴定报告指出没有迹象显示被告人在犯罪时存在明显的精神疾病。不仅如此,被告人在平行上诉中提交的两份报告也都表明尽管被告人长期遭受挫折并由于经济困难而抑郁,但却并未处在极端的精神和情绪压力之中。因此,全部三份报告都表明被告人在犯罪时没有受到精神上的困扰。从而,辩护律师也就可以合理地决定不寻求精神鉴定;事实上,辩护律师在量刑程序中还成功地阻止了控方就被告人有关其精神状态的说法进行反驳。无论如何,在加重情节如此占压倒性优势的情况下,量刑程序中没有出示被告人在后来的平行上诉程序中提交的精神病学报告和心理学报告都没有对被告人的实质性产生不利后果。

法庭基于同样的理由拒绝了被告人对辩护律师没有提交品格证据和传唤品格证人的质疑。那些宣誓声明无非证明被告人基本上是一个好人,只是担心家庭的财务状况而已。被告人在口头答辩时自己已经说过这些了。不仅如此,被告人自己在答辩时承认自己盗窃的事实,事实上已经对这些宣誓声明的可信度提出了反驳。基于这些理由,并且量刑法官曾经也指出过,即使被告人没有严重的犯罪记录，本案对被告人判处死刑也是合适的。被告人后来在平行上诉程序中提交的那些品格证据虽然在量刑程序中没有提交，但也没有对被告人形成不利后果。

根据佛罗里达州最高法院于1981年在奈特诉州一案中确立的标准，审判法院判定，被告人没有证明本案中辩护律师的帮助存在任何实质性的或严重的缺陷，从而低于一个称职的律师在量刑程序中所能提供的服务标准。法院特别指出：作为一项法律，本案记录确定无误且排除任何怀疑，即使辩护律师做了那些被告人声称其应当做而没有做的事情，对被告人的量刑结果也不会有任何些微的差别。清晰的事实表明本案中的加重情节是完全占压倒优势的。

佛罗里达州最高法院再次支持了审判法院不允许提供救济的决定。

接下来被告人向设在佛罗里达州南部的联邦地区法院申请人身保护令。联邦地区法院拒绝发出人身保护令。被告人向联邦第五巡回上诉法院提出上诉。联邦第五巡回上诉法院支持了被告人的部分主张，维持了原审判法院的部分决定，并裁决将案件撤销原判，发回重审。佛罗里达州政府官员起草了一份申请，请求最高法院发布调卷令。我们同意发布调卷令。

Ⅱ

法院在一系列案件中确认，美国《宪法第六修正案》获得律师帮助权的目的是保障公正审判这一基本权利的实现。宪法通过正当程序条款保障公正的审判，但是它对什么是公正审判的基本要素大部分只是通过美国《宪法第六修正案》的具体规定来加以界定，这些规定中包含获得律师帮助的权利。

从而，一个公正的审判就是，对立的双方都可以对证据进行检测，中立无偏的法庭根据事先确定的规则对呈现其中的证据等问题加以裁决。律师帮助权在美国《宪法第六修正案》所体现的对抗制程序中扮演着关键的角色，因为获得律师的专业技巧和专业知识对于被告人扩大其与检方对抗时获胜的机会不可或缺。

由于律师帮助权的无比重要性，本院曾判定，除非特定的例外情形，否则被指控实施联邦法上的犯罪或州法上的犯罪的被告人如果不能支付律师费，则应当有权获得指定律师的帮助。然而，一名律师恰巧与被告人一同出现在法庭上并不就此满足了宪法的这项要求。美国《宪法第六修正案》确认获得律师帮助权是因为它认识到律师的角色对于对抗式诉讼产生正义结果的能力十分关键。被告人有权受其律师协助，无论是他自己聘请的还是被指派的，对保证审判的公正而言都是一个必要的角色。

正是这个缘故，本院曾经宣布“获得律师帮助权就是获得律师有效帮助的权利”。如果政府以特定方式干预律师独立决定如何进行辩护，就会侵犯到获得律师有效帮助的权利。但是，律师自己也可能会因为未能提供足够的法律帮助而剥夺被告人获得有效帮助的权利。

本院曾经详细论证过宪法有效帮助权的含义。但是,在对该项要求赋予其含义之前,我们必须先考虑该项要求的目的是保证公正审判。在判断任何一个声称律师的辩护无效的主张是否成立时,其标准都应是,律师的行为是否如此地糟糕从而葬送了对抗式程序的适当功能,以致审判已经不足以赖以产生一个正义的结果。

该项原则同样适用于佛罗里达州的量刑程序。

Ⅲ

一个被定罪的被告人主张其律师帮助存在如此严重的缺陷以致其定罪或死刑判决应当被撤销必须满足两个条件。第一,被告人必须证明律师的行为是有缺陷的。这要求被告人证明律师所犯的错误如此严重以致其并未发挥一名律师应当具有的功能。第二,被告人必须证明律师的缺陷行为导致了对被告人的不利后果。这要求被告人证明律师的错误如此严重以致其实际剥夺了被告人被公正审判的权利,并导致该审判结果不可靠。除非被告人完成上述两方面的证明,否则就不能说一项定罪或死刑判决是一个破碎了的对抗式程序导致的不可靠的结果。

A

如同所有联邦上诉法院曾经判定的那样,对于律师行为的适当标准应该是合理的有效帮助。本院明确地确认过,除非辩护律师是一名不能合理地胜任其工作的律师并且没有在一名能够合理地胜任其工作的律师的能力范围内提供建议,否则被告人所作的有罪答辩就不应受到攻击。当一名被告人声称其获得的律师帮助无效时,被告人必须证明律师的代理低于一个客观的合理标准。

在任何提出请求宣告律师无效辩护的案件中,对律师行为的探查都应当是在考虑到所有因素的情况下律师的帮助是否是合理的。反映在美国律师协会标准规则中的流行标准对于决定何为合理来说具有指导性的意义,但是它们也仅仅是指导性的。关于律师应当如何在复杂的情境下行事,以及在如何给予被告人最好的辩护做出具有正当性的决定方面并不存在令人满意的特定而详尽的规则。任何诸如此类的规则都会侵犯到辩护律师依据宪法独立地进行辩护的权利,并限制律师就具体策略做出决定的范围。事实上,这样详尽的规则将会使律师脱离热情地为其委托人辩护这一使命。不仅如此,尽管提升律师代理的水准也是法律制度中相当重要的一个目标,但这却不是美国《宪法第六修正案》有效律师帮助权的目的。有效帮助权的目的仅仅是保证刑事被告人获得一个公正的审判。

司法对律师行为的审查应当是高度谦恭的。对于被告人而言,他们在被定罪后总是忍不住要对律师的帮助进行二次审视,而且对于法院而言,总是很容易在辩护律师做了不成功的辩护后得出结论说律师的某项行为或遗漏是不合理的。对律师行为的一个公正的评价要求作出全部努力以便消除那些体现后视之明的歪曲效应,并从律师在进行辩护那时的视角去作出评价。由于进行评价存在困难,法院应当采用一个强烈的推定，那就是，律师的行为在一个广泛的合理的职业帮助范围内；这就意味着，被告人应当承担推翻这一推定的义务，以证明在当时情况下，律师受到质疑的行为不是法庭制胜的安全之道。在任何一个给定的案件中，都有无数不同的方法提供有效辩护。即使是最好的辩护律师在辩护一个特定案件时也不会采用相同的方法。

过于容易获得对律师行为的事后审查或者制定过于详细的评估律师行为的指导规则都将鼓励被告人提出无效帮助的主张并导致这种主张的扩散。对被告人不利的审判结果也将导致第二次审判的增加，这一次是针对律师不成功的辩护。律师的行为及其服务的意愿都将因此而受到负面影响。对可接受的律师帮助严密的审查和僵化的要求都将抑制并损害辩护律师的独立辩护，并葬送律师和委托人之间的信任。

因此，法院在决定一项无效帮助主张时，应当在特定案件事实的基础上，从律师作出决定以及具体行为当时的角度，来判断律师行为的合理性。一名被定罪的被告人提出无效辩护的主张时，应当具体地指出辩护律师的哪个行为或疏漏不属于合理的专业判断的范围。法院则应当决定，在综合总体情况的条件下，被声称不合理的行为或疏漏是否超出了律师所能提供的专业帮助能力的广阔范围。在作出这一决定时，法庭应当牢记这一原则，那就是，律师的功能是在特定的案件中使审判成为一个对抗性的试验场。同时，法庭还应当承认，律师应当被强烈地假定为提供了足够的帮助并且在所有重大问题上所作的决定都是基于合理的职业判断。

这些标准并未放大本案中对律师进行调查证据的义务要求。如同上诉法院总结的那样，在对法律和事实作彻底审视之后在所有合理的方案之中所作的策略性选择事实上是无可挑剔的；在进行不完整的证据调查之后所作的策略性选择在合理的专业判断支持只做有限证据调查的情况下也完全是合理的。换句话说，律师有义务进行证据调查，或者在认为某项证据调查不必要的情况下作出合理的决定。在任何无效帮助案件中，一个特定的、不去调查某项证据的决定都应当在综合全部案件情况的条件下考虑，并以谦恭的姿态对律师的判断作出评价。

律师行为的合理性可能会受到被告人自己陈述的影响。律师的行为经常都建立在被告人自己作出的策略性选择以及被告人提供的信息的基础上，特别地，何种调查决定是合理的完全取决于这样的信息。例如，当一个事实支持一个特定的可能的辩护理由时，而该理由是被告人对辩护律师说过的话，则进一步调查的必要性就大大降低或者甚至完全消除。又如，当一名被告人给了辩护律师理由以相信采取某项调查措施将是无效的或者有害的，则律师不进行该项调查自然不得在日后被认为是不合理的。简言之，审查律师与被告人之间的谈话对于判断律师是否调查证据的决定合理与否而言是一个关键且适当的步骤，正如它对评判律师在其他诉讼中的决定是否恰当一样。

B

律师出现的错误,如果该错误并未影响到判决作出的话,即使从职业角度来看是不合理的,也并不必然导致原诉讼程序产生的判决被搁置。美国《宪法第六修正案》的目的是保证被告人获得有效的帮助以便让人们能够正当化地依赖于诉讼程序产生的结果。从而,要构成宪法上的无效辩护,律师的任何缺陷行为都必须使其辩护产生了不利结果。

在美国《宪法第六修正案》的特定语境下,不利结果是推定性的。事实上或者结构性地拒绝律师帮助权在法律上被推定为必然导致不利结果。对律师帮助的各种各样的政府干预也是一样。在这些场合下,产生不利结果的可能性如此之大以致对不利结果进行逐案审查完全是得不偿失。不仅如此,这些情形还包含了很容易就美国《宪法第六修正案》权利进行损害作出认定的情形,并且,由于检方直接负有责任,这些情形都是政府很容易避免的。

其中一种类型的无效帮助必将导致类似的或有限的不利结果推定。在沙利文一案(Cuyler v. Sullivan,446 U. S. ,at 345 – 350,100 S. Ct. ,at 1716 – 1719)中,法院判定如果律师与案件存在利益冲突,则推定其辩护会产生不利结果。在这些情形下,律师违反了忠诚义务,这也许是律师职业道德中最基本的义务。不仅如此,衡量一个律师的辩护被冲突的利益所腐蚀的精确效果是十分困难的。赋予律师避免利益冲突的义务以及让法院对这种可能的利益冲突有进行尽早审查的能力,对保证刑事司法制度能够维持一个刚性的假定存在利益冲突的规则而言完全是合理的。即便如此,该项规则也不是根据美国《宪法第六修正案》提出上述主张本身就有的规则。只有当被告人证明律师积极地代理了与被告人冲突的利益,并且事实上的利益冲突确实从相反的方向影响了律师的行为时,才能认定在利益冲突的情形下律师的辩护会导致不利结果。

除了利益冲突的主张以外,被告人如果因律师的缺陷行为而提出事实上的无效帮助主张,其还应当正面举证证明不利结果的存在。政府方没有责任,也没有能力阻止律师在定罪或量刑程序中出现错误。律师的错误多种多样,可能最终是无害的,也可能会导致不利结果。这些错误无法根据其导致不利结果的可能性而加以归类。他们也无法被足够精确地界定以便告诉律师们应当如何正确地调整他们的行为。辩护是一门艺术。在一个案件中不够专业的行为或疏漏在另一个案件中也许恰恰是安全之道甚至是神来之笔,甚至即使被告人证明了律师的错误是不合理的,被告人也仍然必须证明它们事实上导致了与辩护方向相反的结果。

被告人仅仅证明律师的错误导致了臆想的错误是不够的。事实上律师的任何行为或疏漏都可能遭此检测,而且并不是每一个臆想中可能会影响结果的错误事实上真的葬送了可靠的结果。被告人的建议要求证明律师的错误损害了辩护的展现,但是这一标准并没有提供可行的原则。因为,任何错误,如果确实是错误的话,都会损害到辩护的展现。因此,本案被告人建议的标准并不充分,因为它们没有提供任何方法以认定什么是严重到足以导致程序结果应当被搁置的损害。

另外,我们相信,被告人又不必将律师的缺陷行为可能导致案件结果的改变这一事实证明到更有可能的程度。这一结果衡量标准具有几个方面的意义。它要求法院以其熟悉的方式对争议事项进行探查,这种探查尽管是不可避免的,但却也是不精确的。这一标准也反映了刑事程序终局性价值的深远意义。同时,它也与广泛适用于以新证据为由要求重新审判的动议的衡量标准相一致。

即使律师的特定错误导致遗漏了特定的证据,发现新的证据这一标准也并不适于作为无效辩护主张的不利结果标准。发现新的证据这一很高的标准预先假定在已经受到挑战的程序中原先假定准确而公正的程序中的所有关键组成部分都已经在原先的程序中得到呈现。而一个无效帮助的主张则只是声称用于保证程序的结果可靠性的众多因素中的一个因素缺失,因此对终局性价值的关怀要更弱一些,从而不利结果的标准也应当更低一些,并且由于程序本身是不公正的,所以即使被告人没有占优势盖然性地证明律师的错误导致了这一结果,(也应当认定)程序可能产生了不可靠的结果。

因此,检验不利结果的适当标准就应当在检方未向辩护律师披露出罪信息的实质性以及由于政府的驱逐导致辩护方无法获得证人证言的实质性这一标准的根基中去寻找。被告人应当证明,如果不是由于律师不专业的错误,程序的结果就是另一番模样,并将这一事实证明到合理的可能性的程度。所谓合理的可能性就是足以使人们丧失对结果的信心的可能性。

在决断律师的特定错误导致了不利结果时,在没有对判决以证据不足为由提出质疑的条件下,法院应当假定,法官和陪审团会严格遵循法律的规定,对被告人可能获得更加有利的结果的评价必须排除武断、臆想、任性、取消主义,以及诸如此类。被告人不应当被赋予这样的好运气,即假定他的决定是由一个目无法律的主体做出的,即使一个决定是否由目无法律的主体决定其实也是无法审查的。不利结果的评价应当建立在这样的假设基础上:作出决定的主体是理性地、有良心地、不偏不倚地适用本案的法律标准的。不利结果的评价不能依赖存在离经叛道的法官,例如法官存在严厉或仁慈的倾向性。尽管这些因素可能实际上在律师进行策略选择和采取实际行动时确曾进入律师的视野,但它们在审查是否存在不利结果时都是不相关的。从而,有关决定制作程序的证据,如果不是程序本身的记录,以及例如法官的量刑实践之类的证据,那么都不应当在不利结果的评判中加以考虑。

在对律师的错误导致的不利结果进行评价时,约束性的法律标准在界定问题应当怎样提出方面扮演着决定性的角色。当被告人质疑对其定罪的决定时,这里的问题就是,如果没有该项错误,则案件的事实决定者将会对有罪这一结论产生合理的怀疑,这一事实是否具有合理的可能性。当被告人质疑的是死刑的量刑决定,则正确的问题就是,如果没有律师的错误,量刑法官——包括上诉法院的法官——在独立地对证据再次进行评价时,在对加重情节和从轻情节进行充分衡量后是否有可能不判处死刑。

在作出这一决定时,举行无效帮助听证的法庭应当考虑展示在法官或陪审团面前的所有证据,有些事实认定未受律师错误的影响,有些事实认定则以不同的方式受到影响。有些错误对证据所能推导出的结论的影响是普遍的,它能够改变整个证据所能展示的案件图景,而有些证据则只产生单个的、细微的影响。不仅如此,一份裁决或一个结论如果只有微弱的法庭记录加以支撑,则其受到错误影响的可能性往往大于那些有更强法庭记录支撑的裁决或结论。如将未受影响的认定视为给定的部分,将剩余的认定视为受错误影响的部分,对律师错误导致的不利结果进行审查的法官就应当问,被告人是否满足了其所承担的举证责任,证明如果没有这一错误出现的话,本案得出的结论则会有所不同。

……

V

在阐述了判断无效辩护的一般原则之后,我们认为将那些原则适用于本案中的事实对于释明一般原则的含义将是有益的。本案中的记录于我们完成此项工作提供了可能性。政府与联邦法院之间对于案件事实的认定并无争议,而且我们阐明的一般原则与佛罗里达州法院以及地区法院适用的原则十分相近,那就是,本案中的事实认定并未受到错误法律原则的影响。

将约束性原则适用于本案并无困难。如上所述,本案事实非常清楚,本案被告人律师的行为不能被认定为不合理。本案事实还清楚地表明,即使假定受质疑的律师行为是不合理的,被告人也未遭受足够的不利后果,以致其死刑判决应当被搁置。

对于本案律师的表现,案件记录表明被告人的律师采取了策略性的措施主张极端的情绪压力这一从轻情节是存在的,并尽可能地将其辩护主张建立在被告人已经接受其应当承担的责任这一事实的基础上。尽管律师也确实感到无望,但是,本案记录并未显示律师无望的感觉扭曲了他的专业判断。律师的策略选择仍然是在合理的专业判断的范围之内,而且其不在现有证据的基础上去寻求更多品格证据或者心理证据的决定也同样是合理的。

审判法官对于被告人愿意承担自己罪责的态度律师完全是知晓的,但本案中的加重情节是绝对压倒性的。辩护律师可以从他与委托人之间的谈话合理地推断品格和心理状态方面的证据可能是无益的。被告人已经提到答辩谈话中包含的有关被告人的财务状况及其精神窘境的实质内容。将有关被告人品格的证据限定在答辩谈话中已经出现的范围内的做法,能够保证相反的品格证据和心理学证据以及被告人曾经的犯罪历史最终不会出现,恰如辩护律师曾经成功地予以排除的那样。在这些事实的基础上,本案辩护律师的辩护,尽管也是不成功的,却仍然属于合理的专业判断的结果。

对于不利结果的组成成分而言,被告人的主张缺乏依据就更加明显。被告人声称辩护律师应当在量刑程序中出示的证据根本无力改变呈现在法官面前的量刑局面。诚如州法院和地区法院所认定的那样,那些证据最多能够证明很多认识被告人的人认为被告人是个好人,以及精神病学和心理学报告认为他处于相当的精神压力之下,但并未受到极度的困扰。既然加重情节是如此占压倒性优势,被忽略的证据对于改变加重情节压倒性地超过了从轻情节以及就此施加的刑罚结论而言没有改变的合理可能性。事实上,容许被告人如今出示的证据甚至可能对其追求的目标是有害的:他在警察部门的犯罪记录也可能被容许作为证据出示,而心理学报告也可能与被告人声称的他处于极度压力之下这一从轻情节的主张是完全相反的。

关于无效帮助中的不利后果及行为表现之组成部分的审查结论并非建立在审判法官在地区法院举行的听证中提供的证词的基础上。因此不需要考虑该证词的可采性,尽管根据前述原理,该证词实际上与不利后果的审查并无关联。而且,即使不考虑呈现在地区法院面前的证据,不利后果问题也是可以解决的,从而,本案中的无效帮助主张也是应当予以否决的。州法院在不举行听证的情况下就宣告本案中的无效帮助主张不能成立完全是正确的。

由于被告人未能证明本案中律师存在缺陷行为,也不能证明有什么不利后果,因此,本案中的无效帮助主张不能成立。本案中,被告人的失败是双重的。概言之,本案被告人没有证明对他的量刑是其律师帮助的缺陷导致的破碎的对抗式程序形成了不可靠的结果。对被告人的量刑程序不存在实质上的不公正。

因此,我们判定,地区法院拒绝人身保护令的做法是正确的。上诉法院的判决应当推翻。

思考 美国刑事诉讼属于对抗式诉讼,律师帮助权被认为是对抗式诉讼不可分割的一部分。在有关律师有效帮助权的案例中,美国联邦最高法院也一再强调,有效律师帮助的目的,是让律师的法律帮助使法庭审判成为控辩双方公平较量的场所,成为检验呈现在法庭上的证据的“试金石”。去除了这一背景,律师的有效帮助权是否还有意义?是否还有足够的理论支撑?

第七节 被害人的律师帮助权

一、被害人律师帮助权的意义

刑事诉讼代理制度最主要的方面乃是被害人以及作为自诉人的被害人的代理。在实行国家垄断追诉或几乎垄断追诉的情况下,被告人成为刑事诉讼中瞩目的焦点,对被告人的保障也日益突出,比较而言,被害人在刑事诉讼中的地位则相对受到忽视。在美国曾经流传这样一条谚语,“criminal justice is justice for criminals”,意思就是“刑事公正就是对罪犯的公正”。这样就抛弃了对被害人伸张正义的要求,似乎完全遗忘了国家的刑罚权从源头上说本来应当是私人的伸张正义的愿望。出于对被害人的关注,很多学者、社会团体呼吁赋予被害人在诉讼中更独立自主的地位和相应的权利。我国 1996 年修正的《刑事诉讼法》正是顺应这种潮流,将被害人规定为刑事诉讼中的当事人,并将“代理”作为专节加以规定,其中虽然也会涉及刑事被告人作为附带民事诉讼被告人以及自诉人的代理问题,但代理制度主要是为被害人一方的代理而设置。

二、被害方委托律师的权利主体

根据《刑事诉讼法》第 46 条之规定,刑事诉讼中委托人的范围包括:(1)公诉案件的被害人;(2)公诉案件被害人的法定代理人;(3)公诉案件被害人的近亲属;(4)附带民事诉讼的当事人;(5)附带民事诉讼当事人的法定代理人;(6)自诉案件的自诉人;(7)自诉案件自诉人的法定代理人。附带民事诉讼当事人及其法定代理人很可能属于辩护一方,因此其委托的诉讼代理人通常也就是辩护人。在此情况下,辩护人与代理人身份合一,其职责仍然主要是维护委托人的合法权益,但有所侧重:就其作为辩护人而言,其职责主要是提出证明犯罪嫌疑人、被告人具有无罪、罪轻或者免除处罚情节的材料和意见;就其作为代理人而言,因其维护的主要是被告人的民事利益,从而应当从民法角度论证其主张之合理性。在自诉案件当中,诉讼代理人同时起到帮助指控犯罪之作用,其角色有些类似于英美国家之检察官,只不过英美检察官由政府委任,而我国自诉案件自诉人的代理人则由私人委任。在遇有被告人提起反诉之时,自诉人则成为反诉之被告人,其诉讼代理人要承担辩护人的责任。刑事诉讼中之代理,其繁复若此。

三、被害方委托律师的时间

《刑事诉讼法》第 46 条规定,公诉案件的被害人及其法定代理人或者近亲属,附带民事诉讼的当事人及其法定代理人,自案件移送审查起诉之日起,有权委托诉讼代理人。自诉案件的自诉人及其法定代理人,附带民事诉讼的当事人及其法定代理人,有权随时委托诉讼代理人。人民检察院自收到移送审查起诉的案件材料之日起 3 日以内,应当告知被害人及其法定代理人或者其近亲属、附带民事诉讼的当事人及其法定代理人有权委托诉讼代理人。人民法院自受理自诉案件之日起 3 日以内,应当告知自诉人及其法定代理人、附带民事诉讼的当事人及其法定代理人有权委托诉讼代理人。

四、被害人诉讼代理人的范围

《刑事诉讼法》第 47 条规定:“委托诉讼代理人,参照本法第三十三条的规定执行。”《刑事诉讼法》第 33 条规定的是辩护人的范围,其中包括律师、人民团体或者犯罪嫌疑人、被告人所在单位推荐的人以及犯罪嫌疑人、被告人的监护人、亲友;此外还规定了正在被执行刑罚或者依法被剥夺、限制人身自由的人不得担任辩护人。但《刑事诉讼法》第 47 条之规定并非鼓励被害人委托犯罪嫌疑人、被告人所在单位推荐的人或者犯罪嫌疑人、被告人的监护人、亲友担任其诉讼代理人。此规定应当解释为,除正在被执行刑罚或者依法被剥夺、限制人身自由的人以及依法应当回避的人以外,其他有诉讼行为能力之人,均在可以担任诉讼代理人之列。

第七章　管辖与回避

刑事诉讼中的管辖，是指人民法院、人民检察院、监察机关和公安机关、国家安全机关等在直接受理刑事案件方面的权限划分，以及人民法院内部在审判第一审刑事案件方面的权限划分。前者称为立案管辖，后者称为审判管辖。这种权限划分既有诉讼效率的考虑，也有公平方面的考虑，还有国家政策和机构设置等方面的考虑。基于监察机构的改革及其职能的转变，2018 年《刑事诉讼法》在立案管辖方面尤其是在监察机关和人民检察院在直接受理刑事案件的侦查/调查方面做了比较大的调整，赋予了监察机关对职务犯罪案件的调查权，而人民检察院仅保留了一小部分案件的侦查权。与管辖不同，回避问题主要考虑公平价值，其着眼点在于诉讼程序的公正和案件的公平处理。在我国刑事诉讼中，回避本指司法人员个体回避；但当某一司法机关整体上都有可能无法做到对案件公正处理时，回避问题就转变为移转管辖的问题，从而衍生出管辖权异议问题。正是在这一问题上，两者发生了交叉。也正是基于这一考虑，本章将管辖与回避放到一起讨论。本章第一节首先介绍刑事诉讼中最主要的国家机关，包括人民法院、人民检察院、监察机关、公安机关（国家安全机关）等。第二节介绍立案管辖，论述人民法院、人民检察院、监察机关、公安机关等在直接受理刑事案件方面的权限划分。第三节论述审判管辖，具体包括级别管辖、地域管辖、移送管辖、指定管辖、专门管辖等。第四节阐述回避制度。第五节讨论由整体回避引发的管辖权异议。

第一节 刑事诉讼中的国家机关

一、人民法院

(一)人民法院之性质与职权

我国《宪法》第128条规定:“中华人民共和国人民法院是国家的审判机关。”《刑事诉讼法》第3条规定,“审判由人民法院负责”。据此,人民法院是代表国家行使审判权的司法机关。其职权在刑事诉讼中主要是进行刑事审判。具体而言,人民法院可以下列方式行使刑事审判权:(1)直接受理自诉案件和裁定驳回自诉;(2)对被告人决定逮捕、拘传、取保候审和监视居住;(3)向有关国家机关、团体、企事业单位和公民个人进行调查;(4)进行勘验、检查、扣押、鉴定、查询和冻结;(5)决定开庭审理的时间、地点;(6)决定延期审理;(7)决定调取新的证据或通知新的证人到庭;(8)行使有关审理和判决的职权。

(二)人民法院之组织体系

根据《人民法院组织法》的规定,我国人民法院分为普通法院和专门法院两个系统。专门人民法院包括军事法院和海事法院、知识产权法院以及金融法院。其中,海事法院、知识产权法院和金融法院均不具有刑事案件管辖权。普通法院则包括最高人民法院和地方各级人民法院。根据2016年最高人民法院《关于巡回法庭审理案件若干问题的规定》以及2018年《人民法院组织法》之规定,最高人民法院可以设巡回法庭,审理最高人民法院依法确定的案件。迄今为止,最高人民法院一共设立了6个巡回法庭。地方各级人民法院包括基层人民法院、中级人民法院和高级人民法院。人民法院分别由各级人民代表大会产生,对人民代表大会负责,受人民代表大会监督。在人民法院内部上下级之间是监督与被监督的关系,非行政机关上下级之间是领导与被领导的关系。这种监督主要是通过第二审程序、死刑复核程序和审判监督程序进行的(见图7-1)。

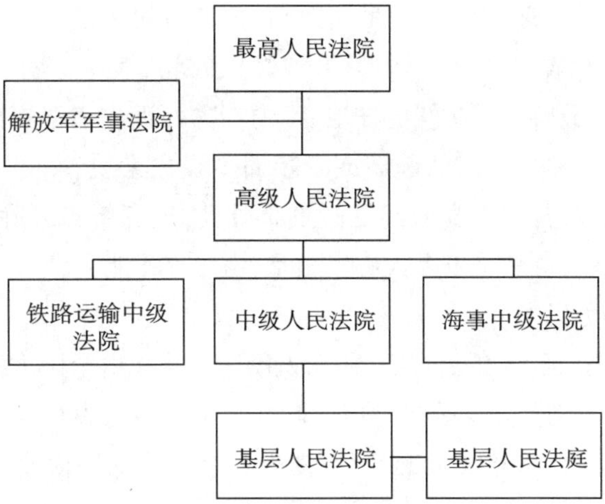

图7－1 人民法院之组织体系

(三)人民法院之法官

1. 法官之任职条件

人民法院由法官组成。根据《法官法》的规定,法官是依法行使国家审判权的审判人员,包括最高人民法院、地方各级人民法院和军事法院等专门人民法院的院长、副院长、审判委员会委员、庭长、副庭长和审判员。根据《法官法》第12条之规定,担任法官必须具备下列条件:(1)具有中华人民共和国国籍。(2)拥护中华人民共和国宪法,拥护中国共产党领导和社会主义制度。(3)具有良好的政治、业务素质和道德品行。(4)具有正常履行职责的身体条件。(5)具备普通高等学校法学类本科学历并获得学士及以上学位;或者普通高等学校非法学类本科及以上学历并获得法律硕士、法学硕士及以上学位;或者普通高等学校非法学类本科及以上学历,获得其他相应学位,并具有法律专业知识。(6)从事法律工作满5年。其中获得法律硕士、法学硕士学位,或者获得法学博士学位的,从事法律工作的年限可以分别放宽至4年、3年。(7)初任法官应当通过国家统一法律职业资格考试取得法律职业资格。适用第5项规定的学历条件确有困难的地方,经最高人民法院审核确定,在一定期限内,可以将担任法官的学历条件放宽为高等学校本科毕业。另据最高人民法院、最高人民检察院、司法部关于《国家司法考试实施办法》(2008年施行)之规定,国家司法考试是国家统一组织的从事特定法律职业的资格考试;初任法官、初任检察官必须通过国家司法考试。2019年《法官法》《检察官法》修订后,初任法官、初任检察官都必须通过国家统一法律职业资格考试。

根据《法官法》第13条之规定,下列人员不得担任法官:(1)因犯罪受过刑事处罚的;(2)被开除公职的;(3)被吊销律师、公证员执业证书或者被仲裁委员会除名的;(4)有法律规定的其他情形的。法官乃是代表国家进行审判之职业人员,是社会正义之最后一道防线的守卫者,内在方面理应道德崇高、品格高尚,外在方面则应具备一种令人肃然起敬或者望而生畏之素质;一个人的外在往往是一个人内在的体现,若其本身曾经受过刑事处罚,或者曾被开除公职,则无论内在或外在皆成问题,自然难以令人心生敬意,当然亦不能从事法官这一职业。

2. 法官之任免程序

根据《法官法》第18条之规定,最高人民法院院长由全国人民代表大会选举和罢免,副院长、审判委员会委员、庭长、副庭长和审判员由最高人民法院院长提请全国人民代表大会常务委员会任免;地方各级人民法院院长由本级人民代表大会选举和罢免,副院长、审判委员会委员、庭长、副庭长和审判员由本院院长提请本级人民代表大会常务委员会任免;在省、自治区内按地区设立的和在直辖市内设立的中级人民法院院长,由省、自治区、直辖市人民代表大会常务委员会根据主任会议的提名决定任免,副院长、审判委员会委员、庭长、副庭长和审判员由高级人民法院院长提请省、自治区、直辖市的人民代表大会常务委员会任免;军事法院等专门人民法院院长、副院长、审判委员会委员、庭长、副庭长和审判员,依照全国人民代表大会常务委员会的有关规定任免。

《法官法》第14条规定:初任法官采用考试、考核的办法,按照德才兼备的标准,从具备法官条件的人员中择优提出人选。人民法院的院长应当具有法学专业知识和法律职业经历,副院长、审判委员会委员应当从法官、检察官或者其他具备法官条件的人员中产生。

(四)人民法院内部之审判组织

审判组织是人民法院内部为审判具体案件而设置的具体组织。根据刑事诉讼法和人民法院组织法的规定,审判组织包括独任庭、合议庭和审判委员会三种。

1. 独任庭

独任庭是由审判员一人单独组成法庭进行审判的组织形式。根据《刑事诉讼法》第183条之规定,基层人民法院适用简易程序或速裁程序审理的刑事案件可以由审判员一人独任审判。

根据《人民法院组织法》的规定,人民法院的审判人员由院长、副院长、审判委员会委员和审判员等人员组成。其中,人民法院院长负责本院全面工作,监督本院审判工作,管理本院行政事务;副院长协助院长工作。各级法院内的法官均实行员额制,法官员额根据案件数量、经济社会发展状况、人口数量和人民法院审级等因素确定。

2. 合议庭

合议庭是指由审判员数名或由审判员和人民陪审员共同组成法庭审判案件的组织形式。根据《刑事诉讼法》第183、249、256条之规定,合议庭的组成有以下几种情况:(1)基层人民法院和中级人民法院审判第一审刑事案件,应当由审判员3人或由审判员与人民陪审员共3人或7人组成合议庭;(2)高级人民法院审判第一审刑事案件,应当由审判员3人至7人或由审判员与人民陪审员共3人或7人组成合议庭;(3)最高人民法院审判第一审案件,应当由审判员3人至7人组成合议庭;(4)中级以上人民法院审判上诉案件,由审判员3人或5人组成合议庭;(5)最高人民法院复核死刑案件、高级人民法院复核死刑缓期执行的案件,由审判员3人组成合议庭;(6)按照审判监督程序重新审判案件时,应当分别按照第一审程序或第二审程序的有关规定另行组成合议庭。

3. 审判委员会

根据《人民法院组织法》的规定,审判委员会由院长、副院长和若干资深法官组成,成员应当为单数。审判委员会会议分为全体会议和专业委员会会议。审判委员会的任务是总结审判经验,讨论重大、疑难、复杂案件的法律适用,讨论决定本院已经发生法律效力的判决、裁定、调解书是否应当再审,以及其他有关审判工作的重大问题。审判委员会会议由院长或者院长委托的副院长主持,实行民主集中制。据此,审判委员会是人民法院内部对审判工作实行集体领导的组织形式。《刑事诉讼法》第185条规定,"对于疑难、复杂、重大的案件,合议庭认为难以作出决定的,由合议庭提请院长决定提交审判委员会讨论决定。审判委员会的决定,合议庭应当执行"。因此,合议庭在讨论并决定具体案件时,实际上发挥着审判组织的功能。

审判委员会的决定是判决制作的基础,但是审判委员会在判决书上并不署名,判决书仍然由合议庭成员署名。不过,根据2018年《人民法院组织法》第39条之规定,审判委员会讨论案件,合议庭对其汇报的事实负责,审判委员会委员对本人发表的意见和表决负责;审判委员会讨论案件的决定及其理由应当在裁判文书中公开,但是法律规定不公开的除外。可见,审判委员会委员虽然不在判决书上署名,但委员对其发表的意见和表决仍然要承担法律责任。审判委员会讨论决定及其理由要在裁判文书中公开的规定,也在很大程度上避免了"暗箱操作"的可能性,对于"审判公开"原则的落实具有较强的现实意义。

独任庭、合议庭、审判委员会三种审判组织在功能上是有差异的。一般来说,从经济上考量,独任庭的成本最小,合议庭次之,审判委员会成本最高。因此,只有简易程序、速裁程序适用独任庭这种审判组织,而适用简易程序、速裁程序的案件一般都是比较轻微的刑事案件。绝大多数案件是由合议庭审理并作出判决的。审判委员会审理、讨论的案件,从理论上说应当是最为重大、复杂的案件。对此,《最高法解释》第216条第2款规定,对于拟判处死刑立即执行的案件和拟判处死刑缓期执行的案件、本院已经发生法律效力的判决、裁定确有错误需要再审的案件和人民检察院依照审判监督程序提出抗诉的案件,合议庭应当提请院长决定提交审判委员会讨论决定;第3款规定,对合议庭成员意见有重大分歧的案件、新类型案件、社会影响重大的案件及其他疑难、复杂、重大的案件,合议庭认为难以作出决定的,可以提请院长决定提交审判委员会讨论决定;第4款规定,人民陪审员可以要求合议庭将案件提请院长决定是否提交审判委员会讨论决定。该条第5款还规定,对于合议庭提请院长决定提交审判委员会讨论决定的案件,院长认为不必要的,可以建议合议庭复议一次。该条第6款规定,独任审判的案件,审判员认为有必要的,也可以提请院长决定提交审判委员会讨论决定。应当说,上述规定在一定程度上改变了《刑事诉讼法》关于只有合议庭可以将案件提请院长提交审判委员会讨论决定的规定,使刑事案件无论大小繁简均可提交审判委员会决定。

二、人民检察院

(一)人民检察院的地位与职权

1. 人民检察院的地位

根据《宪法》第134条、《人民检察院组织法》第2条之规定,人民检察院是国家的法律监督机关。其地位既不同于负责审判的人民法院,也不同于行政机关,具有独特的法律地位。目前关于人民检察院的性质存在争论,但就实定法的规定而言,其性质属于法律监督机关当无疑问。

2. 人民检察院的职权

人民检察院代表国家行使法律监督权,即通常所说的“检察权”。根据《人民检察院组织法》与《刑事诉讼法》的规定,在刑事诉讼中,检察权的实际内容包括以下三个方面:(1)诉讼监督权。《刑事诉讼法》第8条规定:“人民检察院依法对刑事诉讼实行法律监督。”这一监督贯穿于刑事诉讼整个过程,包括立案监督、侦查监督、审判监督和执行监督。(2)公诉权。人民检察院是我国唯一的公诉机关,一切公诉案件均由检察机关负责审查决定。凡是决定提起公诉的案件,人民检察院要派员出席法庭支持公诉,代表国家行使指控犯罪的职责;人民检察院审查后认为不符合起诉条件的,作出不起诉决定,并可将案件移送有关主管机关处理。(3)侦查权、批捕权。人民检察院对属于其直接受理的案件行使侦查权。人民检察院在侦查案件过程中认为需要逮捕犯罪嫌疑人的,可以直接决定逮捕。经公安机关侦查认为需要逮捕犯罪嫌疑人的,一律由人民检察院审查决定,公安机关不能自行决定逮捕。

(二)人民检察院的组织体系

人民检察院亦分为专门人民检察院和普通人民检察院两个体系,其中专门人民检察院包括军事检察院和铁路运输检察院;海事法院、知识产权法院、金融法院因不具备刑事案件管辖权而没有相对应的检察院。

普通人民检察院由最高人民检察院和地方各级人民检察院组成。地方各级人民检察院的组成与地方各级人民法院相对应,但其名称与人民法院并不对称。与高级人民法院对应的检察院为省(直辖市、自治区)级人民检察院;与中级人民法院对应的人民检察院称"××检察院分院";与基层人民法院对应的检察院通常称为"××(县/市)人民检察院"。

人民检察院上下级之间是领导与被领导的关系。根据《人民检察院组织法》第30~33条之规定,各级人民检察院设立检察委员会。检察委员会由检察长、副检察长和若干资深检察官组成,具体履行下列职能:(1)总结检察工作经验;(2)讨论决定重大、疑难、复杂案件;(3)讨论决定其他有关检察工作的重大问题。检察委员会会议由检察长或者检察长委托的副检察长主持。检察委员会讨论案件,检察官对其汇报的事实负责,检察委员会委员对本人发表的意见和表决负责。检察委员会实行民主集中制,地方各级人民检察院的检察长不同意本院检察委员会多数人的意见,属于办理案件的,可以报请上一级人民检察院决定;属于重大事项的,可以报请上一级人民检察院或者本级人民代表大会常务委员会决定。

(三)人民检察院之检察官

根据《检察官法》(1995年2月28日第八届全国人民代表大会常务委员会第十二次会议通过;2001年6月30日第九届全国人民代表大会常务委员会第二十二次会议修正;2017年9月1日第十二届全国人民代表大会常务委员会第二十九次会议再次修正;2019年4月23日第十三届全国人民代表大会常务委员会第十次会议第三次修订)第2条之规定,检察官是依法行使国家检察权的检察人员,包括最高人民检察院、地方各级人民检察院和军事检察院等专门人民检察院的检察长、副检察长、检察委员会委员和检察员。

1. 检察官之任职条件

担任检察官的条件与担任法官之条件大致相同。《检察官法》第12条第1

款规定,担任检察官必须具备下列条件:(1)具有中华人民共和国国籍。(2)拥护中华人民共和国宪法,拥护中国共产党领导和社会主义制度。(3)具有良好的政治、业务素质和道德品行。(4)具有正常履行职责的身体条件。(5)具备普通高等学校法学类本科学历并获得学士及以上学位;或者普通高等学校非法学类本科及以上学历并获得法律硕士、法学硕士及以上学位;或者普通高等学校非法学类本科及以上学历,获得其他相应学位,并具有法律专业知识。(6)从事法律工作满5年。其中获得法律硕士、法学硕士学位,或者获得法学博士学位的,从事法律工作的年限分别可以放宽至4年、3年。(7)初任检察官应当通过国家统一法律职业资格考试取得法律职业资格。

根据《检察官法》第13条之规定,担任检察官之禁止性条件,与担任法官之禁止性条件亦同,即因犯罪受过刑事处罚;被开除公职;被吊销律师、公证员执业证书或者被仲裁委员会除名;有法律规定的其他情形。

2. 检察官之任职程序

根据《检察官法》第14条和第18条的规定,检察官职务的任免,依照宪法和法律规定的任免权限和程序办理。其中,最高人民检察院检察长由全国人民代表大会选举和罢免,副检察长、检察委员会委员和检察员由最高人民检察院检察长提请全国人民代表大会常务委员会任免;地方各级人民检察院检察长由本级人民代表大会选举和罢免,副检察长、检察委员会委员和检察员由本院检察长提请本级人民代表大会常务委员会任免;地方各级人民检察院检察长的任免,须报上一级人民检察院检察长提请本级人民代表大会常务委员会批准。初任检察官采用考试、考核的办法,按照德才兼备的标准,从具备检察官条件的人员中择优提出人选。人民检察院的检察长应当具有法学专业知识和法律职业经历,副检察长、检察委员会委员应当从检察官、法官或者其他具备检察官条件的人员中产生。

三、监察委员会

(一)监察委员会的性质和职权

根据《宪法》第123条之规定,监察委员会是国家的监察机关。根据《监察法》第3条之规定,监察委员会是行使国家监察职能的专责机关,对所有行使公权力的公职人员进行监察,调查职务违法和职务犯罪,开展廉政建设和反腐败工作,维护宪法和法律的尊严。

监察委员会的职权是:(1)对公职人员开展廉政教育,对其依法履职、秉公用权、廉洁从政从业以及道德操守情况进行监督检查;(2)对涉嫌贪污受贿、滥用职权、玩忽职守、权力"寻租"、利益输送、徇私舞弊以及浪费国家资财等职务违法和职务犯罪进行调查;(3)对违法的公职人员依法作出政务处分决定;对履行职责不力、失职失责的领导人进行问责;对涉嫌职务犯罪的,将调查结果移送人民检察院依法审查、提起公诉;向监察对象所在单位提出监察建议。

从以上监察委员会的职权内容来看,其中所包含的对职务犯罪进行调查的权力,就是对职务犯罪的刑事侦查。因此,监察委员会实际上也是职务犯罪案件的侦查机关。

(二)监察委员会的组织体系

根据《宪法》《监察法》的规定,监察委员会由国家监察委员会和地方各级监察委员会组成。其中,国家监察委员会是最高国家监察机关,由全国人民代表大会产生,负责全国监察工作。国家监察委员会由主任、副主任若干人、委员若干人组成,主任由全国人民代表大会选举,副主任、委员由国家监察委员会主任提请全国人民代表大会常务委员会任免。

地方各级监察委员会由本级人民代表大会产生,负责本行政区域内的监察工作。其主任由本级人民代表大会选举产生,副主任、委员由主任提请同级人民代表大会常务委员会任免。监察委员会上下级之间是领导与被领导的关系。同时,各级监察委员会还要对本级人民代表大会及其常务委员会负责,并受其监督。

四、公安机关(国家安全机关)

(一)公安机关(国家安全机关)之性质与职权

公安机关是国家的行政机关,是各级人民政府的组成部分,是各级人民政府中专门负责治安、保卫工作的部门。在刑事诉讼中,公安机关又是负责侦查的最主要的侦查机关。

1983 年第六届全国人民代表大会第二次会议通过了《关于国家安全机关行使公安机关的侦查、拘留、预审和执行逮捕的职权的决定》。据此,国家安全机关具有公安机关的性质,负责间谍、特务案件的侦查、拘留、预审和执行逮捕等职权。

(二)公安机关(国家安全机关)之组织体系

公安机关是各级政府机关的一个职能部门。在中央,国务院之下设有公安部;在各省、直辖市和自治区人民政府之下设公安厅、局;各地级市和地区、自治州设公安处、公安局;各县、县级市设公安局。地方各级公安厅、处、局既接受上级公安机关的统一指挥,又接受本级人民政府的直接领导。

国家安全机关也是政府的一个职能部门,在中央设有国家安全部,各省、自治区、直辖市设有国家安全厅(局),各地级市设有国家安全处。

在西方国家,警察机关通常在检察官的指挥或领导下进行侦查工作,自身不具有独立的地位;在我国,公安机关不是与人民法院并列的司法机关。

(三)公安机关(国家安全机关)之人民警察

人民警察包括公安机关、国家安全机关、监狱、劳动教养管理机关的人民警察和人民法院、人民检察院的司法警察。人民警察的任务是维护国家安全,维护社会治安秩序,保护公民的人身安全、人身自由和合法财产,保护公共财产,预防、制止和惩治违法犯罪活动。在人民警察内部,又分为刑事警察、消防警察、边防警察、治安警察、经检警察、户籍警察、交通警察、武装警察等警种,其中,只有刑事警察才是负责刑事侦查的警种。但是我国法律并未明确规定刑事警察的职责,因此比较容易让人产生混乱。

1. 人民警察的任职条件

根据《人民警察法》第 26 条第 1 款之规定,担任人民警察应当具备下列条件:(1)年满 18 岁的公民;(2)拥护中华人民共和国宪法;(3)有良好的政治、业务素质和良好的品行;(4)身体健康;(5)具有高中毕业以上文化程度;(6)自愿从事人民警察工作。该条第 2 款规定,有下列情形之一的,不得担任人民警察:(1)曾因犯罪受过刑事处罚的;(2)曾被开除公职的。从以上规定来看,担任人民警察之积极条件远远低于担任检察官和法官之积极条件,而且对警察的选任也主要着眼于其政治素质,而非其法律专业知识。这并不意味着警察不必掌握法律知识,而是对警察的法律专业知识要求相对较低,而刑事诉讼中牵涉之刑事警察所从事的职业也主要是一种技术性职业,其所需要的主要是严格的法治观念,并非高层次的法学理论知识。刑事警察侦查犯罪需要的更多的是经验与智慧,有时候甚至需要直觉;司法官作出判断则更需要对法律的熟稔与把握,其所诉诸的主要是理性而非直觉的情感。

2. 人民警察的职责

《刑事诉讼法》第 19 条第 1 款规定,刑事案件的侦查由公安机关进行,法律另有规定的除外。据此,公安机关在刑事诉讼中的职权主要是进行刑事侦查。具体来讲包括立案权、侦查权和执行权。

《人民警察法》第 6 条规定:“公安机关的人民警察按照职责分工,依法履行下列职责:(一)预防、制止和侦查违法犯罪活动;(二)维护社会治安秩序,制止危害社会治安秩序的行为；（三）维护交通安全和交通秩序，处理交通事故；（四）组织、实施消防工作，实行消防监督；（五）管理枪支弹药、管制刀具和易燃易爆、剧毒、放射性等危险物品；（六）对法律、法规规定的特种行业进行管理；（七）警卫国家规定的特定人员，守卫重要的场所和设施；（八）管理集会、游行、示威活动；（九）管理户政、国籍、入境出境事务和外国人在中国境内居留、旅行的有关事务；（十）维护国（边）境地区的治安秩序；（十一）对被判处拘役、剥夺政治权利的罪犯执行刑罚；（十二）监督管理计算机信息系统的安全保护工作；（十三）指导和监督国家机关、社会团体、企业事业组织和重点建设工程的治安保卫工作，指导治安保卫委员会等群众性组织的治安防范工作；（十四）法律、法规规定的其他职责。"

以上规定中，只有第 1 项规定的是刑事警察的职责，主要表现为预防犯罪、侦查犯罪和打击犯罪；第 2 项规定的是治安警察的职责，第 3 项规定的是交通警察的职责，第 4 项规定的是消防警察的职责，第 9 项规定的是户籍警察的职责，第 10 项规定的是边防警察的职责；其他各项虽可能与侦查犯罪有关，但都不是直接与刑事侦查有关。

《人民警察法》第 10、11、12 条分别规定："遇有拒捕、暴乱、越狱、抢夺枪支或者其他暴力行为的紧急情况，公安机关的人民警察依照国家有关规定可以使用武器。""为制止严重违法犯罪活动的需要，公安机关的人民警察依照国家有关规定可以使用警械。""为侦查犯罪活动的需要，公安机关的人民警察可以依法执行拘留、搜查、逮捕或者其他强制措施。"这些规定均属于刑事诉讼活动中刑事警察之职责范围，目的是对刑事警察使用武器、警械、执行强制措施等职权进行界定，对上述活动进行约束。

第二节　立案管辖

刑事诉讼中的管辖，既包括立案管辖，也包括审判管辖，是指人民法院、人民检察院和公安机关在直接受理第一审刑事案件方面的权限分工，以及人民法院组织系统内部在审判第一审刑事案件方面的范围划分。前者称为立案管辖，后者称为审判管辖。立案管辖解决的是不同机关在直接受理刑事案件方面的权限划分问题，在民事诉讼中称为"主管"，刑事诉讼法则将其称为"立案管辖"。本节仅论述立案管辖。有关审判管辖的内容，在下一节予以论述。

一、人民法院直接受理的案件

人民法院直接受理的案件就是应当由人民法院直接立案审理、不需要公安机关或人民检察院立案侦查,也不需要人民检察院提起公诉的案件。根据《刑事诉讼法》第19条第3款和第210条的规定,人民法院直接受理的案件只能是自诉案件。具体包括以下三类案件。

(一)告诉才处理的案件

根据刑法规定,所谓告诉才处理的案件,是指必须有被害人或其法定代理人提出控告和起诉才能予以追诉的案件。对于这类案件,公安机关、人民检察院和人民法院不能主动追究。我国《刑法》规定的属于告诉才处理的案件包括:(1)侮辱、诽谤案(第246条第1款);(2)暴力干涉婚姻自由案(第257条第1款);(3)虐待案(第260条第1款);(4)侵占案(第270条)。

案例7-1　告诉才处理的案件也可以提起公诉[1]

某区人民检察院起诉书指控:1998年10月19日晚11时许,被告人王某驾驶夏利牌出租车,从长沙河西嵘湾镇送乘客李某某至黄兴路娱乐城,李某某下车时,将随身携带的背包遗忘在车内,包内有现金人民币13105元及其他物品。王某因心生贪念,将背包带回家中,藏于电视机柜内。公安人员接到报案后找到王某时,王某对此矢口否认。公安人员搜查王某住所并当场起获李某某背包后,王某才交代了隐匿该背包的全部过程。该案经人民法院审理,认定王某犯侵占罪,判处有期徒刑2年,并处罚金5000元;并针对辩护人提出之该案不应当由检察机关提起公诉的辩护理由,指出:"本案涉及的遗忘物数额巨大,由公安机关侦破此案,并移送检察机关提起公诉,有利于惩罚犯罪,保护被侵害人合法利益,故辩护人关于本案不能由检察机关提起公诉的辩护理由,不予采纳。"该案一审宣判后,被告人王某没有上诉,检察机关也没有抗诉,判决发生法律效力。

评注7-1　告诉才处理的案件不一定就是自诉案件

值得指出的是,告诉才处理的案件,并不一定就是自诉案件。这是因为,首先,刑法虽然规定上述案件属于告诉才处理的案件,却并没有说上述案件只能向人民法院告诉。告诉才处理的核心是将追究刑事责任的主动权分配给被害人,也就是

[1] 中华人民共和国最高人民法院刑事审判第一庭、第二庭编:《刑事审判案例》,法律出版社2002年版,第66~68页。

只有在被害人决定追究的情况下才启动刑事诉讼，但这并不意味着被害人只能向人民法院告诉。告诉才处理当然也包括向公安机关、检察机关告诉。如果被害人选择向公安机关告诉，公安机关就应当进行侦查。如果被害人选择向检察机关告诉，检察机关应当代为告诉。只有当被害人选择向人民法院告诉的时候，它才是自诉案件。当被害人选择向公安机关或检察机关告诉时，它就不属于自诉案件。

其次，《刑事诉讼法》第 210 条虽然规定“自诉案件包括下列案件”，其中规定的第 1 项就是“告诉才处理的案件”。这里的意思是，自诉案件包括告诉才处理的案件，但并不意味着告诉才处理的案件一定就是自诉案件。因为，第一，如果第 210 条的意思是下列所有案件都是自诉案件，其表述就应当是“下列案件属于自诉案件”，而不是“自诉案件包括下列案件”。第二，第 210 条第 3 项“被害人有证据证明……的案件”本来就属于公诉案件，不存在只能是自诉案件的情况；这一项反证了本书观点：第 210 条的意思是自诉案件包括本节所述的三类案件，但是这三类案件却并不必然是自诉案件。

最后，如果将告诉才处理的案件归类为只能属于自诉案件，就会导致在有些案件中被告人的行为无法受到追究的情形。最典型的莫过于侵占案件。根据《刑法》的规定，侵占罪是指非法将代为保管的他人财物或将他人遗忘物或埋藏物据为己有、拒不退还/拒不交出的行为（《刑法》第 270 条）。在这类案件中，行为人通常拒不承认自己有刑法所禁止的这类行为，而被害人往往又无法为自己搜集到足够的证据。如若公安机关、检察机关以这类案件属于告诉才处理的案件为由拒不受理，则被害人的权利将无法伸张。

（二）被害人有证据证明的轻微刑事案件

被害人有证据证明的轻微刑事案件由人民法院直接受理必须同时具备两个条件：一是轻微，二是有证据证明。具体而言，《刑事诉讼法》第 210 条第 2 项规定由人民法院直接受理的“被害人有证据证明的轻微刑事案件”是指下列刑事案件：（1）故意伤害案（轻伤）；（2）重婚案；（3）遗弃案；（4）妨害通信自由案；（5）非法侵入他人住宅案；（6）生产、销售伪劣商品案件（严重危害社会秩序和国家利益的除外）；（7）侵犯知识产权案件（严重危害社会秩序和国家利益的除外）；（8）属于《刑法》分则第四章、第五章规定的，对被告人可以判处 3 年有期徒刑以下刑罚的其他轻微刑事案件。

评注 7－2　所有自诉案件均可为公诉案件

《刑事诉讼法》第 210 条规定的三类案件，都既可以是自诉案件，也可以是公诉案件。对此,1998 年《六机关规定》(已失效)第 4 条第 2、3 款曾规定,“上述所列八项案件中,被害人直接向人民法院起诉的,人民法院应当依法受理,对于其中证据不足、可由公安机关受理的,应当移送公安机关立案侦查。被害人向公安机关控告的,公安机关应当受理。伪证罪、拒不执行判决裁定罪由公安机关立案侦查。”上述规定在 2012 年《六机关规定》中虽未保留,但该规定的法理却依然适用。根据这一规定,对于轻微刑事案件,究竟选择公诉还是自诉,由被害人自由决定;赋予被害人在公诉和自诉之间进行选择的权利表明在证据不足的情况下,可以由自诉转化为公诉,这是对被害人权益的充分保护。因此,对于被害人有证据证明的轻微刑事案件,也只有在被害人选择直接向人民法院起诉的时候,它才成为自诉案件。被害人没有证据而向公安机关控告的,公安机关应当立案侦查;被害人有证据而明知自己有权直接起诉却也向公安机关控告的,公安机关也应当立案。公安机关的职责是向被害人解释这类案件可以提起自诉以便被害人更好地维护自己的权益,但是如果被害人坚持走公诉途径,公安机关应当无条件受理控告,立案侦查。

(三)公安机关、检察机关拒绝追究的案件

公安机关、检察机关拒绝追究的案件,就是《刑事诉讼法》第 210 条第 3 项规定的“被害人有证据证明对被告人侵犯自己人身、财产权利的行为应当依法追究刑事责任,而公安机关或者人民检察院不予追究被告人刑事责任的案件”。此类案件本属公诉案件,被害人或其代理人提起自诉应当同时符合以下四个条件:第一,被害人遭受的是人身权利或财产权利方面的损害;政治权利遭受侵害的,不属于可以提起自诉的案件范围;第二,被告人的行为依法已经构成犯罪,且依法应当追究刑事责任,不属于《刑事诉讼法》第 16 条规定的情形;第三,案件已经经过人民检察院或公安机关处理,人民检察院或公安机关应当立案而不立案,或者不应当撤销案件而撤销案件,或者应当提起公诉而没有提起公诉;第四,被害人对被告人的犯罪及应当承担刑事责任能够提供证据加以证明。

二、监察机关直接调查(侦查)的案件

2012 年《刑事诉讼法》第 18 条第 2 款规定:“贪污贿赂犯罪,国家工作人员的渎职犯罪,国家机关工作人员利用职权实施的非法拘禁、刑讯逼供、报复陷害、非法搜查的侵犯公民人身权利的犯罪以及侵犯公民民主权利的犯罪,由人民检察院立案侦查。对于国家机关工作人员利用职权实施的其他重大的犯罪案件,需要由人民检察院直接受理的时候,经省级以上人民检察院决定,可以由人民检察院立案侦查。”根据上述规定,职务犯罪案件由人民检察院直接立案侦查。但

2018年《监察法》第11条第2项规定，监察委员会有权对涉嫌贪污贿赂、滥用职权、玩忽职守、权力寻租、利益输送、徇私舞弊以及浪费国家资财等职务违法和职务犯罪进行调查。据此，2018年《监察法》实际上将原属于人民检察院直接立案侦查的国家机关工作人员利用职权实施的贪污贿赂、滥用职权、玩忽职守等职务犯罪，都转由监察委员会直接受理、调查。[2]

我国现行《刑法》将贪污贿赂罪专列一章，但在其他章节中亦规定了按照《刑法》第八章贪污贿赂罪的规定定罪处罚的犯罪。具体来说，贪污贿赂罪的案件包括贪污案；挪用公款案；受贿案；行贿案；介绍贿赂案；单位受贿案；对单位行贿案；单位行贿案；巨额财产来源不明案；隐瞒境外存款案；私分国有资产案；私分罚没财物案。

渎职类犯罪由《刑法》分则第九章所规定，具体包括滥用职权案；玩忽职守案；故意泄露国家秘密案；过失泄露国家秘密案；徇私枉法案；民事、行政枉法裁判案；执行判决、裁定失职案；执行判决、裁定滥用职权案；枉法仲裁案；私放在押人员案；失职致使在押人员脱逃案；徇私舞弊减刑、假释、暂予监外执行案；徇私舞弊不移交刑事案件案；滥用管理公司、证券职权案；徇私舞弊不征、少征税款案；徇私舞弊发售发票、抵扣税款、出口退税案；违法提供出口退税凭证案；国家机关工作人员签订、履行合同失职被骗案；违法发放林木采伐许可证案；环境监管失职案；食品、药品监管渎职案；传染病防治失职案；非法批准征收、征用、占用土地案；非法低价出让国有土地使用权案；放纵走私案；商检徇私舞弊案；商检失职案；动植物检疫徇私舞弊案；动植物检疫失职案；放纵制售伪劣商品犯罪行为案；办理偷越国（边）境人员出入境证件案；放行偷越国（边）境人员案；不解救被拐卖、绑架妇女、儿童案；阻碍解救被拐卖、绑架妇女、儿童案；帮助犯罪分子逃避处罚案；招收公务员、学生徇私舞弊案；失职造成珍贵文物损毁、流失案；等等。

三、人民检察院直接受理的案件

《刑事诉讼法》第19条第2款规定："人民检察院在对诉讼活动实行法律监督中发现的司法工作人员利用职权实施的非法拘禁、刑讯逼供、非法搜查等侵犯公民权利、损害司法公正的犯罪，可以由人民检察院立案侦查。对于公安机关管辖的国家机关工作人员利用职权实施的重大犯罪案件，需要由人民检察院直接

---

〔2〕《监察法》虽然用了"调查"这一术语而不用"侦查"，并不代表监察委员会的"调查"和人民检察院的"侦查"有什么本质区别，仅仅是语言使用上的差别罢了。只是监察机关的人员喜欢或惯于使用"调查"这一术语，所以才在《监察法》中采用了"调查"这一术语。本书亦尊重这一习惯用法。只是读者在阅读相关制度内容时，需要知道《监察法》中的监察委员会对职务犯罪案件进行的"调查"，和《刑事诉讼法》规定的侦查机关对刑事犯罪案件的侦查其实是一个意思。

受理的时候,经省级以上人民检察院决定,可以由人民检察院立案侦查。”如前所述,根据2012年《刑事诉讼法》的规定,贪污贿赂犯罪、渎职犯罪、滥用职权犯罪等职务犯罪均由人民检察院立案侦查,但2018年《监察法》将这些案件都改为由监察委员会立案侦查,随后修改的《刑事诉讼法》也按照这一思路进行了相应修改。根据修改后的《刑事诉讼法》,人民检察院直接受理的案件包括以下两种。

(一)司法工作人员利用职权实施的侵犯公民权利、损害司法公正的犯罪案件

人民检察院直接立案侦查的第一类案件是人民检察院在对诉讼活动实行法律监督中发现的司法工作人员利用职权实施的侵犯公民权利、损害司法公正的犯罪案件。这些犯罪的具体罪名包括主要发生在侦查阶段的非法拘禁罪,刑讯逼供罪,非法搜查罪,暴力取证罪等;主要发生在审判阶段的罪名包括徇私枉法罪,民事、行政枉法裁判罪,执行判决、裁定失职罪,私放在押人员罪,失职致使在押人员脱逃罪,徇私舞弊减刑、假释、暂予监外执行罪;主要发生在刑罚执行阶段的犯罪包括虐待被监管人罪等。在整个诉讼活动过程中,司法工作人员利用职权实施的损害司法公正的犯罪,具体罪名包括司法工作人员滥用职权罪,玩忽职守罪等,也属于人民检察院可以直接立案侦查的犯罪。上述犯罪,有些是直接侵犯公民权利、间接损害司法公正的;有些是间接侵犯公民权利、直接损害司法公正的,都直接或间接与公民权利和司法公正相关,因此本书不采用侵犯公民权利和损害司法公正这一分类。

评注7-3 司法工作人员包括监察机关负责职务犯罪调查的工作人员

根据《刑法》第94条的规定,司法工作人员是指有侦查、检察、审判、监管职责的工作人员。有学者认为,监察委员会的工作人员不属于司法工作人员,理由是,监察法规定的调查权是监察委员会的专有职能,是一项整体性权力,不受刑事诉讼法调整,不具有侦查权的属性,因此,即便是监察机关中负有职务犯罪调查职能的工作人员也不能解释为《刑法》第94条所界定的司法人员。[3] 本书不赞成这一观点。理由是:第一,监察机关的职务犯罪调查权就是侦查权。监察机关负责调查的案件,原来就属于《刑事诉讼法》规定的由人民检察院负责侦查的案件。由人民检察院负责侦查时就是侦查,转由监察委员会调查,只是名称上的变化而已,性质并没有变化。第二,对职务犯罪调查的职能属于监察委员会的专有职能,并不影响其对职务犯罪进行调查属于侦查的性质。承认监察委员会的调查属于侦查并不否定

〔3〕 陈卫东主编:《2018刑事诉讼法修改条文理解与适用》,中国法制出版社2018年版,第21页。

这是监察委员会的专有职能,也并不影响其权力的整体性。第三,适用一部法典,其实是在适用整个法律体系。监察法对监察委员会的调查职能作了比较详细的规定,监察委员会在对职务犯罪进行调查时主要应当遵守《监察法》的规定,并不表明监察委员会在进行调查时就可以忽略、违反《刑事诉讼法》的有关规定。其实,《监察法》第33条第2款明确规定,"监察机关在收集、固定、审查、运用证据时,应当与刑事审判关于证据的要求和标准相一致"。

当然,将监察委员会负责职务犯罪调查的人员界定为司法工作人员并不意味着监察机关就是司法机关,就如将公安机关负责侦查的公安人员界定为司法工作人员也不意味着公安机关就是司法机关一样。同时,将监察委员会中负责职务犯罪调查的人员界定为司法工作人员也并不意味着这类人员实施的侵犯公民权利、损害司法公正的犯罪案件一定要由人民检察院立案侦查。实际上,无论是监察委员会负责职务犯罪调查的人员还是其他司法工作人员实施的上述犯罪,《刑事诉讼法》都只是说人民检察院可以立案侦查,而没有说必须由人民检察院立案侦查。立法作如此规定的目的,就是希望通过这一规定保留人民检察院对此类犯罪案件的侦查权,在由人民检察院负责立案侦查此类案件更加有利于案件的公正解决的情况下,不排除由人民检察院侦查此类案件的可能性,从而为更加公正、更加高效地解决此类案件提供更多的可能性。

以上犯罪都属于可以由人民检察院直接立案侦查的犯罪。之所以将以上犯罪规定为可以由人民检察院立案侦查,是因为上述犯罪不属于典型的"腐败型"犯罪;对于典型的"腐败型"犯罪,则仍然由监察委员会立案调查。《刑事诉讼法》如此规定,一方面是将人民检察院原来负责的贪污贿赂等职务犯罪交由监察委员会负责调查,以便加强人民检察院的法律监督职能和刑事公诉职能,让人民检察院能够专心进行法律监督和刑事公诉;另一方面又将不属于典型腐败型的案件保留由人民检察院立案侦查,使监察机关能够"集中精力反腐败",[4]专心于腐败型案件的调查。之所以用"可以",就是指以上犯罪既可以由监察委员会立案调查,也可以由人民检察院立案侦查。但是法律倾向于由人民检察院立案侦查。因为,人民检察院肩负法律监督职责,在诉讼活动中发现这些犯罪,如果放任不管,则违背法律监督原则;如转交其他机关处理,则不利于提高诉讼效率;如由实施犯罪的司法工作人员所在单位自己处理,则难免让人对其公正性心存疑虑。因此,尽管《刑事诉讼法》用的是"可以由人民检察院立案侦查"这一表述,但在实践中,包括监察委员会负责职务犯罪案件调查的人员在内,只要是实

---

〔4〕 王爱立主编:《中华人民共和国刑事诉讼法释义》,法律出版社2018年版,第38页。

施了上述犯罪,如无特殊理由,都应当由人民检察院立案侦查。

(二)国家机关工作人员利用职权实施的重大犯罪案件

人民检察院直接侦查的第二类刑事案件,是公安机关管辖的国家机关工作人员利用职权实施的重大犯罪案件。人民检察院对此类案件立案侦查的条件是:第一,犯罪主体是国家机关工作人员;第二,犯罪行为应当是利用职权实施;第三,必须是重大犯罪案件;第四,需要由人民检察院直接受理;第五,经省级以上人民检察院决定。从法条变迁的历程来看,1996 年、2012 年《刑事诉讼法》均规定,国家机关工作人员利用职权实施的其他重大犯罪案件,需要由人民检察院直接受理的时候,经省级以上人民检察院决定,可以由人民检察院立案侦查。理论上将人民检察院对此类案件的侦查权称为"机动侦查权"。[5] 2018 年《刑事诉讼法》对人民检察院的这一机动侦查权予以保留,只是在表述上增加了"公安机关管辖"这一限定词,从立法上进一步明确:此类案件本属于公安机关管辖,人民检察院只是在必要的时候才接手这类案件的立案侦查。这一限定语也表明了立法机关进一步削弱人民检察院侦查权、突出人民检察院法律监督机关地位的意图。

四、公安机关直接受理的案件

公安机关直接受理的案件,就是必须由公安机关立案侦查的案件。根据《刑事诉讼法》第 19 条第 1 款之规定,除法律另有规定外,刑事案件的侦查均由公安机关进行。所谓"法律另有规定",是指下列情况:(1)《刑事诉讼法》第 19 条第 2 款规定的由人民检察院直接受理的案件;(2)《刑事诉讼法》第 19 条第 3 款及《刑事诉讼法》第 210 条规定的由人民法院直接受理的案件;(3)《刑事诉讼法》第 308 条第 1 款规定的对军队内部发生的由军队保卫部门侦查的案件;(4)《刑事诉讼法》第 308 条第 2 款规定的对海上发生的由中国海警局行使侦查权的案件;(5)《刑事诉讼法》第 308 条第 3 款规定的对监狱内发生的由监狱进行侦查的案件;(6)《刑事诉讼法》第 4 条规定的对于间谍、特务案件由国家安全机关侦查的案件;(7)《监察法》规定的由监察委员会负责调查的职务犯罪案件。除上述 7 类案件以外的所有案件都由公安机关直接立案侦查。

---

[5] 陈卫东主编:《2018 刑事诉讼法修改条文理解与适用》,中国法制出版社 2018 年版,第 21 页。

第三节 审判管辖

审判管辖是指不同级别的人民法院之间、同一级别但不同地域的人民法院之间以及普通人民法院与专门人民法院之间就直接受理、审判第一审刑事案件方面的职权分工。审判管辖分为普通管辖和专门管辖;普通管辖又包括级别管辖、地域管辖,以及由级别管辖和地域管辖派生的移送管辖和指定管辖。

一、级别管辖

(一)概念与划分依据

级别管辖是指各级人民法院在审判第一审刑事案件方面的权限分工,其所解决的问题是不同级别之间的人民法院在受理第一审刑事案件方面的权限分工。划分级别管辖的依据主要有案件涉及面的大小及其影响;罪行的轻重以及可能判处的刑罚;各级人民法院在审判体系中的地位以及工作负担的平衡等。

(二)各级法院的级别管辖

根据《刑事诉讼法》第20~23条的规定,最高人民法院管辖的第一审刑事案件是全国性的重大刑事案件;高级人民法院管辖的第一审刑事案件,是全省(自治区、直辖市)性的重大刑事案件;中级人民法院管辖的是危害国家安全、恐怖活动案件以及可能判处无期徒刑、死刑的案件;基层人民法院管辖的第一审刑事案件是指除了应由中级人民法院、高级人民法院和最高人民法院管辖的案件以外的案件。

1996年修订《刑事诉讼法》时,《刑法》尚未修改,因此还存在"反革命案件";1997年《刑法》修改后,取消了"反革命罪"。2012年第二次修改《刑事诉讼法》,删除了有关中级人民法院管辖"反革命罪"的规定,但顺便增加了中级人民法院管辖"恐怖活动犯罪"的规定,同时删除了有关中级人民法院管辖外国人犯罪的案件的规定。

《刑事诉讼法》对中级人民法院管辖的案件作了列举式规定,但并不表明对上述案件均必须由中级人民法院管辖,而是说这些案件的最低审级为中级人民法院;若符合高级人民法院、最高人民法院管辖的条件,则可由高级人民法院、最高人民法院管辖和审判。

根据《最高法解释》第 14 条的规定,如果人民检察院认为可能判处无期徒刑以上刑罚而向中级人民法院提起公诉,中级人民法院认为不需要判处无期徒刑以上刑罚,应当依法审判,不得再交基层法院审理。根据《最高法解释》第 17 条第 1 款,对于人民检察院不认为应当判处无期徒刑以上刑罚因而起诉到基层人民法院,基层人民法院认为可能判处无期徒刑、死刑的案件,应当移送中级人民法院审判。

二、地域管辖

地域管辖是指同级人民法院之间在受理第一审刑事案件方面的权限分工。根据我国《刑事诉讼法》的相关规定,确定地域管辖有两个原则。

(一)犯罪地法院为主,被告人居住地法院为辅

《刑事诉讼法》第 25 条规定:“刑事案件由犯罪地的人民法院管辖。如果由被告人居住地的人民法院审判更为适宜的,可以由被告人居住地的人民法院管辖。”这一规定在理论上被认为确定了刑事案件由犯罪地人民法院管辖的原则,作为例外,也可以由被告人居住地人民法院管辖。

根据《最高法解释》第 2 条的规定,犯罪地包括犯罪行为发生地和犯罪结果发生地;针对或者利用计算机网络实施的犯罪,犯罪地包括:(1)犯罪行为发生地的网站服务器所在地;(2)网络接入地;(3)网站建立者、管理者所在地;(4)被侵害的计算机系统及其管理者所在地;(5)被告人、被害人使用的计算机信息系统所在地;(6)被害人财产遭受损失地。

根据《最高法解释》第 3 条的规定,被告人居住地为其户籍所在地;经常居住地与户籍所在地不一致的,以其经常居住地为居住地;经常居住地为被告人被追诉前已经连续居住 1 年以上的地方,但住院就医的除外。被告人是单位的,该被告单位登记的住所地为其居住地;主要营业地或者主要办事机构所在地与登记的住所地不一致的,以其主要营业地或主要办事机构所在地为居住地。

(二)最初受理的法院为主,主要犯罪地法院为辅

《刑事诉讼法》第 26 条规定:“几个同级人民法院都有权管辖的案件,由最初受理的人民法院审判。在必要的时候,可以移送主要犯罪地的人民法院审判。”这一规定实际上是解决管辖争议的原则,它是以几个同级人民法院都有管辖权为前提,在此前提下解决具体由哪一个人民法院来审判的问题。对此,原则上应当由最初受理的人民法院审判;作为例外,可以由主要犯罪地的人民法院审判。所谓主要犯罪地,在案件涉及多个犯罪时,应当系指最严重罪行行为地或结果发

生地;在案件涉及多人犯罪时,应当是指主犯的主要犯罪行为地或结果发生地。

(三)特定情形下的管辖确定规则

对于一些特定情形下的管辖问题,《最高法解释》从第 4 ~ 13 条规定了一些确定管辖的规则,具体如下:(1)在我国内水、领海发生的刑事案件,由犯罪地或者被告人登陆地的人民法院管辖;由被告人居住地的人民法院审判更为适宜的,可以由被告人居住地的人民法院管辖。(2)在我国领域外的中国船舶内的犯罪,由该船舶最初停泊的中国口岸所在地的人民法院管辖。(3)在列车上的犯罪,被告人在列车运行途中被抓获的,由前方停靠站所在地负责审判铁路运输刑事案件的人民法院(以下称“铁路运输法院”)管辖;必要时,可以由始发站或者终点站所在地铁路运输法院管辖;被告人不是在列车运行途中被抓获的,由负责该列车乘务的铁路公安机关对应的铁路运输法院管辖;被告人在列车运行途经车站被抓获的,可以由该车站所在地的铁路运输法院管辖。(4)在国际列车上的犯罪,根据我国与相关国家签订的协议确定管辖;没有协议的,由该列车最初停靠的中国车站所在地或者目的地的铁路运输法院管辖。(5)在我国领域外的中国航空器内的犯罪,由该航空器在中国最初降落地的人民法院管辖。(6)中国公民在中国驻外使、领馆内的犯罪,由其主管单位所在地或者原户籍所在地的人民法院管辖。(7)中国公民在中国领域外的犯罪,由其入境地或者离境前居住地人民法院管辖;被害人是中国公民的,也可由被害人离境前居住地的人民法院管辖。(8)外国人在中国领域外对中国国家或公民犯罪,根据我国《刑法》应当受到处罚的,由该外国人入境地、入境后居住地或者被害中国公民离境前居住地的人民法院管辖。(9)对我国缔结或者参加的国际条约所规定的罪行,我国在承担条约义务范围内行使管辖权的,由被告人被抓获地的人民法院管辖。(10)正在服刑的罪犯在判决宣告前还有其他罪没有判决的,由原审地人民法院管辖;由罪犯服刑地或者犯罪地人民法院审判更为适宜的,可以由罪犯服刑地或者犯罪地的人民法院管辖;罪犯在服刑期间又犯罪的,由服刑地人民法院管辖;罪犯在脱逃期间犯罪的,由服刑地人民法院管辖,但是在犯罪地抓获罪犯并发现其在脱逃期间的犯罪的,由犯罪地的人民法院管辖。

三、移送管辖

(一)移送管辖的概念与历史沿革

移送管辖是指上下级人民法院相互之间将属于自己管辖的案件移送给对方审判的制度。其前提是自己对案件拥有管辖权,移送的目的是方便审判。1979

年《刑事诉讼法》规定了两种形式的移送管辖:一种是上级人民法院将自己有权管辖的案件交由下一级人民法院审判;另一种是下级人民法院将自己有管辖权的案件移送给上一级人民法院审判。1996年修订的《刑事诉讼法》废除了第一种形式的移送管辖,保留了第二种形式的移送管辖。

(二)现行法规定的移送管辖

《刑事诉讼法》第24条规定:“上级人民法院在必要的时候,可以审判下级人民法院管辖的第一审刑事案件;下级人民法院认为案情重大、复杂需要由上级人民法院审判的第一审刑事案件,可以请求移送上一级人民法院审判。”据此,下级人民法院管辖的案件由其上一级人民法院审判有两种情形:第一种是上级人民法院主动提审下级人民法院管辖的案件;第二种是下级人民法院认为案情重大、复杂的时候申请由上一级人民法院审判。根据《最高法解释》第17条第2款,所谓案情重大、复杂需要由上一级人民法院审判的案件,包括:(1)重大、复杂案件;(2)新类型的疑难案件;(3)在法律适用上具有普遍指导意义的案件。

《最高法解释》第15条规定:“一人犯数罪、共同犯罪或者其他需要并案审理的案件,其中一人或者一罪属于上级人民法院管辖的,全案由上级人民法院管辖。”因此,对于该条规定中的案件,如果其中一人或一罪已由上级人民法院管辖,下级人民法院应当将关联案件全案移送上一级人民法院。

四、指定管辖

指定管辖是指管辖不明发生争议或者出现其他情形需要改变管辖而由上级人民法院指定其下级人民法院对某一特定案件行使管辖权的制度。《刑事诉讼法》第27条规定:“上级人民法院可以指定下级人民法院审判管辖不明的案件,也可以指定下级人民法院将案件移送其他人民法院审判。”据此,指定管辖包括以下两种情况。

(一)管辖权不明的案件

对于管辖权不明的案件,有的论著认为既包括地域管辖不明确,也包括级别管辖不明确。所谓地域管辖不明确,是指犯罪发生在两个或两个以上行政区域交界处,导致管辖不明。在此情况下,几个法院的共同上级人民法院可以指定由其中一个人民法院审判。所谓级别管辖不明,有的论著举例为基层人民法院认为应当判处死刑,而中级人民法院认为不应当判处死刑时,中级人民法院可以指定基层人民法院审判。此例情形实践中的确存在,理论上亦的确值得研究。本书认为,决定一案件应当由何种级别的法院来审判,此权力应由人民检察院操控。人民检察院认为被告人应当判处死刑的,则案件由中级人民法院管辖;若人民检察院认为不应当判处死刑,自然只向基层人民法院提起公诉,人民法院不应当充当控告人,将案件移送其上级人民法院审判。

(二)有特殊情形的案件

具有特殊情形的案件,即使管辖权明确,上级人民法院也可以指定原来没有管辖权的人民法院审判。所谓特殊情形,主要是由于某种原因使得有管辖权的人民法院不能行使或不方便行使管辖权的情形。例如,某基层人民法院院长的儿子因犯罪受到追究,该法院院长主动请求将案件移送其他人民法院审判,即属此例。对此,《最高法解释》第 18 条明确指出:"有管辖权的人民法院因案件涉及本院院长需要回避等原因,不宜行使管辖权的,可以请求移送上一级人民法院管辖。上一级人民法院可以管辖,也可以指定与提出请求的人民法院同级的其他人民法院管辖。"

另外,《最高法解释》第 23 条规定:"第二审人民法院发回重新审判的案件,人民检察院撤回起诉后,又向原第一审人民法院的下级人民法院重新提起公诉的,下级人民法院应当将有关情况层报原第二审人民法院。原第二审人民法院根据具体情况,可以决定将案件移送原第一审人民法院或者其他人民法院审判。"该规定主要是根据级别管辖的原理规定的移送管辖和指定管辖。根据上述规定,如果一个案件已经被第二审人民法院发回重审,正常的逻辑应当是由原第一审人民法院重新审判。但如果人民检察院在发回重审后撤诉,之后又向原第一审人民法院的下级人民法院起诉,则该下级人民法院应当将案件层报至原二审人民法院,由原二审人民法院决定案件是由该下级人民法院移送至原一审人民法院审判还是直接指定与原第一审人民法院同一级别的其他人民法院审判。注意《最高法解释》此处规定的"其他人民法院"不包括接受该案的下级人民法院。

案例 7－2　贵阳黎庆洪案

黎庆洪系贵州开阳人,原贵州腾龙宏升投资开发有限公司法人代表,捕前系贵阳市第十二届人大代表、贵州省第十届政协委员。2008 年 9 月 10 日,黎庆洪因涉嫌赌博罪被贵阳市公安局刑事拘留。一个月后,黎庆洪被逮捕。此后,黎庆洪被控组织、领导、参加黑社会组织、非法持有枪支、故意伤害等罪。2010 年 3 月 25 日,贵阳市中级人民法院判处黎庆洪有期徒刑 19 年。2010 年 7 月 12 日,贵州省高级人民法院以原审法院认定的部分事实不清为由,裁定撤销贵阳市中级人民法院的一审判决,将案件发回重审。发回重审后,贵阳市人民检察院申请撤诉;贵阳市中级人民法院于2010年8月16日裁定准许检察院撤诉。撤诉之后,贵阳市人民检察院将该案退回贵阳市公安局补充侦查。补充侦查终结后,案件由贵阳市小河区人民检察院于2011年8月26日起诉至小河区人民法院。该案再次进入一审。起诉书显示,被告人增加到57人,所涉嫌的罪名也由之前6个增加到了十几个。其中,黎庆洪被控系黑社会性质组织犯罪的组织、领导者。在原一审中被列为第17号被告人的黎崇刚(黎庆洪之父),此次也被指控为黑社会性质组织犯罪的组织、领导者,位列第二被告人;黎庆洪的弟弟黎猛被列为第三被告人。起诉书指控黎庆洪、黎崇刚父子从1996年开始,承包矿山经营获利,1999年农历正月,黎庆洪等20余人举行"滴血结拜"仪式,成立"同心会",到2008年形成了以黎庆洪、黎崇刚为组织、领导者,谭小龙等人为骨干成员、以杨松等人为一般参加者的黑社会性质组织。

就该案管辖权问题,辩护人表示,小河区人民法院不具有此案的管辖权。理由是,此案原一审在贵阳市中级人民法院,被贵州省高级人民法院二审撤销一审判决之后,发回贵阳市中级人民法院重审,而非小河区人民法院;审级的变化明显是在规避贵州省高级人民法院的审判监督。法庭休庭后,当场宣布贵阳市中级人民法院指定小河区人民法院管辖的文件,并表示原一审案件与此案系两个案件,而不是一个案件。辩护人表示不服,当即指出起诉书写明检察院撤诉后退回贵阳市公安局补充侦查,而非重新侦查,这就是一个案子。辩护人的意见未被法庭采纳。[6]

本案是二审发回重审、人民检察院撤诉后向重审法院的下级法院起诉的典型案例。根据有关本案的公开报道,黎庆洪案件原第一审是在贵阳市中级人民法院,原第二审是在贵州省高级人民法院;发回重审后理论上的重审法院应当是贵阳市中级人民法院。但因人民检察院撤诉并经公安机关补充侦查,该案最终由贵阳市小河区人民检察院向小河区人民法院起诉。补充侦查之后,被告人人数大幅增加、被指控的罪名也大幅增加。在这种情况下,该案由一个基层检察机关向基层人民法院起诉,有规避原二审人民法院监督的心理。辩护律师就管辖权问题提出异议后,小河区人民法院又通过贵阳市中级人民法院指定的办法,名义上获得该案的管辖权。应当说,在前引《最高法解释》颁布之前,并没有相应规定制约司法机关的上述做法。但自2013年1月1日起,上述做法应当可以得到有效的遏制。根据2012年《最高法解释》第21条(2021年《最高法解释》第23条)之规定,基层人民法院面对小河区人民法院类似情形,只能层报至原二审法院即省高级人民法院,由省高级人民法院决定将案件移送原一审法院(在黎庆洪案件中即贵阳市中级人民法院)审判,或者移送其他中级人民法院审判;不能由该基层人民法院直接审判。

---

〔6〕 周喜丰:《贵州前政协委员黎庆洪涉黑案再审开庭》,载《潇湘晨报》2012年1月10日。

五、专门管辖

(一)专门管辖的概念与分类

专门管辖是指普通人民法院与专门人民法院之间、各专门人民法院之间以及专门人民法院内部之间在第一审刑事案件方面的职权分工。专门管辖既包括专门人民法院与普通人民法院之间在受理第一审刑事案件方面的分工,也包括专门人民法院之间,例如军事法院和铁路运输法院之间在受理第一审刑事案件方面的分工,还包括专门人民法院系统内部的同级人民法院之间的分工以及不同级别的人民法院之间的分工。根据《人民法院组织法》的规定,我国专门人民法院包括军事法院、海事法院、知识产权法院和金融法院等,其中海事法院、知识产权法院和金融法院均不具有刑事案件管辖权。

(二)铁路运输法院管辖的案件范围

《人民法院组织法》对铁路运输法院没有专门提及,但在全国各地都有一定数量的铁路运输法院存在,而且有刑事案件审判管辖权。根据最高人民法院2012 年发布的《关于铁路运输法院案件管辖范围的若干规定》,铁路运输法院受理同级铁路运输检察院依法提起公诉的刑事案件;下列刑事公诉案件,由犯罪地的铁路运输法院管辖:(1)车站、货场、运输指挥机构等铁路工作区域发生的犯罪;(2)针对铁路线路、机车车辆、通讯、电力等铁路设备、设施的犯罪;(3)铁路运输企业职工在执行职务中发生的犯罪。《关于铁路运输法院案件管辖范围的若干规定》还规定,在列车上的犯罪,由犯罪发生后该列车最初停靠的车站所在地或者目的地的铁路运输法院管辖;但在国际列车上的犯罪,按照我国与相关国家签订的有关管辖协定确定管辖,没有协定的,由犯罪发生后该列车最初停靠的中国车站所在地或者目的地的铁路运输法院管辖。另外,根据规定,对于在铁路运输法院公诉案件管辖范围内发生的自诉案件,自诉人向铁路运输法院提起自诉的,铁路运输法院应当受理。

(三)军事法院和普通法院之间的分工

根据最高人民法院司法解释的规定,军事法院和普通法院之间的分工如下:(1)现役军人(含军内在编职工,下同)和非军人共同犯罪的,分别由军事法院和地方人民法院或者其他专门法院管辖;涉及国家军事秘密的,全案由军事法院管辖。(2)下列案件由地方人民法院或者军事法院以外的其他专门法院管辖:非军人、随军家属在部队营区内犯罪的;军人在办理退役手续后犯罪的;现役军人入伍前犯罪的(需与服役期内犯罪一并审判的除外);退役军人在服役期内犯罪的(犯军人违反职责罪的除外)。

第四节　回避制度

一、申请人与申请对象

(一)谁有权申请回避

根据《刑事诉讼法》第29、30、31条的规定,有权提出回避申请的人为当事人及其法定代理人。根据1996年《刑事诉讼法》的规定,辩护人、诉讼代理人均不享有申请回避的权利,当时的司法解释也没有赋予辩护人申请回避的权利。在实践中,若辩护人或诉讼代理人知晓有关人员应当回避而没有回避之情形,通常只能告知其当事人提出回避。但从理论上看,无论是被害人还是被告人以及他们的法定代理人,绝大多数都没有受过法律训练;因此,他们能否正确理解法律所规定的回避原因就很成问题。这样,他们就很可能由于不能正确理解法律规定而不知或不敢提出回避申请。另外,被告人和被害人作为案件之当事人,如果申请主审案件之法官回避而没有成功,则很可能导致该法官对该当事人产生不利之印象。从而,本来也许法官可以做到不偏不倚,因回避申请之提出反而使其丧失公正之立场。若是允许辩护人和诉讼代理人行使此项权利,则一方面,他们对法律比较了解,因此知道如何正确地提出回避之申请;另一方面,即使申请不成,亦不会导致有关审判人员对当事人形成不悦之印象。因此,法律应当将申请回避的权利赋予辩护人和诉讼代理人,以更加有效地保障当事人的权利。基于上述考虑,2012年《刑事诉讼法》第31条第2款规定,辩护人、诉讼代理人可以按照《刑事诉讼法》第一编第三章的规定申请回避并对驳回回避申请的决定申请复议。

(二)适用回避的人员范围

根据《刑事诉讼法》第29、32条及最高人民法院《关于审判人员在诉讼活动中执行回避制度若干问题的规定》(以下简称《回避制度若干问题的规定》)之规定,适用回避的人员范围包括以下七种:(1)侦查人员;(2)检察人员,包括各级人民检察院检察长、副检察长、检察委员会委员、检察员、助理检察员等;(3)审判人员,根据《回避制度若干问题的规定》第13条的规定,审判人员包括各级人民法院院长、副院长、审判委员会委员、庭长、副庭长、审判员、助理审判员;(4)书记员(包括所有在侦查、起诉和审判活动中担任书记员的人员);(5)翻译人员;(6)鉴定人;(7)根据《回避制度若干问题的规定》之规定,回避的主体还包括人民法院中占行政编制的工作人员、人民陪审员、勘验人员、执行员。上述回避主体中,审判人员和检察人员包括审判委员会委员及检察委员会委员,因其参与讨论案件将可直接决定案件之处理结果,遇有法定应当回避之情形时,自应回避;当事人及其法定代理人亦有权申请其回避。

| 评注 7－4 | 我国与西方国家回避主体范围之区别及原因

在西方国家,回避的人员仅涉及法官和陪审员。也就是说,刑事诉讼制度所规范的回避,仅针对对案件具有最终裁判权的人员设置,并不涉及侦查人员与检察人员。这可以从以下几个方面获得解释:首先,西方国家实行审判中心主义,在这一模式之下,刑事诉讼法所规范的行为主要是审判以及围绕审判而展开的活动。其次,由于侦查机关并非司法机关,所以法律对这些机关的回避较少顾及;相反,人们普遍认为,这些机关在侦查时存在偏颇是应当的;就检察机关而言,西方国家刑事诉讼法理论普遍认为,检察官乃是进行公诉的必要当事人,代表国家或社会执行追诉职能;因此,人们几乎总是期望检察官倾其全力、锲而不舍地履行其职责;并且,这些人员从一开始介入案件就是对犯罪嫌疑人、被告人怀有偏见之人,从法律上要求他们不偏不倚既是不恰当的,也是不可能的。[7] 如果说回避的原因可以概括为“存在或可能存在偏颇之情形”的话,[8]则可以说几乎所有的侦查人员和检察人员都是“有偏颇的”。因此他们必须全体回避。所以,从理论上看,对侦查人员及检察人员实行回避是不合理的。最后,尽管侦查人员、检察人员可能会有偏颇,法律也意识到这些人员可能由于种种原因而实施侵犯人权之行为,所以他们赋予了被告人足够的保护,即使侦查机关有偏私,也无法侵犯被侦查对象之合法权利。因此,对于侦查人员和检察人员,他们并非纵其私欲,也没有采用回避制度以使其不能纵其私欲,而是采取了赋予当事人诸多权利、加强当事人防御力量的手段,使其不能得纵私欲。

而在我国,首先,不实行审判中心主义,因此刑事回避制度并不仅仅涉及审判人员;其次,人民检察院也被视为司法机关,因此必然要求其具备中立无偏之地位;最后,侦查机关拥有较大的权力,犯罪嫌疑人在侦查阶段的防御力量仍然比较弱,因此,强调侦查人员的回避是极其必要的。

---

〔7〕 如英国学者费尔曼教授所言,“最谦虚之追诉人,亦难免对被告抱有偏见”。转引自黄东熊、吴景芳:《刑事诉讼法论》,台北,三民书局2002年版,第75页。

〔8〕《德国刑事诉讼法》有关于“有偏颇之虞”而应当回避之规定。

二、回避的原因

根据《刑事诉讼法》及相关司法解释的规定,回避的原因有以下几种。

(一)本案当事人或当事人的近亲属

本案的当事人,是指本案的犯罪嫌疑人、被告人、被害人、自诉人以及附带民事诉讼的原告人和被告人;当事人的近亲属,是指上述人员的夫、妻、父、母、子、女、同胞兄弟姊妹。另据《回避制度若干问题的规定》第 1 条第 2 款,与当事人有三代以内旁系血亲及近姻亲关系的亲属,也应当回避。

(二)本人或近亲属与本案有利害关系

所谓和本案有利害关系是指本人或者他的近亲属与本案的案件事实、案件的当事人或者当事人的近亲属有某种牵连,或者案件的处理结果会对其利益产生影响等情况。

(三)担任过本案的证人、鉴定人、辩护人、诉讼代理人

根据《回避制度若干问题的规定》第 1 条第 1 款第 4 项,审判人员与本案的诉讼代理人、辩护人有夫妻、父母、子女或者兄弟姐妹关系的,应当回避。另据该《回避制度若干问题的规定》第 9 条的规定,审判人员及法院其他工作人员的配偶、子女或者父母不得担任其所在法院审理案件的诉讼代理人或者辩护人。据此,在审判人员及法院其他工作人员与诉讼代理人、辩护人存在配偶、子女、父母关系的,应当"回避"的是诉讼代理人和辩护人,而不是审判人员和法院其他工作人员。因此,根据第 9 条的规定,应当不可能出现审判人员与本案诉讼代理人、辩护人有夫妻、父母、子女关系的情形。但有可能存在同胞兄弟姐妹关系,因为第 9 条并未将存在此类关系的人排除在诉讼代理人、辩护人之外。

因此,《回避制度若干问题的规定》第 1 条第 1 款第 4 项与第 9 条存在部分重合的问题。解决的思路应当是将第 9 条修改为:审判人员及法院其他工作人员的配偶、子女、父母或者同胞兄弟姐妹不得担任其所在法院审理案件的诉讼代理人或者辩护人。在这一基础上,删去第 1 条第 1 款第 4 项。

《刑事诉讼法》规定担任过本案证人、鉴定人、辩护人、诉讼代理人的人应当回避,是指这些人不得在与本案有关的程序中担任侦查人员、检察人员和审判人员,而不是指这些人不得参与刑事诉讼。对于其中的鉴定人,不得因其在诉讼中某一阶段参与鉴定而排除其在此后进行的诉讼中作为鉴定人的资格。因为,倘若作此理解,则凡是在侦查阶段介入刑事诉讼的律师,在审查起诉、审判等阶段

均不得再行担任辩护人。这种结论显然是荒谬的。但此原理不适用于侦查人员、检察人员和审判人员。倘若一侦查人员或检察人员在侦查或审查起诉时曾担任该案侦查员或检察员,后来调至审判同一案件的法院工作,继续审理此案,则属于应当回避之列。

(四)与本案当事人有其他关系,可能影响案件公正处理

此处所言“其他关系”,是指有关主体与本案当事人存在上述关系以外的关系,因其参与有可能影响案件的公正处理,从而必须予以回避的情形。

根据《最高法解释》第 27 条第 5 项的规定,刑事诉讼法所规定的“其他关系”,是指“其他利害关系”。最高人民法院《回避制度若干问题的规定》第 8 条规定之情形,可以理解为属于刑事诉讼法规定的“其他关系”之典型:审判人员及法院其他工作人员离任后 2 年内,不得以律师身份担任诉讼代理人或者辩护人;审判人员及法院其他工作人员离任 2 年后,担任原任职法院审理案件的诉讼代理人或者辩护人,对方当事人认为可能影响公正审判而提出异议的,人民法院应当支持,不予准许本院离任人员担任诉讼代理人或者辩护人,但是作为当事人的近亲属或者监护人代理诉讼或者进行辩护的除外。

(五)违反有关禁止性规定

依照《刑事诉讼法》第 30 条的规定,审判人员、检察人员、侦查人员接受当事人及其委托的人的请客送礼,违反规定会见当事人及其委托的人的,当事人及其法定代理人有权要求他们回避。对于《刑事诉讼法》此项规定,根据《最高法解释》第 28 条以及最高人民法院《回避制度若干问题的规定》第 2 条的规定,刑事诉讼法规定的禁止性规定包括:(1)违反规定会见本案一方当事人及其诉讼代理人、辩护人的;(2)为本案当事人推荐、介绍诉讼代理人、辩护人,或者为律师、其他人员介绍办理该案件的;(3)索取、接受本案当事人及其委托人的财物、其他利益,或者要求当事人及其委托的人报销费用的;(4)接受本案当事人及其委托人的宴请,或者参加由其支付费用的活动的;(5)向本案当事人及其委托的人借款,借用交通工具、通讯工具或者其他物品,或者索取、接受当事人及其委托人在购买商品、装修住房以及其他方面给予的好处的;(6)有其他不正当行为,可能影响公正审判的。

在上述情形下,只要当事人提出申请并提供相关证据材料,经人民法院审查属实,上述人员就必须回避。否则,即使上述人员实质上并未徇私枉法,其裁判亦难以令人心服口服。

(六)发回重审的案件,原审审判人员回避

根据《刑事诉讼法》第 239、256 条之规定,原审人民法院对于二审发回重审的案件以及人民法院按照审判监督程序重新审判的案件,原合议庭的全体成员均应回避。对此,最高人民法院《回避制度若干问题的规定》第 3 条亦指出:“凡在一个审判程序中参与过本案审判工作的审判人员,不得再参与该案其他程序的审判。”此规定显然系为防止曾经参与审判之合议庭组成人员先入为主而设置。

三、申请回避的程序

(一)提出回避申请

根据《最高法解释》第 32 条之规定,当事人及其法定代理人申请审判人员回避的,既可以口头提出,也可以书面提出。根据《最高检规则》和《公安部规定》,对侦查人员、检察人员及书记员、鉴定人、翻译人员等的回避申请,也适用上述规定。刑事诉讼法和相关法律解释均未对提出申请之时限作出规定。但从实践中看,对侦查人员的回避,通常应当在侦查阶段提出,至审判阶段再提出回避申请显然已毫无意义;对检察人员的回避申请,通常应当在审查起诉阶段提出,也可以在审判阶段提出;对审判人员的回避,通常在知道审判法庭之组成人员时提出。申请人申请公安机关负责人回避的,应当向同级人民检察院提出。根据各机关发布的法律解释,申请人提出申请时,应当提供相应的证明材料。[9]

(二)对审判人员申请回避的处理

审判人员的回避,由人民法院院长决定;法院院长的回避,由本院审判委员会决定;审判委员会成员的回避,由本院审判委员会讨论,院长主持,有关审判委员会委员不得参加;本院院长的回避,亦由审判委员会讨论,副院长主持,院长不得参加。

---

〔9〕 最高人民法院于 2000 年颁布的《关于审判人员严格执行回避制度的若干规定》(已失效)第 1 条的措辞是,“审判人员具有下列情形之一的,应当自行回避,当事人及其法定代理人也有权要求他们回避”;第 2 条的措辞是,“审判人员具有下列情形之一的,当事人及其法定代理人有权要求回避,但应当提供相关证据材料”。其给人的感觉是,符合第 1 条所列情形之一而申请回避的,申请人不必提供相关证据;只有符合第 2 条所列情形之一时,申请人才必须提供相关证据。但从实践中看,第 1 条所列之第 4 项情形所包含范围甚为广泛,其他各项情形,如被申请回避之人予以否认,则当事人亦须提出证据。因此,这两条解释对于是否必须提供证据材料之区分,显然没有必要。2011 年颁布的《回避制度若干问题的规定》删除了“但应当提供相关证据”的规定。

根据《刑事诉讼法》第31条第3款之规定,当事人及其法定代理人对驳回申请回避的决定不服,可以申请复议一次。在复议决定作出之前,被申请复议的人员不停止进行有关的诉讼活动。对此,根据《最高法解释》第35条第2款的规定,当事人及其法定代理人申请回避被驳回的,可以在接到决定时申请复议一次。

如果申请人申请回避的理由不属于法定之回避理由,应当如何处理?按照《最高法解释》第35条第2款规定,不属于《刑事诉讼法》第29、30条所列情形的回避申请,由法庭当庭驳回,并不得申请复议。本书认为,此司法解释与刑事诉讼法之相关规定相悖。因为第一,既然回避的决定均应由院长或审判委员会作出,那么,合议庭就当然没有权力直接作出驳回申请的决定;第二,刑事诉讼法规定对于驳回申请的决定,可以申请复议,此处之驳回申请决定,并未限定范围,因此,无论是由谁作出之决定,只要属于驳回申请回避的决定,当事人及其法定代理人均应当享有申请复议的权利,人民法院不得无端加以剥夺。

(三)对检察人员回避申请的处理

检察人员的回避,由人民检察院检察长决定;人民检察院检察长的回避,由同级人民检察院检察委员会决定;人民检察院检察委员会讨论该院检察长的回避时,由副检察长主持,检察长不得参加。根据《最高检规则》第32、33条之规定,人民检察院作出驳回申请回避决定后,应当告知当事人及其法定代理人,如不服该决定,有权在收到决定书后5日内向原决定机关申请复议一次;当事人及其法定代理人申请复议的,决定机关应当在3日内作出复议决定并书面通知申请人。因符合《刑事诉讼法》第29条或第30条规定情形之一而回避的检察人员,在回避决定作出以前所取得的证据和进行的诉讼行为是否有效,由检察委员会或者检察长根据案件具体情况决定。

(四)对侦查人员回避申请的处理

侦查人员的回避,由公安机关负责人决定;公安机关正职负责人以及检察委员会讨论公安机关负责人的回避时,由检察长主持。对侦查人员以及侦查阶段的鉴定人员、书记员和翻译人员提出申请回避的,在回避决定作出前,不得停止他们对有关案件的侦查或相关诉讼活动。这一规定乃为保障侦查活动的连续性和及时性之价值而设置。

(五)书记员、鉴定人和翻译人员的回避

公安机关的书记员、鉴定人员和翻译人员的回避,由公安机关负责人决定。

人民检察院负责记录的书记员的回避,由人民检察院检察长决定;人民检察院指定的鉴定人、翻译人员的回避,也由人民检察院检察长决定。人民法院的书记员、鉴定人和翻译人员的回避,由人民法院院长决定。在审判阶段,如当事人或其法定代理人对人民检察院出庭支持公诉之检察官及其书记员提出回避申请,人民法院应当休庭,通知指派该检察人员出庭的人民检察院,由该人民检察院检察长或者检察委员会决定。

对书记员、翻译人员和鉴定人员的回避,实践中曾经有法院径直由审判长决定,其理由是:虽然法律规定上述人员的回避由院长决定,但没有规定上述人员不回避由谁决定,因此审判长可以作出不回避的决定。为此,1998 年颁布的《六机关规定》(已失效)第 8 条曾规定:"(1996 年)刑事诉讼法第三十条和第三十一条规定,书记员、翻译人员和鉴定人员的回避,由人民法院院长决定。根据这一规定,上述人员的回避不能由审判长决定。"2018 年刑事诉讼法修改后,《最高法解释》第 38 条规定:"法官助理、书记员、翻译人员和鉴定人适用审判人员回避的有关规定,其回避问题由院长决定。"

(六)违反回避制度的法律后果

根据《刑事诉讼法》第 238 条第 2 项及相关司法解释之规定,第二审人民法院发现第一审人民法院的审理程序违反回避制度之规定的,应当裁定撤销原判、发回重审。根据最高人民法院《回避制度若干问题的规定》第 12 条,依法应当回避而故意不回避或者对回避申请故意作出驳回决定的,依照《人民法院工作人员处分条例》的规定予以处分。

第五节 整体回避与管辖权异议

一、整体回避的来由

法院整体回避的问题源于在有些案件中,当事人或者其辩护律师认为审判法院全体审判人员均不适合担任本案的审判工作,因而提出法院全体成员都必须回避,以实现被告人公正审判权的要求。这种现象在 20 世纪 80、90 年代都还比较少见,进入 21 世纪以来,当事人及其辩护人、诉讼代理人提出法院整体回避的案件逐渐增多,整体回避的要求逐渐普遍。

案例7－3 法官涉嫌“故意杀害”院长案

2000年3月8日,吕某娟因房产纠纷找西安市中级人民法院院长朱某林上访,二人发生争执,致朱某林受到伤害,西安市中级人民法院以吕某娟“严重妨碍法院民事诉讼活动”为由,将其拘留15日;数日后,事态升级,吕某娟因涉嫌“故意杀害”朱某林而被捕,“长期与院长不和”的西安市中级人民法院法官杨某秀则涉嫌“挑唆吕某娟”谋杀院长,亦被捕。审查起诉阶段,两被告人的律师均未能会见当事人,也未能查阅有关案卷材料。该“故意杀人”案由西安市中级人民法院审理。院长朱某林主动回避,但二被告人多次申请西安市中级人民法院整体回避,请求异地审理。回避申请数次被驳回后,西安市中级人民法院分别判处杨某秀、吕某娟有期徒刑15年、13年。2001年,二被告人上诉至陕西省高级人民法院。二审过程中,本案被告人的辩护人杜某、陈某刚“放弃”辩护。一个半月后,陕西省高级人民法院未经开庭审理,下达终审裁定:“驳回上诉、维持原判。”〔10〕

评注7－5 回避事项涉及审判公正,法官遇合理申请应当主动回避

案例7－3程序上可供商榷之处甚多,此处仅分析管辖以及与管辖有关之回避问题。在二审程序中,陕西省高级人民法院对回避事项的解释是:“我国刑事诉讼法所规定的回避制度是指个人回避,并没有规定审判组织或审判机关回避。本案受害人朱某林是西安市中级人民法院院长,涉及本案的公正处理,但该案起诉到西安市中级人民法院后,朱某林已自动申请回避并经审判委员会决定同意朱某林回避。故吕某娟及其律师要求西安市中级人民法院回避本案审理的理由与意见不能成立。”本案最关键的问题并不在于人民法院整体回避是否于法有据,而在于在当事人就人民法院管辖权提出异议的场合下,如何从程序上保障当事人的权利能够实现。“我国刑事诉讼法规定的回避制度是指个人回避,并没有规定审判组织或审判机关整体回避”,这实际上是对法律的曲解。任何整体均由个体组成,如果一个整体的所有成员都具备回避的条件,这个整体理所当然应当回避。因此,从立法上看,刑事诉讼并不排除整体回避。

既然《刑事诉讼法》的规定包含法院整体回避,那么,在什么情况下法院应当整体回避呢?西安市中级人民法院在驳回回避申请时给出的最重要的理由是认为合议庭组成人员、审判委员会委员等与申请人杨某秀仅属同单位一般同事关系,虽相互认识,但不存在任何个人恩怨,均无利害关系,故不存在“可能影响公正处理案

〔10〕 详尽报道可参见《法官谋杀院长案调查》,载《南方周末》2003年9月11日,第1版。相关讨论亦可参见《任何人不得做自己案件的法官——法官谋杀院长案四人谈》,载《南方周末》2003年9月18日,第5版。

件”的情形。其论证逻辑是:仅属一般同事关系,因而无利害关系,不存在可能影响案件公正处理的情形。

如果按照这一思路,那么,人民法院工作人员在调离或辞职不再担任法官职务时,因为他们与原任职法院的法官仅属一般同事关系,不存在可能影响公正处理案件的情形,因而也不需要回避。但是实际上,按照2000年最高人民法院《关于审判人员严格执行回避制度的若干规定》第4条的规定,“审判人员及法院其他工作人员离任二年内,担任诉讼代理人或者辩护人的,人民法院不予准许;审判人员及法院其他工作人员离任二年后,担任原任职法院审理案件的诉讼代理人或者辩护人,对方当事人认为可能影响公正审判而提出异议的,人民法院应当支持,不予准许本院离任人员担任诉讼代理人或者辩护人”。

这里虽然说的是不许担任诉讼代理人或者辩护人,但其原理却是基于与回避制度相同的原理:确保审判的公正进行。其基本假定就是:即使这些离任人员与法院工作人员仅仅是一般同事关系,他们担任诉讼代理人和辩护人就有可能影响案件的公正处理。当然,法律也可以开辟另一条途径,允许他们担任辩护人或者诉讼代理人,在这一途径下,实现公正审判的唯一方式就是法院整体回避。最高人民法院的规定之所以没有采取这一途径,纯粹是出于诉讼效率的考虑。从这一规定我们不难看出,即使是一般的同事关系,尤其是法院的法官这种同事关系,也构成回避的理由。

因此,所谓“人民法院整体回避”并不存在法律上是否有依据的问题,而是如何从程序上保障当事人权利实现的问题。而恰恰是在这个问题上,刑事诉讼法并没有明确规定。但是,这并不表明人民法院整体回避在程序上无法操作。恰恰相反,如果我们细心体会《刑事诉讼法》第27条的规定,则所谓整体回避的问题,实际上对于法院而言就是改变管辖的问题,对于当事人而言则是管辖权异议的问题。

二、整体回避与管辖权异议

《刑事诉讼法》第27条规定:“上级人民法院可以指定下级人民法院审判管辖不明的案件,也可以指定下级人民法院将案件移送其他人民法院审判。”这里说的“指定下级人民法院将案件移送其他人民法院审判”,就包括该下级人民院应当整体回避的情形。从这一规定来看,立法者并非没有意识到法院整体回避的情形,只不过,法律将法院整体回避的情形放在“管辖”这一章予以规范。因为人民法院整体回避的问题,本质上就是改变管辖的问题。对此,《最高法解释》第18条明确指出:“有管辖权的人民法院因案件涉及本院院长需要回避或者其他原因,不宜行使管辖权的,可以请求移送上一级人民法院管辖。上一级人民法院可以管辖,也可以指定与提出请求的人民法院同级的其他人民法院管辖。"[11]

因此,回避问题和管辖权异议问题,几乎是紧密相连的。二者的原理是完全一致的,都是为了保证刑事案件的被告人获得公正的审判;这种公正审判的目的则在于加强法院判决的权威性和可接受性。但是问题在于,我国的刑事诉讼法在设计管辖问题时几乎没有考虑到这一制度的基本原理,而仅仅是从一个单纯的技术性规则的角度对管辖制度进行了规范。因为刑事诉讼法根本就没有赋予当事人申请管辖权异议的权利,也没有规定提出管辖权异议的程序以及相应的救济手段。与之形成鲜明对照的是,根据刑事诉讼法的规定,第一审程序中违反刑事诉讼法有关回避和公开审判制度规定的,第二审程序必须撤销原判、发回重审;但是若存在违反管辖制度有关规定的,却不必撤销原判、发回重审。其明显的缺陷就是在当事人为实现公平审判而申请异地审判的时候,他(她)实际上没有权利申请管辖权异议,即使被告人可以提出这样的申请,也没有一种诉讼程序能够帮助他实现自己的权利。所以,解决此一问题的基本思路,就是在程序正义观念的指导下,在保证公正审判的理论指导下,建立我国的管辖权异议制度。

---

〔11〕 从这一规定来看,立法者并非没有意识到法院整体回避的情形,只不过,法律将法院整体回避的情形放在"管辖"这一章予以规范。这种立法技术在刑事诉讼法中并非罕见。例如,《刑事诉讼法》第四编为"执行",但是该编第260条规定的是强制措施的解除(第一审人民法院判决被告人无罪、免除刑事处罚的,如果被告人在押,在宣判后应当立即释放)。

第八章　证　据

除被告人公正审判权问题以外，审判中最重要的问题就是证据问题。有关证据问题的规则既包括收集、固定证据的规则，也包括证据资格也就是证据可采性规则，还包括有关证据审查判断的规则也就是证明力规则。有关证据的收集、固定等问题的规则，又可以区分为指导性规则和约束性规则两大类。前者属于指导、规范侦查人员如何确定侦查方向、收集犯罪证据如指纹、脚印、血迹等方面的规则。此类规则通常属于技术性规则，其所依据的知识也主要是自然科学知识，与法学基本无关。后者则通常由诉讼法加以规范。例如在刑事诉讼中，有关执法机关收集、固定证据的问题通常由有关侦查的规定加以规范，实际上就是通过对执法机关权力的约束实现对犯罪嫌疑人、被告人权利的保护。刑事诉讼法通常不会就如何收集证据作出积极的、肯定的、示范性的规定，而仅就不能以什么样的方法收集证据作出消极的、否定的、禁止性的规定。因为刑事诉讼法的主要目的在于保障人权，所以其规范的核心也在于对警察权力进行约束。违反了这些规范通常也就意味着对犯罪嫌疑人、被告人基本人权和宪法权利的侵犯，因此往往导致收集的证据会被作为非法证据予以排除。因此，非法证据排除规则是附着于宪法和刑事诉讼法有关公民基本权利以及有关刑事侦查的约束性规范之上的。这也是本书将非法证据排除规则置于侦查行为之后的基本考虑。

在非法证据排除规则之外，英美法系还普遍设置了基于发现真实目的而设置的有关证据可采性的规则，也就是证据资格规则。这一类规则最主要的功能在于将那些认识论上认为不可靠的证据过滤掉，以免影响法官对事实问题形成的内心确信的正确性。什么样的证据因为不可靠而必须予以排除,这在英美法系是一门专门的学问,称为“证据法学”。在英美法律体系中,它也单独成为一个独立的部门法,在美国和很多英美法系国家,它还是独立的证据法典。但在我国,并没有专门的法典规范证据的可采性问题。在2010年颁布的《审查判断证据规定》中,参考了英美的部分证据规则,并将原本为证据可采性的规则转换成有关证据审查判断的规则。因篇幅所限,本书只能在介绍我国已经引入和确立的规则时提纲挈领地介绍和论述这些规则。对于这些规则的具体而深入的探讨,需要以专门的证据法著作来讲述,有兴趣的读者可以参阅拙作《证据法的体系与精神——以英美法为特别参照》(北京大学出版社2010年版)、《证据法学:原则 规则 案例》(法律出版社2017年第1版;2024年第2版),作为学习本章的重要参考。

刑事诉讼法对证据的种类作了列举式的规定,不同种类的证据在可采性以及证明力的审查判断方面有一定的区别,但是这种分类并不是绝对的,因此本书不完全按照这些分类来论述。基于对证据规则分类的理解,本书将所有证据分为人证、物证、书证三大类。人证适用证人证言规则;物证、书证和刑事诉讼法规定的勘验、检查笔录等都适用实物证据的验真规则,书证还适用最佳证据规则。在上述规则之外,所有的证据都适用关联性法则。另外,专家证言规则属于证人证言规则中需要专门论述的规则。有关供述证据的可采性问题,以及实物证据的合法性问题,都将在第三编非法证据排除规则一章作出论述,本章不作赘述。本章仅关注传统上属于证据法研究的问题。具体而言,本章第一节论述证据的概念与属性,第二节论述证据的可采性,第三节论述证据的关联性,第四节论述证人证言规则,第五节论述专家证言与鉴定意见,第六节论述实物证据的验真,第七节论述文书证据的原始性要求。

第一节　证据的概念与属性

一、证据的概念

（一）事实的概念与特征

1979年和1996年《刑事诉讼法》均规定："证明案件真实情况的一切事实，都是证据。"从以上规定来看，证据与事实存在密不可分的关系。欲了解何谓证据，首先必须了解何为事实。

金岳霖认为，"事实是接受了的或安排了的所与"。[1] 此处"所与"指的是认识的对象。金岳霖指出，事实总是牵涉判断，是经认识加工的一种陈述，是主观对客观的一种反映。"事实总是客观的，它底材料总是所与。"[2]因此事实总是正确的判断。"事实都是客观事实。客观事实不是事实的一种，而是事实的强调提法。"[3]可以说，客观性是事实的第一个特征。这是就事实在形式作为一种判断与该判断所指涉的对象之间的关系而言。金岳霖还指出了事实与东西之间的区别：东西总要存在，事实可以存而不在；东西总是特殊的而事实可以是普通的；东西是可以搬动的而事实是无法搬动的；一件东西可以包含一大堆事实，而一大堆事实无论如何也无法凝固为一件东西。[4]

不仅东西与事实存在区别，实在的物也与事实存在区别。首先，物是东西，事实则不是东西；表示物的方式是概念，表示事实的方式是陈述和判断。其次，由于东西是空间上的占据，[5]因此物也必然占据一定的空间，事实则不存在空间上的占据。再次，物是一个实体概念，属于本体论范畴；事实则是一个属性概念，属于认识论范畴。最后，物必然要存在，但是也可以消灭；事实既然可以存而不在，自然也就不会消灭。会消灭的不是事实，而是物。

事实与事情也不是一回事。具体而言，有些事情已经发生，有些事情尚未发

---

〔1〕 金岳霖：《知识论》，商务印书馆1983年版，第738页。

〔2〕 金岳霖：《知识论》，商务印书馆1983年版，第739页。

〔3〕 陈嘉映：《事物，事实，论证》，载赵汀阳主编：《论证》（1999年秋季卷），辽海出版社1999年版，第7页。

〔4〕 金岳霖：《知识论》，商务印书馆1983年版，第741～744页。

〔5〕 "东西两字似乎与春秋两字相同。四时中取第一第三两字表示时间上的绵延，四方向中取第一第三两字表示空间上的占据。照此说法，对于东西，我们所特别注重的是空间上的居据。"参见金岳霖：《知识论》，商务印书馆1983年版，第739页。

生,有些事情即将发生,但是事实不是这样。“惟当尘埃落定,事情已经摆在那里,才有事实。”[6]另外,事情是连绵起伏,自生自灭的,事实则用在论证之中,是从事情当中截取某一段以便进行推论或建构理论等。可见,事实乃是“从(已经发生的)事情中截取出来用作证据的东西”。[7] 正因为事情与事实存在差别,有些语词只能与事情搭配使用,而另一些语词只能与事实搭配使用。例如,我们可以说“事情正在起变化”,但是不能说“事实正在起变化”;我们可以说“事情曾经是那样的”,但不能说“事实曾经是那样的”,因为事实是怎样就是怎样,而不会“曾经怎样”,也不会“将要怎样”。同样,我们可以说虚构的事情,想象中的事情,但是“虚构事实”则是一种自相矛盾的说法,尽管这种说法在日常生活中乃至在法学界仍然十分流行。

| 评注 8-1 | 事实是用来证明主张的客观陈述

综上所述,我们可以将事实的特征概括为以下几个方面:(1)事实总是以陈述或命题的方式来表达的。“事实就是一个陈述或命题,不管是可观察的,还是不可观察的,如果在经验上已证明为真,那么这个陈述或命题所叙述的东西就是一个事实。”[8]换句话说,事实是被陈述出来的,没有陈述,事实不能自在自为。从这个意义上来说,不能完全否定事实的主观性。如金岳霖所指出,“事实是所与和意念的混合物”。[9] (2)事实总是可靠的。或者说,事实总是客观的;凡是不符合客观的陈述,都不是事实。恰如罗素所言,大多数事实的存在都不依靠我们的意愿;这就是为什么我们把它们叫作“严峻的”“不肯迁就的”“不可抗拒的”理由;大部分物理事实的存在不仅不依靠我们的意愿,而且也不依靠我们的存在。[10] 正因如此,如果一个卖肉的商人在肉还没有卖完的时候说:“我的肉卖完了。这是一个事实。”这时候他算是说了两次谎话,一次是说他的肉已经卖完了;另一次是说他的肉卖完了是一个事实。[11] (3)事实总是不变的。事实虽然可以被发现、被陈述,但是任何一个事实都是特定时空下的事实,正如金岳霖所言,“事实是我们拿了没有办法的,事实是没有法子更改的。所谓修改事实,只是使将来与现在或已往异趣而已”。[12]

---

〔6〕 陈嘉映:《事物,事实,论证》,载赵汀阳主编:《论证》(1999 年秋季卷),辽海出版社 1999 年版,第 7 页。

〔7〕 陈嘉映:《事物,事实,论证》,载赵汀阳主编:《论证》(1999 年秋季卷),辽海出版社 1999 年版,第 7 页。

〔8〕 彭漪涟:《再论事实——评有关事实分类的某些观点》,载《学术月刊》1994 年第 7 期。

〔9〕 金岳霖:《知识论》,商务印书馆 1983 年版,第 741 页。

〔10〕 [英]罗素:《人类的知识》,商务印书馆 1983 年版,第 177 页。

〔11〕 [英]罗素:《人类的知识》,商务印书馆 1983 年版,第 176 页。

〔12〕 金岳霖:《知识论》,商务印书馆 1983 年版,第 738 页。

(4)事实总是特定的,而不是普遍的。事实与自然不同,自然不在时空中,事实则必在自然的时空中。金岳霖指出:"就事实论事实,我们注重接受与安排,最重要的接受与安排就是时空上的安排。"〔13〕对于自然,人们没有要求它是已经成为自然的自然或正在成为自然的自然;但对于事实,则必然有一种时间上和经验上的要求,要求它在时间上或经验上已经发生或正在发生。(5)事实总是片面的。这是因为,事实总是出于论证而截取的事件。事实所包含的内容本身不存在意义,只有当人们拿它来论证另一个事实或某种观点的时候才有意义。因此,"事实只有经过解释才能被理解,只有被理解才能被发现"。〔14〕"风乍起,吹皱一池春水。"那是词人兴之所至,有感而发,所以春水起波纹这一事实对词人有意义;但是对于别的人可能毫无价值,因此才有"风乍起,吹皱一池春水,干卿底事"一说。因此,事实多到无穷,真理则不仅在于符合事实,更在于选择适当的事实。因为"我们总是为了某个目的才去确定事实";〔15〕"我们之所以需要事实,是因为我们要从发生过的事情里选取一些因素作为证据进行论证"。〔16〕

(二)事实与证据的关系

由以上论述可知,事实是通过语言陈述表达事情的一种客观状况,它具有一定的主观性,但是最根本的特征却是其客观性、可靠性、恒定性、特殊性和片面性。由此出发再来分析我国1996年《刑事诉讼法》第42条第1款的规定,则可以发现该规定仅仅表达了"事实可以作为证据"这一意图,并未要求所有的证据都必须是事实。所有的证据都是事实这是一种理想的状态,实际上是不可能的。正因如此,该法条第2款在规定了证据的法定种类之后,紧接着又以第3款规定"以上证据必须经过查证属实,才能作为定案的根据"。也就是说,有的证据是虚构的,因此不是事实,所以才需要"查证属实";只有查证符合事实的证据,才能作为定案的根据。同时,还有一些证据则是不属实的,因此也就不是事实,从而应当排除在定案的根据之外。从这个角度来说,该法条的规定并不自相矛盾,恰恰在正确的概念上使用了"事实"这一术语。有些法学论著指责这一条文自相矛

---

〔13〕 金岳霖:《知识论》,商务印书馆1983年版,第736页。

〔14〕 张继成:《事实、命题与证据》,载《中国社会科学》2001年第5期。

〔15〕 陈嘉映:《事物,事实,论证》,载赵汀阳主编:《论证》(1999年秋季卷),辽海出版社1999年版,第13页。

〔16〕 陈嘉映:《事物,事实,论证》,载赵汀阳主编:《论证》(1999年秋季卷),辽海出版社1999年版,第2页。

盾,[17]恰恰暴露了他们不了解事实。

由此也可推论,将证据定义为事实既不符合实际情况,也不符合法律规定,更不符合事实。从实际情况来看,有些证据是事实,有些证据不是事实;有些事实是证据,有些事实不是证据(因为与案件事实不相关)。有些证据是虚构的,有些证据则不是。证据可以虚构,事实则不能虚构。如果说所有的证据都是事实,则《刑事诉讼法》以及《刑法》条文中屡次使用的"作伪证""伪造证据"等说法又焉能成立?如果所有的证据都是事实,而事实却可以存而不在,则"湮灭证据"的说法岂非自相矛盾?如果所有的证据都是事实,何须对证据进行审查判断?

因此,事实就是事实,证据就是证据。证据里面可以有事实,但是事实绝不等于证据。凡是将证据定义为事实的证据概念,都是不符合事实的证据概念。[18]

同时,也正因为证据并不总是事实,所以法律才要求法官在审查判断证据时一定要做到"以事实为依据"。以事实为依据不是一种实然的判断,而是一种应然的要求。它仍然以证据有可能不是事实为假定条件,所以才要求法官必须独具慧眼,至少能够在众多的证据中排除虚假陈述,发现事实,实现正义。从这个意义上讲,"以事实为根据"作为一种裁判原则,仍然有其积极意义。有些法学家奉劝法官在审理案件和作出裁决的时候不妨忘掉事实,只记住证据,[19]虽然也有片面的真理,但是这样的学者显然没有正确领悟法律规定的本来意义。还有论者指责"以事实为根据"是一个错误的原则,[20]这种指责本身便是一种错误。实际上,早有论者正确地指出"以事实为根据"这一原则在实践上虽然并不总是能够做到,但在大多数情况下是可以做到的;而且正因为法官并不总是能发现事实,法律要求其在适用法律时应当以事实为根据才有意义。[21]

---

〔17〕何家弘:《让证据走下人造的神坛——试析证据概念的误区》,载《法学研究》1999年第5期。笔者赞同何家弘关于证据误区的基本论断,但是不同意他将1979年《刑事诉讼法》第31条(1996年《刑事诉讼法》第42条)规定理解为对证据的定义的观点。

〔18〕这里说的不符合事实,指的是不符合司法实践中运用证据的状况。如果实践中经常出现假证据,将证据定义为事实的做法显然就无法解释。也是在这个基础上,本书认为凡是将证据定义为事实的做法都将导致其理论大厦的崩溃。例如,有的论著将证据分为"广义"与"狭义"两种,狭义的证据是指"经过查证属实可以作为定案根据的,具有法定的形式和来源的,证明案件真实情况的一切事实"。参见刘金友主编:《证据法学》,中国政法大学出版社2001年版,第115页。这本来无可厚非;但在作了这样的界定以后,该著作又声称该书研究的内容主要是狭义的证据,殊不知将证据定义为狭义的证据也就是定案的根据以后,已经没什么可研究的了,因为有关证据的收集、证据的可采性以及包括交叉询问规则在内的对证据的审查判断等十分重要的证据规则,都是以证据可能不是事实为假设前提的。

〔19〕何家弘主编:《证据学论坛》(第1卷),中国检察出版社2000年版,第5页。

〔20〕任伊珊、田应朝:《对"以事实为根据"的再认识》,载《政法论坛》1999年第1期。

〔21〕张继成:《事实、命题与证据》,载《中国社会科学》2001年第5期。

（三）证据就是证明的依据

综上所述，证据与事实密切相关。事实是与客观相符合的陈述。事实总是以陈述或命题的方式表达；事实具有客观性、不变性、特定性、片面性等特征。事实是用于论证的一种手段。但是证据可以是事实，也可以不是事实。证据包含的内容远远大于事实。证据也不仅仅是命题。命题仅是逻辑证明的必备因素，诉讼证明虽然包含逻辑证明，但不等同于逻辑证明。因此，诉讼主张可以通过命题得到表达，但是并不限于以命题证明。有关案件事实的物质痕迹、书面文件等，均可以为证据。基于以上理解，将证据定义得越广泛，越是一个可以接受的概念。据此，我们可将证据的概念界定如下：证据是指出示并用于证明某一事实存在或不存在的证人证言、书面文件、实质性物体或者其他事物的总称。简单地说，证据就是证明的依据。明了证据的概念，是我们探讨证据属性的前提。

| 评注 8 – 2 |　刑事诉讼法并未给证据下定义

1996 年《刑事诉讼法》第 42 条第 1 款规定："证明案件真实情况的一切事实，都是证据。"很多学者将其理解为对证据的定义，例如，有的教科书明确写道："我国《刑事诉讼法》第 42 条第 1 款规定：'证明案件真实情况的一切事实，都是证据。'这是立法上对刑事诉讼中的证据所下的定义。它概括了诉讼证据的基本特征，反映了它的本质属性，是科学的。我们认为，上述规定也符合民事诉讼和行政诉讼中的证据，因为它们都是在诉讼过程中可用以证明案件真实情况的，其本质是相同的。"〔22〕这种理解其实是不正确的。因为首先，刑事诉讼法只是说一切事实都是证据，并没有说一切证据都是事实，因此将证据限定为事实属于解释者的一厢情愿。其次，它也不符合刑事诉讼法下定义的方法。刑事诉讼法对有些概念有明确的界定，例如 1996 年《刑事诉讼法》第 82 条规定："本法下列用语的含义是……"（2018 年《刑事诉讼法》第 108 条）。这才是刑事诉讼法下定义的方法。但 1996 年《刑事诉讼法》第 42 条第 1 款并非如此表述，因此它并非对证据的定义，而只是强调凡是事实均可以作为证据。2012 年《刑事诉讼法》第 48 条第 1 款规定："可以用于证明案件事实的材料，都是证据。"该款实际上是对 1996 年《刑事诉讼法》第 42 条第 1 款所作的修正。本书认为，1996 年《刑事诉讼法》并没有给证据下定义，理论界"自以为是"地将 1996 年《刑事诉讼法》第 42 条第 1 款的规定理解为是对证据给定的概念，属于"自作多情"。2012 年《刑事诉讼法》的修改，只不过更加明确了证据不一定是事实这一事实。

---

〔22〕 陈一云主编：《证据学》（第 2 版），中国人民大学出版社 2000 年版，第 99 页。

二、证据的属性

（一）关于证据客观性的争论

关于证据客观性的争论在很早的时候就已经开始了。目前的教材大多承认证据具有客观性。例如，有的教材认为，任何猜测、幻想、梦境、迷信和虚构，皆非客观事实，都不能成为诉讼证据；诉讼证据的这个基本特征，是证据的首要本质属性，一般称为证据的客观性。〔23〕还有的教材认为，证据的客观性是从辩证唯物主义认识论的观点来分析证据特征的，证据之所以为证据，是因为它的客观依据性。〔24〕

但是，有的论者在承认证据具有客观性的同时，也认为证据具有主观性。例如，有论者指出："证据具有客观性这是无疑义的，但是，对于证据的客观性要作辩证的、唯物的理解，而不可对之加以机械的、形而上学的解释，不能认为证据就是纯粹客观的产物，而与主观性无缘或漠不相关。实际上，证据既具有客观性，也具有主观性，证据的客观性和主观性并不矛盾。毋宁说，证据的客观性既应当在同证据的主观性相对立的背景下理解，又要在同证据的主观性相统一的意义上理解。只有从它们既对立又统一的两个方面予以同时而又兼顾性地考察和认识，才能真正揭示出证据的本性和证据的功能。"〔25〕

（二）关于证据合法性的争论

证据的合法性问题历来就是一个颇具争议的问题。在已经出版的较有影响的教材当中，对于这个问题的看法并未趋于一致。其中一种观点认为，证据是有合法性的，所谓证据的合法性就是指证据从形式与来源上必须合乎法律的规定，它是证据的一个外部特征；该观点还认为，在大陆法系，合法性被称为证据能力，所谓证据能力无非一定的资料能成为证明待证事实是否存在的证据的法律上的资格。〔26〕另一种观点则认为，证据是没有合法性的，并针对证据具有合法性的观点进行了批驳。例如，赞成说认为证据必须内容合法，因此证据具有合法性；反对说对此反驳说：就证据事实而言，有些证据是合法的，有些证据则不能认为是合法的，比如在煽动颠覆的犯罪当中，具有煽动性的标语、传单作为证据时，其内容就是非法的；显然这种证据很难说内容具有合法性。赞成说还主张证据必须

〔23〕陈一云主编：《证据学》，中国人民大学出版社 2000 年版，第 100 页。

〔24〕刘金友主编：《证据法学》，中国政法大学出版社 2001 年版，第 115 页。

〔25〕汤维建：《关于证据属性的若干思考和讨论——以证据的客观性为中心》，载《政法论坛》2000 年第 6 期。

〔26〕刘金友主编：《证据法学》，中国政法大学出版社 2001 年版，第 122 页。

形式合法,反对说又批驳说:证据的形式是发展的,法律对证据形式的规定总是基于立法时的经验,因而可以随着时间的变化和认识的深入而肯定新的证据形式;例如1979年的《刑事诉讼法》并未规定视听资料这种证据,但是在后来的刑事司法实践中却不断地碰到视听资料这种证据,法院并未因为法律没有规定这种证据形式而拒绝在法庭上出示这种证据。[27]

评注8-3 对证据属性争论之检讨

本书认为,理论界对于证据属性的争论是没有意义的,因为这些探讨根本没有把握证据属性研究的实质。从逻辑上说,证据的属性包括内部属性与外部属性两个方面;而论战的各方在提出并论证自己主张的时候,都没有明确说明自己所主张的证据属性究竟是内部属性还是外部属性。如果说对证据属性的论证属于内部属性,则因为所有的事物都可以成为证据,因此对证据内部属性的探讨必然属于形而上学的问题,它对于法学的研究或许有一定的助益,但是却不是法学家应当努力的方向,因为法学家要么无力探讨这些问题,要么因为探讨这些问题而成为哲学家(但是这种可能性却很低)。所以,证据的内部属性本身并非一个法律问题。因此,对证据属性的探讨就必然局限于其外部属性。

在探讨证据外部属性的时候,最关键的问题是,我们界定证据的外部属性究竟有何用?如果一个关于证据的外部属性的概念是有用的,那么这个概念就是有价值的,或者说是有意义的;如果一个概念对于任何问题都不能解决,那么这个关于证据属性的概念就是无价值的,或者说,是无意义的。

从这个角度来审视一下证据的客观性概念。这个概念绝对是一个无意义的概念。首先,它无法解决主观如何符合客观的问题。案件事实不是一幅画,等着事实的主张者拿着他的主张去比对。它是一个无法再现的过程,是一个历史地存在的东西(正因为是历史地存在,所以它"存而不在"),不是可以随意"符合"的玩意。因此,说主观符合客观几乎等于是说一句废话。[28] 其次,即使假定主观符合客观不是废话,而是能够加以检验的一种理论,则在诉讼中,也并非所有的证据都是具有客观性的证据,并非所有的证据都是主观符合客观的证据。典型的例证就是"伪证",除非主张"伪证不是证据",否则将无法解决"伪证"如何符合客观的问题。

因此,证据的"客观性"唯一有价值的地方,可能就在于这样的主张可能会有助于防止法官的主观恣意,防止先入为主。但是,必须明确,法官的主观臆断、先入为

[27] 陈一云主编:《证据学》,中国人民大学出版社2000年版,第106~107页。

[28] 对于此观点的具体分析与论证,可参见王敏远:《一个谬误、两句废话、三种理论》,载王敏远编:《公法》(第4卷),法律出版社2003年版,第189页以下。

主等不符合现代诉讼精神的做法,绝不是靠不顾事实地歪曲证据的属性而可以得到实现的,这些价值必须依靠加强权力的制约与平衡机制,提升诉讼当事人的主体地位,加强社会公众对诉讼知情权等措施来实现,而不是靠空喊几句口号来实现。在这里,我们所说的证据属性概念的有用,是指在符合逻辑、符合事实的前提下的有用,是从法学研究、法律推理、法律适用意义上说的有用,而不是说通过对事实的歪曲、对逻辑的漠视而实现法律以外的功能。而恰恰是在法律的意义上,客观性概念一无是处。

相对于客观性这个概念而言,证据的合法性概念反而是一个可能有意义的概念。之所以这样说,是因为证据的合法性概念可能决定着一个证据是否能够进入事实裁判者的视野,从而起到证明案件真实情况的作用。但是必须予以强调的是,在我们探讨证据合法性的时候,一定不要忘记这是指证据的外部属性,它不是区分证据与其他事物之间的标准。换句话说,即使不合法的证据不能进入法庭,该证据也仍然是证据,而不是别的东西。但根据目前的理论,凡是不合法的证据就不是证据。这既不合逻辑,也不符合事实。1998 年以前,中国根本没有非法证据排除规则;1998 年以后,尽管最高人民法院和最高人民检察院分别发布了有关非法获得的言辞证据必须予以排除的司法解释,非法获得的实物证据也仍然具有可采性;根据 2012 年《刑事诉讼法》,非法实物证据也只有在严重影响审判公正时才予以排除。怎么就能够说非法的证据就不是证据呢?实际上,不合法的证据仍然是证据,只不过它不能被拿到法庭上来使用。如果说非法证据不是证据,则非法证据排除规则就没有意义,因为该规则排除的正是非法证据。

另外,如果说赋予证据"合法性"的意义在于强调收集证据的手段必须合法,则属于无的放矢,因为强调收集证据手段必须合法乃是诉讼程序法必须加以规范的内容。如果程序法的规定没有得到很好的执行,那不是证据出了问题,而是程序出了问题。程序出了问题需要通过完善诉讼程序来解决,通过赋予证据以"合法性"是无济于事的。因此,证据的合法性最大的问题并不在于它与事实不符,或与逻辑不符,而在于它本身不能解决任何问题。

综上所述,理论上关于证据属性的讨论,容易陷入形而上学的泥沼,既不能解决任何实际问题,亦不能丰富理论内涵。证据属性的问题归根结底是一个哲学问题,不是一个法学问题。证据的可采性才是一个法律问题。因此,理论界关于证据属性的讨论实际上并无意义。摆脱这一困境的根本出路就在于从探讨证据本质属性的泥坑中跳出来,将证据置于法律的领域进行研究。而就法律而言,证据的一个根本性问题乃是其可采性问题,也就是何种信息可以在法庭上出示给事实的裁判者进行考虑的问题。从这一角度出发,证据的外部特征可以概括为两个基本的方面:一是证据的关联性,二是证据的适格性,其中包括证据的合法性。关联性是所有国家对证据具有可采性的一个基本要求,合法性则是部分国家对证据具有可采性的要求。

第二节　证据的可采性

一、可采性的含义

(一)可采性的含义

在英美法系,证据法的主要规范对象就是证据的可采性(admissibility),证据规则就是规范证据可采性的规则。所谓证据的可采性,就是指证据被法庭所接受的资格(qualification)。[29] 换句话说,证据的可采性指的是证据能够进入法庭,能够被出示给事实裁判者的资格。因此,证据的可采性通常又被称为“证据资格”。在英美法系,证据资格又被称为证据能力。凡是有证据资格的证据,就具有可采性,也就可以进入法庭,可以被事实的裁判者看到、听到或感觉到。

(二)可采性与定案根据

我国《刑事诉讼法》第50条第3款规定:“证据必须经过查证属实,才能作为定案的根据。”此处规定不能理解为可采性的规定,因为证据可采性规则规范的是何种事实可以进入法庭,何种事实不可进入法庭;而上述规定规范的是已经进入法庭的证据中,何种证据可以加以考虑的问题。该规定的含义是,法官必须对证据的证明力进行审慎地判断,只有那些经过审查之后感觉真实可靠的证据,才能作为定案的根据,也就是形成内心确信的基础。值得指出的是,证据力之大小及有无,本质上乃是法官自由判断之范围,法律无法进行详细之规范。该法条规定的要旨在于强调证据的客观性,即作为证据的事实必须与客观事实相符合;而不是说只有查证属实的证据才具有证据资格和证明力。关于证据可采性与定案根据之区别,如图8-1所示。

---

〔29〕 Mark Reutlinger, *Evidence: Essential Terms and Concepts*, Aspen Law & Business, 1996, p. 10.

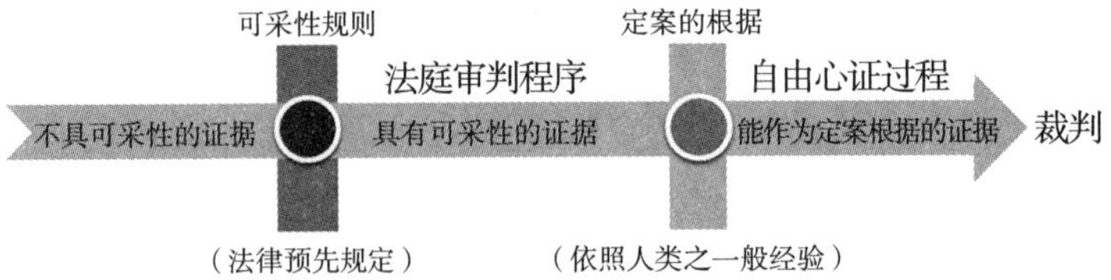

图 8-1 证据之可采性与定案的根据

(三)可采性的条件

在英美法系,关于证据可采性的问题有两大公理:第一,所有逻辑上具有证明价值(具有相关性)的证据都具有可采性;第二,除非由于特别规则或者特殊法律原则的原因而被排除,所有逻辑上具有证明性的证据,都具有可采性。[30] 证据可采性的第二个条件,理论上将其称为证据的"适格性"。

二、证据的适格性

(一)适格性的含义

凡具有适格性的证据都是适格证据。所谓适格证据是指"相关的不被排除规则所排除从而具有可采性的证据"。[31] 在英美法系,证据除了必须具有关联性以外,还必须具有适格性,这就要求它不被排除规则所排除。排除规则包括两大类:一类是基于发现真实的考虑而设置的排除规则,另一类则是基于与发现真实无关的政策考虑而设置的排除规则。前者包括传闻证据排除法则、意见证据排除法则、品格证据排除法则等内容;后者则包括特免权规则、非法证据排除规则等内容。证据适格性、关联性与可采性之间的关系,如图 8-2 所示。

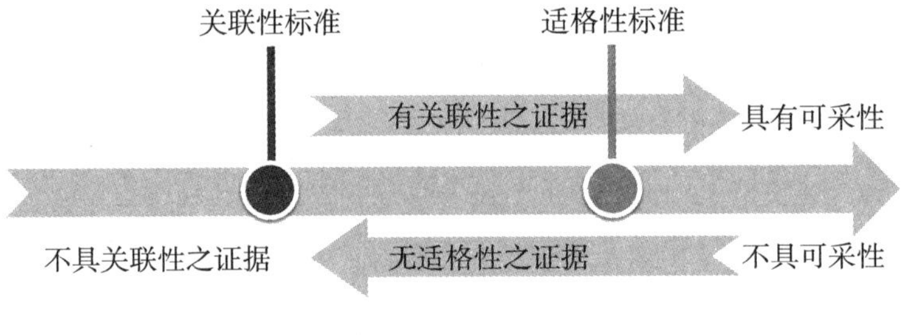

图 8-2 证据的适格性、关联性与可采性

〔30〕 Wigmore, *Evidence*, p. 655 - 674.

〔31〕 Irving Younger, Michael Goldsmith, David A. Sonenshein, *Principles of Evidence*, 3rd edition, p. 40.

（二）我国刑事诉讼中的证据适格性

美国《联邦证据规则》最主要的内容，就是规范以发现真实为目的设置的有关证据适格性的规则，其主要内容包括品格证据排除规则，特免权规则，意见证据排除规则，传闻证据排除规则，物证、书证的验真规则，文书证据的原始性规则等。英美证据法学的主要研究对象，也就是关于上述规则的历史渊源、规则内容、法理基础等。这些内容构成英美证据法的主体内容，也是证据法学的基本研究对象。因为这些规则在刑事诉讼、民事诉讼和行政诉讼中都是通用的，所以证据法能够得以法典化，证据法学也成为一门独立的学科。至于非法证据排除规则，由于其对公民宪法权利的依赖性，因此经常放在宪法性刑事诉讼法学领域加以探讨。

我国并没有单独的证据法典。很长时期以来，我国并不存在对证据适格性加以规范的法律法规，甚至也没有这方面的司法解释。由于对被告人宪法权利重视不够，非法证据排除规则也基本上付诸阙如。但是最近十几年来，一方面，非法证据排除规则逐渐得到认可并逐步发展，2010 年 6 月颁布的《排除非法证据规定》，就是这方面成就的一个体现；2012 年《刑事诉讼法》修改时吸收了这个法律文件中的大部分规定。另一方面，英美证据法中有关证据适格性的规定，在我国以对证据的证明力进行审查判断和定案根据的方式出现。2010 年颁布的《审查判断证据规定》，就是这方面成就的体现。

本书认为，《审查判断证据规定》中的绝大多数规定，在一定程度上参考了英美法系传统上以发现真实为目的设置的证据可采性规则，例如，关联性法则，意见证据排除法则，文书的原始性规则，物证、书证的验真规则，供述的自愿性规则等。对这些规则的了解与掌握，需要以对英美法系的证据规则的了解与掌握为前提，也需要对这些规则进行深入、系统的论述。本书限于主题与篇幅，仅结合我国的证据规则进行探讨。

（三）行政程序中收集的证据的可采性

《刑事诉讼法》第 54 条第 1 款规定："人民法院、人民检察院和公安机关有权向有关单位和个人收集、调取证据。有关单位和个人应当如实提供证据。"第 2 款规定："行政机关在行政执法和查办案件过程中收集的物证、书证、视听资料、电子数据等证据材料，在刑事诉讼中可以作为证据使用。"其中第 2 款规定，是 2012 年《刑事诉讼法》新增加的内容。之所以有此规定，主要是因为实务部门普遍存在一种误解，即行政机关查办案件过程中收集的证据在刑事诉讼中不具有可采性。事实上，如前所述，由于我国长期以来并不存在有关证据适格性的规则,有限的非法证据排除规则也不排除行政机关提供的证据,因此行政机关在行政执法和查办案件过程中收集的证据实际上都应当具有可采性。但2012年《刑事诉讼法》新增的规定已经明确将这些证据纳入具有可采性的证据范围。

不过,根据上述规定,在行政执法和查办案件过程中收集的证据,只有物证、书证、视听资料、电子数据等实物证据,在刑事诉讼中具有可采性。《刑事诉讼法》第50条第2款规定的证人证言,被害人陈述,犯罪嫌疑人、被告人供述和辩解,鉴定意见,勘验、检查、辨认、侦查实验笔录等证据,仍然不具有可采性。本书认为,上述区分实属多此一举。如前所述,实务界关于行政机关在行政执法及查办案件过程中收集的证据在刑事诉讼中不具有可采性的看法本属误解。刑事诉讼法的规定只需要去除这种误解即可。

| 评注8-4 | 行政机关在行政执法及查办案件过程中收集的证据无须转换

按现有规定及司法实务,对于言词证据,主要是犯罪嫌疑人、被告人供述与辩解,被害人陈述,证人证言等证据,在案件进入刑事诉讼后仍然要由侦查机关重新取证,这就是通常所说的"证据转换"。本书认为,这种做法既不利于提高效率,又不利于保障人权。因为,重新取证的做法实际上等于对先前证据的重复提取,它的低效率是不言而喻的。同时,对于犯罪嫌疑人、被告人供述这种证据而言,如果行政执法机关在收集证据过程中有暴力、胁迫等行为,按照刑事诉讼法的规定,其证据属于非法证据,应当排除。但经过侦查机关的所谓"转化"以后,那些早先基于暴力、胁迫等手段获得的证据也就得到了"洗白";被告人要在法庭上证明自己后来提供的"自愿"的供述乃是先前遭到刑讯逼供的结果,将变得更为困难。要排除此种证据也更无可能。因此,实务中所谓"转换"的做法,其实并不可取。

第三节 证据的关联性

一、关联性的功能与含义

(一)关联性在证据法上的地位与功能

在英美法系,证据具有可采性的第一个条件是必须具有关联性。根据美国《联邦证据规则》第402条规定,关联性与可采性的关系基本上可以概括为两大原则:一是有关联性的证据通常具有可采性,只有在例外情形下才不具有可采性;二是没有关联性的证据一律不具有可采性。[32]

在我国,关联性一直是审查判断证据证明力大小的依据,并且随着法律制度的发展,也逐渐在两大领域发挥作用:一是在决定证据是否具有证据资格也就是可采性方面,发挥着与英美法系证据规则中关联性法则基本相同的作用;二是在审查判断证据的证明力大小方面,关联性规则亦日益发挥出其不可低估的作用,证据与案件事实关联的程度,往往成为判断证据证明力大小的依据。

(二)关联性的定义

美国《联邦证据规则》给关联性的定义是:"相关证据指证据具有某种趋势,使某一待确认的争议事项的存在更有可能或更无可能。"[33]

根据这一定义,关联性的判断通常从两方面着手:(1)实质性。所谓实质性就是指证据所要证明的对象是否属于案件包含的事实。如果属于案件事实,则具有实质性;反之则不具有实质性。不过,一个证据所要证明的对象是否具有实质性并不由证据法规范,而是由相应的实体法规范。例如,就强奸罪而言,如果控诉方指控的是强奸成年妇女,那么,"性行为系经过同意"这样的证据就具有实质性,因为"是否违背妇女意志"属于强奸罪的实质性要件。但如果控诉方指控的是奸淫幼女,则"性行为系经过同意"这一证据不具有实质性。(2)证明性。关联性的第二个要求是该证据必须对所证明的事项的存在或不存在发生影响。美国《联邦证据规则》的说法是比起没有该证据时更有可能或更无可能的趋势,也就是说更有可能或更无可能的趋势是在有和没有这个证据之间进行的比较(见图8-3)。

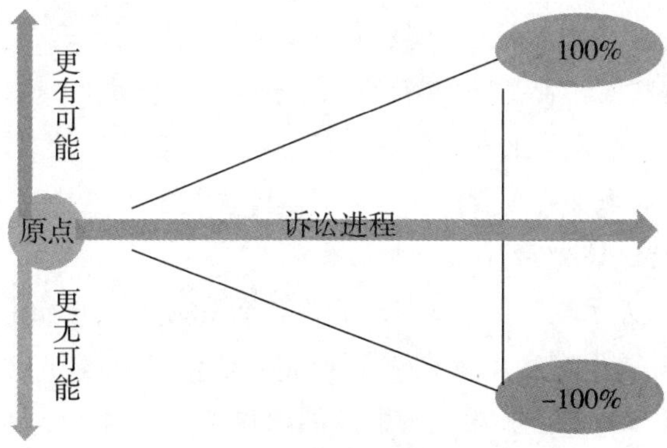

图8-3 关联性概念中的证明力要素

---

〔32〕 Fed. R. Evid. ,Rule 402.

〔33〕 F. R. E. 401.

| 评注 8－5 | 我国刑事诉讼中的关联性概念

《刑事诉讼法》第 50 条第 1 款规定:“可以用于证明案件事实的材料,都是证据。”该规定虽未明确提到关联性这个概念,但是其意义,却与确立关联性规则并无区别,因为它已经初步包含了英美法系关联性概念包含的要素:实质性与证明性。“可以用于证明案件事实”这一表述,正是实质性与证明性的概括说法。首先,它限定了证据使用的范围,必须是用于证明案件事实,体现了关联性中的实质性要件;其次,它要求证据必须可以被用于证明案件事实,体现了关联性中的证明性要件。因此,尽管刑事诉讼法并未明确提到“关联性”,但关联性要求却被嵌入刑事诉讼法的相关规定。

二、关联性的判断

关联性在法律上的主要功能是:将证据与主张结合起来,要求所有的主张都必须以证据为基础,同时所有的证据的提出都必须以一定的主张为前提,这样可避免无关的信息进入法庭,混淆视听,同时也可以防止诉讼的过分拖延,从而提高诉讼效率。因此,关联性概念是判断证据是否具有可采性的重要技术性标准。但同时,关联性的判断又在很大程度上依赖于人的经验和理性。

| 案例 8－1 | 关联性法则的实践应用

在张三故意杀人案中,被告人张三在法庭上接受讯问时辩称自己杀死李四是基于防卫目的。他说他害怕李四。李四是一个乡派出所的所长。张三声称,自己之前曾经听说李四在将一个老人拘捕之后残忍地对他实施了虐待,并导致老人死亡。张三的证词(刑事被告人的辩解也可以归入广义的证人证言范畴)遭到控方反对,理由是没有关联性。但是法庭容许了张三的证词。之后,控方出示证据,证明该老人死于酗酒,并且尸体上没有发现任何伤痕。被告提出反对,说这个证据与本案无关。因为,本案争议的焦点是被告人是否听说被害人虐待过该老人,而不是被害人是否真的虐待过该老人。

本案涉及张三关于其听说李四将老人虐待致死的证词和控方举出证据证明老人死于酗酒而不是死于警察虐待这两个证据。鉴于篇幅,本书仅分析第一个证据的关联性。本书认为,该案中被告人张三的证词具有关联性。原因是,首先,张三试图证明的事项是张三有防卫的意图,其证明的手段是通过举出证据证明张三对李四感到恐惧、害怕来间接证明其防卫意图;是否具有防卫意图属于故意杀人案件的犯罪构成要件,属于具有实质性的事实,因此张三举出的证据有实质性。其次,张三的证词具有证明性。注意这里的证明性并不是说只要存在他听说李四将老人虐待致死这个事实就一定能将他有防卫意图这一事实证明到优势盖然性或排除合理怀疑的程度，而是说在比起张三没有听说李四将老人虐待致死的情形下，有这个事实时张三有防卫意图的可能性更大。

本案中第二个证据是否具有关联性分析起来也许会更有意思，对这个问题还是留给同学们自己思考和讨论。

从上述案例分析的结果来看，证据法对证据关联性在证明性也就是证明力的要求上并不高。它其实就是一个有和无的问题。也就是说，在考虑关联性的时候，虽然不要求对证据的证明力大小进行判断，但是却应当对证明力的有无作出判断。关联性问题并不是一个可以离开证明力问题而独立存在的问题。另外，证据的关联性也不是证据的内部属性，而是外部属性。对此，美国联邦证据法咨询委员会对美国《联邦证据规则》的注释中明确指出："关联性并非任何一项证据的内在特征，而仅仅作为一项证据与案件中待证事实的关系而存在。"[34]英美证据法学者在论述证据的关联性的时候也坦白承认："关联性这一概念本身就显示出它不是证据的内在特征，而是作为证据与待证事实之间的关系而存在。"[35]

第四节　证人证言规则

一、证人的作证义务与强制证人出庭作证

（一）证人的作证义务

威格默曾经说过，谁要想依赖于这个社会，就必须让社会也能够依赖于他。这是证人作证义务的基本考虑。在西方社会，任何人皆有义务向法庭作证，这是一个普遍的公理。如果没有证人作证，法庭将无法正常运转，对正义的运送只能停止，社会也将趋于崩溃。因此，在需要的时候，以自己亲身感知的知识向法庭作证，这是每个人的基本义务，也是订立社会契约时所作的基本承诺。

《刑事诉讼法》第62条规定："凡是知道案件情况的人，都有作证的义务。""生理上、精神上有缺陷或者年幼，不能辨别是非、不能正确表达的人，不能作证

---

〔34〕 Advisory Committee's Note to Federal Rule of Evidence 401.

〔35〕 James, *Relevancy, Probability and the Law*, 29 Calif. L. Rev., 689 (1941).

人。”根据这一规定,凡是知道案件情况的人,都有作证的义务。该规定并没有明确向谁作证的问题。在西方,作证义务是针对法庭的,政府在调查证人方面并没有优于被告人和辩护律师的任何权力,警察也不能对证人采取强制措施。在中国,法律并没有赋予侦查人员对证人采取强制措施的权力。虽然《刑事诉讼法》第 54 条第 1 款规定了“人民法院、人民检察院和公安机关有权向有关单位和个人收集、调取证据。有关单位和个人应当如实提供证据”,但实际上,控方并不拥有强制证人作证的权力。侦查人员向有关单位和个人调取证据,当然有一定的强制性,但该规定最主要的目的,还是防止有关单位和个人阻挠取证、干扰诉讼的情形。强制作证的权力,排他性地属于人民法院。

(二)强制证人出庭作证

《刑事诉讼法》第 61 条规定:“证人证言必须在法庭上经过公诉人、被害人和被告人、辩护人双方质证并且查实以后,才能作为定案的根据。法庭查明证人有意作伪证或者隐匿罪证的时候,应当依法处理。”根据这一规定,证人不仅有作证的义务,而且有出庭作证的义务。法律先规定证人证言必须在法庭上质证,之后再规定证人作证义务,就是将作证义务建立在证人证言应当经过质证的基础上。由此可见,虽然法律没有明确宣示证人作证义务是基于向法庭作证的义务,但从法理上看,证人的作证义务应当仅是向法庭作证的义务。

《刑事诉讼法》第 193 条第 1 款规定:“经人民法院通知,证人没有正当理由不出庭作证的,人民法院可以强制其到庭,但是被告人的配偶、父母、子女除外。”本规定的直接含义包括三个方面:首先,对于应当出庭的证人,经人民法院通知,证人没有正当理由应当出庭作证。其次,证人没有正当理由拒不出庭作证的,人民法院可以强制其到庭作证。2012 年《刑事诉讼法》赋予了人民法院强制证人出庭作证的权力。最后,被告人的配偶、父母、子女如果不愿出庭作证,即使没有正当理由,法院也不得强制其出庭作证。这一规定属于强制出庭作证的例外。

《刑事诉讼法》第 193 条第 2 款规定:“证人没有正当理由拒绝出庭或者出庭后拒绝作证的,予以训诫,情节严重的,经院长批准,处以十日以下的拘留。被处罚人对拘留决定不服的,可以向上一级人民法院申请复议。复议期间不停止执行。”这一规定赋予法院对拒不履行作证义务的证人进行处罚的权力,其实质类似于英美法系的“藐视法庭罪”,但又不同于“藐视法庭罪”。其主要区别在于,英美法系藐视法庭罪是一种罪名,对藐视法庭罪的处罚是一种刑罚,而对证人的处罚则不属于刑事处罚。

二、特免权规则

每个人都有向法庭作证的义务,这是一项基本原则。但是在特定情况下、特定的个人享有免予向法庭作证的权利,这就是证言豁免权制度,又称“特免权”制度。之所以称“特免权”,就是因为只有特定的人,基于特定身份关系,对案件特定内容,可以被豁免作证的义务。西方常见的特免权制度,主要有反对自我归罪的特免权、配偶特免权、夫妻交流特免权、律师—委托人交流特免权、信徒—神职人员特免权、心理医生—患者特免权、国防与外交秘密特免权、线人特免权等。[36]所有这些制度都是以每个公民所负担的普遍作证义务为前提的。如果不存在这个义务,也就无所谓特免权。

我国刑事诉讼法没有明确赋予任何人证言特免权。但是《刑事诉讼法》第52条规定“不得强迫任何人证实自己有罪”、第48条规定“辩护律师对在执业活动中知悉的委托人的有关情况和信息,有权予以保密”、第193条规定“经人民法院通知,证人没有正当理由不出庭作证的,人民法院可以强制其到庭,但是被告人的配偶、父母、子女除外”,这三处规定实际上确立了反对自我归罪的特免权,律师—委托人交流信息特免权和配偶、父母、子女证言特免权三项特免权。对于前两项特免权,理论上并无争议,本书也分别在辩护与代理、侦查讯问等章节进行了阐述,此处不作赘述。但对于第三项规定是否确立了夫妻、父母、子女特免权,理论上尚有争议。本书认为,《刑事诉讼法》第193条的规定确立了配偶、父母、子女间的证言特免权。

| 评注8-6 | 刑事诉讼法确立了配偶、父母、子女间的证言特免权

有论者认为,《刑事诉讼法》第193条有关被告人配偶、父母、子女的规定,是由于其身份,不宜对其强制到庭,主要是考虑到强制被告人配偶、父母、子女在法庭上对被告人进行指控,不利于家庭关系的维系和社会和谐的建构;但“需要特别指出的是,这里规定的是免予强制出庭,不是拒证权。拒证权一般是指在特定情形下,负有作证义务的证人被司法机关要求提供证言时,因其特殊身份或者法律的规定而享有的拒绝作证的权利,通常贯穿侦查、起诉、审判等诉讼阶段。根据《刑事诉讼法》第62条的规定,凡是知道案件情况的人,都有作证的义务。本款规定并没有免除其作证的义务,只是规定在庭审阶段可以免予强制到庭”。[37]

---

〔36〕 具体含义及相关制度设计,可参见易延友:《证据法的体系与精神——以英美法为特别参照》,北京大学出版社2010年版,第五章。

〔37〕 郎胜主编:《中华人民共和国刑事诉讼法修改与适用》,新华出版社2012年版,第337页。

本书不同意上述见解。理由如下。

首先,上述论述中有一个常识性错误,那就是声称证人的作证义务贯穿刑事诉讼始终。在西方国家,证人的作证义务仅仅是指向法院作证的义务。除法院以外,其他任何机构都不能强制证人作证。美国负责调查的大陪审团,可以强制证人配合作证,但也是由法院签发传票传唤证人到大陪审团面前作证。控辩双方包括警察都不能强迫证人作证。在美国,无论是警察还是辩护律师,都不拥有强制证人提供证言的权力(权利),双方都只能靠各自的技巧说服证人提供证言并到法庭出庭作证,在运用技巧失败的情况下,均只能向法庭申请强制传唤其到庭作证。控方并不拥有任何优于辩方的权力。中国也是如此。根据《刑事诉讼法》的规定,所有的强制措施都是针对犯罪嫌疑人、被告人的,没有哪一种强制措施是可以针对证人的。直到法庭审判阶段,《刑事诉讼法》才规定法院对证人强制出庭的规定以及惩罚性措施,但也仅限于法院。公安机关、人民检察院并无此项权力。因此,刑事诉讼法所说的凡是了解案件情况的人都有作证义务,指的是向人民法院作证的义务,不是向其他任何机关或个人作证的义务。

其次,法律规定证人可以不必向人民法院提供证言,却必须向公安机关、人民检察院提供证言,这样的规定是不符合逻辑的,是不利于树立法院权威的,除非立法机关不希望法院有权威,否则不可能出台这样的规定。

最后,如果说立法机关认为人民法院强制被告人的配偶、父母、子女出庭作证会影响社会和谐,那么,允许公安机关、人民检察院等侦查机关强制被告人的配偶、父母、子女提供不利于被告人的证言,不一样破坏社会和谐吗?众所周知,配偶、父母、子女证言特免权制度的目的就是保护基本的人伦关系,维护社会和谐,配偶、父母、子女相互之间免予作证的权利不仅适用于法庭审判阶段,而且当然适用于审前程序。在中国古代,亲亲得相首匿制度也不仅适用于法庭审理阶段,有司调查阶段同样适用。

本书认为,配偶、父母、子女免予被强制作证的权利以及该项权利的相关制度,既适用于审判阶段,也适用于审前阶段。在审前阶段强制犯罪嫌疑人、被告人的配偶、父母、子女向侦查机关提供证言指控犯罪嫌疑人、被告人的做法,同样是破坏基本的伦常关系,破坏社会和谐。《刑事诉讼法》第193条的规定,既是基于对基本人伦关系的考虑,也是基于对社会和谐的考虑,更是基于保护被告人的考虑。如果被告人的配偶、父母、子女已经在侦查阶段或者审查起诉阶段提供了不利于被告人的证言,则表明法律意图保护的夫妻、父母、子女关系已经受到了破坏,在此情况下保护此种所谓的伦常关系已经毫无意义;相反,在此种情况下,被告人反而有权要求与提供了不利于己的证言的配偶、父母、子女当庭对质,以实现其应当享有的公正审判权。但如果按照有些论者的解释,则不仅被告人的父母、子女、配偶可以在侦查、审查起诉期间向公安机关、检察机关提供不利于被告人的证言,而且被告人在法庭审判期间还不能对这些提供了不利于他的证言的证人当庭对质。一定程度上,这样的制度不是保护了社会的和谐,而是加剧了社会的不和谐。

综上所述,本书认为,《刑事诉讼法》第 193 条规定确立了配偶、父母、子女间的证言特免权。

三、对证人的保护

(一)原理与概述

任何人不得因履行义务而招致不幸。正是基于此种考虑,各国在证人保护方面的做法都比较一致。我国《刑事诉讼法》第 63 条规定:“人民法院、人民检察院和公安机关应当保障证人及其近亲属的安全。”“对证人及其近亲属进行威胁、侮辱、殴打或者打击报复,构成犯罪的,依法追究刑事责任;尚不够刑事处罚的,依法给予治安管理处罚。”该规定在 1996 年修订《刑事诉讼法》时就已经增加,但是由于没有具体的措施,一般认为这些规定对于证人保护而言仍远远不够。因此在 2012 年修订《刑事诉讼法》时又增加了一些具体化的措施。

(二)适用的案件范围

根据《刑事诉讼法》第 64 条第 1 款的规定,对证人采取特殊保护措施的案件,包括危害国家安全犯罪、恐怖活动犯罪、黑社会性质的组织犯罪、毒品犯罪等案件。《刑事诉讼法》在此处再次使用了“危害国家安全犯罪”这一概念。本书认为,“危害国家安全的犯罪”不等于“危害国家安全罪”,而是应当比危害国家安全罪范围略广的一个概念。

在上述案件中,对证人采取特殊保护措施的前提是证人、鉴定人、被害人本人或其近亲属的人身安全面临危险。什么是“人身安全面临危险”,需要执法者在具体案件中运用经验和理性作出具体的判断。

(三)证人保护的基本方式

对证人采取特殊保护的方式包括:(1)不公开真实姓名、住址和工作单位等个人信息;(2)采取不暴露外貌、真实声音等出庭作证措施;(3)禁止特定的人员接触证人、鉴定人、被害人及其近亲属;(4)对人身和住宅采取专门性保护措施;(5)其他必要的保护措施。其中第 5 项属于概括性条款,又称“一网打尽条款”,通常是在列举不尽的情况下所作的一种规定,防止挂一漏万。

根据《刑事诉讼法》第 64 条第 2 款的规定,证人、鉴定人、被害人认为因在诉讼中作证,本人或者其近亲属的人身安全面临危险的,可以向人民法院、人民检察院、公安机关请求予以保护。根据《刑事诉讼法》第 64 条第 3 款的规定,人民法院、人民检察院、公安机关依法采取保护措施,有关单位和个人应当配合。

四、证人的作证能力与证言范围

(一)从证人资格到证言的可信度

英美法系在很长一段时间内,很多人都因各种原因没有作证资格;但是这种规则已经逐步放宽,很多普通法上不具备作证资格的情形,在美国联邦证据法上都已经转变为对证言可信度进行弹劾的情形。例如,证人同时也是本案的当事人,或者与本案当事人有利害关系;一方当事人曾经向证人支付报酬等,在普通法上都曾经是不具备证人资格的情形,但在联邦证据法上都成为弹劾证言可信度的情形。

我国《刑事诉讼法》第 62 条规定:"凡是知道案件情况的人,都有作证的义务。""生理上、精神上有缺陷或者年幼,不能辨别是非、不能正确表达的人,不能作证人。"对于该规定,也有人将其理解为证人资格的规定。本书认为,上述规定是关于作证能力而不是证人资格的规定。只要是知道案件情况的人都有资格作证;但是其证言是否可以作为定案的根据,则应当在法庭上通过对其作证能力也就是是否能够辨别是非、是否能够正确表达进行审查判断之后,才能够做出决定。也就是说,生理上、精神上有缺陷或者年幼,都只是影响证人证言能否作为定案根据的一个因素,但不是决定性因素,如果一个精神上、生理上有缺陷或者年幼的人作证之后,法庭经过考察,认为此人既能够辨别是非,又能够正确表达,则其证言仍然可以作为定案的根据。

对此,《审查判断证据规定》第 11 条第 1、2、3 项进一步规定,"对证人证言应当着重审查以下内容:(一)证言的内容是否为证人直接感知。(二)证人作证时的年龄、认知水平、记忆能力和表达能力,生理上和精神上的状态是否影响作证。(三)证人与案件当事人、案件处理结果有无利害关系"。第 12 条第 2 款规定,"处于明显醉酒、麻醉品中毒或者精神药物麻醉状态,以致不能正确表达的证人所提供的证言,不能作为定案的根据"。上述规定的内容,概括而言,就是说对证人证言的审查判断,应当侧重于证人的理解能力、感知能力、记忆能力和表达能力等方面的判断。除此以外,英美法系著名的传闻法则,在我国也被当作审查判断证言可信度的一个因素。因为"证言的内容是否为证人直接感知",是审查判断证据的方法,也就是说如果一名证人不是亲身感知到案件情况,而是道听途说,其证言不一定被排除,但是证言的可信度却要打一些折扣。另外,利害关系因素也成为审查判断证据的一个重要方面。醉酒、吸毒等事实,也成为判断证言可信度的重要依据。

(二)证言范围与意见证据规则

《审查判断证据规定》第 12 条第 3 款规定,"证人的猜测性、评论性、推断性的证言,不能作为证据使用,但根据一般生活经验判断符合事实的除外"。该规定直接来源于英美法系的意见证据规则。只不过,在英美法系,意见证据规则是有关证据可采性的规则,在我国,证人是否以亲身感知的知识作证,还是超出了亲身感知的知识的范围,以猜测性、评论性、推断性等意见来作证,成为其证言可信度判断的一个标准。该规则的理论基础是,证人应当以自己亲身感知的知识为限向法庭作证,而不应当发表超出该知识范围的猜测性、评论性或推断性意见,以免影响陪审团自身对案件事实的判断。在我国,上述规则确立的理论基础应当理解为:证人不应当以自己对事实的猜测、评论或推断影响法官对事实的判断。

评注 8－7　意见证据规则的例外

意见证据规则在英美也有例外。根据美国《联邦证据规则》,专家意见作为意见证据规则的例外,具有可采性;同时,外行意见在同时满足下列条件的情况下,作为例外也具有可采性:(1)该意见合理地建立在证人亲身感知的知识的基础上;(2)该意见有助于帮助事实裁判者清晰地理解证人的证言或者认定案件事实;(3)该意见不需要特定科学技术知识的帮助。我国 2010 年《审查判断证据规定》第 12 条和 2021 年《最高法解释》第 88 条第 2 款也对意见证据规则设置了例外,并将其表述为"根据一般生活经验判断符合事实的除外"。我国的表述当然也有一定的道理,具体可参见拙作《证据法学:原则、规则、案例》一书的论述。

五、对证人的诘问与弹劾

《刑事诉讼法》本身虽未对证人发问的规则作出规定,但相关司法解释作了比较重要的补充。根据《最高检规则》第 406 条的规定,对证人发问的一般规则包含以下内容:(1)证人在法庭上提供证言,公诉人应当按照审判长确定的顺序向证人发问;(2)公诉人可以要求证人就其所了解的与案件有关的事实进行陈述,也可以直接发问;(3)对证人发问应当针对证言中有遗漏、矛盾、模糊不清和有争议的内容,并着重围绕与定罪量刑紧密相关的事实进行;(4)发问应当采取一问一答形式,提问应当简洁、清楚;(5)证人进行虚假陈述的,应当通过发问澄清事实，必要时还应当宣读证人在侦查、审查起诉阶段提供的证言笔录或者出示、宣读其他证据对证人进行询问；（6）当事人和辩护人、诉讼代理人对证人发问后，公诉人可以根据证人回答的情况，经审判长许可，再次对证人发问；（7）询问鉴定人、有专门知识的人，亦参照上述规定进行。

六、证言的审查判断与不能作为定案根据的情形

（一）证言的审查判断

根据《审查判断证据规则》第 11 条以及《最高法解释》第 87 条的规定，对证人证言的审查应当着重于以下方面：（1）证言的内容是否为证人直接感知；（2）证人作证时的年龄，认知、记忆和表达能力，生理和精神状态是否影响作证；（3）证人与案件当事人、案件处理结果有无利害关系；（4）询问证人是否个别进行；（5）询问笔录的制作、修改是否符合法律、有关规定，是否注明询问的起止时间和地点，首次询问时是否告知证人有关作证的权利义务和法律责任，证人对询问笔录是否核对确认；（6）询问未成年证人时，是否通知其法定代理人或者有关人员到场，其法定代理人或有关人员是否到场；（7）证人证言有无以暴力、威胁等非法方法收集的情形；（8）证言之间以及与其他证据之间能否相互印证，有无矛盾。

（二）证言应当明确予以排除的情形

根据《最高法解释》第 89 条的规定，证人证言有下列情形之一的，不得作为定案的根据：（1）询问证人没有个别进行的；（2）书面证言没有经证人核对确认的；（3）询问聋、哑人，应当提供通晓聋、哑手势的人员而未提供的；（4）询问不通晓当地通用语言、文字的证人，应当提供翻译人员而未提供的。

根据《审查判断证据规定》第 12 条第 1 款的规定，证人证言系以暴力、威胁等非法手段取得的，不得作为定案的根据。根据《审查判断证据规定》第 15 条第 1 款，具有下列情形的证人，人民法院应当通知出庭作证；经依法通知不出庭作证证人的书面证言经质证无法确认的，不能作为定案的根据：（1）人民检察院、被告人及其辩护人对证人证言有异议，该证人证言对定罪量刑有重大影响的；（2）人民法院认为其他应当出庭作证的。根据该条第 2 款的规定，证人在法庭上的证言与其庭前证言相互矛盾，如果证人当庭能够对其翻证作出合理解释，并有相关证据印证的，应当采信庭审证言。根据该条第 3 款的规定，对未出庭作证证人的书面证言，应当听取出庭检察人员、被告人及其辩护人的意见，并结合其他证据综合判断。未出庭作证证人的书面证言出现矛盾，不能排除矛盾且无证据印证的，不能作为定案的根据。

（三）瑕疵证言的补正

根据《审查判断证据规定》第14条以及《最高法解释》第90条的规定，证人证言的收集程序和方式有下列瑕疵，通过有关办案人员的补正或者作出合理解释的，可以采用：（1）询问笔录没有填写询问人、记录人、法定代理人姓名或者询问的起止时间、地点的；（2）询问证人的地点不符合规定的；（3）询问笔录没有记录告知证人应当如实提供证言和有意作伪证或者隐匿罪证要负法律责任内容的；（4）询问笔录反映出在同一时间段内，同一询问人员询问不同证人的；（5）询问未成年人时，其法定代理人或合适成年人不在场的。

七、证人证言的采信规则

证人证言的采信规则，是指法庭对证人证言进行综合审查判断之后是否相信并将其作为定案根据的规则。原则上，法庭对证人证言是否采信，是一个自由心证的问题。但自由心证也不是完全自由，法律也对法官的自由心证施加了一定的限制。对此，《最高法解释》第91条第1款规定："证人当庭作出的证言，经控辩双方质证、法庭查证属实的，应当作为定案的依据。"据此规定，采信证人当庭证言有两个条件：一是经控辩双方质证；二是经法庭查证属实。凡是未经控辩双方质证，或者虽经质证但未查证属实的，均不应采信，不应作为定案的依据。

评注8－8　庭审证言与庭前证言的采信标准

《最高法解释》第91条第2款规定："证人当庭作出的证言与其庭前证言矛盾，证人能够作出合理解释，并有其他证据印证的，应当采信其庭审证言；不能作出合理解释，而其庭前证言有其他证据印证的，可以采信其庭前证言。"该规定对证人庭审证言和庭前证言发生矛盾的情形应当如何采信的问题做了规范，其基本原则是合理解释加相互印证。也就是说，对于与庭前证言不一致的庭审证言，如果证人对于改变证言能够提供合理解释，且该证言有其他证据加以印证，则应采信其庭审证言；如证人对改变证言不能提供合理解释，庭前证言有其他证据印证，则应采信庭前证言。如果证人对于庭审证言的改变既不能提供合理解释，其庭前证言又没有其他证据印证，应当如何处理？《最高法解释》对此未作规定。本书认为，庭前证言没有其他证据印证的，不能采信庭前证言；证人对庭审证言的改变虽不能提供合理解释但庭审证言有其他证据能够印证的，还是应当采信庭审证言；如果证人庭审改变证言既无合理解释，该证言也无其他证据印证，则该庭审证言的真实性由法官依据常识和经验加以判断，如不违背常识、经验，且对于认定案情有一定帮助，则可以采信庭审证言。

| 评注 8-9 | 未出庭证言应当一律不得作为定案的依据

《最高法解释》第 91 条第 3 款规定:“经人民法院通知,证人没有正当理由拒绝出庭或者出庭后拒绝作证,法庭对其证言的真实性无法确认的,该证人证言不得作为定案的依据。”本书认为,既然每个人都普遍负有作证义务,证人到法庭上作证就应当是证人提供证言的常态形式。如果证人经法院通知拒绝出庭或者出庭后拒绝作证,其证言就应当直接予以否定,不能作为定案的依据。法庭不需要对其证言的真实性进行审查。证人亲自到庭作证是法庭审查其证言真实性的最主要途径。如果证人不到庭,实际上就废除了法庭查明证人证言真实与否的最重要工具。此时,如仍要求法庭利用其他途径查明证人证言是否真实,就属于强人所难。这样的制度设置也不利于鼓励控辩双方尽可能穷尽一切手段促使己方证人出庭作证,实际上是鼓励控辩双方提供认识论上次优的证据提交法庭,不利于法庭查明事实真相。因此,更加简约、更加明确的规则应当是:经人民法院通知,证人无正当理由拒绝出庭或者到庭后拒绝作证的,该证人证言不得作为定案的依据。

第五节 专家证言与鉴定意见

如前所述,专家证言在英美法系都是作为意见证据的例外,在满足特定条件的情况下具有可采性。在我国,1979 年《刑事诉讼法》和 1996 年《刑事诉讼法》都将专家证言作为“鉴定结论”来对待,也就是说鉴定结论通常都是结论性的,难以反驳。2012 年《刑事诉讼法》将专家证言改称为“鉴定意见”,在一定程度上消解了专家证言的结论性,从而为控辩双方对专家证言进行质证、提出反驳提供了更多的空间。刑事诉讼法有三处规定涉及专家意见:一是在总则证据一章中,对证据种类进行规范时提到了鉴定意见;二是在第二编第二章侦查行为中,专门用一节规范侦查中的鉴定行为;三是在审判一编中,对于鉴定人作证和专家辅助人制度进行了规范。对于上述第二、三项内容,本书分别在侦查、一审等章节中进行了论述,此处不再赘述。刑事诉讼法本身对鉴定意见的规范比较少,但相关司法解释却作了比较详细的规定,对于指导司法实践具有很强的现实针对性,因此本部分仅对司法解释中规定的补充性规则加以论述。

一、鉴定意见的审查判断规则

根据《最高法解释》第 97 条的规定,对鉴定意见的审查应当着重于以下内容:(1)鉴定机构和鉴定人是否具有法定资质;(2)鉴定人是否存在应当回避的情形;(3)检材的来源、取得、保管、送检是否符合法律、有关规定,与相关提取笔录、扣押物品清单等记载的内容是否相符,检材是否充足、可靠;(4)鉴定意见的形式要件是否完备,是否注明提起鉴定的事由、鉴定委托人、鉴定机构、鉴定要求、鉴定过程、鉴定方法、鉴定日期等相关内容,是否由鉴定机构加盖司法鉴定专用章并由鉴定人签名、盖章;(5)鉴定程序是否符合法律和有关规定;(6)鉴定的过程和方法是否符合相关专业的规范要求;(7)鉴定意见是否明确;(8)鉴定意见与案件待证事实有无关联;(9)鉴定意见与勘验、检查笔录及相关照片等其他证据是否矛盾;(10)鉴定意见是否依法及时告知相关人员,当事人对鉴定意见有无异议。

二、鉴定意见不得作为定案根据的情形

《最高法解释》第98条列举了鉴定意见不得作为定案根据的9种情形,具体如下:(1)鉴定机构不具备法定资质,或者鉴定事项超出该鉴定机构业务范围、技术条件的;(2)鉴定人不具备法定资质,不具有相关专业技术或者职称,或者违反回避规定的;(3)送检材料、样本来源不明,或者因污染不具备鉴定条件的;(4)鉴定对象与送检材料、样本不一致的;(5)鉴定程序违反规定的;(6)鉴定过程和方法不符合相关专业的规范要求的;(7)鉴定文书缺少签名、盖章的;(8)鉴定意见与案件待证事实没有关联的;(9)违反有关规定的其他情形。其中最后一项情形属于一网打尽条款,目的是避免列举不尽的尴尬,避免挂一漏万。

另外,根据《刑事诉讼法》第192条和《最高法解释》第99条第1款的规定,经人民法院通知,鉴定人拒不出庭作证的,其鉴定意见也不得作为定案的根据。根据《最高法解释》第99条第2款的规定,鉴定人由于不能抗拒的原因或者有其他正当理由无法出庭的,人民法院可以根据情况决定延期审理或者重新鉴定。

三、检验报告的可采性

《最高法解释》第100条规定,对案件中的专门性问题需要鉴定,但没有法定司法鉴定机构,或者法律、司法解释规定可以进行检验的,可以指派、聘请有专门知识的人进行检验,检验报告可以作为定罪量刑的参考;对检验报告的审查判断,也参照前述关于鉴定意见的审查判断规则进行。

上述司法解释实际上扩大了专家证言的范围,使专家证言在实践中的应用更加广泛和灵活。

第六节 实物证据的验真

一、验真的含义与性质

验真(authentication)是英美证据法上有关物证、书证、展示性证据等实物证据的规则,其具体含义是指证据的提出者应当证明该证据就是他所声称的事物。例如,在杀人案件中,控方欲出示一把匕首作为被告人杀人的工具,来证明被告人实施了杀人行为。根据证据法的要求,控方不能随意拿出一把匕首说那就是被告人杀人用的凶器。相反,控方必须在一定程度上先证明其意图出示的那把匕首正是本案被告人杀人用的凶器。这种证明的过程,就叫作“验真”。

当然,被“验真”的证据并不绝对的可以信以为真,因为证据法对验真的要求比较低。根据美国《联邦证据规则》第901条的规定,作为证据能力之先决条件的验真或辨认,仅需以充分证据证明该证据确为提出该证据之一方所主张之事物为已足。通过其他证据证明一方当事人拟出示的证据就是其声称的事物,这一过程实际上就是证明该证据与案件事实存在关联性的证明过程。因此,验真的性质实际上就是证明关联性的存在,验真在英美证据法上只是关联性要件的精致化。

正因为验真是很多证据尤其是物证具有关联性的一种证明过程,它也经常被认为是附条件关联性和附条件可采性的典型例子。所谓附条件关联性是指在一个证据与本案是否具有关联性并不确定的情况下,法庭可以暂时性地容许该证据(附条件容许),待出示该证据的一方当事人举出充分的证据证明该证据确实是其声称的事物时,才正式将该证据作为定案根据来考虑的制度。

| **案例8-2** | 蓝羽毛的红帽子与实物证据的验真

在一起抢劫案中,控方拟出示一顶有蓝羽毛的红帽子作为被告人参与抢劫银行的证据,理由是控方的一名目击证人能够证明,在抢劫案发生当天,该目击证人看到一名戴着蓝羽毛的红帽子的人参与了抢劫。在目击证人尚未作证的情况下,法庭可以暂时先允许控方出示这顶蓝帽子(附条件可采性),待目击证人作证之后才正式容许其作为本案证据让陪审团加以考虑。如果嗣后控方未能传唤该目击证人,或者该目击证人虽出庭作证但否认看到有人戴着有蓝羽毛的红帽子参与抢劫,则法官都应当指示陪审团不要考虑控方原先出示的那顶有蓝羽毛的红帽子。如果

控方成功地传唤了该目击证人出庭作证，则该目击证人在作证时，不仅要证明他在案发现场看到有人戴着一顶有蓝羽毛的红帽子参与了抢劫，而且要证明控方出示的那顶帽子就是他在现场看到的那顶帽子。但在该案中，仅有目击证人的上述证言还不足以证明控方出示的帽子的关联性，因为该目击证人的证言仅仅能证明有人戴着蓝羽毛的红帽子参与了抢劫，却不能证明本案被告人就是那个戴着蓝羽毛的红帽子的人。因此，控方还必须提供证据证明，该有蓝羽毛的红帽子是在被告人家中搜出来的，或者在抓捕被告人的时候被告人仍然戴着这顶红帽子。对于这一事实，只需要执行搜查或抓捕任务的警察到庭作证，证明控方出示的那顶帽子，就是警方在搜查或抓捕时在被告人家中或身上扣押的帽子即可。也就是说，该案中有关红帽子的可采性，实际上建立在两个条件的基础上：其一，有目击证人证明抢劫犯戴着红帽子；其二，本案被告人恰好拥有这样一顶有着如此显著特征的红帽子。两者都是红帽子这个证据与本案具有关联性的条件；但只有后者才是验真的过程。

二、验真的基本方法

美国《联邦证据规则》第 901 条列举了一些对实物证据验真的方法，但是该规则同时声称验真并不限于其所列举的方法。实践中，验真最常用的方法有以下几种。

（一）基础证言

对于具有显著特征的物品，可以通过知悉该物品特征的证人提供证言的方式获得验真。例如，被害人被一把斧头砍伤，被害人清晰地记得砍伤他的斧头的模样、长短、宽度、厚度，并且能够比较确定地陈述出砍伤他的斧头的特征，那么，让他在法庭上对该斧头进行辨认，并简略陈述斧头的特征，即可获得验真。又如，被害人的钱包被作为控方指证犯罪的证据，对钱包的验真也可以通过被害人对该钱包特征的描述以及在法庭上对该钱包的辨认获得验真。

（二）保管链条

对于有些实物证据，其本身并没有显著的特征。对于这类实物证据，通常可以通过“保管链条”来验真。例如，在毒品案件中，警方在被告人家中起获大批毒品，后来控方用来证明被告人非法持有毒品。在这样的案件中，通常需要执行搜查的警察到法庭作证，证明该毒品当时被扣押的情况，扣押之后如何进行了封存，封存之后交给哪个部门保管，中间有没有发生变动等。

保管链条的核心要求,就是证据从最初获取到被检测这段时间,其移交、封存和保管是否能够间接地说明证据不可能被更动、污染或替换。如果能够说明,则该证据具有可采性。至于证据在检测之后是否丢失、毁损、消耗,则在所不论。但在一些敏感案件中,如证据在检测之后丢失或毁损,可能会让公众感到对物证具有保管之责的侦查机关对相关事实故意有所隐瞒。因此,检测之后对有关物证继续妥善保管,仍然十分必要。

(三)自我验真

美国《联邦证据规则》第902条规定了一些证物本身验真的情形,就是不需要其他证据,证物本身就可以证明其本身的真实性,这种验真被称为"自我验真"。最典型的如官方出版物、报纸期刊等。这些证物之所以允许自我验真,最主要的原因在于伪造这些证物的情况并不常见或者难度比较大。

三、我国刑事诉讼中实物证据的验真

我国《刑事诉讼法》没有明确规定"验真"这一概念,但是相关司法解释或法律解释中的一些规定却实际上起到英美法系证据规则中验真的效果,因此可以视为我国的验真规则。例如,《审查判断证据规定》第6条规定:"对物证、书证应当着重审查以下内容:……(二)物证、书证的收集程序、方式是否符合法律及有关规定;经勘验、检查、搜查提取、扣押的物证、书证,是否附有相关笔录或者清单;笔录或者清单是否有侦查人员、物品持有人、见证人签名,没有物品持有人签名的,是否注明原因;对物品的特征、数量、质量、名称等注明是否清楚。(三)物证、书证在收集、保管及鉴定过程中是否受到破坏或者改变。(四)物证、书证与案件事实有无关联。对现场遗留与犯罪有关的具备检验鉴定条件的血迹、指纹、毛发、体液等生物物证、痕迹、物品,是否通过DNA鉴定、指纹鉴定等鉴定方式与被告人或者被害人的相应生物检材、生物特征、物品等作同一认定……"

上述规定中,第2项规定实际上是基于保管链条的要求设置的规则,第3项规定是对保管链条进行的审查,第4项规定是对同一认定的方法进行的规范和审查。所有这些规定尽管都没有被称为验真,它们和英美法系验真规则的效果却是一样的。

第七节 文书证据的原始性要求

文书证据属于实物证据的一种,因此当然适用实物证据的验真规则。但是,文书证据又有其特殊性,因此适用文书证据的特殊规则——最佳证据规则,也就是通常应当提供原件的规则。在我国,司法解释除了规定书证也就是文书证据应当提供原件以外,还规定物证也应当提供原物。英美法系证据法并无此项要求。因此,本书只论述文书证据的原始性要求。

一、原件要求及其适用范围

(一)文书证据的原件要求

当代最佳证据规则的基本含义是,当一个文书的内容发生争议时,一方当事人为了证明该文书使用的术语,应当出示该文书本身。美国《联邦证据规则》规定:“为证明文书、录音或照片之内容时,应当提供该文书、录音或照片的原件。”由此规定可见,文书的原件要求仅适用于该文书内容发生争议的场合。文书内容的真实性发生争议的场合通常包括涉及交易契据、合同文书、遗嘱等事由的诉讼案件。如果一个文书/记录仅仅是对一个事件进行记录,其本身并无其他价值,则对该事件的证明通常可以通过两种途径:一种是以文书以外的其他证据来证明,另一种则是以文书来证明。当以文书以外的其他证据来证明独立事件时,并不适用最佳证据规则。例如,结婚的事实完全独立于结婚证,在证明结婚这一事实而不是结婚证的内容时,不适用最佳证据规则;但是,如果举证方试图以结婚证来证明结婚事实,则适用最佳证据规则。

| 评注 8-10 | 最佳证据规则的法理基础〔38〕

最佳证据规则的法理基础并不神秘,人们只需诉诸常识即能理解。首先,与原件比较起来,复制件更有可能出现错误,无论这种错误的造成是无意还是有意。威格默、萨尔兹堡(Stephen A. Saltzburg)等均持此观点。〔39〕其次,原件不仅比副本可靠,而且通常还包含很多副本不包含的内容,例如笔迹的特征、原本所用的纸张等,

---

〔38〕 易延友:《最佳证据规则》,载《比较法研究》2011 年第 6 期。

〔39〕 Wigmore, *Evidence*, Vol. Ⅳ, p. 417; Graham C. Lilly, Daniel J. Capra, Stephen A. Saltzburg, *Principles of Evidence*, p. 414.

这些内容往往能为对方当事人就文书的意义进行反驳和评判提供重要的依据。[40] 最后,当证明对象为文书的内容时,与建立在记忆基础上的口头证据比较起来,文书更加可靠,也较少可能出现因为记忆错误而造成的缺陷。[41]

最佳证据规则的最早倡导者吉尔伯特(Geoffrey Gilbert)曾经将防止欺骗作为最佳证据规则的理论基础。吉尔伯特指出,如果一方在证明交易或遗嘱时只出示文书的副本,则通常让人猜想该文书的原本当中有不利于该方当事人的信息,而导致该当事人可能有什么需要隐瞒,否则的话他就应当出示文书的原本。[42] 对此观点,威格摩给予了激烈的批判。威格摩认为,按照吉尔伯特的观点,最佳证据规则就是为了防止小人而设置的;但实际上,最佳证据规则不仅防小人,也防君子——小人因为不诚实而提交伪造的副本,君子因为不小心而提交有错误或遗漏的副本——因此,“最佳证据规则不仅适用于不诚实的当事人,也适用于诚实的当事人”。[43]

(二)原件要求的适用范围

在英美普通法上,原件要求只适用于文书,后来发展到一体适用于照片、录音以及类似的记录等。美国《联邦证据规则》第 1002 条将原件要求限定于文书(writings)、照片(photograph)和记录(recordings)。其中,文书、记录包括以手写、打印、印刷、复印、照相、磁脉冲、机械以及电子等方式形成的记录,或者以其他形式的资料编纂等方法形成的字母、文字或数字以及其他意义相当之物;照片则包括相机形成的照片、X 光片、视频磁带以及动画片等。

我国 2010 年颁布的《审查判断证据规则》第 8 条第 1 款规定,据以定案的物证应当是原物。只有在原物不便搬运、不易保存或者依法应当由有关部门保管、处理或者依法应当返还时,才可以拍摄或者制作足以反映原物外形或者内容的照片、录像或者复制品。物证的照片、录像或者复制品,经与原物核实无误或者经鉴定证明为真实的,或者以其他方式确能证明其真实的,可以作为定案的根据。原物的照片、录像或者复制品,不能反映原物的外形和特征的,不能作为定案的根据。

根据上述规定,原件的要求不仅适用于书证,而且也适用于物证。要求物证必须提交原件虽然并不符合英美法系证据规则的有关通例,但是在中国的语境

---

〔40〕 Wigmore, *Evidence*, Vol. Ⅳ, p. 417.

〔41〕 Wigmore, *Evidence*, Vol. Ⅳ, p. 417.

〔42〕 Chief Baron Geoffrey Gilbert, *The Law of Evidence*, 1754, p. 4.

〔43〕 Wigmore, *Evidence*, Vol. Ⅳ, p. 418.

下，这些要求对于办理刑事案件严格遵守法定程序而言，仍然具有一定的现实意义和指导价值。

二、例外情形

在英美法系，不要求出示文书原件的例外情形包括：(1)当事人对副本或复制件无异议；(2)原件已丢失或损毁；(3)原件掌握在对方手中；(4)原件掌握在第三人手中；(5)官方记录；(6)原件不便搬运。

我国2010年颁布的《审查判断证据规定》第8条第2款规定，据以定案的书证应当是原件。只有在取得原件确有困难时，才可以使用副本或者复制件。书证的副本、复制件，经与原件核实无误或者经鉴定证明为真实的，或者以其他方式确能证明其真实的，可以作为定案的根据。书证有更改或者更改迹象不能作出合理解释的，书证的副本、复制件不能反映书证原件及其内容的，不能作为定案的根据。

第九章　证　明

证明主要是审判阶段的问题。本书将其放在总论一编加以讨论,主要是因为《刑事诉讼法》将"证据"这一章规定在总则当中,因此本书在第八章论述了有关证据的问题;同时,我国《刑事诉讼法》规定的证据,其实也部分包含了证明的内容,因此,在总论中探讨证明问题,也是基于对法典的尊重;另外,为了保持论述对象的连续性,将证明问题也宜放在总论中加以论述。

证明问题的核心是证明责任。证明责任又可以分解为三个方面:一是证明对象,即哪些事实可以无须证明而径行认定;二是证明责任的分配,即哪些事实应当由哪一方当事人举证加以证明;三是证明的标准,也就是承担举证责任的一方应当将待证事实证明到何种程度。本章第一节讨论证明对象;第二节讨论证明责任分配;第三节讨论证明标准。

第一节 证明对象

一、证明对象之界定

刑事诉讼中的证明对象,又称"待证事实"或"要证事实",是指需要当事人或者有关司法机关运用证据加以证明的事实。[1]

在英美法系证据法中,亦有待证事实之概念。英美学者通常将诉讼中之事实进行区分,有论者将事实区分为"证据事实"(*factum probans*)和"待证事实"(*factum probandum*)、争议事实(facts in issue)和非争议事实(facts not in issue)。[2] 其中,待证事实与争议事实实际是密切相关的,而争议事实与非争议事实则是决定一事实及证明该事实之证据是否具有实质性的基本标志。所谓争议事实,有时又称"最终事实"(ultimate facts),是指诉讼之当事人(刑事诉讼中包括检察官)必须加以证明以使其声称之主张成立之事实。[3]

在日本及我国台湾地区,证明对象的讨论主要限于"严格证明"与"自由证明"。所谓严格证明,是指作为认定犯罪事实之证据,必须具有证据能力,且依法定程序之调查,方得采为证据,在此基础上所为之证明;所谓自由证明,乃是指犯罪事实以外之事实,有关诉讼程序上事实之证明。对于自由证明,其证明资料法律未加以严格之限制,纵使用无证据能力或未经合法调查程序之资料,凡依适当方法所取得者,依法官合理之自由裁量得采为诉讼上事实之证明,谓之"自由的证明"。[4]

二、我国刑事诉讼中之证明对象

根据《最高法解释》第72条之规定,我国刑事诉讼中需要运用证据证明的案件事实包括以下几项:(1)被告人、被害人的身份;(2)被指控的犯罪是否存在;(3)被指控的犯罪是否为被告人所实施;(4)被告人有无刑事责任能力,有无罪过,实施犯罪的动机、目的;(5)实施犯罪的时间、地点、手段、后果以及案件起因等;(6)是否系共同犯罪或者犯罪事实是否存在关联,以及被告人在共同犯罪中

---

〔1〕 陈一云主编:《证据学》(第2版),中国人民大学出版社2000年版,第128页;陈朴生:《刑事证据法》(第3版),台北,三民书局1979年版,第152页。

〔2〕 Wigmore, *Evidence*, p. 13.

〔3〕 Peter Murphy, *Murphy on Evidence*, p. 19.

〔4〕 褚剑鸿:《刑事诉讼法论》(修订版),台北,台湾商务印书馆股份有限公司2001年版,第266页。

的地位、作用;(7)被告人有无从重、从轻、减轻以及免除处罚的情节;(8)有关涉案财物处理的事实;(9)有关附带民事诉讼的事实;(10)有关管辖、回避、延期审理等的程序事实;(11)与定罪量刑有关的其他事实。

因我国不存在严格证明与自由证明之区分,且由于证据调查程序并不发达,从而不存在区分严格证明与自由证明之条件,因此,对于上述事实,控辩双方只要举出证据证明到法律规定之程度即可。

三、无须证明之事实

刑事诉讼中无须证明的事实,是指不需要控辩双方举出证据加以证明的事实。对于此类事实,《刑事诉讼法》未明确规定,《最高检规则》第 401 条规定:“在法庭审理中,下列事实不必提出证据进行证明:(一)为一般人共同知晓的常识性事实;(二)人民法院生效裁判所确认的并且未依审判监督程序重新审理的事实;(三)法律、法规的内容以及适用等属于审判人员履行职务所应当知晓的事实;(四)在法庭审理中不存在异议的程序事实;(五)法律规定的推定事实;(六)自然规律或者定律。”在英美法上,以上事实均属于司法认知范畴。结合该规定、司法实践及各国法例,笔者拟将刑事诉讼中无须证明的事实区分为六类:一是众所周知的事实;二是人民法院生效裁判确认的事实;三是规范事实;四是推定之事实;五是无争议之程序事实;六是自然规律及定理。

(一)众所周知的事实

众所周知的事实,又称“公众周知之事实”,是指一般公众或不特定多数人皆已知晓且确信毋庸置疑的事实,即上述规定中第 1 项“为一般人共同知晓的常识性事实”。至于公众如何得知,是通过直接体认,或是新闻报道,或听信传闻,均不限制,例如某地某日发生特大火灾,或者山洪暴发致使交通中断等,如无认定错误之危险,自然无须举证,法院亦无须调查。

如公众本已周知某一事实,而法官却并未知晓,此类事实是否称得上是“众所周知的事实”? 笔者认为,通常情况下,法官并非深居简出之学者,也不是潜心修行之居士,对于当地所发生之事件通常应当有所了解;若法官并不了解该项事实,则称其为“众所周知”之事实,似乎有违常理。

(二)人民法院生效裁判确认的事实

在其他法域,已为法院生效裁判确认的事实,通常都可以作为认定事实的直接依据。例如,根据美国《联邦证据规则》第 803 条第 22 项的规定,如果一个终局定罪判决涉及的是可判处死刑或一年以上监禁刑的罪行,则该证据被用于证明案件中具有关键意义的事实时,作为传闻的例外具有可采性。根据最高人民法院《关于民事诉讼证据的若干规定》第 10 条第 6 项的规定,已为人民法院发生法律效力的裁判所确认的事实,对于正在审理的案件具有约束力。在行政诉讼中,根据《关于行政诉讼证据若干问题的规定》第 68 条的规定,除非当事人有相反证据加以推翻,否则已经依法证明的事实,法庭可以直接认定;根据第 70 条的规定,法院已生效裁判文书确认的事实,可以直接作为定案的依据。在刑事诉讼中,在没有相反证据予以推翻的情况下,将人民法院生效裁判确认的事实作为认定本案事实的直接依据,免除控方相应的举证责任,并无不妥。

(三)规范事实

《最高检规则》第 401 条第 3 项规定的是法律、法规的内容以及适用等属于审判人员履行职务所应当知晓的事实。本书称之为"规范事实"。所谓规范事实,就是法律、法规就具体事项所作的规定中所包含的规范内容。例如,我国《刑事诉讼法》第 56 条规定了反对强迫自我归罪的特免权;《人民陪审员法》第 17 条规定第一审刑事案件被告人、民事案件原告、被告以及行政案件原告均可申请由人民陪审员参加的合议庭进行审判;《刑法》第 349 条规定了包庇毒品犯罪分子罪;等等。这些规范事实,有些是国家最高立法机关所颁布,有些是国家最高司法机关发布的司法解释,有些是国家部委发布的规章,还有一些是省一级的人大发布的地方性规章,作为法官和接受了培训的人民陪审员,法律假定他们对这些规范是知道的,因此对这些事实,无须举证。当然,实务中,无论公诉方还是辩护方,对于那些不常见的法律法规,虽然双方均无举证义务,谨慎起见,还是在庭前或庭后提交完整的书面版比较适宜。

(四)推定之事实

所谓推定,是指由已知之事实推断另一事实存在之思维活动。刑事诉讼活动本来就是一个由已知事实推断过去事实的活动,在这一过程中,存在无数次推理与推论,但是并非所有的推理与推论都无须举证,只有那些由已知事实显然可以推导出来的结论,才能作为"推定事实"而无须举证。另外,推定还可以分为自然之推定与法律之推定。凡属自然之推定,实际上就是依据经验法则所作之推定,例如,甲一枪击中乙之心脏,乙死亡,乙的死亡后果与甲枪击之行为存在因果关系,这一事实即属自然之推定事实,此类推定本质上属于司法认知事实的范畴或者众所周知的事实的范畴。因此,只有法律上的推定,才是此处所讨论的推定。所谓法律上的推定,是指根据一已知事实而断定另一法律事实存在的推定。例如,甲握有与乙结婚之登记证明,应当推定两人具有婚姻关系。

（五）无争议之程序事实

无争议之事实包括实体性事实与程序性事实。在民事诉讼中，有自认的制度，对于当事人自认的事实，通常无须证明；在刑事诉讼中，被告人的自认被称为“自白”，在西方国家，自白只要具有自愿性或者真实性，其所指向的事实，通常不再需要证明。在我国，尽管2018年《刑事诉讼法》规定了认罪认罚从宽制度，但因不采有罪答辩之制度，因此即使被告人作有罪答辩，案件仍然要经过人民法院审判，公诉人仍然要在法庭上指控犯罪，犯罪事实仍然必须得到证明。因此，无争议之事实作为无须证明之事实，并不包括实体性事实，而仅包括程序性事实。最高人民检察院之规定，正是基于我国目前刑事诉讼体制之现状所作，非常具有针对性。

（六）自然规律及定理

在美国法上，根据判例，历史事件、地理知识、生物学知识、政治知识、统计学知识、科学事实等，例如太阳何时升起与降落，人类的血液分组不会改变，可卡因来自可卡的叶子等，均属于司法认知事实，无须举证加以证明。在我国民事诉讼和行政诉讼中，自然规律及定理也都作为免证事实，无须当事人举证加以证明。在刑事诉讼中，虽然对控方施以严格的证明责任，但对人类公认的自然规律及定理免除其证明责任，亦无不妥。对于辩方而言，由于其并不承担证明责任，在其需要负担一定的提证责任的场合，对于自然规律及定理，自然也可以免除其举证义务。

第二节 证明责任的分配

一、证明责任分配的基本原理

（一）古代罗马法上之证明责任

古罗马法谚云：“法官只知法，事实须证明。”[5]既须证明，自然产生证明责任问题。从有关文献来看，古罗马的诉讼中，原告承担证明责任。因为“原告不

〔5〕 黄风编著：《罗马法词典》，法律出版社2002年版，第137页。

举证,被告即开释”。[6] 意思就是,原告在诉讼中负有举证责任,如不履行责任,被告将获得胜诉。但是,这一原则显然仅仅解决证明责任分配的一部分问题,如果原告举出证据,被告加以反驳,并提出新的主张与事实,此时当如何处理?罗马法谚云:“谁主张,谁举证。”因此,提出主张之人有举证责任。但主张有肯定性主张与否定性主张之分,若原告提出一诉讼主张,被告予以否认,实际上也是在提出主张,是否均应负举证责任?罗马法谚云:“否认者不负举证责任。”[7] 又:“凡事应为否认人之利益推定之。”此谚语经法律家解释为:“举证责任在于肯定主张之人而不存于否定之人。”[8]

(二)证明责任的基本含义

根据以上格言可见,在古代罗马法上,证明责任即举证责任,其含义是指诉讼过程中原被告双方必须举出一定证据证明自己提出的诉讼主张,在不能完成该义务时负担败诉风险的责任。从这一概念看出,首先,证明责任与诉讼主张联系在一起,没有诉讼主张,不产生证明责任;其次,证明责任是一种义务,它是提出证据支持并证明自己的诉讼主张的义务;最后,证明责任表现为一种风险机制,它在本质上是当事人对于自己的诉讼主张不能提供相应证据加以证明时所负担的败诉风险。

古代罗马法上证明责任的分配,乃是近现代各国诉讼法上证明责任分配之开端。由于各国法律及政策之不同,以及诉讼模式之差异,使得在有些诉讼制度下,法官得自行收集证据,从而减轻当事人之证明责任;在另一些诉讼制度下,则完全采取当事人主义,证明责任完全由当事人承担,由此而导致各国证明责任之分配并非完全一致。

二、英美刑事诉讼中的证明责任

(一)英美法系关于证明责任的两个概念[9]

英美法系证明责任制度包含两个关键性概念:一是说服责任,二是举证责任。说服责任(burden of persuasion)是在整个诉讼过程中,提出证据证明主张事实之各个要素并使事实的裁判者相信该事实存在的责任。在刑事诉讼中,就是证明犯罪构成各项要件存在的责任。举证责任(burden of production)则是当事

---

〔6〕 黄风编著:《罗马法词典》,法律出版社2002年版,第21页。

〔7〕 黄风编著:《罗马法词典》,法律出版社2002年版,第183页。

〔8〕 李学灯:《证据法比较研究》,台北,五南图书出版公司1992年版,第69页。

〔9〕 关于英美法中证明责任之概念主要参见 Peter Murphy, *Murphy on Evidence*, Blackstone Press, 2000。

人在诉讼的不同阶段提出证据证明所主张或所反驳的事实使法庭相信该事实存在的责任。二者的区别表现在:在刑事诉讼中,说服责任永远由控诉方承担,举证责任则可以在控诉方与被告人之间转移;说服责任对应的是整个案件事实,举证责任则可以是特定的案件事实,也可以是某个案件事实的某一方面;说服责任相应的证明标准是排除合理怀疑,举证责任的证明标准则因不同的当事人而异:对控诉方而言,由于他在总体上必须将案件事实证明到排除合理怀疑的程度,所以对他的证明要求比较高,对被告人而言,则只需要对控诉方所主张的事实提出合理怀疑即可(见图9-1)。

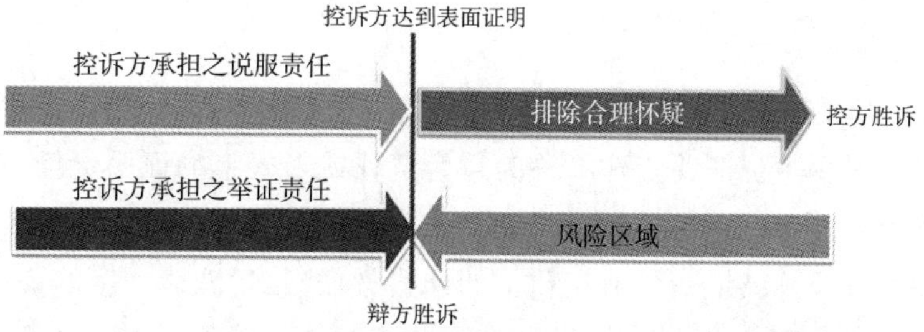

图9-1 英美法系说服责任与举证责任之关系及其在诉讼中之分配

(二)英美法系刑事诉讼中证明责任之分担

在刑事诉讼中,控诉方必须对指控犯罪事实的全部要件承担证明责任,而且都必须证明到排除合理怀疑的程度。这是控诉方承担的说服责任。被告方不承担说服责任,但是在诉讼的不同阶段,被告方承担一定的举证责任。被告方对阻却违法性事实(包括正当防卫、紧急避险、不可抗力、意外事件)、精神病等事实承担举证责任。被告方的举证仅限于提出合理解释,在被告方提出这一主张并举出相应证据后,控诉方有义务加以反驳,并且必须将与被告方提出的事实相反的结论证明到排除合理怀疑的程度。

| **案例9-1** | 英国刑事诉讼中证明责任的分配

被告人被指控开枪谋杀自己的妻子。被告人辩解说是因为枪走火。在法庭辩论结束时,法官指示陪审团说:一旦检察官证明了被害人的死亡是由于被告人的行为所造成,被告人就必须证明其行为不是谋杀。这一指示被上院认为是错误的指示,该案被发回重审。维斯康特·桑克为此案判决写的理由是:“在英国刑法之网中有一条可以经常看到的金线,那就是,控诉方有义务证明被告人有罪……如果在案件结束时,就案件整体而言,对于被告人杀死被害人是否出于主观上的故意这一问题,还存在任何合理的怀疑,这种怀疑无论是由控诉方所提出,还是由被告人所

提出,都应当认为,控诉方没有完成对案件的证明,从而应当将被告人无罪释放。无论指控的内容如何以及在何处审判,被告人有罪的事实都应当由控诉方承担,这是英国普通法的一部分,而且任何试图损害这一原则的努力都不会得逞!”〔10〕

三、大陆法系证据法上之证明责任:以德国为例

对于大陆法系国家的证据理论,我们目前所知比较多的是德国。德国法学家尤利乌斯·格雷塞(Julius Glaser)最早提出主观责任与客观责任之间的区分。

(一)主观责任与客观责任

大陆法系有关证明责任的概念体系中有两个关键概念,一是主观责任,二是客观责任。其中主观证明责任又称为行为责任或形式上的证明责任,它是指当事人为避免不利于己的判决而承担的,证明自己主张的事实是否存在的责任。客观证明责任又称结果责任或实质上的证明责任,是指法律规定的要件事实在法律审理的最后阶段仍然真伪不明时,由对该要件事实负有主张责任的当事人承担不利后果的责任。

客观责任与主观责任的区别在于,客观责任是实体法预先确定的责任,它是实体法预先规定的在事实真伪不明时由谁承担不利后果的责任。比如,产品质量法规定的制造商的证明责任,由于这种证明责任的存在,如果产品质量问题发生诉讼,则在该产品质量是否存在问题这一事实真伪不明时,由制造商承担败诉的不利后果,这就是客观责任。主观责任则是程序法上的一种责任,它是诉讼中的当事人为避免败诉的风险而承担的证明责任。由于客观责任是由实体法预先确定的,所以客观责任又称为实体法上的证明责任。主观责任则由于直接与诉讼有关,因而是程序法的证明责任。在德国,主观责任是程序法上证明责任的一个总概念,在这个概念之下,又有两个分概念,即主观抽象责任与主观具体责任。

(二)主观抽象责任与主观具体责任

对于抽象责任,通常的理解是,当人们抛开具体的诉讼程序和具体的案件事实,就一个抽象的要件事实,比如说,谋杀案件中的主观故意事实发问,由谁来承担在诉讼中对该要件事实举证的责任,那么这就是抽象证明责任。对于具体责任,通常是指,如果在一个特定的诉讼中,当法官对某一特定的要件事实,已经形成了临时的内心确信,在这种情况下,需要哪一方当事人提供证据,这时候所指

---

〔10〕 Woolmington v. DPP[1935]AC 462.

的证明责任,就是具体的证明责任。

关于以上两组概念之关系,可以总结为以下几点:第一,客观证明责任总是抽象证明责任,绝无可能是具体证明责任,因为任何一部实体法均不可能详细规定具体案件的风险分配。第二,主观证明责任可能是抽象的,也可能是具体的。在诉讼开始之前,谁应当证明什么,这就是抽象证明责任;在诉讼进行当中,问及谁必须举出证据证明特定事实的问题,这就是具体证明责任。第三,在诉讼程序开始之时主观抽象的证明责任和具体的证明责任承担者一定是相符的。当法官形成了临时的心证,导致证明的出发点发生转移时,二者才可能出现分离。第四,客观证明责任在原则上总是符合主观抽象的证明责任,与此相反,具体的证明责任则随时可以作不同的分配。其中最重要的是第四点。

(三)大陆法系刑事诉讼中证明责任的分配

法国于1789年人权宣言确立了无罪推定原则;德国于1877年确立了无罪推定原则。根据这些法律文件的规定以及有关法律的规定,大陆法系刑事诉讼中证明责任的分配可以概括为以下几个方面:(1)控诉方负抽象证明责任:无罪推定原则决定控诉方承担抽象证明责任;(2)控诉方负具体证明责任:抽象证明责任表现为具体证明责任的承担;(3)被告人对特定事实承担具体证明责任:被告人在控诉方承担证明责任之后,为避免败诉的风险,也承担一定的举证责任。[11]

四、大陆法系与英美法系证明责任概念之比较

从以上关于证明责任概念与证明责任分配的叙述来看,英美法系没有关于证明责任的总概念。它单纯地把证明责任区分为说服责任和举证责任。大陆法系对于证明责任有两个总概念,即客观责任与主观责任。客观责任纯粹是一个实体法上风险分配的问题,不属于诉讼法的范畴。主观责任则属于诉讼法的范畴,它实际上是大陆法系关于证明责任的一个总概念。这个概念之下有两个分概念,一个是抽象的证明责任,它相当于英美法系中的说服责任;另一个就是具体责任,它相当于英美法系证明责任中的举证责任。

五、我国刑事诉讼中的证明责任

根据我国《刑事诉讼法》及有关法律解释的规定,对我国刑事诉讼中证明责任的承担可作如下概括。

---

〔11〕 关于德国证据法上诸概念主要参见[德]汉斯·普维庭:《现代证明责任问题》,吴越译,法律出版社2000年版,第二至四章。

(一)控诉方负说服责任

《刑事诉讼法》第51条规定:“公诉案件中被告人有罪的举证责任由人民检察院承担,自诉案件中被告人有罪的举证责任由自诉人承担。”这是2012年《刑事诉讼法》修订时新增的规定,2018年《刑事诉讼法》延续了该规定。该规定明确了刑事诉讼证明责任分配的基本原则:在一切案件中,被告人有罪的举证责任均由控诉方承担;其中,公诉案件举证责任由人民检察院承担,自诉案件举证责任由自诉人承担。

与上述举证责任分配的原则相适应,《刑事诉讼法》第200条规定,在被告人最后陈述后,审判长宣布休庭,合议庭进行评议,根据已经查明的事实、证据和有关的法律规定,分别作出以下判决:(1)案件事实清楚,证据确实、充分,依据法律认定被告人有罪的,应当作出有罪判决;(2)依据法律认定被告人无罪的,应当作出无罪判决;(3)证据不足,不能认定被告人有罪的,应当作出证据不足、指控的犯罪不能成立的无罪判决。第211条规定,人民法院对于自诉案件进行审查后,对于缺乏罪证的自诉案件,如果自诉人提不出补充证据,应当说服自诉人撤回自诉,或者裁定驳回。上述规定表明,对于指控犯罪事实的各个要件,以及可以成为法律上规定加重处罚理由的事实或情节,控诉方(包括公诉案件的公诉人和自诉案件的自诉人)自始至终承担说服责任。

(二)控诉方负举证责任

我国《刑事诉讼法》明确规定,庭审前,公诉机关要将案卷材料、证据提交法院;在法庭审理中,公诉人必须通过讯问被告人,向被害人、证人、鉴定人等发问,申请传唤证人、鉴定人出庭作证,出示证据、宣读未到庭证人的书面证言等方式,承担提供证据证明其指控成立的责任;在控诉方未完成其说服责任时,法院将作出证据不足、指控的犯罪不能成立的判决,这是控诉方承担的举证不能的风险。对于自诉人而言,他也必须提供证据证明指控的犯罪事实,否则,在庭前审查阶段,其案件将不予受理;在审判阶段,将产生败诉的风险。

(三)被告人承担有限举证责任

第一,对于阻却违法性的事实,被告方负有举证责任。阻却违法性事实包括正当防卫、紧急避险、意外事件和不可抗力。第二,对于可构成法律上减轻、从轻或免除处罚情节的事实,被告方也负有举证责任。但是对于此种事实,被告方只需要证明到该事实存在的可能性大于不可能性的程度即可,不需要像控诉方那样将事实证明到排除合理怀疑的程度。第三,对于某些程序性事项,例如存在应当回避的情形等事项，被告方负有举证责任。

必须强调的是，无论在何种情况下，被告人都不承担说服责任，也就是抽象证明责任。而且，被告人承担的举证责任也是有限的举证责任，这种责任的有限性体现在两个方面：一是证明的程度，只需要达到使裁判者对不利于被告人的事实产生合理怀疑的程度；二是被告人完成该责任的方式，是一种非强制性方式，被告人可以举证，也可以不举证，举证既是被告人特定条件下的义务，同时也是被告人的权利；在被告人不举证的情况下，法院对被告人不利的事实的认定也必须综合整个案件的证据情况，不能因为被告人未举证就认定被告人有罪。

评注 9－1　真有所谓关于举证责任倒置吗？

举证责任倒置，又称证明责任分配之例外，是法律对主张与举证相互统一原则的重大修正，是对法律确定之一般举证责任原则在法律范围内的违反。〔12〕具体而言，依照我国《刑事诉讼法》之规定，通常情况下被告人不承担说服责任，如果某一实体法特别规定被告人必须承担说服责任，则理论上称之为“举证责任倒置”或“证明责任倒置”。

我国刑事诉讼中是否存在证明责任倒置的问题，主要涉及《刑法》中的两个条文。

首先，《刑法》第 395 条规定，“国家工作人员的财产、支出明显超过合法收入，差额巨大的，可以责令该国家工作人员说明来源，不能说明来源的，差额部分以非法所得论”。最高人民法院司法解释将这一规定的罪名概括为“巨额财产来源不明罪”。有论著认为，巨额财产来源不明罪案件的证明责任分配实际上就是证明责任的倒置，如有的论著指出：“《刑法》第 395 条规定的巨额财产来源不明罪，就将说明来源的举证责任附加于被告人，并且将拒不说明来源或者不能说明来源合法作为该罪成立与否的重要构成要件。”〔13〕还有的论著指出，该规定实际上是对被告人不负证明责任的例外规定，如有的论著指出，在我国“犯罪嫌疑人、被告人原则上不负举证责任”，但《刑法》第 395 条的规定“是特定情况下犯罪嫌疑人、被告人负一定程度的举证责任的例外规定”。〔14〕

本书认为，这些观点是对举证责任倒置的一种误解。因为，所谓举证责任倒置就是依据一般原则，当事人不承担举证责任，而作为特例，该当事人承担举证责任

〔12〕 对于举证责任倒置，有论著称为举证责任分配的例外，参见陈一云主编：《证据学》（第 2 版），中国人民大学出版社 2000 年版，第 172 页。此处对举证责任倒置之界定，参见陈浩然：《证据学原理》，华东理工大学出版社 2002 年版，第 371 页。

〔13〕 陈浩然：《证据学原理》，华东理工大学出版社 2002 年版，第 372 页。

〔14〕 刘金友主编：《证据法学》，中国政法大学出版社 2001 年版，第 294 页。

了,这才是举证责任倒置。但是实际上,在巨额财产来源不明的情况下,首先是控诉方提出证据证明被告人拥有巨额财产系非法所得,然后才由被告方举证证明其来源合法。这完全是举证责任分配的一种通常模式,而不是例外情况,所以不能称为举证责任的倒置。笔者也注意到,前述观点关于证明责任、举证责任之概念,与笔者所持之相关概念并非一致。但笔者认为这并不影响上述案件中关于举证责任倒置问题的探讨。

其次,《刑法》第282条第2款规定:"非法持有属于国家绝密、机密的文件、资料或者其他物品,拒不说明来源与用途的,处三年以下有期徒刑、拘役或者管制。"最高人民法院司法解释将这一规定的罪名概括为非法持有国家绝密、机密文件资料、物品罪。对此一规定,同样不构成证明责任倒置。因为在此类案件中,从总体上看,公诉机关仍然承担着证明其主张成立的证明责任,公诉机关必须自始至终地说服审判者相信存在被告人非法持有国家绝密、机密文件资料或物品这一事实;在诉讼的开始阶段,公诉机关仍然要先证明被告人持有属于国家绝密或机密的文件、资料或物品;在这一前提下,被告人承担有限的举证责任,其义务仅限于说明其持有的上述文件、资料或物品合法,并且一旦被告人完成其说明义务,控诉方即有义务提出证据证明被告人的说法不成立,否则控诉方要承担败诉之风险。因此,在这类案件中,并不存在所谓举证责任倒置的问题。

第三节 证明标准

一、证明标准的概念与实质

(一)证明标准的概念

根据墨菲的论述,证明标准是证据对于事实裁判者所能产生的对法庭事实的主观印象所必须达到的确定性或可能性程度,是承担证明责任之当事人为赢得案件,或者为获得某一特定事项之有利裁决,而必须对事实裁判者说服的程度。[15] 换句话说,证明标准就是指承担证明责任的当事方为完成其证明责任、避免承担其主张不能成立之后果而对其主张应当予以证明,从而使法官对其主张之事实产生确信的程度。简言之,证明标准就是说服的程度。

---

〔15〕 Peter Murphy, *Murphy on Evidence*, Blackstone Press Limited, 7th edition, p. 119.

（二）证明标准与内心确信的程度

证明标准虽然是证明责任法对于举证方在证据质量和数量方面的要求，这种要求却不是直接针对证据而提出，而是针对法官内心确信的程度而提出。它要求的是举证方对于其证据在说服法官相信其所主张的事实存在应当达到的程度。因此，证明标准表述的是人类对于某种特定主张确信的程度。

就认知心理学的角度而言，确信的程度分为不同等级。根据美国证据法学者的阐述，确信的程度可以分为九个等级：(1)无线索，也就是没有任何根据，确信度为零，不足以采取任何法律行动；(2)怀疑(suspicion)，即轻微的相信，可以开始侦查；(3)合理怀疑(reasonable doubt)，或称有理由的怀疑，可以将被告人无罪释放；(4)合理地相信(reasonable belief)，适用于拦截和拍身搜查；(5)合理根据，又称可成立的理由(probable cause)，适用于签发逮捕令状、实施无证逮捕、搜查和扣押，大陪审团签发起诉书和检察官签发起诉书、撤销缓刑和假释等情况；(6)优势证据，通常用于民事诉讼的判决和刑事诉讼中认可辩护理由；(7)清晰和有说服力的证据，在某些州的民事诉讼中对于特定案件的证明会有此要求；(8)排除合理怀疑，通常为刑事诉讼中定罪所要求；(9)绝对确定，理论上通常认为这一要求无法实现，因此无论基于何种法律目的均不得提出此等要求。〔16〕

（三）证明标准的表述

如上所述，人类确信的程度大体上可以分为九个等级。但是，并不是说这九个等级均属于法律所规定的证明标准。事实上，证明标准的说法在英美的证据法中通常只适用于审判的场合，也就是只适用于存在正式证明的场合。在美国法上经常提到的有关证明标准的表述主要为三种：优势证明、清晰可信的证明和排除合理怀疑的证明。〔17〕 其他六种说法与其说是证明标准，不如说是采取特定法律行动需要的内心确信程度。严格来说并不属于证明标准的范畴。

刑事诉讼中犯罪的证明标准为排除合理怀疑。排除合理怀疑的说法起源于18世纪初，而且一开始仅适用于刑事诉讼中的死刑案件。在1770年的一个案件中，检察官总结说，“（如果你们认为）证据没有使你们确信到排除合理怀疑的程度”，那么你们可以将被告人无罪释放。但是，在这个案件中，法官对陪审团的指示仍然是“如果从总体上看，你们对被告人的定罪存在任何怀疑，我们都必须按

---

〔16〕 卞建林：《美国刑事诉讼简介》，载《美国联邦刑事诉讼规则和证据规则》，卞建林译，中国政法大学出版社1996年版。

〔17〕 Kevin M. Clermont, *Standards of Proof Revisited*, 33 Vermont Law Review Spring, p. 469 (2009).

照法律规定,宣告被告人无罪”。[18] 也是从这个案件以后,排除合理怀疑的标准得到普遍采用,虽然其他的说法也流行了一段时间。

二、我国刑事诉讼中的证明标准

(一)我国刑事诉讼法对证明标准之表述

尽管证明标准的实现主要依赖于法官的内心确信,各国法律上却不得不对证明标准有所规定。法律上对证明标准的规定,实际上就是证明标准的法律表述。必须指出的是,无论法律怎么规定,最终实践证明标准的还是法官的内心确信。但是,一个表述科学的法律规定,有助于比较恰当的证明标准在实践中的实现;一个表述不科学的规定,则很可能造成司法实践中无所适从的情形。因此,证明标准的法律表述虽然并不真正代表实践中的证明标准,但是却在一定程度上影响着立法者期望的证明标准的实现。因此,研究立法上应当如何表述证明标准这一问题,仍然有理论和实践的意义。

《刑事诉讼法》第 55 条第 1 款将定罪的证明标准表述为“证据确实充分”;第 200 条第 1 项将定罪的证明标准表述为“案件事实清楚,证据确实、充分”。本书认为,案件事实清楚,乃是证据确实充分达到的效果,并不是证据确实充分的解释或深化,因此,我国刑事诉讼法中定罪的证明标准,就是“证据确实、充分”。根据《刑事诉讼法》第 55 条第 2 款的规定,所谓证据确实、充分,应当同时满足三个条件:(1)定罪量刑的事实都有证据证明;(2)据以定案的证据均经法定程序查证属实;(3)综合全案证据,对所认定事实已排除合理怀疑。

根据以上规定,我国刑事诉讼证明标准的表述与西方国家证明标准的表述虽然存在一定的区别,但是其在具体含义方面却不约而同,甚至也可以说,我国刑事诉讼法中定罪的证明标准和西方国家定罪的证明标准的表述已经趋于一致。尽管《刑事诉讼法》第 55 条第 1 款的规定将证明标准表述为证据确实充分,但在第 2 款又将证据确实充分解释为必须满足排除合理怀疑,可见证据确实充分与排除合理怀疑实际上是一致的。因此,也可以理解为我国证明标准已经界定为排除合理怀疑。

(二)证明标准与自由心证

当代大部分国家刑事诉讼证明标准都已经摆脱了法定证据制度的束缚,法律虽然对证明标准有一定要求,但是由于证明标准所依赖的“确定性”“可能性”

---

〔18〕 Barbara J. Shapiro, *supra* note 10, p. 22.

等概念本身具有的抽象特征，除非像法定证据制度那样从数量方面严格限定，否则无法进行有效的控制，因此，实际上证明标准几乎完全是由法官通过自由心证来实现的。

｜评注9－2｜　自由心证主义与证据裁判主义

自由心证，又称内心确信，源自法文 I' intime conviction，日文译为自由心证，英文译为 free evaluation of evidence through inner conviction，是指证据的取舍和证明力的大小，以及案件事实的认定，均由法官根据自己的良心、理性自由判断，形成确信的一种证据制度。其核心内容是对各种证据的真伪、证明力的大小以及案件事实如何认定，法律并不作具体规定，完全听凭法官根据理性和良心的指示，自由地判断。法官通过对证据的审查在思想中所形成的信念，就叫作"心证"，"心证"达到无任何合理怀疑的程度，叫作"确信"。法官通过自由判断证据所形成的"内心确信"这样一种心理状态，就是作出判决的直接依据。[19]

无论是自由心证，还是内心确信，讲究的都是法官对证据之证明力进行自由判断，同时也包含着对控辩双方是否完成证明标准进行自由判断之意义。

既然证明标准的判断完全委任给法官，自然难免发生主观臆断之危险。因此，自由心证不能独立生存，它必须以对法官心证进行约束为必要前提。在西方，对法官心证的约束来自很多方面，例如，在英美法系国家，法官与陪审团分别行使适用法律与认定事实的权力，审判权实际上被分割为两部分，分别由不同的主体来行使；表面上看法官仅负责适用法律，陪审团仅负责认定事实，但实际上法官可以通过对证据的排除影响陪审团对事实的认定，陪审团也可以通过"取消法律"这一权力的行使，使他们不喜欢的法律实际上无效。因此，法官与陪审团实际上共同行使认定事实与适用法律之权，从而使二者的权力均得到适当约束，并保证自由心证中的"自由"不被滥用。在大陆法系国家，虽然不实行陪审团审判，但是外行法官对审判程序的参与，也使无论是外行法官还是专业法官认定事实的权力得到必要的约束。更为重要的是，无论大陆法系还是英美法系，均实行证据裁判主义。

所谓证据裁判主义，是指认定事实之法官对于案件事实所形成之内心确信这种心理状态应从有证据能力的证据得来。[20] 自由心证允许法官自由判断的是证据的价值即证明力，而不是证据能力。没有证据能力的证据，既不能作为认定事实之根据，也不允许依据这种没有证据能力的证据所产生的心证去判断证据的证明

---

〔19〕易延友：《对自由心证哲学基础的再思考》，载《比较法研究》1998年第2期。

〔20〕如我国台湾地区"刑事诉讼法"第154条规定："犯罪事实应以证据认定之，无证据不得推定其犯罪事实。"对此，我国台湾地区学者有的称之为"证据审判主义"。参见黄东熊、吴景芳：《刑事诉讼法论》（第5版），台北，三民书局2002年版，第341页。

力。对此,我国台湾地区学者指出:“如许以心证判断无证据能力证据之证明力,使依心证而创造证据能力,无异舍本求末,倒因为果,与自由心证主义之旨趣有背。因之,自由心证,系由有证据能力之证据而产生……无证据能力之证据,既不得作为判断之依据,固毋庸加以调查,即经调查后,始发现其无证据能力者,亦不得本其调查所得之心证,而判断其证明力。”[21]

三、补强证据规则

(一)补强证据规则概述

在英美法系,证据力的评价问题从来都不是证据法关注的重点,因为多数证据法专家都认为如何评价证据应当是法官和陪审团自由判断的问题。但是也有一些证据由于看上去如此可疑,因此人们也自然地产生出要求对一定的证据予以加强的愿望。这就是通常所说的补强证据规则,它在法律上是指为了获得特定的结果,比如定罪,而要求一些特定的证据必须有另外的独立于该证据的证据加以支持的规则。[22]

英国法并没有哪一条规则要求证明案件事实的证据一定要达到特定的数量,普通法上也没有任何一条规则要求对证据进行补强。但是在某些案件中,尤其是在特定的刑事案件中,轻率地接受一方当事人的证明也的确存在危险。因此,在有些案件中,法官会指示陪审团除非有补强证据否则不要定罪。这类规则适用于刑事诉讼中小孩未经宣誓的证据,或者与某些特定的犯罪,比如伪证罪、超速行驶、容留妇女卖淫等有关的证据。

起初,这一规则在实践中由法官视情况决定是否指示陪审团需要补强证据;逐渐地,它的运用越来越经常,并且英国上院最终决定在某些案件中“补强证据警示”必须作出,否则定罪判决在上诉程序中就会被推翻。在案件不由陪审团审判而由一个单独的法官审判时,或者由治安法官审判时,关于补强证据的要求并不导致如此精心的戒备,因为并不需要将法律的规定以总结的形式向某个决定事实的法官讲述。在离婚案件中,衡量通奸这一事实是否已经得到证明时,如果没有补强证据,法官会拒绝相信有这样的事实,但是法律并不禁止他接受未经补强的证据,只要他认为该证据已经足够。所以,在法官或治安法官审判案件时,“指示”只是在评价证据分量的时候作为一般性指导原则起作用。即使没有按照这一指导原则做出判决,也不必然引起上诉。

---

〔21〕 陈朴生:《刑事证据法》(第3版),台北,三民书局1979年版,第550页。

〔22〕 Peter Murphy, *Murphy on Evidence*, 7th edition, 2000, p. 543.

目前,英国已经通过一些制定法取消了对定罪的补强证据规则的限制。换句话说,补强证据规则正在逐渐走向消亡。目前还存在补强证据要求的案件已经仅限于叛国、伪证、超速行驶这三项罪名。[23]

(二)我国的口供补强规则

我国《刑事诉讼法》第55条第1款规定:“对一切案件的判处都要重证据,重调查研究,不轻信口供。只有被告人供述,没有其他证据的,不能认定被告人有罪和处以刑罚;没有被告人供述,证据确实、充分的,可以认定被告人有罪和处以刑罚。”该款规定既是对证明标准的界定,同时也是对口供这种证据的证明力所作的立法上的评价。根据该规定,法律实际上表达了不鼓励片面追求犯罪嫌疑人、被告人供述的做法;相反,侦查人员应当尽可能以口供以外的证据来查明案件真实情况,获得对整个案件的全面、客观的认识。这是因为,供述证据本身具有的一些特征使其证明力容易打折扣:第一,中国古代司法制度过于注重对口供的追求,导致动辄对被告人乃至被害人、证人进行刑讯逼供,在一定程度上造成了冤假错案,现代社会强调司法文明,严格禁止刑讯逼供,但实践中刑讯逼供依然存在,降低对供述证据证明力的评价,本身就是对刑讯逼供的一种遏制。第二,犯罪嫌疑人、被告人本身是案件的当事人,因此其通常被认为具有撒谎的动机,其供述的可靠性、真实性也就存有疑问。

基于上述理解,在具体的案件中,对于供述证据应当先审查是否有刑讯逼供、威胁、引诱、欺骗以及其他可能明显导致供述证据失真的情形;然后应当注重将供述证据与其他证据进行相互印证。前者保障的是前述规定预防刑讯逼供目标的实现,后者保障的是前述规定强调供述证据的真实性的实现。在两者均有保障的前提下,即使其他证据稍微弱一些,只要能够形成内心确信,也可以定案。

---

〔23〕 Peter Murphy, *Murphy on Evidence*, 7th edition, 2000, p. 546.

第十章　期间、送达与附带民事诉讼

刑事诉讼中的期间与送达主要属于技术性规范，但也会涉及当事人权利的保护和实现。期间包括法定期间与指定期间。期日则通常由刑事诉讼中的国家机关指定，而不存在法定期日之说。期间以时、日、月为计算单位。期间开始的时和日不计算在内。期间不包括在途的时间。期间届满前交邮的，以交邮的邮戳日期为准。期间包括节假日在内，但期间届满前最后一日为节假日的向后顺延一日，但羁押期间除外。在特定情况下，期间可以恢复。送达的主体包括公检法机关。送达的内容是诉讼文件。送达的程序必须严格依照法律规定，否则将不发生送达的法律效力。

《刑事诉讼法》还规定了附带民事诉讼，对因犯罪嫌疑人、被告人的犯罪行为而遭受物质损失的当事人提供获得经济赔偿的机会。《刑事诉讼法》明确将附带民事诉讼的范围限定为因犯罪行为遭受物质损失的被害人，这就排除了因犯罪行为遭受精神损失的被害人通过附带民事诉讼获得赔偿的可能性。最高人民法院司法解释也规定，对于因犯罪行为遭受精神损失单独提起民事诉讼的，人民法院不予受理。故而，被害人因犯罪行为遭受精神损失无法获得赔偿。学习附带民事诉讼，既要思考附带民事诉讼程序中犯罪嫌疑人、被告人的权利保障问题，也要思考被害人的权利保障问题。

期间、送达与附带民事诉讼并无直接联系，本书将这两块内容放在一起讨论纯粹是为了使各章之间的篇幅布局显得融洽协调。具体而言，本章第一节论述期间问题；第二节论述送达中的有关程序与规则；第三节论述附带民事诉讼。

第一节 期 间

一、期间与期日

刑事诉讼期间,是指公安机关、人民检察院、人民法院进行刑事诉讼以及当事人及其他诉讼参与人参加刑事诉讼必须遵守的时间期限。刑事诉讼期间一般由法律明确规定,称作法定期间;个别情况下可以由公安机关、司法机关指定,称作指定期间。法律规定的刑事诉讼期间包含两大部分,一部分是公、检、法三机关应当遵守的期间;另一部分是当事人及其他诉讼参与人应当遵守的期间。

在刑事诉讼中,除期间以外,还有期日。期日是指公、检、法三机关、诉讼参与人共同进行刑事诉讼活动的特定时间。我国刑事诉讼法对期日未作具体规定,司法实践中,由公、检、法三机关根据案件的具体情况和法律关于期间的一般规定予以指定。期日和期间关系紧密,同为诉讼中规范时间的重要概念,但两者有很大区别,主要为:(1)期日是一个特定的单位时间,如某日、某时;期间指一定期限内的时间,即始于某期日又止于某期日的一段时间。(2)期日是公、检、法三机关和诉讼参与人共同进行某项刑事诉讼活动的时间;期间则是公、检、法三机关或诉讼当事人及其他诉讼参与人各自单独进行某项诉讼活动的时间。(3)期日由公安机关、检察机关或审判机关指定,遇有重大理由时可以变更;期间一般由法律明确加以规定,不得任意变更。(4)期日只规定开始的时间,不规定终止的时间;期间则以规定的起、止时间为始期和终期。

根据法律的规定,我国刑事诉讼期间制度的内容主要有期间的计算和期间的恢复以及各种诉讼活动的法定期间。

二、期间的计算

(一)计算单位

我国刑事诉讼的期间以时、日、月为计算单位。

(二)计算方法

对于期间的计算主要应遵循以下规则:(1)期间开始的时和日不计算在期间以内。例如,不服判决的上诉和抗诉期限为10日,这10日的期间应当从接到判决书的第二日起计算。(2)对于法定期间的计算,不包括路途上的时间。这一规则不仅适用于路途较远的当事人,而且也适用于公、检、法三机关,例如,公安机关在异地执行拘留后带回本地,则返回途中所需的时间不能计算在拘留后应在24小时以内对被拘留人进行讯问的期间内。(3)上诉状或者其他诉讼文件在期满前已经交邮的,应当以交邮的时间即当地邮局盖印邮戳的时间为准,而不能以邮件到达的时间为准。(4)为了保证诉讼活动的及时进行,节假日应当计算在期间以内。期间届满之日如果是法定节假日的,应当顺延至法定节假日后的第一个工作日,但对于被告人或者罪犯的在押期间,应当至期间届满之日为止,不得因节假日而延长在押期限。

三、期间的恢复

刑事诉讼期间的恢复,是指诉讼当事人因某种特殊的原因未能在法定期间内进行特定的诉讼活动,经人民法院许可,可以继续进行这种诉讼活动。设立期间恢复制度,是为了解决诉讼过程中可能发生的特殊情况,维护当事人的合法权益,保证诉讼活动的顺利进行。《刑事诉讼法》第106条规定:"当事人由于不能抗拒的原因或者有其他正当理由而耽误期限的,在障碍消除后五日以内,可以申请继续进行应当在期满以前完成的诉讼活动。前款申请是否准许,由人民法院裁定。"根据这一规定,期间恢复的条件是:(1)只有当事人才可以提出恢复诉讼期间的申请,其他诉讼参与人无权提出这种申请。(2)当事人未能在法定期间完成特定的诉讼行为,是由于不能抗拒的原因或者有其他正当理由。例如,遭受水灾、火灾、地震、车祸,患有严重疾病,未收到诉讼文书等。(3)当事人的申请应当在妨碍其遵守法定期间的原因消除后5日以内,向审判本案的人民法院提出。(4)必须经人民法院裁定允许。人民法院在接到当事人的申请后,经过审查,认为当事人申请中所述情况真实,超过法定期间确实具有不可抗拒的原因或者其他正当理由,应当裁定允许其继续进行在原期间内未完成的诉讼活动。如果认为当事人不是因为不能抗拒的原因或者具有其他正当理由而耽误期限,则裁定驳回。

四、法定期间

法定期间是指法律明确规定的诉讼时间期限。这种期间的开始是基于某种诉讼行为的实施或法律事实的发生。刑事诉讼法关于各种诉讼活动的期间有具体而明确的规定。概括起来主要有以下方面。

(一)强制措施期间

对犯罪嫌疑人、被告人拘传持续的时间最长不得超过24小时。对犯罪嫌疑人、被告人取保候审最长不得超过 12 个月;监视居住最长不得超过 6 个月。拘留或逮捕犯罪嫌疑人、被告人后,除有碍侦查或者无法通知的情形以外,拘留或逮捕机关应当在 24 小时以内把拘留或逮捕的原因和羁押处所通知被拘留人或被逮捕人的家属或所在单位;应当在 24 小时内对被拘留人或被逮捕人进行讯问。公安机关对被拘留的人认为需要逮捕的,应当在拘留后的 3 日内提请人民检察院审查批准,特殊情况下可以将提请审查批准的时间延长 1 ~4 日;对于流窜作案、结伙作案、多次作案的重大嫌疑分子,提请审查批准逮捕的时间可以延长至 30 日。人民检察院在接到公安机关提请批准逮捕书后,应当在 7 日以内作出批准或不批准逮捕的决定。人民检察院自行侦查的案件中,对被拘留的人需要逮捕的,应当在拘留后 14 日内作出决定;特殊情况下,决定逮捕的时间可以延长 1 ~3 日。人民检察院对监察机关移送审查起诉的案件,犯罪嫌疑人被留置的,应当先行拘留,拘留后应当在 10 日内作出是否逮捕、取保候审或监视居住的决定,特殊情况下作出决定的期限可以延长1 ~4 日。

(二)与聘请律师、委托辩护人、诉讼代理人有关的期间

犯罪嫌疑人在被侦查机关第一次讯问或者采取强制措施之日起,有权委托辩护人;在侦查期间,只能委托律师作为辩护人。被告人有权随时委托辩护人。公诉案件被害人及其法定代理人或近亲属、附带民事诉讼当事人及其法定代理人自案件移送审查起诉之日起有权委托诉讼代理人;侦查机关在第一次讯问犯罪嫌疑人或者对犯罪嫌疑人采取强制措施的时候,应当告知犯罪嫌疑人有权委托辩护人;人民检察院自收到移送审查起诉的材料之日起 3 日以内,应当告知犯罪嫌疑人有权委托辩护人;应当告知被害人及其法定代理人或近亲属有权委托诉讼代理人。自诉案件的被告人有权随时委托辩护人;自诉人及其法定代理人、附带民事诉讼的当事人及其法定代理人有权随时委托诉讼代理人。人民法院自受理自诉案件之日起 3 日以内,应当告知被告人有权委托辩护人;应当告知自诉人及其法定代理人、附带民事诉讼的当事人及其法定代理人有权委托诉讼代理人。

(三)侦查羁押期间

对犯罪嫌疑人逮捕后的侦查羁押期限不得超过 2 个月。案情复杂、期限届满不能终结的案件,可以经上一级人民检察院批准延长 1 个月。对交通十分不便的边远地区的重大复杂案件,重大的犯罪集团案件,流窜作案的重大复杂案件,由于犯罪涉及面广且取证困难的重大复杂案件,在上述期限内不能侦查终结的,经省、自治区、直辖市人民检察院批准或者决定,可以再延长 2 个月。对犯罪

嫌疑人可能判处10年有期徒刑以上刑罚,按照前述规定延长2个月期限届满仍不能侦查终结的,经省、自治区、直辖市人民检察院批准或者决定,可以再延长2个月。因为特殊原因,在较长时间内不宜交付审判的特别重大复杂的案件,由最高人民检察院报请全国人大常委会批准延期审理。

(四)审查起诉期间

人民检察院对公安机关、监察机关移送审查起诉的案件,应当在1个月以内作出决定;重大复杂的案件,可以延长半个月。根据《最高检规则》第346条和第348条的规定,对于退回公安机关补充侦查的案件,应当在1个月以内补充侦查完毕,补充侦查以两次为限;人民检察院在审查起诉中决定自行侦查的,应当在审查起诉期限内侦查完毕。根据《监察法》第47条第3款的规定,对于监察机关移送审查起诉的案件,人民检察院经审查认为需要补充核实并退回补充调查的案件,监察机关应当在1个月内补充调查完毕,补充调查以二次为限。

(五)对不起诉决定的申诉期间

被害人如果不服人民检察院作出的不起诉决定,可以在收到决定书后7日以内向上一级人民检察院提出申诉。被不起诉人如果对于人民检察院因"犯罪情节轻微,依照刑法规定不需要判处刑罚或者免除刑罚"而作出的不起诉决定不服,可以自收到决定书后7日以内向人民检察院申诉。

(六)一审程序期间

人民法院应当在开庭10日以前将人民检察院的起诉书副本送达被告人;应当在开庭3日以前将开庭时间、地点通知人民检察院;将传票、通知书最迟在开庭3日以前送达当事人、辩护人、诉讼代理人、证人、鉴定人和翻译人员。公开审判的案件,在开庭3日以前先期公布案由、被告人姓名、开庭时间和地点。在法庭审判过程中,检察人员发现提起公诉的案件需要补充侦查,提出建议经法庭同意延期审理的,人民检察院应当在1个月以内补充侦查完毕。人民法院当庭宣告判决的,应当在5日以内将判决书送达当事人和提起公诉的人民检察院;定期宣告判决的,应当在宣告后立即将判决书送达当事人和提起公诉的人民检察院。人民法院审理公诉案件,应当在受理后2个月以内宣判,最迟不得超过3个月。对可能判处死刑的案件或者附带民事诉讼案件以及有《刑事诉讼法》第158条规定情形之一的案件,经上一级人民法院批准,可以延长3个月。因特殊情况还需要延长的,报请最高人民法院批准。

适用普通程序审理的被告人被羁押的自诉案件,适用与公诉案件相同的审判期限。适用普通程序审理的被告人未被羁押的自诉案件,应当在受理后6个月内宣判。

适用简易程序审理的案件,应当在受理后20日内审结;对可能判处的有期徒刑超过3年的,可以延长至一个半月。适用速裁程序审理的案件,人民法院应当在受理后10日内审结;对可能判处有期徒刑超过1年的,审结的期限可以延长至15日。

(七)上诉抗诉期间

不服第一审判决的上诉和抗诉的期限为10日;不服第一审裁定的上诉和抗诉的期限为5日。被害人及其法定代理人不服地方各级人民法院第一审判决的,自收到判决书后5日以内,有权请求人民检察院提出抗诉。人民检察院自收到被害人及其法定代理人的请求后5日以内,应当作出是否抗诉的决定,并且答复请求人。

(八)二审程序期间

上诉人通过原审人民法院提出上诉的,原审人民法院在3日以内将上诉状连同案卷、证据移送上一级人民法院,同时将上诉状副本送交同级人民检察院和对方当事人。上诉人直接向第二审人民法院提出上诉的,第二审人民法院应在3日以内将上诉状交原审人民法院送交同级人民检察院和对方当事人。第二审人民法院对于人民检察院依照上诉程序提出抗诉的案件或者开庭审理的公诉案件,必须在开庭10日以前通知人民检察院查阅案卷。第二审人民法院受理上诉、抗诉案件,应当在2个月以内审结。对可能判处死刑的案件或者附带民事诉讼案件以及有《刑事诉讼法》第158条规定情形之一的案件,经省、自治区、直辖市高级人民法院批准或决定,可以延长2个月;因特殊情况还需要延长的,报请最高人民法院批准。最高人民法院受理上诉、抗诉案件的审理期限,由最高人民法院决定。

(九)再审程序期间

人民法院按照审判监督程序重新审判的案件,应当在作出提审、再审决定之日起3个月以内审结。需要延长期限的,不得超过6个月。接受抗诉的人民法院按照审判监督程序审判抗诉的案件,审理期限适用上述规定;对需要指令下级人民法院再审的,应当自接受抗诉之日起1个月内作出决定,下级人民法院审理案件的期限适用上述规定。

（十）死刑执行期间

下级人民法院接到最高人民法院执行死刑的命令后，应当在7日以内交付执行。

（十一）变更执行的监督期间

人民检察院认为暂予监外执行不当的，应当自接到通知之日起1个月以内将书面意见送交决定或者批准暂予监外执行的机关；决定或者批准暂予监外执行的机关接到人民检察院的书面意见后，应当立即对该决定进行重新核查。人民检察院认为人民法院减刑、假释的裁定不当，应当自收到裁定书副本后20日以内，向人民法院提出书面纠正意见。人民法院应当在收到纠正意见后1个月以内重新组成合议庭进行审理，作出最终裁决。

（十二）申请恢复期间的期间

当事人由于不能抗拒的原因或者有其他正当理由而耽误期限的，在障碍消除后5日以内，可以申请继续进行应当在期满以前完成的诉讼活动。

（十三）特殊情况的期间的计算

针对诉讼过程中可能出现的一些特殊情况，刑事诉讼法规定了特殊情况下诉讼期间的计算：（1）在侦查期间，发现犯罪嫌疑人另有重要罪行的，自发现之日起依照《刑事诉讼法》第156条的规定重新计算侦查羁押期限。犯罪嫌疑人不讲真实姓名、住址，身份不明的，侦查羁押期限自查清身份之日起计算，但是不得停止对其犯罪行为的侦查取证。（2）对于补充侦查的案件，补充侦查完毕移送人民检察院后，人民检察院重新计算审查起诉期限。（3）人民检察院审查起诉的案件，改变管辖的，从改变后的人民检察院收到案件之日起计算审查起诉期限。（4）人民法院改变管辖的案件，从改变后的人民法院收到案件之日起计算审理期限。（5）人民法院审判案件过程中，人民检察院补充侦查的案件，补充侦查完毕移送人民法院后，人民法院重新计算审理期限。（6）适用简易程序转为普通程序审理的案件，审理期限应当从决定转为普通程序之日起计算。

第二节 送 达

一、送达的概念及特点

刑事诉讼中的送达,是指公、检、法三机关按照法定程序和方式将诉讼文件送交收件人的诉讼活动。送达作为一项诉讼行为,具有以下特点:首先,送达的主体只能是公、检、法三机关。送达是发生在送达主体与送达对象之间的一种法律关系,在这一法律关系中,发件人只能是公安机关、人民检察院和人民法院。收件人可以是诉讼参与人,也可以是有关的机关或单位。因此,诉讼参与人向公、检、法三机关递交诉讼文书或者其相互之间传递诉讼文书的行为,不是刑事诉讼中的送达。其次,送达的内容是诉讼文件。其中公、检、法三机关制作的诉讼文件是送达的主要内容,如传票、通知书、起诉书、不起诉决定书、判决书、裁定书、调解书等。此外,自诉状副本、附带民事诉状和答辩状的副本、上诉状的副本等由当事人制作的诉讼文书,也是通过人民法院送达的。最后,对送达的程序和方式法律有明确规定。实施送达行为,必须严格依照法律规定的程序和方式进行,否则不能产生送达的法律效力。

二、送达回证

送达回证,又称送达证,送达证书,是指公、检、法三机关制作的用以证明送达行为及其结果的诉讼文件。送达回证的内容包括:送达机关和送达文件的名称;被送达人姓名(名称)、职业职务、住所地或者经常居住地;送达方式;送达人和被送达人签名、盖章;签收日期等。

送达回证是送达人完成送达任务的凭证,也是被送达人接收或者拒收所送达的诉讼文件的证明,同时也是检查公、检、法三机关是否按照法定程序和方式送达诉讼文件、认定当事人及其他诉讼参与人的诉讼行为是否有效的依据。

三、送达程序

根据《刑事诉讼法》第 107 条的规定,诉讼文件的送达应遵循下列程序:(1)传票、通知书和其他诉讼文件的送达,应当交给收件人本人;如果本人不在,可以交给他的成年家属或者所在单位的负责人代收。(2)收件人本人或者代收人拒绝接收或者拒绝签名、盖章的时候,送达人可以邀请他的邻居或者其他见证人到场,说明情况,把文件留在其住处,在送达证上注明拒绝的事由、送达的日期,由送达人签名,即认为已经送达。(3)根据最高人民法院的规定,直接送达诉讼文件有困难的,可以委托收件人所在地的人民法院代为送达,或者邮寄送达。委托送达的,应当将委托函、委托送达的诉讼文件及送达回证,寄送收件人所在地的人民法院。受委托的人民法院收到委托送达的诉讼文件,应当登记,并由专人及时送交收件人,然后将送达回证及时退回原人民法院。受委托的人民法院无法送达时,应将无法送达的原因及时告知原人民法院,并将诉讼文件及送达回证退回。(4)邮寄送达的,应当将诉讼文件、送达回证挂号邮寄给收件人。挂号回执上注明的日期为送达的日期。(5)诉讼文件的收件人是军人的,可以通过所在部队团级以上单位的政治部门转交。收件人正在服刑的,可以通过所在监狱或者其他执行机关转交。代为转交的部门、单位收到诉讼文件后,应当立即交收件人签收,并将送达回证及时退回送达的人民法院。(6)送达人不按法律要求送达,致使诉讼活动不能顺利进行的,应当由送达人负责。如果已经合法送达,收件人本人不按文件的要求执行,由此产生的法律后果,应由收件人本人负责。

第三节　附带民事诉讼

一、附带民事诉讼的概念与意义

我国刑事诉讼中的附带民事诉讼,是指公安机关、人民检察院、人民法院在追究被告人刑事责任的同时,附带解决由于犯罪嫌疑人、被告人的犯罪行为而引起的经济损害赔偿而进行的诉讼。

犯罪行为不仅导致对社会安宁之危害,并且通常导致对个人生命、身体、财产等利益的侵害;其对社会之公害,通常构成刑事犯罪;其对个人之侵害,则仅构成民事侵权。刑事犯罪通过刑事诉讼追究其刑事责任,民事侵权则通常以民事诉讼来解决损害赔偿问题。二者虽然性质不同,但因其行为具有同一性,因此,很多国家将追究犯罪与侵权赔偿二者结合起来,在追究犯罪的同时,以附随的诉讼解决民事赔偿问题,从而产生了附带民事诉讼。

附带民事诉讼之产生,源于对诉讼效率与司法权威的追求。因为将由同一行为所产生之民事赔偿问题与刑事责任问题合并审判,不仅可以避免重复审判,节约司法资源,而且由于在同一审判程序中对被告人是否有责这一问题,产生分歧之可能性几乎为零,所以通常不会出现对同一行为而作不同判决之现象,[1]从而司法的统一性得到实现,司法的权威性亦由之而得到加强。[2]

二、程序特征

《刑事诉讼法》第101条规定:“被害人由于被告人的犯罪行为而遭受物质损失的,在刑事诉讼过程中,有权提起附带民事诉讼。被害人死亡或者丧失行为能力的,被害人的法定代理人、近亲属有权提起附带民事诉讼。”“如果是国家财产、集体财产遭受损失的,人民检察院在提起公诉的时候,可以提起附带民事诉讼。”据此规定,构成附带民事诉讼必须具备以下条件。

(一)附带民事诉讼以刑事诉讼为存在的前提

所谓附带,必然有所依附。因此,刑事诉讼的存在,是提起附带民事诉讼的条件。有的论著认为,被告人的行为必须构成犯罪,方能提起附带民事诉讼。此观点乃是对《刑事诉讼法》第101条之过于机械的理解。根据《刑事诉讼法》第12条之规定,未经人民法院依法判决,任何人都不得被确定为有罪;如果必须先确认被告人的行为是犯罪行为方能提起附带民事诉讼,则被害人在侦查、起诉阶段皆不能提起附带民事诉讼。而实际情形并非如此。《刑事诉讼法》第171条规定,人民检察院在审查起诉时,即须审查有无附带民事诉讼;可见,在侦查阶段、审查起诉阶段,被害人即可提起附带民事诉讼。因此,对《刑事诉讼法》第101条之规定,应当理解为只要有刑事诉讼存在,即可提起附带民事诉讼,而无论被告人行为是否构成犯罪这一问题之确定与否。

---

[1] 在英美法系,因民事诉讼与刑事诉讼截然分开,在同一行为既构成犯罪又构成侵权的场合下,审理刑事案件之法院与审理民事诉讼之法院,作出完全相反之结论的情形,时有发生。最显著的例子莫过于辛普森案件,该案在刑事诉讼中被告人被宣告无罪,在民事诉讼中却被判定对被害人的死亡负有责任,从而被陪审团施加高达3250万美元的惩罚性赔偿。关于该案刑事审判程序之详细介绍,可参见林达:《历史深处的忧虑——近距离看美国》,三联书店1997年版,第199~286页。

[2] 虽然附带民事诉讼程序之设置可以实现诉讼效率与加强司法权威,但也有学者对此程序设置理由是否充分提出异议。例如,我国台湾地区学者黄东熊就对附带民事诉讼制度是否具有继续维持下去之价值表示怀疑,其理由主要包括:(1)支配民事诉讼之证据法则,与支配刑事诉讼之证据法则未完全相同,因此将民事诉求与刑事追诉合并在一起不一定合适;(2)社会发达之结果带来行业分工,司法行业亦不能例外,因而使刑事法院审理民事案件是否妥当,亦有疑问;(3)刑罚权不仅要求正确实现,而且要求迅速实现,附带民事诉讼制度必降低刑罚权实现之效率;(4)以结论之同一性衡量司法之权威性未必合理,因此不能以此作为设置附带民事诉讼之理由;(5)在公诉案件中,公诉人基于公益之立场与附带民事诉讼原告人基于私益之立场常有冲突,容易产生程序上之困扰。因此,衡量利弊得失,附带民事诉讼制度未必可采。参见黄东熊、吴景芳:《刑事诉讼法论》,台北,三民书局2002年版,第709~710页。

(二)附带民事诉讼必须在刑事诉讼过程中提起

此要件乃是对附带民事诉讼在时间上之要求。一般而言,附带民事诉讼可以在侦查、起诉和审判阶段提起。立案以前不能提起附带民事诉讼,因为此时刑事诉讼尚未开始;在第一审程序法庭调查、法庭辩论活动中,亦可提起附带民事诉讼;在审判阶段,通常应当在第一审法庭调查结束前提起附带民事诉讼,至迟也必须在第一审判决宣告前提出;一旦第一审判决作出宣告,就不再适合提起附带民事诉讼。因此,《最高法解释》规定,附带民事诉讼应当在刑事案件立案以后及时提起。根据司法实践,有权提起附带民事诉讼的人在第一审判决宣告以前没有提起的,不得再提起附带民事诉讼,但可以在判决生效后另行提起民事诉讼。

(三)附带民事诉讼的提起以遭受物质损失为前提

所谓物质损失,通常是指被害人因人身、财产遭受犯罪行为侵害而遭受的损失。《最高法解释》第 175 条第 2 款规定,因受到犯罪侵犯,提起附带民事诉讼或者单独提起民事诉讼要求赔偿精神损失的,人民法院不予受理。第 176 条规定,被告人非法占有、处置被害人财产的,应当依法予以追缴或者责令退赔。被害人提起附带民事诉讼的,人民法院不予受理,追缴、退赔的情况,可以作为量刑情节考虑。第 177 条规定,国家机关工作人员在行使职权时,侵犯他人人身、财产权利构成犯罪,被害人或者其法定代理人、近亲属提起附带民事诉讼的,人民法院不予受理,但应告知其可以依法申请国家赔偿。

案例 10-1　精神损失是否可以提起附带民事诉讼?[3]

虽然最高人民法院明确规定精神损失不能提起附带民事诉讼,但在实践中,已有案例明确判决附带民事诉讼可以提起精神损害赔偿:2000 年 3 月 24 日,被告人董某魁驾驶金冠牌小客车从西宁出发返回祁连,因超速行驶,且与乘车人闲谈,导致注意力不集中、操作失误,酿成车祸,乘车人魏某经抢救无效死亡,董某魁及其他乘车人均受伤。青海省祁连县人民检察院指控董某魁构成交通肇事罪,附带民事诉讼原告人提出附带民事诉讼请求,其中包括赔偿保险公司支付的死亡补偿费不足部分及被抚养人生活、医疗费和精神损失。该案第一审判决对精神损害赔偿部分未予理会,第二审法院以“事实不清”为由发回重审后,重审判决在确认被告人刑

---

[3] 国家法官学院、中国人民大学法学院编:《中国审判案例要览(2002 年刑事审判案例卷)》,中国人民大学出版社 2003 年版,第 575 ~ 580 页。

事责任及其他民事赔偿的同时,亦对精神损害作出了认定:被告人董某魁赔偿附带民事诉讼原告人精神抚慰金各5000元、2000元。该案上诉后,经第二审人民法院审理,裁定驳回上诉,维持原判。

| 评注10-1 | 附带民事诉讼不应仅限于物质损失

《最高法解释》第175条第2款规定:“因受到犯罪侵犯,提起附带民事诉讼或者单独提起民事诉讼要求赔偿精神损失的,人民法院一般不予受理。”本书认为,将附带民事诉讼损害范围限定为物质损失,有违该制度设置的初衷,也违背世界潮流之方向。如前所述,该制度一方面为提高诉讼效率,另一方面为加强司法之权威性。这两方面都要求,凡属于同一行为或具有同一性之行为所造成的损害,无论是公共利益之损害,还是私人利益之损害,均应当由同一诉讼程序来解决。而私人利益之损害,既包括物质利益的损害,也包括精神利益的损害。[4] 我国1979年《刑事诉讼法》制定时,精神损害赔偿没有得到普遍承认;而1996年修正《刑事诉讼法》时,精神损害赔偿已经得到普遍承认,法律仍然将附带民事诉讼之损害内容仅限于物质损害,显然已经落后于时代潮流。

法律设置附带民事诉讼就当事人角度而言,其考虑的既非诉讼效率,更非司法权威,而是如何使自己的利益得到更好的保障,如何得到切实的实现。在没有国家机关作为后盾的情况下,当事人往往难以获得真正的保护,因此,即使可以提起独立的民事诉讼以请求精神损害赔偿,其在这个独立的民事诉讼中是否能够获得真正的利益,实践中存疑。因此,尽管附带民事诉讼之理论价值仍待探讨,但本书认为,普通公民离了国家机关的保护,其处境必将更加艰难,因此,对于精神损害,也应当纳入附带民事诉讼之赔偿范围。

(四)被害人的物质损失必须是因被告人的犯罪行为直接引起

不是由于被告人的犯罪行为直接引起的物质损失,不能提起附带民事诉讼。所谓由被告人的犯罪行为直接引起,是指被害人的损失与被告人的犯罪行为之间必须具有直接因果关系。这是最高人民法院将物质损失限定为“已经遭受的损失”和“必然遭受的损失”的题中应有之义。

---

〔4〕 精神损害赔偿早已司空见惯。据报载,美国一名15岁女孩被强奸后,被告人被法院判决赔偿被害人精神损害22500美元;一名加利福尼亚人,因其伴侣失约而致其心烦意乱,一怒之下将其伴侣告上法庭,索赔38万美元,以赔偿他白白打扮一番并驱车40英里而一无所获的损失。参见樊崇义主编:《刑事诉讼法学研究综述与评价》,中国政法大学出版社1991年版,第162页。

| **案例 10－2** |　物质损失与犯罪行为之间应当存在因果关系[5]

广西陆川县人民检察院指控，陈某贵于2000年11月24日晚与吕某奇、“三狗”买回毒品海洛因之后在其家注射，25日凌晨，吕某奇因注射毒品过量死亡。公诉机关以陈某贵容留他人吸毒罪将其起诉至人民法院；附带民事诉讼人吕某奎等请求被告人赔偿丧葬费、死亡补偿费、被抚养人生活费、尸检费、精神损失费及律师费等共计人民币267000元。该案第一审判决被告人不负民事责任。上诉后，第二审人民法院在判决理由中对陈某贵不负民事责任的理由给予了说明：第一，毒品系国家明令禁止，吸毒、贩毒行为均不受法律保护；第二，吕某奇有过吸毒史，对毒品的危害有足够认识，且其案发时系成年人，对自己行为的后果应当预见但由于其放任结果发生，自己应当承担责任；第三，陈某贵容留他人吸毒行为并不必然导致吕某奇死亡，二者之间并无必然的因果关系；第四，并无证据证明吕某奇体内的毒品为被告人所注射，恰恰相反，本案证据只能认定吕某奇自己注射毒品。因此，原审判决陈某贵不承担民事责任并无不当。据此，玉林市中级人民法院裁定：驳回上诉，维持原判。

在强奸案件中，被害妇女因不堪羞辱而自杀未遂，为抢救被害妇女而支出之费用，是否应当由犯罪之被告人承担，可以进一步探讨。

三、附带民事诉讼的当事人

附带民事诉讼当事人，是指附带民事诉讼中的原告人和被告人。《刑事诉讼法》及相关司法解释对有权提起附带民事诉讼的主体和负有赔偿责任的主体均作出了规定。

（一）附带民事诉讼原告人

附带民事诉讼原告人是指以自己的名义向公安机关、人民检察院和人民法院提起附带民事诉讼的人。根据《刑事诉讼法》第101条以及《最高法解释》第178、179条之规定，有权提起附带民事诉讼的主体范围包括：(1)被害人，即实体权利遭受犯罪行为直接侵害的当事人。(2)已死亡被害人或丧失行为能力被害人的法定代理人、近亲属。(3)人民检察院。在国家、集体财产遭受损失，受害方未提起附带民事诉讼的情况下，人民检察院在提起公诉的时候，可以提起附带民事诉讼。

---

[5]　国家法官学院、中国人民大学法学院编：《中国审判案例要览(2002年刑事审判案例卷)》，中国人民大学出版社2003年版，第556～559页。

(二)附带民事诉讼被告人

附带民事诉讼被告人,是指由于被告人实施犯罪行为而对他人造成之损失负有赔偿责任的人。通常情况下,附带民事诉讼被告人就是刑事被告人本人,但也可以是其他依法负有赔偿责任的人。根据《最高法解释》第 180 条的规定,附带民事诉讼被告人包括:(1)刑事被告人以及未被追究刑事责任的其他共同侵害人;(2)刑事被告人的监护人;(3)死刑罪犯的遗产继承人;(4)共同犯罪案件中,案件审结前已死亡被告人的遗产继承人;(5)对被害人的物质损失依法应当承担民事赔偿责任的其他单位和个人。另外,被告人的亲友自愿代为赔偿的,应当准许。因此,刑事被告人的亲友也可以成为赔偿主体,但不是附带民事诉讼被告人。对此,理论上有不同见解。实务上之观点认为,即使被告人的近亲属自愿承担赔偿责任,也不应当将其列为附带民事诉讼被告人。[6] 本书赞成此种观点,因为成年被告人的近亲属既非刑事被告人,也不是承担民事责任的主体;从法理上说,成年被告人的近亲属自愿承担本应由被告人承担的民事责任,这属于民法上民事义务之转移,但这种义务转移首先必须以人民法院确认义务存在为前提,而在审判结束前,该义务是否存在仍不无疑问,因此,不宜将成年被告人自愿承担赔偿责任的近亲属列为附带民事诉讼被告人。

根据《最高法解释》第 181 条第 1 款的规定,被害人或者其法定代理人、近亲属仅对部分共同侵害人提起附带民事诉讼的,人民法院应当告知其可以对其他共同侵害人包括未被追究刑事责任的共同侵害人一并提起附带民事诉讼,但共同犯罪案件中同案犯在逃的除外。根据该解释第 183 条的规定,共同犯罪案件中同案犯在逃的,不应列为附带民事诉讼被告人。逃跑的同案犯到案后,被害人或者其法定代理人、近亲属可以对其提起附带民事诉讼,但已经从其他共同犯罪人处获得足额赔偿的除外。对此,一种观点认为,对于在逃的共同被告人,应当列为共同被告人,并可对其民事责任问题进行缺席审判。另一种观点则认为,按照民事法律,缺席判决必须有明确的被告人,并经合法传唤拒不到庭;在逃犯经追捕尚且不能归案,显然不符合缺席判决的条件,因此不能列为附带民事诉讼被告人并缺席判决;由到案的被告人替在逃犯承担连带责任,也不损害被害人的民事权利。[7] 本书认为,附带民事诉讼虽然可以也应当参照《民事诉讼法》的有关规定,但不必完全受制于《民事诉讼法》的规定。《民事诉讼法》虽然对缺席判决

---

〔6〕 南英主编、最高人民法院刑事审判第一庭主办:《刑事审判要览》(2003 年总第五集),法律出版社 2004 年版,第 122 页以下。

〔7〕 南英主编、最高人民法院刑事审判第一庭主办:《刑事审判要览》(2003 年总第五集),法律出版社 2004 年版,第 106 页。

规定了被告人必须经合法传唤拒不到庭这一条件，但刑事诉讼中在逃犯显然无法传唤，要求这一条件之满足实在强人所难。因此，在犯罪分子已经逃逸的情况下，附带民事诉讼将其列为被告人并在判决中让其承担连带责任并无不可；其他承担连带责任之被告人在承担连带责任之后，亦可依此判决，待在逃犯被抓获归案后向其追偿。

四、附带民事诉讼的提起

（一）提起之时间

在公诉案件中，如前所述，附带民事诉讼一般应当在立案以后提起；在被害人报案或者控告阶段，也可以附带提出民事赔偿要求；立案以后至第一审宣告判决前，均可提起附带民事诉讼。人民法院在受理刑事案件后，如果没有提起附带民事诉讼，人民法院可以告知因犯罪行为遭受物质损失的被害人、已死亡被害人的近亲属、无行为能力或者限制行为能力人的法定代理人有权提起附带民事诉讼。在侦查、预审、审查起诉阶段，有权提起附带民事诉讼的人向公安机关、人民检察院提出赔偿要求，已经公安机关、人民检察院记录在案的，刑事案件起诉后，人民法院应当按附带民事诉讼案件受理；经公安机关、人民检察院调解，当事人双方达成协议并已给付，被害人又坚持向法院提起附带民事诉讼的，人民法院也可以受理。自诉案件中的自诉人应当在提起自诉后直接向人民法院提起附带民事诉讼。

《最高法解释》第198条规定："第一审期间未提起附带民事诉讼，在第二审期间提起的，第二审人民法院可以依法进行调解；调解不成的，告知当事人可以在刑事判决、裁定生效后另行提起民事诉讼。"按此规定，因犯罪行为遭受物质损失的被害人若要提起单独的民事诉讼，必须在判决生效后提起，判决生效前甚至审查起诉阶段、侦查阶段，均不得提起单独的民事诉讼。这是我国法院目前所奉行的"先刑后民"政策所决定的。所谓"先刑后民"政策，通常是指同一案件既存在民事问题，又存在刑事问题时，应当先解决刑事责任问题，再解决民事赔偿问题；同时，一个案件若已经公安机关或其他侦查机关立案，人民法院不得受理与此相关的民事赔偿案件。该政策的理论基础是公共利益重于个人利益，因犯罪导致的是对公共利益的侵犯，故人民法院在解决因犯罪行为导致的财产损害时，应当首先考虑公共利益，在公共利益得到满足之后，再解决个人利益之保护问题。但是公共利益优先理论也不能完全解释这一政策，因为在单位尤其是国有单位（或者集体所有的单位）成为犯罪受害人时，单位为维护其经济利益而提起之民事诉讼，很难说是为了个人利益。因此，这一政策在理论上是否成立，还有待研究;其在实践中造成个人利益之忽视,有时候甚至很难得到切实的保护,却已经成为事实。

(二)提起之条件

《最高法解释》第182条规定:“附带民事诉讼的起诉条件是:(一)起诉人符合法定条件;(二)有明确的被告人;(三)有请求赔偿的具体要求和事实、理由;(四)属于人民法院受理附带民事诉讼的范围。”

(三)提起之方式

提起附带民事诉讼一般应当提交附带民事诉状。书写诉状确有困难的,可以口头起诉。审判人员应当对原告人的口头诉讼请求详细询问,并制作笔录,向原告人宣读;原告人确认无误后,应当签名或者盖章。国家财产、集体财产遭受损失,受损失的单位未提起附带民事诉讼,人民检察院在提起公诉时提起附带民事诉讼的,应当以书面形式提出。

五、附带民事诉讼的审判

根据《刑事诉讼法》及最高人民法院司法解释的规定,附带民事诉讼的审判程序要点可概括为以下几点。

(一)对附带民事诉讼之审查

《最高法解释》第186条规定,被害人或者其法定代理人、近亲属提起附带民事诉讼的,人民法院应当在7日以内决定是否受理;符合《刑事诉讼法》第101条及《最高法解释》有关规定的,应当受理;不符合规定的,应当裁定不予受理。如果附带民事诉讼部分符合《最高法解释》第186条之规定,部分不符合,又当如何处理?例如,被害人既提出物质损害赔偿,又提出精神损害赔偿,人民法院是否应当将精神损害赔偿部分先以裁定不予受理?从司法实践中看,在此种情况下,人民法院通常对全案进行审理,并在判决中对附带民事诉讼一并判决;对其中不符合附带民事诉讼范围的请求,在判决中予以说明,驳回其请求即可。

(二)同时审判原则

根据《刑事诉讼法》第104条的规定,附带民事诉讼应当同刑事案件一并审判,只有为了防止刑事案件审判的过分迟延,才可以在刑事案件审判后,由同一审判组织继续审理附带民事诉讼。对于被害人遭受的物质损失或者被告人的赔偿能力一时难以确定,以及附带民事诉讼当事人因故不能到庭等案件,为了防止刑事案件审判的过分迟延，附带民事诉讼可以在刑事案件审判后，由同一审判组织继续审理。如果同一审判组织的成员确实无法继续参加审判，则可以更换审判组织成员。人民法院认定公诉案件被告人的行为不构成犯罪的，对已经提起的附带民事诉讼，经调解不能达成协议的，应当一并作出刑事附带民事判决。

（三）附带民事诉讼适用民事诉讼法的有关规定

根据《刑事诉讼法》第 102 条的规定，人民法院在必要的时候，可以采取保全措施，查封、扣押或者冻结被告人的财产。附带民事诉讼原告人或者人民检察院可以申请人民法院采取保全措施。人民法院采取保全措施，适用民事诉讼法的有关规定。

根据《最高法解释》第 187 条的规定，人民法院受理附带民事诉讼后，应当在 5 日内向附带民事诉讼的被告人送达附带民事起诉状副本，或者将口头起诉的内容及时通知附带民事诉讼的被告人，并制作笔录。被告人是未成年人的，应当将附带民事起诉状副本送达他的法定代理人。人民法院送达附带民事起诉状副本时，根据刑事案件审理的期限，确定被告人或者其法定代理人提交民事答辩状的时间。

人民法院对可能因被告人的行为或者其他原因，使附带民事判决难以执行的案件，根据附带民事诉讼原告人的申请，可以裁定采取保全措施，查封、扣押或者冻结被告人的财产；附带民事诉讼原告人未提出申请的，人民法院在必要时也可以采取保全措施。另外，有权提起附带民事诉讼的人因情况紧急，不立即申请保全将会使其合法权益受到难以弥补的损害的，可以在提起附带民事诉讼前，向被保全财产所在地、被申请人居住地或者对案件有管辖权的人民法院申请采取财产保全措施；申请人在人民法院受理刑事案件后 15 日内未提起附带民事诉讼的，人民法院应当解除保全措施。

附带民事诉讼原告人经传唤，无正当理由拒不到庭，或者未经法庭许可中途退庭的，应当按撤诉处理；刑事被告人以外的附带民事诉讼被告人经传唤无正当理由拒不到庭，或者未经法庭许可中途退庭的，附带民事部分可以缺席判决。

（四）附带民事诉讼可以调解与和解

《刑事诉讼法》第 103 条规定，人民法院审理附带民事诉讼案件，可以进行调解，或者根据物质损失情况作出判决、裁定。根据上述规定，人民法院在审理附带民事诉讼案件时，可以调解。调解应当在自愿合法的基础上进行。经调解达成协议的,审判人员应当及时制作调解书。调解书经双方当事人签收后即发生法律效力。调解达成协议并当庭执行完毕的,可以不制作调解书,但应当记入笔录,经双方当事人、审判人员、书记员签名或者盖章即发生法律效力。经调解无法达成协议或者调解书签收前当事人反悔的,附带民事诉讼应当同刑事诉讼一并判决。附带民事诉讼的原告人经人民法院传票传唤,无正当理由拒不到庭,或者未经法庭许可中途退庭的,应当按自行撤诉处理。

(五)附带民事诉讼的赔偿

根据《最高法解释》第192条第1款的规定,对附带民事诉讼作出判决,应当根据犯罪行为造成的物质损失,结合案件具体情况,确定被告人应当赔偿的数额。根据该条第2款的规定,犯罪行为造成被害人人身损害的,应当赔偿医疗费、护理费、交通费等为治疗和康复支付的合理费用,以及因误工减少的收入。造成被害人残疾的,还应当赔偿残疾生活辅助器具费等费用;造成被害人死亡的,还应当赔偿丧葬费等费用。根据该条第3款的规定,驾驶机动车致人伤亡或者造成公私财产重大损失,构成犯罪的,依照《道路交通安全法》第76条的规定确定赔偿责任。根据该条第4款的规定,附带民事诉讼当事人就民事赔偿问题达成调解、和解协议的,赔偿范围、数额不受前述规定之限制。

人民检察院提起附带民事诉讼的,人民法院经审理认为附带民事诉讼被告人依法应当承担赔偿责任的,应当判令附带民事诉讼被告人直接向遭受损失的单位作出赔偿;遭受损失的单位已经终止但有权利义务继受人的,应当判令其向人民检察院交付赔偿款,由人民检察院上缴国库。

被告人赔偿被害人物质损失的情况可以作为认定悔罪表现的依据在量刑时予以考虑。

(六)诉讼费用之免除

人民法院审理刑事附带民事诉讼案件,不收取诉讼费。这一方面是考虑被害人已经遭受经济损失,再让其承担诉讼费用显属不人道;另一方面,附带民事诉讼多少具有一些刑事诉讼的性质,而刑事诉讼通常乃是为实现社会公共利益,因此也不必收取诉讼费用。该规定实际上加强了本书关于精神损害赔偿应当允许提起附带民事诉讼的观点:在独立的民事诉讼中,当事人必须交纳诉讼费,而在附带民事诉讼中,则不必交纳诉讼费。因此,以附带民事诉讼的方式获得精神损害赔偿,更加符合附带民事诉讼原告人的利益。

第三编　侦查程序与人权保障

第十一章　立案、侦查与调查

与刑法不同的地方在于,刑事诉讼法处理的往往是未知的事件。在刑法领域,法律人关心的通常都是在给定的事实之下,对行为人的行为应当如何评价。例如,某甲趁某乙不备,将其钱包夺走并夺路狂奔,其行为是否构成犯罪,以及如果构成犯罪的话构成何罪。这是刑法讨论的问题。在这里,事实都是确定的,某甲趁某乙不备抢走了某乙的钱包;不确定的是某甲的行为在法律上应当如何评价。对于一个人行为的评价通常以确定的事实为基础。但在现实中,事实经常是不清楚的,也就是不确定的。例如,某乙的钱包被人抢了,谁干的?不知道。怎么办?报案。向谁报案?怎样报案?国家机关不受理怎么办?受理之后又怎么办?谁来负责侦查?怎样进行侦查?这就是刑事诉讼法主要关注的问题。其中,报案、接受案件、对案件进行初步的审查并着手进行处理,就是刑事诉讼的第一个正式的步骤,刑事诉讼法称之为立案。因此,立案是刑事诉讼的第一个阶段。根据我国刑事诉讼法的规定,刑事诉讼中的"立案"是指公安机关、人民检察院和人民法院等机关,对报案、控告、举报和犯罪嫌疑人自首的材料进行审查,根据事实和法律,决定是否作为一个案件进行侦查或审判的诉讼活动。我国刑事诉讼中的立案,实际上涵盖了公安机关、人民检察院和人民法院对报案、控告、举报、自首等开启刑事诉讼程序的行为进行审查、处理的活动,而不仅仅包括公安机关的活动。但就其实质而言,这些活动无非都围绕侦查与审判的启动而进行,并且由于人民法院直接受理自诉案件之数量远较其受理审判之公诉案件为少,因此,上述活动亦可以认为主要是围绕侦查的启动而进行。本章第一节主要就是关于侦查启动的内容。为照顾我国现行法律之规定,行文仍然以“立案”来称呼,对审判之启动亦有所兼顾。第二节是对侦查程序作的一般性介绍。第三节对职务犯罪的立案与调查进行介绍与分析。第四节论述侦查终结与调查终结。第五节论述补充侦查与补充调查。

第一节 立 案

一、立案的材料来源

立案的材料来源，就是立案阶段案件线索来源和有关案件的证据来源。根据《刑事诉讼法》第109、110、114条之规定及有关的司法实践，立案材料主要源于以下方面。

（一）公安机关、检察机关直接发现的犯罪事实或犯罪嫌疑人

公安机关在刑事诉讼中是负责侦查的机关，人民检察院对于属其直接受理的案件亦负有侦查之责，因此，上述两机关处于同犯罪作斗争的第一线，它们在履行职责过程中直接发现的犯罪线索及有关犯罪的证据，是立案材料的主要来源之一。从理论上说，人民法院之所以不是直接发现犯罪事实或犯罪嫌疑人的主体，是因为人民法院的职责主要是审判；打击犯罪并非其直接追求之目标，而是其在审判过程中附带产生之效果。传统的观念认为人民法院亦负有打击犯罪、保护社会秩序之责，从程序正义角度来看，这种观点忽略了刑事诉讼程序之公平价值与法官之中立地位，而且将目的与效果混为一谈，在经济社会日益多元化的今天，应当逐步淡化人民法院的打击犯罪职能。

（二）单位或个人的报案或举报

《刑事诉讼法》第110条第1款规定："任何单位和个人发现有犯罪事实或者犯罪嫌疑人，有权利也有义务向公安机关、人民检察院或者人民法院报案或者举报。"报案是指机关、团体、企事业单位或者普通公民包括被害人向负责侦查、起诉和审判的机关报告案件情况的行为。举报则是指被害人以外的机关、团体、企事业单位或者普通公民向负责侦查、起诉和审判的机关揭露犯罪事实以及犯罪嫌疑人、被告人的行为。报案和举报都是立案的重要材料来源。

如前所述，人民法院的职责主要是负责审判，对侦查、起诉等事项概不负责；抽象地说，人民法院还要负责维护社会正义，其中亦包含实现被告人所要求之正义，因此，程序上的正当性对人民法院之审判而言为第一要义。因此，从理论上看，应当将接受报案、举报、自首的机关统一规定为公安机关和人民检察院，以便人民法院能够全力以赴负责审判。

(三)被害人的报案或控告

《刑事诉讼法》第110条第2款规定:“被害人对侵犯其人身、财产权利的犯罪事实或者犯罪嫌疑人,有权向公安机关、人民检察院或者人民法院报案或者控告。”控告和举报既有联系又有区别。控告主要是指被害人通过书面或口头方式对犯罪嫌疑人及其犯罪事实进行的指控或告发,举报则不限于被害人的指控或告发,其形式也更为多样。控告、举报也不同于报案。控告和举报一般都有明确的指控对象,而报案往往可能是报案人只了解案件的发生情况,而不了解犯罪事实系何人所为。

(四)自诉与自首

《刑事诉讼法》第114条规定:“对于自诉案件,被害人有权向人民法院直接起诉。被害人死亡或者丧失行为能力的,被害人的法定代理人、近亲属有权向人民法院起诉。人民法院应当依法受理。”据此,自诉人的自诉也是人民法院立案的材料来源之一。

另据《刑事诉讼法》第110条第4款规定,犯罪人向公安机关、人民检察院或者人民法院自首的,公安机关、人民检察院或人民法院都应当接受,并应当按照有关管辖的规定进行处理。根据《刑法》第67条之规定,自首是指犯罪分子“犯罪以后自动投案,如实供述自己的罪行”的行为。它包括自动投案和如实供述自己的罪行两个要件。由于自首通常都引起刑事诉讼程序之发动,因此也被视为立案的重要来源之一。

二、立案的条件

(一)立案条件的法律界定

《刑事诉讼法》第112条规定:“人民法院、人民检察院或者公安机关对于报案、控告、举报和自首的材料,应当按照管辖范围,迅速进行审查,认为有犯罪事实需要追究刑事责任的时候,应当立案;认为没有犯罪事实,或者犯罪事实显著轻微,不需要追究刑事责任的时候,不予立案,并且将不立案的原因通知控告人。控告人如果不服,可以申请复议。”另据《刑事诉讼法》第110条第3、4款之规定,公安机关、人民检察院、人民法院对于并不属于自己管辖的案件,应当移送有管辖权的机关处理,以及《刑事诉讼法》第109条之规定,公安机关或者人民检察院发现犯罪事实或者犯罪嫌疑人,应当按照管辖范围立案侦查。因此,立案必须同时具备实体上“有犯罪事实发生”“需要追究刑事责任”这两个要件和程序上有管辖权之要件。

（二）立案条件的理论解说

根据法律规定，立案的第一个条件是“认为有犯罪事实发生”，对此理论上有称为“事实要件”者。其实从该要件来看，称其为“犯罪事实”，实际上已经包含了对行为的法律判断，因此，单纯以“事实要件”来概括，有片面之嫌。值得注意的是，此处法律规定的是“认为有犯罪事实”，并未规定立案的证明标准，因此，此要件实为非常宽松之要件。

立案的第二个要件是需要追究刑事责任。就实体法的角度而言，有些犯罪虽具有犯罪性质，但不需要追究刑事责任。例如，对十分轻微之犯罪，立法上就明确不需要追究刑事责任；《刑事诉讼法》第16条规定的诸项情形，也属于不追究刑事责任的情形。因此，不立案实际上包括三种情形：第一，认为没有犯罪事实；第二，认为有犯罪事实，但犯罪事实显著轻微，不需要追究刑事责任；第三，犯罪事实不轻微，但不需要追究刑事责任。

立案的第三个条件属于作出立案决定之机关管辖。我国《刑事诉讼法》对“管辖”这一概念使用了两个词汇，一个是“管辖”这一章中的“管辖”，另一个是“立案”这一章中的“主管”。“主管”指的是公、检、法三机关在受理刑事案件方面的权限分工，相当于“管辖”当中的“立案管辖”。立案在程序上的要件，就是立案的案件必须属于作出立案决定的机关主管或管辖案件范围之内。

案例11－1　女子粗心误转3万元治病钱　须依民事诉讼途径解决

2012年10月19日中午，因为家人生病，需要治疗费用，王女士通过自己的民生银行网上银行，将8万元转到自己工商银行的私人账户。第一次转账没有出错，王女士顺利转了5万元。随后，王女士进行第二笔3万元的转账。转完账后，王女士查询自己的账户，结果发现只有5万元到账，觉得奇怪的她随即查看转账记录，结果发现第二笔钱转到了自己以前的一个客户账户上。该客户姓叶，王女士与该客户曾有过资金往来，其网银记忆了对方的银行账号。王女士在操作时，粗心地按下了这个记忆账号，错转到叶某账户上。因为时间太长，叶某的相关信息已经找不到了。最后通过朋友，他们辗转找到了对方电话，结果发现处于关机状态。银行答复：必须先到公安部门报案，然后携公安部门开具的公函，才能冻结账户并告知客户的个人信息。王女士随后又立马跑到当地派出所报案，但派出所的民警说因为是她自己转错账，因而无法立案，更无法出具公函。

在上述案例中，王女士的转账行为导致叶某不当得利，叶某并未实施任何违法犯罪行为。因此，公安机关不立案的决定是正确的，王女士的财产利益应当通过民事诉讼解决。

三、对立案材料的接受与审查

（一）对立案材料均必须予以接受

《刑事诉讼法》第110条第3款规定："公安机关、人民检察院或者人民法院对于报案、控告、举报，都应当接受。对于不属于自己管辖的，应当移送主管机关处理，并且通知报案人、控告人、举报人；对于不属于自己管辖而又必须采取紧急措施的，应当先采取紧急措施，然后移送主管机关。"第4款规定："犯罪人向公安机关、人民检察院或者人民法院自首的，适用第三款规定。"因此，对于报案、举报、控告、自首等立案的材料来源，公安机关、人民检察院、人民法院首先都应当接受并进行登记。接受并不等于立案，立案是接受材料之后的一种决定，接受是在立案之前对立案材料来源的受理。接受以后对于不属于自己直接受理的案件范围的，应当移送主管机关处理，并且通知报案人、控告人和举报人；对于不属于自己管辖，但根据案情需要采取紧急措施的，应当先采取紧急措施，然后再移送主管机关处理。

（二）对报案、控告与举报的程序保障

《刑事诉讼法》第111条第1款规定，报案、控告、举报可以用书面或者口头提出。接受口头报案、控告、举报的工作人员，应当写成笔录，经宣读无误后，由报案人、控告人、举报人签名或者盖章。第2款规定，接受控告、举报的工作人员，应当向控告人、举报人说明诬告应负的法律责任。但是，只要不是捏造事实，伪造证据，即使控告、举报的事实有出入，甚至是错告的，也要和诬告严格加以区别。第3款规定，公安机关、人民检察院或者人民法院应当保障报案人、控告人、举报人及其近亲属的安全。报案人、控告人、举报人如果不愿公开自己的姓名和报案、控告、举报的行为，应当为他保守秘密。

（三）对立案材料的审查

对立案材料的审查，是指对报案、控告、举报、自首等立案材料进行调查、分析与判断，以决定是否存在犯罪行为、需要追究刑事责任，从而作出是否立案之决定的行为。

根据《最高检规则》，人民检察院对案件线索可以进行调查核实。调查核实又称"初查"，是对案件线索进行初步调查以便决定是否立案侦查的基本步骤。对此，《最高检规则》第166条第2款规定，人民检察院侦查部门对案件线索进行

审查后,认为属于本院管辖,需要进一步调查核实的,应当报检察长决定是否进行调查核实。第 168 条规定,调查核实一般不得接触被调查对象;必须接触的,应当报检察长批准。第 169 条规定,进行调查核实,可以采取询问、查询、勘验、检查、鉴定、调取证据材料等不限制被调查对象人身、财产权利的措施;调查核实时不得对被调查对象采取强制措施,不得查封、扣押、冻结被调查对象的财产,不得采取技术侦查措施。第 170 条规定,调查核实后,应当制作审查报告;相关材料应当立卷归档。

对于自诉案件,如果立案审查人员与案件实际审判人员不分,则容易滋生先定后审之弊端;因立案之实体条件就是“认为有犯罪事实发生需要追究刑事责任”,人民法院在立案时当然必须满足这一条件,因此,若立案人员与审判人员同一,势必出现先定后审之结果,对被告人实为不公,因此如何建立自诉案件的立案审查程序,殊有探讨之必要。但人民法院在立案阶段不宜采取“初查”这一类手段进行审查,应当是一目了然的。

四、对立案材料审查后的处理

对立案材料审查后的处理,是指公安机关、人民检察院、人民法院对立案材料进行审查后作出是否立案的决定。《刑事诉讼法》第 112 条规定:“人民法院、人民检察院或者公安机关对于报案、控告、举报和自首的材料,应当按照管辖范围,迅速进行审查,认为有犯罪事实需要追究刑事责任的时候,应当立案;认为没有犯罪事实,或者犯罪事实显著轻微,不需要追究刑事责任的时候,不予立案,并且将不立案的原因通知控告人。控告人如果不服,可以申请复议。”因此,审查后的处理为立案,或者不立案。

一般而言,报案、控告、举报指向的是公安机关,公安机关受理案件后,经过审查,认为有犯罪事实需要追究刑事责任,且属于自己管辖的,由接受单位制作刑事案件立案报告书,经县级以上公安机关负责人批准,予以立案,并制作立案决定书。认为没有犯罪事实,或者犯罪情节显著轻微不需要追究刑事责任,或者具有其他依法不追究刑事责任情形的,接受单位应当制作呈请不予立案报告书,经县级以上公安机关负责人批准,不予立案。

人民检察院侦查部门经过初查后认为应当立案的,应当制作审查结论报告,由检察长决定,并报上一级人民检察院备案。决定立案侦查的,应当制作立案决定书。人民检察院对于未构成犯罪,决定不予立案,但需要追究党纪、政纪责任的被举报人,应当移送有关主管机关处理。

对于自诉案件,人民法院应当在收到自诉状或者口头告诉第二日起 15 日内审查完毕,决定是否立案,并将审查结果书面通知自诉人或代为告诉人。对于附带民事诉讼,人民法院应当在7日以内决定是否受理;对于符合《刑事诉讼法》第101条以及《最高法解释》有关规定的,应当受理;不符合的,裁定不予受理。

五、对不立案决定的救济

(一)控告人申请原决定机关复议

对于有控告人的案件,决定不予立案的,公安机关应当制作不予立案通知书,在7日内送达控告人。控告人对不立案决定不服的,可以在收到不予立案通知书后7日内向原决定的公安机关申请复议。原决定的公安机关应当在收到复议申请后10日内作出决定,并书面通知控告人。人民检察院决定不予立案的,是被害人控告的,应当制作不立案通知书,写明案由和案件来源、决定不立案的原因和法律依据,在7日以内送达控告人。控告人如果不服,可以在收到不立案通知书后10日以内申请复议。人民检察院应当在收到复议申请后15日以内作出答复。对不立案的复议,由人民检察院负责初查工作的部门办理。

(二)人民检察院进行立案监督

《刑事诉讼法》第113条规定:"人民检察院认为公安机关对应当立案侦查的案件而不立案侦查的,或者被害人认为公安机关对应当立案侦查的案件而不立案侦查,向人民检察院提出的,人民检察院应当要求公安机关说明不立案的理由。人民检察院认为公安机关不立案理由不能成立的,应当通知公安机关立案,公安机关接到通知后应当立案。"根据上述规定及《六机关规定》,公安机关在收到人民检察院要求说明不立案理由通知书后7日内应当将说明情况书面答复人民检察院。人民检察院认为公安机关不立案理由不能成立,发出通知立案书时,应当将有关证明应该立案的材料同时移送公安机关。公安机关在收到通知立案书后,应当在15日内决定立案,并将立案决定书送达人民检察院。

(三)向人民法院提起自诉

根据《刑事诉讼法》第210条第3项之规定,被害人有证据证明对被告人侵犯自己人身、财产权利的行为应当依法追究刑事责任,而公安机关或者人民检察院不予追究被告人刑事责任的案件,可以向人民法院提起自诉。因此,对公安机关、人民检察院作出的不立案决定,被害人可以通过向人民法院提起自诉的方式获得救济。

第二节　侦查概述

一、侦查的概念和原则

（一）侦查的概念

《刑事诉讼法》第 108 条第 1 项规定："侦查是指公安机关、人民检察院对于刑事案件，依照法律进行的收集证据、查明案情的工作和有关的强制性措施。"结合该法第 4 条（国家安全机关办理危害国家安全案件行使与公安机关相同的职权）、第 308 条（监狱、军队保卫部门、中国海警局办理刑事案件，适用该法相关规定）的规定，侦查是指特定的国家机关（包括公安机关、人民检察院、国家安全机关、军队保卫部门和监狱等）为收集证据、查明案件事实、查获犯罪分子而进行的专门调查工作和依法采取的强制性措施。该规定对 1979 年、1996 年和 2012 年《刑事诉讼法》一直延续使用的"侦查"概念作了修正。之前的《刑事诉讼法》关于"侦查"概念的表述是："侦查是指公安机关、人民检察院在办理案件过程中，依照法律进行的专门调查工作和有关的强制性措施。"比较而言，2018 年《刑事诉讼法》的表述与之前的表述有两点不同：第一，之前的表述是"办理案件过程中"，2018 年的表述是"对于刑事案件"，强调侦查是对刑事案件的侦查；第二，之前的表述是"依照法律进行的专门调查工作和有关的强制性措施"，2018 年表述为"依照法律进行的收集证据、查明案情的工作和有关的强制性措施"，去掉了"专门调查工作"这一表述，代之以"收集证据、查明案情的工作"。有论者认为，这一修改是为了与 2018 年通过的《监察法》相衔接：因为《监察法》第 18 条第 1 款规定，"监察机关行使监督、调查职权，有权依法向有关单位和个人了解情况，收集、调取证据"，为了与监察机关的调查职权相区别，《刑事诉讼法》特意删除了"专门调查工作"的表述，同时强调公安机关、人民检察院的侦查活动是在刑事诉讼中进行的，与监察机关对职务违法犯罪案件进行的调查活动相区别。

（二）侦查的原则

根据《刑事诉讼法》第 115 条的规定，侦查工作应当遵循客观全面的原则，既要收集犯罪嫌疑人有罪、罪重的证据材料，也要收集犯罪嫌疑人无罪或者罪轻的材料。刑事诉讼法如此规定的目的，一是保证侦查过程中收集的信息全面，从而为确定正确的侦查方向奠定基础；二是保证无辜者不受错误追究，保证打击犯罪的准确性,保证不枉不纵,实现刑法和刑事诉讼法的目的和任务。

二、侦查的目的与方法

(一)侦查的目的

刑事诉讼中,保证被告人到庭接受审判乃是诉讼顺利进行之第一要务;为实现此目的,必须先将被告人予以保全;欲保全被告人,必须先找到被告人。因此,侦查之第一个目标,就是寻找被告人,或确定犯罪嫌疑人。在犯罪嫌疑人、被告人确定之后,法庭审判尚需证据证明犯罪行为系该被告人所为,因此,侦查之第二个目标,就是收集、保全证据。以上两大目标,是各国刑事诉讼侦查所追求之基本目标,且二者相辅相成、密不可分:如无充分证据,极可能使真正的犯罪分子逃脱法网;若不能及时将犯罪分子缉拿归案,即使费尽心力收集到足够之证据,亦属无用之功。因此,两个目标同等重要,在侦查中皆不能忽视。

(二)侦查的方法

因此,侦查行为是为揭露犯罪、证实犯罪、查明案件真实情况、查获犯罪嫌疑人等目的而进行的专门调查工作和有关的强制性措施。其内容包括讯问犯罪嫌疑人、询问证人、勘验、检查、扣押物证、书证、鉴定和通缉等活动。这些活动中有些内容不具有强制性,有些内容则具有强制性。因此,有论者将具有强制性之侦查行为称为“强制侦查”,而将不具有强制性之侦查行为称为“任意侦查”。在西方很多国家,强制措施分为对人的强制措施和对物的强制措施两种,搜查、扣押物证、书证等行为,均被视为对物的强制措施。在我国,刑事诉讼法规定的强制措施仅指对人的强制措施,而将对物的强制措施规定为侦查行为。

三、侦查工作的种类

《刑事诉讼法》以专章对侦查进行规定,并分节对各种侦查措施加以规范。刑事诉讼法一共规定了八种侦查措施,分别是:(1)讯问犯罪嫌疑人;(2)询问证人和被害人;(3)勘验、检查;(4)搜查;(5)查封、扣押物证、书证;(6)鉴定;(7)技术侦查措施;(8)通缉。实践中,除上述侦查措施以外,辨认也是比较常用的侦查手段,但是刑事诉讼法本身并没有规定。因此,按刑事诉讼法规定,一共是八种侦查措施。按司法实践,一共是九种侦查措施。实践中的侦查措施实际上还要丰富,但是以上九种侦查措施最有可能、实际上也最经常对公民基本权利造成侵犯,因此也最需要对这些侦查措施进行法律规制。从下一章开始,将对这些侦查措施分别予以阐述。

第三节　对职务犯罪的立案与调查

一、调查的含义与实质

《监察法》第18条第1款规定："监察机关行使监督、调查职权，有权依法向有关单位和个人了解情况，收集、调取证据。有关单位和个人应当如实提供。"这里规定的监察机关向有关单位和个人了解情况、收集、调取证据的活动，就是监察机关的调查活动。

监察机关的调查活动既可能是针对职务违法行为的调查活动，也可能是针对职务犯罪行为的调查活动。从应然的角度来看，刑事诉讼法学真正应当关心的并不是刑事案件本身，而是有关的国家机关对涉嫌刑事犯罪的人采取的限制、剥夺其基本权利的行为，以及对此类行为的规制与约束。在我国，一个公民既可能因为刑事犯罪遭到侦查，也可能因行政违法遭到调查，并可能因此在短期内被剥夺人身自由，例如，公安机关根据《治安管理处罚法》对违反治安行政管理的人员采取强制传唤措施以及作为行政处罚的行政拘留措施。无论是针对犯罪行为还是针对违法行为采取的限制、剥夺公民基本权利的行为，都属于刑事诉讼法关心的问题。但传统上，刑事诉讼法学者更习惯将自己的研究对象限定于因刑事案件而产生的刑事诉讼活动，以致在一定程度上忽略了刑事诉讼法学真正应当关注的内容。如果将关注的焦点回归到公民基本权利这一问题，则无论是对职务犯罪的调查还是对职务违法的调查，都属于刑事诉讼法学关注的对象。如同公安机关对治安案件的处理虽然也可能剥夺公民人身自由但期限相对较短暂一样，监察机关对职务违法行为的调查也会采取实质上剥夺人身自由的留置措施，但这种基于职务违法行为而采取的留置措施期限应当比较短暂，因此，为了使讨论的问题相对集中，本书只论述对职务犯罪案件的调查，而不涉及对职务违法行为的调查。

如上一节所述，2018年《刑事诉讼法》对"侦查"的含义作了进一步的界定，主流理论认为这一修改的目的是使其区别于《监察法》规定的对职务犯罪案件的调查。本书认为，侦查的本质就是调查，专门调查工作就是收集证据、查明案情的工作，侦查和调查并无本质区别；对犯罪案件的侦查是调查，对违法活动乃至校园违纪活动的调查也是调查；对暴力犯罪、妨害市场秩序等犯罪的侦查是调查，对职务犯罪的调查也是调查。《刑事诉讼法》对侦查定义修改的目的，是明确侦查中的专门调查工作,就是收集证据、查明案情的工作。《监察法》虽然使用了“调查”而不是“侦查”的表述,但是其工作内容,仍然是“收集、调取”证据,并查清相关事实;表述虽有不同,工作内容并无本质区别,只是负责查办案件的主体和查办的案件种类不一样而已。

| 评注 11-1 | 调查、侦查与侦察

对调查与侦查的区分也可以结合军事侦察的概念来理解,即调查与侦查的这种区分也可能是为了强调不同机关进行的调查在约束、限制、剥夺被调查人的基本权利方面有所不同。如果真是这样,则这种区分是可取的,有价值的。如果按照这种思路来理解,则可以将调查进一步区分为三种。第一种是以挽救、感化、帮助为目的的监察机关调查。由于监察机关调查的目的并不明确,被调查人既可能仅涉及职务违法或违纪,也可能涉及职务犯罪,对其进行调查主要是为了帮助其认清方向、及时向组织交代问题,以便组织帮助其纠正问题,因此这种调查在一定程度上是“利他”的,是为了实现被调查人的利益而发生的,其对被调查人的人身、财产的约束和限制也是比较宽松的,属于氛围友好型的调查。第二种是以惩罚为目的的侦查机关的侦查,其目的指向明确,首先是确定发生了刑事案件,被侦查的对象较大可能属于刑事犯罪分子,在这个过程中侦查机关既可能对其人身进行比较强的约束,也可能对其财产进行扣押,对其进行调查显然是在一种不怎么友好的氛围下进行的。第三种是以打击或消灭对方为目的的军事机关进行的侦察。这种侦察发生在战争或敌对双方之间,内容包括间谍行动、无人机深入敌后以及特别行动队对对方军力部署等进行的调查,由于其目的在于打击甚至消灭对方,调查(侦察)过程中如遇敌情,甚至可以直接将对方击毙。因此,就约束、限制人身自由、财产权利的程度而言,调查最轻,侦查较重,侦察火力最猛,对被侦察对象造成的伤害最大,也最具有危险性。“兵无常法”。就法治的观念而言,除了受战争与和平法这种意义上的正义观念约束以外,侦察几乎是没有规则的,所以它既不是刑事诉讼法规范的对象,也不是刑事诉讼法学关注的对象。但是,调查、侦查都属于刑事诉讼法规范和刑事诉讼法学关注的对象。

如果《监察法》的目的是有助于被调查人利益的最大化,则监察机关所进行的调查活动显然不属于典型的刑事犯罪侦查,甚至与针对刑事犯罪展开的侦查具有本质的区别。这可能正是《监察法》没有明确赋予被调查对象获得律师帮助权等基本权利的基本考虑。但是,从理论上看,监察机关对职务犯罪调查的职能正是原本由人民检察院负责的职务犯罪侦查职能直接移转而来,监察机关在职务犯罪调查过程中也有权限制、约束被调查人的人身自由,有权采取查封、扣押物证书证,查询冻结存款汇款等措施,其对被调查人基本权利的限制和约束并不亚于刑事诉讼中侦查机关对犯罪嫌疑人基本权利的限制和约束。因此,其在实务操作方面,很难真正区别于刑事诉讼中侦查机关对犯罪嫌疑人的侦查。也因如此,本书对这种单纯表述上的区分在实务中究竟能否发挥显著的意义持怀疑态度。本书相信,监察机关对职务犯罪的调查,最终还是要回到侦查机关对职务犯罪的侦查这条轨道上来。

二、对职务犯罪案件的立案

《监察法》第35条规定,监察机关对于报案或者举报,应当接受并按照有关规定处理;对于不属于本机关管辖的,应当移送主管机关处理。通常而言,监察机关负责调查的职务犯罪案件的立案材料主要源于报案或者举报。当然,监察对象的自首也可以成为立案材料的来源之一。但因此类案件并无严格意义上的被害人,因此通常不存在被害人报案或控告的问题。根据前引条文之规定,监察机关对于报案或控告应当接受,对于不属于自己管辖的案件应当移送有管辖权的机关处理。

监察机关都是由其信访部门统一接受群众的来信、来访、报案和举报,逐件登记、分类摘要,再按照程序报批后分不同情况办理。根据《监察法》第37、38条规定,监察机关对监察对象的问题线索,应当按照有关规定提出处置意见,履行审批手续,进行分类办理。需要采取初步核实方式处置问题线索的,监察机关应当依法履行审批程序,成立核查组。初步核实工作结束后,核查组应当撰写初步核实情况报告,提出处理建议,然后由承办部门提出分类处理意见。初步核实情况报告和承办部门的分类处理意见报监察机关主要负责人审批。

《监察法》第39条规定,经过初步核实,对监察对象涉嫌职务违法犯罪,需要追究法律责任的,监察机关应当按照规定的权限和程序办理立案手续。因此,监察机关对职务犯罪案件立案的条件,与侦查机关对普通刑事犯罪案件立案的条件基本一致,即认为有职务犯罪事实发生,需要追究刑事责任。该条还规定,监察机关主要负责人依法批准立案后,应当主持召开专题会议,研究确定调查方案,决定需要采取的调查措施;立案决定应当向被调查人宣布,并通报相关组织;涉嫌严重职务违法或者职务犯罪的,还应当通知被调查人家属,并向社会公开发布。

三、职务犯罪调查工作的原则与方法

《监察法》第40条规定,监察机关对职务违法和职务犯罪案件进行调查时,应当收集被调查人有无违法犯罪以及情节轻重的证据,查明违法犯罪事实,形成相互印证、完整稳定的证据链;严禁以威胁、引诱、欺骗及其他非法方式收集证据,严禁侮辱、打骂、虐待、体罚或者变相体罚被调查人和涉案人员。据此规定,可以把职务犯罪调查的原则概括为三项原则。(1)全面调查原则,即既要收集被调查人有罪、罪重的证据,也要收集被调查人无罪、罪轻的证据。(2)取证程序合法原则,即严格禁止以威胁、引诱、欺骗及其他非法方式收集证据。《监察法》在这一条文中没有提到严禁刑讯逼供,但这绝不可以理解为监察机关查办案件可以刑讯逼供,因为《监察法》第33条第2、3款明确规定:"监察机关在收集、固定、审查、运用证据时,应当与刑事审判关于证据的要求和标准相一致。以非法方法收集的证据应当依法予以排除,不得作为案件处置的依据。"这里的"非法方法",当然包括违反《刑事诉讼法》的禁止性规定采取的方法。因此,监察法虽然没有严禁刑讯逼供,但刑讯逼供显然在《监察法》严格禁止的范围以内。(3)尊重、保障人格尊严原则,即严禁侮辱、打骂、虐待、体罚或变相体罚被调查人和涉案人员。

根据《监察法》的规定,监察机关对涉嫌贪污贿赂、失职渎职等职务犯罪的被调查人可以采取以下调查措施:(1)讯问,要求其如实供述涉嫌犯罪的情况;(2)询问证人;(3)留置;(4)查询、冻结有关单位和个人的存款、汇款、债券、股票、基金份额等财产;(5)对被调查人及可能隐藏被调查人或者犯罪证据的人的人身、物品、住处和有关地方进行搜查;(6)调取、查封、扣押用于证明被调查人涉嫌犯罪的财物、文件和电子数据等信息;(7)自己或指派、聘请具有专门知识、资格的人员在调查人员主持下进行勘验检查;(8)指派、聘请有专门知识的人进行鉴定;(9)经过严格的批准手续,对重大贪污贿赂等职务犯罪,可以采取技术调查措施,按照规定交有关机关执行;(10)对依法应当留置的在逃被调查人决定通缉并由公安机关发布通缉令;(11)对被调查人及相关人员采取限制出境措施,并由公安机关执行。

由上可见,监察机关除了不能发布通缉令以外,公安机关能采取的侦查措施,监察机关都可以调查之名作出决定加以适用。

第四节 侦查终结与调查终结

侦查终结是指侦查机关在法定条件下决定结束侦查并对案件依法作出处理的一种诉讼活动。调查终结是指监察机关对职务违法犯罪案件在法定条件下决定结束调查并对案件依法作出处理的一种监察活动。监察机关对职务犯罪的调查由人民检察院对职务犯罪的侦查移转而来,调查终结与侦查终结的共性大于其差异性，因此本书将它们一体对待。根据《刑事诉讼法》《监察法》《公安部规定》《最高检规则》的相关规定，侦查终结应当分不同情况予以处理。

一、侦查/调查终结前听取辩护律师意见

《刑事诉讼法》第161条规定，在案件侦查终结前，辩护律师提出要求的，侦查机关应当听取辩护律师的意见，并记录在案。辩护律师提出书面意见的，应当附卷。该规定的目的，一是保证犯罪嫌疑人的辩护权在侦查阶段能够得到充分尊重和实现；二是保证侦查机关在充分听取辩护律师意见的基础上对案件的进一步处理作出正确的决定。为实现上述目标，侦查机关应当充分尊重并保障辩护律师在侦查终结前发表意见；辩护律师提出要求与侦查人员会见、当面陈述意见的，应当及时安排会见；不得以提出书面意见为由拒绝会见。只有在辩护律师主动提出书面意见时，才能以书面方式听取意见。

｜评注11－2｜　调查终结前应当听取律师意见

《监察法》并未规定被调查人有权获得律师帮助，目前通行的实务做法也是不允许被调查人在监察机关调查期间获得律师帮助，因此，《监察法》也没有要求监察机关在调查终结前听取律师意见。从理论上看，既然侦查终结应当听取辩护律师意见，那么，调查终结前也应当听取律师意见才对。尽管《监察法》并未明确规定职务犯罪被调查人在监察调查期间获得律师帮助的权利，但是立法也没有完全排斥这种权利的行使。听取律师意见当然是为了防止对案件的处理发生错误。监察机关同公安机关以及2018年之前负责职务犯罪侦查的检察人员一样，也可能会出现对事实、证据、法律等问题的认识错误。如果职务犯罪被调查人的家属在调查期间为被调查人聘请了律师，在调查终结前听取律师的意见，尤其是认真听取律师的意见，就有可能防止监察机关在处理职务犯罪时出现误差。这实际上有助于监察机关准确执行法律，正确履行职责，有助于树立监察机关的执法权威。另外，律师因无法介入监察调查的具体环节，监察机关只是在调查终结时听取一下律师的意见，这不可能对监察调查形成任何妨害。因此，调查终结时听取律师意见的机制，对于监察体制的完善有利无害。本书认为，调查终结时监察机关应当听取律师意见。

二、提出起诉意见书或不起诉意见书

《刑事诉讼法》第162条第1款规定："公安机关侦查终结的案件，应当做到犯罪事实清楚，证据确实、充分，并且写出起诉意见书，连同案卷材料、证据一并移送同级人民检察院审查决定；同时将案件移送情况告知犯罪嫌疑人及其辩护

律师。”《公安部规定》第283条规定:“侦查终结的案件,应当同时符合以下条件:(一)案件事实清楚;(二)证据确实、充分;(三)犯罪性质和罪名认定正确;(四)法律手续完备;(五)依法应当追究刑事责任。”第289条第1款规定:“对侦查终结的案件,应当制作起诉意见书,经县级以上公安机关负责人批准后,连同全部案卷材料、证据,以及辩护律师提出的意见,一并移送同级人民检察院审查决定;同时将案件移送情况告知犯罪嫌疑人及其辩护律师。”

人民检察院自行侦查的案件经过侦查,认为犯罪事实清楚,证据确实、充分、依法应当追究刑事责任的,侦查人员应当写出侦查终结报告,并且制作起诉意见书。对于犯罪情节轻微,依照《刑法》规定不需要判处刑罚或者免除刑罚的案件,侦查人员应当写出侦查终结报告,并且制作不起诉意见书。侦查终结报告和起诉意见书或者不起诉意见书由侦查部门负责人审核,检察长决定。提出起诉意见或者不起诉意见的,侦查部门应当将侦查终结报告和起诉意见书或者不起诉意见书以及其他案卷材料,一并移送审查起诉部门审查。国家或者集体财产遭受损失的,在提出提起公诉意见的同时,可以提出提起附带民事诉讼的意见。

根据《监察法》第45条第1款第4项规定,监察机关对涉嫌职务犯罪的监察对象根据监督、调查结果,认为犯罪事实清楚,证据确实、充分的,应当制作起诉意见书,连同案卷材料、证据一并移送人民检察院依法审查、提起公诉。可见,监察机关调查终结移送审查起诉的条件与侦查机关侦查终结移送审查起诉的条件一致,都是犯罪事实清楚,证据确实、充分。

三、撤销案件或作其他处理

《刑事诉讼法》第163条规定:“在侦查过程中,发现不应对犯罪嫌疑人追究刑事责任的,应当撤销案件;犯罪嫌疑人已被逮捕的,应当立即释放,发给释放证明,并且通知原批准逮捕的人民检察院。”在侦查过程中,发现犯罪嫌疑人不够刑事处罚需要行政处理的,经县级以上公安机关批准,对犯罪嫌疑人依法予以行政处理或者移交其他有关部门处理。

人民检察院在侦查过程中,发现具有下列情形之一的,应当由侦查人员写出撤销案件意见书,经侦查部门负责人审核,报请检察长或者检察委员会决定撤销案件:(1)具有《刑事诉讼法》第16条规定情形之一的;(2)没有犯罪事实的,或者依照刑法规定不负刑事责任和不认为是犯罪的;(3)虽有犯罪事实,但不是犯罪嫌疑人所为的。撤销案件的决定,应当分别送达犯罪嫌疑人所在单位和犯罪嫌疑人。犯罪嫌疑人死亡的,应当送达犯罪嫌疑人原所在单位。如果犯罪嫌疑人在押,应当制作决定释放通知书,送达公安机关,依法释放。

人民检察院直接立案侦查的共同犯罪案件,如果同案犯罪嫌疑人在逃,但在案犯罪嫌疑人犯罪事实清楚，证据确实、充分，则对在案犯罪嫌疑人应当分别移送审查起诉或者移送审查不起诉。由于同案犯罪嫌疑人在逃，在案犯罪嫌疑人的犯罪事实无法查清的，对在案犯罪嫌疑人应当根据案件的不同情况分别报请延长侦查羁押期限、变更强制措施或者解除强制措施。

人民检察院撤销案件时，对犯罪嫌疑人的违法所得应当区分不同情形，作出相应处理：(1)因犯罪嫌疑人死亡而撤销案件的，如果被冻结的犯罪嫌疑人的存款、汇款应当予以没收或者返还被害人，则可以申请人民法院裁定，通知冻结机关上缴国库或者返还被害人；(2)对扣押在人民检察院的犯罪嫌疑人的违法所得需要没收的，应当提出检察建议，移送有关主管机关处理；需要返还被害人的，直接决定返还被害人。

侦查过程中，犯罪嫌疑人长期潜逃，采取有效追捕措施仍不能缉拿归案的，或者犯罪嫌疑人患有精神病及其他严重疾病不能接受讯问，丧失诉讼行为能力的，经检察长决定，中止侦查。中止侦查的理由和条件消失后，经检察长决定，应当恢复侦查。中止侦查期间，犯罪嫌疑人在押，对符合延长羁押期限条件的，应当依法延长侦查羁押期限；对侦查羁押期限届满的，应当依法变更为取保候审或者监视居住措施。

根据《监察法》第45条第2款的规定，监察机关对其负责调查的职务违法犯罪案件，经过调查，对没有证据证明被调查人存在违法犯罪行为的，应当撤销案件，并通知被调查人所在单位。

第五节　补充侦查与补充调查

一、补充侦查

根据诉讼阶段的不同，刑事诉讼中的补充侦查可以划分为侦查阶段的补充侦查、审查起诉阶段的补充侦查和审判阶段的补充侦查三种；根据补充侦查的提出主体不同，可以将其划分为退回补充侦查和自行补充侦查两种。以下按诉讼阶段之不同加以论述。

(一)侦查阶段的补充侦查

根据《刑事诉讼法》第90条的规定，人民检察院对于公安机关提请批准逮捕的案件进行审查后，对于不批准逮捕的，人民检察院应当说明理由，需要补充侦查的,应当同时通知公安机关。在这一阶段,人民检察院在决定补充侦查时应当由公安机关进行侦查,不得自行侦查。根据《公安部规定》第138条的规定,对人民检察院不批准逮捕并通知补充侦查的,公安机关应当按照人民检察院补充侦查提纲的要求补充侦查;公安机关补充侦查完毕,认为符合逮捕条件的,应当重新提请批准逮捕。对侦查阶段补充侦查的次数,法律没有加以限制。但因拘留期限很短、审查批准逮捕时间仅7日,所以侦查阶段的补充侦查不可能无限制进行。

(二)审查起诉阶段的补充侦查

《刑事诉讼法》第175条第2款规定:"人民检察院审查案件,对于需要补充侦查的,可以退回公安机关补充侦查,也可以自行侦查。"第3款规定,对于补充侦查的案件,应当在1个月以内补充侦查完毕。补充侦查以二次为限。因此,这一阶段的补充侦查,由人民检察院决定,既可由公安机关进行,也可由人民检察院自行补充侦查。无论是公安机关进行,还是人民检察院进行,补充侦查都应当在1个月内完成,并以二次为限。

(三)审判阶段的补充侦查

《刑事诉讼法》第204条规定:"在法庭审判过程中,遇有下列情形之一,影响审判进行的,可以延期审理:(一)需要通知新的证人到庭,调取新的物证,重新鉴定或者勘验的;(二)检察人员发现提起公诉的案件需要补充侦查,提出建议的;(三)由于申请回避而不能进行审判的。"第205条规定:"依照本法第二百零四条第二项的规定延期审理的案件,人民检察院应当在一个月以内补充侦查完毕。"因此,这一阶段的补充侦查公安机关不再参与,但是必要时可以为人民检察院的补充侦查提供帮助。审判阶段补充侦查的次数,《刑事诉讼法》没有明确。根据《最高法解释》的规定,庭审过程中人民检察院建议补充侦查的次数不得超过两次。

二、补充调查

《监察法》第47条第3款规定:"人民检察院经审查,认为需要补充核实的,应当退回监察机关补充调查,必要时可以自行补充侦查。对于补充调查的案件,应当在一个月内补充调查完毕。补充调查以二次为限。"据此规定,对于监察机关调查终结移送审查起诉的案件,人民检察院经审查后认为证据不够充分或者需要核实的,既可以退回监察机关补充调查,也可以自行补充侦查。从《监察法》的表述来看,退回监察机关补充调查显然优于人民检察院自行侦查这一选项。

此类案件,监察机关移送审查起诉后,人民检察院通常会采取强制措施(《监察法》第 47 条第 1 款)。此时被调查人身份同时转为犯罪嫌疑人,且通常可能因被逮捕而遭到羁押。如人民检察院自行补充侦查,因适用《刑事诉讼法》,犯罪嫌疑人将继续处于被羁押状态。如人民检察院决定退回补充调查,此时究竟是适用《刑事诉讼法》将犯罪嫌疑人继续羁押,还是适用《监察法》将被调查人退回监察机关由监察机关决定是否重新留置呢? 本书认为,《监察法》制定过程中一再出现的监察案件不适用《刑事诉讼法》的说法完全是不能成立的。如果监察案件不适用《刑事诉讼法》,人民检察院就只能将上述案件连同犯罪嫌疑人一并退回监察机关,犯罪嫌疑人也同时不再是犯罪嫌疑人,又回到被调查人身份;监察机关也可以视情形决定是否再次作出留置决定,被调查人的人权状况重新回到完全不确定的状态。这显然不符合现代法治国家的基本理念,不利于刑事诉讼基本人权的保障。因此,无论人民检察院决定自行补充侦查还是决定退回监察机关补充调查,对于在押的犯罪嫌疑人都应当在《刑事诉讼法》的框架下继续羁押,并适用有关羁押必要性审查条款,在欠缺羁押必要性时将犯罪嫌疑人变更强制措施,或者予以释放;无论犯罪嫌疑人是否在押,监察机关都不得再次将其置于留置状态。

根据《监察法》,补充调查的期限为 1 个月,次数以二次为限。《监察法》并没有规定如果人民检察院决定自行补充侦查时的期限和次数限制。《刑事诉讼法》也没有相关条文对此加以规定。本书认为,人民检察院决定自行补充侦查的,应当准用《刑事诉讼法》第 175 条第 3 款的规定,在 1 个月内完成,并以二次为限。

在审判阶段,如果出现公诉机关发现其提起公诉的职务犯罪案件需要补充侦查向法庭提出延期审理建议,只能适用《刑事诉讼法》第 204 条和第 205 条的规定,由人民检察院自行补充侦查,并在 1 个月以内补充侦查完毕;同时适用《最高法解释》的规定,审判阶段的补充侦查仍以二次为限。

第十二章　搜查与扣押

从事物发展的逻辑顺序来看,侦查的通常步骤,先是收集与犯罪有关的物证、书证,通过物证、书证确定犯罪嫌疑人,然后对犯罪嫌疑人进行人身保全也就是采取强制措施,在查获犯罪嫌疑人并采取强制措施之后再对其进行讯问。而搜集与犯罪有关的物证、书证最普遍最经常的方法,就是搜查与扣押。搜查与扣押不仅涉及公民的住宅权,而且涉及公民的人身权(如在进行人身检查时)、隐私权、财产权。所有这些权利在我国宪法上均有规定,因此是公民基本的宪法权利。公民的住宅权、财产权、人身权、隐私权等都不是绝对的权利,政府在合理的情况下可以对这些权利进行侵犯、限制。关键的问题是,政府对公民基本权利的侵犯必须是"合理"的。我国宪法本身虽未对何为"合理的"侵犯进行明确界定,但是刑事诉讼法对刑事侦查中的警察行为设置了一定的约束。学习本章,主要是了解并掌握搜查与扣押的基本原理,也就是公民相关宪法权利的含义,警察合法侵犯公民基本权利的方法,法律对这些方法的限制与约束。

第一节　不受任意搜查、扣押的权利

一、搜查、扣押涉及的公民宪法权利概述

搜查、扣押涉及公民的住宅权、隐私权、财产权与人身权。我国《宪法》第37条规定:"中华人民共和国公民的人身自由不受侵犯。""任何公民,非经人民检察院批准或者决定或者人民法院决定,并由公安机关执行,不受逮捕。""禁止非法拘禁和以其他方法非法剥夺或者限制公民的人身自由,禁止非法搜查公民的身体。"该条主要涉及的是公民的人身权。其中对公民身体的搜查,主要导致对公民人身权的侵犯,同时也有可能导致对公民隐私权的侵犯。[1] 第39条规定:"中华人民共和国公民的住宅不受侵犯。禁止非法搜查或者非法侵入公民的住宅。"该条主要是对住宅权和隐私权的保护,对住宅的搜查主要导致对住宅权和隐私权的侵犯。当然,住宅权本身也包括隐私权的内容。第40条规定:"中华人民共和国公民的通信自由和通信秘密受法律的保护。除因国家安全或者追查刑事犯罪的需要,由公安机关或者检察机关依照法律规定的程序对通信进行检查外,任何组织或者个人不得以任何理由侵犯公民的通信自由和通信秘密。"这一条主要是对隐私权的保护。宪法虽然没有明确提到"隐私权"这个概念,但是"秘密"这一术语对于个人而言,实际上已经包含了"隐私"的内容。因此,对通信秘密的保护,实际上就是对个人在通信过程中涉及的隐私的保护。

| **案例12-1** |　黄碟案与卧室里的宪法权利

2002年8月18日晚11时许,万花乡派出所接到群众电话举报,称其辖区内一居民家中正在播放黄色录像,所里马上派出4名民警前去调查。民警到达后,发现大门锁着,为核实情况,干警绕到诊所侧面,从窗户缝里看到房间内的电视机中的确正在播放淫秽录像。于是,几名民警以看病为借口进入张氏夫妇家中并径直来到放录像的房间。几名民警随即表明身份并要求其二人拿出"黄碟",但该夫妻拒绝警方的要求,拿起床上的碟片砸向民警。警长尚某斌正欲弯腰取出碟机中的碟片,被张某突然操起身旁一根木棍砸在了手上,尚某斌的左手立刻肿了起来。张某

---

〔1〕 在中文语境下,"侵犯"一词通常带有贬义,并且经常被认为是非法的。但为论述之方便,本书将"侵犯"区分为合法的侵犯和非法的侵犯以及合理的侵犯与不合理的侵犯,因而是在中性的意义上使用"侵犯"一词。

的妻子李某也上前撕扯民警，一民警的衣服被撕烂，一民警的手被抓破。

看到场面难以控制，民警将张某摁倒在床上，然后扭住其胳膊以妨碍警方执行公务为由将其带回了派出所。作为播放淫秽录像的证据，警方将从现场搜到的3张淫秽光碟连同电视机、影碟机一起带回派出所，并向张某出具了现场扣押物品清单和延安市公安局宝塔分局暂扣款收据。在交了1000元钱之后，张某被放回家，同时也领回了自己的电视机、影碟机。但在10月21日，张某又被以妨害公务罪刑事拘留。因宝塔区人民检察院决定不批准逮捕张某，张某于2002年11月5日以取保候审的形式获得释放。

11月6日，获得自由的张某被医院诊断为急性应激性障碍。12月5日，宝塔区公安局解除对张某的取保候审，并退还已经扣押的1000元人民币。在张某申请国家赔偿后，宝塔区公安局与张某于12月31日达成协议：公安局向张某赔礼道歉；一次性补偿张某医疗费及误工费29137元；对本案有关人员进行处理。在这之后，公安局免除了主要责任人贺某亮万花派出所所长职务；警长尚某斌被调往边远派出所待岗；民警任某则被辞退。〔2〕

该案发生后引发了学术界关于警察权力的一些讨论。有的观点认为，本案中警察无权对夫妻看黄碟的行为进行干涉，因为这纯粹属于私生活秘密的范畴，警察无端进入属于对住宅权和私生活秘密权的无礼侵犯。也有观点认为，本案中警察有权对夫妻看黄碟的行为进行干涉，因为诊所属于公共场所，并不属于法律意义上的住宅，因此其看黄碟的行为不受保护。本书认为，本案涉案夫妻用于做诊所的房间属于宪法所规定的住宅，其在夜间看黄碟的行为属于私生活秘密的范畴，警察无权对公民的私生活进行干涉。〔3〕

评注12-1　美国《宪法第四修正案》规定的公民基本权利

美国《宪法第四修正案》规定："人民对其人身、住宅、文件、物品享有的不受不合理搜查和扣押的权利，不受侵犯；除非基于经宣誓或具结所保证的适当理由，并且特别地指定搜查的地点，否则不得签发搜查令，并不得扣押其人身和物品。"〔4〕

〔2〕《延安"黄碟案"引发的法学思考》，载《法学家》2003年第3期。有关报道及评论可参见《黄碟案：公民私权意识的觉醒》，载《人民法院报》2006年8月18日。为控制篇幅，本书引用时在文字上进行了删改。

〔3〕相关讨论可参见易延友：《除罪化、程序法治与法的可预期性——以黄碟案为中心的法理透视》，载《清华法学》2009年第4期。

〔4〕The right of the people to be secure in their persons, houses, papers, and effects, against unreasonable searches and seizures, shall not be violated, and no warrants shall issue, but upon probable cause, supported by oath or affirmation, and particularly descrbing the place to be searched, and the persons or things to be seized. Fourth Amend.

美国《宪法第四修正案》保护的第1项内容是公民的人身权。“人身”这一概念的范围包括公民的身体、身外之物以及体内之物。例如,当被告人遭到逮捕时,其身体属于美国《宪法第四修正案》所规定的保护范围;[5]当被告人被警察拍身搜查以确定他是否藏有武器或查看他衣物内的物品时,被告人身体之外的物品如衣服等属于美国《宪法第四修正案》保护范围;[6]当被化验血液中酒精含量时,被告人的体内之物血液等亦属于美国《宪法第四修正案》保护范围。[7]

美国《宪法第四修正案》保护的第2项内容是住宅。在宪法的意义上,住宅并不仅仅是指一般意义上的产权房,而是包括人们用于居住的所有建筑:既可以是长期的居住场所如公寓,也可以是短期的居住场所如旅馆;[8]它既包括像车库等附着于住宅的建筑,[9]也包括用于开展家庭私人生活相关活动的庭院;[10]根据判例,办公室、商店和其他的商业建筑都属于“住所”的范围之列。[11]

美国《宪法第四修正案》保护的第3项内容是文件(papers)和物品(effects)。其中“文件”包括书信、日记和商务纪录之类的私人文件。[12]“物品”则包括汽车、行李及其他容器、衣物、武器甚至是犯罪的结果等。[13]

值得注意的是,根据联邦最高法院判例,尽管美国《宪法第四修正案》规定的对象是人身、住宅、文件和物品,其真正保护的却不是这些,而是包括人身自由权、作为财产权的住宅权和作为精神性权利的隐私权等在内的权利。

二、不受任意搜查、扣押的权利

1948年12月10日联合国大会通过并颁布的《世界人权宣言》第12条规定:“任何人的私生活、家庭、住宅或通信不得任意干涉,他的荣誉和名誉不得加以非法攻击。”“人人有权享受法律保护,以免受这种干涉或攻击。”1966年12月16日通过的《公民权利和政治权利国际公约》第16条几乎原封不动地重复了这一规定。

我国《宪法》并未明确规定不受不合理搜查与扣押的权利。但是,这并不表

---

[5] Chimel v. California, 395 U. S. 752 (1969).
[6] Terry v. Ohio, 392 U. S. 1 (1968).
[7] Schmerber v. California, 384 U. S. 757 (1966).
[8] Stoner v. California, 376 U. S. 483 (1964).
[9] Taylor v. United States, 286 U. S. 1 (1932).
[10] Oliver v. United States, 466 U. S. 170(1984).
[11] See v. City of Seattle, 387 U. S. 541 (1967).
[12] Andersen v. Maryland, 427 U. S. 463 (1976).
[13] Chambers v. Maroney, 399 U. S. 42 (1970); United States v. Chadwick, 433 U. S. 1 (1977); United States v. Edwards, 415 U. S. 800 (1974); Warden v. Hayden, 387 U. S. 294 (1967).

明我国宪法拒斥不受不合理搜查与扣押的权利。相反，由于《宪法》明文规定“禁止非法搜查和禁止非法侵入私人住宅”，我国宪法实际上对于非法搜查、非法侵入他人住宅的行为都是明令禁止的。当然，我们也可以争辩说宪法只禁止非法搜查和非法侵入私人住宅，但不一定禁止任意的、不合理的搜查和扣押。本书认为，禁止非法搜查就已经包含了禁止任意搜查的含义。因为对非法搜查的禁止，实际上表明立法者对于搜查的主体、条件、程序都希望通过立法加以规范，从而显示出其禁止任意搜查的立法意图。立法机关既然宣示了禁止任意搜查的意图，当然也不可能在其嗣后颁布的立法中允许或容忍任意的、不合理的搜查。换句话说，不仅非法搜查是不被允许的，立法上授予执法官员任意搜查权力的法律本身也是不符合宪法精神的。

因此，任意的、不合理的搜查与扣押，均属于宪法禁止的行为。问题的关键不在于宪法是否禁止任意搜查和扣押，而在于如何界定任意搜查与扣押。

第二节　搜查、扣押的基本含义

一、搜查

根据美国《宪法》规定，搜查是一种即时的行为，扣押则是一种持续的状态。对于搜查的界定，美国法律经历了一个发展的过程，其分界性案件以凯茨案(Katz v. United States)为标志。在凯茨案件之前，美国奉行的是以财产为中心的约束机制，即法律对政府侵犯公民权利的约束仅限于政府对公民住宅的物理性侵入行为。这一机制以奥姆斯塔德案(Olmstead v. United States)为标志。这个案件中联邦雇员在没有搜查令的情况下监听了被告人与他人的谈话。最高法院判定该案中被监听的谈话内容不属于美国《宪法第四修正案》保护的范畴。其理由是：谈话不属于人身、住宅、文件和物品；住宅受保护，但是耳朵、眼睛不能实施“搜查”。[14] 因此，该理论被称为“物理性侵入理论”(trespass doctrine)。这一立场在凯茨案中被抛弃。

〔14〕 Olmstead v. United Staes, 277 U. S. 438 (1928).

案例12-2 凯茨诉美国[15]

被告人被指控通过电话从洛杉矶向迈阿密和波士顿传递赌博信息。法庭上,法官不顾被告人的反对,允许检察官向法庭出示警察在公用电话亭安装的录音器录制的信息,显示被告人使用该公用电话向其他人传递违法信息。被告人反对出示这一证据,指出其违反了美国《宪法第四修正案》。控诉方指出,被告人使用的公用电话亭是玻璃制造的透明电话亭,因此无所谓隐私权保护的问题。审判法院认定被告人罪名成立。上诉法院拒绝了被告人关于容许录音证据侵犯了美国《宪法第四修正案》的诉求,理由是本案侦查机关并未"物理性地侵入"被告人的地盘。

该案上诉至联邦最高法院。上诉人想要证明公用电话亭属于美国《宪法第四修正案》保护的范围(area);检察官则主张公用电话亭不属于美国《宪法第四修正案》保护的范围。联邦最高法院却认为,控辩双方关于争点的界定都是错误的;真正的问题不是某一特定地点是否属于美国《宪法第四修正案》保护的范围;因为美国《宪法第四修正案》保护的是"人民",而不是"地方";如果一个人故意将自己暴露于公众,即使是在家中或办公室,其行为也不受美国《宪法第四修正案》保护;但如果他希望保留其隐私,则即使在公共场合也应受宪法保护。被告人在电话亭打电话的动作虽然能够被公众看到,但是听到其打电话的内容却是被告人所不希望的;这与在朋友家里、在出租车上打电话不一样,一个人进入电话亭,将门关闭,然后开始打电话,当然可以确信无疑地不希望自己的谈话内容向世界广播。如果对宪法作狭隘的解读,就是忽略公用电话对于私人交流的重要作用。

联邦最高法院对其在奥姆斯塔德案、戈德曼案(Goldman v. United States)等案件中确立的"物理性侵入"原则的发展进行了回顾,指出,尽管在这些案件中,联邦最高法院曾经判定,物理性地侵入(physical penetration)有形的财产(tangible property),是美国《宪法第四修正案》保护的基本条件,但是,联邦最高法院早已经在沃尔登案(Warden v. Hayden)、西尔弗曼案(Silverman v. United States)等案件中偏离了物理性侵入原则。因此,联邦最高法院宣布,"物理性侵入"原则不再有效;一个人在公用电话亭打电话可以期望受到美国《宪法第四修正案》的保护。

评注12-2 美国宪法上关于隐私权的"合理期待标准"

凯茨案确立的是对隐私权的合理期待标准(reasonable expectation of privacy)。当一个人明知地将自己暴露于公众时,即使他是在自己家中,他也不受美国《宪法第四修正案》的保护。但是,当一个人希望保护自己的私生活时,即使他是在公众

---

[15] Katz v. United States, Certiorari to the United States Court of Appeals for the Ninth Circuit, 389 U. S. 347 (1967).

能够进入的场所，他也是受宪法保护的。根据联邦最高法院的判决，法院在判断公民是否存在对美国《宪法第四修正案》权利的合理期待时需要考虑两个因素：一是被搜查的公民是否存在对自己行为不受打扰和不被窥探的意愿；二是普通公众是否认为该公民在此种环境下的行为应当不受打扰和不被窥探。[16] 其中，前者属于主观因素，后者则通常被认为属于客观要素。

依据“隐私权的合理期待”理论，联邦最高法院对一系列问题作出了明确的规定。其中第一个问题是进入庭院或宅地（curtilage）之外无人占领或开发的开阔场地（open field）进行搜查是否导致对美国《宪法第四修正案》权利侵犯的问题。对此问题，联邦最高法院在 Oliver v. United States 一案中判定，开阔场地中不存在美国《宪法第四修正案》保护的利益，因此侵入开阔场地的行为不会导致对美国《宪法第四修正案》权利的侵犯。[17] 另外，既然凯茨案确立了科技手段可能导致公民权利受到侵犯的先例，则利用强光手电筒、探照灯、飞机、直升机等手段对私人住宅、庭院、城市道路、绿地等进行搜索时，是否会侵犯公民美国《宪法第四修正案》的权利？对此，联邦最高法院在凯茨案判决之前确立了所谓的“肉眼看见规则”（visible to the naked eye），即使用手电筒或探照灯等工具，观察那些肉眼在黑暗中能够看见的事物，也不会导致对美国《宪法第四修正案》权利的侵犯。[18] 联邦最高法院在 Dow Chemical Co. v. United States 一案中维持了其在凯茨案判决之前确立的原则：只要不是独特的感应器具，例如，可以穿墙而过和记录谈话的工具，而是使用传统的，虽然比较之前的方法更为精确的，例如在商业领域普遍使用的（高精确度）照相机等，也不会导致对美国《宪法第四修正案》权利的侵犯。[19] 另外，联邦最高法院还判定，警察对嫌犯住宅后院进行空中监视的措施，不构成对美国《宪法第四修正案》权利的侵犯。[20] 最高法院还判定，利用直升机对嫌犯庭院中的温室种植的大麻进行观察的行为，也不构成“搜查”。[21] 在 United States v. Place 一案中，最高法院判定，利用警犬在公共场合对未打开的包裹进行闻、嗅的行为不属于“搜查”。[22] 在 California v. Greenwood 一案中，判定公民对其虽以袋子包裹但抛弃在庭院之外的垃圾，不存在“隐私权的合理期待”。[23]

与“隐私权的合理期待”相关的另一个问题是所谓“虚假朋友”的问题——如

---

〔16〕 Katz v. United States, 389 U. S. 347 (1967).

〔17〕 Oliver v. United States, 466 U. S. 170 (1984).

〔18〕 United States v. Lee, 274 U. S. 559 (1927).

〔19〕 Dow Chemical Co. v. United States, 476 U. S. 227 (1986).

〔20〕 California v. Ciraolo, 476 U. S. 207 (1986).

〔21〕 Florida v. Riley, 488 U. S. 445 (1989).

〔22〕 United States v. Place, 462 U. S. 696 (1983).

〔23〕 California v. Greenwood, 486 U. S. 35 (1988).

果一名政府雇员假冒犯罪嫌疑人的朋友、商业伙伴、犯罪同伙,听到了犯罪嫌疑人的谈话,然后向警局报告,则这名政府雇员的证言,在法庭上是否应当予以排除?在 Hoffa v. United States 一案中,联邦最高法院对此给予了答复。该案被告人与证人在一个旅馆谈话,证人与被告人是熟人,同时也是政府的领薪线人。审判时被告人要求排除该谈话证据。最高法院说,该案中的旅馆虽然受美国《宪法第四修正案》保护,但是被告人的谈话并不是因为相信该旅馆的安全性,而是错误地相信了谈话对象;因此,被告人的美国《宪法第四修正案》权利并未受到侵犯。[24] 该案在凯茨案判决之前确立,凯茨案判决之后,霍法案确立的原则是否仍然适用?最高法院在 United States v. White 一案中判决说,凯茨案的判决并不影响霍法案中确立的原则。[25] 另外,在凯茨案判决之前,电话监听的行为不属于"搜查",因此,如果一个人与自己的熟人通话被录音,并不发生美国《宪法第四修正案》是否适用的问题。但凯茨案判决之后,一个人给其熟人打电话时被熟人录音的可采性,就属于美国《宪法第四修正案》探讨的范畴。对此,联邦最高法院在怀特案中判决:电话通话的问题与虚假朋友的问题本质上并无区别,因此适用霍法案中确立的原则。[26]

二、扣押

与中国刑事诉讼中使用的概念不同的是,美国法律中的扣押既包括对物和场所的扣押,也包括对人身的扣押。其中对场所的扣押通常包括对犯罪现场的控制,这在中国法律体系中被称为"勘验和检查"。对物的扣押通常不会发生理解上的困难,但是对人的扣押,在中国的法律体系中对应的是"强制措施",其中最经常适用的是拘留和逮捕。在美国,一个人的人身何时处于被"扣押"的状态,法律规定并不是很明确。在 Terry v. Ohio 一案中,美国联邦最高法院指出:"并非所有警察与公民之间的私人接触都构成对人身的扣押。相反,只有在警察官员以肉体上的强制或者表明身份,以特定方式限制公民自由的情况下,才能认为人身已经遭到扣押。"[27]

在 United States v. Mendenhall 一案中,最高法院判定,"只有在综合所有案发当时的情况,一个理性的人相信他不能自由地离开时",才能认为该人已经被扣押。[28] 根据该案判决,一个人是否受到扣押要以一个理性人为假设来判断,同时要求以理性人在综合当时所有情况的条件下来作出判断。在另一个案件中,

---

〔24〕 Hoffa v. United States,385 U. S. 293 (1967).

〔25〕 United States v. White,401 U. S. 745 (1971).

〔26〕 United States v. White,401 U. S. 745 (1971).

〔27〕 Terry v. Ohio,392 U. S. 1,16 – 19 (1968).

〔28〕 United States v. Mendenhall,446 U. S. 544 (1980).

最高法院进一步解释说，所谓“理性人”（reasonable person），就是“无辜的人”；也就是说，当判断一个人是否受到扣押时，法院必须假定身处当时环境中的人必须是一个无可隐瞒的人，而不是一个违法者是否可以合理地相信他可以自由地结束与警察的遭遇。[29] 因对人的扣押在中国法上属于强制措施范畴，本章不作过多详细讨论。

三、我国刑事诉讼中的搜查与扣押

我国刑事诉讼中的“搜查”“查封、扣押财物、文件”“勘验、检查”“查询、扣押邮件、电报”等，与西方国家的“搜查”“扣押”同义。

（一）勘验、检查

勘验、检查是指侦查人员对犯罪现场有关的场所、物品、尸体、人身等进行勘查和检验，以发现、收集和固定犯罪活动遗留下来的各种痕迹和物品的侦查行为。根据《刑事诉讼法》的规定，勘验、检查可以分为现场勘验、尸体检验、人身检查和侦查实验四种类型。

所谓现场勘验就是对发生刑事案件的地点和留有犯罪痕迹的场所进行专门调查的侦查活动。根据《刑事诉讼法》第128、129、130条的规定，侦查人员对于与犯罪有关的场所、物品、人身、尸体应当进行勘验或者检查。在必要的时候，可以指派或者聘请具有专门知识的人，在侦查人员的主持下进行勘验、检查。任何单位和个人，都有义务保护犯罪现场，并且立即通知公安机关派员勘验。侦查人员执行勘验、检查，必须持有人民检察院或者公安机关的证明文件。

尸体检验是通过尸表检验和尸体解剖等方法确定或判断死亡时间、原因等，为侦破案件提供线索并为查明案情提供依据的侦查活动。《刑事诉讼法》第131条规定，对于死因不明的尸体，公安机关有权决定解剖，并且通知死者家属到场。《最高检规则》亦规定，人民检察院决定解剖死因不明的尸体时，应当通知死者家属到场，并让其在解剖通知书上签名或者盖章。死者家属无正当理由拒不到场或者拒绝签名、盖章的，不影响解剖的进行，但是应当在解剖通知书上记明，对于身份不明的尸体，无法通知死者家属的，应当记明笔录。

人身检查是指侦查人员为了确定被害人、犯罪嫌疑人的某些特征、伤害情况或者生理状态而对其人身进行检查的侦查活动。《刑事诉讼法》第132条第1款规定：“为了确定被害人、犯罪嫌疑人的某些特征、伤害情况或者生理状态，可以对人身进行检查，可以提取指纹信息，采集血液、尿液等生物样本。”其中“提取指

---

[29] Florida v. Bostick, Certiorari to the Supreme Court of Florida, 501 U.S. 429 (1991).

纹信息、采集血液、尿液等生物样本”的规定是2012年《刑事诉讼法》修改时新增加的规定。据此规定,人身检查的内容除了对体表进行检查以外,还可以提取指纹,采集血液、尿液等生物样本。根据《刑事诉讼法》第132条第2款的规定,犯罪嫌疑人如果拒绝检查,侦查人员认为必要的时候,可以强制检查。但是,强制检查的对象仅限于犯罪嫌疑人;如果被害人拒绝检查,不能强制检查。根据《刑事诉讼法》第132条第3款的规定,检查妇女的身体,应当由女工作人员或者医师进行。

侦查实验是指为了确定和判明与案件有关的某些事实或行为在某种特定情况下能否发生改变以及怎样发生改变而按照案发当时条件进行实验的一种侦查行为。根据《刑事诉讼法》第135条第1、3款之规定,为了查明案情,在必要的时候,经公安机关负责人批准,可以进行侦查实验。侦查实验,禁止一切足以造成危险、侮辱人格或者有伤风化的行为。

另据《刑事诉讼法》第133条之规定,上述勘验、检查的情况都应当写成笔录,由参加勘验、检查的人和见证人签名或者盖章。据《刑事诉讼法》第134条之规定,人民检察院审查案件的时候,对公安机关的勘验、检查,认为需要复验、复查时,可以要求公安机关复验、复查,并且可以派检察人员参加。

(二)搜查

《刑事诉讼法》第136条规定:“为了收集犯罪证据、查获犯罪人,侦查人员可以对犯罪嫌疑人以及可能隐藏罪犯或者犯罪证据的人的身体、物品、住处和其他有关的地方进行搜查。”因此,刑事诉讼中搜查的目的,一是收集犯罪证据,二是查获犯罪嫌疑人。不具备此目的的搜查,都不属于刑事诉讼中的搜查。搜查的对象,包括犯罪嫌疑人的人身、物品、住处以及可能隐藏罪犯或者犯罪证据的人的人身、物品、住处和其他有关地方。可见,我国刑事诉讼中搜查的对象,并不限于犯罪嫌疑人的人身、住宅和物品,而是包括一切可能隐藏罪犯或犯罪证据的场所。

根据《刑事诉讼法》第137条的规定,任何单位和个人,都有义务按照人民检察院和公安机关的要求,交出可以证明犯罪嫌疑人有罪或者无罪的物证、书证、视听资料等证据。注意此处规定属于《刑事诉讼法》第二编第二章第五节“搜查”的内容,因此此处的任何单位和个人的义务仅限于在公安机关和人民检察院进行搜查的过程中。义务主体既包括犯罪嫌疑人,也可以不是犯罪嫌疑人。义务的内容是按照公安机关和人民检察院的要求,交出可以证明犯罪嫌疑人有罪或者无罪的物证、书证、视听资料等证据。

（三）查封、扣押物证、书证

查封、扣押物证、书证是指侦查人员在侦查过程中对与案件有关的物品、文件、款项、邮件、电报以及存款、股票等进行查封、查询、扣留或冻结的行为。查封、查询、扣押的对象包括财物、文件、邮件、电报、存款、汇款、债券、股票、基金份额等。《刑事诉讼法》以 5 个条文对不同对象分别予以了规定。

《刑事诉讼法》第 141 条第 1 款规定："在侦查活动中发现的可用以证明犯罪嫌疑人有罪或者无罪的各种财物、文件，应当查封、扣押；与案件无关的财物、文件，不得查封、扣押。"根据这一规定，只要是可以用来证明犯罪嫌疑人有罪或无罪的财物、文件，都可以进行查封、扣押。但是与案件无关的财物、文件，不得查封、扣押。

《刑事诉讼法》第 142 条规定："对查封、扣押的财物、文件，应当会同在场见证人和被查封、扣押财物、文件持有人查点清楚，当场开列清单一式二份，由侦查人员、见证人和持有人签名或者盖章，一份交给持有人，另一份附卷备查。"根据该规定，查封、扣押财物、文件的程序可以分解为四个步骤：（1）查点。即由侦查人员会同见证人、被查封、扣押财物、文件的持有人将被查封、扣押的财物查点清楚。（2）开列清单。侦查人员应当在查点清楚的基础上，当场开列清单一式二份，清单上写明查封、扣押文件的名称、规格、特征、质量、数量、文件编号、发现文件、财物的地点、查封、扣押的时间、实施查封、扣押的侦查人员的姓名等。（3）签名或者盖章。查封、扣押清单上必须有侦查人员、见证人和被查封、扣押财物、文件的持有人三方签名或者盖章。（4）留存。查封、扣押清单一份交给被查封、扣押财物、文件的持有人，另一份附卷备查。

根据《刑事诉讼法》第 143 条的规定，侦查人员认为需要扣押犯罪嫌疑人的邮件、电报的时候，经公安机关或者人民检察院批准，即可通知邮电机关将有关的邮件、电报检交扣押。不需要继续扣押的时候，应即通知邮电机关。

根据《刑事诉讼法》第 144 条的规定，人民检察院、公安机关根据侦查犯罪的需要，可以依照规定查询、冻结犯罪嫌疑人的存款、汇款、债券、股票、基金份额等财产；有关单位和个人应当配合。犯罪嫌疑人的存款、汇款、债券、股票、基金份额等财产已经被冻结的，不得重复冻结。

根据《刑事诉讼法》第 145 条的规定，对查封、扣押的财物、文件、邮件、电报或者冻结的存款、汇款、债券、股票、基金份额等财产，经查明确实与案件无关的，应当在 3 日以内解除查封、扣押、冻结，予以退还。

第三节 搜查、扣押的程序规制

美国《宪法》明确规定了公民不受不合理搜查与扣押的权利。这一权利可以分为三个不同的层次:第一,在针对过去已经发生的案件的侦查中,所有的搜查与扣押都必须建立在适当根据(probable cause)的基础上,并且必须事先申请令状(warrant requirement);第二,在针对未来可能发生的犯罪的案件中,在没有适当根据但存有合理怀疑的情况下,可以进行有限度的搜查;第三,在针对过去已经发生的犯罪案件的侦查中,面对特定的紧急情况,在存在适当根据的情况下,作为例外,可以进行无证搜查或扣押。

在我国刑事诉讼中,法律上并没有适当根据、合理怀疑、令状主义这样的字眼,但是从相关法条的表述中,仍然可以找到类似的制度设置。除此之外,我国刑事诉讼法还对有关搜查、扣押的程序设置了更多的约束。以下分别予以介绍。

一、适当根据与令状主义

(一)适当根据

对于适当根据,联邦最高法院最早在 1811 年的 Munns v. De Nemours 一案中,将其界定为"有合理的基础,并且有充分强度的情况证据支持,足以使一个谨慎的人相信某人实施了被指控的犯罪"。[30] 从这一定义来看,似乎只要警察合理地相信行为人实施了犯罪行为,即可对其进行逮捕或搜查。但是,根据判例,如果警察的这种怀疑或确信仅是主观上的确信而没有任何客观上的证据予以支持,则无论警察的确信何等真诚,这种确信本身也不构成适当理由。[31] 另外,如果存在客观上的适当理由,则即使警察并不认为自己有适当理由而实施了搜查或扣押,该搜查或扣押也不违反宪法。[32] 换句话说,是否存在适当理由,与警察的主观状态实际上是无关的,完全实行独立于警察意志与动机的客观标准。

法官在决定是否签发逮捕证或者搜查证时主要的工作就是审查是否存在适当根据。可以成为"适当根据"的信息通常包括两种:一种是警察直接观察获得的信息,另一种则是警察通过线报获得的信息,也就是传闻。对于警察提供的信

〔30〕 Munns v. De Nemours, 17 Fed. Cas. 993 (C. C. D. Pa. 1811) (No. 9926).

〔31〕 Beck v. Ohio, 379 U. S. 89, 97 (1964).

〔32〕 Florida v. Royer, 460 U. S. 491, 507 (1983).

息是否构成适当根据,联邦最高法院在 Aguilar v. Texas 和 Spinelli v. United States 判例中确立了一个“双向标准”(two - pronged test),即法官在审查警察的行为是否具备“适当根据”时应当考虑两方面的因素:一是信息的提供者是如何获得该项信息的;二是法官凭什么必须相信信息的提供者?〔33〕前者侧重的是信息提供者获得信息的来源或基础,后者侧重的是信息提供者本身的可信度或可靠性。

表面上看,这两个标准似乎是两个相互独立的要求。但是,在伊利诺伊州诉盖茨一案中,联邦最高法院对这两个标准作出了新的解释,指出在判断是否具备适当理由时,应当综合情况作出判断,不能将两个标准孤立地审查。

| **案例 12 - 3** | 适当根据的审查判断标准:伊利诺伊诉盖茨〔34〕

该案中,警察接到一封内容详尽的匿名举报信,举报一对叫 L 和 G 的夫妇贩卖毒品并以此为生。警察根据该匿名举报信并结合其他情况证据,向法庭申请了逮捕令并采取了行动,截获了大量毒品和其他违禁品。但是,伊利诺伊州法院否决了所有这些物品的可采性,伊利诺伊州上诉法院维持了审判法院的裁决。伊利诺伊州最高法院的多数法官认为,该匿名信没有提供任何信息来使人相信匿名信的作者是真诚可信的,也没有提供任何线索告诉我们举报人如何得知 G 的犯罪行为,因此,本案中适当理由这一要件并没有得到满足。联邦最高法院认为,伊利诺伊州最高法院关于一封匿名举报信必须满足诚实性或可靠性以及具有知识基础两个条件的看法是正确的。但是,州最高法院认为这两个条件是两个互相分离且互相独立的条件,应当僵硬地适用于每一个具体的案件的看法,却是错误的。联邦最高法院认为,这两个条件是互相联结在一起,是通过常识、实践性问题加以判断的。联邦最高法院指出,适当理由是一个实践的、非技术性的概念。它们是对日常生活中的任何一个审慎的人,而非法律技术专家的事实上的和实践上的考虑行为。因此,对于警察采取行动是否存在合理依据应当采取总体环境分析方法。在这一分析方法之下,该案中的匿名信实际上已经满足适当理由这一要件。它包含了相当多的细节,这些细节不是很容易就获得的犯罪信息,而是包含第三方通常很难掌握的未来行为的信息。匿名信中提供了如此精确的消息,其中提到的 G 的行程只有可能来自 G 团伙的内部人员。对于匿名信的作者获得有关 G 犯罪的信息应当源于 G 信任的人这一点来说,该匿名信已经完全足够了。根据该案判例,最高法院实际上确

---

〔33〕 Aguilar v. Texas, 378 U. S. 108 (1964); Spinelli v. United States, 393 U. S. 410 (1969).

〔34〕 Illinois v. Gates, Certiorari to the Supreme Court of Illinois, 462 U. S. 213 (1983).

立了一个“所有事情都相关,但没有哪件事情是决定性的”标准。[35]

(二)令状主义

侵犯美国《宪法第四修正案》权利的第二个程序方面的要求是令状主义。对此,理论上存在两种完全不同的观点。一种观点认为,美国《宪法第四修正案》并未规定警察在进行搜查时应当事先申请令状,因为,美国《宪法》只规定了令状在什么时候不应当签发,而没有说搜查一定要有令状。[36] 另一种观点则认为,令状主义为宪法所要求,因此只有在例外的情况下,才可以不必事先申请令状。[37] 联邦最高法院采取的是后一种立场,因此,申请令状成为搜查和扣押的前置程序。根据判例,警察在申请令状时应当宣誓,并在宣誓书上签字。最高法院在数个场合指出,签发令状的必须是“中立的、独立的地区法官”。[38] 在1971年的一个案件中,最高法院判定,负责该谋杀案件侦查的检察官签发的令状无效。[39] 1977年,最高法院在一个案件中判定,法官在签发令状的程序中收取费用的做法违法。[40] 令状必须特别地指明要搜查的地点、人身或要扣押的物品。对于地点,最高法院曾经说过必须详细到警察只需付出合理的努力即可根据令状准确地确定和识别应当搜查的地方。[41]

令状签发后应当及时执行,若延宕时间过长,将存在令状失效的可能。对于执行令状的时间,联邦刑事程序规则规定,除非有合理的理由并且在令状中适当地载明,否则不得在夜间执行令状。[42] 但是,联邦最高法院并未表态说非紧急情况下在夜间执行令状是否符合宪法。对于执行令状的方式,最高法院通过判例,重申普通法上的“敲门且宣告规则”(knock - and - announce principle)是美国《宪法第四修正案》合理性条款的内在组成部分,即警察在执行搜查令时应当先敲门并表明身份,而不能直接破门而入。[43] 但是,“敲门且宣告规则”也有例外,并且判断例外是逐案审查的方式,也就是说,法院会在每一个具体的案件中决定

---

〔35〕 Yale Kamisar, Gates, "'Probable Cause', 'Good Faith', and Beyond", 69 Iowa L. Rev. 551, 570 (1984).

〔36〕 Akihl Reed Amar, "Fourth Amendment First Principles", 107 Harv. L. Rev., 757 (1994), p. 774.

〔37〕 Tracey Maclin, "When the Cure for the Fourth Amendment Is Worse than the Disease", 68 S. Cal. L. Rev., 1994, p. 1.

〔38〕 Johnson v. United States, 333 U. S. 10. 14 (1948); United States v. Leon, 468 U. S. 897, 914 (1984).

〔39〕 Coolidge v. New Hampshire, 403 U. S. 443, 453 (1971).

〔40〕 Connally v. Georgia, 429 U. S. 245 (1977).

〔41〕 Steele v. United States, 267 U. S. 498, 503 (1925).

〔42〕 Fed. R. Crim. p. 41 (c) (1).

〔43〕 Wilson v. Arkansas, 1995, 514 U. S. 927 (1975).

警察不遵守该规则是否有着适当的理由，而不是由执法机关类型化地规定在某一类案件中可以不遵守该规则。例如，威斯康星州最高法院就判决，没有敲门在重罪毒品案件中也是允许的；联邦最高法院对此给予否定。[44] 另外，令状描述的物品一旦获得，搜查即应停止，而不能无限制地延续。[45]

评注 12－3　令状要求的例外

美国刑事司法体系中的令状要求存在诸多例外。这里仅择要介绍其中的三项例外。

第一项例外是逮捕附带的搜查（searches incident to lawful arrests）。根据这项例外规则，当警察对一个人实施逮捕时，对被捕者的人身、被捕者能够直接控制的领域，以及当逮捕在被捕者家中实施时，对被捕者家中的卫生间等有可能对警察进行袭击的地方，均可实施无证搜查。[46] 联邦最高法院解释说，当警察实施逮捕时，往往容易遭受被捕者的袭击，也容易使被捕者毁灭证据，因此对其人身及其能够直接控制的区域进行搜查是必要的；[47] 另外，当逮捕发生在被告人家中时，被捕者的同谋、亲属、朋友等均有可能对警察进行袭击。[48]

第二项例外是经同意的搜查。无论是否有适当理由，经同意的搜查所获得的证据均具有可采性。联邦最高法院曾经一度认为，经过同意的搜查这项例外规则的理论基础是权利的放弃（waiver），也就是被搜查人放弃了不受不合理搜查的权利。[49] 但是这一理论显然与之后的很多判例并不一致。例如，如果例外的理论基础是放弃权利，则被搜查人知道其有权拒绝合作就应当是题中之义。但是根据判例，法律并不要求被搜查人知道他有拒绝同意的自由。[50] 另外，放弃权利理论与第三方同意的法理也相冲突。联邦最高法院曾经判定，第三人所作出的同意，效力及于被搜查人。例如，假设张三和李四同租一室，在张三外出时李四同意警察无证搜查其房屋获得的证据在针对张三的指控中具有可采性。[51] 因此，也有论者提出，“同意搜查者实际上对于被搜查对象已经没有隐私权的期待”。[52] 根据这一原理，实际上并不存在所谓的“搜查”。如今，最高法院已经倾向于认为，一项搜查只

---

〔44〕 Richard v. Wisconsin, 1997, 520 U. S. 385, 394 (1997).

〔45〕 Horton v. California, 496 U. S. 128, 141 (1990).

〔46〕 Chimel v. California, 395 U. S. 752 (1969); Maryland v. Buie, 494 U. S. 325 (1990).

〔47〕 Chimel v. California, 395 U. S. 752 (1969).

〔48〕 Maryland v. Buie, 494 U. S. 325 (1990).

〔49〕 Johnson v. United States, 333 U. S. 10, 13 (1948).

〔50〕 Schneckloth v. Bustamonte, 412 U. S. 218 (1973).

〔51〕 United States v. Matlock, 415 U. S. 164 (1974).

〔52〕 Illinois v. Rodriguez, 497 U. S. 177 (1990).

要经过同意,即为“合理的”(reasonable)搜查,也就是已经满足了美国《宪法第四修正案》设定的约束条件。[53]

第三项例外是常规的财产清单登记检查。根据这一例外规则,警察在对某个车辆或场所的财产进行清理登记(无证搜查)的过程中,发现的犯罪证据不必排除。在 South Dakota v. Opperman 一案中,警察将一辆违法停车的轿车拖到警察局的停车场。在那里,警察按照标准程序,将车门上锁,并对车内值钱的物品进行登记,然后将这些物品转移以便存储。在这个过程中,警察发现了犯罪证据。联邦最高法院判定:即便没有适当理由,警察在对合法扣押的车辆进行物品登记检查的过程中,发现的犯罪证据也具有可采性。[54] 根据该案判决,警察在进行财产登记检查时,即便没有任何根据,发现的犯罪证据也具有可采性。联邦最高法院给出的解释是,警察的这种常规财产登记检查并非犯罪侦查行为,而是行政管理行为;美国《宪法第四修正案》规定的适当理由,乃是为侦查犯罪设置的标准,并不适用于行政管理程序。[55]

(三)我国刑事诉讼中搜查与扣押的令状要求

我国《刑事诉讼法》并无明文规定勘验检查、搜查、扣押物证书证、查封、冻结存款汇款以及扣押邮件、电报等应当以适当根据或合理怀疑为基础。但在相关法条的表述中,仍然可以得出任何形式的搜查、扣押都应当以特定的条件为前提的结论。

《刑事诉讼法》第 138 条规定:“进行搜查,必须向被搜查人出示搜查证。”“在执行逮捕、拘留的时候,遇有紧急情况,不另用搜查证也可以进行搜查。”其中第 1 款规定的是一般原则:搜查时必须向被搜查人出示搜查证。公安机关侦查人员进行的搜查,由县级以上公安机关负责人签发搜查证;人民检察院进行的搜查,由检察长签发搜查证。尽管我国《刑事诉讼法》明文规定搜查必须出示搜查证,但是并未规定搜查证的签发主体,实践中均是由公安机关、检察机关签发搜查证。这与西方国家普遍由法官签发搜查证的做法还是存在明显区别的。

第 2 款规定的是搜查证的例外,例外必须同时满足两个条件:(1)在执行拘留、逮捕的过程中,也就是拘留、逮捕附带的搜查;(2)必须是遇有紧急情况。所谓紧急情况,通常是指被执行拘留、逮捕的人有携带凶器、剧毒物品,可能自杀、危害他人人身安全或公共安全的情形,或者有毁灭、转移罪证等危险。在上述情

---

〔53〕 Illinois v. Rodriguez, 497 U. S. 177 (1990).

〔54〕 South Dakota v. Opperman, 428 U. S. 364 (1976).

〔55〕 South Dakota v. Opperman, 428 U. S. 364 (1976).

形下，来不及办理搜查证，侦查人员可以凭拘留证、逮捕证进行搜查。

根据《刑事诉讼法》第138条第2款的规定，侦查人员在执行拘留、逮捕的时候，如果不是遇有紧急情况，需要实施搜查，除了出示拘留证、逮捕证以外，还必须同时出示搜查证，否则不得进行搜查。

二、搜查、扣押的合理性要求

在美国，适当根据、令状主义都是传统上根据美国《宪法第四修正案》提出的要求，这一要求主要适用于侦查过去已经发生的案件。但是，对于警察为防止即将发生或者可能发生的案件而言，这样的标准未免过于严苛。另外，对于那些无被害人的案件，例如毒品犯罪案件等，适当根据和令状主义也都显得有些勉为其难。正是针对这些案件，美国联邦最高法院逐渐采用了“合理性”标准，以判断个案中警察的行为是否符合宪法。毫不奇怪，在联邦最高法院以“合理性”标准来审查警察行为的案件中，绝大多数案件都属于警察采取预防性措施防止将来可能发生的案件或者无被害人的毒品案件。

案例12-4 作为截停、盘查根据的合理怀疑：特里诉俄亥俄[56]

1963年10月31日下午大约2时30分，警官迈克菲登(McFaden)身着便衣在克利夫兰市中心巡逻。他看到两名男子(事后知道其中一人是切尔顿，另一人为特里)在一个街角站着。他从未见过这两名男子。他在法庭上作证时声称，虽然他不能回忆起到底是什么情况引起了他对这两名男子的注意，但他当时已经当了39年警察，被任命为侦探35年，在该地区巡逻并负责商店盗窃与扒窃案件的侦查30年。他说他在自己的从业生涯中逐渐发展出了观察人们行为的独特习惯。他说根据他的经验，他觉得这两人不正常。他看到其中一人在街角往南走向游龙路，经过几家商店，朝其中的一家看了看，又折回街角，继续朝这家商店看了看。在与他的同伴会合之后，两人商量了一下，另一人重复了前一人的动作，从街角往南走向游龙路，在同一家商店窗前停下往里张望，再转回来，停下，再往同一家商店张望，并回到街角与第一名男子商量。两名男子重复这一动作六七次，总共来回往返12次。这时，第三名男子出现并与他们会合，简短协商之后，这名男子离开，原先的那两名男子则继续重复原来的动作。10多分钟之后，两名男子亦离开，并沿着第三名男子离开的方向朝尤克里的大街西面走去。

到这时，警官迈克菲登已经彻底对这两人产生了怀疑，认为他们在准备干坏事。他决心做进一步的调查，因为这是他职责所系。他跟上这两名男子，看到他们

---

[56] Terry v. Ohio, 392 U.S. 1 (1968).

在一家祖克尔商店停下,与之前来过的第三名男子会合并协商。警官迈克菲登走上前去,向他们表明警察身份,并问他们叫什么名字。其中一名男子特里咕哝了几句,迈克菲登将他抓住并扭过去以便他和特里都面对着另外两名男子,并对他进行了拍身搜查。在特里的上衣口袋里,警官感觉有枪。他把手伸进上衣口袋,却没能把枪拿出来。于是,警官命令所有人都进到祖克尔商店,并在此过程中把特里的上衣完全脱下来,从里面搜出一把点 38 口径的转轮手枪。在切尔顿身上,迈克菲登搜出了第二把手枪。但在第三名男子身上没有搜出武器。

审判法庭上,被告人提出排除证据的动议,申请排除本案中搜出的两把转轮手枪。法庭拒绝了被告人的动议,容许了该案中的手枪进入法庭作为证据。被告人特里以持有隐匿的枪支罪被判处 1 ~ 3 年监禁。被告人提出上诉。联邦最高法院受理了该案,并指出该案提出了之前从未提出过的前沿问题,也是一个很棘手的问题。联邦最高法院首先回顾了有关该问题的理论观点。其中一种观点认为,应当在"截停"(stop)与"逮捕"(arrest)/"扣押"(seizure)以及"拍身"(frisk)与"搜查"(search)之间进行区分。一般情况下,警察都应当有权截停某人并对其是否卷入有关犯罪活动进行询问;如果警察有合理怀疑(suspicion)某人携带武器,就可以进行拍身;经过截停询问或拍身之后如果有适当根据,就有权对其进行完全的逮捕和搜查。另一种观点则认为,无论是截停还是拍身都应当受美国《宪法第四修正案》传统法理的约束,都应当以适当根据和令状主义为正当化的基础。

联邦最高法院的大法官指出,那种认为在截停、拍身的场合完全不受美国《宪法第四修正案》约束的观点绝对是不正确的。本案中的截停,已经构成了对被告人人身的扣押;本案中的拍身,也构成对被告人的搜查。因此应当按照美国《宪法第四修正案》的法理来决定此案。但最高法院又指出,他们不会坚持在本案情形中也一定要求警察事先申请司法令状方能采取行动;相反,本案应当在美国《宪法第四修正案》规定的不受不合理搜查的一般性规定中加以考察。在进行此种考察时,法官应当秉持客观的标准,来决断当时的情形是否足以使一个合理谨慎的人相信应当采取行动以进行相关的搜查或扣押。

在确立了上述标准之后,联邦最高法院指出,在本案当中,当警官迈克菲登观察到特里、切尔顿、凯茨的行为时,如果从每一个单个人的角度来看,也许没有什么值得大惊小怪的,因为商店的窗户本来就是给人看的,但是当把这些行为综合起来看时,就有了进一步查探的正当性。对于一名有着 30 多年经验的侦探来说,对如此奇怪的行为不进行进一步的侦查将会是失职的行为。因此,本案的关键不在于迈克菲登是否应当采取进一步的行动,而在于他接下来的行动是否合理。对此问题,我们不能对警察在实施逮捕时面对的可能的暴力危险产生的保护自身的需要视而不见。当警察在对犯罪嫌疑人进行近距离侦查且怀疑其可能持有武器时,否定其有权采取措施以确定犯罪嫌疑人是否持有武器的做法显然是不合理的。联邦最高法院还指出,在没有适当根据情况下实施逮捕并基于自身安全考虑对犯罪嫌疑人进行武器搜查时应当以当时引发该搜查的情况的紧急程度为限。另外,对犯罪嫌疑人持有武器的怀疑不必达到绝对确定的程度,而只需要一个理性审慎的人在当时的情况下认为自己或他人的安全处于危险之中即可。

基于上述考虑,联邦最高法院判定本案中迈克菲登的搜查行为是合理的,审判法庭容许检察官出示警察从特里身上搜出的手枪也是适当的。

三、对搜查、扣押的其他程序约束

(一)见证人要求

根据《刑事诉讼法》第139条第1款的规定,在搜查的时候,应当有被搜查人或者他的家属,邻居或者其他见证人在场。这一规定的目的,一是保证搜查程序能够以合法、文明的方式进行;二是保护被搜查人的合法的财产权利,防止侦查人员在搜查过程中将被搜查人的财物据为己有,中饱私囊;三是确保侦查程序中获得的证据的合法性、可靠性。

(二)对妇女的特别保护

根据《刑事诉讼法》第139条第2款的规定,搜查妇女的身体,应当由女工作人员进行。由男工作人员搜查妇女的身体,可能构成对妇女人格和隐私的双重侵犯,也会给刑事诉讼程序的正当性带来损害。因此,法律规定搜查妇女的身体,应当由女工作人员进行。

(三)笔录要求

《刑事诉讼法》第140条规定:“搜查的情况应当写成笔录,由侦查人员和被搜查人或者他的家属,邻居或者其他见证人签名或者盖章。如果被搜查人或者他的家属在逃或者拒绝签名、盖章,应当在笔录上注明。”搜查笔录本身也是一种证据,这种证据虽然不在《刑事诉讼法》第50条所规定的法定证据种类之列,但是可用于证明搜查过程的合法性,以及搜查所获得的证据的关联性、合法性和真实性。因此,法律要求将搜查的情况写成笔录,自有其证据价值。同时,为保证搜查笔录的真实性、可靠性,还要求侦查人员、被搜查人或者他的家属以及见证人签名或盖章。一个有三方签名或盖章的搜查笔录,才是一个完整的搜查笔录。但是,如果被搜查人或者他的家属在逃或者拒绝签名盖章,则有着侦查人员和见证人两方签名的搜查笔录,也具有证据能力。

(四)查封、扣押物证、书证中的妥善保管原则

《刑事诉讼法》第141条第2款规定:"对查封、扣押的财物、文件,要妥善保管或者封存,不得使用、调换或者损毁。"该规定可概括为"妥善保管原则",其目的是保证侦查机关和侦查人员的查封、扣押财物、文件的行为能够得到很好的约束,保证对财物、文件的查封、扣押是为了实现刑事诉讼法设定的搜集犯罪证据的目的,防止公权私用,防止犯罪嫌疑人的财产利益受到恣意侵犯和无端损害。

(五)对查封、扣押财物的处理

根据《刑事诉讼法》第245条第1~4款的规定,公安机关、人民检察院和人民法院对查封、扣押、冻结的犯罪嫌疑人、被告人的财物及其孳息,应当妥善保管,以供核查,并制作清单,随案移送。任何单位和个人不得挪用或者自行处理。对被害人的合法财产,应当及时返还。对违禁品或者不宜长期保存的物品,应当依照国家有关规定处理。"对作为证据使用的实物应当随案移送,对不宜移送的,应当将其清单、照片或者其他证明文件随案移送。""人民法院作出的判决,应当对查封、扣押、冻结的财物及其孳息作出处理。人民法院作出的判决生效以后,有关机关应当根据判决对查封、扣押、冻结的财物及其孳息进行处理。对查封、扣押、冻结的赃款赃物及其孳息,除依法返还被害人的以外,一律上缴国库。"

第十三章　强制措施

在《刑事诉讼法》中，强制措施并不属于侦查手段，但在司法实践中，强制措施却经常成为侦查手段，甚至成为最经常使用的侦查手段。是故，本书将其放在侦查程序与人权保障这一编加以论述。在美国，强制措施主要由《宪法第四修正案》有关人身扣押的规定以及《宪法第八修正案》有关禁止严苛保释金的规定来规范，总体而言主要是由《宪法第四修正案》来规范；其所涉及的权利主要是公民的人身自由权，在美国表现为公民的人身不受不合理扣押的权利。我国《宪法》虽然没有明文规定公民的人身不受不合理扣押的权利，但是《宪法》第37条关于公民人身自由不受侵犯的规定，与美国《宪法第四修正案》的有关规定在功能上其实是一样的。《刑事诉讼法》关于强制措施的规定，实际上是《宪法》有关人身自由条款的具体化。学习本章，应主要关注法律对公民权利的规定，以及对侦查机关行使权力的约束性规范。

第一节 强制措施的概念、功能与体系

一、强制措施的概念与特征

(一)强制措施的概念

刑事诉讼中的强制措施,是指公安机关、人民检察院、人民法院以及普通公民在刑事诉讼过程中,在特定情形下依法对犯罪嫌疑人、被告人的人身自由强行剥夺或者加以限制的方法的总称。传统理论并不认为普通公民有采取强制措施之权利,或不认为普通公民在符合法律规定情形下采取的“扭送”行为具有强制措施性质。这一理论明显与现行法律不相吻合,亦与国际通行之惯例相悖,因此本书不采用传统上关于强制措施之概念。

(二)强制措施的特征

刑事诉讼中的强制措施具有如下特征:(1)强制措施的主体主要是公安机关、人民检察院和人民法院。国家安全机关、军队保卫部门在侦查由其管辖的刑事案件过程中,亦可采取强制措施;监狱对监狱内发生之刑事案件亦有权进行侦查,自然亦可采取强制措施。普通公民在特定情形下有权对他人采取具有强制性质之手段,亦属于强制措施主体。(2)强制措施具有特定的时间性,即是在刑事诉讼过程中采取的措施。刑事诉讼尚未开始,或者刑事诉讼活动已经结束时,均不能采取强制措施。(3)强制措施针对之对象具有特定性,即只能对刑事诉讼中的犯罪嫌疑人、被告人实施,对犯罪嫌疑人、被告人以外的其他任何人,均不能采取强制措施。(4)强制措施具有明确的目的性,即为保障侦查和审判之顺利进行,并防止犯罪嫌疑人、被告人继续犯罪。(5)强制措施必须严格依法进行,因此具有程序的法定性。

二、强制措施的功能

德国刑事诉讼法学家克劳思·罗科信(Claus Roxin)认为,刑事诉讼中的强制行为依其诉讼功能可分为六种用途:侦查犯罪、证据保全、诉讼要件之确认、诉讼进行之保障、保障判决之执行及预防犯罪。因德国法学理论上所谓强制行为既包括对人之强制,又包括对物之强制,我国刑事诉讼法并不采取德国法之概念,因此强制措施之功能自然亦应有所不同。

通说认为,我国刑事诉讼中的强制措施具有以下功能:(1)保证刑事诉讼的顺利进行。强制措施的目的之一,就是防止犯罪嫌疑人、被告人逃避侦查和审判,强制措施可以避免犯罪嫌疑人、被告人逃跑或者通过毁灭、伪造证据等手段,妨碍刑事诉讼的顺利进行,最终逃避刑事处罚;或者通过自杀等手段,使国家刑罚权落空。(2)防止犯罪嫌疑人、被告人继续危害社会。就此而言,刑事诉讼中的强制措施具有特殊预防之功能。虽然刑事诉讼实行无罪推定原则,但对实践中确有危害社会之重大可能的犯罪嫌疑人、被告人,必须采取一定措施,以防其继续犯下新的罪行。(3)震慑犯罪。通过对犯罪嫌疑人、被告人采取强制措施,可促使其他正在预备犯罪或实行犯罪之人看到"天网恢恢,疏而不漏",从而"悬崖勒马,回头是岸"。此功能强调的是强制措施的一般预防之功能。

三、强制措施的体系

(一)侵犯人身自由的基本步骤

在刑事诉讼中,对公民人身自由的侵犯通常可以概括为"抓""押""审"三个阶段。其中,"抓"指的是抓捕、截停、带到等措施;"押"特指审前羁押或未决羁押;"审"是指审判以及定罪后对被告人判处的自由刑。[1] 与自由刑有关的问题,由刑法加以规范,刑法学加以探讨;有关审判前乃至审判中的"抓""押"问题,也就是强制措施问题,则由刑事诉讼法加以规范,由刑事诉讼法学予以探讨。

(二)西方强制措施体系

以刑事诉讼进行的先后顺序以及功能目标为标准,强制措施可以区分为以抓捕、带到为目标的强制措施,以及带到之后的取保释放和审前羁押措施。在西方国家,抓捕、带到措施通常以"逮捕"来描述和界定。正是因为西方国家将所有抓捕、带到措施都称为"逮捕"(由于语言表述的缘故,在翻译时偶尔也译为"抓捕""拘捕""捉捕"),而将带到之后的拘禁状态称为羁押,因此国内学术界均将这一制度组合统称为"逮捕与羁押相分离的制度"。应当指出的是,逮捕并不能涵括除羁押之外的所有限制人身自由的措施。例如,美国的拍身搜查,德国的截停盘问等,均不一定导致逮捕,但是也属于对人身自由的限制。与此同时,西方国家为了将侵犯人身自由措施的适用范围缩至最小,通常以取保候审、监视居住等措施,作为羁押的替代性手段;往往只是在其他保证方式均不足以保证被告人到庭受审或继续危害社会时,才予以羁押。西方国家强制措施的体系,如图 13-1

[1] 易延友:《刑事强制措施体系及其完善》,载《法学研究》2012 年第 3 期。

所示(审判定罪之后判处的自由刑,也属于对人身自由的侵犯,本书虽不涉及,但基于对限制、剥夺人身自由措施的完整展现,亦予显示)。

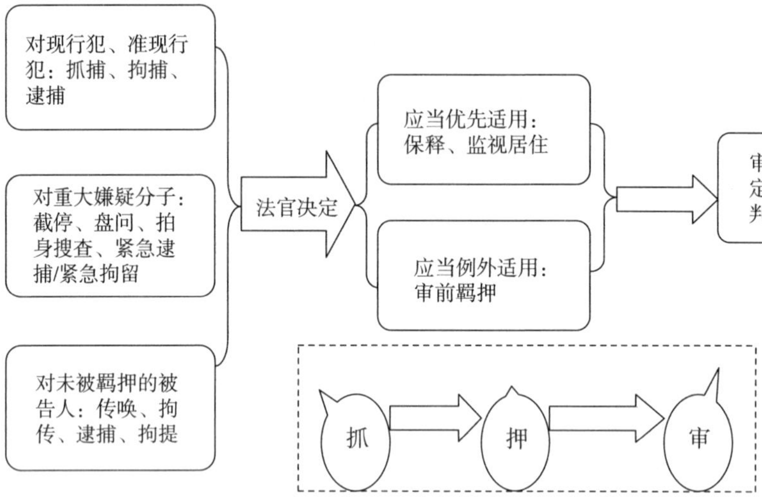

图 13－1 西方国家强制措施的功能、种类及相互关系(虚线框内为缩略图)

(三)中国强制措施体系

中国刑事诉讼中的强制措施既包含了应当优先适用的取保候审和监视居住,也包含了例外情况下适用的逮捕羁押,同时也有紧急情况下适用的临时处置措施——拘留。由于刑事诉讼法规定拘留必须有拘留证,但在遇有必须立即采取措施的紧急情况下,将来不及申请和签发拘留证,因此,人民警察法又规定了留置盘问,作为拘留的重要补充,其实有点类似于西方国家警察实施的无证逮捕。又由于中国刑事诉讼实行密切联系群众的原则,任何公民均可对正在实行犯罪、犯罪后即时被发觉以及正在被通缉的人进行扭送,可以说公民扭送是一种具有中国特色的强制措施,它实际上相当于由普通公民实施的“无证逮捕”,与警察的留置盘问(官方的无证逮捕)一道,共同构成对拘留的补充措施。以上三种措施共同构成紧急情况下对犯罪嫌疑人、被告人抓捕归案的一种到案措施;拘传则属于通常(非紧急)情况下将犯罪嫌疑人、被告人抓捕归案的到案方式。对于中国刑事强制措施的体系关系,如图 13－2 所示。

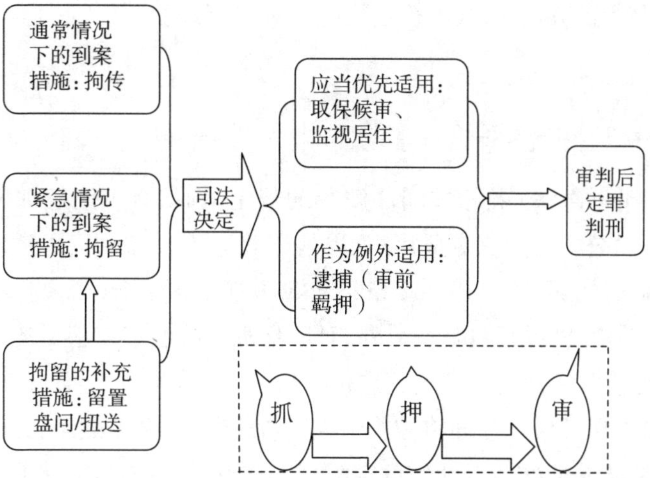

图 13－2　中国刑事强制措施功能、种类及相互关系（虚线框内为缩略图）

如果我们接受如图 13－2 所描述的中国刑事强制措施体系，则在中国，“逮捕”与“羁押”的措施也是分离的，根本不需要如一些学者所声称的那样，建立“逮捕”与“羁押”相分离的制度，因为我们早已建立了“逮捕”与“羁押”相分离的制度；只不过，我们的逮捕不称“逮捕”，称“刑事拘留”（以留置盘问、公民扭送为补充，并与拘传并列）；我们的“羁押”不称“羁押”，称“逮捕”，如此而已。在这一前提之下，中国的刑事强制措施体系与西方国家的强制措施体系大体上是相当的，尽管《宪法》本身并没有立体化地规定所有的强制措施，但《刑事诉讼法》完全可以补充并覆盖所有的强制措施种类，并形成一个内部和谐融洽的体系。

第二节　抓捕、带到措施

一、紧急情况下的抓捕、带到措施：拘留

（一）拘留的适用对象

根据我国《刑事诉讼法》第 82 条之规定，刑事诉讼中的拘留适用于下列情形：（1）正在预备犯罪、实行犯罪或者在犯罪后即时被发觉的；（2）被害人或者在场亲眼看见的人指认他犯罪的；（3）在身边或者住处发现有犯罪证据的；（4）犯罪后企图自杀、逃跑或者在逃的；（5）有毁灭、伪造证据或者串供可能的；（6）不讲真实姓名、住址，身份不明的；（7）有流窜作案、多次作案、结伙作案重大嫌疑的。另根据《刑事诉讼法》第 170 条第 2 款之规定，对于监察机关移送起诉的案件，监察

机关已经采取留置措施的,人民检察院应当对犯罪嫌疑人先行拘留,留置措施自动解除。

(二)拘留的权限与程序

根据《刑事诉讼法》及相关司法解释的规定,拘留必须注意如下程序事项:(1)拘留主要由公安机关决定适用;人民检察院对于自己直接立案侦查的案件,符合《刑事诉讼法》第 81 条,第 82 条第 4、5 项规定的情形,需要拘留的,可以作出拘留决定,并由公安机关执行;另外,对监察机关移送审查起诉的案件,可以先行拘留;执行拘留,一律由公安机关进行。(2)公安机关拘留人的时候,必须出示拘留证。(3)拘留后应当立即将被拘留人送看守所羁押,至迟不得超过 24 小时。(4)拘留后,除无法通知或者涉嫌危害国家安全犯罪、恐怖活动犯罪,通知可能有碍侦查的情形以外,应当在 24 小时以内,通知被拘留人的家属。通知的内容,应当包括拘留的原因和羁押的处所。所谓"有碍侦查",是指其他共同犯罪嫌疑人闻讯后可能逃跑、隐匿、毁弃或伪造证据;可能相互串通、订立攻守同盟;以及其他犯罪还有待查证且未采取相应措施等情况。所谓"无法通知",是指被拘留人不讲真实姓名、住址、被拘留人没有家属等情况。(5)公安机关对于被拘留的人,应当在拘留后的 24 小时以内进行讯问。在发现不应当拘留的时候,必须立即释放,发给释放证明。对需要逮捕而证据还不充足的,可以取保候审或者监视居住。所谓"不应当拘留",具体包括以下情形:①犯罪行为没有发生,或者犯罪嫌疑人的行为不构成犯罪;②虽有犯罪行为,但依法不应当追究刑事责任;③虽有犯罪行为,但并非犯罪嫌疑人所为;④犯罪行为虽系犯罪嫌疑人所为,但不符合《刑事诉讼法》第 82 条所列情形因而不应当拘留。(6)根据《全国人民代表大会和地方各级人民代表大会代表法》第 32 条第 1 款之规定,县级以上各级人民代表大会代表因现行犯被拘留的,执行拘留的机关应当立即向该级人民代表大会主席团或者人民代表大会常务委员会报告。(7)公安机关在异地执行拘留的时候,应当通知被拘留、逮捕人所在地的公安机关,被拘留人所在地的公安机关应当予以配合。

(三)拘留的期限

根据《刑事诉讼法》第 91 条的规定,公安机关的拘留期限包括以下三种情形:(1)对被拘留的犯罪嫌疑人认为需要逮捕的,应当在拘留后的 3 日以内,提请人民检察院审查批准逮捕;人民检察院应当自接到公安机关提请批准逮捕书后的 7 日以内,作出批准逮捕或者不批准逮捕的决定。因此,拘留的期限一般不应当超过 10 日。(2)特殊情况下,提请审查批准的时间可以延长 1 ~ 4 日,即应当在拘留后的4～7日内提请人民检察院批准逮捕；人民检察院审查批准逮捕的时间仍然是7日。因此，在这一特殊情形下，拘留的最长期限为14日。（3）对于流窜作案、多次作案、结伙作案的重大嫌疑分子，提请审查批准逮捕的时间可以延长至30日；审查批准逮捕的时间仍然为7日，因此，对于流窜作案、多次作案、结伙作案的重大嫌疑分子，拘留的最长期限为37日（各类案件拘留期限如图13－3所示）。

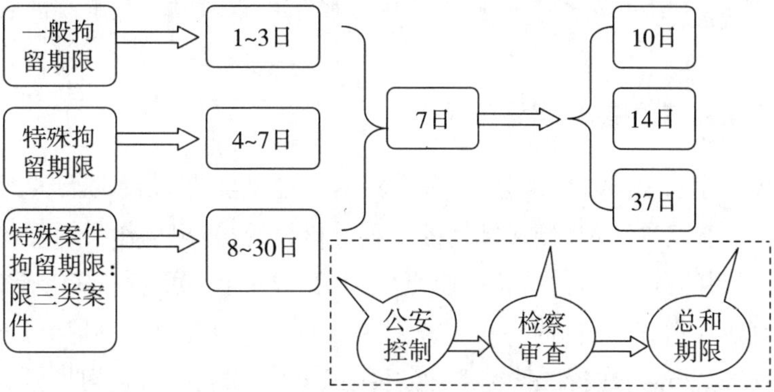

图13－3　公安机关拘留期限解析（虚线框内为缩略图）

根据《刑事诉讼法》第167条的规定，人民检察院对直接受理的案件中被拘留的人，认为需要逮捕的，应当在14日以内作出决定。在特殊情况下，决定逮捕的时间可以延长1～3日。1996年《刑事诉讼法》规定的人民检察院自侦案件拘留的一般期限为10日，特殊情况下拘留期限为10日基础上延长1～4日；2012年《刑事诉讼法》修改时将人民检察院自侦案件的一般拘留期限改为14日；特殊情况下的拘留期限改为在14日基础上延长1～3日。另根据《刑事诉讼法》第170条第2款的规定，人民检察院对监察机关移送起诉的案件，犯罪嫌疑人被留置的，应当先行拘留；拘留后审查决定逮捕的期限为10日，特殊情形下可以延长1～4日。

评注13－1　拘留的法律性质

尽管现行刑事诉讼法规定的拘留期限比较长，但是刑事诉讼法并没有将拘留当作西方国家审前羁押意义上的羁押措施来对待。从法律实施的效果来看，拘留实际上会导致一定期限的羁押，但是其他强制措施也会导致一定期限的羁押。例如，拘传，虽然法律明文规定不能以连续拘传的方式变相羁押，但12小时的期限，以及特殊情况下24小时的期限，在效果上相当于羁押12～24小时；又如，西方国家的逮捕，尽管有"迅速带见"的要求，在带见之前，也还是羁押。但是无论西方国家还是中国，在法律上都强调这些措施不是羁押。这样强调是因为，抓捕、带到的正当性与羁押的正当性是不一样的:通常来讲,羁押需要有更加充分的理由,也应当适用更加正规的程序,因此西方国家通常由法官来决定羁押。所以,尽管作为抓捕、带到措施的强制措施也在一定期间内剥夺了公民的人身自由,但是不具有羁押的性质。在我国刑事诉讼法上,虽然基于打击流窜作案、结伙作案、多次作案的重大嫌疑分子的需要,将公安机关提请人民检察院批准逮捕的期限延长至30日,但刑事诉讼法中规定的"羁押",仍然是指"逮捕"之后的羁押。极端地说,无论拘留的期限有多长,它都不是羁押措施,而只能是紧急情况下的抓捕、带到措施。

二、拘留的辅助措施:留置盘问

《人民警察法》第9条规定,人民警察对有违法犯罪嫌疑的人员,经当场盘问、检查发现有四种法定情形(被指控有犯罪行为的;有现场作案嫌疑的;有作案嫌疑身份不明的;携带的物品有可能是赃物的)之一的,可以将其带至公安机关进行继续盘问(留置)。同时还规定,"对被盘问人的留置时间自带至公安机关之时起不超过24小时,在特殊情况下,经县级以上公安机关批准,可以延长至48小时,并应当留有盘问记录"。据此规定,留置对违法犯罪嫌疑人员的人身自由限制最长可达到48小时,事实上形成《刑事诉讼法》规定之外的又一种强制措施,而且就其规定来看实际上完全适用于为实现刑事诉讼之目的而进行的活动,其程度则较拘传更为严厉。实践中,部分司法机关出于侦查办案之需要,为了尽量延长对犯罪嫌疑人的实际控制时间,以期一次获得相对充分的证据,同时为进一步采取强制措施奠定基础,往往对本应适用拘传的对象变为采用留置甚至延长留置,而无论其是否符合留置的适用条件,导致拘传这一强制措施的使用率大大降低。另外,有些公安机关则轮换采取留置和拘传这两种措施,以规避刑事诉讼法"不得以连续拘传的形式变相羁押犯罪嫌疑人"这一规定。

三、拘留的补充措施:扭送

(一)扭送的对象

《刑事诉讼法》第84条规定:"对于有下列情形的人,任何公民都可以立即扭送公安机关、人民检察院或者人民法院处理:(一)正在实行犯罪或者在犯罪后即时被发觉的;(二)通缉在案的;(三)越狱逃跑的;(四)正在被追捕的。"

(二)扭送的性质

关于扭送的法律地位,理论界一般不承认它是一种强制措施。然而,强制措施的本质特征在于它强行限制犯罪嫌疑人、被告人的人身自由,其根本目的在于防止犯罪嫌疑人、被告人逃跑、自杀、毁灭、伪造证据或者威胁证人、继续犯罪,以逃避侦查、起诉与审判。从这个角度来看,扭送恰恰符合强制措施的根本特征,也是为了实现强制措施的根本目的,因此,扭送实际上不可避免地具有强制措施的性质。也正是因为它具有强制措施的性质,《刑事诉讼法》才将其放在“强制措施”这一章予以规定。

四、通常情况下的抓捕、带到措施:拘传

(一)拘传的概念与对象

刑事诉讼中的拘传,是指公安机关、人民检察院和人民法院对未被羁押的犯罪嫌疑人、被告人,强制其到指定地点接受讯问的一种方法。根据《公安部规定》、《最高检规则》以及《最高法解释》之规定,拘传的适用对象包括两种:(1)经合法传唤没有正当理由而不到案的;(2)根据案件情况有必要直接拘传的。

(二)拘传的程序

人民检察院自侦案件需要拘传的,应当经检察长批准,签发拘传证。公安机关侦查的案件需要拘传的,应经县级以上公安机关负责人批准。拘传犯罪嫌疑人应当出示拘传证,并责令其在拘传证上签名、盖章或捺指印;犯罪嫌疑人到案后,应当责令其在拘传证上填写到案时间;讯问结束后,应当由其在拘传证上填写讯问结束时间;犯罪嫌疑人拒绝填写的,侦查人员应当在拘传证上注明。需要对被拘传人变更为其他强制措施的,应当在拘传期间作出批准或者不批准的决定;对于不批准的,应当立即结束拘传。人民法院决定的拘传,由司法警察执行,执行人员不得少于 2 人;拘传时,应当出示拘传票;对抗拒拘传的,可以使用戒具;拘传后应当在 12 小时内讯问。

(三)拘传的期限

1996 年《刑事诉讼法》规定的期限为 12 小时。2012 年《刑事诉讼法》第 117 条第 2 款规定:“传唤、拘传持续的时间不得超过十二小时;案情特别重大、复杂,需要采取拘留、逮捕措施的,传唤、拘传持续的时间不得超过二十四小时。”也就是将拘传的期限延长至 24 小时(同现行《刑事诉讼法》第 119 条第 2 款)。但根据前述规定,拘传期限延长至 24 小时必须同时满足两个条件:一是案情特别重大、复杂;二是需要采取拘留、逮捕措施。其中需要采取拘留、逮捕措施这一要求比较明确,但“案情特别重大、复杂”的要求并不明确,《公安部规定》相应条文也没有对此进行明确的界定,也就是希望将上述要求保持在不确定的状态,以便便

宜行事。

《刑事诉讼法》第 119 条第 3 款还规定:“不得以连续传唤、拘传的形式变相拘禁犯罪嫌疑人。传唤、拘传犯罪嫌疑人,应当保证犯罪嫌疑人的饮食和必要的休息时间。”对此,《最高检规则》第 83 条第 2 款规定,两次拘传间隔的时间一般不得少于 12 小时。1996 年《刑事诉讼法》规定拘传的期限为 12 小时,因此其饮食和必要的休息时间在实践中一般不成问题;2012 年《刑事诉讼法》将拘传时间期限延长至 24 小时,因此其饮食和必要的休息时间就成为立法者关注的问题,该规定的目的主要是防止侦查人员进行疲劳讯问、饥饿讯问。该规定虽然系直接针对传唤、拘传作出的,但当然同样适用于犯罪嫌疑人、被告人被采取拘留、逮捕措施的场合。

第三节 羁押措施:逮捕

逮捕是指公安机关、人民检察院和人民法院依法剥夺犯罪嫌疑人、被告人的人身自由、进行羁押并予以审查的一种最为严厉的强制措施。《刑事诉讼法》第 81 条第 1 款规定:“对有证据证明有犯罪事实,可能判处徒刑以上刑罚的犯罪嫌疑人、被告人,采取取保候审尚不足以防止发生下列社会危险性的,应当予以逮捕:(一)可能实施新的犯罪的;(二)有危害国家安全、公共安全或者社会秩序的现实危险的;(三)可能毁灭、伪造证据,干扰证人作证或者串供的;(四)可能对被害人、举报人、控告人实施打击报复的;(五)企图自杀或者逃跑的。”第 2 款规定:“批准或者决定逮捕,应当将犯罪嫌疑人、被告人涉嫌犯罪的性质、情节,认罪认罚等情况,作为是否可能发生社会危险性的考虑因素。”第 3 款规定:“对有证据证明有犯罪事实,可能判处十年有期徒刑以上刑罚的,或者有证据证明有犯罪事实,可能判处徒刑以上刑罚,曾经故意犯罪或者身份不明的,应当予以逮捕。”第 4 款规定:“被取保候审、监视居住的犯罪嫌疑人、被告人违反取保候审、监视居住规定,情节严重的,可以予以逮捕。”以上各款,分别规定了对可能面临徒刑以上刑罚之人的逮捕、对可能面临 10 年以上刑罚之人的逮捕、对累犯的逮捕、对身份不明之人的逮捕、对违反取保候审、监视居住规定之人的逮捕五种情形。本节第一部分讨论通常情形下的逮捕,也就是对可能面临徒刑以上刑罚之人的逮捕;第二部分讨论特殊情形下的逮捕,包括对可能判处 10 年有期徒刑以上刑罚之人的逮捕、对累犯的逮捕以及对身份不明之人的逮捕;第三部分讨论对违反取保候审、监视居住规定之人的逮捕;第四部分讨论逮捕的权限与程序;第五部分讨论对人大代表逮捕的特殊程序；第六部分讨论逮捕后的羁押必要性审查；第七部分讨论逮捕的撤销与变更。

一、逮捕的一般条件

如前所述，《刑事诉讼法》第 81 条实际上规定了五种情形的逮捕，其中第 1 款是关于可能被判处徒刑以上刑罚之人的逮捕，实际上是关于逮捕的一般条件的规定，因此本部分冠以“逮捕的一般条件”这一标题，讨论可能面临徒刑以上刑罚之人的逮捕的条件。可能面临徒刑以上刑罚本身也是逮捕的一般条件之一，因为在通常情形下，可能面临徒刑以上刑罚确实是逮捕的必要条件，但是在后续的讨论中我们会看到，可能面临徒刑以上刑罚在特殊情况下其实并非逮捕的必要条件。不过在通常情况下，可能判处徒刑以上刑罚，是逮捕的必要条件。通说认为，根据《刑事诉讼法》第 81 条第 1 款的规定，通常情况下的逮捕应当具备三个条件。

（一）有证据证明有犯罪事实

逮捕的第一个条件，是有证据证明有犯罪事实。所谓“有证据证明有犯罪事实”，包括以下三个要件：第一，有证据证明发生了犯罪事实；第二，有证据证明犯罪事实是犯罪嫌疑人、被告人所实施；第三，证明犯罪嫌疑人、被告人实施了犯罪行为的证据已有查证属实的。以上三个要件必须同时具备，才能满足“有证据证明有犯罪事实发生”这一要件。

评注 13 - 2　从“以人找案”到“以案找人”

从《刑事诉讼法》第 81 条第 1 款的语法结构来看，“有证据证明”的宾语是“有犯罪事实”。但是，这并不表明逮捕的证据条件就仅限于有证据证明有犯罪事实。因为，根据通说，逮捕必须同时满足三个条件，即有犯罪事实发生、可能判处徒刑以上刑罚，以及有逮捕的必要。那么，从证据条件来说，除了必须有证据证明第一个要件之外，当然还必须有证据证明逮捕的另外两个要件，即可能判处徒刑以上刑罚，有逮捕的必要性。

（二）可能判处徒刑以上刑罚

逮捕的第二个条件，是可能判处徒刑以上刑罚。这里的“徒刑以上刑罚”应当是指宣告刑而非法定刑。因为，根据《刑法》的规定，几乎所有的犯罪都可能判处徒刑以上刑罚；若此处规定的徒刑以上刑罚是指法定刑，则几乎所有犯罪都符合这一条件,这并不符合刑事诉讼法的立法本意。所以,此处的“可能判处徒刑以上刑罚”,只能是指宣告刑,也就是人民法院最终判定的刑罚。因此,当侦查机关在判断一名犯罪嫌疑人、被告人是否符合逮捕的刑罚条件时,实际上需要对该犯罪嫌疑人、被告人所涉犯罪的事实细节予以考量,并对该犯罪嫌疑人、被告人经审判后法庭可能宣告的刑罚进行预测,只有在预测该犯罪嫌疑人、被告人可能被人民法院判处徒刑以上刑罚的时候,才能决定予以逮捕;对可能仅判处管制、拘役、独立适用罚金、剥夺政治权利、没收财产等刑罚的,不能予以逮捕;另外,对可能判处有期徒刑但适用缓刑的犯罪嫌疑人、被告人,一般也不适用逮捕。

(三)有逮捕的必要

逮捕的第三个要件是采取取保候审的方法不足以防止发生社会危险性,通常称“必要性要件”或“逮捕的必要性”。根据《刑事诉讼法》第 81 条第 1 款的规定,逮捕所要防范的社会危险性包括:(1)可能实施新的犯罪;(2)有危害国家安全、公共安全或者社会秩序的现实危险;(3)可能毁灭、伪造证据,干扰证人作证或者串供;(4)可能对被害人、举报人、控告人实施打击报复;(5)企图自杀或者逃跑。

在上述社会危险性中,第 1 项和第 2 项都属于继续危害社会的危险性,或称实施新的危害行为的危险性。其中最危险的社会危险性,自然是实施新的犯罪。因此,《刑事诉讼法》将实施新的犯罪作为逮捕这一强制措施需要防范的首要危险来加以列举。这种可能性,指向具体的犯罪种类甚至具体的犯罪行为,因此属于具体的危险性。第 2 项规定的危险性是指行为人有可能继续实施危害国家安全、公共安全或者社会秩序的现实危险,但是具体会实施哪一类犯罪是不清楚的,因此可以概括为抽象的危险性。第 3 项和第 4 项,都属于对诉讼活动的积极干扰,所可能实施的行为种类和对象都比较确定,也属于具体的危险性。第 5 项是逃避诉讼和审判的行为,是以消极的方式干扰和对抗诉讼和审判。

现代法治社会,对所有公民一律实行无罪推定。任何人,非经人民法院判决都不得确定有罪,因此也不得当作有罪的罪犯来对待。对犯罪嫌疑人、被告人采取逮捕这一最严厉的、较长时期内剥夺人身自由的强制措施,并不是将他们当作罪犯来惩罚,其根本目的还是保证犯罪嫌疑人、被告人无法继续危害社会、无法实施串供、阻挠证人作证等妨害诉讼以及自杀、逃跑等消极逃避诉讼的行为。因此,逮捕的核心要件,就是犯罪嫌疑人、被告人是否具有实施这些具有社会危险性的行为的可能性。也就是说,防范社会危险性才是逮捕所追求的核心目标,也是逮捕正当化的唯一基础。

既然防范社会危险性才是逮捕正当化的唯一基础,那么所谓徒刑以上刑罚就都只是判断社会危险性的一个要素而已,其本身并不是正当化逮捕的充分条件。所有有关逮捕的条件,都要围绕社会危险性来展开。《刑事诉讼法》之所以规定通常情况下的逮捕应当是可能判处徒刑以上刑罚之人,就是因为可能判处徒刑以上刑罚之人更有可能实施《刑事诉讼法》第 81 条所规定的那些具有社会危险性的行为。因此,是否可能判处徒刑以上刑罚,只是判断犯罪嫌疑人、被告人是否具备实施有社会危险性之行为的一个参考。甚至可以说,在立法者看来,那些不会被判处徒刑以上刑罚之人,一般是没有多少社会危险性的,对那些人,取保候审即可;那些有可能被判处徒刑以上刑罚之人,才更有可能实施具有社会危险性的行为,但是否真正会实施,还是要结合其他因素来考察。所以,《刑事诉讼法》第 81 条第 2 款才进一步规定:"批准或者决定逮捕,应当将犯罪嫌疑人、被告人涉嫌犯罪的性质、情节,认罪认罚等情况,作为是否可能发生社会危险性的考虑因素。"

思考 《刑事诉讼法》第 81 条第 1 款列举了逮捕所要防范的社会危险性。取保候审、监视居住同样是强制措施,只是限制、剥夺人身自由的程度不一样,它们与逮捕所要防范的社会危险性一样吗?

二、对可能判处 10 年有期徒刑以上刑罚之人、累犯以及身份不明之人的逮捕

《刑事诉讼法》第 81 条第 3 款规定了三种特殊情形下的逮捕:对可能面临 10 年有期徒刑以上刑罚之人的逮捕、对累犯的逮捕以及对身份不明之人的逮捕。对以上人员,除满足可能判处 10 年有期徒刑以上刑罚,或者是累犯(此处的"累犯",不需要满足《刑法》关于累犯条件的规定,只需要满足"曾经故意犯罪"这一条件即可),或者是可能判处徒刑以上刑罚的身份不明之人以外,还必须同时满足"有证据证明有犯罪事实"这一条件。在满足"有证据证明有犯罪事实"这一条件的情况下,如同时满足可能判处 10 年有期徒刑以上刑罚、累犯、可能判处徒刑以上刑罚且身份不明等条件,则根据《刑事诉讼法》要求,对这些人员必须逮捕。之所以如此,是因为在立法者看来,对于可能判处徒刑以上刑罚之人,是否具备逮捕所要防范的社会危险性是需要结合犯罪嫌疑人的犯罪性质、认罪认罚等情况进一步考察的,仅"徒刑以上刑罚"这一个特征并不意味着犯罪嫌疑人、被告人就一定会实施逮捕所要防范的社会危险性;但是,如果一个人面临的是 10 年有期徒刑以上刑罚,对其实施逮捕所要防范的社会危险性的可能性就大大增加,以致达到了让立法者相信其极有可能实施这些具有社会危险性的行为的程度。在面对这种大概率事件的情况下,立法者选择了必须逮捕这一处置机制。

同样地,对于累犯,对于身份不明之人,立法者都认为,这些人也是极有可能实施具有社会危险性的行为的,因此同样选择了必须逮捕这一机制。

案例 13-1 对可能判处10年有期徒刑以上刑罚之人一律逮捕的规则是否应当设置例外:甲走私普通货物案

甲因涉嫌走私普通货物罪被海关缉私部门立案侦查。经侦查,发现甲走私普通货物数额特别巨大,可能面临10年有期徒刑以上刑罚。但甲现患有鼻癌,卧病在床,无法动弹,每天只能在家属帮助下喝一小碗粥,且24小时需要陪护,在这种情况下甲既无可能继续危害社会,也无可能妨害诉讼。因此,侦查机关未采取任何强制措施。该案侦查终结后,侦查机关将案件移送人民检察院审查起诉。人民检察院经过审查,认为该案事实清楚,证据确实、充分,犯罪嫌疑人的行为构成走私普通货物罪,且可能面临10年有期徒刑以上刑罚,但侦查机关没有对犯罪嫌疑人采取任何强制措施,遂口头建议侦查机关将犯罪嫌疑人提请逮捕。侦查机关答复说,法律并未规定侦查终结一定要对犯罪嫌疑人采取强制措施,因此拒绝对本案的甲提请逮捕,也拒绝对甲取保候审。负责该案审查起诉的检察官不知如何处置:如将甲逮捕,看守所并无条件将其收监;如将甲起诉至人民法院,法院必定以被告人不在案为由拒绝受理。真是进退两难。

思考 《刑事诉讼法》将可能判处10年有期徒刑以上刑罚之人一律规定必须逮捕,这一规定是否过于严厉?是否过于僵化?是否应当设置例外情况?对于累犯、身份不明之人,是否也应当设置例外,允许在例外情况下不予逮捕?

三、对违反取保候审、监视居住之人的逮捕

如前所述,《刑事诉讼法》第81条第4款规定了对被取保候审、监视居住的犯罪嫌疑人、被告人违反取保候审、监视居住规定,情节严重的,可以予以逮捕。这里,刑事诉讼法规定的逮捕的条件是:第一,犯罪嫌疑人、被告人已被取保候审或监视居住;第二,犯罪嫌疑人、被告人违反取保候审、监视居住期间应当遵守的规定且情节严重。需要注意的是,对于违反取保候审、监视居住期间应当遵守的规定,即使是情节严重,刑事诉讼法也没有规定一定要逮捕,而是规定"可以"逮捕。因此,是否逮捕,仍然要结合犯罪嫌疑人、被告人涉嫌罪名的性质、是否认罪认罚、是否具有社会危险性等综合衡量评定。

根据《最高法解释》第164条的规定,被取保候审人有下列情形之一的,人民

法院应当决定逮捕:(1)故意实施新的犯罪的;(2)企图自杀、逃跑的;(3)毁灭、伪造证据,干扰证人作证或者串供的;(4)打击报复、恐吓滋扰被害人、证人、鉴定人、举报人、控告人等的;(5)经传唤,无正当理由不到案,影响审判活动正常进行的;(6)擅自改变联系方式或者居住地,导致无法传唤,影响审判活动正常进行的;(7)未经批准,擅自离开所居住的市、县,影响审判活动正常进行,或者两次未经批准,擅自离开所居住的市、县的;(8)违反规定进入特定场所、与特定人员会见或通信、从事特定活动,影响审判活动正常进行,或者两次违反有关规定的;(9)依法应当决定逮捕的其他情形。被监视居住人有前述第1项至第5项规定情形之一的,也属于违反监视居住期间应当遵守的规定,情节严重,应予逮捕;除前述第1项至第5项情形及第9项情形之外,被监视居住人有下列情形之一的,也应当决定逮捕:(1)未经批准擅自离开执行监视居住的处所,影响审判活动正常进行,或者两次未经批准,擅自离开执行监视居住的处所;(2)未经批准擅自会见他人或者通信,影响审判活动正常进行,或者两次未经批准擅自会见他人或者通信的;(3)对因患有严重疾病、生活不能自理,或者因怀孕、正在哺乳自己的婴儿而未予逮捕的被告人,疾病痊愈或者哺乳期已满的。

根据《刑事诉讼法》第67条之规定,取保候审的适用对象包括可能判处管制、拘役或者独立适用附加刑的人员;可能判处有期徒刑以上刑罚,采取取保候审不致发生社会危险性的;患有严重疾病、生活不能自理、怀孕或者正在哺乳自己婴儿的妇女且采取取保候审不致发生社会危险性的;羁押期限届满,案件尚未办结,需要采取取保候审的。根据《刑事诉讼法》第74条之规定,监视居住的对象也包括患有严重疾病、生活不能自理的人员;怀孕或者正在哺乳自己婴儿的妇女;系生活不能自理的人的唯一扶养人的;等等。在这些情形下,犯罪嫌疑人、被告人面临的刑罚都有可能是徒刑以下刑罚。如前所述,根据《刑事诉讼法》第81条第1款之规定,通常情形下的逮捕一般需要满足犯罪嫌疑人、被告人可能被判处徒刑以上刑罚这一条件。那么,对于那些因为犯了仅可被判处拘役、管制或者独立适用附加刑之罪而被取保候审或者监视居住的犯罪嫌疑人、被告人,如果违反了取保候审、监视居住期间应当遵守的规定且情节严重,是否也可以予以逮捕呢?换句话说,是不是在所有情况下,可能判处徒刑以上刑罚都是批准、决定逮捕的先决条件呢?对此,全国人大常委会专门在2014年4月24日对2012年《刑事诉讼法》第79条第3款(2018年修改后的《刑事诉讼法》第81条第4款)作出了一个立法解释,全文是:“全国人民代表大会常务委员会根据司法实践中遇到的情况,讨论了《刑事诉讼法》第七十九条第三款关于违反取保候审、监视居住规定情节严重可以逮捕的规定,是否适用于可能判处徒刑以下刑罚的犯罪嫌疑人、被告人的问题,解释如下:根据《刑事诉讼法》第七十九条第三款的规定,对于被取保候审、监视居住的可能判处徒刑以下刑罚的犯罪嫌疑人、被告人,违反取保候审、监视居住规定,严重影响诉讼活动正常进行的,可以予以逮捕。"

笔者认为,既然逮捕的唯一正当性基础是保证诉讼的顺利进行而不是惩罚犯罪,那么,人身危险性,也就是《刑事诉讼法》所说的社会危险性就是批准、决定逮捕时唯一具有决定性的因素。可能判处徒刑以上刑罚,只是在通常情况下决定、批准逮捕的先决条件,但该条件并不是充分条件,充分条件是社会危险性。在通常情况下,可能判处徒刑以上刑罚只是作为可能具有社会危险性的一个必备的参考条件。但如果犯罪嫌疑人、被告人已经被取保候审或者监视居住,又以其实际行动证明其具备逮捕所要防范的社会危险性,则对其予以逮捕,以保证侦查、起诉和审判的顺利进行,就是顺理成章的。因此,全国人大常委会所作的上述立法解释,甚为妥当。

评注 13-3　对逮捕条件之立法解释的学理解释

通说一直认为,逮捕需同时满足"有证据证明有犯罪事实""可能判处徒刑以上刑罚""有逮捕必要"三个条件。但根据《刑事诉讼法》第 81 条第 4 款的规定,对违反取保候审、监视居住义务、情节严重的犯罪嫌疑人、被告人,应当予以逮捕。同时根据《刑事诉讼法》第 67 条第 1 款第 1 项的规定,取保候审的对象包括可能判处管制、拘役或者独立适用附加刑的人;根据《刑事诉讼法》第 74 条第 2 款,对于符合取保候审条件但不能提出保证人也不交纳保证金的犯罪嫌疑人、被告人,可以执行监视居住的规定,监视居住的对象也包括可能判处管制、拘役或者独立适用附加刑的人。由此看来,似乎"可能判处徒刑以上刑罚"并非逮捕的必要条件。本书认为,逮捕的最关键条件,也是唯一的充分必要条件,就是"采取取保候审不足以防止发生社会危险性"这一要件,简称为"必要性要件"。徒刑以上刑罚,实际上属于逮捕必要性的参考条件。因为,逮捕的根本目标无非是防止犯罪嫌疑人、被告人实施积极或消极的妨碍诉讼行为,如串供、毁灭、伪造证据、干扰证人作证、自杀、逃跑等。

但是,如何判断犯罪嫌疑人、被告人是否会实施这些行为并无一定的标准。为了防止执法官员完全按照自己的主观判断,立法者首先要求,对完全没有任何证据证明实施了犯罪行为的人,无论如何都是不能逮捕的。因此,有证据证明有犯罪事实这一要件,属于逮捕正当化的前提要件。但是对于有证据证明有犯罪事实的犯罪嫌疑人、被告人也不是一律都必须予以逮捕,是否应当逮捕还必须进一步对犯罪嫌疑人、被告人妨害作证的危险性、逃亡的危险性进行判断。对此问题,《刑事诉讼法》第 67 条和第 74 条实际上作了一个初步的判断:那些可能仅判处拘役、管制或独立适用附加刑的犯罪嫌疑人、被告人,通常是危险性比较小从而不需要逮捕的,所以应当优先适用取保候审或者监视居住。但是,如果犯罪嫌疑人、被告人在取保候审、监视居住期间以自己的实际行动证明自己实际上具有逮捕所要防范的社会危险性,则自然应当予以逮捕。这正是《刑事诉讼法》第 81 条的规定,犯罪嫌疑人、被告人在取保候审、监视居住期间违反规定情节严重应当予以逮捕的根本原因。

从这个角度来看,《刑事诉讼法》第 81 条第 1 款的规定,实际上是再次回应了该法第 67 条所作的一个初步判断,并进一步作出了另一个判断:可能判处徒刑以下刑罚的人,一般不需要逮捕(第 67 条);可能判处徒刑以上刑罚的人,危险性可能比较大,因此可能需要逮捕(第 81 条第 1 款)。但仔细查看,第 67 条所作的是一个较强意义的判断:可能判处徒刑以下刑罚的,一律取保候审或者监视居住。第 81 条第 1 款,则是作出了一个较弱意义的判断:可能判处徒刑以上刑罚的人,也只有在采取取保候审不足以防止发生社会危险性的时候,才能够予以逮捕。换句话说,根据该法第 67 条的规定,执法机关只有一个选择项:取保候审。根据第 81 条第 1 款的规定,执法者仍然有更多的选择项:取保候审、监视居住或者逮捕。并且,根据第 81 条第 1 款的规定,逮捕永远都是最后的选择项。

正是基于相同的原理,《刑事诉讼法》第 81 条第 3 款进一步规定:"对有证据证明有犯罪事实,可能判处十年有期徒刑以上刑罚的,或者有证据证明有犯罪事实,可能判处徒刑以上刑罚,曾经故意犯罪或者身份不明的,应当予以逮捕。"这实际上是以立法者的身份对犯罪嫌疑人、被告人的社会危险性进一步作出了判断:在下列三种情况下,对犯罪嫌疑人、被告人只有逮捕才能防止继续发生社会危险性:(1)可能判处 10 年有期徒刑以上刑罚;(2)可能判处徒刑以上刑罚且曾经故意犯罪;(3)可能判处徒刑以上刑罚且身份不明。在这里,立法者作了一个绝对的强意义的判断。在上述情况下,执法者除了对犯罪嫌疑人、被告人予以逮捕,别无选择。这与立法者在第 67 条、第 81 条第 1 款所作的判断,都是不一样的。

正是为了明确《刑事诉讼法》关于逮捕条件的理解,2018 年《刑事诉讼法》修改时特意增加了一款,作为第 81 条第 2 款:"批准或者决定逮捕,应当将犯罪嫌疑人、被告人涉嫌犯罪的性质、情节,认罪认罚等情况,作为是否可能发生社会危险性的考虑因素。"犯罪嫌疑人、被告人涉嫌犯罪的性质、情节,认罪认罚等情况,都将直接决定其将来可能面临的刑罚。因此,该规定实际上属于解释性规定,就是以更加直白的方式告诉执法人员,犯罪嫌疑人、被告人可能判处什么样的刑罚。这只是判断其社会危险性的一种途径,是判断人身危险性的一个参考条件,而不是决定是否逮捕的必要条件,更不是决定逮捕的充分条件。

四、逮捕的权限与程序

(一)逮捕的权限

我国《宪法》第 37 条第 2 款规定:"任何公民,非经人民检察院批准或者决定或者人民法院决定,并由公安机关执行,不受逮捕。"《刑事诉讼法》第 80 条规定:"逮捕犯罪嫌疑人、被告人,必须经过人民检察院批准或者人民法院决定,由公安机关执行。"据此,人民检察院有权批准和决定逮捕,人民法院有权决定逮捕;公安机关只有权提请逮捕和执行逮捕。

(二)提请逮捕

《刑事诉讼法》第 87 条规定,公安机关要求逮捕犯罪嫌疑人的时候,应当写出提请批准逮捕书,连同案卷材料、证据,一并移送同级人民检察院审查批准。必要的时候,人民检察院可以派人参加公安机关对于重大案件的讨论。

(三)审查、批准逮捕

《刑事诉讼法》第 88 条规定,人民检察院审查批准逮捕,可以讯问犯罪嫌疑人;有下列情形之一的,应当讯问犯罪嫌疑人:(1)对是否符合逮捕条件有疑问的;(2)犯罪嫌疑人要求向检察人员当面陈述的;(3)侦查活动可能有重大违法行为的。该条还规定,人民检察院审查批准逮捕,可以询问证人等诉讼参与人,听取辩护律师的意见;辩护律师提出要求的,应当听取辩护律师的意见。

《刑事诉讼法》第 89 条规定:"人民检察院审查批准逮捕犯罪嫌疑人由检察长决定。重大案件应当提交检察委员会讨论决定。"审查的内容主要是犯罪嫌疑人是否已经具备被逮捕的条件以及公安机关的侦查活动是否合法等情况。《刑事诉讼法》第 90 条规定,人民检察院对于公安机关提请批准逮捕的案件进行审查后,应当根据情况分别作出批准逮捕或者不批准逮捕的决定。对于批准逮捕的决定,公安机关应当立即执行,并且将执行情况及时通知人民检察院。对于不批准逮捕的,人民检察院应当说明理由,需要补充侦查的,应当同时通知公安机关。

《刑事诉讼法》第 92 条规定:"公安机关对人民检察院不批准逮捕的决定,认为有错误的时候,可以要求复议,但是必须将被拘留的人立即释放。如果意见不被接受,可以向上一级人民检察院提请复核。上级人民检察院应当立即复核,作出是否变更的决定,通知下级人民检察院和公安机关执行。"

(四)决定逮捕

人民检察院在办理审查批捕案件时,发现应当逮捕而公安机关未提请批准逮捕的犯罪嫌疑人,人民检察院应当建议公安机关提请批准逮捕。如果公安机关不提请批准逮捕的理由不能成立的,人民检察院也可以直接作出逮捕决定,送达公安机关执行。人民检察院对直接受理的案件中被拘留的人,认为需要逮捕的,应当在14日以内作出决定。在特殊情况下,决定逮捕的时间可以延长1~3日。对不需要逮捕的,应当立即释放;对于需要继续侦查,并且符合取保候审、监视居住条件的,依法取保候审或者监视居住。根据《刑事诉讼法》第170条第2款的规定,人民检察院对监察机关移送起诉的案件,犯罪嫌疑人已被留置的,应当先行拘留,并在10日内决定是否逮捕,特殊情况下决定的期限可以延长1~4日。人民法院对符合逮捕条件的人,可以直接决定逮捕。

(五)执行逮捕

根据《刑事诉讼法》的有关规定,执行逮捕的程序要点可概括如下:(1)无论是人民检察院批准或决定的逮捕,还是人民法院决定的逮捕,均由公安机关执行。公安机关逮捕人的时候,必须出示逮捕证。(2)逮捕后,应当立即将被逮捕人送看守所羁押。(3)除无法通知的情形以外,应当把逮捕的原因和羁押的处所,在24小时以内通知被逮捕人的家属。(4)人民法院、人民检察院对于各自决定逮捕的人,公安机关对于经人民检察院批准逮捕的人,都必须在逮捕后的24小时以内进行讯问。在发现不应当逮捕的时候,必须立即释放,发给释放证明。(5)公安机关异地执行逮捕的,应当通知被逮捕人所在地的公安机关;被逮捕人所在地的公安机关应当予以配合。

五、对人大代表适用的特别程序

人民检察院对担任本级人民代表大会代表的犯罪嫌疑人批准或者决定逮捕,应当报请本级人民代表大会主席团或者常务委员会许可。对担任上级人民代表大会代表的犯罪嫌疑人批准或者决定逮捕,应当层报该代表所属的人民代表大会同级的人民检察院依照前述规定办理。对担任下级人民代表大会代表的犯罪嫌疑人批准或者决定逮捕,既可以直接报请该代表所属的人民代表大会主席团或者常务委员会许可,也可以委托该代表所属的人民代表大会同级的人民检察院依照前述相应程序办理;对担任乡、民族乡、镇的人民代表大会代表的犯罪嫌疑人批准或者决定逮捕,由县级人民检察院报告乡、民族乡、镇的人民代表大会。

六、逮捕后的继续审查

《刑事诉讼法》第95条规定:"犯罪嫌疑人、被告人被逮捕后,人民检察院仍应当对羁押的必要性进行审查。对不需要继续羁押的,应当建议予以释放或者变更强制措施。有关机关应当在十日以内将处理情况通知人民检察院。"这是2012年修订《刑事诉讼法》时新增加的规定,它包括三层意思:(1)人民检察院在犯罪嫌疑人、被告人被逮捕后仍然要对逮捕羁押的必要性进行审查。之所以仍然必须进行审查,是因为首先,羁押涉及公民的基本人权,逮捕以后继续对羁押的必要性进行审查体现了对人权的尊重与保障。其次,人民检察院审查批准逮捕的期限本来就比较短,如果没有事后的继续审查机制,则批准逮捕期间犯下的错误就难以得到及时纠正。无论是批准逮捕还是决定逮捕,都必须要审查逮捕的必要性。《刑事诉讼法》第95条的规定对于逮捕决定的初始过程中羁押必要性的审查起到一种唤醒的作用。最后,继续羁押必要性的审查体现了羁押的必要性是一个动态、可变的指标,也可能在作出羁押决定的初始程序中,羁押的必要性确实是存在的,但随着时间的推移,案情的变化,证据更加充分,事实更加清楚,羁押必要性或者不再存在,或者案件事实显示羁押必要性从未存在,都可以导致强制措施的改变。(2)人民检察院在审查后认为不存在羁押必要的,应当建议予以释放或变更强制措施。这里之所以用"建议"而不是直接"决定"予以释放或变更强制措施,主要是因为羁押决定权的主体不仅包括人民检察院,还包括人民法院。因此,当人民检察院发现人民法院作出的逮捕决定可能有误或者在继续审查中发现犯罪嫌疑人、被告人不存在羁押必要性时,就应当行使法律监督权,建议人民法院将犯罪嫌疑人、被告人予以释放,或变更为其他强制措施。(3)对人民检察院的建议,有关机关应当在10日内反馈处理结果。如果是人民法院决定的逮捕,人民法院应当迅速对羁押必要性重新进行审查,并将审查处理结果在10日内通知人民检察院。如果是公安机关提请批准逮捕的,公安机关应当在10日内将犯罪嫌疑人、被告人予以释放,或者变更为其他强制措施,并将处理结果通知人民检察院。

七、逮捕的撤销与变更

《刑事诉讼法》第96条规定:"人民法院、人民检察院和公安机关如果发现对犯罪嫌疑人、被告人采取强制措施不当的,应当及时撤销或者变更。公安机关释放被逮捕的人或者变更逮捕措施的,应当通知原批准的人民检察院。"根据这一规定,公安机关可以释放人民检察院批准逮捕的犯罪嫌疑人、被告人。逮捕既然是我国的审前羁押措施,其决定权应当由司法机关即人民检察院和人民法院行使。羁押的决定权既包括予以羁押的决定权,也包括不予羁押的决定权。因此,从理论上看,公安机关实际上应当无权将人民检察院批准逮捕的犯罪嫌疑人、被告人予以释放;公安机关希望释放被逮捕的犯罪嫌疑人、被告人时应当向人民检察院提出申请。不过,就人权保障的角度而言,在程序设置上,公安机关不经批准就将被逮捕的犯罪嫌疑人、被告人予以释放是符合人权保障原则和诉讼经济原理的。但是,为了保障羁押权的正确行使,《刑事诉讼法》还是要求公安机关在将被羁押的犯罪嫌疑人、被告人释放后通知原批准逮捕的人民检察院。人民检察院收到通知后应当对公安机关的释放决定进行审查,认为释放不当的,可以重新决定逮捕。

第四节 羁押替代性措施:取保候审

一、取保候审的适用对象

取保候审是指公安机关、人民检察院和人民法院对未被羁押的犯罪嫌疑人、被告人,为防止其逃避侦查、起诉和审判,责令其提出保证人或者交纳保证金,保证在一定期限内随传随到的强制措施。根据《刑事诉讼法》第 67 条的规定,取保候审的适用对象包括以下犯罪嫌疑人、被告人:(1)可能判处管制、拘役或者独立适用附加刑的;(2)可能判处有期徒刑以上刑罚,采取取保候审不致发生社会危险性的;(3)患有严重疾病、生活不能自理,怀孕或者正在哺乳自己婴儿的妇女,采取取保候审不致发生社会危险性的;(4)羁押期限届满,案件尚未办结,需要采取取保候审的。

二、取保候审的种类

根据《刑事诉讼法》第 68 条之规定,我国取保候审分为保证人保证和保证金保证两种方式,前者通常被称为"人保",后者通常被称为"财产保"。其中,保证人保证是指公安机关、人民检察院或者人民法院责令犯罪嫌疑人、被告人提出保证人并出具保证书,保证被保证人在取保候审期间不逃避或妨碍侦查、起诉和审判,并随传随到的一种保证方式。保证金保证是指公安机关、人民检察院和人民法院责令犯罪嫌疑人、被告人交纳保证金并出具保证书,保证在取保候审期间不逃避和妨碍侦查、起诉和审判,并随传随到的一种保证方式。

三、被取保候审人的义务

根据《刑事诉讼法》第 71 条之规定,被取保候审的犯罪嫌疑人、被告人应当遵守以下义务:(1)未经执行机关批准不得离开所居住的市、县;(2)住址、工作单位和联系方式发生变动的,在 24 小时内向执行机关报告;(3)在传讯的时候及时到案;(4)不得以任何形式干扰证人作证;(5)不得毁灭、伪造证据或者串供。

除此之外,公安机关、人民检察院和人民法院还可以根据案件情况,责令被取保候审人遵守以下一项或多项规定：（1）不得进入特定的场所；（2）不得与特定人员会见或通信；（3）不得从事特定活动；（4）将护照等出入境证件、驾驶证件交执行机关保存。

被取保候审的犯罪嫌疑人、被告人违反上述义务，已交纳保证金的，没收保证金，并且区别情形，责令犯罪嫌疑人、被告人具结悔过，重新交纳保证金、提出保证人或者监视居住、予以逮捕。对违反取保候审规定需要逮捕的，可以先行拘留。犯罪嫌疑人、被告人在取保候审期间未违反上述义务的，取保候审结束的时候，应当退还保证金。

四、保证人的条件与义务

根据《刑事诉讼法》第 69 条的规定，保证人应当符合以下条件：（1）与本案无牵连；（2）有能力履行保证义务；（3）享有政治权利，人身自由未受到限制；（4）有固定的住处和收入。

根据《刑事诉讼法》第 70 条之规定，保证人应当履行以下义务：（1）监督被保证人遵守《刑事诉讼法》第 71 条关于被取保候审人义务的规定；（2）发现被保证人可能发生或者已经发生违反《刑事诉讼法》第 71 条规定的行为的，应当及时向执行机关报告。被保证人有违反《刑事诉讼法》第 71 条规定的行为，保证人未履行保证义务的，对保证人处以罚款，构成犯罪的，依法追究刑事责任。

五、取保候审的决定

根据《刑事诉讼法》、最高人民法院、最高人民检察院、公安部、国家安全部发布的《关于取保候审若干问题的规定》及相关法律解释的规定，公、检、法三机关既可依职权主动采取取保候审，也可根据犯罪嫌疑人及其委托的人的申请采取取保候审。根据司法实践及《公安部规定》，被羁押的犯罪嫌疑人及其法定代理人、近亲属、被逮捕的犯罪嫌疑人聘请的律师申请取保候审的，应当书面提出。公安机关接到申请后应当在 7 日内作出同意或者不同意的答复。同意取保候审的，依法办理取保候审手续；不同意取保候审的，应当书面通知申请人，并说明理由。需要对犯罪嫌疑人取保候审的，应当制作《呈请取保候审报告书》，说明取保候审的理由及采取的保证方式，经县级以上公安机关负责人批准，并签发《取保候审决定书》。《取保候审决定书》应当向犯罪嫌疑人宣读，由犯罪嫌疑人签名（盖章）、捺指印。对犯罪嫌疑人取保候审的，应当责令犯罪嫌疑人提出保证人或者交纳保证金。对同一犯罪嫌疑人，不得同时责令其提出保证人和交纳保证金。符合取保候审条件的犯罪嫌疑人既不交纳保证金，又无保证人担保的，可以监视居住。

六、取保候审的执行

公安机关、人民检察院、人民法院决定取保候审的，由公安机关执行。国家安全机关决定取保候审的，以及人民检察院、人民法院在办理国家安全机关移送的犯罪案件时决定取保候审的，由国家安全机关执行。取保候审保证金由县级以上执行机关统一收取和管理，没收保证金的决定、退还保证金的决定、对保证人的罚款决定等，应当由县级以上公安机关作出。县级以上执行机关应当在指定的银行设立取保候审保证金专户，委托银行代为收取和保管保证金，并将指定银行的名称通知人民法院和人民检察院。有权决定机关作出取保候审收取保证金的决定后，应当及时将《取保候审决定书》送达被取保候审人和为其提供保证金的单位和个人，责令其向执行机关指定的银行一次性交纳保证金。执行机关在执行取保候审时，应当告知被取保候审人必须遵守《刑事诉讼法》第 71 条的规定以及违反规定或者在取保候审期间重新犯罪应当承担的后果。

七、保证金的没收程序

被取保候审人违反《刑事诉讼法》第 71 条规定，依法应当没收保证金的，由县级以上执行机关作出没收部分或者全部保证金的决定，并通知决定机关；对需要变更强制措施的，应当同时提出变更强制措施的意见，连同有关材料一并送交县级以上执行机关。该执行机关应当根据决定机关的意见，及时作出没收保证金的决定，并通知决定机关。决定机关收到执行机关已没收保证金的书面通知，或者变更强制措施的意见后，应当在 5 日内作出变更强制措施或者责令犯罪嫌疑人重新交纳保证金、提出保证人的决定，并通知执行机关。执行机关应当向被取保候审人宣布没收保证金的决定，并告知其如不服该决定，可以在收到《没收保证金决定书》后的 5 日以内，向执行机关的上一级主管机关申请复核一次。上一级主管机关收到复核申请后，应当在 7 日内作出复核决定。

八、对保证人的处罚程序

采取保证人形式取保候审的，被取保候审人违反《刑事诉讼法》第 71 条的规定，保证人未及时报告的，经查证属实后，由县级以上执行机关对保证人处 1000 元以上 20000 元以下罚款，并将有关情况及时通知决定机关。执行机关决定罚款应当向保证人宣布，并告知其如不服该决定，可以在收到《对保证人罚款决定书》后的 5 日以内，向执行机关的上一级主管机关申请复核一次。上一级主管机关收到复核申请后，应当在 7 日内作出复核决定。

没收取保候审保证金和对保证人罚款均系刑事司法行为，不能提起行政诉讼。当事人如不服复核决定,可以依法向有关机关提出申诉。

九、保证金的退还程序

被取保候审人没有违反《刑事诉讼法》第 71 条的规定,但在取保候审期间涉嫌重新犯罪被司法机关立案侦查的,执行机关应当暂扣其交纳的保证金,待人民法院判决生效后,决定是否没收保证金。对故意犯罪的,应当没收保证金;对过失重新犯罪或者不构成犯罪的,应当退还保证金。被取保候审人在取保候审期间没有违反相关规定,也没有重新故意犯罪的,在解除取保候审、变更强制措施或者执行刑罚的同时,县级以上执行机关应当制作《退还保证金决定书》,通知银行如数退还保证金,并书面通知决定机关。执行机关应当及时向被取保候审人宣布退还保证金的决定,并书面通知其到银行领取退还的保证金。

第五节　准羁押措施:监视居住

一、监视居住的法律性质

监视居住是指公安机关、人民检察院和人民法院责令未被逮捕的犯罪嫌疑人、被告人在诉讼过程中,未经批准不得离开住处或指定的居所,并对其行动加以监视的一种方法。1979 年《刑事诉讼法》实施以来,监视居住就是介于取保候审和逮捕之间的一种强制措施。但在 1979 年和 1996 年的《刑事诉讼法》中,并没有对取保候审和监视居住的对象进行区分,因此总让人感觉监视居住和取保候审似乎没有区别。1996 年《刑事诉讼法》分别为取保候审和监视居住规定了 12 个月和 6 个月的期限,使监视居住的严厉性略显突出。但是由于科技手段应用的缺乏,实践中监视居住适用仍然比较少,使监视居住成为一种不太受到重视的强制措施。2012 年修改《刑事诉讼法》时,进一步将监视居住与取保候审区别开来,使监视居住成为一种具有准羁押性质的措施,同时真正成为逮捕的替代措施。

二、监视居住的适用对象

根据《刑事诉讼法》第 74 条第 1 款的规定,监视居住的适用对象为符合逮捕条件,且具有下列情形之一的犯罪嫌疑人、被告人:(1)患有严重疾病、生活不能自理;(2)怀孕或正在哺乳自己婴儿的妇女;(3)系生活不能自理的人的唯一扶养人;(4)因为案件的特殊情况或者办理案件的需要,采取监视居住措施更为适宜的;(5)羁押期限届满,案件尚未办结,需要采取监视居住措施的。《刑事诉讼法》第 74 条第 2 款还规定,对符合取保候审条件,但提不出保证人,也不交纳保证金的犯罪嫌疑人、被告人,也可以监视居住。

三、监视居住的决定与执行

根据《刑事诉讼法》第 74 条的规定,有权决定监视居住的机关为公安机关、人民检察院和人民法院。有权执行监视居住的机关为公安机关。对于监视居住的执行场所,《刑事诉讼法》第 75 条第 1 款规定:"监视居住应当在犯罪嫌疑人、被告人的住处执行;无固定住处的,可以在指定的居所执行。对于涉嫌危害国家安全犯罪、恐怖活动犯罪,在住处执行可能有碍侦查的,经上一级公安机关批准,也可以在指定的居所执行。但是,不得在羁押场所、专门的办案场所执行。"根据这一规定,监视居住的执行场所分为犯罪嫌疑人、被告人的住处和指定的居所两种情况。从法律的本意来看,通常情况下,只有在犯罪嫌疑人、被告人没有固定住处的情况下,才能在指定的居所执行监视居住。但是对于涉嫌危害国家安全的犯罪、恐怖活动犯罪,即便犯罪嫌疑人、被告人有固定的住所,在经过上一级公安机关批准之后,也可以在指定的居所执行。

按照 2012 年《刑事诉讼法》的规定,对被监视居住人即使有住所也可以在指定居所执行监视居住的案件范围除了危害国家安全犯罪、恐怖活动犯罪以外,还包含了由人民检察院直接侦查的特别重大贿赂犯罪。2018 年《监察法》颁布,原由人民检察院直接侦查的贿赂犯罪转由监察机关立案调查。为适应这种变化,《刑事诉讼法》作了相应修改。修改以后,对于有固定住处的犯罪嫌疑人,人民检察院不再适用指定居所监视居住这一方式。

根据《刑事诉讼法》第 75 条规定,"固定住处",是指被监视居住人在办案机关所在的市、县内生活的合法住处;指定的居所,是指公安机关根据案件情况,在办案机关所在的市、县内为被监视居住人指定的生活居所。公安机关不得建立专门的监视居住场所,对犯罪嫌疑人变相羁押。此外,亦不得在看守所、行政拘留所、留置室或者公安机关其他场所执行监视居住。

实践中,部分执行机关更经常地对被监视居住人指定居所,而更少在被监视居住人的固定住处执行监视居住。《刑事诉讼法》规定的住处和指定的居所不是一种选择关系,而是住处优于指定的居所,只有在没有住处的时候才能指定居所。《刑事诉讼法》规定监视居住这种强制措施的目的就是要使其区别于羁押;它同羁押的最大区别在于,被监视居住人只要不违反有关规定,是可以正常生活的。因此,按照《刑事诉讼法》规定的精神,监视居住的主要内容应当是被监视居住人不得离开其固定住处,而不是执法机关指定的居所。

根据前述规定,即使是指定居所监视居住,也不能在羁押场所或专门的办案场所执行。法律如此规定的目的,就是希望将指定居所监视居住与逮捕羁押加以区别,防止监视居住在实践中演变为变相羁押。为此,《刑事诉讼法》第75条第4款还规定,人民检察院对指定居所监视居住的决定和执行是否合法实行监督。该规定的目的,就是防止公安机关将监视居住演变为变相羁押。

《刑事诉讼法》第78条规定,执行机关对被监视居住人可以采取电子监控、不定期检查等方法对其遵守监视居住规定的情况进行监督;在侦查期间,可以对被监视居住人的通信进行监控。这是2012年修正后的《刑事诉讼法》对监视居住手段增加的规定。根据上述规定,监视居住的执行增加了电子技术手段,这也是科技日益发达的必然结果。

四、被监视居住人应遵守的义务

根据《刑事诉讼法》第77条第1款之规定,被监视居住的犯罪嫌疑人、被告人应当遵守以下规定:(1)未经执行机关批准不得离开执行监视居住的处所;(2)未经执行机关批准不得会见他人或者通信;(3)在传讯的时候及时到案;(4)不得以任何形式干扰证人作证;(5)不得毁灭、伪造证据或者串供;(6)将护照等出入境证件、驾驶证件交执行机关保存。

根据《刑事诉讼法》第77条第2款的规定,被监视居住的犯罪嫌疑人、被告人违反上述义务,情节严重的,可以予以逮捕。根据《最高检规则》第111条的规定,所谓"情节严重",包含以下情形:(1)故意实施新的犯罪行为;(2)企图自杀、逃跑;(3)实施毁灭、伪造证据或者串供、干扰证人作证行为,足以影响侦查、审查起诉工作正常进行;(4)对被害人、证人、举报人、控告人及其他人员实施打击报复;(5)未经批准,擅自离开执行监视居住的处所,造成严重后果,或者两次未经批准擅自离开执行监视居住的处所的;(6)未经批准擅自会见他人或者通信,造成严重后果,或者两次未经批准擅自会见他人或者通信的;(7)经传讯不到案,造成严重后果,或者经两次传讯不到案的。根据《最高检规则》,对于有前述第1项至第4项行为之一的,人民检察院应当予以逮捕;对于有前述第5项至第7项行为之一的犯罪嫌疑人,人民检察院可以逮捕。

五、监视居住的期限与刑期折抵

《刑事诉讼法》第79条规定,监视居住的最长期限不得超过6个月。与取保候审的期限比起来,监视居住的期限短了6个月。这也是由于监视居住对犯罪嫌疑人、被告人的人身自由限制更为严厉的结果。《刑事诉讼法》第76条规定,指定居所监视居住的期限应当折抵刑期。具体的折抵方法为，被判处管制的，监视居住1日折抵刑期1日；被判处拘役、有期徒刑的，监视居住2日折抵刑期1日。

第十四章 讯问犯罪嫌疑人

讯问犯罪嫌疑人是刑事诉讼中最重要的侦查手段之一,也是犯罪嫌疑人人身权利在刑事诉讼中最容易受到侵犯的阶段。是故,《刑事诉讼法》在第二编第二章有关侦查的规定中,将讯问犯罪嫌疑人作为特别需要规范的侦查行为放在第一位进行了规定(《刑事诉讼法》第二编第二章第一节为一般性规定,第二节就是讯问犯罪嫌疑人)。但是,关于侦查讯问的规则又不限于《刑事诉讼法》第二编的规定。第一编“总则”第五章“证据”关于严禁刑讯逼供和不得强迫自证其罪的规定,均属于对侦查讯问行为所作的规范。第一编总则中的规定属于原则性规定,其对于侦查讯问的所有规则起到统领性的作用。第二编第二章第二节的规定主要是具体的规则,目的在于保证侦查讯问的规范与理性,以及总则中原则性规定目标的实现。

本章第一节先对《刑事诉讼法》“不得强迫任何人证实他自己有罪”的规定进行阐述,以突出其重要性。第二节对严禁刑讯逼供的原则及与之联系最为密切的规则进行阐述。第三节介绍侦查中的其他具体规则,以及询问证人、被害人的有关规范。

第一节 反对强迫自证其罪

一、历史沿革

(一)不被强迫自证其罪特免权在英国的起源与发展

从历史上看,沉默权的概念或许出现在先,但是近现代意义上的沉默权应当是在反对强迫自证其罪特免权的基础上发展演变而来。至少,作为沉默权之代表的举世闻名的米兰达规则,其起源仍然是美国《宪法第五修正案》所规定的"反对强迫自证其罪的特免权"。从两个概念所保护的权利内容来看,二者至少存在重合的部分。打破沉默的效果就是选择作证,作证的内容无非是证明自己有罪或者无罪。因此,为方便起见,本书将在同一意义上使用沉默权和不被强迫自证其罪的特免权概念。

评注 14-1 不被强迫自证其罪特免权的起源与发展[1]

不被强迫自证其罪的特免权在英国的发展经历了数百年的时间,最早可追溯到12世纪早期,并且这种斗争与教会法庭中适用的纠问程序和普通法院适用的控告式程序之间的斗争是紧密地联系在一起的。这一斗争的历史可以分为两个阶段。

第一阶段是从12~16世纪,个人运用沉默权反对教会法院运用强迫宣誓程序作为获得自我归罪证据的工具。在12~16世纪的西欧,包括当时的英国,教会不仅是一种以统一信仰为基础的社团,也是一个统一的政治组织。教会不仅管辖教徒间的信仰和道德生活,而且也把教徒间的争议看作教会内部的事情,由教会进行解决,不得诉诸世俗法院,因而形成了教徒之间的纠纷由主教裁判的惯例。而在教会法院的纠问程序之下,法庭集告发者、起诉者、法官、陪审团于一身;单个的个人有权进行指控、决定是否起诉,并判断是否有足够的证明有罪的证据。教会法庭设计了一套誓言,要求犯罪嫌疑人进行宣誓(oath ex officio),要求犯罪嫌疑人忠实地回答所有针对他提出的问题。在这一时期,反对运用依职权宣誓的抗议是作为世俗法院限制教会法院管辖权的手段而出现的。普通法院法官通过签署反对宗教官员主持的诉讼程序的人身保护令来抵制教会法院的越权侵犯。13世纪早期,这一

[1] 易延友:《沉默的自由》(修订版),北京大学出版社2015年版,第27~31页。

实践结果导致了“de articulis cleri”成文法的出台，这一法律旨在界定教会法院的管辖范围，并禁止在婚姻和继承案件以外对任何外行人适用“oath ex officio”这一程序。

第二阶段开始于16世纪，被告人开始在普通法院中主张沉默权以反对法官提出的纠问式问题。这主要是因为，在世俗法院反对教会法院的宣誓程序的同时，发展出了自己的纠问程序，其中也包括纠问誓言的运用。这一点经常体现在王座法院、星座法院和高等委员会的行为当中。这些法院都受王室的直接支配，它们都运用纠问程序以及该程序的重要组成部分——纠问誓言，来迎合国王的政治主张，以镇压那些在政治主张与宗教见解上与国王不一致或者有可能对国王的统治构成威胁的人。它们所适用的程序都不可避免地与普通法院所形成的弹劾式诉讼特征发生了冲突。这一冲突以对李尔本(John Lilburne)的起诉为转折点。通过该案，沉默权赢得了胜利，纠问程序在英国遭受了彻底失败。之后，在1688年的一个案件中，沉默权再次发挥了作用。该案起因是国王詹姆斯二世起诉7个主教违抗他关于取消所有反对极端主义的法律的命令。在拒绝签发请愿书以保护该教会时，大主教圣克莱夫特(Archbishop Sancroft)说了这样一句名言：“我有权拒绝回答任何可能使我自证其罪的问题。”从此以后，沉默权在英国牢牢地站稳了脚跟。

| 案例14-1 |　李尔本案件与沉默权的确立〔2〕

在李尔本案件中，星座法院指控李尔本将煽动性书籍输入英国。李尔本对这一指控予以否认，同时要求与控告者当面对质，并拒绝宣誓或回答任何“无礼的”提问，以免自己因回答这样的问题而受到伤害。由于李尔本拒绝宣誓，星座法院在1639年判决他犯有藐视法庭罪，并将他投进监狱，同时对他处以肉体上的刑罚。李尔本在受鞭打时，向一大群富有同情心的人们宣讲纠问程序的不正义，政治潮流转向反对国王。很快，议会和清教徒就获得了权力，并在李尔本受鞭笞后的2年之内，就使其反对宣誓的观点占了上风。1641年，议会裁决李尔本一案的判决违法，取消了星座法院和高等委员会，并且禁止在刑事案件中使用这种誓言。该案件标志着沉默权在英国法律制度中的初步确立。

（二）不被强迫自证其罪特免权的普遍性

今天，绝大多数国家和地区都已经认识到不被强迫自证其罪特免权的进步性和合理性，因此都在其宪法或刑事诉讼法中确立了沉默权规则。美国《宪法第

〔2〕 易延友：《沉默的自由》，中国政法大学出版社2001年版，第52~58页。

五修正案》规定,任何人不得被迫自证其罪。德国《刑事诉讼法》第136条规定:"初次讯问开始时,要告诉被指控人所被指控的行为和可能适用的处罚规定。接着应当告诉他,依法他有就指控进行陈述或者对案件不予陈述的权利。"按照德国学者施密特(Schmitt)的说法,在德国,犯罪嫌疑人、被告人不仅有权保持沉默,而且有权说谎,且无须被追究伪证罪的刑事责任。意大利《刑事诉讼法》第64条规定:"在开始讯问前,除第66条第1款的规定外,还应当告知被讯问者,他有权不回答提问。"日本《刑事诉讼法》第311条规定:"被告人可以始终沉默或对各个质问拒绝供述。"

不仅各国的宪法或刑事诉讼法典不约而同地对沉默权予以了肯定,而且一些有关刑事司法的国际法律文件也对沉默权予以承认。我国已经签字加入的《公民权利和政治权利国际公约》第14条规定,凡受刑事指控者"不被强迫作不利于他自己的证言或强迫承认犯罪"。另外,《联合国少年司法最低限度标准规则》(《北京规则》)第7.1条亦规定:"在诉讼的各个阶段,应保证基本程序方面的保障措施,诸如假定无罪、指控罪状通知本人的权利、保持缄默的权利、请律师的权利、要求父或母或监护人在场的权利、与证人对质和盘诘证人的权利和向上级机关上诉的权利。"

(三)我国刑事诉讼法对沉默权态度的变化

我国刑事诉讼法在很长一段时期内并未明确规定犯罪嫌疑人、被告人享有沉默权。1979年颁布的《刑事诉讼法》第32条规定,"审判人员、检察人员、侦查人员必须依照法定程序,收集……各种证据。严禁刑讯逼供和以威胁、引诱、欺骗以及其他非法的方法收集证据……"。但是,该法第64条第2、3句又明确规定,"被告人对侦查人员的提问,应当如实回答。但是对与本案无关的问题,有拒绝回答的权利"。根据这一规定,被告人负有对侦查人员的讯问如实陈述的义务,而没有保持沉默、拒绝陈述或作虚假陈述的权利。1996年修改的《刑事诉讼法》基本上沿袭了1979年《刑事诉讼法》的相关规定。2012年,《刑事诉讼法》第二次修改,基于学者的呼吁和实践的需要,终于在第50条(2018年修改《刑事诉讼法》后条文序号改为第52条)"严禁刑讯逼供"之后,增加规定了"不得强迫任何人证实自己有罪"的内容,从而正式确立了不被强迫自证其罪的特免权,也就是沉默权制度。

评注14-2 学者的推动与反对强迫自证其罪特免权的确立

自20世纪90年代开始,我国学者已认识到被告人所负"如实陈述"义务的不合理性,并指出,在我国的刑事司法实践中,被告人所负的"如实陈述"义务使其在诉讼过程中处于极为不利的境地：首先，被告人事实上承担着证明自己有罪的责任，并负担着为刑事追诉机关提供控诉证据的义务。其次，被告人供述的作用被不合理的夸大，被告人陈述的自愿性难以得到保障；为使被告人"如实陈述"，侦查人员往往会采取各种各样的手段，这些手段不同程度地包含对被告人的身体或精神产生压力或强制的因素，法院一般也不会排除这种供述的法律效力。最后，被告人在法庭审判过程中的参与能力和参与效果受到了极大削弱。被告人一旦作出了有罪供述，即等于认同检察官的控诉主张，并为检察官进行追诉提供了有力的武器。这样，辩护人所进行的防御活动都被人为地赋予了一种内在的局限性。[3]

正是基于上述认识，在1993年开始的刑事诉讼法修改建议稿的起草过程中，负责草拟修改建议稿的学者和专家即将"被告人和嫌疑人享有保持沉默的权利"作为一项重要修改方案列入建议稿中，以提供给立法部门参考。主张确立沉默权规则的学者认为，刑诉立法应正面规定嫌疑人、被告人享有沉默权。其意义在于：首先，它有利于抑制司法人员的非法取证行为，维护嫌疑人、被告人的合法权益。在刑事诉讼中，最容易受到侵犯的是嫌疑人、被告人的权利；赋予嫌疑人、被告人以沉默权，可以增强他与公安司法机关的抗衡能力，使司法人员逼供、骗供、诱供等非法行为失去"借口"，从而维护嫌疑人、被告人合法权益。其次，它有利于查明案件的真实情况，保证案件的正确处理。赋予嫌疑人、被告人以沉默权，为司法人员收集证据设置了障碍。司法人员在通过嫌疑人、被告人供述取得有罪证据之外，还必须注意收集其他各种证据，这就为查明案件真实，防止冤假错案提供了保证。最后，这种做法符合世界刑事诉讼制度发展的总体趋势。嫌疑人、被告人享有沉默权已为世界多数国家立法所确立，我国理应为世界人权保障贡献自己的力量。[4]

由于观点的分歧，该修改建议稿还是将保留如实陈述义务的规定作为第一方案列出。作为该方案的自然结果，1996年修正后的《刑事诉讼法》并没有采纳规定沉默权的方案，而仍规定了犯罪嫌疑人向侦查机关"如实陈述"的义务。当时在学术界，主张保留如实陈述义务的理由仍然是：我国目前犯罪率不断上升，暴力犯罪、有组织犯罪、智能型犯罪日益猖獗，社会治安状况日趋严峻，而各地区侦查机关所拥有的侦查技术、装备普遍落后；如果赋予犯罪嫌疑人、被告人以沉默权，必然不利于打击犯罪。

但是，1996年《刑事诉讼法》对沉默权的拒绝并没有终止学术上关于应当确立沉默权的讨论。1997年，熊秋红在《外国法译评》第3期发表《反对自我归罪的特权与如实陈述义务之辨析》一文，对该特免权从外国法的角度进行了详细的介绍和

---

〔3〕 陈瑞华：《刑事审判原理论》，北京大学出版社1997年版，第277页。

〔4〕 陈光中、严端主编：《中华人民共和国刑事诉讼法修改建议稿与论证》，中国方正出版社1995年版，第185～186页。

阐述。1999 年,易延友在《比较法研究》上发表《论反对自我归罪的特权》一文,立场鲜明地主张在我国刑事诉讼中引进沉默权制度。2000 年,卞建林在《南方周末》上发表《沉默的权利》,向普通公众推广沉默权。2001 年,易延友、孙长永分别出版《沉默的自由》[5]和《沉默权制度研究》[6]两本专著,都从不同角度论证了沉默权的合理性以及在我国引进沉默权的必要性与可行性。沉默权逐渐得到大多数学者的认同,也逐步获得公众的认可。在这种情况下,2012 年修改《刑事诉讼法》时,终于将"不得强迫任何人证实自己有罪"写进了法律。

二、基本含义

(一)不得强迫任何人证实自己有罪的基本含义

2012 年《刑事诉讼法》第 50 条中"不得强迫任何人证实自己有罪"这一规定是新增加的规定。2018 年修正的《刑事诉讼法》第 52 条延续了这一规定。笔者认为,完整的强迫自证其罪的特免权,应当包括以下内容:

首先,任何人不得被迫成为反对他自己的证人。这一含义要求,无论是审判阶段、审查起诉阶段还是侦查阶段,犯罪嫌疑人、被告人都不得被迫在针对他自己的案件中作证。换句话说,犯罪嫌疑人、被告人在刑事诉讼的任何阶段,均有权保持沉默。反对强迫自证其罪的特免权的最初含义,就是犯罪嫌疑人、被告人不得被迫成为反对他自己的证人。其在历史上的最初意义,就是反对法庭强迫被告人作证反对他自己。在很长一段时期内,特免权都不适用于审前程序,只是在后来才延伸到审前程序。从证据的证明力来看,被告人在法庭上的供述也应当最有说服力,因此反对强迫自证其罪的特免权的第一个含义应当是反对法院强迫被告人作证反对他自己。当然,就供述自愿性的角度而言,刑事被追诉人在任何阶段的供述都必须是不受强迫的,因此,犯罪嫌疑人、被告人的审查起诉阶段、侦查阶段也应当不被强迫成为反对他自己的证人,也应当有权保持沉默。

其次,不被强迫自证其罪中的强迫,既包括法律上的强迫,也包括肉体上的强迫,还包括精神上的强迫。法律上的强迫,主要是针对证人的普遍作证义务而言。在现代社会,任何人均有义务到法庭作证;法庭对不履行义务者可以施加惩罚,这就是法律上的强迫。对于被告人,西方国家普遍赋予其反对强迫自证其罪的特免权,因此,虽然法律可以强迫其他证人到庭作证,却不能强迫被告人作证反对他自己。这一含义也与不被强迫自证其罪特免权的第一层含义中被告人在

---

〔5〕 易延友:《沉默的自由》,中国政法大学出版社 2001 年版。

〔6〕 孙长永:《沉默权制度研究》,法律出版社 2001 年版。

审判阶段有权保持沉默的含义相呼应。除此之外，执法机关和执法人员也不得以让犯罪嫌疑人、被告人遭受肉体和精神上的折磨和痛苦的方法迫使其招供。这一含义也是反对强迫自证其罪特免权最基本、最直接的含义。

最后，凡是因受强迫取得的犯罪嫌疑人、被告人供述，均应当予以排除，这一排除规则不应当有任何例外。对此，本书在第十六章"非法证据排除规则"中将着重阐述。

评注 14－3　美国宪法上反对强迫自证其罪特免权的含义[7]

从文字上看，特免权似乎仅适用于刑事审判程序，且只能由刑事被告人主张该项权利。但在实践中，这一狭隘的解释并不为法院所采纳。相反，无论是在民事诉讼还是刑事诉讼中，特免权都可获得支持；另外，特免权不仅适用于审判程序，而且适用于审前程序；不仅刑事被告人可以主张此项特免权，第三方证人也可主张该项特免权；不仅在司法程序中可以援引特免权，并且在行政和立法程序中也可援引特免权。总而言之，只要是在政府可以通过强制权力强制证人提供证言的场合，特免权都可获得适用。对美国《宪法第五修正案》有关内容作如此宽泛解释的原因在于，如果政府可以自由地在一个非刑事诉讼的语境中强制证人提供可能导致自我归罪的证言之后，再在另一个刑事审判程序中用这一证言对该证人定罪，则反对自我归罪的特免权就将失去其应有的意义。[8]

从特免权的保护对象来看，特免权的保护仅限于个体的自然人。公司、工会、非公司的社会团体以及个人合伙，均不能主张特免权。由于特免权的个体属性，在共同犯罪案件中，共同被告人享有的特免权不得及于全体被告人。被告人的律师或其他代理人也不得基于其证言可能导致被告人被定罪而主张该项特免权。同样地，一个公司的雇员也不得以某份文件可能导致对其个人定罪为由拒绝交出公司的文件，原因是该文件并不属于他个人所有。[9]

特免权禁止的是强迫自证其罪，不禁止自愿的自我归罪。因此，证人如若自愿提供可能导致自我归罪的证言，该证言不得以侵犯证人特免权为由而予以排除。同样，如果刑事被告人自愿作证，则意味着被告人已经放弃特免权。

特免权禁止的是可能导致刑事责任的陈述，不会导致刑事责任承担的陈述，不受特免权保护。因此，如果陈述所指向的行为已经经过一次有效审判，则根据反对

---

[7] 易延友：《特免权制度研究：美国的实践及与中国制度的比较》，载《证据科学》2009 年第 2 期。

[8] Christopher B. Mueller & Laird C. Kirkpatrick, *Evidence under the Rules*: *Text*, *Cases and Problems*, fourth Edition, Aspen Law & Business, 2011, p. 954.

[9] Christopher B. Mueller & Laird C. Kirkpatrick, *Evidence under the Rules*: *Text*, *Cases and Problems*, fourth Edition, Aspen Law & Business, 2011, p. 956.

双重归罪原则,该陈述不会导致刑事责任的承担。另外,如果陈述所指向的犯罪已经获得豁免,则该陈述也不属于可能导致刑事责任的陈述;因此,如果证人的刑事责任已经被豁免,则证人不得再援引特免权拒绝作证。美国的司法实践中存在两种豁免:交易性的豁免和使用及衍生使用性的豁免。其中,交易性的豁免,是指控诉方不得使用证人的证词来对证人提出指控。即控诉方为了获得证人证言,答应不指控该证人。使用及衍生使用性的豁免是指,控诉方为了获得证人证言,允诺不得使用该证言以指控该证人,也不得以通过该证言提供的线索找到的其他证据指控该证人。无论是何种豁免,一旦证人证词中指向的犯罪获得豁免,证人即不得拒绝作证,否则将可能因藐视法庭遭到处罚。

特免权只保护交流性证据,不保护实物证据,如证人的血样、展示其身体、参加辨认等。在 Schmerber v. California 一案中,医生从被告人身上取走血样以检测酒精浓度,被告人接受律师的建议,拒绝检测,之后警方强制取走了血样。被告人声称这一做法侵犯了他的反对自我归罪的特权。法院认为,反对强迫自我归罪的特权仅适用于交流性或者言辞性的证据,不适用于肉体的或者实物证据。[10] 在 United States v. Wade 一案中,被告人被强制参加辨认程序,审理该案的法院认为,该程序只是强制被告人展示其身体的体貌特征,并不是强迫被告人披露其所了解的有关案件的知识,因此,强制其参加辨认的行为没有侵犯其反对自我归罪的特权。[11] 在 Gilbert v. California 一案中,法院判定,强制被告人提供笔迹样本的做法,同强制其提供声音样本乃至身体一样,都属于对被告人身体特征的辨认,因此,没有侵犯美国《宪法第五修正案》所保护的特权。[12] 在 United States v. Dionisio 一案中,审判法院再次指出,强迫被告人说话以便对其声音进行技术分析的做法,不侵犯其反对自我归罪的特权。[13] 在 Pensylvania v. Muniz 一案中,法院判定,让被告人走路、转身、眼球颤动、金鸡独立等,均不违反《宪法》。[14]

(二)反对强迫自证其罪与米兰达警告

既然反对强迫自认其罪的第一层含义就是犯罪嫌疑人、被告人在任何阶段均有权保持沉默而不受任何强迫,它也就十分自然地令人想起举世闻名的米兰达警告规则。应当说,米兰达警告规则确实是源自反对强迫自证其罪的特免权,

---

〔10〕 384 U.S. 757 (1966).

〔11〕 388 U.S. 218 (1967).

〔12〕 388 U.S. 263 (1967).

〔13〕 410 U.S. 1 (1973).

〔14〕 496 U.S. 582 (1990). 但是,该案审理法院同时判定,有关其回答不知道自己第6个生日的日期的内容,则属于特权保护的范畴,因此应当予以排除。

但是它与反对强迫自证其罪的特免权又有一定的区别。简言之，米兰达警告规则主要是一种权利告知规则，其目的主要在于保证宪法规定的公民权利在公民首次遭遇国家机关时能够被明确告知从而获得有效的保障；但是它并不等同于宪法权利本身。换句话说，缺乏权利告知规则并不等同于权利本身的缺失，而仅仅是导致权利保障的程度不同。因此，缺乏米兰达警告规则并不意味着反对强迫自证其罪特免权本身的缺失，而只是意味着该项权利在实践中得到保障的程度会有差别。以下首先概括介绍米兰达案件及其确立的规则，然后分析和比较米兰达警告规则与反对强迫自证其罪的特免权之间的区别。

| **案例 14－2** | 米兰达诉亚利桑那〔15〕

1963 年 3 月 13 日，家住亚利桑那的米兰达在家中被捕，并被带到凤凰城警察局。在那里，米兰达被被害人指认为强奸犯。警察将其带到讯问室，2 名侦探对他进行了讯问。讯问之前和讯问过程中，警察都未告知米兰达他有权要求其律师在场。2 小时后，警察获得了有米兰达签名的书面供状，供状的顶端印有打印的文字，表明该供述系自愿做出，嫌疑人未受到任何威胁，也未得到过任何许诺，并且完全知晓其法律权利，该供述将可能会用作反对他的证言。在针对米兰达的陪审团审判中，尽管辩护律师提出反对，该供状还是被容许作为证据在法庭上出示。米兰达被判定绑架罪和强奸罪罪名成立。美国联邦最高法院受理了此案，并认定该案米兰达签署的供状不能证明米兰达明知且明智地放弃了其依据宪法享有的权利，因此该定罪判决应当被推翻，米兰达案件应当发回重审。

以沃伦为首席大法官的多数意见判定：(1) 警察在进行监禁性讯问之前，必须警告嫌疑人他有权保持沉默，以及他所作的任何陈述都有可能被用作反对他的证据；他有权聘请律师，并且他的律师可以在他遭受讯问时在场；如果他因为贫穷请不起律师，政府可以指派一名律师。(2) 一旦嫌疑人在讯问开始前或者讯问过程中的任何时候以任何方式表明其希望保持沉默，则讯问都必须立即停止；如果嫌疑人表示他希望获得律师帮助，讯问也必须立即停止，直至其律师到场。(3) 如果律师未到场而警察通过讯问取得了嫌疑人的供述，则控方有义务证明该被告人明知且明智地放弃了其反对强迫自证其罪的特免权以及聘请或被指派律师帮助的权利。

对于其中第 3 项内容，沃伦法院还规定：在对嫌疑人实施警告之后，嫌疑人的沉默这一事实并不能证明嫌疑人有效地放弃了其依据美国《宪法第五修正案》享有的权利；在监禁性讯问的场合，如果嫌疑人在主张其权利之前回答了某些问题或者提供了某些信息的行为，都不能被认为是放弃权利的行为。另外，如果嫌疑人遭到

〔15〕 Miranda v. Arizona, 384 U. S. 436 (1966).

长时间的监禁或者不通信息(未获允许与家人及律师联系)的监禁,这些事实都可用作证明其放弃权利的行为无效的证据。最后,如果有证据证明嫌疑人放弃权利是因为受到威胁、诡计或者欺骗,则该项放弃也应当被认定为非自愿而无效。

评注 14-4 反对强迫自证其罪特免权与米兰达规则的区别

在美国,无论是违反《宪法第五修正案》规定的反对强迫自证其罪条款,还是违反美国联邦最高法院在米兰达判决中确立的米兰达警告规则,都会导致证据被排除。因此,美国既存在《宪法第五修正案》反对强迫自证其罪特免权的排除规则,也存在米兰达排除规则。前者是依据美国《宪法第五修正案》设置的非法证据排除规则,后者是根据美国联邦最高法院在米兰达裁决中确立的排除规则。两者联系在于,米兰达规则是根据美国《宪法第五修正案》反对强迫自证其罪的特免权条款衍生出来的规则;米兰达规则的目的是保护美国《宪法第五修正案》的宪法权利。

两者不同的地方在于,首先,米兰达规则是预防性规则,预防的对象是警察的违法行为;第五修正案排除规则不是预防性规则,它的目的就是它自身。其次,在很长时期内,米兰达规则不被视为宪法的一部分,因此违反米兰达规则并不必然意味着违反宪法,因为宪法反对的是强迫自证其罪,不经实施米兰达警告就进行讯问,只要不实施强迫,并不违反宪法;但是,美国《宪法第五修正案》反对强迫自证其罪条款本身就是宪法的一部分,一旦违反,必将导致证据被排除。最后,美国《宪法第五修正案》反对强迫自其罪排除规则是没有例外的,任何时候,强迫供述都不具有可采性;米兰达排除规则却有例外,具体包括公共安全的例外、最终必然发现的例外以及独立来源的例外等。米兰达排除规则的例外是指在这些例外情况下,不实施米兰达警告获得的供述仍然具有可采性,但是这并不意味着在这些场合警察可以强迫犯罪嫌疑人供述。米兰达排除规则之所以有例外,也是因为违反米兰达警告规则并不必然意味着违反宪法。如果既违反米兰达警告规则又违反宪法,也就是说,既没有实施米兰达警告又实施了强迫供述的行为,则所获得的证据当然不具有可采性。

(三)侦查人员的告知义务与犯罪嫌疑人的如实回答要求

《刑事诉讼法》第120条第1款第2、3句规定,“犯罪嫌疑人对侦查人员的提问,应当如实回答。但是对与本案无关的问题,有拒绝回答的权利”。第2款规定:“侦查人员在讯问犯罪嫌疑人的时候,应当告知犯罪嫌疑人享有的诉讼权利,如实供述自己罪行可以从宽处理和认罪认罚的法律规定。”该条第2款是2012年修改《刑事诉讼法》时增加的规定,2018年修改《刑事诉讼法》时又作了进一步修正。2012年增加的内容,是侦查人员应当告知犯罪嫌疑人如实供述自己罪行可以从宽处理的法律规定。2018年增加的内容包括两方面:一是侦查人员有义务告知犯罪嫌疑人依法享有的诉讼权利;二是还要告知犯罪嫌疑人认罪认罚的法律规定。由于如实供述自己罪行可以从宽处理在一定程度上包含了认罪认罚的内容,因此关于告知认罪认罚法律规定的内容与之前告知如实供述自己罪行可以从宽处理的规定在修改方向上并没有变化。但告知犯罪嫌疑人享有的诉讼权利则不一样。告知权利规则本身就应当是权利规则的一部分,之前的刑事诉讼法虽然一方面规定了权利本身,另一方面却并没有规定告知权利规则,因此存在一定的缺陷。2018年的修正,弥补了《刑事诉讼法》在这方面存在的缺陷,是一个很大的进步。

根据该条第1款的规定,似乎刑事诉讼法赋予了犯罪嫌疑人如实回答与本案有关的问题的普遍义务,但根据《刑事诉讼法》第52条的规定,不得强迫任何人证实自己有罪。由于第52条的规定属于总则性规范,第120条的规定属于分则性规范,第52条的适用应当优于第120条的适用。不仅如此,在作为分则的第120条第2款,还规定了侦查人员应当告知犯罪嫌疑人享有的诉讼权利,其中自然包括不得被迫自证其罪的权利,因此,对于第120条的规定应当而且只能这样理解:当犯罪嫌疑人愿意回答侦查人员提问时,其对侦查人员的提问应当如实回答;当犯罪嫌疑人不愿意回答侦查人员的提问时,侦查人员不得强迫犯罪嫌疑人回答;但应当告知犯罪嫌疑人如实回答以及认罪认罚可以从宽处理的法律规定。

第二节 严禁刑讯逼供和以其他非法方法收集证据

一、为什么严禁刑讯逼供

《刑事诉讼法》第52条规定:“……严禁刑讯逼供和以威胁、引诱、欺骗以及其他非法方法收集证据……”第55条规定,“对一切案件的判处都要重证据,重调查研究,不轻信口供”。这些规定与中国古代“判罪必取输服供词”和法律上在特定条件下允许刑讯的司法传统是不一致的。这些内容在1979年《刑事诉讼法》中就得到规定,在1996年和2012年的《刑事诉讼法》中均得到保留。它实际上是1979年《刑事诉讼法》的制定者对“逼供信”做法的直接否定,也体现了立法者对刑讯逼供这种做法的理性反思。

| 评注 14-5 | 严禁刑讯逼供中的冤假错案原理与人格尊严原理

传统上,反对刑讯逼供的理由主要是刑讯逼供容易导致被告人在压力之下作出的供述,虚假的可能性比较大,容易造成冤假错案。[16] 对此理论,本书称之为"冤假错案原理"。但是,刑讯逼供最大的危害,也许并不在于其制造了冤假错案,而在于其对个体的人格尊严造成了无可修复的伤害。对此理论,本书称之为"人格尊严原理"。

本书赞成人格尊严原理。当然,这并不是说刑讯逼供没有或者不会造成冤假错案,而是说反对刑讯逼供最有力的理由不在于其造成了冤假错案,而在于其侵犯了人的基本尊严。因为,冤假错案原理强调的是刑讯逼供在发现真实方面的负面作用,但是刑讯逼供对于发现真实而言不仅有负面作用,也有积极的、肯定的一面,那就是在很多案件中,警察通过刑讯逼供找到了侦破案件的线索,或者发现了用于犯罪的工具,或者犯罪的结果,或者可用于证明犯罪的其他证据,这些证据能够与犯罪嫌疑人的供述相互印证。在这些场合,无论谁都无法否认通过刑讯逼供获得的供述的真实性。因此,刑讯逼供容易造成冤假错案的说法,很容易让人误以为只要不造成冤假错案,刑讯逼供就是可取的,是值得鼓励的。这恰恰是刑讯逼供屡禁不止的心理因素和制度因素。媒体披露的刑讯逼供案件,几乎都是冤案,但与此同时,还有大量未经披露的刑讯逼供案件中的犯罪嫌疑人、被告人同样遭受了肉体上、精神上、心灵上的痛苦与折磨,他们同样应当受到关注与保护,但是冤假错案理论在某种程度上可以说不关注他们的处境。

与冤假错案原理不同的是,人格尊严理论强调,刑讯逼供无论是否造成冤假错案,都应当严格禁止,因为它直接侵犯了人的尊严。它与我们良心深处有关社会基本公平、正义的信仰格格不入,与刑事诉讼程序正义的理念背道而驰,与人权保障的目标南辕北辙。无论何人,无论其社会地位如何,刑讯逼供都使人尊严丧尽、人格尽失。刑讯逼供腐蚀了侦查人员的良心,损害了执法机构的清白,污染了司法环境的水源,因此无论其对于发现真实在一定程度上如何"功不可没",也不能允许、容忍其在司法过程中存在。因此,如果说冤假错案原理最终必将走向功利主义从而在一定程度上容忍刑讯逼供的话,严格尊严原理则绝对排斥刑讯逼供这一野蛮行径。

---

〔16〕 全国人大常委会法制工作委员会刑法室编著:《中华人民共和国刑事诉讼法释义》,法律出版社 1996 年版,第 53 页。

案例 14－3　瓦茨诉印第安纳[17]

本案被告人在侦查中遭受轮番讯问，讯问时间大约持续6天。嫌疑人最终作出了供述。大法官法兰克福特代表多数意见为本案撰写了判决。法兰克福特在判决中说道：一份自愿的供述并不要求必然是心甘情愿的，但是，如果一份供述是在持续的警察压力之下作出的，它就不是基于自由选择的结果。

本案中大法官约翰逊对多数意见表示反对。与瓦茨案在同一天判决的还有两个案件，约翰逊法官对其中一个案件持反对意见，但对另两个案件附议了多数意见。约翰逊法官在其反对意见中指出，在这三个案件中，警察面对的都是十分暴力的谋杀案件，作为警察当局，他们有义务着手解决这些案件。所有这些案件都没有目击证人，因此所有侦破这些案件的积极信息都将建立在杀人者掌握的信息的基础上。在每一个案件中，警察都有合理的理由怀疑嫌疑人却没有充分的证据证明其有罪。在每一个案件中，警察都试图通过将嫌疑人带到警察局进行讯问的方式来解决这一难题。在进行讯问的时候，警察延长了讯问的时间。在每一个案件中，警察都获得了供述并且审判法院也容许了这些供述。由外部证据来检验，这些供述内在地都是可信的，是无可动摇的。每一名被告人都被陪审团定了罪，然而，本院多数意见却要推翻对他们的定罪。

在本案中以及在之前的一些案件中，一旦被告人作出了供述，就有办法来核实这些供述的真实性。这些案件的证据足以让我们对这些有罪供述的真实性深信不疑。在其中一个案件中，警方就是在被告人供述中提到的地方找到的武器，因此其供述已经得到有力的补强。在另外的案件中，被告人供述中提到的情况也只有真正实施了该犯罪行为的人知道。通常情况下，只有在被告人的供述得到其他证据证明的情况下被告人才可能被定罪，相反的情况并非不可能但极为罕见。

在这样的案件中，以及在其他类似的案件中，对嫌疑人持续的和持久的讯问都被称作"查究""查探""纠问"，这些术语的使用实际上都是由于写判决书的人的主观情绪。但是在其中的一些案件中，如果讯问得到容许的话，就会有很好的理由来延长讯问，而这恰恰是多数意见所忽略的。嫌疑人首先也许都是希望开脱自己，也许会提供一个不在场的说辞，当这一说辞经查证为虚之后，他就要面对这个谎言，若嫌疑人的话被证明为真则可能因此获得释放。因此侦查讯问的时间依赖于嫌疑人的脾气、狡猾程度以及讯问人员的侦查能力。但是，只要允许进行讯问，只要这项权利存在，它就应当包括根据特定案件的事实情况进行合理讯问的内容。

对美国《宪法第四修正案》要求法院判令州政府不得在没有目击证人的案件中将嫌疑人加以拘禁并进行合理讯问这一点存在怀疑。如果它这样要求，这个国家

---

〔17〕 Watts v. Indiana, 338 U. S. 49 (1949).

的人民就必须被迫看到自己的警察在看到杀人嫌犯逃脱法网时却只能袖手旁观而逡巡无助。难道这就是正当程序应当付出的代价?如果不是的话,本院为何要宣布这样的规则?我不知道这些问题最终的答案是什么;但是截至目前,我知道我不能为这个社会增加桎梏。

思考 请留意本案判决的时间是1949年,也就是在美国刑讯逼供问题并未得到彻底解决的年代。此处摘录的主要是大法官约翰逊的反对意见。你觉得约翰逊法官有道理吗?钱钟书先生曾经指出,棰楚之下,能忍痛者不吐实,不能忍痛者吐不实。就是说面对刑讯逼供,意志坚强者不说实话,意志不坚强者说的不是实话。你认为刑讯逼供真的对发现真实毫无帮助吗?

二、刑讯逼供及其他非法方法

《刑事诉讼法》第52条规定:“……严禁刑讯逼供和以威胁、引诱、欺骗以及其他非法方法收集证据……”《最高检规则(试行)》第65条第2款曾规定:“刑讯逼供是指使用肉刑或者变相使用肉刑,使犯罪嫌疑人在肉体或者精神上遭受剧烈疼痛或者痛苦以逼取供述的行为。”第3款曾规定:“其他非法方法是指违法程度和对犯罪嫌疑人的强迫程度与刑讯逼供或者暴力、威胁相当而迫使其违背意愿供述的方法。”2012年《最高法解释》第95条第1款曾规定:“使用肉刑或者变相肉刑,或者采用其他使被告人在肉体上或者精神上遭受剧烈疼痛或者痛苦的方法,迫使被告人违背意愿供述的,应当认定为刑事诉讼法第五十四条规定的‘刑讯逼供等非法方法’。”

对于“威胁”“引诱”“欺骗”,则无论是2012年《最高法解释》、《最高检规则(试行)》,还是《公安部规定》,均未作界定。本书认为,“威胁”是指以恶害相要挟,例如,讯问时在隔壁审讯室播放嫌疑人被打得鬼哭狼嚎的录音;声称如不招供就对嫌疑人亲属采取强制措施;用枪顶住嫌疑人的头并扣动扳机(无子弹)等。“引诱”是指以利益相诱惑,具体如声称“说完就放你回家”。“欺骗”是指将不存在的事实告诉嫌疑人以骗取其供述,例如,“我们已经在你家中找到被害人衣物(实际上没有),你怎么解释”等。

| 案例14-4 | 受害人讲述牢狱噩梦

第二次提审时,有人把我铐在墙上。警察对我讲他们几人都承认了,不相信的话可以把他们的口供拿给我看。我就表示要看口供,谁知那个警察就冲过来打我嘴巴,打得相当重。我在墙上大概被铐了两个多小时后,这个警察拿了一份口供给我看,并用手把上面和下面蒙着。我因为连续几天没睡觉,精神实在支持不住,再加上心里害怕,不知道怎么回事就开始瞎编,说是我们干的。我讲的大概和现场情况不符合,审我的人就开始提示我,我就根据他的提示一步步编了事情经过。10月26日晚上(时间为2005年,下同——记者注),我又从含山县看守所被带到巢湖。这一次他们连续审了我4天4夜,没让睡觉。其中有一天,我从早上被铐在墙上站着,一直站到晚上,两条腿都站肿了,跟他们讲也没人理睬我。——张某

有人把我带到审讯室,铐在椅子上,开始审问我,一直审了一天,中间换了几批人,我始终坚持讲我没干。第二次提审,我还是没承认,磨了一天,到了晚上,一名警察跟我说要再不承认就把我废掉,然后就把我铐在门后面,罚我跪着,并说你什么时候把事情讲清楚什么时候站起来。我就这样在地上跪了一个多小时后,实在受不住了,就开始胡编。他说我讲的不对,并说你跪着再想想,想起来了再站起来。从11月2日开始,一直审到7日,他们都没让我睡觉。我被他们用两个手铐铐在铁栅栏上,他们叫我赶快承认,否则就把我家里人都逮起来。——张某

思考　以上是同一个案件中的2名犯罪嫌疑人讲述自己在侦查讯问过程中的遭遇。请大家思考:我国现有的制度能够有效地遏制上述材料中提到的这些行为吗?有没有能够遏制这些行为的有效方法?

本书认为,律师在场权、同步录音录像制度以及讯问前的告知沉默权规则,均可以有效地发挥遏制刑讯逼供的作用,而且其效果也基本上按上述顺序呈边际递减趋势。因此,以下按上述顺序对律师在场权、同步录音录像制度以及告知沉默权规则进行探讨。

三、刑讯逼供与律师在场权

律师在场权,指的是侦查讯问中律师在场的权利。该项权利源于犯罪嫌疑人、被告人,也就是遭受讯问的刑事被追诉人。在英美法系中,这项权利一直是犯罪嫌疑人、被告人的权利,这在理论上毫无争议。在我国,也有学者把这项权利理解为律师的权利。本书认为,律师在场权本质上是犯罪嫌疑人、被告人享有的权利,但可以由其辩护律师主张和行使。律师在场权对于遭受讯问的犯罪嫌疑人免受刑讯逼供、威胁、引诱、欺骗等手段的骚扰具有明显而重要的意义。如解释得当,可以认为1996年《刑事诉讼法》其实早已确立了犯罪嫌疑人的此项权利;2012年、2018年《刑事诉讼法》修改后虽然对1996年《刑事诉讼法》相关条文作了拆解,但总体精神应当没有改变,所以2012年、2018年《刑事诉讼法》并不排

斥侦查讯问时犯罪嫌疑人的律师在场权。

| 评注 14 -6 | 被刑事诉讼修改法学忽略的律师在场权

我国1996年《刑事诉讼法》第96条规定:"犯罪嫌疑人在被侦查机关第一次讯问后或者采取强制措施之日起,可以聘请律师为其提供法律咨询、代理申诉、控告……"该规定实际上赋予了犯罪嫌疑人在面对讯问时要求律师到场的权利,因为提供法律咨询当然包含到现场提供法律咨询这一行为类型。人们因为法律问题的需要而咨询律师,当然可以以书面的方式进行,也可以以电话、邮件的方式进行,但从来不排斥以口头的方式当面进行。因此,提供法律咨询当然包含要求律师到场提供法律咨询(如果钻牛角尖,还可以解释为嫌疑人有权到律师事务所与律师当面咨询,但本书认为对于律师到场权完全不必走那么远)。另外,法律既然赋予了犯罪嫌疑人咨询其律师的权利,且未对行使该项权利的方式进行限制,自然就应理解为包含了到现场提供咨询的内容。因此,有权聘请律师为其提供法律咨询的权利包含了要求律师到场的权利,这一解释属于当然解释,完全不需要对立法意图加以揣摩,或者对文本作复杂的探索。

当然,从立法意图来看,1996年《刑事诉讼法》是在第96条规定的聘请律师提供法律咨询的权利,第96条在结构上属于侦查一章中"讯问犯罪嫌疑人"这一节的内容。这一结构安排表明,聘请律师提供法律咨询的权利,应当是服务于犯罪嫌疑人在遭受侦查讯问这一环节的;换句话说,该项权利就是为侦查讯问中的犯罪嫌疑人准备的,是特别地为遭受讯问的犯罪嫌疑人提供保障的。这不就是地道的侦查讯问中的律师到场权吗?

也可能有人会说,此处的律师到场权还是不完整的,因为1996年《刑事诉讼法》规定的是"第一次讯问后",或者"采取强制措施之日起",就说明第一次讯问还是没有到场权。此论似是而非,因为讯问可以区分为羁押性讯问和非羁押性讯问(参见本章第三节相关论述),或压迫性讯问与非压迫性讯问。通常,采取强制措施之后的讯问为压迫性讯问,未采取强制措施的讯问一般为非压迫性讯问。1996年《刑事诉讼法》第96条关于"第一次讯问后或者采取强制措施之日起"的规定,恰恰是对压迫性讯问和非压迫性讯问的区分。采取了强制措施之后,无论是第一次讯问还是之后的讯问,犯罪嫌疑人都有权聘请律师提供法律咨询,只有在未采取强制措施的情况下,才是在第一次讯问后方能聘请律师为其提供法律咨询。这恰恰说明立法者已经充分意识到,犯罪嫌疑人在被采取强制措施后,尤其是在遭到拘禁之后,在强大的压力之下遭受讯问时,尤其需要获得律师的帮助,从而需要其律师到场为其提供法律咨询。因此,"第一次讯问后或者采取强制措施之日起"的规定,正说明立法者通过对压迫性讯问和非压迫性讯问进行区分的方法,强调遭受压迫性讯问的犯罪嫌疑人更需要律师到场权;同时,对于未被采取强制措施的犯罪嫌疑人,如果已经讯问过一次,则接下来的讯问很可能演变为压迫性讯问(即便仍然没有采取强制措施),因此同样需要赋予其律师到场权。

1996年《刑事诉讼法》第二编第二章第二节第96条的规定挪到了2012年《刑事诉讼法》第一编第四章,并且分散到第33、36、37条的规定当中(2018年《刑事诉讼法》再次修改后以上条文序号分别变更为第34、38、39条)。新的规定,并不意味着就否定了犯罪嫌疑人在侦查讯问中的律师到场权。

四、同步录音录像制度

全程同步录音录像始于1997年《人民检察院实施〈中华人民共和国刑事诉讼法〉规则(试行)》第125条的规定:“讯问犯罪嫌疑人,可以同时采用录音、录像的记录方式。”1998年《公安部规定》第184条第3款亦规定:“讯问犯罪嫌疑人,在文字记录的同时,可以根据需要录音、录像。”以上规定,为侦查讯问中的同步录音录像提供了基本的法律依据。为了规范讯问过程中的录音、录像问题,最高人民检察院于2005年出台了《人民检察院办理职务犯罪案件讯问犯罪嫌疑人实行全程同步录音录像的规定(试行)》,决定从2006年3月1日开始在全国范围内推广全程同步录音录像工作。[18]

经过数年努力,同步录音录像工作已经取得了明显的实效。基于上述实践情况,2012年修正的《刑事诉讼法》第121条(2018年《刑事诉讼法》第123条)第1款规定:“侦查人员在讯问犯罪嫌疑人的时候,可以对讯问过程进行录音或者录像;对于可能判处无期徒刑、死刑的案件或者其他重大犯罪案件,应当对讯问过程进行录音或者录像。”第2款规定:“录音或者录像应当全程进行,保持完整性。”据此规定,对于可能判处无期徒刑、死刑的案件或者其他重大犯罪案件,应当对讯问过程进行录音录像;对于其他犯罪案件,可以进行录音录像。该规定的目的,是保证犯罪嫌疑人在讯问时不受刑讯逼供;同时,全程录音录像的做法也可以在一定程度上防止被告人在庭审时翻供;录音录像证据可以发挥证明讯问程序合法的功效。

该条第2款的规定是对第1款规定的录音录像提出的进一步要求,是约束和补充第1款规定的内容,它既适用于可能判处无期徒刑、死刑的案件和其他重大犯罪案件,也适用于不属于上述案件的一般案件。换句话说,无论是何种案件,只要是录音录像,就应当全程录音录像,而不能选择性录音录像,以保证录音

---

〔18〕 王振川:《坚定不移地实行讯问全程同步录音录像制度》,载《人民检察》2007年第8期。

录像的完整性。对于不属于可能判处无期徒刑、死刑的案件以及其他重大犯罪案件,公安机关可以选择是否进行录音录像,但一旦选择录音录像,就必须全程录音录像。

根据《刑事诉讼法》的规定,对于不属于可能判处死刑、无期徒刑的案件以及重大犯罪的案件,全程录音录像属于可选择实施的诉讼行为。但根据《最高检规则》第190条的规定,人民检察院办理直接受理侦查的案件,应当在每次讯问犯罪嫌疑人时,对讯问过程实行全程录音、录像,并在讯问笔录中的注明。

评注14-7 同步录音录像的功能

同步录音录像既有保障人权的功能,也有固定证据的功能。从保障人权的角度而言,同步录音录像由于实行讯问人员、录音录像人员分离的制度,对于正在进行讯问的人员构成一种有力的约束,使其感觉到自己的讯问行为无时不处在现代录音录像技术的监控之下,从而促使其自觉遵守《刑事诉讼法》和相关司法解释关于侦查讯问的规定,可以有效地防止刑讯逼供、威胁、引诱、欺骗以及其他非法讯问手段的使用。就固定证据的角度而言,同步录音录像一方面可以将犯罪嫌疑人的回答以视听资料的形式加以固定,防止犯罪嫌疑人、被告人在将来的审查起诉、审判程序中翻供;另一方面,同步录音录像也同时固定了侦查人员的讯问工作,可以作为证明侦查程序合法的有力证据,以及反驳犯罪嫌疑人提出的侦查人员对其实施刑讯逼供等不实指控的有力武器。可以说,同步录音录像既有助于侦查机关办案的顺利进行,因此是公安机关、检察机关办案的职务行为,同时又是犯罪嫌疑人免遭刑讯逼供的一道有力屏障。

五、讯问前告知权利与义务

如前所述,权利告知规则虽非权利本身,但该规则的有无体现了法律对权利保障的程度高低。对此,虽然我国1996年《刑事诉讼法》规定了严禁刑讯逼供以及以威胁、引诱、欺骗及其他非法方法收集证据,2012年《刑事诉讼法》还规定了不得强迫任何人证实自己有罪,但是并没有明确规定侦查机关在侦查讯问前应当告知被讯问人有不被强迫自证其罪的权利和不受刑讯逼供的权利,而只是规定了被讯问人有拒绝回答与本案无关的问题的权利,但同时规定侦查人员要告知被讯问人应如实回答侦查人员的提问。2018年《刑事诉讼法》修正时,最终确立了侦查人员讯问时应当告知被讯问人诉讼权利的规则(第120条第2款):“侦查人员在讯问犯罪嫌疑人的时候,应当告知犯罪嫌疑人享有的诉讼权利,如实供述自己罪行可以从宽处理和认罪认罚的法律规定。”可以看出,告知权利的规则与告知认罪认罚可以从宽处理的规则是在一起规定的。这一方面继承了之前《刑事诉讼法》关于侦查人员讯问时应当告知犯罪嫌疑人如实供述自己罪行可以从宽处理的法律规定，同时增加了要求告知认罪认罚法律规定的内容；另一方面说明立法者认识到在侦查讯问阶段告知权利的重要性，尤其是在认罪认罚从宽制度之下，为了保证认罪认罚的自愿性，更有必要在犯罪嫌疑人认罪认罚之前让其先了解自己的法定诉讼权利，有利于其在获得完整信息的情况下权衡利弊，作出理性选择。

《公安部规定》第 203 条第 1 款规定："侦查人员讯问犯罪嫌疑人时，应当首先讯问犯罪嫌疑人是否有犯罪行为，并告知犯罪嫌疑人享有的诉讼权利，如实供述自己罪行可以从宽处理以及认罪认罚的法律规定，让他陈述有罪的情节或者无罪的辩解，然后向他提出问题。"第 2 款规定："犯罪嫌疑人对侦查人员的提问，应当如实回答。但是对与本案无关的问题，有拒绝回答的权利。"第 3 款规定："第一次讯问，应当问明犯罪嫌疑人的姓名、别名、曾用名、出生年月日、户籍所在地、现住地、籍贯、出生地、民族、职业、文化程度、政治面貌、工作单位、家庭情况、社会经历、是否属于人大代表、政协委员、是否受过刑事处罚或者行政处理等情况。"

根据上述规定，侦查人员在正式讯问犯罪嫌疑人之前，既要告知犯罪嫌疑人如实陈述可以从宽处理以及认罪认罚的法律规定，也要告知对与本案无关的问题有拒绝回答的权利。如果犯罪嫌疑人拒不回答问题或者一直保持沉默，侦查人员应当怎么办？对此，法律除了明文规定既不能刑讯逼供，也不能威胁、引诱、欺骗以外，并没有作进一步的规定。可以预见，既告知权利，又告知义务，还宣讲政策的做法，将在较长一段时期内在中国司法实践中占主流地位。

第三节　侦查讯问的其他规则与询问证人、被害人规则

除了反对强迫自证其罪特免权以及严禁刑讯逼供这两大总则性规定外，《刑事诉讼法》在第二编第二章第二节还对侦查讯问设置了一些具体的规则。其中全程录音录像规则、讯问前告知权利义务规则在本章第二节已有论述，本节不再赘述。本节主要论述《刑事诉讼法》在相关章节对侦查讯问设置的其他具体规则。《刑事诉讼法》第二编第二章第三节对询问证人、被害人也作了规定，其中有些规定同于讯问犯罪嫌疑人的规定，也有些规定不同于讯问犯罪嫌疑人的规则，

本节在此一并论述。

一、讯问主体

《刑事诉讼法》第118条第1款规定："讯问犯罪嫌疑人必须由人民检察院或者公安机关的侦查人员负责进行。讯问的时候，侦查人员不得少于二人。"因人民检察院、国家安全机关、军队、监狱保卫部门及海关缉私部门及国家海警局等均有侦查权，因此，此处之侦查人员不限于公安机关之侦查人员。但普遍存在于各地之治安联防人员是否亦属于"侦查人员"之列？笔者认为，为维护国家法律能得到严格执行，此处之"侦查人员"应当仅指各有权之侦查机关具有警衔之正式在编警察。如讯问之主体不适格，其所获得犯罪嫌疑人之口供是否具有证据资格？本书认为，实践中很难将此类证据排除。最可能的做法，就是要求适格之侦查人员重新讯问。

二、讯问场所

《刑事诉讼法》第118条第2款规定："犯罪嫌疑人被送交看守所羁押以后，侦查人员对其进行讯问，应当在看守所内进行。"该款规定是2012年《刑事诉讼法》修改时增加的规定，其目的是保证侦查人员对犯罪嫌疑人的讯问在规则比较严格的看守所进行，防止犯罪嫌疑人在其他场所讯问时受到刑讯逼供。根据《刑事诉讼法》第85条的规定，公安机关拘留人以后，应当立即将被拘留人送看守所羁押，至迟不得超过24小时。这一规定的目的，也主要是防止犯罪嫌疑人在其他场所遭受刑讯逼供。

《刑事诉讼法》第119条第1款规定："对于不需要逮捕、拘留的犯罪嫌疑人，可以传唤到犯罪嫌疑人所在市、县内的指定地点或者到他的住处进行讯问，但是应当出示人民检察院或者公安机关的证明文件。对在现场发现的犯罪嫌疑人，经出示工作证件，可以口头传唤，但应当在讯问笔录中注明。"据此规定，讯问实际上可以分为监禁性讯问和非监禁性讯问。所谓监禁性讯问，是指犯罪嫌疑人被采取拘留、逮捕措施从而处于监禁状态、其人身自由受到剥夺情况下进行的讯问。所谓非监禁性讯问，就是指犯罪嫌疑人的人身自由未受到剥夺的情况下进行的讯问。在刑事诉讼中，被拘留、逮捕的犯罪嫌疑人在被拘留、逮捕期间遭受的讯问，均属于监禁性讯问；被拘传的犯罪嫌疑人，其人身自由暂时处于被剥夺状态，也应当属于监禁性讯问。被传唤而遭受讯问的犯罪嫌疑人，其讯问一般属于非监禁性讯问。理论上，对于未被逮捕、拘留之犯罪嫌疑人、被告人进行传唤讯问，或者侦查人员到该犯罪嫌疑人家中进行讯问时，因该讯问实际上属于任意侦查行为而非强制侦查行为，该被讯问之犯罪嫌疑人可拒绝讯问。但如系拘传、逮捕、拘留等措施，则犯罪嫌疑人不得拒绝讯问。

三、保证犯罪嫌疑人的休息和饮食

《刑事诉讼法》第119条第2款规定："传唤、拘传持续的时间不得超过十二小时；案情特别重大、复杂，需要采取拘留、逮捕措施的，传唤、拘传持续的时间不得超过二十四小时。"按1996年《刑事诉讼法》的规定，传唤、拘传的最长时间为12小时。2012年《刑事诉讼法》将这一期限延长为24小时，但将案件范围限定为"案情特别重大、复杂，需要采取拘留、逮捕措施"的案件。尽管有这一限定，但这些限定语本身比较模糊。因此其实践状况如何，还有待观察。

《刑事诉讼法》第119条第3款规定："不得以连续传唤、拘传的形式变相拘禁犯罪嫌疑人。传唤、拘传犯罪嫌疑人，应当保证犯罪嫌疑人的饮食和必要的休息时间。"保证犯罪嫌疑人饮食和必要的休息时间，是随着传唤、拘传时间的延长而新增的规定。如将传唤、拘传的时间限定在12小时以内，则饮食、休息等相对不那么重要。但在24小时的期限之下，为防止疲劳讯问、饥饿讯问等不人道讯问方法的使用，就有必要增加饮食和休息时间的规定。依照立法者的这一思路，则在犯罪嫌疑人被拘留、逮捕的场合，均应当保证犯罪嫌疑人日常饮食和必要的休息时间。[19]

四、讯问同案犯罪嫌疑人应分别进行

讯问同案的犯罪嫌疑人，应当个别进行（《公安部规定》第202条第2款）。该规则的目的是防止被讯问人互相串通，或者互相揣测对方意图，影响讯问效果及所获得供述之真实性。在有些案件中，侦查人员为促使同案犯罪嫌疑人招供，可能会以优惠之条件为许诺，若讯问犯罪嫌疑人时同时同地进行，则此种许诺或者归于无效，或者会由于同案犯罪嫌疑人均在场而提高许诺之条件，从而增加侦查之成本。是故，法律通常要求讯问犯罪嫌疑人时必须分别进行，也正因有此规则，乃产生经济学上著名之"囚徒困境"理论。

| **案例14－5** | 侦查讯问规则与"囚徒困境"理论

甲乙二人因共同犯罪而被逮捕，侦查人员对每个囚犯单独讯问，讯问时说："我已经有足够的证据判处你们两人每人至少1年有期徒刑。如果你单独坦白交代本应该被判处10年有期徒刑的罪行，我就可以与你达成一笔交易，请求法官只对你判处3个月拘役，而你的同伙要被判处10年有期徒刑。但是，如果你两人都坦白交

---

〔19〕 亦可参看本书关于拘传期限的论述。

代，那么，两人均要判处5年有期徒刑。”在这一情境下，甲乙均处于两难选择，而且其选择均将基于对对方将如何选择的猜测。甲如果知道乙不会坦白，那么对他来说坦白是最划算的，因为那样他将可以只被判3个月拘役，但是他并不知道乙是否会坦白。如果乙也坦白，那么两人均要入狱5年，最好的办法也许是都不坦白，但是如果乙坦白而甲却不坦白，则甲就将被判处10年有期徒刑。所以，甲会想：要是能知道乙会作出何种选择就好了。同样，乙也在想：要是知道甲如何选择就好了。这就是经济学上著名的“囚徒困境”。〔20〕

五、特殊对象讯问规则

《刑事诉讼法》第121条规定：“讯问聋、哑的犯罪嫌疑人，应当有通晓聋、哑手势的人参加，并且将这种情况记明笔录。”根据《公安部规定》第204、207条的规定，讯问聋、哑犯罪嫌疑人，应当分别由公安机关和人民检察院配备通晓聋哑手势的人员为其提供翻译；讯问不通晓当地语言文字的犯罪嫌疑人，应当配备与本案无利害关系的人员进行翻译；翻译人员的姓名、性别、工作单位和职业应当记录在案；翻译人员应当在询问笔录上签字。

六、笔录核对规则

根据《刑事诉讼法》第122条的规定，讯问笔录应当交犯罪嫌疑人核对，对于没有阅读能力的，应当向他宣读。如果记载有遗漏或者差错，犯罪嫌疑人可以提出补充或者改正。犯罪嫌疑人承认笔录没有错误后，应当签名或者盖章。侦查人员也应当在笔录上签名。犯罪嫌疑人请求自行书写供述的，应当准许。必要的时候，侦查人员也可以要犯罪嫌疑人亲笔书写供词。我国刑事诉讼法并未赋予犯罪嫌疑人要求获得讯问笔录副本之权利。但从辩护之观点出发，获得讯问笔录有助于辩护人寻求有利于提出辩护意见之材料，因此如有讯问笔录之帮助，对于实现辩护权将提供便利。

七、询问证人、被害人规则

根据《刑事诉讼法》第127条的规定，询问被害人适用询问证人的规定。因此，询问被害人应当遵循与询问证人相同的程序。以下引用的条文虽然都是针对询问证人所作的规范，但也都适用于询问被害人。

---

〔20〕 其在经济学上之原理与意义，可参见［美］保罗·A.萨缪尔森、威廉·D.诺德豪斯：《经济学》（第12版），中国发展出版社1992年版，第924～925页。

(一)询问证人、被害人的场所

《刑事诉讼法》第124条第1款规定,侦查人员询问证人,可以在现场进行,也可以到证人的所在单位、住处或者证人提出的地点进行,在必要的时候,可以通知证人到人民检察院或者公安机关提供证言。在现场询问证人,应当出示工作证件;到证人所在单位、住处或者证人提出的地点询问证人,应当出示人民检察院或者公安机关的证明文件。

根据上述规定,询问证人、被害人的场所分三种情况:(1)现场进行,现场进行询问时应当出示工作证;(2)到证人所在单位、住处或证人提出的地点进行,此场合下的询问,应当出示人民检察院或者公安机关的证明文件;(3)在必要的时候通知证人到人民检察院或者公安机关提供证言。

(二)询问证人、被害人应当个别进行并告知法律责任

《刑事诉讼法》第124条第2款规定,询问证人应当个别进行。因此,询问证人、被害人均应当个别进行。其意义在于,防止证人、被害人之间相互影响,从而削弱证人证言、被害人陈述等证据的真实性、可靠性。

《刑事诉讼法》第125条规定,询问证人,应当告知他应当如实提供证据、证言和有意作伪证或者隐匿罪证要负的法律责任。据此规定,询问证人、被害人时,应当告知他如实提供证据、证言的义务,以及违反该义务、有意作伪证或者隐匿罪证可能面临的法律后果。告知的意义是促使证人、被害人如实作证,提高证人证言、被害人陈述等证据的真实性、可靠性,防止证人、被害人作伪证。

(三)证言笔录、被害人陈述核对规则

《刑事诉讼法》第126条规定:"本法第一百二十二条的规定,也适用于询问证人。"这是一个指引性规定。《刑事诉讼法》第122条规定的内容,是讯问笔录的核对规则。该规则适用于询问证人和被害人,因此,对证人、被害人询问结束后,应当将询问笔录交证人、被害人核对;对于没有阅读能力的,应当向他宣读;如果记载有遗漏或者差错,证人、被害人可以提出补充或改正;证人、被害人承认笔录没有错误后,应当签名或盖章;侦查人员也应当在证人证言笔录、被害人陈述笔录上签名;证人、被害人请求自行书写证词、陈述的,应当准许;必要的时候,可以让证人、被害人亲笔书写证人证言、被害人陈述。

第十五章　其他侦查措施

搜查、扣押物证书证、讯问犯罪嫌疑人、询问证人或被害人等，都是一般刑事案件的侦查中通常需要经历的程序。在有些复杂案件中，尤其是在所谓“无被害人”的案件中，也就是通常所说的“法定犯”案件中，如毒品犯罪案件、淫秽制品犯罪案件等，传统的、一般的侦查措施很可能是无效的，因此还需要使用一些特别的侦查措施，如卧底侦查，也就是陷阱侦查，以及技术侦查，包括窃听技术、针孔探头等技术手段的使用。2012 年《刑事诉讼法》将陷阱侦查放在“技术侦查措施”一节中予以规范，实际上陷阱侦查并不属于严格意义上的技术侦查措施，因此本章将其作为两节分别加以阐述。

除了上述侦查手段之外，刑事诉讼中还经常用到技术鉴定、辨认、通缉等手段。鉴定虽然涉及专门的技术问题，但不属于技术侦查措施，因此，也要单独拿出来加以阐述。辨认是刑事侦查中普遍用到的一种侦查手段，虽然《刑事诉讼法》对此本身没有规定，但是《公安部规定》和《最高检规则》均有规范，因此也要加以阐述。通缉实际上是将犯罪嫌疑人、被告人缉拿归案的一种手段，理论上属于强制措施的附属措施，其中涉及一些程序性规范，《刑事诉讼法》将其放在“侦查”一章中加以规定，本书亦在本章专辟一节以讨论。

第一节 技术侦查

一、概念与适用范围

(一)技术侦查的概念

一般认为,所谓技术侦查措施,主要是指利用科技手段以查获犯罪嫌疑人、收集犯罪证据的措施,最常见的技术侦查措施包括监听、窃听、利用针孔摄像头摄像、观察等。技术侦查措施是2012年《刑事诉讼法》新增加的规定,但刑事诉讼法本身没有规定技术侦查的概念。《公安部规定》第264条第1款规定,技术侦查措施是指由设区的市一级以上公安机关负责技术侦查的部门实施的记录监控、行踪监控、通信监控、场所监控等措施。

| **案例15-1** | 克罗诉美国[1]

1991年,一名叫威廉·埃利奥特的警官怀疑丹尼·克罗在室内种植大麻。室内种植大麻通常需要高强度的光照。为了确定嫌疑人克罗家中是否有这种灯光发出的较高的热量,埃利奥特警官和丹海阿斯一起用一种热成像仪器——热力可视仪——对克罗家进行了扫描。该热力可视仪可以对红外线辐射强度进行侦测。红外线辐射是所有物体都有的一种辐射,只是不能为肉眼所见。该热力可视仪的工作原理是将辐射强度转化为温暖程度不同的图像——黑色代表凉,白色代表热,灰色的阴影代表不同的热度。它就像一个将热度转化为照片的相机。两位警官开车到街上用这个仪器对克罗家中的正门扫描了几分钟,之后又到他家后面的街道上从后门扫描了几分钟。扫描结果显示克罗家中车库的屋顶以及一侧墙壁上与其他部分比起来明显较热,与他邻居家比较起来则明显温度较高。警察断定克罗在用一种强光在室内培育大麻。他们向美国联邦地区法院申请搜查令,提交了线人提供的线索、工具清单、热成像图像等证据。法官在这些证据的基础上签发了搜查令。警察来到克罗家中进行搜查,发现了100多株大麻。

审判中,被告人试图排除警方通过搜查获得的证据,但是没有成功。之后,克罗作了有罪答辩,并被判定制造大麻罪。美国联邦第九上诉法院将案件发回重新就证据问题举行听证。经重新听证,美国联邦地区法院再次判定该案中经搜查获

---

[1] Kyllo v. United States,533 U.S. 27 (2001).

得的证据不必排除，理由是热力成像仪不是一种侵入性的仪器，它既不会发出放射线，也不会发出光束，只是从外部形成房屋内部的热度图像；它不会显示任何屋内的任何人或者任何活动；它不会穿过墙壁或者窗户，展示屋内人的交谈或行为；也不会展示屋内的任何细节。因此，联邦地区法院部分地依据该热成像仪形成的图像签发的搜查令是有效的和合法的，警察依据该搜查令获得的证据也是可采的。该案再次上诉，上诉法院以微弱多数推翻了地区法院的裁决，之后又重组法庭撤销了该决定并维持了地区法院的裁决。案件上诉至美国联邦最高法院。

大法官斯卡利亚代表多数意见发表了判词。斯卡利亚批驳了本案中美国政府的立场：

美国政府坚持说本案中证据应当具有可采性，理由之一就是该案中的热力成像仪仅仅是从房屋外面对屋内的热红外线进行侦测。联邦最高法院认为，这和说微型麦克风仅仅是收集从一个房间里发出的声音没有什么区别。我们在 Katz 一案中已经驳斥了这一立场，该案中的窃听装置也只是收集从电话亭反射出的声音而已，但是外面同样排除了该案中的证据。政府的理由之二是说该案中警察使用的装备并没有用来侦测私人场所的私密活动，并且援引 Dow Chemical 一案判决来支持自己的观点，并指出该案判决认为技术提升后的空中摄影没有披露任何私密的领域，从而其所获得的证据具有可采性。但本案案情显示，所有的细节都是私密细节，被侦测的场所也完全属于应当不被政府探测的场所。对科学技术的复杂性以及观察场所的私密性进行区分也是不必要的。也就是说，我们不能说运用相对粗陋的技术进行的侦查就是合法的。警察在运用科技设备侦测之前并不清晰地知道他所要获得的信息是否包含了被侦测对象的私密信息，从而也无法知晓其行为是否合乎宪法。

我们曾经说过美国《宪法第四修正案》对于进入房屋的行为设置了严格的界限。我们认为，这条界限不仅必须是严格的，而且必须是明亮的。我们也可能比较确定地得出结论说热成像技术获得的信息不会包含房屋主人的重要隐私，但是我们必须目光长远，必须尊重美国《宪法第四修正案》的原始含义……由此来看，尽管本案中警察使用的技术尚不普遍，这种观察已经构成了美国《宪法第四修正案》所说的“搜查”，而且既然没有搜查令，当然应当推定为是不合理的搜查。

思考 本案中美国联邦最高法院判定运用热成像技术观测嫌疑人住宅的行为属于搜查，从而受美国《宪法第四修正案》关于搜查必须满足的程序要求的约束。中国虽然没有类似美国《宪法第四修正案》的规定，但是如下文所述，我国 2012 年修正的《刑事诉讼法》对技术侦查设定了“严格的审批程序”。该“严格的审批程序”自然不同于一般的侦查措施，但是适用该程序的前提是“技术侦查”。那么该案

涉及的所谓"热成像技术",是否属于我国《刑事诉讼法》以及前述《公安部规定》中的"技术侦查"? 如果属于,应当是哪一种技术侦查?

(二)技术侦查的适用范围

《刑事诉讼法》第150条规定:"公安机关在立案后,对于危害国家安全犯罪、恐怖活动犯罪、黑社会性质的组织犯罪、重大毒品犯罪或者其他严重危害社会的犯罪案件,根据侦查犯罪的需要,经过严格的批准手续,可以采取技术侦查措施。""人民检察院在立案后,对于利用职权实施的严重侵犯公民人身权利的重大犯罪案件,根据侦查犯罪的需要,经过严格的批准手续,可以采取技术侦查措施,按照规定交有关机关执行。""追捕被通缉或者批准、决定逮捕的在逃的犯罪嫌疑人、被告人,经过批准,可以采取追捕所必需的技术侦查措施。"

根据上述规定,技术侦查措施的适用分三种情况。

1. 公安机关侦查的案件

公安机关侦查的案件,适用技术侦查措施限定于五类案件:(1)危害国家安全犯罪;(2)恐怖活动犯罪;(3)黑社会性质的组织犯罪;(4)重大毒品犯罪;(5)其他严重危害社会的犯罪。"危害国家安全犯罪"这一概念,既可以解释为仅指刑法分则第一章规定的危害国家安全罪;也可以解释为不仅包括危害国家安全罪,而且包括所有可能危及国家安全的犯罪,例如,刑法分则第七章规定的危害国防利益罪,第九章渎职罪中规定的玩忽职守罪、故意泄露国家秘密罪、过失泄露国家秘密罪,第十章规定的军人违反职责罪当中的各种犯罪;甚至还可以进一步扩张解释为刑法分则规定的所有犯罪种类。

本书认为,对于刑事诉讼法规定的"危害国家安全犯罪"既不宜作过于狭隘的解释,也不宜作过于宽泛的解释。过于狭隘的解释,不符合立法原意。因为,同一个立法机关,在刑法中使用了"危害国家安全罪"这个概念,如果刑事诉讼法中的立法原意是"危害国家安全罪",它就不会使用"危害国家安全犯罪"这个概念,而是直接使用"危害国家安全罪"这个概念。过于宽泛的解释,也不符合立法原意。因为,立法在这里对适用技术侦查的案件范围进行了限定,既然是限定,就说明总是有一些案件不能适用技术侦查措施或者不需要适用技术侦查措施,如果作过于宽泛的解释,将刑法分则规定的所有犯罪都纳入"危害国家安全犯罪"的范围,就违背了立法在此处意图对适用技术侦查措施的案件范围进行限定的原意。

因此,本书赞成将"危害国家安全犯罪"的范围理解为既包括刑法分则第一章规定的危害国家安全罪,也包括刑法分则第七章、第九章、第十章规定的部分犯罪,例如,刑法分则第七章规定的危害国防利益罪中的阻碍军事行动罪、煽动军人逃离部队罪、战时故意提供虚假敌情罪;刑法分则第九章规定的故意泄露国家秘密罪;以及刑法分则第十章规定的军人叛逃罪,非法窃取军事秘密罪,为境外窃取、刺探、收买、非法提供军事秘密罪,故意泄露军事秘密罪等。

2. 检察机关负责侦查的案件

根据2012年《刑事诉讼法》,检察机关负责侦查的案件,适用技术侦查措施限定于两类案件:(1)重大的贪污、贿赂犯罪案件;(2)利用职权实施的严重侵犯公民人身权利的重大犯罪案件。2018年因《监察法》颁布,2018年修正后的《刑事诉讼法》对人民检察院直接受理的案件范围作了相应修改,人民检察院不再受理贪污贿赂犯罪案件,因此技术侦查的案件范围仅限于利用职权实施的严重侵犯公民人身权利的重大犯罪案件。该类犯罪案件的范围,关键是如何界定“重大”这一概念。限定过严,将可能导致基层检察机关实际上无权使用技术侦查措施,这不符合立法原意。限定过宽,则动不动就使用技术侦查措施,也不符合立法原意。

3. 对在逃犯罪嫌疑人使用技术侦查措施

对正在被通缉,或者已经被批准、决定逮捕的在逃的犯罪嫌疑人、被告人,经过批准,也可以使用技术侦查措施。这类案件实际上没有限定案件范围,所有的案件,只要符合被通缉或者已经被逮捕并且在逃这两个条件,均可以适用技术侦查措施。但在这样的案件中,技术侦查措施以采取追捕必须为限。换句话说,这类案件适用技术侦查措施,其适用的案件范围虽不受限制,但适用的技术侦查措施的范围却是受到限制的。

二、适用程序与期限

(一)严格的批准手续

根据《刑事诉讼法》第150条的规定,所有的技术侦查措施都必须“经过严格的批准手续”方能使用。刑事诉讼法本身并未对“严格的批准手续”作任何界定。《最高检规则》也未对“严格的批准手续”作任何解释。《公安部规定》第265条规定:“需要采取技术侦查措施的,应当制作呈请采取技术侦查措施报告书,报设区的市一级以上公安机关负责人批准,制作采取技术侦查措施决定书。”“人民检察院等部门决定采取技术侦查措施,交公安机关执行的,由设区的市一级以上公安机关按照规定办理相关手续后,交负责技术侦查的部门执行,并将执行情况通知人民检察院等部门。”

本书认为,《刑事诉讼法》第150条所说的“严格的批准手续”,应当包括以下三个方面:(1)有权批准技术侦查措施的人员范围必须严格限定。根据目前的司法解释和法律解释,公安机关、人民检察院均有权批准各自认为应当实施的技术侦查措施。但从长远来看,还是应当将批准技术侦查措施的主体限定为人民检察院和人民法院:公安机关侦查的案件需要实施技术侦查的,由公安机关提出申请,人民检察院审查决定;人民检察院侦查的案件需要实施技术侦查的,由人民检察院提出申请,人民法院审查决定。这是因为:第一,在现代社会,隐私权的重要性日益突出,因此对隐私权进行合法利用的程序,应当与对其他人身权进行利用的程序同等严格,而对人身权进行利用,大多数国家均要求要有法院签发的令状;第二,从权力制约与平衡的角度来看,内部制约虽然也能发挥一定的作用,但外部制约才是真正的制约,也只有与案件成败无关的主体才可能公正而无偏私地行使是否具备技术侦查必要性的审查权。因此,技术侦查措施的批准主体限定为人民检察院和人民法院,才真正符合刑事诉讼法"严格的批准程序"的本来意义。(2)报请技术侦查的程序应当严格执行。办案人员需要适用技术侦查措施的,应当逐级上报,每一级侦查人员及其主管人员都应当进行严格审核,认为不需要或者不应当适用技术侦查措施的,即应予以否定,改用其他侦查措施。(3)技术侦查措施应当作为最后的手段,不应轻易批准。有权批准技术侦查措施的人员在审查技术侦查措施申请时应当严格把关,只要是能用其他侦查措施解决案件的,就应当用其他侦查措施,技术侦查措施应当作为最后的手段使用。

(二)其他程序性规定

《刑事诉讼法》第 151 条规定,批准决定应当根据侦查犯罪的需要,确定采取技术侦查措施的种类和适用对象。批准决定自签发之日起 3 个月以内有效。对于不需要继续采取技术侦查措施的,应当及时解除;对于复杂、疑难案件,期限届满仍有必要继续采取技术侦查措施的,经过批准,有效期可以延长,但每次不得超过 3 个月。

评注 15-1 美国的技术侦查法案及技术侦查程序

早在 1934 年,美国就将有关窃听的问题放在《通讯法》中加以调整。根据美国《通讯法》的规定,任何人未经讯息传送者的允许,不得窃听并且向任何人泄露或发表有关讯息的存在、内容、实质、要旨及其效果或意义。该法并没有设置任何例外,也没有授权政府可以通过申请令状的形式对公民进行监听并使用监听获得的证据。但是,该法亦仅禁止窃听并且泄露的行为,也就是说,如果只是窃听但不向任何人披露窃听的内容,则并不违法。事实上,美国司法部门一直将该法解释成只要不向任何人披露即允许窃听。实践中,美国联邦调查局窃听电话已成公开的秘密,但在任何案件中，也仍然不允许出示经窃听获得的证据。不过，该法的限制亦仅限于联邦法院，在州法院系统，该法并无约束力。

1968年，美国议会重新审视了《通讯法》的内容并颁布了《窃听法》(Wiretap Act)。该法规范了两种行为：一种是窃录(bugging)，就是在公共或私人场所安装微型录音机一类装置对私人谈话进行录音；另一种是窃听(wiretapping/interception)，就是对私人电话进行秘密监听。该法对窃录和窃听行为均设置了严格的程序约束，同时也允许政府通过事先申请令状的形式使得其获得的证据在将来的审判中具有可采性。1986年，美国又颁布了《电子通讯隐私法》(Electronic Communication Privacy Act, ECPA)。该法首先将1968年《窃听法》的内容延伸至电子通讯领域，主要是计算机通讯；其次是包括了一个新的法律，就是《计算机储存讯息查询法》，主要对计算机内储存的信息进行保护；最后是创设了《笔录记录法》，对笔录记录器的使用进行规范。目前美国技术侦查领域的主要法律就是ECPA。但我们也可以理解为，美国技术侦查领域主要存在3部法律：《窃听法》《笔录记录法》《计算机储存讯息查询法》。[2]

根据《窃听法》，执法官员在进行任何口头、有线/无线、电子通讯的监听、窃听之前，都应当取得司法令状。联邦系统的司法令状应当由级别相当高的司法官员签发；州的令状也应当由级别相当高的地区检察官签发或者相当级别的州政府官员签发。监听、窃听措施的采取应当仅限于制定法明文规定的犯罪种类的侦查。申请令状应当以书面形式，附有申请人的宣誓证明，并包含拟侦查犯罪的详细情况，拟侦听的谈话的种类；被侦听人的身份，侦听装置放置的地点等。侦听一般以30日为期。在存在适当根据的情况下也可以申请获得延期的令状，但是其程序与初次申请令状相同。令状只有在传统侦查措施均不奏效的情况下方能签发。令状可以要求执法人员定期向签发令状的法官报告侦听的情况并解释继续进行侦听的必要性。[3]

三、技术侦查措施的执行与获得的证据的使用

《刑事诉讼法》第152条第1款的规定，采取技术侦查措施，必须严格按照批准的措施种类、适用对象和期限执行。第2款规定，侦查人员对采取技术侦查措施过程中知悉的国家秘密、商业秘密和个人隐私，应当保密；对采取技术侦查措

---

〔2〕 Yale Kamisar et el., *Modern Criminal Procedure: Cases – Comments – Questions*, 11th edition, Thomson West, 2005, p. 515 – 517.

〔3〕 Ronald Jay Allen et el., *Criminal Procedure: Investigation and Right to Counsel*, 2nd edition, Wolters Kluwer, 2011, p. 902 – 903.

施获取的与案件无关的材料,应当及时销毁。第3款规定,采取技术侦查措施获得的材料,只能用于对犯罪的侦查、起诉和审判,不得用于其他用途。第4款规定,公安机关依法采取技术侦查措施,有关单位和个人应当配合,并对有关情况予以保密。上述规定的目的,一是确认技术侦查获得的证据可以用作人民检察院指控犯罪的依据和人民法院定案的根据。二是保证技术侦查措施只能用于实现刑事诉讼法的目的,而不能用于其他用途,尤其是不能用于刺探公民个人隐私、国家秘密、商业机密;对于技术侦查措施获得的证据材料,也只能用于侦查、起诉和审判,不得向社会公众泄露。三是保证技术侦查措施能够顺利实施而不被受技术侦查措施影响的人员发现,因此规定了有关单位的配合和保密义务。

第二节 陷阱侦查与控制下的交付

一、概念与目标

《刑事诉讼法》第153条规定:"为了查明案情,在必要的时候,经公安机关负责人决定,可以由有关人员隐匿其身份事实侦查。但是,不得诱使他人犯罪,不得采用可能危害公共安全或者发生重大人身危险的方法。对涉及给付毒品等违禁品或者财物的犯罪活动,公安机关根据侦查犯罪的需要,可以依照规定实施控制下交付。"

上述规定中的侦查措施,一般称为"陷阱侦查"或者"卧底侦查",有时称为"诱惑侦查"。本书认为,刑事诉讼法既已明文规定"不得诱使他人犯罪",因此称上述侦查措施为"诱惑侦查"并不妥当。因此,本书使用"陷阱侦查"这一概念。根据上述法律规定,陷阱侦查就是指侦查人员以隐匿身份的方法实施的侦查。陷阱侦查通常表现为侦查人员乔装成犯罪分子或者具有犯罪意图的人,对正在实施或者准备实施犯罪的人进行接触,获得其信任,必要时成为其团伙中的成员,从而实现对其犯罪案件的侦破,以及对犯罪分子的抓获。控制下的交付也属于陷阱侦查的一种,其核心是侦查机关已经掌握了犯罪分子有给付毒品等违禁品的意图和动向,在不打草惊蛇的情况下,放任犯罪分子实施此类交付,以便"放长线钓大鱼",实现将主导交付的幕后主犯一网打尽的侦查目标。

二、限制性规定与陷阱辩护

《刑事诉讼法》第153条将陷阱侦查的主体限定为公安机关,因此只有公安机关有权采用隐匿身份等陷阱侦查措施，人民检察院无权采取此类侦查措施。另外，陷阱侦查不得使用诱使他人犯罪的方法，不得采用可能危害公共安全或者发生重大人身危险的方法。对此，《公安部规定》第 271 条第 2 款规定："隐匿身份实施侦查时，不得使用促使他人产生犯罪意图的方法诱使他人犯罪，不得采用可能危害公共安全或者发生重大人身危险的方法。"这一规定实际上是对"使用诱使他人犯罪的方法"这一规定所作的解释，简单说就是禁止"犯意引诱型"的陷阱侦查。

之所以不得采用诱使他人犯罪的方法，首先是因为一个人因受诱惑而实施的犯罪，在刑法理论上欠缺可责性要件；其次是因为诱使他人犯罪本身可能败坏社会风气，这种方法的使用本身不具有正当性。之所以不得采用可能危害公共安全或者发生重大人身危险的方法，是因为这种方法本身也属于犯罪，尽管有时候相比意图侦破的犯罪而言，这类犯罪带来的危害甚至较小，但是以较小的恶为代价去侦破、惩罚较大的恶，这在伦理上也难以获得正当性。

案例 15-2 索勒斯诉美国[4]

参与第一次世界大战的一名战士复员后成了政府的便衣。他假借探望战友的名义到索勒斯家中，并殷勤地、反复地问索勒斯家中是否有酒（在禁酒年代，家中有酒都是非法的），每一次索勒斯都告诉他没有。最后，这名便衣说，能不能到外面去给他买一点？索勒斯答应了。几分钟后，索勒斯从外面带回来半加仑威士忌，并以5 美元的价格卖给了他。之后索勒斯被以非法持有和买卖白酒被定罪判刑。该案上诉至美国联邦最高法院，联邦最高法院推翻了对被告人的定罪，指出议会的意图绝无可能是禁止本案被告人在如此情形下持有和购买白酒的行为。法院还指出，本案中的"犯罪设计"实际上源于政府的便衣，该便衣将自己的犯罪意图移植到被告人这一原本无辜的人的大脑中，并诱使他实施了所指控的行为，其目的就是便于他们对他提出指控。法院认为禁酒令这一法律并不禁止本案被告人这样的行为。

评注 15-2 陷阱辩护——概念、起源与判断标准

陷阱辩护是英美法系比较常见的一种辩护策略，其含义大致是指被告人及其辩护人声称其实施被指控的行为的原因是受到政府的诱惑，因此不构成犯罪。其潜在的逻辑是：如果不是政府的有意诱惑，被告人不会实施被指控的行为。也就是说，被告人其实一直是守法公民，只是由于政府的诱惑才实施了犯罪，因此其行为虽然表面上符合犯罪构成，但是却不具有道德上的可谴责性。因此，陷阱辩护也通

---

[4] Sorrells v. United States, 287 U. S. 435(1932).

常被视为基于品格的辩护策略,因为该辩护策略的成功有赖于被告方成功地使陪审团相信被告人一直是一个守法公民、是一个讲道德的人。在英美法系,证据规则禁止控方主动出示有关被告人品行的证据,这就是通常所说的品格证据排除法则。但是,一旦被告方提出陷阱辩护,就等于声称自己是一个品行良好的人,也就打开了控诉方出示有关被告人品行不良的证据的大门。

在刑法领域,有关陷阱辩护的法律旨在限制政府适用陷阱侦查的方法。在美国普通法历史上,并不存在所谓的陷阱辩护。如果一名政府的便衣鼓励或者引诱公民犯罪,政府的行为并不构成被告人辩护的理由。法院的理由是,公共利益对于已经存在的犯罪进行惩罚的需求是不必考虑政府如何行为的。[5] 如同法院在1904年的一个案件中所说的那样,"我们不关心谁拿着钓饵,只关心谁叼走了它"[6]。

但是1932年的一个案件促使美国联邦最高法院承认了陷阱辩护(案例15-2)。随着时代的发展,美国法院系统发展出两套判断陷阱辩护是否成立的标准。一套标准为主观标准,它关注的是政府的行为是否事实上导致了特定被告人实施犯罪行为。其背后的理论基础是,一个守法的公民在一般机会情况下不会实施法律禁止的行为;但是如果政府鼓励一个公民做法律禁止的事情而这个人本来没有犯罪倾向,那么,政府的行为就是被告人行为的原因,在这种情况下,陷阱辩护主张就可以成立。相反,如果政府的便衣并没有积极地鼓励一个人实施犯罪行为,或者虽然实施了鼓励/诱使的行为,但这个被告人自己就有犯罪的倾向,那么,被告人犯罪就是他自己造成的。在这种情况下,陷阱辩护的主张通常难以成立。根据这一标准,被告人实施犯罪究竟是由于受到了诱使还是他本来就会犯罪是一个事实问题,由陪审团综合全案证据作出判断。

另一套标准为客观标准。在这一标准之下,法院只关注政府的行为是否走得太远以致无法接受,与被告人自身的品行完全无关。这一标准背后的理论基础在于,法律只关注政府行为本身,因此只要政府行为属于法律禁止的范围,无论被告人是不是因为自身原因实施了所指控的犯罪,其陷阱辩护主张均可成立,政府都应当付出代价,陷阱辩护制度实际上就是对政府的不良行为进行震慑,法院就是对政府进行监督的中立机构。在这一标准之下,陷阱辩护是否成立主要属于法律政策问题,不属于事实问题,因此通常由法庭来掌握,不由陪审团作出判断。

---

〔5〕 Yale Kamisar et el., *Modern Criminal Procedure*: *Cases – Comments – Questions*, 11th edition, Thomson West, 2005, p. 474.

〔6〕 People v. Mills, 18 N. Y. Crim. R. 269, 70 N. E. 786.

| 案例 15－3 | 陷阱辩护中的“诱惑”概念——谢尔曼诉美国[7]

1958 年 8 月底，美国政府的线人卡尔赤念与被告人谢尔曼在一名医生的办公室相遇、相识。他们都是吸毒上瘾者，去医生那儿都是为了戒除毒瘾。他们在医生办公室见过几次，也在医生开完处方后去药店买药时见过几次。从最开始的礼貌性问候到交谈到后来交流各自吸毒成瘾的经验，以及戒除赌瘾过程中碰到的问题。最后，卡尔赤念问谢尔曼有没有好的毒品源，他说最好能给他一个好的毒品源，因为他对医生的治疗方案根本没反应。刚开始谢尔曼不愿意讨论这一问题，但后来，架不住卡尔赤念反复请求，并且相信他真的是毒瘾发作处于极端的痛苦当中，被告人默许了。这样反复几次之后，被告人终于拿来一些毒品与卡尔赤念分享。他告诉卡尔赤念毒品的成本是 25 美元，每一次他都分给卡尔赤念 15 美元的毒品。卡尔赤念还分担了出租车费和其他必要的费用。

审判中，被告人究竟是由于受到政府线人的引诱才实施犯罪还是被告人自身就有犯罪倾向而实施犯罪被作为事实问题提交给陪审团裁决。陪审团作出了有罪裁决。美国联邦上诉法院维持了定罪裁决。联邦最高法院受理了该案。

美国联邦最高法院指出，如果美国政府的执法机构仅仅是为犯罪提供机会或便利，则不构成陷阱。只有在犯罪行为是政府执法人员的创意性行为所产生的结果的情况下，才构成陷阱。在决定是否构成陷阱时，必须在易受骗的无辜者和不警惕的犯罪分子之间划分界限。根据索勒斯诉美国一案，法院在作出是否构成陷阱的判断时认为，法院一方面必须审查政府的行为，另一方面必须对被告人的行为及犯罪倾向进行审查以便确定他声称自己是无辜者的主张是否成立。

美国联邦最高法院判定，有关陷阱辩护的制度设计是一个法律问题而非事实问题。本案被告人并没有提供任何证据，控诉方提供的证据也未受到反驳，因此事实是无可争议的。在这一基础上，法院认为本案被告人明显是受到了政府线人卡尔赤念的引诱。卡尔赤念自己作证说他知道被告人正在进行戒毒治疗，然后接近他，认识他，问他要毒品；被告人一开始拒绝，之后回避，再之后犹豫。本案值得注意的是，政府的线人不仅是引诱被告人给他提供毒品，而且邀请被告人回到吸毒的习惯。最后，鱼儿上钩，线人告诉政府可以收网。政府无法否认与卡尔赤念的联系，也无法坚持说政府对他的行为没有责任。尽管卡尔赤念没有拿薪水，但却是政府的积极线人，而且在最近两起指控中也担任了“钓鱼者”的角色。毫无疑问，他这样做的原因就是他在 1951 年曾经因贩卖毒品被定罪。

在本案的法庭审判中，控诉方还指出，被告人自己就是一个随时准备贩卖毒品的人，所以不是由于政府的引诱而促使他犯罪，他自己的犯罪倾向才是其犯罪的原

---

〔7〕 Sherman v. United States, 356 U.S. 369, 78 S.Ct. 819, 2 L.Ed. 848 (1958).

因。美国联邦最高法院反驳说,这一主张在本案中显然毫无根据,没有任何证据显示被告人自己在本案中进行了毒品交易。当被告人被逮捕后警察对被告人家中进行了搜查,没有搜到任何毒品,甚至被告人转卖毒品给卡尔赤念时都没有趁机“捞一把”的迹象。控方提出的被告人在转卖毒品给卡尔赤念之前曾经犹豫是基于犯罪分子警惕的本能的说法,在本案中没有任何证据支持。控方还提供证据证明被告人在1942年曾经因贩卖毒品被定罪;在1946年因非法持有毒品被定罪。但是,一个9年前因贩卖毒品被定罪的记录和一个5年前因持有毒品被定罪的记录均不足以证明在本案中当卡尔赤念试图接近他时他是一个有继续贩卖毒品倾向的人,尤其是当考虑到他实际上正在接受戒毒治疗就更不能得出他有贩毒倾向的结论。

美国联邦最高法院指出,本案昭示了陷阱辩护意图防备的“特定的恶”。政府的线人不仅是在引诱一个正在试图远离毒品的人转运毒品,而且是在引诱他重返以前的恶习,然后在一个恰当的时机将这个人交给警察。本案中政府显然扮演了不光彩的角色,因为政府欺骗了一个无辜者并诱使他实施了他本来不会实施的犯罪,执法部门不需要这样的执法方法。因此,美国联邦上诉法院的判决必须予以推翻,本案发回地区法院并由其撤销指控。

三、诱惑侦查获得的证据的可采性

《刑事诉讼法》第154条规定,依照法律规定采取的侦查措施收集的材料在刑事诉讼中可以作为证据使用。如果使用该证据可能危及有关人员的人身安全,或者可能产生其他严重后果的,应当采取不暴露有关人员身份、技术方法等保护措施,必要的时候可以由审判人员在庭外对证据进行核实。

根据上述规定,采用技术侦查措施获得的材料可以在法庭上作为证据使用。此规定解决的是技术侦查措施获得的证据材料的证据资格问题。至于其可信度,仍然要与法庭查明的事实相互核对,由法官自由判断,形成确信。如果使用此类证据可能危及有关人员人身安全或产生其他严重后果的,应当采取不暴露有关人员身份,或者采取技术方法等保护措施,或者采取由审判人员在庭外对证据进行核实的方法来举证。

第三节　鉴　定

一、对专门性问题进行鉴定

《刑事诉讼法》第146条规定："为了查明案情，需要解决案件中某些专门性问题的时候，应当指派、聘请有专门知识的人进行鉴定。"因此，刑事诉讼中的鉴定是指侦查机关指派或聘请具有专门知识的人，就案件中某些专门性问题进行科学鉴别和判断并作出鉴定结论的一种侦查手段。所谓专门性问题，应当是指涉及一般不为外行人所掌握的知识、技术或经验的问题。

评注15－3　英美的专家证言制度

在英美法系，通常将证人作证的领域区分为专业领域和常识领域，所谓常识领域就是不需要专门知识、技能或经验、普通外行人即可理解和领悟的领域。所谓专业领域通常是指需要专门知识、技能或经验的辅助才能理解、掌握和领悟的领域。在常识领域，所有证人凭借其亲身感知的案件事实，均可以向法庭作证。在专业领域，只有专家可以向法庭提供专家证言。专家证言属于意见证据规则的例外，专家不必然需要凭借其亲身感知的案件事实而是可以凭借第二手的资料，向法庭提供专家证言。通常，在医疗事故案件中，法律规定必须有专家证言，法庭审理才会继续向前推进；如果原告没有专家证言，法庭通常会直接判决原告败诉。当然，专业领域和常识领域的区分也不是绝对的，例如，在笔迹的同一性认定的问题上，就允许普通人例如被告人的近亲属等对被告的笔迹和被认定为被告书写的书证笔迹的同一性进行认定，也可以由笔迹鉴定专家对笔迹的同一性进行认定。但是，在另一些领域，不允许提供专家证言，例如，在本国法究竟应当如何解释的问题上，是不允许当事人提供专家证言的，但在外国法究竟如何解释的问题上，允许提供专家证言。

在我国，法律并未明确规定专业领域和常识领域的区分，但是法律已经强调必须是针对某些专门性问题的时候才需要指派、聘请有专门知识的人进行鉴定，实际上暗含了专业领域和常识领域的区分。刑事诉讼中常见的鉴定通常包括法医鉴定、刑事科学技术鉴定、司法精神病学鉴定、文物鉴定、会计鉴定和一般技术鉴定等。

二、鉴定人的资格与鉴定意见

如前所述,根据《刑事诉讼法》第 146 条的规定,在解决专门性问题而需要鉴定的时候,应当由侦查机关指派、聘请有专门知识的人进行鉴定。《刑事诉讼法》并未就“专门知识”作出相应的规定。但在实践中,各级侦查机关都设有自己的鉴定机构,并配备了相应的鉴定人员。

根据《关于司法鉴定管理问题的决定》第 7 条的规定,侦查机关根据侦查工作的需要设立的鉴定机构,不得面向社会接受委托从事司法鉴定业务。人民法院和司法行政部门不得设立鉴定机构。根据该法律文件第 3 条和第 6 条的规定,省级人民政府司法行政部门负责对鉴定人和鉴定机构的登记、名册编制和公告,申请从事司法鉴定业务的个人、法人或者其他组织,由省级人民政府司法行政部门审核,对符合条件的予以登记,编入鉴定人和鉴定机构名册并公告。据此规定,凡不符合上述条件、未经省级人民政府司法行政部门登记、公告的,均不具有鉴定人资格,不得出具鉴定意见。

根据《刑事诉讼法》第 147 条的规定,鉴定人进行鉴定后,应当写出鉴定意见,并签名。鉴定人故意作虚假鉴定的,应当承担法律责任。根据这一规定,鉴定意见的最终责任人实际上是鉴定人个人,而不是被指派、聘请的鉴定机构。

三、犯罪嫌疑人的权利

《刑事诉讼法》第 148 条规定,侦查机关应当将用作证据的鉴定意见告知犯罪嫌疑人、被害人。如果犯罪嫌疑人、被害人提出申请,可以补充鉴定或者重新鉴定。该规定赋予了犯罪嫌疑人两项权利:一是被告知鉴定意见的权利,侦查机关应当将用作证据的鉴定意见告知犯罪嫌疑人;二是申请重新鉴定的权利,但是否重新鉴定由审理该案的法庭决定。

第四节 辨 认

一、目击证人指认/辨认的意义及其局限

在刑事案件中,目击证人的指认,尤其是被害人的指认,对于案件的侦破方向及侦查结果往往起到非常关键甚至决定性的作用,对于审判中被告人的定罪也举足轻重。这主要是因为,首先,人们普遍认为,“百闻不如一见”,目击证人亲

眼看见犯罪行为发生，这样的证词总是被赋予较高的证明力。其次，目击证人的证言往往包含了犯罪的过程，通常属于直接证据，因此也是证明力较高的证据，在这种情况下，人们通常倾向于相信目击证人提供的证言。

但同时，目击证人证言的可信度也受到诸多方面的限制。目击证人的观察能力、记忆能力等都构成对其证词可靠性的挑战。随着有关法律的社会科学研究的发展，诸多学者对目击证人证言错误的可能性及其概率进行了研究，进一步对目击证人证言的可信度提出了质疑。1995 年的一项研究表明，在对一组已经证明为错案的 205 个案件中，有 52% 的错误是由于目击证人进行了错误的身份辨认。[8] 2002 年的一项研究表明，在对 40 名无辜者被错误定罪的案件中，90% 的案件包含了至少一名甚至更多目击证人的错误指认。[9]

二、有关辨认的程序性规定

《刑事诉讼法》对辨认的程序未作规定。《最高检规则》和《公安部规定》对此作了补充。其主要程序内容包括：(1)辨认的目的是查明案情，方法是让被害人、犯罪嫌疑人或者证人对与犯罪有关的物品、文件、尸体、场所或者犯罪嫌疑人进行辨认。(2)辨认应当在侦查人员的主持下进行。主持辨认的侦查人员不得少于 2 人。组织辨认前，应当向辨认人详细询问辨认对象的具体特征，避免辨认人见到辨认对象。(3)几名辨认人对同一辨认对象进行辨认时，应当由辨认人个别进行。(4)辨认时，应当将辨认对象混杂在其他对象中，不得给辨认人任何暗示。(5)辨认犯罪嫌疑人时，被辨认的人数不得少于 7 人；对犯罪嫌疑人照片进行辨认的，不得少于 10 人的照片；辨认物品时，混杂的同类物品不得少于 5 件。(6)对犯罪嫌疑人的辨认，辨认人不愿意公开进行时，可以在不暴露辨认人的情况下进行，侦查人员应当为其保守秘密。(7)辨认经过和结果，应当制作辨认笔录，由侦查人员签名，辨认人、见证人签字。

| **案例 15－4** |　辩护人缺席的辨认——美国诉韦德[10]

1964 年 9 月 21 日，得克萨斯州的一家银行遭到抢劫。一名脸上贴着胶条的男子进入银行并用枪指着银行柜员和副经理，强迫他们把银行的钱装满他准备的枕套，之后与等候在银行门口的同伙驾驶偷来的汽车逃离现场。1965 年 3 月 23 日，

---

[8] Gary L. Wells, Eric P. Seelau, *Eyewitness Identification and Legal Policy on Lineups*, 1 Psychology, Pub. Pol'y. & L. 765 (1995).

[9] Margaret Malkin Koosed, *The Proposed Innocence Protection Act Won't Unless it Also Curbs Mistaken Eyewitness Identifications*, 63 Ohio St. L. J 263, 307 (2002).

[10] United States v. Wade, 388 U. S. 218, 87 S. Ct. 1926, 18 L. Ed. 2d 1149 (1967).

被告人韦德与另外2名嫌犯均被大陪审团提出起诉。1965年4月26日,美国政府为被告人指定了辩护律师。15日之后,联邦警察局在未通知其辩护律师的情况下安排了一场辨认,韦德与另外5~6名囚犯被安排在一起参加辨认。辨认在当地郡法院的一个法庭进行。每个被辨认的人都被要求在脸上贴上胶条,并被要求说“把钱装进袋子”,因为该案的抢劫分子在犯罪现场这样说过。在抢劫案件现场的2名银行职员都指认韦德为抢劫犯。在该案的审判中,2名银行职员亦均在法庭上指认被告人韦德为抢劫犯。在之后辩护律师进行的交叉询问中,2名银行职员均承认在庭审前就对韦德进行了辨认。

辩护律师要求排除2名银行职员指认韦德为犯罪分子的证言,包括法庭上的指认与庭审前进行的指认,理由是警察局安排辨认之前没有通知律师,而律师对辨认程序的参与恰恰是被告人公正审判权的内在组成部分。政府律师则认为,辨认无非是控方收集证据的一种预备程序,它与其他科技手段,例如指纹分析、血型测定、对衣服、头发等进行分析的步骤并无本质区别,而在这些侦查活动中,没有律师的在场参与并不违反美国《宪法第六修正案》获得律师帮助的权利,因此本案辨认程序没有通知律师并不侵犯被告人的宪法权利,所获得的证据应当具有可采性。

美国联邦最高法院指出,政府的观点不能成立。在涉及科技手段侦查的案件中,有关科学与技术知识的变化是微乎其微的,被告人完全可以通过聘请专家在法庭上对控诉方的专家进行质询的方法质疑和挑战控方的证据。因此,在这样的科学技术分析程序中没有律师的参与的确不侵犯被告人获得律师帮助的权利。但是,在辨认程序中没有律师的帮助却很可能会损害到被告人依法享有的公正审判权。因为辨认的怪异多变几乎是人所共知的,在错误辨认的案例中,暗示的作用功不可没。暗示既可能是有意的,也可能是无意的,尤其当证人对被辨认人员的观察不够细致时,嫌疑人的危险就尤为严重,证人受到暗示影响的危险也就更加严重。更重要的是,人类的共同经验告诉我们,一旦证人将被告人从队列中挑出,他就几乎没有可能再改口说那不是他(因为这通常意味着让证人承认自己指认错了)。

美国联邦最高法院还指出,暗示的风险充斥于各种各样的目击证人辨认程序;同时,审判前的辨认程序如同秘密审讯一样,人们往往难以描述究竟何种暗示传递给了目击证人。被告人也很难在法官和陪审团面前重现辨认程序中的那些行为。尤其当被害人就是证人时,辨认的客观性就更加难以得到保障。在强奸和抢劫案件中,列队辨认十分流行,而这些案件的被害人往往充满了气愤以及仇恨、厌恶的情绪。不适当的影响可能在嫌疑人毫无察觉的情况下发生,而即便嫌疑人有所察觉,甚至在审判中提出了抗议,他的抗议也很可能归于无效,因为陪审团常常不得不在被告人无证据支持的抗议与控诉方有警察到庭作证的证言之间进行选择,其结果自是一目了然。一言以蔽之,被告人并无能力在法庭上重现辨认程序的不公正,这一事实将导致其丧失对法庭上目击证人实施的身份辨认的证言可信度进行挑战的机会。

基于以上辨认程序中存在的各种有意或无意的偏见与暗示的风险,联邦最高法院判定,对嫌疑人进行辨认之前必须通知其辩护人,辨认进行时必须有嫌疑人的辩护律师到场,否则建立在辨认结果基础上的证据将不具有可采性。

第五节 通 缉

一、通缉的概念与性质

通缉是指公安机关通令缉拿应当逮捕而在逃的犯罪嫌疑人的一种侦查活动。它是公安机关内部通力合作、协同作战的重要方式,也是刑事诉讼强制措施的一种补充,是在强制不能的时候的一种救济手段。

二、通缉的程序规定

通缉的程序包括如下要点:(1)根据《刑事诉讼法》第155条的规定,通缉适用于应当逮捕而在逃的犯罪嫌疑人;根据《公安部规定》,对于越狱逃跑的犯罪嫌疑人、被告人或者罪犯,也适用通缉的有关规定。因此,通缉的对象包括应当逮捕而在逃的犯罪嫌疑人以及越狱逃跑的犯罪嫌疑人、被告人或者罪犯。(2)通缉令只能由公安机关发布。人民检察院侦查直接受理的案件,应当逮捕的犯罪嫌疑人如果在逃,或者已被逮捕的犯罪嫌疑人脱逃的,经检察长批准,可以作出通缉的决定。但人民检察院应当将通缉通知书和通缉犯的照片、身份、特征、案情简况送达公安机关,由公安机关发布通缉令,追捕归案。(3)县级以上公安机关在自己管辖的地区以内,可以直接发布通缉令;超出自己管辖的地区,应当报请有权决定的上级公安机关发布。通缉令发送范围,由签发通缉令的公安机关负责人决定。各级人民检察院需要在本辖区内通缉犯罪嫌疑人的,可以直接决定通缉;需要在本辖区外通缉犯罪嫌疑人的,由有决定权的上级人民检察院决定。(4)通缉令中应当尽可能写明被通缉人的姓名、别名、曾用名、绰号、性别、年龄、民族、籍贯、出生地、户籍所在地、居住地、职业、身份证号码、衣着和体貌特征等,并附被通缉人近期照片,可以附指纹及其他物证的照片。除了必须保密的事项之外,应当写明发案的时间、地点和简要案情。(5)通缉令发出后,如果发现新的重要情况可以补发通报。通报必须注明原通缉令的编号和日期。(6)有关公安机关接到通缉令后,应当及时布置查缉。抓获犯罪嫌疑人后,应当迅速通知通缉令发布机关,并报经抓获地县级以上公安机关负责人批准后,凭通缉令羁押。原通缉令发布机关应当立即进行核实,并及时依法处理。(7)为防止犯罪嫌疑人逃往境外,需要在边防口岸采取边控措施的,应当按照有关规定制作边控对象通知书,经县级以上公安机关负责人审核后,层报省级公安机关批准,办理边控手续。需要在全国范围采取边控措施的,应当层报公安部批准。对需要边防检查站限制犯罪嫌疑人人身自由的,需同时出具有关法律文书。紧急情况下,县级以上公安机关可以出具公函,先向当地边防检查站交控,但应当在 7 日内补办交控手续。(8)为发现重大犯罪线索,追缴涉案财物、证据,查获犯罪嫌疑人。必要时,经县级以上公安机关负责人批准,可以发布悬赏通告。悬赏通告应当写明悬赏对象的基本情况和赏金的具体数额。通缉令、悬赏通告可以通过广播、电视、报刊、计算机网络等媒体发布。(9)犯罪嫌疑人自首、被击毙或者被抓获,并经核实后,原发布机关应当在原通缉、通知、通告范围内,撤销通缉令、边控通知、悬赏通告。

第十六章　非法证据排除规则

非法证据排除规则起源并盛行于美国。其主要目的是保护公民宪法权利不受不合理的侵犯,因此犯罪嫌疑人、被告人依据宪法享有的基本权利才是非法证据排除规则保护的核心内容。在美国,非法证据排除规则源于不同的宪法修正案,主要有美国《宪法第四修正案》《宪法第五修正案》《宪法第六修正案》。其中美国《宪法第四修正案》保护的主要是公民的隐私权、住宅权、财产权和人身权;美国《宪法第五修正案》主要是保护反对自我归罪的特免权;美国《宪法第六修正案》主要是保护获得律师帮助的权利。这些权利最容易在侦查过程中受到执法官员的侵犯,所以非法证据排除规则就是对这些权利的保护和救济。我国宪法虽然与美国宪法有不同的结构,但对上述基本权利,也有大致相同的表述,对其中一些权利,则在刑事诉讼法中加以宣示。因此,本书分四章分别阐述了公民的住宅权、隐私权、人身权、反对强迫自证其罪的特免权在搜查、扣押、强制措施、侦查讯问中可能面临的侵犯,也阐述了我国《宪法》和《刑事诉讼法》对侦查人员在实施上述活动时施加的限制。本章将阐述非法证据排除规则,并将其作为对公民宪法权利的不合理侵犯的一种救济来探讨。本章第一节阐述非法证据排除规则的历史发展、理论基础与排除模式。第二节阐述应当作为非法证据予以排除的证据范围。第三节论述非法证据排除的程序。

第一节 非法证据排除规则概述

一、非法证据排除规则的历史发展

(一)1979~2009年:缓慢的进展

非法证据排除规则最开始是从美国发展出来的,如今也是美国最具争议性的规则。边沁曾经指出:“证据是正义的基础,排除证据就等于排除了正义。”[1]但是,非法证据排除规则还是随着时间的流逝成长起来,并且有逐步扩张之趋势,其中尤以美国为盛。

我国在很长时期内都没有非法证据排除规则。1979年制定和1996年修订的《刑事诉讼法》都没有有关非法证据排除规则的规定,但1998年颁布的《关于执行〈中华人民共和国刑事诉讼法〉若干问题的解释》和1999年颁布的《最高检规则》均规定,采用刑讯逼供等非法手段获得的犯罪嫌疑人、被告人供述、证人证言、被害人陈述等言词证据,都不能作为定案的根据和指控犯罪的依据。这是最高司法机关通过司法解释的方式确立的有关言词证据的非法证据排除规则。但是这些规则存在两个重大缺陷:一是非法证据排除规则仅限于言词证据;对于实物证据,并没有相应规则予以排除。二是尽管这两个司法解释规定了对于非法言词证据应当排除,但是却没有规定相应的程序,有关如何启动非法证据排除规则、如何对相应的申请进行审查等均没有相应规则予以规范,以致非法证据排除规则在当时几乎形同虚设。

| **案例16-1** | 杜培武案

1998年4月22日,昆明警方从停放在圆西路人行道上的一辆昌河面包车内,发现一男一女被枪杀,身上钱物被洗劫一空。经查,男的叫王俊波,是石林彝族自治县(原路南县)公安局副局长;女的叫王晓湘,是昆明市公安局通讯处民警。两名公安干警被枪杀,案情重大。很快,昆明市公安局成立了由市公安局刑侦支队、通讯处、戒毒所、五华公安分局、原路南县公安局有关人员组成的专案组,定名为“4·22”专案组。经专案组进一步调查发现,两名被害者是被人用王俊波当时所持的七七式手枪枪杀,案发后该枪下落不明。通过一系列的调查,死者王晓湘的丈

[1] Bentham, Rationale of Judicial Evidence, Part Ⅲ, Chapter Ⅰ.

夫、昆明市公安局戒毒所民警杜培武最先进入专案组的视线。专案组传讯了杜培武,但杜培武坚决否认。之后,专案组又扩大视线,围绕杀人抛尸现场走访了数百名群众,查证了上万条线索,在确定了一个又一个的犯罪嫌疑人后,经查证又一个一个地排除了。与此同时,专案组又对现场进行勘察分析,研究案情,并对杜培武进行了一系列的鉴定、测试、检测,均不否认杜培武作案的可能。自此,杜培武被确定为“4・22”专案的重大犯罪嫌疑人,但杜培武对此一直拒不承认。

1998年7月2日晚8时,专案组对杜培武宣布刑事拘留。两天后,杜培武开始“交代问题”,每次均向专案组陈述基本一致的“作案经过”,但对杀害两名被害者所用的七七式手枪及两名被害者身上的物品去向“交代”不明,案情进展缓慢。同年7月19日,专案组带杜培武“指认”现场。同年7月26日,昆明市公安局直属分局以杜培武涉嫌故意杀人罪向昆明市人民检察院提请批准逮捕,昆明市人民检察院在依法审讯杜培武时,杜培武推翻了原来的供述,诉说以前的供述是侦查部门刑讯逼供的结果,并指着手上的疤痕称是被侦查部门用烟头烫伤的。针对这一情况,批捕处立即找专案组了解是否有过刑讯逼供,办案人员称杜培武手上的疤痕是戴手铐形成的,对杜培武没有刑讯逼供,并提供了审讯杜培武的录像带和杜培武亲笔书写的供述材料给检察院审查。

1998年7月31日,昆明市人民检察院以涉嫌故意杀人罪正式批准逮捕杜培武。同年10月20日,昆明市人民检察院决定将该案起诉到昆明市中级人民法院。昆明市中级人民法院受理后,于1998年12月17日和1999年1月15日两次开庭审理了本案,并于1999年2月5日以杜培武犯故意杀人罪判处死刑,剥夺政治权利终身。宣判后,杜培武不服,以“没有杀人,公安刑讯逼供,事实不清,证据不足”为由向云南省高级人民法院提出上诉。云南省高级人民法院在审理该案后,提出了对公诉机关在一审庭审中指控并经一审确认的鉴定证据和杜培武本人的亲笔供述等证据中的取证问题、鉴定时间问题、刑讯逼供问题,以及作案时间、作案动机等方面的问题和疑点。云南省高级人民法院认为该案的主要证据是真实的,但存在的疑点不能排除,于1999年11月12日将杜培武判处死刑,缓期二年执行。

2000年6月14日,昆明警方在开展侦破会战中,一举破获了杨天勇劫车杀人团伙案,59小时抓获这个团伙的7名犯罪嫌疑人。在他们所交代的案件中,也包括了在海埂杀害、抢劫两名警察的案件。据案犯交代,1998年4月的一天晚上8时左右,杨天勇、杨明才、滕典东携带一支五四式手枪及两副手铐,由滕典东驾驶一辆白色长安微型车到海埂路民族村旁,准备以抓卖淫嫖娼为由敲诈钱财。他们从一条岔路进去,看见一块大空场中央有一辆昌河微型车停在那里,三人即将车停在路边步行过去,走近车后,杨天勇敲敲车门后,车内的人打开了玻璃窗,杨天勇掏出五四式手枪说:“我们是缉毒队的,请你们出示证件接受检查。”车门打开后,三人用手电照,见车内有一男一女。男的拿出证件给杨天勇看,杨天勇叫滕典东把男的左手铐在车门上方扶手上,杨明才将女的手铐在一起,杨天勇问男的是否带有武器,男的答带着。杨天勇叫其交出,男的从后腰上取出一支七七式手枪交给杨天勇,杨接过后上了膛,并把自己带着的五四式手枪拿给杨明才。女的提出要看杨天勇的证件,杨天勇拿出证件给她看,女的看后问:"你是派出所的? 你叫杨天勇?"杨天勇二话不说,蹲在驾驶座位上用刚抢劫的七七式手枪先后朝二人的心脏部位各开了一枪,二人当即中弹身亡。接着杨天勇叫杨明才搜身,搜到手机两部,中文传呼机两台,以及工作证、驾驶证、市公安局出入证等物品。从证件上他们得知,男的叫王俊波,是原路南县公安局副局长;女的叫王晓湘,是市公安局通讯处民警。搜完物品后,杨天勇怕二人不死,又叫杨明才用扳手对二人的面部、口进行猛击,确信二人已死后,杨天勇用昌河车拉着二人的尸体,杨明才坐副驾驶位,滕典东驾长安车尾随,沿滇池路经环城西路、一二一大街到圆西路将昌河车开上人行道,之后用抹布将车内玻璃、物品擦拭后,坐长安车回住处。根据3名犯罪嫌疑人的交代,公安机关在杨天勇的住处搜出七七式手枪1支、弹匣2个。经鉴定,该枪就是王俊波所配的被用来枪杀两名被害者的枪支。此外,还查获王俊波微型录音机一台。经查证王俊波原购物发票上记载的录音机与查获的录音机机身号完全一致。至此,杀害王俊波、王晓湘的凶手基本认定就是杨天勇、杨明才、滕典东三人。这就意味着原来办的杜培武杀人案是一桩错案!

经过一系列纠正错案的相关工作,杜培武于2000年7月11日出狱。

思考 在杜培武案的审判中,被告人杜培武及其辩护人多次提出被告人在被讯问过程中遭受刑讯逼供的问题,请求法院依法排除其供述,法院均以"与本案无关"为由加以拒绝。如果法律不能为一项实体性权利提供程序上的保障,该权利是否还能发挥其应有的效果?

(二)2010~2012年:突破性发展

2005~2009年,由于佘祥林案件、赵作海案件等轰动性案件浮出水面,刑讯逼供的危害进一步为人们所认识和体验。最高人民法院、最高人民检察院、公安部、司法部、国家安全部这五大主要司法、执法机关于2010年6月联合发布了《排除非法证据规定》,对非法证据的定义、排除非法证据的程序、争议证据合法性的证明等关键问题均作了比较详细的规定,使中国非法证据排除规则无论在立法上还是实践中都迈入一个新的时代。2012年《刑事诉讼法》修改时,进一步将2010年颁布的《排除非法证据规定》中有关非法证据排除规则适用的证据范围、排除规则的启动程序以及争议证据合法性的证明责任等问题正式纳入法典当中，也就是以全国人大立法的方式正式规定了我国的非法证据排除规则。

| **案例 16－2** |　佘祥林杀妻案〔2〕

1994 年 1 月，佘祥林的妻子张在玉走失。据村民反映，张在玉患有间歇性精神病。同年 4 月 11 日清晨，一具腐烂得面目全非的女尸在附近一个村落的池塘里浮起，公安认定这具女尸就是佘祥林的妻子。1994 年 4 月 12 日，佘祥林被怀疑杀害其妻子，被当地公安机关监视居住；1994 年 4 月 22 日，佘祥林因涉嫌谋杀被刑事拘留；1994 年 4 月 28 日，佘祥林经京山县人民检察院批准，被京山县公安局执行逮捕。1994 年 10 月 13 日，佘祥林经原荆州市中级人民法院一审判处死刑立即执行。佘祥林不服提出上诉。湖北省高级人民法院就一审判决认定佘祥林杀害其妻子的事实提出诸多疑点，其中包括佘祥林交代了四种不同的作案经过，并明确指出不能排除张在玉自行出走或随他人出走的可能。1995 年 1 月 6 日，湖北省高级人民法院作出裁定，以事实不清、证据不足为由，将此案发回重审。

1998 年，京山县人民检察院将该案起诉至京山县人民法院，该院以故意杀人罪判处佘祥林有期徒刑 15 年，附加剥夺政治权利 5 年。佘祥林仍不服，提出上诉。1998 年 9 月 22 日，荆门市中级人民法院裁定驳回上诉，维持原判。之后，佘祥林被投入监狱服刑。京山县人民法院和荆门市中级人民法院的刑事裁定书上都认定了佘祥林杀死妻子的事实：1994 年 1 月 20 日晚 10 时许，佘祥林将精神失常的妻子从床上拉起来，带到一处瓜棚里关起来。第二天凌晨，佘祥林将 6 岁的女儿抱到父母房内，谎称妻子出走了，然后以外出寻找妻子为由，拿着手电筒、麻绳和张在玉的毛裤，推着自行车出门，来到瓜棚内，给妻子换了一身衣服。然后他把妻子带到吕冲村九组池塘边，趁张在玉不备，用石头猛击张在玉的头、面部至张在玉不能动弹，将张在玉拖到堰塘的东北角，用麻绳将装有四块石头的蛇皮袋绑附其身沉入水中。次日下午将从张在玉身上换下的衣服全部放在自家灶里烧毁。

自佘祥林出事后，佘家人就开始为他向各级部门反映情况。

2005 年 3 月 28 日，被“谋杀”的张在玉回到了家乡。京山县公安局、京山县人民法院得知此信息后迅速派人赶赴雁门口镇进行调查核实，确认张在玉的确是出走 11 年后回家。荆门市中级人民法院接到报告后，29 日下午立即布置对该案进行复查工作，启动再审程序重新组成合议庭对该案进行审查。当晚，荆门市中级人民法院召开审判委员会，对佘祥林故意杀人案进行研究，决定撤销原一审判决和二审

〔2〕 贾云勇：《冤案改变一群人命运》，载《南方都市报》2005 年 4 月 5 日，网络版参见 https://news.sina.com.cn/c/2005－04－05/01276286340.shtml，最后访问日期：2024 年 7 月 7 日。

裁定,发回京山县人民法院重新审判。2005年3月30日下午,京山县人民法院根据本案具体情况已决定对佘祥林变更强制措施,并依法办理出狱相关手续。

(三)落实与完善

2010年发布的《排除非法证据规定》确实是一个具有里程碑意义的进步,2012年《刑事诉讼法》将其中的精华内容加以吸收,正式纳入法典的范围,也是《刑事诉讼法》的一个跨越式发展。自此以后,非法证据排除规则进入实施、巩固和完善阶段。由于2010年《排除非法证据规定》和2012年《刑事诉讼法》均未对以侵犯人身自由等措施取得的供述是否需要排除以及间接源于违法行为的证据("毒树之果")是否需要排除等作出明确规定,因此,非法证据排除规则仍然有一些具体细节问题需要在实践中澄清,对于2012年《刑事诉讼法》条文表述的理解也需要在实践中进一步加深认识。在这些基础上,最高人民法院、最高人民检察院分别于2012年年底发布了各自对《刑事诉讼法》实施问题的司法解释,其中对"刑讯逼供等非法方法"作了明确界定;最高人民法院于2013年发布《关于建立健全防范刑事冤假错案工作机制的意见》,进一步对"刑讯逼供等非法方法"的含义进行了扩充。2017年6月,五机关又再次联合发布了《严格排除非法证据规定》,对2010年《排除非法证据规定》作了强调和完善,尤其是对以侵犯人身自由等方式取得的供述、对于间接源于违法行为的供述等非法证据明确要求排除,从而基本确认,只要是侵犯到基本权利的违法行为获得的证据,原则上都应当排除,并在一定程度上确立了"毒树之果"原理。总体来看,以上这些司法解释的出台以及2017年五机关的有关规定使我国非法证据排除规则更加完善,也更加适应保障人权的需要。

二、非法证据排除规则的理论基础

(一)非法证据排除规则与公民宪法权利

在美国,非法证据排除规则首次出现于1886年,正式确立于1914年,成熟壮大于1961年。如果从1961年算起,则在此之前一直回溯到美国宪法颁布那一年的1789年当中,美国并不存在系统性的非法证据排除规则。即使是在1961年马普案件判决的年代,当时很多州的法律都采取普通法的立场,即不在刑事审判中审查证据取得方式的合法与否。可见非法证据排除规则并不是美国联邦宪法的必然要求。与此同时,美国联邦最高法院还不断声称,非法证据排除规则并非联邦宪法所要求,相反,"非法证据排除规则乃是司法的创造,并非宪法赋予被告人的权利"[3]。因此,与其说非法证据排除规则是宪法的一部分,不如说非法证据排除规则是为了防止公民宪法权利受到侵犯而设置的预防性规则。

尽管如此,美国非法证据排除规则的目的是保护犯罪嫌疑人、被告人宪法上的基本权利,这一命题是毫无疑义的。换句话说,非法证据排除规则是基于保护公民宪法权利的目的而创设的,虽然它本身并非宪法权利的组成部分,但对于公民宪法权利的保护至关重要。在此需要明确两个基本原则:首先,既然非法证据排除规则是为保护公民宪法权利而创设,那么,也只有在涉及公民宪法权利这样重大利益的场合,才需要用到非法证据排除规则,对于其他比较轻微的、不触及公民宪法上的基本权利的警察违法行为,实际上是不需要非法证据排除规则的。其次,既然非法证据排除规则对于保护公民宪法权利如此重要,那么,一旦公民宪法权利受到侵犯,则将相应的证据予以排除也就理所当然。

(二)非法证据排除规则与震慑理论/吓阻效果

2001年,最高人民检察院发布的《关于严禁将刑讯逼供获取的犯罪嫌疑人供述作为定案依据的通知》中指出:各级人民检察院要严格贯彻执行有关法律关于严禁刑讯逼供的规定,明确非法证据的排除规则。1996年《刑事诉讼法》第43条规定,严禁刑讯逼供和以威胁、引诱、欺骗以及其他非法的方法收集证据。1999年《最高检规则》第140条也再次重申了这一原则,并在第265条明确指出,以刑讯逼供或者威胁、引诱、欺骗等非法的方法收集的犯罪嫌疑人供述、被害人陈述、证人证言,不能作为指控犯罪的根据。人民检察院严格贯彻执行这些规定,发现犯罪嫌疑人供述、被害人陈述、证人证言是侦查人员以非法方法收集的,应当坚决予以排除,不能给刑讯逼供等非法取证行为留下任何余地,同时,要依法提出纠正意见,要求侦查机关另行指派侦查人员重新调取证据,必要时也可以自行调查取证。

从上述规定的措辞和表述来看,至少在最高人民检察院看来,非法证据排除规则的直接目的和功能,就是吓阻侦查人员的刑讯逼供等违法取证行为。其中,"发现侦查人员以非法方法收集犯罪嫌疑人供述、被害人陈述、证人证言的,应当提出纠正意见"的说法更是令人印象深刻,这一说法明确表示最高人民检察院认为非法证据排除规则的目的和功能就是震慑。

2010年颁布的《排除非法证据规定》序言指出:"为规范司法行为,促进司法公正,根据刑事诉讼法和相关司法解释,结合人民法院、人民检察院、公安机关、国家安全机关和司法行政机关办理刑事案件工作实际,制定本规定。"根据该规

---

[3] United State v. Calandra, 414 U. S. 338, 347(1974).

定,非法证据排除规则的目的是规范司法行为,促进司法公正。规范司法行为的途径是震慑。因为,非法证据排除规则与规范司法行为之间只能通过震慑这一桥梁才可能建立起因果联系。因此,非法证据排除规则在我国的理论基础,应当理解为震慑,或称“吓阻效果”。

评注 16-1 美国非法证据排除规则的理论基础

在马普案件中,美国联邦最高法院将适用非法证据排除规则的首要理由界定为“震慑”,并解释说非法证据排除规则的目的“也就是通过消除执法官员藐视宪法的动机的方式就是震慑——该方式也是促使其遵守宪法的唯一有效的方式”〔4〕。非法证据排除规则的第二个理论基础是“司法的纯洁性理论”,该理论最初得到认可是在1914年的威克斯案件。在威克斯案件中,联邦最高法院指出,允许以违反宪法的方式获得的证据在法院作出的司法决定中使用,无异于对违宪行为的确认和鼓励,在这样的场合,法院无异于违宪行为的同谋和帮凶。因此,“法官不应当以允许非法证据的方式玷污自己的双手”〔5〕。在马普案中,美国联邦最高法院同时也提到了司法纯洁性理论,但自马普案件之后,司法纯洁性理论就逐渐遭到抛弃。如今,占主流地位的理论认为,非法证据排除规则的首要基础就是“震慑”理论。

三、非法证据排除规则的模式

美国的非法证据排除规则属于“自动排除”或“强制排除”模式,也就是说,法官对于一个非法证据是否应当予以排除并没有自由裁量权,一旦一个证据被认定为非法证据且不属于判例设定的例外情形,法官就必须予以排除,所以称为“自动排除”或“强制排除”。

但在英国,一直到1968年,非法获得的证据必须予以自动排除的规则仍然仅限于口供。〔6〕但是,在1984年英国《警察与刑事证据法》颁布后,法官对于非法获得的证据可以以其将产生对被告人不利的不公平推论为由自由地予以排除。〔7〕但是,英国仍然没有美国式的将所有非法证据自动排除的规则。在德国,

---

〔4〕 Mapp v. Ohio, 367 U. S. 643, 655 (1961).

〔5〕 Weeks v. United States, 232 U. S. 383, 398 (1914).

〔6〕 Glanville Williams, *The Proof of Guilt: A Study of the English Criminal Trial*, Stevens & Sons, third edition, London, 1963, p. 212. “The only case where a confession is automatically excluded from evidence by law is where it has been obtained by a promise or a threat relating to the charge and made by a person in autority.”

〔7〕 See Police and Criminal Evidence Act 1984, S. 78; See also, Peter Murphy, *Murphy on Evidence*, 7th edition, Blackstone Press Limited, London, 2000, p. 97.

非法证据仅在两种情况下予以排除：一是法院认定一个证据属于以暴力、欺骗手段获得的情形；二是法院认定该证据尽管不属于以暴力或欺骗手段获得，但是以侵犯被告人受宪法保护的隐私权的方式取得。[8] 在第一种情形下，法官必须将非法证据予以排除；在第二种情形下，法官应当在保护被告人隐私与该证据的重要性以及被告人被指控犯罪的严重性之间进行衡量，并采取逐案审查的方法，以确定是否排除非法证据，也就是裁量排除的方式。

在我国，对于以刑讯逼供等非法方法获得的犯罪嫌疑人、被告人供述，以及以暴力、威胁等方法获得的被害人陈述、证人证言，法律采取了强制排除的立场，也就是法官对于是否排除不享有自由裁量权。对于物证、书证等证据，究竟是裁量排除还是强制排除，取决于对《刑事诉讼法》第56条的解释。目前多数解释认为，立法采取的是裁量排除的立场。按本章下文解释，只要是侵犯犯罪嫌疑人、被告人宪法权利的，均属于可能严重影响司法公正且不能补正也不能提供合理解释的情形，均应当予以排除。如此解释成立，则对于物证、书证的排除也属于强制排除。

第二节　非法证据排除的范围

一、因侵犯反对强迫自证其罪特免权获得的非法言词证据的排除

《刑事诉讼法》第56条第1款第1句规定："采用刑讯逼供等非法方法收集的犯罪嫌疑人、被告人供述和采用暴力、威胁等非法方法收集的证人证言、被害人陈述，应当予以排除。"据此规定，法律将非法言词证据分为三大类：一是犯罪嫌疑人、被告人供述；二是被害人陈述；三是证人证言。也就是说，根据我国《刑事诉讼法》的规定，不仅犯罪嫌疑人、被告人的供述属于非法证据排除规则的适用范围，而且被害人陈述、证人证言也属于非法证据排除规则的适用范围。在具体的适用范围上，对于犯罪嫌疑人、被告人供述，刑事诉讼法限定为以采用刑讯逼供等方法；对于被害人陈述和证人证言，刑事诉讼法限定为以暴力、威胁等方法。这一区分的理由，主要是犯罪嫌疑人、被告人在刑事诉讼中的地位不同，其所可能遭受的非法对待的方式也不同。

根据上述规定，对于犯罪嫌疑人、被告人供述，只有在采用刑讯逼供等非法

---

〔8〕 Craig M. Bradley, *The Exclusionary Rule In Germany*, Harvard Law Review, March, 1983, p. 1034.

方法获得的情况下,才应当予以排除;对于证人证言、被害人陈述,只有在以暴力、威胁等方法收集的情况下才予以排除。法律在此处使用了“刑讯逼供等非法方法”以及“暴力、威胁等非法方法”这样的表述。由于“等”在汉语中通常为列举不尽情况下使用的术语,因此此处的“刑讯逼供等非法方法”以及“暴力、威胁等非法方法”,通常也可以理解为刑讯逼供、其他非法方法,暴力、威胁以及其他非法方法。对此,《最高检规则(试行)》和《最高法解释》均不约而同地将“等”理解为包含了“其他非法方法”。其中,《最高检规则(试行)》第65条第3款规定:“其他非法方法是指违法程度和对犯罪嫌疑人的强迫程度与刑讯逼供或者暴力、威胁相当而迫使其违背意愿供述的方法。”2012年《最高法解释》第95条规定:“使用肉刑或者变相肉刑,或者采用其他使被告人在肉体上或者精神上遭受剧烈疼痛或者痛苦的方法,迫使被告人违背意愿供述的,应当认定为刑事诉讼法第五十四条规定的‘刑讯逼供等非法方法’。”2021年《最高法解释》第123条规定:“采用下列非法方法收集的被告人供述,应当予以排除:(一)采用殴打、违法使用戒具等暴力方法或者变相肉刑的恶劣手段,使被告人遭受难以忍受的痛苦而违背意愿作出的供述;(二)采用以暴力或者严重损害本人或者近亲属合法权益等相威胁的方法,使被告人遭受难以忍受的痛苦而违背意愿作出的供述;(三)采用非法拘禁等非法限制人身自由的方法收集的被告人供述。”

《最高检规则(试行)》和2012年《最高法解释》均未对刑讯逼供、暴力、威胁之外的其他非法方法作出进一步解释。但2021年《最高法解释》第123条第3项规定的“非法拘禁等非法限制人身自由的方法”毫无疑问应当属于刑讯逼供、暴力、威胁之外的其他方法。

本书认为,只要是以强迫方式迫使犯罪嫌疑人、被告人违背意愿作出供述的,无论是肉刑还是变相肉刑,或者是以威胁的方式,均构成《刑事诉讼法》第56条第1款第1句所规定的“刑讯逼供等非法方法”,所获得的供述均应当予以排除。对此,2013年最高人民法院《关于建立健全防范刑事冤假错案工作机制的意见》明确规定:采用刑讯逼供或者冻、饿、晒、烤、疲劳审讯等非法方法收集的被告人供述,应当排除。这里规定的冻、饿、晒、烤、疲劳审讯等非法方法,既属于变相肉刑,也属于强迫供述的方法。《刑事诉讼法》规定“采用刑讯逼供等非法方法”获得的供述之所以应当排除,最根本的原因并不在于它们造成了犯罪嫌疑人、被告人肉体上、精神上剧烈疼痛或痛苦,而在于它们迫使犯罪嫌疑人、被告人违背意愿作出了供述,侵犯了犯罪嫌疑人、被告人依照《刑事诉讼法》第52条规定享有的反对强迫自证其罪的权利。同样地,以冻、饿、晒、烤、疲劳审讯等方式取得的犯罪嫌疑人、被告人供述应当予以排除,也是由于这些方法侵犯了犯罪嫌疑人、被告人反对强迫自我归罪的权利。

基于此,2017 年发布的《严格排除非法证据规定》第 3 条规定:“采用以暴力或者严重损害本人及其近亲属合法权益等进行威胁的方法,使犯罪嫌疑人、被告人遭受难以忍受的痛苦而违背意愿作出的供述,应当予以排除。”这里的“以暴力或者严重损害本人及其近亲属合法权益等进行威胁的方法”获得的供述之所以应当予以排除,实际上仍然是因为它们侵犯了犯罪嫌疑人、被告人依法享有的反对强迫自我归罪的权利。

二、因侵犯住宅权、隐私权获得的非法实物证据的排除

《刑事诉讼法》第 56 条第 1 款第 2 句规定:“收集物证、书证不符合法定程序,可能严重影响司法公正的,应当予以补正或者作出合理解释;不能补正或者作出合理解释的,对该证据应当予以排除。”

(一)裁量排除:主流理论及其缺陷

主流理论认为,对于物证、书证等当作为非法证据予以排除时,必须具备以下几个条件:(1)收集的物证、书证不符合法定程序;(2)可能严重影响司法公正;(3)不能补正或作出合理解释。根据这一解释,刑事诉讼法对于非法实物证据实际上采取了裁量排除优先、迫不得已才要求必须排除的政策。这一解释的核心是,对于收集物证、书证不符合法定程序从而可能严重影响司法公正的,首先必须允许侦查机关补正,在无法补正的情况下,应当允许侦查机关作出合理解释;只有在既不能补正,也不能作出合理解释的情况下,才予以排除。根据这一立场,所有非法收集物证、书证的行为在理论上都存在可以进行补正或者作出合理解释的可能性,因此在所有情况下法官在面对非法收集的物证、书证时都可以选择或者要求补正,或者要求作出合理解释,或者予以排除。因该立场实际上赋予了法官在排除还是不排除之间自由裁量的权力,本书称之为“裁量排除”的立场。

目前大多数学理解释均采取了这一立场。例如,在一本主要由立法机关工作人员参与的关于 2012 年《刑事诉讼法》解释的著作中,对于 2012 年《刑事诉讼法》第 54 条(2018 年《刑事诉讼法》第 56 条)第 1 款第 2 句是这样解读的:“违法收集物证、书证的情况比较复杂,物证、书证本身是客观证据,取证程序的违法一般不影响证据的可信度。而且许多物证、书证具有唯一性,一旦被排除就不可能再次取得。大部分国家的法律对于违法取得的实物证据,都没有规定绝对予以排除,而是区分情况作不同的处理。本条统筹考虑惩治犯罪和保障人权的要求,规定对于收集物证、书证不符合法定程序,可能严重影响司法公正的,应当予以

补正或者作出解释;不能补正或者作出合理解释的,对该证据才应当予以排除。"[9]

部分法律解释也明确采取了这一立场。例如,《公安部规定》显然采取了裁量排除的立场,该规定第71条第2款规定:"收集物证、书证、视听资料、电子数据违反法定程序,可能严重影响司法公正的,应当予以补正或者作出合理解释;不能补正或者作出合理解释的,对该证据应当予以排除。"该规定明确规定,只有在不能补正或者作出合理解释时,才对该证据予以排除。

评注16-2 裁量排除的解释立场并不符合立法原意

对非法物证、书证采取裁量排除的解释立场实际上并不符合立法原意。因为在有些场合下,"补正"除了浪费司法资源以外,没有任何意义。法律不会要求侦查人员做没有意义或者只有负面意义的事情。例如,法律规定搜查应当有搜查令,紧急情况下的逮捕附随的搜查可以没有搜查令。假定两名警察在不是执行逮捕的场合,在没有搜查令的情况下实施了搜查。在此情况下,如果我们按裁量排除的思路来解决这一违法搜查问题,则首选的方案是补正,其次是作出合理解释,最后才是排除。但是,在前述假设案例的情况下,如果对无证搜查的行为进行补正,就是补一个搜查令而已,这在现行体制下毫无障碍,公安机关重新签发一个搜查令就行了。最多再补充侦查,把已经经过非法搜查获得的物证、书证放回原处,在补发搜查令之后重新搜查一遍。

再说作出合理解释。警察在明知没有搜查令且明知搜查应当有搜查令的情况下,却实施了搜查,只能用"故意"来解释,或者用"明知且明智地违反法律"来解释。当然,我们还可以通过另一途径使无证搜查的行为正当化,那就是:在紧急情况下,出于打击犯罪的需要,可以进行无证搜查。但是,得出这一结论的前提是法律为搜查令的要求设置了紧急情况的例外。但是现行刑事诉讼法并没有设置这一例外。因为《刑事诉讼法》在第138条分两款分别规定了原则和例外;第1款规定出示搜查令是原则;第2款规定执行逮捕、拘留的时候,遇有紧急情况不另用搜查令也可以进行搜查。这两款规定的意图十分明确,搜查令的例外只有一种情况,那就是逮捕、拘留附带搜查时遇有紧急情况。如果不是在执行逮捕、拘留的场合遇有紧急情况也可以不另用搜查令进行搜查,立法者就会在第138条第2款明文加以规定,而不会在第56条隐晦地进行暗示。可见以紧急情况为由来解释逮捕、拘留之外其他场合的无证搜查,很难在现行刑事诉讼法的框架下获得正当化。这样的解释当然不属于刑事诉讼法所说的"合理解释"。

---

[9] 郎胜主编:《中华人民共和国刑事诉讼法修改与适用》,新华出版社2012年版,第124页。

（二）本书见解：强制排除

本书认为，并不是对于所有的违法搜查、扣押物证、书证的行为都能够补正或提供合理解释。只有在能够补正或作出合理解释的场合，才能补正或作出合理解释；在不能提供合理解释的场合，对违法搜查、扣押获得的物证、书证，唯一的选项就是排除。这主要是因为事实上存在既不能补正也不能作出合理解释的情形。如前所述，对于那些不属于执行逮捕、拘留情形下的无证搜查，没有办法进行补正；对于有些程序性瑕疵，无法通过补正、作出合理解释的方法获得补救。

这一立场在 2012 年《最高检规则（试行）》的规定中得到确认。该规定第 66 条第 3 款规定："本条第一款中的可能严重影响司法公正是指收集物证、书证不符合法定程序的行为明显违法或者情节严重，可能对司法机关办理案件的公正性造成严重损害；补正是指对取证程序上的非实质性瑕疵进行补救；合理解释是指对取证程序的瑕疵作出符合常理及逻辑的解释。"据此规定，"补正"是指对"取证程序上的非实质性瑕疵进行补救"。换句话说，补正的对象仅限于"非实质性瑕疵"；对于存在"实质性瑕疵"的物证、书证，实际上是不适用补正的。

其实，该《最高检规则（试行）》已经与本书采取了至少大致相同或近似的立场。其第 66 条第 1 款规定："收集物证、书证不符合法定程序，可能严重影响司法公正的，人民检察院应当及时要求侦查机关补正或者作出书面解释；不能补正或者无法作出合理解释的，对该证据应当予以排除。"第 2 款规定："对侦查机关的补正或者解释，人民检察院应当予以审查。经侦查机关补正或者作出合理解释的，可以作为批准或者决定逮捕、提起公诉的依据。"其中第 1 款的规定实际上已经暗含了这样的意思：有些程序性瑕疵是可以补正或者作出合理解释的；有些程序性瑕疵是不能补正也不能作出合理解释的，对于不能补正或作出合理解释的，就应当直接予以排除。对该司法解释作合理解释，即第 3 款承认了只有非实质性瑕疵才可以通过补正的方法进行补救，将这一逻辑贯彻到底，则同样也只有非实质性瑕疵才能作出合理解释；对于"实质性瑕疵"，既不能补正，也不能作出合理解释，唯一的办法，当然也就是首选的办法，就是"排除"。

案例 16－3　马普诉俄亥俄州〔10〕

1957 年 5 月 23 日，美国俄亥俄州克利夫兰市的 3 名警察来到马普的住处，追踪一名被怀疑与制造爆炸案有关的嫌犯，理由是该嫌犯的大量随身物品藏在马普的家中。马普老太太和她女儿住在一栋两户人家居住的房子的二层。警察来到这

〔10〕 Mapp v. Ohio, 367 U.S. 643 (1961).

栋房子门前,敲门说希望进去看看。马普说先打个电话问问律师,结果律师说如果没有搜查令就不让进。警察们只好给总部打电话请求搜查令支援,他们自己则守在楼门口以便监视屋内动向。

3个小时后,另外4名警察甚至更多警察赶到现场,他们再次试图进入马普的房间。在马普还没准备好下楼的时候,就有警察强行打开了其中的一扇门并且进到屋子里面。此时马普的律师也赶到了现场,但是警察们既不允许他与马普见面,也根本就不让他进屋。就在警察闯进屋子时,马普也从二楼下到一楼来到前门,马普要求警察给她看看搜查令。一名警察拿着一张纸在她面前一晃说,这就是搜查令。马普将"搜查令"一把抓住并放到胸前,警察们一拥而上,有人抓住马普,把马普的手反剪着铐起来,从她手中夺走了"搜查令"。之后,警察们肆无忌惮地到马普居住的二楼,并且把被铐住的马普也带到二楼,翻查了她的衣服、抽屉、衣柜和箱子,他们还翻看了马普的相册和她的一些私人文件。搜查还延伸到整个二楼,包括儿童房、起居室、厨房和厨房旁边的小餐室。他们还搜查了整栋建筑的地下室和在地下室发现的一个行李箱。在这个搜查过程中,他们最终发现了一些淫秽材料。马普最终被以非法持有淫秽物品罪被定罪。在法庭审判过程中,控方始终拿不出任何"搜查令"来证明此次搜查是合法的。

美国联邦最高法院判定:所有以违宪方式非法搜查或扣押的证据,都既不得在联邦法院使用,也不得在州法院使用(联邦法院关于非法搜查、扣押获得的证据的排除规则已经于1014年通过Weeks案得以确立,本案主要是将威克斯案确立的原则延伸适用于州法院)。在作出如此判定时,美国联邦最高法院也指出,的确有一些人主张,如同大法官卡多佐所说的那样,在宪法排除规则的原理之下,"被告人往往由于警察的犯错而逍遥法外"。美国联邦最高法院认为,在有些案件中,这的确是适用法律的结果。但是,如同联邦最高法院在Elkins一案中所阐明的那样,司法的纯洁性也应当加以考虑,"如果犯罪分子应当逍遥法外,那也是法律让他逍遥法外"。比起政府自己不遵守自己颁布的法律,更加恶劣的是完全无视已经存在的宪章的规定。

思考 假设本案发生在当今中国,警察既不是在执行逮捕,因此不存在逮捕附带的紧急情况下的搜查,也没有搜查令就进行了搜查,从而获得了有关嫌疑人非法持有违禁品的证据,你认为对于这样的搜查可以通过补正的方式加以救济吗?如果非法证据排除规则的目的在于震慑的话,你认为补正能起到震慑的效果吗?

三、因侵犯人身权获得的非法证据的排除

在美国,以违反宪法的方式侵犯人身权利而获得的非法证据的排除由美国

《宪法第四修正案》调整。美国《宪法第四修正案》规定了人民享有其人身、住宅、财物和文件不受不合理搜查和扣押的权利。其中,对人身的搜查和扣押,均有可能导致对人身权的不合理侵犯,由此获得的证据,也被视为非法证据而予以排除。

| **案例 16-4** | 加利福尼亚州诉荷达莱·D.[11]

1988年4月的一个夜晚,警官布莱恩·迈克科尔金(Brian McColgin)与杰里·皮尔托索(Jerry Pertoso)在奥克兰的一个犯罪高发地区巡逻。他们穿着普通的衣服,但穿着前胸和后背都印有"警察"标志的上衣。他们开着一辆没有打上标志的警车。当他们来到一个街角时,一群靠在一辆红色轿车旁边的年轻人看到他们的车辆,明显感到惊慌,并纷纷逃跑。荷达莱·D.和他的一个同伴往西边逃跑,另一些人则驾驶红色轿车往南边逃跑。警官们觉得可疑,并进行了追赶。迈克科尔金驾车往南追赶,皮尔托索则下车往北边追赶,之后又折向西边追赶。荷达莱·D.不久之后也逃往北边。因为他一边追一边向后看,所以根本没注意警官皮尔托索的动向;等他注意到皮尔托索时,皮尔托索几乎已经拦在他面前。他立即把一包岩石样的东西抛了出去。几分钟后,皮尔托索将其抓住,用手铐铐住他,并用步话机叫来同事增援。警察在荷达莱·D.身上发现130美元现金和一部寻呼机;被他抛出的岩石样包裹则被发现实际上是一包质量上佳的可卡因。

本案当中,法院试图解决的问题是:在荷达莱·D.抛出毒品可卡因的时候,他是否已经被实施了美国《宪法第四修正案》意义上的"扣押"。被告人主张说,如果已经遭受了扣押,则本案中的毒品属于非法扣押这一违宪行为的"毒树之果",从而应当予以排除;如果不属于,则荷达莱·D.抛弃的那些毒品就属于警察以合法方式发现的毒品,应当允许在法庭上出示。

大法官斯卡利亚代表美国联邦最高法院发表了本案判决。斯卡利亚在判决中指出,联邦最高法院早已决定,美国《宪法第四修正案》保护的人民不受不合理扣押的权利包含了对人身的扣押。根据美国字典对"扣押"的界定,"扣押"意味着"占领"(taking possession)。在普通法上,扣押不仅意味着着手实施抓捕或者着手对试图占领的对象运用武力,而且包括对扣押对象的实际上的物理控制。举例而言,在战争当中,即便一艘战舰已经遭受攻击,但是只要它还在逃跑,追击的一方就不能说已经占领了该战舰从而扣押了战利品并要求奖赏。根据美国联邦最高法院先前的判例,只有当执法官员已经以某种形式约束了公民自由的时候,才能说对该公民的扣押已经发生(Terry v. Ohio, 392 U.S. 1, 19, n16, 1968)。因此,美国《宪法第四

---

[11] California v. Hodari D., 499 U.S. 621 (1991).

修正案》使用的术语不支持本案被告人的主张。“扣押”这一术语当然包括伸出手臂或者运用武力以约束公民自由的行为,即使该行为最终并未成功(例如,他抓住了扒手,但是扒手却挣脱了他的手心)。但是,这一术语却不适用于警察正在追捕逃犯的情形,因为你不能想象警察可以遥控嫌疑人的行为,就像遥控电视机一样远远地呼喊:“我以法律的名义命令你:站住!”这样的行为还算不上扣押。

因此,本案被告人在抛出其毒品时还未被扣押,本案中警察获得的毒品也不属于违法扣押的“毒树之果”,被告人申请排除非法证据的主张应当予以驳回。

| 评注 16-3 |　因侵犯人身权而获得的非法证据也应当排除

我国《刑事诉讼法》第 56 条第 1 款规定:“采用刑讯逼供等非法方法收集的犯罪嫌疑人、被告人供述和采用暴力、威胁等非法方法收集的证人证言、被害人陈述,应当予以排除。收集物证、书证不符合法定程序,可能严重影响司法公正的,应当予以补正或者作出合理解释;不能补正或者作出合理解释的,对该证据应当予以排除。”如前所述,根据《最高检规则(试行)》,上述规定中的“等非法方法”,通常是指刑讯逼供、暴力、威胁等方法以外的与刑讯逼供、暴力、威胁程度相当,从而达到迫使犯罪嫌疑人违背意愿做出供述的方法。根据 2012 年《最高法解释》,“等非法方法”必须是“使被告人在肉体上或者精神上遭受剧烈疼痛或者痛苦”,并“迫使被告人违背意愿供述”的方法。可见,无论是《最高检规则(试行)》还是 2012 年《最高法解释》,都未对“等非法方法”作出进一步的解释。那么,根据上述规定,是否可以将侦查机关违法采取强制措施的行为理解为足以迫使犯罪嫌疑人、被告人违背意愿作出供述的其他方法呢?本书认为,从立法目的来看,非法证据排除规则的主要目的在于保障公民依照宪法享有的宪法权利以及刑事诉讼法规定的基本权利,如果将不受任意拘禁作为基本权利对待,则违法采取强制措施的行为,当然应当视为与暴力、威胁等同的行为。因此,违法采取强制措施获得的证据,当然也应当排除。

正是基于这种理解,2017 年 6 月颁布的《严格排除非法证据规定》第 4 条明确规定:“采用非法拘禁等非法限制人身自由的方法收集的犯罪嫌疑人、被告人供述,应当予以排除。”2017 年上述规定出台时,2012 年《刑事诉讼法》已经公布实施,因此,上述规定只能以 2012 年《刑事诉讼法》为依据,是对《刑事诉讼法》的进一步明确,而不是对《刑事诉讼法》的违反或突破。2021 年《最高法解释》第 123 条第 3 项也规定,采用非法拘禁等非法限制人身自由的方法获得的被告人供述,应当予以排除。之所以将采用非法拘禁等非法限制人身自由的方法收集的犯罪嫌疑人、被告人供述予以排除,是因为,根据前述对《刑事诉讼法》的阐释,无论物证、书证或是犯罪嫌疑人、被告人供述,只要是侦查机关以侵犯公民基本权利的方式取得的,都应当一律强制排除。人身自由权是公民的基本权利之一,属于基本人权范畴,因此,以非法侵犯人身自由方式取得的供述,也应当予以排除。

案例 16－5　沈某山单位行贿案

沈某山系 A 公司执行总裁,2018 年至案发前,负责 A 公司在江南省河西市肥东县的旅游地产项目。因涉嫌向原肥东县县委书记金某俊行贿,于 2021 年 7 月 28 日被江南省涂州市虎牙区监委留置,关押在涂州市监委第十一留置室。留置之前,监察机关并未取得金某俊承认受贿的供述,案卷中也没有其他指向沈某山行贿金某俊的证据;在卷所有证据,包括 50 份笔录以及其他证据,均在沈某山被留置、指定居所监视居住多日之后取得。另外,被采取留置措施时,沈某山系河西市第十六届人大代表,但监察机关对沈某山的留置未事先取得河西市人大主席团或常委会的许可。

2022 年 2 月 27 日,沈某山被解除留置,调查人员以指定居所监视居住的名义将沈某山继续羁押在涂州市监委第十一留置室,并让虎牙区公安机关出具了指定居所监视居住的法律手续。在被指定居所监视居住期间,沈某山多次要求会见律师,均被拒绝;其家属委托的律师亦前往办案机关要求会见沈某山,也被拒绝。

经江南省高级人民法院指定管辖,沈某山单位行贿案由涂州市虎牙区人民法院对本案进行一审审理。关联案件中的金某俊已被涂州市中级人民法院一审判决认定构成受贿罪,其中一项事实即沈某山代表 A 公司向金某俊行贿的事实。

庭审过程中,沈某山否认行贿,并称办案人员对其多次威胁。沈某山还指出,在调查过程中,办案人员要沈某双腿并拢,直挺挺地坐在凳子上,从早上 6 点坐到晚上 12 点,坐到双腿肿胀、皮肤溃烂,至今腿上仍有疤痕。此外,办案人员还不断向公司实控人俞某祥施压。出于公司前景的考量,俞某祥写信劝说沈某山认罪。基于前述原因,沈某山向办案人员供述其代表 A 公司向金某俊行贿 500 万元。

因控辩双方就是否存在行贿事实存在争议,沈某山及其辩护人申请金某俊出庭作证。金某俊虽在监狱关押,但反复向其申诉代理律师表示自己愿意出庭作证,证明 A 公司、沈某山从未向其行贿。

思考　本案调查机关在并未掌握任何证据,仅怀疑金某俊收取 A 公司贿赂的情况下,即对 A 公司执行总裁沈某山采取留置措施的行为是否合法?留置应当满足什么样的证据条件?对沈某山的留置是否应当经当地人大常委会或者主席团批准?本案对沈某山指定居所监视居住的措施是否合法?为什么?办案机关在指定居所监视居住期间拒绝沈某山律师会见的做法是否合法?为什么?若你是本案被告人沈某山的辩护律师,你能为非法证据排除的主张提供哪些理由?若你是本案法官,你认为本案被告人沈某山的供述是否应当排除?

四、因侵犯获得律师帮助权获得的非法证据的排除

如果以中国的法律框架和思维习惯来理解美国的制度,则美国实际上存在四类非法证据排除规则:第一类是因违反美国《宪法第五修正案》规定的反对强迫自证其罪的特免权而设置的非法证据排除规则;第二类是因违反美国《宪法第四修正案》关于住宅权、隐私权和财产权实施非法搜查、扣押而设置的非法证据排除规则;第三类是针对违反美国《宪法第四修正案》关于人身权的规定实施对人身的违法扣押(美国称"逮捕")而设置的非法证据排除规则;第四类是违反美国《宪法第六修正案》有关获得律师帮助权的规定设置的非法证据排除规则。

按照以上分类,中国目前已经明确存在的非法证据排除规则只有两类:一类是针对侵犯强迫自证其罪特免权原则设置的非法证据排除规则;另一类是针对非法搜查、扣押获得的物证、书证的排除规则。对于美国司法实践中存在的针对侵犯人身权获得的言词证据、实物证据、文书证据而设置的排除规则,以及针对侵犯获得律师帮助权获得的任何证据而设置的排除规则,在我国相关立法、司法解释和司法实践中,都是缺失的。当然,这并不表明刑事诉讼法就有意排斥这两类排除规则,如果解释得当,也可以认为刑事诉讼法实际上也确立了这两类排除规则。

| **案例 16-6** | 布鲁尔诉威廉姆斯〔12〕

1968 年 10 月 24 日下午,一个名叫帕米拉(Pamela)的 10 岁女孩随家人到美国艾奥瓦州摩恩纳斯观看一个有她哥哥参加的摔跤比赛。在去了一趟洗手间之后她没有回到座位上,家人开始搜寻,但没有成功。在女孩失踪之后不久,有人看到威廉姆斯(Robert Williams),一个从精神病院跑出来的人,在场馆大厅提着一包衣服和一大捆用毯子包起来的东西。一个 14 岁的男孩帮助他打开了场馆通往大街的门和他停在街上的车的车门。当威廉姆斯把那一捆东西放到车后座上时,男孩看到两条白色的小腿露了出来,威廉姆斯马上开车走掉了。后来人们在艾奥瓦州的达文波特(Davenport)找到了这辆车。法院对威廉姆斯签发了逮捕令。

10 月 26 日上午,摩恩纳斯的一位名叫麦克奈特的律师给摩恩纳斯警察局打电话,说他刚刚接到威廉姆斯的长途电话,他已经劝说威廉姆斯到达文波特警察局自首。威廉姆斯那天上午的确到达文波特警察局自首了。当地警察对他进行了登记,并对他实施了米兰达警告,达文波特警察局于是与摩恩纳斯警察局联系,通报了威廉姆斯已经自首的情况。麦克奈特律师则抵达摩恩纳斯警察局总部,威廉姆

〔12〕 Brewer v. Williams, 430 U.S. 387 (1977).

斯与他通了电话。在警察局长和探员利明(Leaming)均在场的情况下,麦克奈特律师告诉威廉姆斯,摩恩纳斯警察局的警察将会把他从达文波特警察局接到摩恩纳斯,这些警察既不会讯问他,也不会虐待他;同时还建议威廉姆斯不要与任何警察官员谈论与帕米拉案件有关的情况。作为律师与警察局商谈的结果,探员利明将与另一名警察一起开车去达文波特接威廉姆斯,在这期间不会对威廉姆斯进行讯问。

与此同时,威廉姆斯也迅速被带到达文波特的一名法官面前接受聆讯。法官对他实施了米兰达警告,并命令将他收押。在离开法庭之前,威廉姆斯还就近咨询了一个名叫克里(Kelly)的律师,该律师同样建议他在回到摩恩纳斯并见到他自己的律师之前不要作任何供述。

探员利明和他的同事在中午时分到达达文波特准备接上威廉姆斯并返回摩恩纳斯。他们在达文波特警察局见到了威廉姆斯和他的律师克里。利明向威廉姆斯宣读了米兰达警告,并且告诉他说:"我们知道在这里由克里律师代理你的案件,回到摩恩纳斯之后由麦克奈特代理你的案件……我们也希望你记住这个因为我们可能会在两地之间来回往返。"威廉姆斯与克里单独商量了一下,之后克里律师再次对警察说路上不能对他进行讯问。当利明表达了一些保留意见时,克里坚定地说,警察与麦克奈特律师之间达成的协议必须获得遵守——在驾车前往摩恩纳斯的途中不得对威廉姆斯进行讯问。克里还试图与警察同行,但遭到拒绝。

于是两名警察载着威廉姆斯开始了长达160英里的旅途。在此途中,威廉姆斯从未表达过愿意在律师不在场的情况下接受讯问的意愿。相反,他反复表明:在见到律师之后将向你们披露整个事情的真相。利明知道威廉姆斯曾经是个精神病患者,也知道他有着执着的信仰。很快,他们开启了内容广泛的交谈。利明有意无意地提到了"基督教葬礼致辞"(christian burial speech)。他说:"我希望跟你讲一讲有些情况供你考虑……第一,我希望你观察一下现在的天气,正在下雨,下冻雨,路面正在结冰,(这种路上)驾车变幻莫测,可见度很低,天很快就要黑下来。天气预报说今晚有好几英寸深的大雪,我认为你是唯一知道小女孩尸体在哪里的人,你可能只到过那里一次,下雪之后你自己也可能找不到女孩尸体在哪里了。既然我们在去往摩恩纳斯的路上要经过那里,我觉得我们可以在那里停下来找到尸体,这样女孩的父母就可以给女孩一个基督徒的葬礼。我觉得既然我们现在可以停下来先找到这个尸体,那又何必等到明天再从摩恩纳斯返回,那时有可能根本就什么也找不到。"

威廉姆斯问道,为什么你们认为在去摩恩纳斯的路上可以找到女孩的尸体?利明回答说他知道女孩的尸体就在去往摩恩纳斯的途中附近的一座叫米西维尔的山上(事实上他并不知道)。利明又说:"我不想你回答我的问题。我不想继续进一步的讨论了。我只是希望你考虑考虑这个问题。”

当汽车驶进离达文波特100英里的一个名叫格兰奈尔(Grinnell)的小镇时,威廉姆斯问他们找到女孩的鞋没有?利明回答说他不确定。威廉姆斯就指着一个服务站说那就是他丢弃女孩鞋子的地方;但两名警察下车搜寻之后却一无所获。威廉姆斯又指着另一个地方说这是他处理毯子的地方;两名警察还是没有任何发现。汽车继续朝摩恩纳斯行进,在抵近米西维尔山时,威廉姆斯说他可以指明女孩的尸体在哪里。他指出了帕米拉被埋藏的地方。

威廉姆斯被指控一级谋杀。审判前,辩护律师申请排除所有根据警察在车上与威廉姆斯谈话所获得的陈述找到的证据。听证之后,审判法官认定,本案中的争议证据都是在从达文波特到摩恩纳斯的途中获取的,而此前律师与警察达成了协议,不能在途中进行讯问。但审判法官同时认定,威廉姆斯在提供这些信息时已经放弃了他获得律师帮助的权利。陪审团判定威廉姆斯谋杀罪名成立。艾奥瓦州最高法院以相当接近的比例维持了审判法院的定罪判决。被告人向联邦地区法院申请人身保护令。联邦地区法院推翻了原判决,认定本案争议证据应当排除,被告人应当获得重新审判的机会。联邦第八巡回上诉法院维持了联邦地区法院的裁决。联邦最高法院受理了此案。

美国联邦最高法院认为,联邦地区法院和上诉法院的判决都应当获得支持,因为本案中被告人依据宪法享有的获得律师帮助的权利明显受到了侵犯。联邦最高法院指出,如果认定被告人放弃了他依据宪法享有的权利,就必须由政府一方来证明被告人的确放弃了权利,但是本案中州政府显然没有完成其举证责任。的确,威廉姆斯是被实施了米兰达警告,而且因此应当了解他有权获得律师帮助,但是,放弃权利不仅要求了解有这项权利,而且要求必须明示其放弃了该项权利。而威廉姆斯反复地依赖于其律师的建议这一事实已经有力地驳斥了任何有关他放弃了获得律师帮助权的说法,从本案有关程序的记录来看,没有任何理由认定威廉姆斯放弃了其获得律师帮助的权利。联邦最高法院十分雄辩地指出:“我们不是说被告人不可以放弃权利,而是说被告人没有放弃其权利。”

美国联邦最高法院还指出,威廉姆斯所被指控的罪行是十分冷血和残暴的,它需要警察采取迅速灵活和充满活力的行动以抓获犯罪分子并收集证据以使其被定罪。没有什么比执法官员的这一任务更为重要的了。但是,即便是基于对公共福利(public good)的无私热情也不足以保证这些手段的聪明或正确。因此,尽管我们也十分不情愿在这一案件中签署人身保护令,但是如此明显违反美国《宪法第六修正案》和《宪法第十四修正案》的行为也不能容忍。施加在州执法官员身上的压力是十分沉重的,尤其是当一个谋杀案的受害人是一个小孩子的时候。但十分确定的是,将宪法所赋予每一个人的保护变成公职人员绝对的信仰,同样是公职人员不可推卸的责任。

| 评注 16－4 | 宪法权利不因犯罪的严重程度而受到权衡

本案令人印象深刻的是被告人被指控犯罪的严重程度，简直令人发指。就像首席大法官伯格在其反对意见中所指出的那样：本案多数意见的结论在任何一个声称组织精良的社会都是无法容忍的，法院因为警察的一个小小的错误，没有去直接惩罚犯错误的警察，却将惩罚的矛头对准了公众。但也正是因为本案中多数意见的坚持，才使联邦最高法院在维护公民基本宪法权利方面成为典范，这一点也正是法治社会所追求的：任何原则都可以有例外，例外多了之后原则就会被淹没；如果没有原则地设置例外，原则就不再成为原则，一切规则的边缘都将模糊化，从而也就没有了边缘，当然也就没有了规则。当一个规则可以因为面临重大犯罪案件而例外时，它也可能会在涉及重要领导时也设置例外；当另一个规则可以因为涉及重要领导而例外时，它就什么时候都有可能成为例外了。所以，本案中联邦最高法院多数意见的裁决之所以珍贵，并不仅在于它维护了公民依照宪法享有的基本权利，更在于它维护了规则的价值，维护了宪法的权威，它使每一个法律规则都应当得到遵守的信条深入人心，它使法律规则适用的可预期性得到加强，它使法治的理想因为法官的坚持而成为现实。

五、间接渊源于违法行为的证据是否应予排除——“毒树之果”原理

（一）“毒树之果”原理的含义

最简单的非法证据排除规则就是通过违反宪法的手段直接获得的非法证据应当予以排除。但是，对于间接源于非法手段的证据是否也要予以排除？例如，警察纯粹凭怀疑断定被告人与一桩谋杀案有关而非法搜查了被告人的房间。搜查过程中，警察扣押了一本日记，该日记提到该谋杀案中的证人，证人后来同意在针对被告人的审判中出庭作证。根据通常的排除规则原理，在对被告人的审判中，该日记当然不具有可采性，因为它是该项非法搜查的直接结果。不过，证人的证言是否具有可采性呢？换句话说，依据违法手段获得的“第二手的”或者说“派生性的”证据，是否也应当予以排除呢？对此问题，美国联邦最高法院在Silverthorne Lumber Co. v. United States案中指出，无论是直接源于非法手段获得的证据，还是间接源于非法手段获得的证据，都应当予以排除。[13] 其理论基础是，无论是直接还是间接源于违宪手段的证据，都属于毒树上结出的果子，因此

〔13〕 Silverthorne Lumber Co. v. United States, 251 U. S. 385 (1920).

应予摘除。这就是著名的“毒树之果”原理(见图 16－1)。

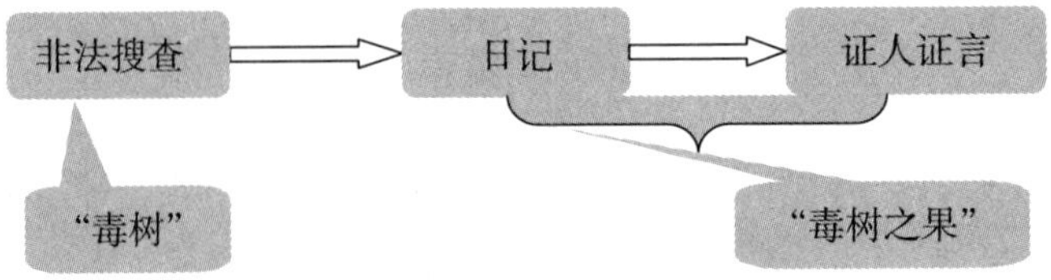

图 16－1 “毒树之果”原理示意

值得指出的是,“毒树之果”原理虽然主要关注的是间接源于违宪行为的法律规则,但是“毒树之果”却不限于间接源于违宪行为的证据。直接源于警察违宪行为的证据也是“毒树之果”,只不过其排除不成问题,所以当人们说到“毒树之果”原理时,主要就是强调间接源于违宪行为的证据。换句话说,“毒树之果”原理只是一个比喻,其目的是将间接源于违宪行为的证据也纳入非法证据排除规则的适用范围。在这个比喻当中,“毒树”永远是指政府的违宪行为,而“毒果”却既可以是直接源于违宪行为的证据,也可以是间接源于违宪行为的证据。

| **案例 16－7** | 尼克斯诉威廉姆斯〔14〕

在案例 16－6 中,本书叙述了布鲁尔诉威廉姆斯一案的基本案情、诉讼过程以及法院判决及其理论。

该案被发回重审之后,威廉姆斯再次被认定一级谋杀罪名成立。在针对威廉姆斯的第二次审判中,控方没有将威廉姆斯的陈述当作证据出示,也没有告知法庭警察是依据威廉姆斯的指示找到了尸体。控方出示的证据主要是女孩的尸体状况(警察的证言)、女孩的衣物以及对尸体进行医学和化学检测的检验报告。审判法庭允许上述证据的理由是,即便没有威廉姆斯的指认,已经开始的搜索也会在实质情况大体一致的情况下发现该尸体。美国艾奥瓦州最高法院和联邦地区法院均维持了审判法院的这一判决,认为该案中与尸体有关的证据均属于最终必然发现的例外。但是,联邦第八巡回上诉法院却推翻了审判法院的判决,认定本案不适用最终必然发现的例外,因为最终必然发现原理要求控诉方有证据证明警察的行为不是基于“恶意”,但是本案控方却没有证据证明警察的行为不属于恶意。

美国联邦最高法院推翻了联邦第八巡回上诉法院的判决,维持了审判法院的判决。联邦最高法院指出,“毒树之果”原理的目的是震慑警察的违法行为,因此控方不得因警察的违法行为而处于更加有利的地位;但同时,对“毒树之果”原理的援引也不得使控方处于比没有实施违法行为更加不利的境地。因为,震慑警察违法

〔14〕 Nix v. Williams (Williams Ⅱ),467 U.S. 431 (1984).

行为的社会利益和容许能够证明犯罪行为的相关证据之间进行权衡的结果是，控方的地位应当与没有警察违宪行为时一样。因此，独立来源原理允许出示以完全遵守宪法的方式发现的证据。也因如此，如果控方能够占盖然性优势地证明案件证据在即使没有违法行为的情况下也最终能被必然发现，那么，震慑效果在此种场合下是微弱的，这样的证据就应当得到允许，否则就是违背逻辑、经验和常识。

评注 16－5　“毒树之果”原理与最终必然发现的例外

尼克斯诉威廉姆斯一案中警察的违法行为主要是指警察侵犯了嫌疑人根据美国《宪法第六修正案》享有的获得律师帮助权，在嫌疑人没有其律师到场的情况下对嫌疑人进行了讯问。其直接获得的证据当然是嫌疑人的陈述以及对尸体和相关场所的指认；间接获得的证据是警员赶到现场发现尸体之后进行现场勘验、尸体检验获得的警察证言、尸检报告等。本案中的“毒树”就是警察在没有律师到场的情况下进行的讯问这一违法行为，“毒树之果”则既包括嫌疑人的陈述和指认，也包括警察对有关尸体情况的法庭陈述和对尸体进行医疗和化学检验获得尸检报告。其中，嫌疑人的陈述在第一次审判中就被法院排除了。但是，警察的证言、尸检报告等证据，在第二次审判中获得允许，并且，联邦最高法院还通过该案确立了“最终必然发现”的例外。值得注意的是，很多美国法学家都认为，最终必然发现的例外与独立来源的例外在原理上并无本质区别。

（二）“毒树之果”原理是否适用于中国

我国《刑事诉讼法》第56条第1款规定：“采用刑讯逼供等非法方法收集的犯罪嫌疑人、被告人供述和采用暴力、威胁等非法方法收集的证人证言、被害人陈述，应当予以排除。收集物证、书证不符合法定程序，可能严重影响司法公正的，应当予以补正或者作出合理解释；不能补正或者作出合理解释的，对该证据应当予以排除。”本书认为，该规定可以而且也应当理解为确立了中国的“毒树之果”原理。虽然表面上看，对于犯罪嫌疑人、被告人供述，只有采用刑讯逼供等非法方法收集时才予以排除，这似乎排除了以违法采取强制措施进行实际上的非法拘禁收集的犯罪嫌疑人、被告人供述被排除的可能性，但实际上，非法拘禁也可以被解释为属于“刑讯逼供等非法方法”，因此非法拘禁获得的犯罪嫌疑人、被告人供述也应当予以排除。同时，收集物证、书证的程序不合法且严重影响司法公正时，既应当排除物证、书证，也应当排除根据物证、书证找到的其他证据，例如被告人供述、证人证言、被害人陈述等。只有这样，非法证据排除规则的震慑效果才有威力，也才能在实践中真正发挥出约束国家权力、保障公民权利的作用。如果不顾立法意图,只是简单地将非法证据排除的范围限定为根据非法行为直接获得的证据,实际上是对《刑事诉讼法》条文规定的限缩解释,既不具备充分的正当性,也不符合立法原意,因此应当予以摒弃。

2017 年发布的《严格排除非法证据规定》第 5 条,实际上在一定程度上承认了间接源于违法行为的证据也要排除。根据该条规定,采用刑讯逼供方法使犯罪嫌疑人、被告人受该刑讯逼供行为影响而作出的与该供述相同的重复性供述,应当一并排除。该规定表明,只要是受刑讯逼供方法影响而作出的重复性供述,也属于应当排除的非法证据范围之列。但如前所述,非法证据排除规则排除的是侵犯犯罪嫌疑人、被告人基本权利取得的所有证据,其所涉及的取证方法并不仅限于刑讯逼供,而是所有侵犯基本权利的方法;其所涉及的证据也不仅限于犯罪嫌疑人、被告人供述,而是包含与非法取证方法存在因果关系的所有证据。因此,2017 年颁布的上述规定,虽然也类似于"毒树之果"原理,但将其局限于刑讯逼供这一特定的非法取证行为,同时将证据种类限定为犯罪嫌疑人、被告人供述,实际上是对"毒树之果"原理做了双重限制,在一定程度上不利于对犯罪嫌疑人、被告人基本权利的保护。

《严格排除非法证据规定》第 5 条还规定了犯罪嫌疑人、被告人重复供述这一"毒树之果"的两个例外:(1)侦查期间,根据控告、举报或者自己发现等,侦查机关确认或者不能排除以非法方法收集证据而更换侦查人员,其他侦查人员再次讯问时告知诉讼权利和认罪的法律后果,犯罪嫌疑人自愿供述的;(2)审查逮捕、审查起诉和审判期间,检察人员、审判人员讯问时告知诉讼权利和认罪的法律后果,犯罪嫌疑人、被告人自愿供述的。本书认为,以上规定实际上是确认侦查机关、检察机关和审判机关可以以切断"毒树之果"毒液的方式,将本来可能"有毒"的证据清洗,从而使这些证据具有合法性,并可以作为定案的依据。根据"毒树之果"原理,只要采用了侵犯公民基本权利的方法取得的证据,法律上均推定为"有毒",也就是推定其非法,一律加以排除;但是如果控方能够排除合理怀疑地证明之后取得的证据"无毒"(独立来源原理),或者毒液很少,少到几乎"无毒"(稀释原理),则该证据仍然可以不排除,具有可采性,只是需要控方承担证明责任。上述例外,则应当理解为只要采用了刑讯逼供这种侵犯公民基本权利的方法取得的证据,法律上均推定为"有毒",也就是推定其非法,一律加以排除;但是如果属于例外情形,则法律推定其无毒,具有可采性;但是,这一推定属于可反驳的推定,那就是,如果被告方能够证明在上述例外情形下,其之后的重复性供述仍然是受到之前遭受的刑讯逼供行为的影响而作出的,则该供述仍然属于"毒树之果",仍然要予以排除。

第三节　非法证据排除的程序

一、非法证据排除程序的启动

《刑事诉讼法》第58条第1款规定,法庭审理过程中,审判人员认为可能存在《刑事诉讼法》第56条规定的以非法方法收集证据情形的,应当对证据收集的合法性进行法庭调查;第2款规定,当事人及其辩护人、诉讼代理人有权申请人民法院对以非法方法收集的证据依法予以排除;申请排除以非法方法收集的证据的,应当提供相关线索或者材料。该条规定了非法证据排除程序启动的主体、时间、模式与条件,以下分别阐述。

(一)启动非法证据排除程序的主体与时间

根据《刑事诉讼法》第58条第1款的规定,法庭审理过程中,有权启动非法证据排除程序的主体为人民法院的审判人员,具体应当是指审理本案的审判人员。启动非法证据排除程序的时间为法庭审理过程中,具体是指从人民法院受理案件之日起到法庭辩论终结的过程。有论者认为,法庭审理过程中是指"从开庭审判到法庭辩论终结的过程"[15],本书认为不妥。因为,"开庭审判"一般是指法庭已经结束了庭前准备程序、将控辩双方传唤或通知至法庭进入正式的法庭审理的时间,若将开庭审判限定为开庭审理阶段容易让人误以为非法证据排除的申请也只能在此阶段提出,既不利于诉讼当事人权利的保障,也不利于提升司法效率。另根据《刑事诉讼法》第187条第2款的规定,审判人员可以在开庭以前召集公诉人、当事人和辩护人、诉讼代理人,对回避、出庭证人名单、非法证据排除等问题了解情况、听取意见。这一规定明确表明开庭之前审判人员和控辩双方就可以就非法证据排除的问题进行相关的诉讼活动,可见将非法证据排除的启动限定于开庭审判之后的理解,并不符合刑事诉讼法的规定。

(二)启动非法证据排除程序的模式与主体

根据刑事诉讼法的规定,非法证据排除规则的启动有两种模式:一种是法庭主动对证据的合法性进行审查;另一种是当事人及其辩护人、诉讼代理人申请法

〔15〕 郎胜主编:《中华人民共和国刑事诉讼法修改与适用》,新华出版社2012年版,第126页。

庭对证据的合法性进行审查。在第二种模式下,当事人及其辩护人、诉讼代理人应当提供相关线索或者材料。根据《排除非法证据规定》第 6 条的规定,被告人及其辩护人提出被告人审判前供述是非法取得的,法庭应当要求其提供涉嫌非法取证的人员、时间、地点、方式、内容等相关线索或者证据。根据上述规定,所谓"线索或材料",主要就是涉嫌非法取证的人员的姓名、年龄、身高、长相,以及涉嫌非法取证的时间、地点、方式、内容等。

| 评注 16－6 |　控方是否有权作为申请排除非法证据的主体?

《排除非法证据规定》第 13 条规定:"庭审中,检察人员、被告人及其辩护人提出未到庭证人的书面证言、未到庭被害人的书面陈述是非法取得的,举证方应当对其取证的合法性予以证明。""对前款所述证据,法庭应当参照本规定有关规定进行调查。"根据该规定,不仅被告人及其辩护人有权申请启动非法证据排除程序,而且检察人员也有权启动非法证据排除程序。但是,《刑事诉讼法》第 58 条并未规定检察人员有权申请排除非法证据,而只是规定"当事人及其辩护人、诉讼代理人"有权申请排除非法证据。既然如此,检察人员是否还享有申请启动非法证据排除程序的权力呢? 换句话说,法庭审判中,公诉人是否可以提出被告人、辩护人收集的证据因程序违法而应当予以排除呢?

本书认为,按照刑事诉讼法的规定,检察人员应当没有申请启动非法证据排除程序的权利。理由是《严格排除非法证据规定》颁布在前,刑事诉讼法修改在后,刑事诉讼法修改时既然没有完全采纳《严格排除非法证据规定》关于非法证据排除程序的内容,就应当理解为立法机关认为检察机关不适合作为申请启动非法证据排除的主体,所以没有赋予检察人员申请启动非法证据排除程序的权力。此外,从非法证据排除规则的起源来看,其目的主要是震慑侦查人员,是保证侦查人员在办理刑事案件收集证据过程中秉公执法、遵守宪法、刑事诉讼法和有关法律的规定,维护法律的权威,维护司法公正。因此,非法证据排除规则主要是针对侦查人员而设置,是在纪律约束、行政处罚、刑罚处罚等措施之外施加的对侦查人员的制约与平衡,并非针对公民个人施加的惩罚措施。对于公民个人实施的非法收集证据的行为,例如盗窃案件的被害人对盗窃分子进行刑讯逼供等行为,以民事诉讼侵权行为对待和处理即可,不必以非法证据排除规则来进行"震慑",在此种情形下,"震慑"理论实际上也很难真正发挥其效用。因此,对于辩方收集的证据,一般不存在"非法证据排除"的问题。对于其中可能存在的程序性瑕疵,可以作为证据可信度评价的依据,但不应当作为非法证据排除规则适用的对象。刑事诉讼法规定当事人及其辩护人、诉讼代理人均有权申请排除非法证据,因为被害人也属于当事人,且有权委托诉讼代理人,这就意味着被害人一方也可以对被告方的证据提出排除申请。

根据前述分析，被告方收集的证据不宜作为非法证据排除规则适用的对象，因此，法律虽然没有排斥被害人申请排除非法证据的意思，但从诉讼原理的角度看，被害人及其诉讼代理人并不适合作为申请排除非法证据的主体。

（三）启动非法证据排除程序的条件

根据《刑事诉讼法》第58条第1款的规定，人民法院启动非法证据排除程序的条件是“审判人员认为可能存在本法第五十六条规定的以非法方法收集证据”的情形。什么是“认为可能存在”以非法方法收集证据的情形？本书认为应当是一个比较宽松的标准。如同《刑事诉讼法》第112条规定的“认为有犯罪事实需要追究刑事责任”并不表明一定有犯罪事实必须追究刑事责任一样，“认为可能存在非法方法收集证据的情形”并不表明一定存在以非法方法收集证据的情形。结合第58条第2款的规定，只要申请方提供了相关的线索或材料，且该线索或材料足以使任何一个理性的正常人认为可能存在以非法方法收集证据的情形，就应当认为满足了《刑事诉讼法》第56条规定的条件，也就应当启动非法证据排除程序。

二、争议证据合法性的证明

根据《刑事诉讼法》第59条和《排除非法证据规定》第7条的规定，在法庭审判阶段，证据合法性的证明责任由人民检察院承担。人民检察院承担证明证据合法性的步骤如下：第一步，通常以现有证据材料证明证据的合法性，如讯问笔录、原始的讯问过程录音录像等；第二步，在现有材料仍不能证明证据合法性的情况下，人民检察院可提请人民法院通知讯问时其他在场人员或者其他证人出庭作证；第三步，在走完前两步仍不能排除证据为非法取得的情况下，可以提请法庭通知讯问人员或其他侦查人员出庭作证，对犯罪嫌疑人、被告人供述、被害人陈述、证人证言、物证、书证等证据的合法性予以证明。

根据《排除非法证据规定》第7条第3款的规定，公诉人提交加盖公章的说明材料，未经有关讯问人员签名或者盖章，不能作为证明取证程序合法的证据。换句话说，没有讯问人员签名或盖章的说明材料不具有可采性。但是，经过讯问人员签名或盖章的说明材料，具有可采性。当然，具有可采性的证据，不一定就能起到完成举证责任的效果。这种书面材料的真实性、可靠性，仍然要通过法庭审理、经过双方质证、辨认，才能确定是否可以作为定案的根据。

根据《刑事诉讼法》第60条的规定，对于经过法庭审理，确认或者不能排除存在《刑事诉讼法》第56条规定的以非法方法收集证据情形的，对有关证据应当予以排除。

案例16-8　袁某乐受贿案

2017年10月29日，袁某乐受贿案在新疆乌鲁木齐市中级人民法院公开开庭审判，被告人袁某乐及其辩护人申请排除非法证据，该申请的第二个理由是非法拘禁。案件材料显示，袁某乐于2015年6月19日中午12时被检察院从纪委带走调查，当晚7时开始讯问。诉讼文书显示，袁某乐于2015年6月20日下午4时被刑事拘留。根据袁某乐当庭陈述，他实际上从2015年6月19日中午12时就被带到了检察院。也就是说，从2015年6月19日中午12时开始他的人身自由就已经处于被剥夺的状态。但在2015年6月20日下午4时拘留之前，检察院对袁某乐没有出示任何手续。案卷中既没有传唤证，也没有拘传证，也没有采取其他强制措施的文书。开庭审理当天，检察官也没有出示这方面的证据。被告人及其辩护人认为，袁某乐在从2015年6月19日中午12时到2015年6月20日下午4时长达28小时的时间内，一直处于被非法拘禁的状态。根据《严格排除非法证据规定》，以非法拘禁等非法剥夺人身自由的方式取得的供述要予以排除。本案袁某乐只有在6月19日晚上7时到20日凌晨4时作出了两份供述，其他时间都没有作出供述，这两份供述都是在2015年6月19日到6月20日这段时间内形成的，他的供述和非法拘禁行为之间有直接的因果关系，应当予以排除。

乌鲁木齐市中级人民法院启动了非法证据排除程序，经过审理后，于2017年12月21日作出判决，认为被告人及其辩护人申请排除非法证据的理由不能成立，对被告人在侦查阶段作出的供述不予排除，理由是"被告人及其辩护人并未提出证据证明有非法取证情形"。

思考　本案被告方出示了案卷中存在的诉讼文书，证明被告人被采取强制措施的时间是2015年6月20日下午4时；同时被告人在法庭上陈述其被检察机关从纪委带走的时间是2015年6月19日中午12时。被告方出示的以上证据，是否已经完成了启动非法证据排除程序所要求的举证责任？在人民法院已经启动非法证据排除程序的情况下，本案究竟应当由被告方证明存在非法拘禁的情形，还是应当由公诉方证明不存在非法拘禁情形？你赞成本案法院对非法证据排除申请的决定吗？

评注 16-7　美国争议证据合法性的证明责任承担模式

美国各州关于争议证据合法性的证明责任分配问题,大体上存在以下四种模式:(1)以纽约州为代表,控方首先承担提证责任(burden of going forward),也就是提出证据,以证明警察行为的合法性。例如,在逮捕附带搜查的案件中,控方应当首先存在逮捕所要求的适当根据,并且搜查的范围在逮捕附带的搜查所允许的范围之内。一旦控方完成这一提证责任,就应当由被告方承担证明搜查无效的说服责任(burden of persuasion)。(2)在有些州,既要求被告方承担提证责任,也要求被告方承担说服责任。其理论基础在于:首先,提出争议的一方应当负担提证责任;其次,对于执法官员的执法活动一般推定为合法;再次,关联证据一般具有可采性,因此主张例外的一方应当证明该项例外的正当性;最后,如此分配证明责任可以防止欺骗性的排除申请和浪费法庭时间。(3)大多数州奉行联邦法院奉行的规则:在警察事先申请了令状再执行搜查的案件中,被告方承担证明责任;但在无证搜查的案件中,控方对搜查的合法性承担证明责任;提证责任随着证明责任的转移而移转:在有证搜查的案件中,被告方首先必须将有关事实证明到表面可信的程度,然后再由控诉方承担举证责任。(4)在有些州,控诉方对所有依据美国《宪法第四修正案》提出的非法证据排除申请承担全部证明责任。其理论基础是,既然控方意图使用这一证据,那它就应当承担证明该证据来源合法的证明责任。[16]

三、侦查、审查起诉阶段对证据合法性的审查与处理

《刑事诉讼法》第 56 条第 2 款规定:"在侦查、审查起诉、审判时发现有应当排除的证据的,应当依法予以排除,不得作为起诉意见、起诉决定和判决的依据。"

根据这一规定,我国的非法证据排除规则不仅适用于审判阶段,而且适用于侦查阶段和审查起诉阶段。在侦查阶段,公安机关自行发现其收集的证据因程序违法需要排除的,应当予以排除,不得作为提请批准逮捕的依据;人民检察院发现提请批准逮捕的案件中有应当排除的非法证据的,应当予以排除,不得作为批准或决定逮捕犯罪嫌疑人的依据(《最高检规则》第 66 条)。侦查终结后,无论是公安机关还是检察机关侦查的案件,对于需要排除的证据,都应当首先予以排除,不能作为移送审查起诉的依据。在审查起诉阶段,检察人员发现侦查机关或

〔16〕 Yale Kamisar et el., *Modern Criminal Procedure: Cases, Comments & Questions*, 11th Edition, Thomson West, 2005, p. 939-940.

侦查部门移送的证据中有需要依据非法证据排除规则予以排除的,应当先予以排除,不得作为提起公诉的依据。辩护人在上述阶段发现有非法证据应当予以排除的,有权在相应阶段提出排除非法证据的申请。

第四编　起诉与审判

第十七章　审查起诉

刑事诉讼中的起诉,因主体之不同,可以区分为国家追诉主义与私人告发主义两种模式。国家追诉主义强调犯罪乃是针对国家和社会的危害行为,因此国家有权而且必须实施对犯罪之追究。为实现此目的,国家专门设置负责起诉之机关,通常称为检察机关,以履行国家追诉职能。刑事起诉的所谓国家垄断,就是指刑事案件的起诉权完全由国家公诉机关垄断行使,而个人则无权向国家审判机关行使控诉权。实行这一制度的机制,称为"国家垄断主义"。在实行国家垄断主义的国家,刑事诉讼中不存在自诉案件。法国和日本都属于这样的国家。

私人告发主义则强调,任何犯罪行为,其侵犯之利益最终必然落实为具体个人之利益。因此,追究犯罪之责,亦完全交由个人行使,在没有私人告发的情形下,完全不允许对犯罪提出指控。因为,私人告发主义背后之国家理念,实际上是放任自由主义,这种理念不认为国家或社会能够更好地保护个体利益,只有个人才能更清楚地知道自己利益之所在,从而在遭受侵害时运用法律武器保护自己的利益;如果个人在"遭受侵害"后没有提起或者不愿提起刑事追诉,则说明该个体认为不提起此种追诉最符合自己的利益。英国在20世纪以前,理论上一直奉行私人告发主义,即使当叛逆等罪行发生时,名义上也是国王作为告发人,总检察长负责提起控诉。

我国绝大多数刑事案件均由公安机关、国家安全机关、监察机关等负责侦查和调查,由检察机关负责提起公诉,因此,我国实行的是国家追诉主义;但我国刑事诉讼法亦规定了自诉案件之范围及其诉讼程序,因而不实行国家垄断主义。对于自诉案件的起诉,本书将在第二十章连同其审判程序一并介绍,本章仅就公诉案件的审查起诉加以论述。

第一节 审查起诉概论

一、审查起诉的概念与地位

(一)审查起诉的概念

《刑事诉讼法》第169条规定,凡需要提起公诉的案件,一律由人民检察院审查决定。审查起诉就是人民检察院对公安机关、人民检察院侦查部门侦查终结以及监察机关调查终结移送起诉的案件进行审查以决定是否向人民法院提起公诉的诉讼活动。它是人民检察院对经过侦查、调查的案件进行的审查,而不是人民法院对人民检察院起诉或自诉人提起的自诉进行的审查。

(二)审查起诉在刑事诉讼中的地位

我国《刑事诉讼法》并未规定"审查起诉",而是在第二编立案、侦查之后以第三章规定了"提起公诉"。"审查起诉"只是法律理论上对立法及司法活动的概括,并非立法上之用语。但从立法之规定来看,《刑事诉讼法》第二编第三章规定的"提起公诉",一共14个条文,纯属"提起公诉"的只有第176条1个条文,其余13个条文均属于理论上所称之"审查起诉"的内容。从时间顺序上看,立案属于刑事诉讼之第一阶段,侦查属于刑事诉讼之第二阶段,提起公诉属于公诉案件之第三阶段,立法上如此规定似乎并无不可。但由于其内容又不仅限于提起公诉,因此,《刑事诉讼法》第三章之标题定为"审查起诉"更为妥当。因为提起公诉仅仅是审查起诉之后可能作出的一种决定,该决定作出后将案件提交法院的行为方属于正式的刑事诉讼行为;除提起公诉外,审查起诉之后还可作出不起诉决定。因此,审查起诉才是刑事诉讼中侦查之后一个独立的诉讼阶段,提起公诉则并非刑事诉讼一个独立的诉讼阶段。[1]

二、审查起诉的内容与功能

(一)审查起诉的内容

根据《刑事诉讼法》第171条之规定,人民检察院对需要提起公诉的案件进

---

〔1〕 周士敏:《审查起诉论要》,载樊崇义:《刑事诉讼法专论》,中国方正出版社1998年版,第358~359页。

行审查时,应当查明以下情况:(1)犯罪事实、情节是否清楚,证据是否确实、充分,犯罪性质和罪名的认定是否正确;(2)有无遗漏罪行和其他应当追究刑事责任的人;(3)是否属于不应追究刑事责任的;(4)有无附带民事诉讼;(5)侦查活动是否合法。

(二)审查起诉的功能

从审查起诉的内容来看,审查起诉之功能并不仅限于决定是否将被告人提交人民法院审判,而是要对侦查活动及其结果进行全面的监督与审查。因此,有论者将审查起诉之功能界定为四种:(1)侦查监督和侦查补正功能,即审查和监督侦查活动及其结果,肯定成功、纠正失误、补正遗漏罪行和遗漏的犯罪嫌疑人;(2)案件过滤功能,即适时终结不应起诉和不必起诉之案件,提高诉讼效率;(3)启动审判功能,即对应当提交审判的案件作出提起公诉的决定,以实现国家刑罚权;(4)建立新的控辩关系的功能,其中包括检察机关与诉讼代理人和辩护人的关系,它使侦查与起诉相区别,并且对审查起诉功能起到有效保障之作用。[2]

本书认为,上述观点对于审查起诉前3项之功能概括得极为精当,但第4项功能实际上并非审查起诉之功能,而是审查起诉阶段发生之法律关系。类似的法律关系不仅发生在审查起诉阶段,立案、侦查、审判等阶段,均有各种诉讼法律关系产生,但这些法律关系显然并非立案、侦查、审判之功能。因此,本书赞成将审查起诉之功能概括为侦查监督与补正、案件过滤、启动审判三种。

三、审查起诉的程序

(一)讯问犯罪嫌疑人

根据《刑事诉讼法》第173条的规定,人民检察院审查案件,应当讯问犯罪嫌疑人,因此,讯问犯罪嫌疑人是人民检察院审查起诉的必经程序。讯问的目的,一是核对证据,二是听取犯罪嫌疑人对指控的事实和罪名的意见,三是犯罪嫌疑人认罪认罚的,要告知犯罪嫌疑人享有的诉讼权利和认罪认罚的法律规定。有关告知认罪认罚的法律规定的内容,是2018年《刑事诉讼法》修改时增加的内容。有关认罪认罚的程序,本书在第二十章将详予探讨,此处不予赘述。

(二)听取当事人及其委托人的意见

根据《刑事诉讼法》第173条之规定,人民检察院审查案件,应当听取辩护人

---

〔2〕 周士敏:《审查起诉论要》,载樊崇义:《刑事诉讼法专论》,中国方正出版社1998年版,第364页。

或者值班律师、被害人及其诉讼代理人的意见。对此,《最高检规则》第 262 条进一步规定:“直接听取辩护人、被害人及其诉讼代理人的意见有困难的,可以通过电话、视频等方式听取意见并记录在案,或者通知辩护人、被害人及其诉讼代理人提出书面意见。无法通知或者在指定期限内未提出意见的,应当记录在案。”《刑事诉讼法》第 173 条第 3 款还规定:“人民检察院依照前两款规定听取值班律师意见的,应当提前为值班律师了解案件有关情况提供必要的便利。”该规定是 2018 年修改《刑事诉讼法》增加的,即 2018 年修改《刑事诉讼法》时增加了值班律师制度。本书在第六章对值班律师制度已有阐述,认为值班律师在接受犯罪嫌疑人咨询时,其身份应当等同于辩护律师。正是基于这一考虑,根据《刑事诉讼法》第 173 条的规定,如果犯罪嫌疑人没有自己委托辩护人,由值班律师为其辩护的情况下,人民检察院应当听取值班律师意见,并为值班律师了解案件情况提供必要便利,也就是要允许值班律师阅卷,并为值班律师阅卷提供场所,预留时间。

(三)通知侦查(调查)机关补充证据或者进行补充侦查(调查)

《刑事诉讼法》第 175 条第 1 款规定,人民检察院审查案件,可以要求公安机关提供法庭审判所必需的证据材料;第 2 款规定,对于需要补充侦查的,可以退回公安机关补充侦查,也可以自行侦查。因此,人民检察院在审查起诉过程中可以要求公安机关提供证据材料,或者进行补充侦查。此阶段的补充侦查既可由公安机关进行,也可由人民检察院进行。

(四)对证据的合法性进行审查

《刑事诉讼法》第 175 条第 1 款还规定,人民检察院在审查起诉过程中,认为可能存在《刑事诉讼法》第 56 条规定的以非法方法收集证据情形的,可以要求公安机关对证据收集的合法性作出说明。这是 2012 年《刑事诉讼法》修改时增加的规定。该规定的目的一是确立人民检察院在审查起诉阶段对证据合法性的审查权,二是规定人民检察院审查证据合法性的方式和方法。根据该规定,人民检察院认为证据可能为非法时,可以要求公安机关对证据收集的合法性作出说明。如不能排除证据为非法获得的嫌疑的,应当排除该非法证据的证据资格。

四、审查起诉的期限

根据《刑事诉讼法》第 172 条第 1 款之规定,人民检察院对于监察机关、公安机关移送起诉的案件,应当在 1 个月以内作出决定,重大、复杂的案件,可以延长 15 日;犯罪嫌疑人认罪认罚,符合速裁程序适用条件的,应当在 10 日以内作出决定,对可能判处的有期徒刑超过1年的,可以延长至15日。该条是2018年《刑事诉讼法》修改的条文之一。修改的内容一是增加了人民检察院对监察机关移送审查起诉案件的审查起诉期限,与公安机关移送案件的审查起诉期限相同。这一修改主要是为了与2018年颁布的《监察法》相衔接。二是增加对认罪认罚案件的审查起诉期限,立法规定为一般为10日,只有在可能判处的刑罚为有期徒刑1年以上时,才可以延长至15日。对于认罪认罚案件,由于案件事实清楚、证据确实、充分,犯罪嫌疑人对案件事实和法律适用没有异议,因此适用较短的审查起诉期限,也是程序简化的应有之义。

根据该条第2款,人民检察院审查起诉的案件,改变管辖的,从改变后的人民检察院收到案件之日起计算审查起诉期限。这是关于审查起诉期限计算的规定。另外,《刑事诉讼法》第175条第3款规定,对于补充侦查的案件,应当在1个月以内补充侦查完毕。补充侦查以二次为限。补充侦查完毕移送人民检察院后,人民检察院重新计算审查起诉期限。因此,人民检察院审查起诉的期限一般为1个月,重大复杂的案件最长为1.5个月,对需要补充侦查的案件,经过2次补充侦查,3次审查起诉的时间最长可以达到6.5个月(以需要补充侦查的案件均为重大复杂案件为前提进行的计算)。

五、审查起诉后的处理

(一)提起公诉与不起诉

根据《刑事诉讼法》第175、176、177条之规定,人民检察院审查起诉后可以作出三种决定:补充侦查、起诉、不起诉。若去掉补充侦查这种决定(因此种决定并非最终决定),则人民检察院审查起诉后能够作出的决定仅有两种:起诉和不起诉。有的观点认为人民检察院在审查起诉阶段还可以撤销案件,这是不正确的,撤销案件仅限于侦查阶段。人民检察院对自行侦查终结的案件在侦查阶段可以撤销案件,在审查起诉阶段是不能撤销案件的。但据《最高检规则》第366条之规定,负责捕诉的部门对于本院负责侦查的部门移送审查起诉的案件,发现具有该规则第365条第1款规定情形的,应当退回本院负责侦查的部门,建议撤销案件。

(二)不起诉并建议重新侦查

《刑事诉讼法》规定的补充侦查、起诉、不起诉三种决定的适用情形,并没有穷尽现实中所有的情形。《刑事诉讼法》第177条第1、2款规定:“犯罪嫌疑人没有犯罪事实,或者有本法第十六条规定的情形之一的,人民检察院应当作出不起诉决定。对于犯罪情节轻微,依照刑法规定不需要判处刑罚或者免除刑罚的,人民检察院可以作出不起诉决定。”以上关于“犯罪嫌疑人没有犯罪事实”的表述是2018年《刑事诉讼法》修订时增加的规定。之所以作此修改,是因为之前各版《刑事诉讼法》的规定未能涵盖犯罪嫌疑人没有犯罪事实的情形,导致实务中面对犯罪嫌疑人没有犯罪事实时不知道应当如何处理。

根据《刑事诉讼法》第16条的规定,应当作出不起诉决定的情形包括:(1)情节显著轻微、危害不大,不认为是犯罪的;(2)犯罪已过追诉时效期限的;(3)经特赦令免除刑罚的;(4)依照刑法告诉才处理的犯罪,没有告诉或者撤回告诉的;(5)犯罪嫌疑人、被告人死亡的;(6)其他法律规定免于追究刑事责任的。很显然,以上情形并不包括犯罪嫌疑人没有实施所指控的犯罪的情形,对此情形应当如何处理,2012年《刑事诉讼法》并不明确。对此情形应当如何处理,《刑事诉讼法》并不明确。对此,《最高检规则》第365条规定:“人民检察院对于监察机关或者公安机关移送起诉的案件,发现犯罪嫌疑人没有犯罪事实,或者符合刑事诉讼法第十六条规定的情形之一的,经检察长批准,应当作出不起诉决定。”“对于犯罪事实并非犯罪嫌疑人所为,需要重新调查或者侦查的,应当在作出不起诉决定后书面说明理由,将案卷材料退回监察机关或者公安机关并建议重新调查或者侦查。”根据上述规定,无论是犯罪嫌疑人没有犯罪事实(根本就没有犯罪事实发生),还是犯罪事实并非犯罪嫌疑人所为(有犯罪事实发生但非犯罪嫌疑人所为),均应当作出不起诉决定;只是在后一种情形下,除作出不起诉决定外,还应当建议公安机关重新侦查。由于这两种情形均不属于《刑事诉讼法》第175、176、177条规定的情形,《最高检规则》的上述规定乃是依据《刑事诉讼法》的规定所作的恰当解释,这一解释具有很强的现实针对性,也符合《刑事诉讼法》的立法精神。

案例17-1 甲盗窃一案被“退回公安机关处理”

公安机关于2003年9月26日将犯罪嫌疑人甲涉嫌盗窃罪一案移送检察机关审查起诉。检察机关经审查后认为证据不足,于2003年11月7日将案件退回公安机关补充侦查。2003年12月15日,公安机关再次以盗窃罪将甲移送审查起诉。检察机关在审理过程中,认为该案的证据仍然不足,无法达到起诉条件,于2004年1月29日第二次退回公安机关补充侦查。2004年3月22日,公安机关第三次将案件移送审查起诉。由于案件证据没有变化,证据存在疑问无法排除,经过检察机关检察委员会讨论后决定,于2004年6月28日将案件退回公安机关自行处理。2004年7月7日,公安机关在案件材料没有任何变化的情况下,第四次将某甲盗窃案移送检察机关审查起诉。检察机关以新的案号重新立案受理,并且于2004年7月9

日对该案作出了存疑不起诉处理。

| 评注 17－1 | “退回公安机关处理”为何退出历史舞台

“退回公安机关处理”是根据1999年《最高检规则》所作的处理。1999年《最高检规则》之所以规定“退回公安机关处理”这种案件处理方式，主要是因为刑事诉讼法关于提起公诉、不起诉的适用条件不足以涵盖全部社会生活，也就是不包括“退回公安机关处理”所涉及的情形。但在某甲盗窃一案中，我们也可以清晰地发现，“退回公安机关处理”在实践中会产生很多弊端，如公安机关没有将犯罪嫌疑人及时释放导致犯罪嫌疑人的权利没有得到很好的保障等。刑事诉讼法对“退回公安机关处理”这一处置措施没有明文规定也是犯罪嫌疑人权利不能得到很好保障的原因。另外，在案件被“退回公安机关处理”后，不仅犯罪嫌疑人无权对该决定提出抗议、申诉，被害人的权利也无法得到保障。因为，在提起公诉、不起诉的场合，被害人的权利都有相应的保障程序；但在“退回公安机关处理”这一处置模式之下，被害人的权利也没有得到很好的界定。因此，“退回公安机关处理”并不是一种很好的程序模式。基于对实践中一些弊端的考察，最高人民检察院在2012年发布的《最高检规则(试行)》中废除了“退回公安机关处理”这一案件处置模式，并将原来适用于“退回公安机关处理”的情形都归入“不起诉”的处置模式，从而将这些案件均纳入刑事诉讼法规定的程序模式，重新走上法制的轨道。2018年《刑事诉讼法》修改时终于明确规定：犯罪嫌疑人没有犯罪事实的情况下，人民检察院应当作出不起诉决定。

六、对监察机关移送审查起诉案件的处理

《刑事诉讼法》第170条规定：“人民检察院对于监察机关移送起诉的案件，依照本法和监察法的有关规定进行审查。人民检察院经审查，认为需要补充核实的，应当退回监察机关补充调查，必要时可以自行补充侦查。”“对于监察机关移送起诉的已采取留置措施的案件，人民检察院应当对犯罪嫌疑人先行拘留，留置措施自动解除。人民检察院应当在拘留后的十日以内作出是否逮捕、取保候审或者监视居住的决定。在特殊情况下，决定的时间可以延长一日至四日。人民检察院决定采取强制措施的期间不计入审查起诉期限。”该规定是2018年修正《刑事诉讼法》时增加的规定。

之所以增加以上规定，是因为2018年颁布了《监察法》，根据《监察法》，贪污、贿赂犯罪不再由人民检察院自行侦查，而是由监察机关调查；因此，人民检察院审查起诉的案件，就不仅包括公安机关移送的案件，也包括监察机关移送的案

件。以上规定,就是针对这一改变所作的调整。根据《刑事诉讼法》第170条第1款的规定,对于监察机关移送起诉的案件,人民检察院也要进行审查。经过审查,认为需要补充核实的,原则上是退回监察机关补充调查,只有在必要的情况下才由人民检察院自行补充侦查。根据《监察法》,人民检察院退回补充调查的,监察机关应当在1个月以内调查完毕;补充调查以二次为限。

根据《刑事诉讼法》第170条第2款,对于监察机关移送起诉并已经采取留置措施的案件,人民检察院对犯罪嫌疑人应当先行拘留,留置措施自动解除。根据《监察法》,监察机关可以留置的情形包括:(1)涉及案情重大、复杂的;(2)可能逃跑、自杀的;(3)可能串供或者伪造、隐匿、毁灭证据的;(4)可能有其他妨碍调查行为的。如将以上情形中的第一种情形理解为有重大犯罪嫌疑人,则以上四种情形均符合《刑事诉讼法》拘留的条件。但是在上述四种情形下,犯罪嫌疑人在被监察机关调查阶段已经被采取留置措施,实际上相当于其已经遭到了拘留和逮捕,此时,为了实现监察机关和公诉机关之间的衔接,以拘留来作为过渡措施固然也有合理之处,但是也容易使犯罪嫌疑人的人身权利处于比其他种类的案件中犯罪嫌疑人更加不利的境地。

《刑事诉讼法》第170条第2款还规定,人民检察院应当在拘留后的10日以内作出是否逮捕、取保候审或者监视居住的决定;特殊情况下,决定的时间可以延长至14日。该规定的期限(10~14日)与人民检察院对自行侦查的案件审查决定逮捕的期限规定(14~17日)还略短一些。另外,根据前述规定,决定采取强制措施的期间不计入审查起诉期限。这也是为了给人民检察院审查起诉留出更多时间。

第二节 提起公诉

提起公诉是指人民检察院对公安机关及人民检察院侦查部门侦查终结的案件进行审查后认为符合起诉的条件,从而作出决定向人民法院提出起诉,要求实现国家刑罚权的一种活动。

一、提起公诉的条件

《刑事诉讼法》第176条第1款规定:“人民检察院认为犯罪嫌疑人的犯罪事实已经查清,证据确实、充分,依法应当追究刑事责任的,应当作出起诉决定,按照审判管辖的规定,向人民法院提起公诉,并将案卷材料、证据移送人民法院。”

据此,人民检察院决定提起公诉的条件是以下两点。

(一)犯罪事实已经查清,证据确实、充分

根据《最高检规则》第355条规定,所谓犯罪事实已经查清包括以下情形:(1)属于单一罪行的案件,查清的事实足以定罪量刑或者与定罪量刑有关的事实已经查清,不影响定罪量刑的事实无法查清的;(2)属于数个罪行的案件,部分罪行已经查清并符合起诉条件,其他罪行无法查清的,对于此项情形,应当以已经查清的罪行起诉;(3)无法查清作案工具、赃物去向,但有其他证据足以对被告人定罪量刑的;(4)证人证言、犯罪嫌疑人供述和辩解、被害人陈述的内容中主要情节一致,只有个别情节不一致且不影响定罪的。

(二)依法应当追究刑事责任

这是指犯罪嫌疑人不属于《刑事诉讼法》第16条规定的情形,也不属于犯罪情节轻微依照刑法不需要判处刑罚或者免除刑罚的情形。

根据《最高检规则》第356条之规定,人民检察院在办理公安机关移送审查起诉的案件中,发现遗漏罪行或者依法应当移送审查起诉同案犯罪嫌疑人的未移送起诉的,应当要求公安机关补充侦查或者补充移送起诉。对于犯罪事实清楚,证据确实、充分的,也可以直接提起公诉。

二、起诉书的制作

根据《最高检规则》第358条之规定,人民检察院作出起诉决定后,应当制作起诉书。起诉书的主要内容包括以下四项。

(一)被告人的基本情况

包括姓名、性别、出生年月日、出生地和户籍地、身份证号码、民族、文化程度、职业、工作单位及职务、住址,是否受过刑事处分及处分的种类和时间,采取强制措施的情况及在押被告人的关押处所等。如果是单位犯罪,应写明犯罪单位的名称和组织机构代码、所在地址,法定代表人和诉讼代表人的姓名、职务、联系方式;如果单位犯罪中有应当负刑事责任的"直接负责的主管人员或其他直接责任人员",应当按上述被告人基本情况的内容叙写。如果被告人真实姓名、住址无法查清的,应当按其绰号或者自报的姓名、自报的年龄制作起诉书,并在起诉书中注明;被告人自报的姓名可能造成损害他人名誉、败坏道德风俗等不良影响的,可以对被告人编号并按编号制作起诉书,在起诉书中附具被告人的照片。

| **案例 17－2** | 犯罪嫌疑人不讲真实姓名,检察院以“甲”将其起诉[3]

一男子在盗窃过程中当场被抓,此后便守口如瓶,但在铁证面前,姓名被“甲”取代的他受到了法律制裁。据报道,2003 年 10 月 10 日上午 11 时许,家住溧水的王玲(化名)发现车轮被布条卡住,就在她弯腰扯布条的一瞬间,一男子骑自行车拎起车篓内的包迅速跑开。这一幕全被正在县政府门卫处站岗的刘某收入眼底,他在一好心市民的帮助下抓住小偷。2003 年 12 月 11 日,溧水县人民法院受理了此案。令承办人头痛的是,被告人为聋哑人,事发后拒绝与翻译人员交流,因此无法查明其自然状况。通过骨龄鉴定,证实被告人年龄在 18 周岁以上。2004 年 1 月 9 日,该院开庭审理了此案,以盗窃罪判处被告人“甲”拘役 4 个月,并处罚金 1000 元。

(二)案由和案件来源

刑事公诉案件中的“案由”,是指侦查终结时认定犯罪嫌疑人涉嫌的罪名。案件来源,则是指该案是由检察机关自行立案侦查的案件,还是由公安机关或者其他侦查机关侦查终结的案件。对于案由和案件来源,人民检察院在制作起诉书时,如果是人民检察院侦查终结的案件,通常都会写上“犯罪嫌疑人 ×××(罪名)一案,经本院侦查终结……”等字样;如果是由公安机关或其他侦查机关侦查终结的案件,则写上“犯罪嫌疑人 ×××(××罪名)一案,经××(侦查机关)侦查终结……”等字样。

值得一提的是,我国不采用诉因制度,因此,起诉书中的“案由”并不等同于“诉因”。“诉因”是美国法律环境下的一个称谓,它是指刑事起诉书中分别指控被告人犯有的独立罪行中不同的构成部分。[4]

(三)案件事实

起诉书中的案件事实即犯罪事实,包括犯罪的时间、地点、经过、手段、动机、目的、危害后果等与定罪量刑有关的事实要素;起诉书叙述的指控犯罪事实的必备要素应当明晰、准确;被告人被控有多项犯罪事实的,应当逐一列举。

---

[3] 陈菲、溧刑:《南京市溧水县法院首起判例——案犯不说姓名,暂名“甲”替代》,载 http://www.jsfy.gov.cn/article/58816.html,最后访问日期:2024 年 7 月 7 日。

[4] 薛波主编之《元照英美法辞典》(法律出版社 2003 年版,第 331 页)将“count”一词第一个义项译为“罪项”,实际上应当译为“诉因”,第二个义项译为“诉因;诉讼理由”,实际上译为“诉讼理由”即可。在英美法律环境下,“诉因”并非“诉讼理由”。

（四）起诉之根据和理由

起诉的根据和理由是指起诉书指控被告人之罪名所依据的事实根据和法律理由，包括被告人触犯的刑法条款，犯罪的性质，法定从轻、减轻或者从重、加重处罚的条件，共同犯罪各被告人应负的罪责等。

除以上内容外，起诉书通常还包括首部、尾部、附注等内容。其中，首部载明制作该起诉书之人民检察院名称，该名称应当写在“起诉书”这一标题之前，并将编号载于标题之后，尾部则应载明起诉书送达法院之名称，承办案件之检察人员姓名、职务，并注明制作起诉书之年月日。附注通常包括两部分：第一部分注明被告人是否被羁押，以及羁押之日期及处所；第二部分注明证据材料，包括证据目录、证人名单、主要证据复印件或者照片，被害人或者鉴定人出庭作证的，亦应注明其名单。

三、起诉书与其他案卷材料的移送

（一）移送起诉书

根据《最高检规则》第359条之规定，起诉书应当一式八份，每增加一名被告人增加起诉书五份；关于被害人姓名、住址、联系方式、被告人被采取强制措施的种类、是否在案及羁押处所等问题，人民检察院应当在起诉书中列明，不再单独移送材料；对于涉及被害人隐私或者为保护证人、鉴定人、被害人人身安全，而不宜公开证人、鉴定人、被害人姓名、住址、工作单位和联系方式等个人信息，可以在起诉书中使用化名。但是应当另行书面说明使用化名的情况并标明密级，单独成卷。

（二）移送案卷材料

根据《刑事诉讼法》第176条之规定，人民检察院向人民法院提起公诉，应当按照审判管辖的规定，向人民法院移送案卷材料和证据。根据《最高检规则》第360条的规定，人民检察院对于犯罪嫌疑人、被告人或者证人等翻供、翻证的材料以及对于犯罪嫌疑人、被告人有利的其他证据材料，应当移送人民法院。根据《最高检规则》第414条的规定，在法庭审理过程中，合议庭对证据有疑问或者人民法院根据辩护人、被告人的申请，向人民检察院调取在侦查、审查起诉中收集的有关被告人无罪或者罪轻的证据材料的，人民检察院应当自收到人民法院要求调取证据材料决定书后3日以内移交。没有上述材料的，应当向人民法院说明情况。根据《最高检规则》第361条的规定，人民法院向人民检察院提出书面意见要求补充移送材料,人民检察院认为有必要移送的,应当自收到通知之日起3日以内补送。根据《最高检规则》第362条的规定,对提起公诉后,在人民法院宣告判决前补充收集的证据材料,人民检察院应当及时向人民法院移送。

评注17-2 全卷移送主义与起诉书一本主义

所谓全卷移送主义,是指公诉机关在提起公诉时必须向审判机关移送全部案卷及证据材料的制度。[5] 与此相对,所谓起诉书一本主义,则是指公诉机关在提起公诉时仅移送单一之起诉书,即可开启审判程序的制度。

起诉书一本主义实际上起源于英美。英美法系刑事诉讼实行当事人主义,刑事诉讼亦被认为是两造之间的对抗,因此起诉状不仅被视为审判之请求书,而且被视为向被告"开战"之通知书。因此,一方面,为防止被告充分知晓控诉方之"弹药粮草";另一方面,为防止法院形成不利被告之偏见,检察官在向法院起诉时仅提供一份起诉书。日本因于"二战"后受英美法系刑事诉讼之影响,亦实行起诉书一本主义。

从严格的意义上讲,我国1979年通过的《刑事诉讼法》实行的是"全卷移送主义",1996年修正后的《刑事诉讼法》则既不实行起诉书一本主义,也不实行"全卷移送主义"。据1996年《刑事诉讼法》之规定,人民检察院在提起公诉时,须向人民法院移送起诉书、证据目录、证人名单和主要证据复印件或者照片。因此,倘若一定要对我国起诉移送的规定给出一个名称,似乎可以称为"主要证据复印件主义"。但2012年修正的《刑事诉讼法》,关于案卷移送的规定又回到了"全卷移送主义"。

(三)移送量刑建议书

根据《最高检规则》第364条第1款的规定,人民检察院提起公诉的案件,可以向人民法院提出量刑建议。除有减轻处罚或者免除处罚情节外,量刑建议应当在法定量刑幅度内提出。建议判处有期徒刑、管制、拘役的,可以具有一定的幅度,也可以提出具体确定的建议。根据《最高检规则》第364条的规定,提出量刑建议的,可以制作量刑建议书,与起诉书一并移送人民法院;量刑建议书的主要内容应当包括被告人所犯罪行的法定刑、量刑情节、建议人民法院对被告人处以刑罚的种类、刑罚幅度、可以适用的刑罚执行方式以及提出量刑建议的依据和理由等。

根据《刑事诉讼法》第176条第2款的规定,犯罪嫌疑人认罪认罚的,人民检

---

〔5〕 理论上仅有"起诉书一本主义"之称谓,"全卷移送主义"乃本书为论述之方便而提出之概念。

察院应当就主刑、附加刑、是否适用缓刑等提出量刑建议,并随案移送认罪认罚具结书等材料。可见,与被告人不认罪认罚的案件不一样,对于认罪认罚案件,人民检察院有义务提出量刑建议,并移送认罪认罚具结书等材料(另参见本书第二十一章认罪认罚从宽程序相关论述)。

四、建议适用简易程序或速裁程序

根据《刑事诉讼法》第 214 条的规定,对基层人民法院管辖的,案件事实清楚、证据确实充分、被告人承认自己所犯罪行,对指控的犯罪事实没有异议且对适用简易程序没有异议的案件,人民检察院可以建议人民法院适用简易程序。因此,人民检察院决定提起公诉时,对于符合该条规定的案件的,应当向人民法院提出建议。其程序如下:(1)人民法院向人民检察院提出适用简易程序建议的,是否同意由检察长决定;(2)人民法院认为案件需要适用简易程序,向人民检察院提出书面建议的,人民检察院应当在 10 日内答复是否同意;(3)人民检察院对建议或同意适用简易程序审理的公诉案件,应当向人民法院移送全部案卷和证据材料。

根据《刑事诉讼法》第 222 条的规定,对于基层人民法院管辖的可能判处 3 年有期徒刑以下刑罚的案件,案件事实清楚,证据确实、充分,被告人认罪认罚并同意适用速裁程序的,人民检察院在提起公诉的时候,可以建议人民法院适用速裁程序。

五、提起公诉之效果

提起公诉之效果,是指提起公诉在法律上所产生之效力。目前国内对于此问题的探讨尚不充分。本书认为,提起公诉将对法院产生形式上之拘束力或者实体上之拘束力。所谓形式上之拘束力,是指案件一旦起诉至法院,无论是否具备诉讼上之程序要件,法院均必须进行审理,并就案件进行程序上之裁判,例如,在案件不属于本法院管辖时,作出不受理或管辖错误之裁判。所谓实体上之拘束力,是指在具备诉讼程序上之要件时,则必须就案件之实体问题作出裁判;如被告人是否有罪,等等。总而言之,公诉一旦提起,法院不得置之不理,而是必须为一定裁判,以终结诉讼。在我国,关于公诉所产生之形式上之拘束力,如管辖等问题,人民法院通常以决定解决;但若起诉不符合法律所要求之要件,人民法院通常会通知公诉机关将有关文书和证据补足;〔6〕如果公诉在程序上不存在任何瑕疵,则其所产生之实体上之拘束力,人民法院通常以判决解决。

---

〔6〕《最高法解释》第 219 条第 1 款第 4 项。

六、起诉事实的同一性与单一性

(一)起诉事实的同一性

起诉事实之同一性,包括人的同一性、事的同一性等问题。起诉书中人的同一性问题,是解决起诉后被告人是否可以变动的问题。根据起诉事实之同一性原则,案件起诉至人民法院以后通常不允许变动被告人;如有变动,即属于不同案件。但是,如果检察官起诉时并不知晓被告人之真实姓名,而以"被告人甲"等字样代替被告人之真实姓名,至审判时又通过其他渠道得知被告人之真实姓名时,则应当允许对被告人名称作相应之变更,而并不违反案件事实同一性之原理。

事的同一性问题,亦为案件事实同一性之一个方面。就此问题,有"自然事实同一性"与"法律事实同一性"之说。按前说,如起诉书载明"被告于某年某月某日于某地实施某行为",则只要该行为不变,即使起诉后公诉机关对该行为之法律性质看法有所改变,例如起诉书载明被告人犯有抢劫罪,起诉后公诉人认为被告人所为构成抢夺罪而非抢劫罪,起诉事实之同一性即得以维持;按后说,则必须适用之罪名或构成要件具有同质性或相似性,其起诉事实之同一性方能得到维持。例如,起诉书认定被告人犯有盗窃罪,起诉后公诉人认为起诉书所列事实不构成盗窃罪,而构成诈骗罪,则应属于起诉事实同一性之违反;同样,若起诉书指控被告人犯有诈骗罪,起诉后公诉人对罪名未作改变,但就其中若干指控事实予以修正,则仍然维持起诉事实之同一性。[7] 本书赞成"自然事实同一性说"。

评注 17-3 起诉事实同一性理论的意义

关于起诉事实之同一性问题,在我国台湾地区观点纷纭。其意义在于探讨是否应当使检察官不受诉讼程序发展之影响,而以原来之起诉事实继续维持其追诉;在不丧失起诉事实同一性范围内,纵使在审判中有新事实出现,检察官既没有必要就新事实再次提起公诉,自然也就不允许就新事实再次起诉;而此新事实如被认为属于起诉事实同一性之范围,自然也就成为审判之对象,在这一范围内,法院可以就起诉事实变更检察官所适用之法条,而不必因为适用法律之意见分歧而要求检察官重新起诉。[8]

---

〔7〕 黄东熊、吴景芳:《刑事诉讼法论》,台北,三民书局2002年版,第270~274页。
〔8〕 黄东熊、吴景芳:《刑事诉讼法论》,台北,三民书局2002年版,第272页。

本书认为,对起诉事实同一性之探讨理论意义不可忽视。第一,对于人民法院变更起诉罪名就起诉之犯罪事实予以认定的问题,人民法院变更罪名作出判决之理论依据何在,以及应当依照怎样的程序进行审判,起诉事实同一性理论有助于解决人民法院变更罪名之正当性,亦可在此一前提下设置相应程序,以保障相关当事者之合法权利;第二,我国虽不实行"反对双重归罪原则",起诉事实同一性原理在该原则中不能得到适用,但是,也正因为不实行该原则,在刑罚计算方面,存在实践中难以解决的问题。

| **案例 17-3** | 起诉事实同一性理论有助于解决实践难题

某被告人被人民检察院指控"受贿罪",于 1998 年年初被人民法院无罪释放;一审判决生效;判决前被告人被羁押 12 个月;2002 年年底,同一人民检察院以不同之事实再次以"受贿罪"起诉该被告人,该被告人被人民法院判处有期徒刑 10 年;判决前被告人被羁押 8 个月。判决生效后,被告人以第一次起诉时已经被关押 12 个月为由,要求人民法院以裁定认定前次羁押时间计算在 10 年有期徒刑之内。对于此类案件该如何处理?本书认为,以"起诉事实同一性"理论(笔者赞成乃自然事实之同一性)分析,如果起诉之自然事实总体上已经发生变化,例如第一次起诉时指控被告人之事实发生于 1995 年,第二次起诉书指控被告人受贿之事实发生于 1996 年,且行贿人、所谋取之非法利益均有不同,则不能将第一次起诉时羁押被告人之时间折抵刑期;如果两次起诉书所载之事实基本同一,只是个别细节有所出入,则完全符合起诉事实同一性之特征,前一次被羁押之时间应当折抵刑期,否则,在不实行"反对双重归罪原则"的情况下,将导致对被告人极为不利的后果(不断地起诉,然后断续地对被告人进行羁押)。这也是笔者赞成"自然性事实同一说"的理由。

(二)起诉事实的单一性

所谓起诉事实的单一性,是指就起诉事实作横面观察,判断是否构成不可分割之单一刑事案件,法院对此案件只能行使一次刑罚权,为一次有效裁判。[9] 起诉事实单一性解决的是诉讼客体单一性问题,而诉讼客体指的就是诉讼案件,[10]

---

[9] "所谓起诉事实之单一性,乃着眼于起诉事实之横面观察,而将其认为诉讼上不可分之一个诉讼客体之谓。"参见黄东熊、吴景芳:《刑事诉讼法论》,台北,三民书局 2002 年版,第 274 页。

[10] "刑事诉讼之客体,乃刑事诉讼实施之对象,亦为原告攻击,被告防御与法官审判之具体案件。此一具体案件,应为检察官提起公诉或自诉人提起自诉,所指之被告及其犯罪事实,二者乃组成一追诉与审判之具体刑事案件,成为刑事诉讼之客体,而为法院审判之范围。"参见褚剑鸿:《刑事诉讼法论》,台北,三民书局 1996 年版,第 460 页。

因此,起诉事实是否具有单一性的问题,就是诉讼案件是否可分的问题。起诉事实单一性问题也可以分为人与事两个方面。就人这一方面而言,虽然在共同犯罪案件中,数名被告人可被同时起诉,亦可同时审判,但这乃是合并起诉与合并审判之结果。从本质上看,共同犯罪案件乃是数个或数个以上之案件合并审理,但在起诉书中,对于各个共同被告人之犯罪事实仍须逐一列举、详加说明,而不能笼统阐述,责任不清,这是起诉事实单一性对人方面之要求。至于事的方面,通常属于刑法上罪数论之范畴。如果一名被告人实施了数个罪行,构成数个罪名,则起诉书应当就不同罪名之相应事实作分别说明,在此种情况下也存在案件合并的问题。合并审判乃是出于诉讼经济之考虑,并不影响起诉事实之单一性。

无论是起诉事实之单一性,还是起诉事实之同一性,都着眼于起诉效力之确定。起诉事实之同一性,主要解决同一自然事实是否可以变更罪名的问题;起诉事实单一性,解决的则是起诉事实是否及于全部事实之问题。例如,一名被告人自成年后至30岁时不断地盗窃,但起诉书所列之事实仅对其27岁以后之盗窃事实作了列举,则其成年至26岁所犯之盗窃罪行是否可以成为审判之对象?换句话说,26岁以前之事实与27~30岁之盗窃事实,二者是否具有单一性?我国台湾地区理论界通说将连续犯视为单一案件,本书亦认为,此种情形下检察官完全可以追加事实,从而使该被告人26岁以前之犯罪行为处于同一审判案件范围之内。

七、公诉之追加、变更与撤回

《最高检规则》第423、424条规定,在人民法院宣告判决前,人民检察院发现被告人的真实身份或者犯罪事实与起诉书中叙述的身份或者指控的犯罪事实不符的,或者事实、证据没有变化,但罪名、适用法律与起诉书不一致的,可以变更起诉。发现遗漏的同案犯罪嫌疑人或者罪行的,应当要求公安机关移送起诉或者补充侦查;对于犯罪事实清楚,证据确实、充分的,可以直接追加、补充起诉。发现不存在犯罪事实、犯罪事实并非被告人所为或者不应当追究被告人刑事责任的,经检察长批准,可以撤回起诉。这是公诉机关追加、变更或撤回起诉的法律依据。

(一)公诉之追加与变更

公诉之追加,是指在法庭审判过程中,发现遗漏罪行,或者遗漏犯罪嫌疑人,因而需要追加起诉或者变更起诉的情形。《最高检规则》第420条规定,法庭审判过程中,公诉人发现事实不清、证据不足,或者遗漏罪行、遗漏同案犯罪嫌疑人,需要补充侦查或者补充提供证据的;发现遗漏罪行或者遗漏同案犯罪嫌疑人,虽不需要补充侦查和补充提供证据,但需要补充、追加起诉的,可以建议法庭延期审理。此规定既包括公诉之追加,也包括公诉之变更。追加是指简单的罪名增加或者被告人增加,变更则既包括罪名之变更,也包括在共同犯罪案件中主犯、从犯等地位之变更。〔11〕

另据《最高检规则》第423条之规定,在发现被告人的真实身份或者犯罪事实与起诉书中叙述的被告人身份或者指控犯罪事实不相符合时,亦发生起诉之变更问题。"身份不符"包括两种情况:一种是原来被告人身份不明,至审判阶段已经明了;另一种是原来认为被告人身份已明,至审判阶段发现原来之身份认定有误,两种情况下均需变更起诉。"犯罪事实不符"亦包括两种情况:一是原来认定之犯罪事实与客观上存在之犯罪事实不符,因而需要变更;二是原来所叙述之犯罪事实虽与客观上存在之犯罪事实相符,但人民检察院认定罪名有误,亦可认为是与起诉书中叙述之犯罪事实不符,同样引起公诉之变更。在后一种情况下,变更公诉尤其必要,因为人民检察院是国家的公诉机关,肩负着指控犯罪、追究犯罪、打击犯罪之职责,现行法律赋予其"司法机关"之称谓更要求其准确履行职责,既不冤枉一个无辜公民,也不放纵一个犯罪分子,既不重罪轻诉,也不轻罪重诉。在轻罪重诉的情况下,变更控诉可以使人民检察院之公诉更为准确;在重罪轻诉的情况下,变更控诉可以更加严厉地打击犯罪,防止其他犯罪分子气焰嚣张,或者心存侥幸。

(二)公诉之撤回

根据《最高检规则》第424条之规定,公诉之撤回包括以下7种情形:(1)不存在犯罪事实的;(2)犯罪事实并非被告人所为的;(3)情节显著轻微、危害不大,不认为是犯罪的;(4)证据不足或证据发生变化,不符合起诉条件的;(5)被告人因未达到刑事责任年龄,不负刑事责任的;(6)法律、司法解释发生变化导致不应当追究被告人刑事责任的;(7)有其他不应当追究被告人刑事责任的情形的。

对于撤回起诉的案件,没有新的事实或者新的证据,人民检察院不得再行起诉。其中,新的事实是指原起诉书中未指控的犯罪事实,该犯罪事实触犯的罪名既可以是原指控罪名的同一罪名,也可以是其他罪名;新的证据是指撤回起诉后收集、调取的足以证明原指控犯罪事实的证据。

由于《刑事诉讼法》本身并未规定公诉之追加、变更与撤回,因此,上述权力

---

〔11〕 如在某一杀人案件中,原起诉书载明被害人系被告人甲和乙所杀,被告人甲在案中系主犯,乙系从犯;在法庭审理中发现,该案背后之主谋为丙,且丙在案件中其主要作用,是主犯,甲和乙均系从犯,从而产生起诉之变更问题。

均为最高人民检察院赋予检察机关之权力。但此权力之行使是否需要经过人民法院之司法审查?从理论上看,虽然公诉权为检察机关之固有权力,在逻辑上自然包含对公诉进行追加、变更与撤回之权力;但同时,检察机关在刑事诉讼中亦为纠纷之一方,因此,当其权力之行使涉及或影响到另一方权利之实现时,应受到人民法院之司法审查。公诉之追加与变更自然牵涉被告人权利之实现,但由于无论是追加还是变更,案件均将最终由人民法院进行审理,因此不会从实质上影响被告人权利之实现,从而也就无须人民法院进行司法审查。但对于人民检察院撤回公诉之举动,虽然《最高检规则》以明文规定撤回公诉之情形,但具体到某一案件,公诉人撤回公诉之举动是否符合上述情形,则仍须第三者以中立之姿态为公正之判断。否则,很可能造成公诉人在法庭上处于不利局面(且人民法院将对被告人作无罪之宣判),便撤回公诉,转而对被告人作“证据不足不起诉”或者“微罪不起诉”之处置,将使被告人处于不利之地位。因此,对于公诉之撤回,必须由人民法院加以审查。

无论是公诉之追加、变更,还是撤回,均应当报经检察长或者检察委员会决定,并以书面形式在人民法院宣告判决前向人民法院提出。因此,公诉人不得在法庭上以口头之方式径自向人民法院提出公诉之追加、变更或撤回之请求。在法庭审理过程中,公诉人认为需要变更、追加或撤回起诉的,只能建议休庭,并记明笔录,然后向人民检察院之检察长或者检察委员会汇报,在获得批准后再向人民法院以书面形式提出。在变更、追加起诉等情形下,需要给被告人、辩护人必要的时间进行辩护准备,因而需要公诉人在提出建议时同时建议延期审理。

第三节 不起诉

一、不起诉的分类

(一)不起诉分类概说

我国《刑事诉讼法》第 175 条第 4 款规定:“对于二次补充侦查的案件,人民检察院仍然认为证据不足,不符合起诉条件的,应当作出不起诉的决定。”对此,理论上一般称为“证据不足不起诉”。第 177 条第 1 款规定:“犯罪嫌疑人没有犯罪事实,或者有本法第十六条规定的情形之一的,人民检察院应当作出不起诉决定。”对此,理论上称之为“法定不起诉”;第 2 款规定:“对于犯罪情节轻微,依照刑法规定不需要判处刑罚或者免除刑罚的,人民检察院可以作出不起诉决定。”

对此,理论上称之为"酌定不起诉"。这样,我国刑事诉讼法规定的不起诉实质上被划分为 3 类:法定不起诉、证据不足不起诉和酌定不起诉。[12]

也有学者将不起诉概括为两种不起诉,即法定不起诉和酌定不起诉,但是又将《刑事诉讼法》第 175 条第 4 款规定的不起诉归入"酌定不起诉"的范围。[13]这种理解实际上是将《刑事诉讼法》第 175 条第 4 款规定的"应当作出不起诉的决定"理解为一种选择性规范。联系《刑事诉讼法》关于提起公诉的条件的规定,[14]本书认为《刑事诉讼法》第 175 条"应当作出不起诉的决定"的规定应当理解为授权性规范,即人民检察院在这种情况下应当作出不起诉决定。[15] 如果作这种理解,则《刑事诉讼法》第 175 条第 4 款的规定实际上属于法定不起诉的范畴,因此,整个不起诉制度也应当划分为"法定不起诉"和"酌定不起诉"两种。

另外,2018 年修正《刑事诉讼法》时增加了一条,作为第 182 条,专门规定:"犯罪嫌疑人自愿如实供述涉嫌犯罪的事实,有重大立功或者案件涉及国家重大利益的,经最高人民检察院核准,公安机关可以撤销案件,人民检察院可以作出不起诉决定,也可以对涉嫌数罪中的一项或者多项不起诉……"从该法条文字表述来看,根据该条所作的不起诉决定,显然属于酌定不起诉的范畴,由于该法条规定的不起诉极为特殊,因此应当将其与普通的酌定不起诉予以区别对待。

(二)法定不起诉

根据以上理解,法定不起诉包括两种情形:(1)《刑事诉讼法》第 177 条第 1 款规定的"犯罪嫌疑人没有犯罪事实,或者有本法第十六条规定的情形之一的,人民检察院应当作出不起诉决定"。(2)《刑事诉讼法》第 175 条第 4 款规定的"对于二次补充侦查的案件,人民检察院仍然认为证据不足,不符合起诉条件的,应当作出不起诉的决定"。根据此条款之规定,人民检察院在认为证据不足不符合起诉条件时,可退回侦查机关补充侦查;第一次补充侦查后如果仍然证据不足,可以作出不起诉决定,也可以退回侦查机关进行第二次补充侦查;第二次补充侦查完毕仍然证据不足不符合起诉条件的,人民检察院应当作出不起诉决定。

对于《刑事诉讼法》第 175 条第 4 款规定的"证据不足、不符合起诉条件",《最高检规则》第 368 条进一步规定,具有下列情形之一,不能确定犯罪嫌疑人构

---

[12] 陈光中主编:《刑事诉讼法学(新编)》,中国政法大学出版社 1996 年版,第 333 页;陈光中、徐静村主编:《刑事诉讼法学》,中国政法大学出版社 1999 年版,第 327 页。

[13] 樊崇义主编:《刑事诉讼法学》,中国政法大学出版社 1996 年版,第 312 页。

[14] 提起公诉的条件是"犯罪嫌疑人的犯罪事实已经查清,证据确实、充分,依法应当追究刑事责任"。参见《刑事诉讼法》第 176 条。

[15] 其他学者亦有持此见解者,例见胡康生、李福成主编:《中华人民共和国刑事诉讼法释义》,法律出版社 1996 年版,第 159 页。

成犯罪和需要追究刑事责任的,属于证据不足,不符合起诉条件:(1)犯罪构成要件事实缺乏必要的证据予以证明的;(2)据以定罪的证据存在疑问,无法查证属实的;(3)据以定罪的证据之间、证据与案件事实之间的矛盾不能合理排除的;(4)根据证据得出的结论具有其他可能性,不能排除合理怀疑的;(5)根据证据认定案件事实不符合逻辑和经验法则,得出的结论明显不符合常理的。

(三)酌定不起诉

酌定不起诉包括《刑事诉讼法》第 177 条第 2 款所规定的"对于犯罪情节轻微,依照刑法规定不需要判处刑罚或者免除刑罚的,人民检察院可以作出不起诉决定"以及《刑事诉讼法》第 182 条规定的符合特殊条件情况下的不起诉两种情形。

1996 年修正的《刑事诉讼法》废除了 1979 年《刑事诉讼法》规定的免予起诉制度,但是将免予起诉制度的部分内容纳入不起诉制度中酌定不起诉的范围内。这一做法实际上肯定了免予起诉的制度功能,但同时又避免了免予起诉所带来的负面影响。在这之前,学术界就免予起诉的存废问题展开了激烈的讨论,如今看来,赞成和反对的各方都包含着一定的真理。可以说,1996 年修正后的《刑事诉讼法》既避免了原《刑事诉讼法》所确立的免予起诉制度违反无罪推定原则的弊端,又保留了免予起诉制度中的合理因素。因此,2012 年修正《刑事诉讼法》时保留了酌定不起诉制度。

2018 年修正后的《刑事诉讼法》第 182 条第 1 款规定:"犯罪嫌疑人自愿如实供述涉嫌犯罪的事实,有重大立功或者案件涉及国家重大利益的,经最高人民法院核准,公安机关可以撤销案件,人民检察院可以作出不起诉决定,也可以对涉嫌数罪中的一项或者多项不予起诉。"如前所述,根据该规定所作的不起诉决定,属于酌定不起诉的范畴。对于此类不起诉的案件,检察官自由裁量权比较大,因此属于极为特殊的不起诉,需要满足比较特殊的条件。根据上述规定,此类不起诉的条件是:第一,犯罪嫌疑人自愿如实供述自己涉嫌犯罪的事实。自愿如实供述犯罪事实是这类不起诉的先决条件。第二,有重大立功或者案件涉及国家重大利益。所谓"重大立功",是指犯罪嫌疑人有检举、揭发司法机关尚未掌握或者未完全掌握的其他人的重大犯罪行为;提供侦破其他重大案件的关键线索;阻止他人实施重大犯罪活动;协助司法机关抓捕其他重大犯罪嫌疑人、包括同案犯罪嫌疑人等。所谓"案件涉及国家重大利益",是指案件的查处会影响到国家的政治、经济、国防、外交、科技、文教等领域的重大利益。第三,经最高人民检察院核准。此类案件不起诉的条件实际上比较宽泛,相当于赋予了公安机关、人民检察院在不起诉和撤销案件方面广泛的自由裁量权;如有不慎,就有可能导致权力的滥用,使真正的公共利益落空。因此,对于此类不起诉,《刑事诉讼法》规定了比较严格的程序条件,那就是,必须经最高人民检察院核准。经最高人民检察院核准,既有利于严格掌握此案件不起诉或撤销案件的标准,也有利于自由裁量权的严格限制和不起诉标准的统一适用,还有利于加强此类案件不起诉决定或撤销案件决定的权威性、公正性。

| 评注 17-4 | 起诉法定主义与起诉便宜主义

所谓起诉法定主义,是指案件经过侦查或调查后,只要认定犯罪嫌疑人有足够的犯罪嫌疑,即须提起公诉的制度。与之相反,起诉便宜主义则是指案件经过调查后,即使有足够的证据证明犯罪嫌疑人有罪,检察官亦得行使自由裁量权,以决定是否对犯罪嫌疑人提起公诉的制度。起诉法定主义的目的在于排除检察官自由裁量权的行使,防止法律之外的因素对检察官公诉权的影响。但是其缺陷也是很明显的:它无法发挥刑事政策对被告人的影响,另外也可能导致刑事司法资源的浪费。起诉便宜主义虽然可能导致检察官在起诉时因滥用自由裁量权而恣意妄为,但其优点亦较为显著:在这一制度下,可以利用形势政策影响被告人,使其早日回归社会;该制度也允许检察官考虑被害人及其他公民之意愿,并为"民意"进入司法提供一个合法的途径;该制度还有利于诉讼经济,在虽有犯罪行为但若提起公诉将导致司法资源之不合理运用时,检察官即可运用其自由裁量权作出不起诉之决定。

一般而言,一个国家的刑事诉讼实行起诉法定主义或者实行起诉便宜主义,但由于二者均各有优势,亦各有缺陷,因此,很多国家通常将二者加以结合,同时兼采起诉法定主义与起诉便宜主义两种制度。例如德国,对极轻微案件实行起诉便宜主义,而对轻微案件以外的案件则采起诉法定主义。〔16〕 我国刑事诉讼法对于较严重的案件实行的是起诉法定主义,对较轻微的案件则实行起诉便宜主义。

| 评注 17-5 | 酌定不起诉的理论基础

概括而言,酌定不起诉制度存在的价值与功能主要体现在以下三个方面:

第一,公共利益之考量。英国前总检察长萧克罗斯(Hartley Shaweross)勋爵曾经说过这样一段话:"有犯罪嫌疑就必须起诉,这从来就不是我们国家的方针……只有当罪行和犯罪时的情形具有这样一个特点,即对该案的起诉符合公共利益,检察官才应该起诉。公共利益仍然是我们应当考虑的首要问题。"〔17〕 这种"公共利益"也应当包括被害人的意愿和其他公民的意愿。田口守一在说到起诉裁量主义

---

〔16〕 [德]克劳思·罗科信:《刑事诉讼法》(第24版),吴丽琪译,法律出版社2003年版,第103页。
〔17〕 龙宗智:《相对合理主义》,中国政法大学出版社1999年版,第309页。

的根据时指出:“检察官不能受社会声音的摆布,但也不能无视社会的声音,尤其是应重视不予追诉的声音,即使认为犯罪嫌疑人有罪,如加害人与被害人之间和解成立,被害人表示宽宥,也可以不予追诉,不课以刑罚。”[18]在有些案件中,由于一些特殊的原因,被害人本身不愿意将侵犯其权利或利益的犯罪嫌疑人绳之以法,或者已经与嫌疑人达成和解,而公众也出于人类一般道德感情的需要而不愿意看到某些实施犯罪行为的人被投进监狱。

第二,打击犯罪之需要。酌定不起诉制度可以对共同犯罪的犯罪分子起到分化、瓦解的作用。共同犯罪的案件,在不得到部分犯罪分子配合案件就很难侦破的情况下,对那些具有自首、立功表现的共同作案人,采取比较宽大的政策,将有助于鼓励共同犯罪人走上悔过自新的道路,有助于孤立其他共同犯罪人,有助于整个案件的及时、准确、全面的侦破。对于这一点,我国古代早就有所认识。我国唐朝时的法律规定:“凡犯罪共逃亡,其轻罪囚能捕获重罪囚而首告,及轻重罪相等,但获一半以上首告者,皆免其罪。”[19]意思就是:犯罪以后共同逃亡,其中犯轻罪者能捕获犯重罪者到官府自首,或者这些人的犯罪轻重相等,其中有人能捕获半数以上罪犯自首,则他们的本罪及逃亡罪一律不再追究,但“常赦所不原”的犯罪除外(所谓“常赦所不原”的犯罪,是指“十恶”等在遇到大赦时也不赦免的严重罪行)。这一规定就是基于分化、瓦解共同犯罪人的需要。

第三,诉讼经济之体现。“经济”的第一个含义是“经邦济世、经国济民”;第二个含义是“节约”。只有“节约”,才可能“经邦济世、经国济民”,因为资源在任何时候、任何地点,相对于人的需要而言,都是稀缺的,司法资源也是稀缺的。所以,我们必须以有效的司法资源实现尽可能高的司法效率,而浪费司法资源本身也不符合公平正义的原则。波斯纳曾经指出,公正在法律中的第二个意义是指效率,稍微思考,即可得出在资源稀少的世界,浪费是不道德的结论。既然如此,在即使提起公诉也很可能对被告人不判处刑罚的情况下,再作出这种决定实际上就是对司法资源的一种浪费。

案例 17-4 决定不起诉可基于案件的各种因素[20]

2011 年,民警通过对犯罪嫌疑人徐某发出的邮包追查,发现徐某曾邮寄快件给长沙市宁乡县玉潭镇沙河市场,徐某供认,快件中的物品是气枪铅弹。购买铅弹的是宁乡某大药房的老板刘某。民警数了数铅弹,共有 1670 颗,其中 370 颗是 4.5 毫

[18] [日]田口守一:《刑事诉讼法》,刘迪等译,法律出版社 2000 年版,第 103 页。

[19] 《唐律 · 名例》“犯罪共逃”条。

[20] 本案例系根据《潇湘晨报》报道改编,原始资料来源,http://news.sohu.com/20121004/n354305864.shtml,最后访问日期:2012 年 10 月 4 日。

米,1300颗是5.5毫米,威力足以杀人。刘某也向警方供述,自己确实买了枪,还通过“爱好者”QQ群找到联系方式买了铅弹。他说自己2011年买了把枪,在煤炭坝的家中练习射击砧板,打着打着发现弹药不够了,于是上网加群邮购。刘某知道这是犯法,但不以为然,以为会没事。

出乎意料的是,该案侦破后,刘某所在当地综治办寄来材料为他求情。原来刘某从小得了小儿麻痹症,靠双拐走路。1986年,刘某开始创业,先自学电器维修,当学徒,修理家用电器挣钱。后转行做药品销售,名气越做越大,后来自己开药房。2012年,他在宁乡拥有3家药房。当地综治办、社区,称他为“身残志坚的成功人士”。日子好过了,刘某想锻炼身体,但无法打球、游泳、散步,就买气枪射击砧板锻炼,没想到被长沙缉私局通报,面临起诉。刘某成为犯罪嫌疑人后,宁乡县残联、原综治办、原工商局、沙子坡社区向宁乡县人民检察院都寄来了材料,为刘某求情。事后,刘某写来一封信表示悔过:“我犯了个低级错误;我对不起关心支持我的各级领导,对不起所有帮助我的人,对不起我的父母和妻儿。”宁乡县人民检察院检察官考虑到刘某的情节:残疾人,奋斗、创业,且平时表现好,同时购买弹药没有造成社会危害。综合各方意见,检察院依法对刘某作出相对不起诉处理。

二、不起诉的程序

(一)不起诉决定程序

根据《刑事诉讼法》及《最高检规则》之相关规定,不起诉的程序包含以下内容:(1)人民检察院对于不符合起诉条件,拟作出不起诉决定的案件,经检察委员会讨论决定,可以作出不起诉决定。(2)人民检察院根据《刑事诉讼法》第175条第4款、《刑事诉讼法》第177条第2款对直接立案侦查的案件决定不起诉后,审查起诉部门应当将不起诉决定书副本以及案件审查报告报送上一级人民检察院备案。(3)不起诉的决定,由人民检察院公开宣布。公开宣布不起诉决定的活动应当记明笔录。(4)据《最高检规则》第369条之规定,人民检察院因证据不足作出不起诉决定,在发现新的证据,符合起诉条件时,可以提起公诉。

(二)不起诉决定书的制作及送达

人民检察院作出不起诉决定后,应当制作不起诉决定书。不起诉决定书的主要内容包括:(1)被不起诉人的基本情况,包括姓名、出生年月日、出生地、民族、文化程度、职业、住址、身份证号码,是否受过刑事处罚,拘留、逮捕的年月日和关押处所等;(2)案由和案件来源;(3)案件事实,包括否定或者指控被不起诉人构成犯罪的事实以及作为不起诉决定根据的事实;(4)不起诉的根据和理由,写明作出不起诉决定适用的法律条款;(5)查封、扣押、冻结的在案款物的处理情况;(6)有关告知事项等。

不起诉决定书应当送达被害人或者其近亲属及其诉讼代理人、被不起诉人及其辩护人以及被不起诉人的所在单位。送达时,应当告知被害人或者其近亲属及其诉讼代理人如果对不起诉决定不服,可以自收到不起诉决定书后7日以内向上一级人民检察院申诉,也可以不经申诉直接向人民法院起诉;告知被不起诉人如果对不起诉决定不服,可以自收到不起诉决定书后7日以内向人民检察院申诉。对于公安机关移送审查起诉的案件,人民检察院决定不起诉的,不起诉决定书应当送达公安机关。

(三)不起诉之后相关事项的处理

根据《刑事诉讼法》及《最高检规则》的规定,人民检察院作出不起诉决定,应当对有关事项进行以下处理:(1)人民检察院决定不起诉的案件,可以根据案件的不同情况,对被不起诉人予以训诫或者责令具结悔过、赔礼道歉、赔偿损失;(2)对被不起诉人需要给予行政处罚、行政处分或者需要没收其违法所得的,人民检察院应当提出检察意见,连同不起诉决定书一并移送有关主管机关处理;(3)人民检察院决定不起诉的案件,需要对侦查中扣押、冻结的财物解除扣押、冻结的,应当书面通知作出扣押、冻结决定的机关或者执行扣押、冻结决定的机关解除扣押、冻结。

《刑事诉讼法》第182条第2款规定:"根据前款规定不起诉或者撤销案件的,人民检察院、公安机关应当及时对查封、扣押、冻结的财物及其孳息作出处理。"第182条是2018年《刑事诉讼法》修改时增加的条文,是对符合特殊条件情况下的犯罪嫌疑人酌定不起诉或者撤销案件的规定。第1款是对不起诉或者撤销案件的条件的规定,第2款是对不起诉或者撤销案件后对查封、扣押、冻结的财物及孳息应当及时处理的规定。本书认为,该款规定的效力不应当仅限于符合特殊条件的犯罪嫌疑人的不起诉案件,对于所有决定不起诉的案件,人民检察院、公安机关都应当及时对查封、扣押、冻结的财物及其孳息作出处理;需要解除扣押、冻结的,尽可能在作出不起诉决定后第一时间解除扣押、冻结。

三、对不起诉决定的救济

(一)对公安机关的救济

对公安机关不服不起诉决定的救济有复议和复核两种途径。其中,复议是指向原决定机关申请复议;复核则是指向原决定机关的上一级机关申请复核。

公安机关认为不起诉决定有错误，要求复议的，人民检察院审查起诉部门应当另行指定检察人员进行审查并提出审查意见，经审查起诉部门负责人审核，报请检察长或者检察委员会决定。人民检察院应当在收到要求复议意见书后的30日内作出复议决定，通知公安机关。

公安机关不服不起诉决定，向上一级人民检察院申请复核的，上一级人民检察院收到公安机关提请复核的意见书后，应当交由审查起诉部门办理。审查起诉部门指定检察人员进行审查并提出审查意见，经审查起诉部门负责人审核，报请检察长或者检察委员会决定。人民检察院应当在收到提请复核意见后的30日内作出决定，通知下级人民检察院和公安机关。改变下级人民检察院的决定的，应当撤销下级人民检察院作出的不起诉决定，交由下级人民检察院执行。

（二）对被害人的救济

被害人不服人民检察院作出的不起诉决定，也可以通过两种途径获得救济：第一种是向上一级人民检察院申诉；第二种是向人民法院起诉。

被害人对人民检察院作出不起诉决定不服的，可以自收到决定书后7日内向作出不起诉决定的人民检察院的上一级人民检察院申诉，由审查起诉部门办理。被害人对不起诉决定不服，提出申诉的，应当递交申诉书，写明申诉理由。被害人没有书写能力的，也可以口头提出申诉，人民检察院应当根据其口头提出的申诉制作笔录。此要求同样适用于被不起诉人（见图17－1）。

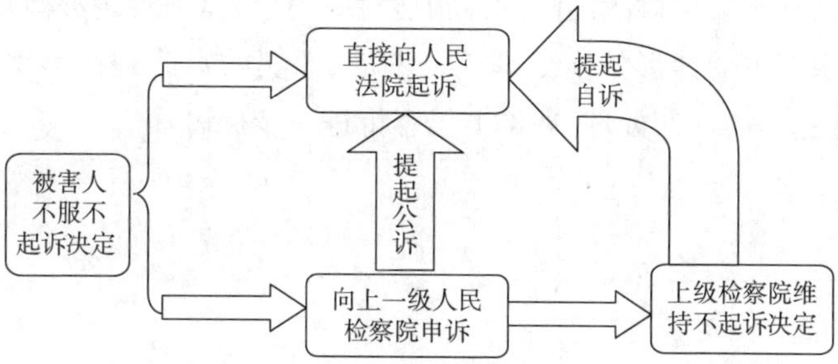

图17－1　被害人不服不起诉决定的救济途径

被害人对人民检察院不起诉的决定不服，收到决定书超过7日后提出申诉的，由作出不起诉决定的人民检察院控告申诉部门受理。被害人向作出不起诉决定的人民检察院提出申诉的，作出决定的人民检察院应当报送上一级人民检察院受理。上一级人民检察院对不起诉决定进行复查后，应当作出复查决定。复查决定书应当送达被害人和作出不起诉决定的人民检察院。上级人民检察院经复查作出起诉决定的，应当撤销下级人民检察院的不起诉决定，交由下级人民检察院提起公诉，并将复查决定抄送移送审查起诉的公安机关。

被害人不服人民检察院作出的不起诉决定,可以在申诉后向人民法院提起自诉,也可以不经申诉,直接向人民法院起诉。人民检察院接到人民法院受理被害人对被不起诉人起诉的通知后,人民检察院应当终止复查,将作出不起诉决定的有关案件材料移送人民法院。

(三)对被不起诉人的救济

被不起诉人对人民检察院依照《刑事诉讼法》第 177 条第 2 款规定作出的不起诉决定不服,在收到决定书后 7 日内向人民检察院提出申诉的,由作出决定的人民检察院审查起诉部门办理,超过 7 日提出申诉的,应当由作出决定的人民检察院的控告申诉部门办理。

人民检察院审查起诉、控告申诉部门复查后提出复查意见,认为应当维持不起诉决定的,报请检察长作出复查决定;认为应当撤销不起诉决定并提起公诉的,报请检察委员会讨论决定。复查决定书应当送达被不起诉人,撤销不起诉决定或者变更不起诉的事实或者法律根据的,应当同时抄送移送审查起诉的公安机关。人民检察院作出撤销不起诉决定并提起公诉的复查决定后,应当将案件交由审查起诉部门提起公诉。

据此,人民检察院对被不起诉人的申诉复查后有两种结果:一是维持不起诉决定;二是撤销不起诉决定,提起公诉。如果在复查中发现被不起诉人没有实施犯罪行为,也只能维持轻罪不起诉决定,这显然不利于维护被不起诉人的利益,也与刑事诉讼法设置申诉规则的精神相违背。另外,以上规定亦显示,法律对被不起诉人要求起诉的情形如何处理未加考虑,而实际上此种情形于实践中并非不存在,但究竟应当如何处理,理论上仍有待进一步探讨。

第十八章　公正审判权

案件经人民检察院提起公诉或者自诉人提起自诉之后，自然进入审判程序。审判程序中第一重要的主题就是公正审判权。公正审判权是一系列权利的总称，具体包括由公正无偏私的法庭审判的权利、公开审判的权利、迅速审判的权利、无罪推定的权利、反对强迫自我归罪的权利、不受任意逮捕与拘禁的权利、私生活秘密不受任意侵犯的权利、获得律师帮助权、对质权、申请法庭强制传唤证人出庭作证的权利以及反对双重归罪的权利等。本书在第五章第一节国际通行刑事诉讼原则中介绍了其中最主要的权利；对于获得律师帮助的权利、公平法院的组成、反对强迫自证其罪的特免权、不受任意逮捕与拘禁以及私生活秘密不受任意侵犯等，本书分别在律师帮助权、管辖与回避、搜查与扣押、强制措施、侦查讯问等以专章给予了论述。对于这些已经详细介绍的权利，此处不再重复。本章主要介绍迅速审判权、由无偏倚的法庭审判的权利、知悉指控证据的权利、对质权和强制取证权以及反对双重归罪的权利。因第五章第一节对这些权利已经作了简要论述，本章将侧重于对这些权利的适用问题进行阐述。

第一节 迅速审判权

一、迅速审判权的意义

设置迅速审判权的目的主要在于两方面:一是防止将被告人置于被指控地位却长期不能接受审判导致其法律地位处于不确定状态,让被告人长期笼罩在紧张、抑郁、焦虑、恐慌甚至绝望等情绪之下;二是防止被告人长期处于被羁押状态,致使其虽然未经审判但人身自由却长期处于被剥夺状态,事实等同于已经被定罪。很显然,比起未被羁押的被告人,处于羁押状态的被告人更需要迅速审判权。这也是《公民权利和政治权利国际公约》规定任何因刑事指控被逮捕或拘禁的人应有权在合理的时间内受审或在审判前释放的原因。要么迅速审判,要么立即释放,这都比既不审判又不释放要强。另外,无辜的被告人显然比有罪的被告人更需要迅速审判权。通过公开审判,一是可以向公众公开证明自己无罪或陈述自己无罪的理由;二是可以尽快结束这种遭受无端指控的煎熬。但如同所有基本人权一样,迅速审判权既保护无辜者,也保护有罪的被告人——只要是人,无论其事实上有罪或无辜,都应享受基本权利给予的保障。

在美国,由于大部分案件通过辩诉交易解决,迅速审判权的存在还有助于控辩双方尽早达成辩诉交易。由于司法资源的有限,无论是检察官还是法官都无法保证每个被告人都能得到迅速审判。在美国的绝大多数司法区,只有不到20%的案件实际进入审判;对于另外的案件,检察官通常只有两个选择:要么撤诉,要么通过控辩协商达成辩诉交易。迅速审判权实际上赋予了被告人一个更加有利的谈判条件,在很多情况下,检察官通常会选择同意被告方提出的条件。因此,也有法学家声称,迅速审判权是驱动辩诉交易的一个引擎。[1]

迅速审判权不仅有利于被告人,而且也有助于政府和公众利益的实现。首先,对被告人迅速定罪有利于刑罚震慑和吓阻效果的实现。如果一名被指控犯罪的被告人从他犯罪之日起就被迅速抓获、迅速指控并被迅速定罪,刑罚的吓阻效果就能很快显示;相反,如果被告人在犯罪后长期未被审判和定罪,刑法的威慑力就会大大降低。只有迅速打击,立竿见影、事半功倍。其次,迅速审判有可能减少被告人再犯和逃避审判的概率。在现代社会尤其是西方社会,因被告人

---

〔1〕 Myron Moskovitz, *Cases and Problems in Criminal Procedure: The Courtroom*, Fourth Edition, LexisNexis, 2004, p. 283.

有获得保释的权利，因此，如果一项指控长期得不到审判，被告人迟迟不能被定罪，就增加了被告人在保释期间再犯新罪的可能性，同时也增加了被告人外出逃避审判的可能性。如果能够迅速审判，无罪的被释放，有罪的被收监，就可以防止其再犯或逃避审判。再次，迅速审判可能增加被告人被准确定罪的概率。随着犯罪时间的过去和侦查、起诉以及等待审判的时间消逝，有些证人可能死亡或难再寻觅，有些证人的记忆逐渐消退，有些证据可能消失或难以保存，反而不利于政府对犯罪事实的证明。这也是有些案件被告方采取拖延战术的原因。最后，迅速审判也有利于节约司法资源，提高司法效率。如果被告人已被羁押，无论被告人被判定有罪还是无罪，迅速审判都可以减少看守所的关押人员：如被告人被判定无罪，自然应当变更强制措施，或者予以释放；如果被判定有罪，就可以在更短的时间内交付监狱执行，从而缓解看守所人满为患的状况。

二、迅速审判权中“迅速”的界定

与其他基本权利不大一样，迅速审判权是边界最为模糊的一项权利。因为，如同疲劳审讯中的“疲劳”难以界定一样，对于什么是迅速审判权中的“迅速”，通常并没有一致的判断。对此，美国大部分州均以制定法的形式，明确规定被告人被提出指控以后必须进行审判的期限。但在联邦层面，对于被告人被提出指控以后必须在什么期限内进行审判，美国法律并无明确规定。

案例 18－1　巴克尔诉温格〔2〕

1958 年 7 月 20 日，在肯塔基的克里斯蒂安郡，一对年迈的夫妇在家中被非法入侵者殴打致死。塞拉斯曼宁和韦力巴克尔旋即被作为嫌犯逮捕。大陪审团于当年 9 月 15 日对他们提出指控，法庭于当年 9 月 17 日指派律师为他们提供辩护，巴克尔的审判安排在同年 10 月 21 日。检察官有强有力的证据指向曼宁，但同时认为除非曼宁为控方作证，否则很难实现对巴克尔的定罪。曼宁自然不愿意提供自我归罪的证词。于是，在 1958 年 10 月 23 日，也就是曼宁被带上法庭接受审判的那天，控方第一次获得了对巴克尔延期开庭的批准，但这只是 16 次延期审理中的第一次。这一次，巴克尔未表示任何抗议。控方认为，只要曼宁被定罪，他就无法在针对巴克尔的审判中援引反对强迫自证其罪的特免权，从而就可以顺利实现对巴克尔的定罪。

但是，对曼宁的指控并不顺利。第一次审判因陪审团未能达成一致而宣告失败。第二次审判顺利实现了对曼宁的定罪，但是上诉法院推翻了对曼宁的定罪并

〔2〕 Barker v. Wingo, 407 U. S. 514, 1972.

将案件发回重审,原因是审判法院错误地允许了本应排除的以非法搜查手段获得的证据。第三次审判,曼宁再次被定罪,但上诉法院再次将案件发回重审并指令改变管辖。第四次审判时陪审团再次未能达成一致从而成为悬案陪审团。最终,经过第五次审判后,曼宁终于在1962年3月以谋杀前述被害夫妇中的一名被害人被定罪;在第六次审判后,他对涉案夫妇中另一名被害人的谋杀也于1962年10月被认定罪名成立。

克里斯蒂安郡法院每年有三个庭期:2月、6月和9月。巴克尔的庭期最初排在1958年9月,但是这个庭期不得不推迟到1959年2月,第二次延期只批准了一个月。但是,在曼宁的案件每一次往前推进的时候,政府方面每一次都例行公事般地申请将巴克尔的庭期向后推延。在案件从1959年6月的庭期再次推延到1959年9月的庭期、被告人巴克尔已经遭到10个月监禁时,他终于在交了5000美元保证金后被允许保释。直到第11次延期审理之前,巴克尔都没有要求其律师向法庭提出任何抗议。1962年2月12日,政府方第12次向法院提出延期时,巴克尔的律师提交了一份书面动议,请求撤销对巴克尔的指控。法院于两周后驳回了该动议,同时准许了政府方面的延期审理申请。1962年6月和9月,法院又分别允许了两次延期,被告人都没有提出抗议。

1963年,法院迎来了对曼宁成功定罪后的第一个庭期。法院将巴克尔的审判定在同年3月19日。但在审判当天,政府又一次申请延期到6月,理由是负责侦查此案的前警长生病了。巴克尔针对此次延期提出了抗议,但是遭到驳回。到了6月,法庭将开庭日期排在1963年6月19日,但证人仍未能出庭作证。政府方面又一次申请延期,法庭在被告人的反对和抗议之下仍然允许了控方的申请,但是宣布如果到下一个庭期政府如果仍然没有证据证明其指控的话就要撤销案件。终于,在1963年10月9日,对巴克尔的审判如期进行。开庭当天,被告人当庭要求撤销对其的指控,理由就是政府侵犯了其迅速审判权,但是法庭驳回了他的申请。控方传唤的第一名证人是曼宁,审判后巴克尔被定罪并被判处终身监禁。

巴克尔提出上诉。

也许是因为迅速审判权是如此滑溜以至让人难以把握,人们经常向我们(联邦最高法院)提出两种界定迅速审判权的刚性路径。第一个建议是让我们判定,先发要求对被告人的审判必须在某个特定的期限内完成。这一建议的优点是它可以澄清该项权利在什么情况下受到了侵犯从而简化法院对该项权利的适用。正因如此,有些州的立法机构已经颁布法律,有些法院也通过了程序性规则,以便更加精确地界定这项权利。美国联邦上诉法院第二巡回法庭就为其管辖内的联邦地区法院颁布了明确的规则,规定除非有特殊情况,政府方面必须在自逮捕被告人之日起6个月内为其指控做好准备,否则指控将被撤销。但是,我们认为给迅速审判权设定一个量化的特定天数或月数并不存在宪法上的基础。

第二个可供考虑的方案是将思路限定于那些被告人提出了迅速审判主张的案件中。除8个州外,其他大多数州都承认了这一所谓的“提出主张规则”。然而,这一术语的含义却是不清楚的。尽管所有承认该项规则的联邦法院都将该项规则当作提出主张规则来考虑,另一些法院却是将其当作放弃权利规则来加以考虑的,还有一些法院则将其作为迅速审判权是否受到侵犯的一个因素来加以考虑。前者被统一称为“权利主张—放弃原理”。根据该原理,只要被告人在审判前的每一个阶段都没有提出迅速审判的主张,就视为其对该项权利已经放弃。在这一严格的路径之下,对于迅速审判权而言,事先的主张乃是一个必要条件。但是,这种假定不主张权利就是放弃权利的路径,与已经宣布的有关宪法权利放弃的原则并不一致。

因此,我们不赞成之前提到的两种僵化路径中的任何一种。不赞成第一种固定时间期限方案是因为它已经超出了宪法的要求;不赞成第二种放弃权利方案是因为它对宪法权利不够敏感。我们能够接受的方案是一个衡量性的标准,在这个标准中,无论控方还是被告人的因素都将被考虑。

衡量性标准自然要求法院在考虑迅速审判权是否受到侵犯时要具体情况具体分析。我们所能做的十分有限,那就是指出在思考被告人的迅速审判权是否受到侵犯这一问题时需要考虑的因素。尽管其他人也许会以其他方式来表述,我们认为以下四个要素乃是关键:拖延的时间长度,拖延的原因,被告人是否主张其权利,以及拖延对被告人的不利影响。

就本案而言,被告人从被逮捕到被审判经历了5年多的时间,这显然是不同寻常的。这其中只有7个月可以归因于比较强有力的理由,那就是,负责侦查此案的前警长因病不能出席法庭。在通常情况下,由于曼宁可被用作指控巴克尔的工具,因此有些延误也许是可以容许的,但是4年多也实在是太长了。

不过,有两个相反的因素盖过了这一缺陷。第一,对被告人的不利影响几乎是很微弱的。当然,巴克尔肯定也遭受了一些不利影响,因为他不得不在长达4年多的时间里生活在怀疑和焦虑的阴影之下。不仅如此,尽管他也被允许保释,但他毕竟也遭受了长达10个月的监禁。但是,本案并没有任何主张说有利于巴克尔的证人死亡或者由于审判延误而无法寻获。审判记录显示只有两名证人丧失了记忆,其中一名是控方证人,而且两名证人的证言对案件结果都没有显著影响。

第二,更加重要的因素是,事实上巴克尔并不想要一场迅速的审判。在提出指控之后,法院几乎是立即就给巴克尔指派了辩护律师,但是审判记录显示在1958年10月21日至1962年2月12日,他的辩护律师几乎没有采取任何可以被认为是主张迅速审判权的行动。在1962年2月12日这天,巴克尔的确提出了撤销案件的动议,但是审判记录并未显示他提出这一动议的理由,而很清楚的是,他也没有提出要求迅速审判的动议。相反,审判记录强烈地暗示,被告人实际上希望能从他默许的拖延中受益,从而获得一个撤销指控的结果,因此他毫无疑问是不希望受到审判的。

巴克尔这一态度可能的原因是,他在"赌"曼宁可能会被无罪释放。正如上诉法院对曼宁判决的推翻以及曼宁案中出现的悬案陪审团现象所显示的那样,针对曼宁的证据并非十分有力。所以,巴克尔确定无疑地认为,如果曼宁被宣告无罪,他就不必接受审判。

巴克尔"赌"曼宁会被宣告无罪这一事实也可以从他未能在1962年2月针对控方提出的延期审理动议提出反对这一事实获得验证。事实上,一直到1963年3月曼宁的有罪判决确定后巴克尔才认为自己"赌输了",从那时起他才开始反对控方提出的延期动议。而在那时,政府方的延期动议是负责此案的前警长生病了,对此,巴克尔后来自己也承认该理由是可以正当化控方的延期动议的。

我们也不是说在任何情况下,被告人如果未能就控方的延期动议及时提出抗辩就都不会导致其指控不会因迅速审判权而撤销。相反,如果被告人未能提出抗辩是由于辩护律师未能提供有效帮助所导致,并且由于该项失误导致其遭致不利后果,则指控仍有可能被撤销。但是除了那种极端情况以外,如果被告人自己其实并不希望进行审判,恰如本案所显示的那样,那法院就不会判定被告人依据宪法享有的迅速审判权受到了侵犯。因此,我们判定,本案被告人巴克尔并未被剥夺迅速审判权这一正当程序权利。

三、侵犯迅速审判权的后果

在侦查阶段,侦查机关或调查机关以侵犯犯罪嫌疑人或被调查人基本权利的方式取得的证据要予以排除。排除非法证据就是对违法侵犯犯罪嫌疑人、被调查人基本权利的救济方式。与反对强迫自我归罪、不被任意逮捕拘禁、不受不合理搜查与扣押、获得律师帮助等权利不一样的是,对迅速审判权的侵犯往往发生在审判阶段。对迅速审判权的侵犯并不伴随证据的取得,因此无所谓非法证据排除问题,自然也就无法通过排除非法证据的方式对权利受到侵犯的被告人进行救济。对此,美国的做法是撤销指控;我国目前暂无相关规定。

案例 18-2 斯特朗科诉美国[3]

上诉人斯特朗科被内布拉斯加州法院判处1~3年监禁刑。在服刑期间,他又

〔3〕 Strunk v. United States, 412 U. S. 434, 1973.

因将盗窃物品用汽车从威斯康星州运送至伊利诺伊州而触犯了美国《刑法》第18章第2312节规定的犯罪，被联邦地区法院判处5年有期徒刑。该刑罚将与他之前所受的处罚合并执行。

审判前，联邦地区法院拒绝了被告人撤销指控的动议，该动议的理由是他的迅速审判权受到了侵犯。庭审过程中，上诉人既未传唤证人，也未选择自己作证，陪审团认定其罪名成立。上诉法院推翻了地区法院的定罪，认定上诉人事实上被剥夺了迅速审判权。然而，上诉法院还判定，“撤销指控”这一“极端的”救济对于被剥夺迅速审判权的被告人而言并非必需，因此，本案发回重审后，地区法院应当将原审被告人的刑期减至259天，以弥补被告人因迅速审判权被剥夺而遭受的损害。

联邦最高法院经审理判定，如同巴克尔诉温格一案所指出的那样，对迅速审判权受到侵犯的“唯一可能的救济途径”，就是撤销指控。既然上诉人的迅速审判权被剥夺这一事实已经得到认定，对被告人的定罪就应当搁置。因此，上诉法院的判决应当推翻，对被告人的定罪应当撤销。

思考 斯特朗科诉美国一案上诉法院之所以一方面认定当事人的迅速审判权受到侵犯；另一方面又不同意给予当事人撤销定罪这一“极端的”救济，自然是因为上诉法院认为撤销定罪、撤销指控这一救济途径显然是“便宜了”有罪的被告人。你认为美国法律对侵犯迅速审判权的行为给予的“撤销指控”这一救济是否合理？是否还有更加合理的救济方式？

案例18－3 韩某勋故意杀人案〔4〕

黑龙江省哈尔滨市人民检察院指控：被告人韩某勋与被害人杨某某系夫妻关系，与被害人韩某系父子关系，三人居住于韩某勋父母家中。1988年5月25日，韩某勋与杨某某因生活琐事发生口角，经劝解后和好。1988年5月26日16时30分许，韩某勋回到其居住的父母家中，见杨某某未理会自己，以为杨某某又在生气，二人再次发生口角，韩某勋将杨某某推倒在床上，用剪刀扎、砸杨某某的头、面部及身体，将杨某某打昏。此时韩某被惊醒，韩某勋以为杨某某已经死亡，遂产生杀死韩某之念，将韩某抱到室内菜窖口用菜刀切割韩某颈部，将其杀死后扔到菜窖内。之后又将杨某某拖到菜窖口，将杨某某的裤子脱到膝盖处，将其扔到菜窖内，用菜刀切割杨某某的颈部将其杀害。经法医鉴定，杨某某及韩某均系受机械暴力加害造成急性大失血死亡。

---

〔4〕 黑龙江省高级人民法院刑事附带民事裁定书，(2014)黑刑二终字第6号。

韩某勋于1988年6月3日被刑事拘留,6月17日被逮捕。第一次开庭后,由于证据不足,法院没有作出判决。被关押6年后,韩某勋于1994年8月4日被取保候审。案件虽未结束,但处于停滞状态。将近10年后,也就是2004年3月18日,韩某勋因同一案件再次被刑事拘留,同年4月8日被逮捕。再次关押近10年后,哈尔滨市中级人民法院终于在2013年12月26日作出一审判决,认定被告人韩某勋犯故意杀人罪,判处死刑缓期二年执行,剥夺政治权利终身;并赔偿附带民事诉讼原告人杨某一、陈某二经济损失人民币226607元。除证人证言、现场勘验笔录、法医鉴定等证据外,一审据以定罪的证据还有被告人供述。

宣判后,哈尔滨市人民检察院提出抗诉,理由是:被告人韩某勋故意杀死二人,手段残忍,后果极其严重,一审判决量刑畸轻。被告人韩某勋提出上诉,理由是:没有实施杀死杨某某、韩某的行为,没有赔偿义务。韩某勋的辩护人提出:韩某勋的有罪供述在细节上有出入;韩某勋作案时没有穿灰色西服,且灰色西服上所染血迹是其同事赵某某的;物证菜刀、剪刀、前进帽、灰色西服、毛巾、枕套、枕巾的照片不能真实反映原物的特征,不能采信;韩某勋不具备作案时间;公安机关在看守所外提审韩某勋,属讯问违法,存在刑讯逼供的可能性;韩某勋、杨某某与韩某的亲子关系存疑;案发现场四处血迹未经提取和检验;一审判决没有完整引述尸检鉴定;文证审查意见不能作为证据使用;总之,一审判决认定韩某勋故意杀人的事实不清,证据存疑,程序违法,应宣告韩某勋无罪。韩某勋的诉讼代理人提出:现有证据不能认定韩某勋构成犯罪,韩某勋不应承担民事赔偿责任。附带民事诉讼原告人陈某某提出上诉,理由是:要求韩某勋赔偿各项损失人民币1728247元。

二审法院经审理认为,上诉人韩某勋因琐事将妻子杨某某、儿子韩某杀死,其行为已构成故意杀人罪。韩某勋曾多次供述,其与杨某某发生口角,殴打并持剪刀砸、扎杨某某的头面及身体,将杨某某打昏后,又将韩某抱到小屋的菜窖口用菜刀切割颈部,将韩某杀死扔到菜窖内,之后又将杨某某拖到菜窖口用菜刀切割颈部,将杨某某杀死扔到菜窖内。虽然韩某勋的多次有罪供述在实施犯罪过程的具体细节上不完全一致,但供述的犯罪过程、手段、时间、地点与现场勘查、尸检鉴定、物证检验、血型鉴定和证人证言的证实相互印证,足以认定。韩某勋供述作案前和作案时穿灰色西服,作案后换上蓝色西服,与证人林某某、张某丙和证人白某某、高某某的证言证实内容相互印证,可以认定韩某勋的供述真实可信。韩某勋供述案发前一个月与同事赵某某发生车祸之后,前进帽和灰色西服洗过,而公安机关从前进帽和灰色西服上提取的血迹是没有洗过的,可以排除该血迹是赵某某遗留的可能。物证菜刀、剪刀、前进帽、灰色西服、毛巾、枕套、枕巾系公安机关依法提取,物证照片制作过程符合法律规定,能够反映原物的特征和真实性,韩某勋当庭无异议,应予采信。根据韩某甲证言证实案发当日吃午饭时间和法医学尸体检验鉴定书对被害人杨某某死亡时间的鉴定意见，可以认定杨某某死亡时间是当日下午4时至5时。另据证人褚某某、白某某、谭某某等人证言证实的韩某勋案发当日下午活动的时间、过程和地点，足以证明韩某勋具备作案时间。公安机关侦查此案时，在看守所外提审韩某勋，符合《公安机关办理刑事案件程序规定》。参与审讯的侦查人员证言证实审讯时未对韩某勋刑讯逼供，也没有其他证据证实对韩某勋刑讯逼供，韩某勋除当庭辩解外，未提供相关线索或材料，依法不能认定刑讯逼供。公安机关的血型鉴定结论影响韩某勋、杨某某与韩某亲子关系的认定，但不影响认定韩某勋杀死杨某某、韩某的犯罪事实。公安机关现场勘查发现四处与韩某勋血型相同的血迹，证人韩某甲证言证实韩某勋案发前在其家曾有过自伤行为，并将血迹溅上住屋、厨房、走廊的墙上，与韩某勋相关供述相吻合，该血迹与本案无关。一审判决虽未对尸检鉴定内容全部引述，但经法院审查及核对，被害人尸体其他特征的描述均与韩某勋供述的杀人过程和手段相吻合，没有矛盾。因此，一审判决没有引述全部伤情特征不影响韩某勋杀人事实的认定。文证审查意见是由具备资质的司法机构依法定程序作出的，是对其他证据的综合分析判断，审查结论与韩某勋的供述和其他证据的证实相一致，客观真实，应予采信。本案现有证据能够形成完整的证明体系，足以认定韩某勋实施了杀死杨某某、韩某的犯罪行为。韩某勋所提没有杀死杨某某、韩某的上诉理由和辩护人所提本案事实不清，证据存疑，程序违法，应宣告韩某勋无罪的辩护意见，不予采纳。韩某勋对其犯罪行为给附带民事诉讼上诉人造成的经济损失，依法应予赔偿，诉讼代理人所提不予赔偿的代理意见，不予采纳。附带民事诉讼上诉人陈某某所提诉讼请求的合理部分，一审已予支持，所提精神损失费等其他请求，不属于刑事附带民事诉讼范围，依法不予受理。陈某某所提上诉理由及其诉讼代理人所提相关代理意见，不予采纳。上诉人韩某勋杀死二人，犯罪后果极其严重，依法应予严惩。考虑本案系因婚姻家庭矛盾激化引发和具体情节，对韩某勋判处死刑，可不立即执行。检察机关所提一审判决量刑畸轻的抗诉意见，不予支持。一审判决认定的事实清楚，证据确实、充分，定罪准确，量刑适当，附带民事判决正确，审判程序合法。

综上所述，二审法院于2014年6月12日作出终审裁定：驳回抗诉、上诉，维持原判。

思考　如果本案被告人韩某勋从一开始，例如，在1994年，就被判处死刑缓期二年执行，相对在2014年才由黑龙江省高级人民法院作出维持死刑缓期二年执行的终审裁定而言，对他实际被关押的期限是否有影响？迅速审判权是否包含迅速判决权？法院对证据不足的案件能否遵从“疑罪从挂”的原则，即在案件庭审结束后迟迟不作出判决？不考虑本案韩某勋事实上是否构成故意杀人罪等实体事项，

从韩某勋故意杀人案的审判程序中能看出迅速审判权在我国还面临哪些问题？应当如何完善？

第二节　由无偏倚的法庭审判的权利：电视认罪与媒体审判

一、由无偏倚的法庭审判的权利概述

《公民权利和政治权利国际公约》第14条第1款规定，人人有资格由一个依法设立的合格的、独立的和无偏倚的法庭进行公正和公开的审讯。该规定的前半部分是针对审判法庭本身提出的要求，后半部分是针对审判法庭的行为提出的要求。对于审判法庭本身，该规定要求法庭是依法设立的合格的法庭、是一个独立的法庭，并且是一个无偏倚的法庭。所谓依法设立的合格的法庭，主要是指法庭的设立应当独立于任何具体的案件，根据法律的规定对一般性的案件都具有司法管辖的权力，而不是根据行政法规针对具体案件任意设立。所谓独立的法庭，是指法庭必须独立于行政机关和立法机关或者其他权力机关。所谓无偏倚的法庭，是指法庭成员对具体案件的处理应当没有立场、没有偏见，不会受到政治动机和个人情绪的影响，不会受到"媒体正义"的左右。[5] 要求法庭依法设立，主要是为了防止"临事议制"，防止"事后立法"，防止"特事特办"，这主要取决于一个国家的政治和司法体制。要求法庭独立，主要是防止了政治干预、权力干预，这主要取决于法官的任命机制、考核机制和辞退机制。要求法庭必须无偏倚，主要是为了防止法官心存偏见、偏听偏信、形成预断，这主要取决于法官内心的自我修养和媒体对案件的报道所形成的影响。本节仅涉及无偏倚的法庭这一要求。

二、对被告人不利的审前报道

无偏倚的法庭要求法官自身必须对具体案件没有个人利益，没有个人偏见。如果法官对具体案件存在个人利益，自然应当回避案件的审理。对此，本书在管辖与回避这一章中已经进行了探讨。本节只涉及法官应当对案件不存在个人偏

---

〔5〕［奥］曼弗雷德·诺瓦克：《〈公民权利和政治权利国际公约〉评注》，孙世彦、毕小青译，生活·读书·新知三联书店2008年版，第332～334页。

见这一要求。如前所述，法官对案件不能心存偏见、不能偏听偏信，不能早有预断，这一要求一方面取决于法官的个人修养，另一方面取决于媒体对法官内心的影响。对于法官的个人修养，只能从法官选任方面加以保证。对于媒体可能施加在法官内心的影响，则是本部分探讨的重点。在美国，由于实行陪审团审判，因此相关的规则和案例主要集中于媒体报道对陪审员的影响方面。如果一个案件在开庭前就已经有媒体进行了广泛的报道，则很难挑选出对案件没有任何偏见的陪审员，在此情况下，被告方就有权要求改变管辖、异地审理。但是，异地审理也很难保证陪审员的公正，因为在网络时代，一个地方媒体发布的报道同样可能产生全国性的影响，从而导致一个案件发生后没有任何一个地方能够组成被告人所希望的那种完全没有偏私的陪审团来审判他的案件。但在美国法律环境下，法院可以通过发布命令，禁止控方在审判前或审判程序中披露案情，从而在一定程度上保证被告人仍然得到尽可能公正的审判。

| **案例 18－4** |　俄温诉都德〔6〕

1954 年 10 月到 1955 年 3 月，印第安纳州的范德堡郡连续发生了 6 起谋杀事件。媒体对这些犯罪进行了广泛的报道，在当地激起了巨大的民愤，影响当地及邻近地区约 3 万名居民。1955 年 4 月 8 日，被告人被逮捕，紧接着，范德堡郡的检察官和埃文斯维尔地区的警察官员就召开新闻发布会，声称被告人对 6 起谋杀犯罪都供认不讳，新闻媒体对这一官方发言作了密集的报道。记录显示，吉布森郡 95% 以上的居民都接触过有关该案的报道，埃文斯维尔郡的广播和电视也对该案作了密集的报道。这些报道披露了有关该案的众多信息，包括被告人的背景，他还是一个少年时就犯下的罪行，他 20 年前曾因纵火被定罪，以及在战争期间因盗窃被军事法院定罪等事实。有些报道的标题显示被告人在列队辨认中被认出，接受了测谎仪测谎，被带到犯罪现场进行指认，还报道说案件已经侦破但是被告人拒绝认罪。最后，报道声称他对 6 起谋杀案件都供认不讳并指出起诉书包含了印第安纳州的 4 起。报道还说，被告人提议，如果只判处 99 年监禁，他就作有罪答辩，但是控方要求判处他死刑。有些报道还提到了他的律师，说他因为为被告人辩护遭受了多方的批评，但同时又为辩护律师进行了开脱，指出辩护律师是受指派为他辩护，并且如果他拒绝辩护就会被律协除名。

大陪审团迅速对被告人以谋杀罪提出了起诉。被指派为其辩护的律师申请从范德堡郡移转管辖并获得允许，但该案也只是从范德堡郡移转至邻近的吉布森郡。辩护律师又申请从吉布森郡移转管辖至离案发当地足够远的司法辖区，以便被告

〔6〕 Irvin v. Dowd, 366 U. S. 717 (1961).

人能够获得公正的审判,但由于印第安纳州法律仅允许移转管辖一次,该动议被驳回。

在持续时间长达4周的陪审团挑选程序中,被告方又两次提出移转管辖申请,8次提出延期审理申请,均遭到拒绝。审判后被告人被定罪并被判处死刑。联邦最高法院推翻了对被告人的定罪。

以克拉克为首的多数意见在判决中写道:由陪审团审判的权利的本质是保护受刑事指控的被告人由一个无偏倚的、无利害关系的群体进行公平的审判。其背后的理论基础是,一个已经对案件形成看法的陪审员不可能是无偏倚的。不过,这并不意味着陪审员必须对案件中的事实是完全无知的,在如今这迅速、广泛和多样的交流工具存在的时代,一个重大的案件很容易引起公众的兴趣,从而很少有陪审员会对案情完全没有印象或者完全没有自己的观点。但只要陪审员能够将自己对案件的印象和看法放在一边并根据呈现在法庭中的证据形成决定,这样的陪审员就是足够的。

但本案中,陪审团挑选程序显示,(案件还未经审判)12名陪审员中就有8名成员认为被告人是有罪的。在这样的观念充斥着他们的大脑的情况下,这些陪审员评议时很难将之前就已经形成的有罪观念排除在外。在他们的观点已经如此前后一贯时,其中潜伏的影响就会打败他们作为一个一般人应当具有的中立性。当一个人的生命处于危险之中时——请想一下人性中的那些弱点吧——在本案中的这些情况下裁决的中立性没有达到宪法的要求。

除了未成年人案件,我国法律并没有明令禁止控方在案件侦查与审查起诉阶段向媒体披露案情。即使是在未成年人案件中,案件自侦查阶段起,犯罪嫌疑人的姓名、社会背景、前科记录等信息就被媒体广泛报道的情况也屡见不鲜。被告人应当由无偏倚的法庭来审判的权利并未进入公众视野,甚至也没有引起学术界足够的关注。在实务层面,在扫黑除恶、反腐败,以及一些受关注的重大案件中,一旦案件得以侦破并且被侦查机关或调查机关定性,这些有权机关就会主动向媒体披露案件信息,有些媒体报道会对案情进行大肆渲染;有些案件犯罪嫌疑人痛哭流涕认罪的视频会被制作成教育片,在案件尚未审判时就向公众播放;有些案件侦办机关会让电视台到看守所或办案场所拍摄被告人认罪的视频,并在电视节目中播放,给人以犯罪嫌疑人已经被定罪的感觉。如果犯罪嫌疑人、被告人在侦查程序、调查程序中的基本人权能够得到充分保障,在认罪时包括拍摄认罪视频时能够有律师在场确保其认罪和在摄像机面前的视频认罪完全是出于自愿,则这样的认罪视频通过媒体播出也无可厚非,剩下来的事情就是思考应当如何保障被告人由无偏倚的法庭审判的问题,思考法庭是否可以发布相关命令禁止媒体就相关案件进行报道等问题。

三、律师庭外言论的自由与边界

在美国，一方面，宪法赋予被告人由无偏倚的法庭审判的权利，法庭拥有禁止媒体报道相关案例的权力，以保障被告人获得公平公正的审判；另一方面，法律也要求律师不得发表有可能导致接下来的程序受到偏见影响的庭外言论，以保障案件的公正处理。美国律师协会颁布的《模范执业行为规则》第3.6条规定："(a)一名正在或已经参与某一事项调查的律师不得发表其合理地知道将会被公共媒体散布并且有可能实质性地对该事项之审判程序产生偏见的庭外言论。(b)律师可以陈述下列事实：(1)[原告方提出的]主张，[案件所涉及的]罪行或辩护主张，但法律明确禁止披露的除外；以及卷入案件的人员的身份；(2)已经包含在公共记录中的信息；(3)针对某事项的调查/侦查已在进行中；(4)一个诉讼中的日程安排、诉讼结果或者诉讼的任何步骤；(5)为诉讼之需而获得证据或信息的请求；(6)当有合理的理由相信对某人或对公共利益存在发生危险的可能性时，针对某人行为的危险发出的警告；(7)在刑事案件中，除以上6种事项以外，还包括：(i)刑事被告人的身份、住址、职务及其在家庭中的地位；(ii)如果被告人未被抓获，则为抓获被告人而必需的信息；(iii)[犯罪嫌疑人]已被逮捕的事实、逮捕的时间和地点；(iv)负责侦查或逮捕犯罪嫌疑人的机构或官员的身份以及调查的时间。(c)律师还可以发表以下言论：律师合理地相信对于保护他的委托人不因最近的、并非由律师及其委托人所启动的公开报道所产生的不利效果而受到实质性影响的言论。基于本款规定所发布的言论应当仅限于降低最近的公开报道所产生的负面影响。"

案例18-5　美国律师庭外言论的边界：金泰尔诉内华达州律师协会

拉斯维加斯都市警察局的秘密警察报告说，存放在桑德斯公司保险柜中的大量可卡因和支票不见了。警方最开始把怀疑的目光投向斯考尔和另一名警官，他们都有机会接触到保险柜。但事情发生了轰动性的逆转，斯考尔和另一名警官都通过测谎"洗清了"自己的嫌疑，桑德斯则拒绝接受测谎。于是，桑德斯被大陪审团起诉，金泰尔接受委托为桑德斯辩护。

在金泰尔被起诉后的第二天也就是法庭初次聆讯的当天，金泰尔召开了一个新闻发布会。在此以前，金泰尔已经知晓该案将在6个月后召集陪审团进行审判。金泰尔坚持认为，他召开新闻发布会的动机是消除之前警方和检方就该案披露的信息所带来的负面影响。内华达州律师协会纪律委员会认定，金泰尔试图迎战当时公众已经形成的对其委托人不利的观念，试图对检方在潜在的陪审员观念中已经注入的毒剂给予还击,并在公众面前呈现桑德斯这一方掌握的案情。

在新闻发布会上,金泰尔陈述了如下内容:(1)本案与其他城市发生的案件极其类似,而在其他城市,政府部门都非常诚实地对那些真正实施了犯罪的警察中的腐败分子提出了起诉;(2)在开庭时,本案证据将向大家展示,不仅桑德斯是无辜的,而且斯考尔才是对盗走毒品和钱物有直接地位的人;(3)证明斯考尔盗走毒品和财物的证据远多于任何其他人;(4)我感觉桑德斯实际上是被当成了当局者明显知道的事情的"替罪羊";(5)至于对桑德斯的起诉书中涉及的其他指控,那些所谓的被害人不过是一些臭名昭著的毒贩和前科累累的"洗黑钱"的犯罪分子和毒贩而已。不仅如此,针对一名记者的提问,金泰尔还强烈地暗示说,视频显示,斯考尔侦探实际上显示出使用可卡因的症状。

两家报纸和两家电视台对金泰尔的发布会作了报道,这四家媒体后来也对警方和检方分别召开的回应金泰尔言论的发布会作了报道。地区检察院副检察长回应说本案针对桑德斯的起诉书是合法的,因为如果他们不相信自己能够将指控的犯罪证明到排除合理怀疑的程度是不会起诉的。警察局的副局长回应说斯考尔侦探和另一名有机会接触本案毒品和财物的警官并未实施本案盗窃,而且警察部门对他们两位无可指摘的品行也非常满意。

大约6个月后,该案由陪审团审判,检方针对桑德斯提出的全部指控均被宣告无罪。内华达州律师协会于是针对金泰尔的行为立案调查,声称金泰尔的行为违反了内华达州最高法院规则第177条,该规则是对律师的庭前言论作出规范,内容与美国模范职业行为准则规则3.6项下的规则177(1)是一致的,都禁止律师发表"一个具有合理理性的人将会期望其可以通过公共媒介得到散布的庭外言论,如果该律师明知或者具有合理的可能性应当知道该言论具有对审判程序产生实质性的不利影响的现实可能性"(if the lawyer knows or reasonably should know that it will have substantial likelihood of materially prejudicing an adjudicative proceeding)。规则177(2)列示了一系列通常有可能产生这种实质性不利影响的言论。规则177(3)为律师言论规定了一个安全港,列举了一系列律师无须担心其言论会因该条其他规则而受到纪律惩戒的言论种类。

经过听证,内华达州律师协会执业纪律委员会认定金泰尔的言论违反了规则177的规定,并决定对金泰尔律师予以训诫。州最高法院维持了委员会的决定。

经上诉,美国联邦最高法院认为,本案内华达州对规则177的适用违反了美国《宪法第一修正案》。上诉人(金泰尔)发表言论的时间及方式在事实上和法律上均不会对他委托人获得公正审判的权利或者州执行其刑事法律的利益产生能够造成任何真正损害的威胁。不仅如此,该规则中的安全港规则,也就是规则177(3),显然允许本案中的争议言论;而且内华达州无视上述规则对上诉人予以惩戒的决定引发了对规则模糊性以及选择性执法的担心。本案并不涉及其他州对律师言论禁止的规则的合宪性审查,而仅涉及内华达州对规则的解释。

规则3.6中关于实质损害的现实可能性要求并非必然存在缺陷。例如,如果解释得当,为了防止在册律师在挑选陪审团前夕发布可能引起重大偏见的信息,关于实质性损害的现实可能性的表述应当旨在惩罚那些导致紧迫的和有实质危害之危险的言论(only speech that creates a danger of imminent and substantial harm)。一个有关言论的规范,即便是受宪法完全保护的言论,也并不需要使用"明显和即刻的危险"这一表述以通过宪法的检阅。

如果对规则进行有意义的解读,则本案记录并不支持得出上诉人明知或应知其庭外言论具有造成实质性的司法不公的现实可能性这一结论。金泰尔召集新闻发布会并非莽撞行事,而是经过深思熟虑的。

律师的职责并非始于法庭关上大门进行审判之时。他们不能无视法律程序对其委托人的实际影响。正如律师可以建议启动答辩协商或民事争端解决程序以避免审判之后可能遭受损失所带来的负面后果一样,他当然也可以采取任何合理措施保卫其委托人的声誉并降低起诉这一事实对其委托人的不利影响,尤其是当其面对的指控看上去很不公正或者是基于不适当的动机的时候。

上诉人遭受纪律惩戒是因为其言论产生了如下后果:(1)证据证明他的委托人是无辜的;(2)真正的窃贼可能是警察局的斯考尔;(3)本案所谓的其他被害人其实都不可信,他们中的大多数人都是毒贩或者前科累累的洗钱犯罪分子,他们当中除一人以外其他人都是迫于警方压力而不得不对桑德斯作出了指控性陈述,其实不过是为了将他们自己摘清。

上诉人在新闻发布会上提供的大部分信息在之前已经被以不同形式披露过,也没有引起任何潜在的不利后果。上诉人关于其言论不存在引起实质性不利后果的可能性的判断也得到后来法庭审判中发生的事情的印证。该案审判在1988年8月如期举行,双方都没有申请移转管辖或延期审理。陪审团的组成并未遇到明显阻碍。法官在挑选陪审员过程中对候选陪审员进行了发问,没有一名陪审员表示记得金泰尔在之前的新闻发布会上的讲话。

在审判中,金泰尔在新闻发布会上提到的实质性信息都作为证据获得允许并在陪审团面前出示。陪审团宣告其委托人无罪,而且,如同上诉人后来在纪律委员会上所解释的那样,在审判结束、其委托人被宣告无罪之后的第二个星期,"陪审团团长给我打电话说,关于斯考尔先生,如果他们有机会形成一个裁决的话,那一定是排除合理怀疑地有罪"。

本案没有任何证据支持得出这一结论:上诉人的言论存在产生实质性不利后果的可能性,或者存在任何足够的或者急迫的的危险以至必须对其进行惩罚。

最高人民法院、司法部于2018年联合发布的《关于依法保障律师诉讼权利和规范律师参与庭审活动的通知》(司发通〔2018〕36号)第2、4、5条分别对律师庭审中录音录像及使用移动通讯工具等活动和法庭外的言论进行了规定。其第2条规定:“律师参加庭审不得对庭审活动进行录音、录像、拍照或使用移动通信工具等传播庭审活动,不得进行其他违反法庭规则和不服从法庭指令的行为。律师对庭审活动进行录音、录像、拍照或使用移动通信工具等传播庭审活动的,人民法院可以暂扣其使用的设备及存储介质,删除相关内容。”第4条规定:“律师认为法官在审判过程中有违法违规行为的,可以向相关人民法院或其上一级人民法院监察部门投诉、举报,人民法院应当依法作出处理并及时将处理情况答复律师本人,同时通报当地司法行政机关、律师协会。对社会高度关注的,应当公布结果。律师认为法官侵犯其诉讼权利的,应当在庭审结束后,向司法行政机关、律师协会申请维护执业权利,不得以维权为由干扰庭审的正常进行,不得通过网络以自己名义或通过其他人、媒体发表声明、公开信、敦促书等炒作案件。”第5条规定:“人民法院认为律师有违法违规行为的,应当向司法行政机关、律师协会提出司法建议,并移交庭审录音录像、庭审记录等相关证据材料。对需要进一步调查核实的,应配合、协助司法行政机关、律师协会有关调查取证工作。司法行政机关、律师协会接到当事人投诉举报、人民法院司法建议书的,应当及时立案调查,对违法违规的要依法依规作出行政处罚或行业惩戒。处理结果应当及时书面告知当事人、人民法院。对公开谴责以上行业惩戒和行政处罚的决定一律向社会公开披露。各地司法行政机关、律师协会主动发现律师违法违规行为的,要及时立案查处。”

以上规定主要是就律师参与庭审活动、传播庭审活动方面应当遵守的规范所做的规定,并未涉及律师就案件事实问题、证据问题、法律适用等问题是否可以向媒体进行披露,甚至寻求媒体帮助,至少没有明确禁止。本书认为,美国的规则原则上是不允许律师就其正在办理的案件发表可能合理地引起偏见的言论,但是美国规则的例外规定得很全面,基本上涵盖了律师合理地需要向公众和媒体澄清的事项,所以虽然表面上美国规则限制了律师庭外言论的自由,但对律师必要时发表庭外言论的权利却给予了充分的保障并且由于其规则明确了具体的情形,因此具有较强的可操作性。但是,美国在这方面的案例将该问题主要放在言论自由的规范下进行讨论,也有一定的局限性。

第三节　知悉被指控证据的权利：证据开示

一、作为被告人基本权利的证据开示：单向模式

在美国，联邦宪法并没有明确提到被告人有要求控方向其开示证据的权利（the right to discovery）；但是，联邦最高法院通过判例的形式，认为美国《宪法第五修正案》和《宪法第十四修正案》中的"正当程序"条款包含了被告方有要求控方向其开示特定种类的证据——出罪证据——的权利。值得指出的是，美国宪法上的这一"证据开示权"，包含的仅仅是有利于被告人的出罪证据，也就是证明被告人无罪或罪轻的证据并不包含不利于被告人的入罪证据或证明被告人罪重的证据。另外，由于宪法修正案是保护被告人的，因此，作为控方的政府并不享受"正当程序"条款的保护，因此，控方不能根据"正当程序"条款要求被告方向其出示有利于控方的入罪证据。也就是说，根据宪法权利由控方向被告方出示有利于被告的证据是一种单向的出示，所以被称为证据开示的单向模式（one way street model）。

二、防止突袭式辩护的证据开示：双向模式

与单向模式相对应的证据开示是双向模式的证据开示。在这一模式之下，不仅控方有义务向辩方披露证据，辩方也有义务向控方披露证据。在美国，这种双向模式的证据开示规定在制定法中。美国各司法辖区的制定法都规定了这种双向模式的证据开示。以美国《联邦刑事程序规则》为例，该规则规定控方应当向辩方披露所有的被告人供述、被告人先前曾被定罪的记录、专家证言及其赖以形成的事实基础，以及控方拟在法庭出示的所有的书证和物证。对于证人证言，该规则要求控方在法庭上传唤证人并进行直接询问之后，即应当向辩方披露该证人之前提供的所有证词，以便辩方对证人进行交叉询问并利用该证人之前的证词对证人的可信度进行弹劾。[7] 但由于法庭不希望审判由于辩方需要阅读证人之前的证词而中断，所以实务中的做法通常是控方在披露被告人供述、物证、书证的同时，就向辩方披露证人先前的证言。[8] 根据美国《联邦刑事程序规则》，如果辩方请求控方向其披露证据，则辩方也应当向控方披露其拟向法庭出

---

〔7〕 Federal Rule of Criminal Procedure, Rule 16.

〔8〕 Chemerinsky & Levenson, *Criminal Procedure*, second edition, Wolters Kluwer, 2013, p. 780.

示的全部物证、书证、专家意见及其赖以形成的事实基础，并在传唤证人作证并对其进行直接询问之后向控方提供该证人庭前所作陈述的副本。另外，如果辩方拟出示被告人不在场的证据，应当书面通知控方；控方在接到通知后，有义务向辩方提供控方拟用以反驳辩方主张的，也就是证明有关被告人案发时在场的所有信息。如果辩方拟提出建立在被告人精神状态基础上的辩护主张，也应当提前通知控方，以便控方传唤专家证人对被告人的精神状态进行检查并就辩方的主张进行相应的准备。[9] 因此，不仅控方有义务向辩方披露证据，辩方也有义务向控方披露证据；制定法上的证据开示义务是一种双向的、对等的义务。如果违反义务，法官可以自由裁量决定究竟是排除证据，还是适当地延期审理，或是对违反义务的一方律师施以惩戒。法院通常都会以最小严厉程度的措施施加惩戒，其程度往往与实现证据开示规则的目的相适应。[10]

三、我国双向模式的证据开示

我国《刑事诉讼法》第 40 条规定："辩护律师自人民检察院对案件审查起诉之日起，可以查阅、摘抄、复制本案的案卷材料。其他辩护人经人民法院、人民检察院许可，也可以查阅、摘抄、复制上述材料。"据此规定，我国刑事诉讼自审查起诉之日起，检察机关就应当向辩护律师进行证据开示。应当说，审查起诉阶段是控方向辩方进行证据开示的主要阶段。在审查起诉阶段，检察机关也可以将案件退回公安机关补充侦查或者退回监察机关补充调查，补充侦查和补充调查收集的新的证据，辩护律师同样有权查看。案件进入审判阶段后，人民检察院还可以将案件撤回进行补充侦查，收集的证据也要向辩方进行开示，以便辩方准备辩护。在我国刑事诉讼中，知悉控方指控证据的内容是辩方的基本权利。另外，《刑事诉讼法》第 41 条规定，辩护人认为在侦查、审查起诉期间公安机关、人民检察收集的证明犯罪嫌疑人、被告人无罪或者罪轻的证据材料未提交的，有权申请人民检察院、人民法院调取。可见，我国刑事诉讼中辩方有权知悉的内容并不限于控方用于指控的证据；对于那些有利于被告人的证据，辩护律师同样有权查阅或者调取。也就是说，我国刑事诉讼中的证据开示，既包括了如美国法律环境下被告人根据宪法享有的，获得有关被告人无罪的证据的权利，也包括了如根据美国制定法的规定获得有关被告人有罪的证据的权利。

我国《刑事诉讼法》第 148 条第 1 句规定，"侦查机关应当将用作证据的鉴定意见告知犯罪嫌疑人、被害人"。鉴定意见通常都是比较有说服力的证据，《刑事

---

〔9〕 Federal Rule of Criminal Procedure, Rule 12.

〔10〕 Chemerinsky & Levenson, *Criminal Procedure*, p. 780.

诉讼法》作此规定，实际上是要求侦查机关在侦查阶段就必须将用作证据的鉴定意见告知被告方，这既是侦查机关促使犯罪嫌疑人认罪的手段，也是让犯罪嫌疑人针对证据提出辩解以便侦查机关调整侦查思路、完善指控证据的方法，同时，它也可以方便刑事被追诉人充分准备辩护，也是尊重和保障辩护权的体现。当然，因为我国《刑事诉讼法》也很重视被害人权利的保护，因此，鉴定意见的告知对象不仅包括犯罪嫌疑人，也包括被害人。从证据开示的角度来看，我国刑事诉讼中的证据开示从侦查阶段就已经开始了，只不过侦查阶段的证据开示只是有限的证据开示。

《刑事诉讼法》第42条还规定："辩护人收集的有关犯罪嫌疑人不在犯罪现场、未达到刑事责任年龄、属于依法不负刑事责任的精神病人的证据，应当及时告知公安机关、人民检察院。"这实际上是确立了双向模式的证据开示制度：不仅控方要向辩方开示证据，辩方在收集到特定证据的情况下，也要向控方开示证据。这既是为了防止突袭式辩护，也是为了提高诉讼效率，防止侦查机关、公诉机关在错误的侦查、起诉方向上越走越远，直到审判结束才发现自己犯了根本的方向性错误，浪费司法资源。同时，该规则也可以防止无辜者遭到错误追究。值得注意的是，该规则要求辩护人向公安机关、人民检察院披露的证据，仅限于犯罪嫌疑人不在现场、未达到刑事责任年龄以及属于依法不负刑事责任的精神病人这三种证据。对于辩护人收集、掌握的其他证明犯罪嫌疑人、被告人无罪、罪轻的证据，法律并未要求辩护人在侦查及审查起诉阶段及时告知。但案件进入审判程序后，法院在庭前会议阶段通常也会要求辩护方向法庭说明其拟出示的证据，实际上也能起到证据开示的作用。

| **评注18－1** | 证据开示的对象应当包括犯罪嫌疑人、被告人

《刑事诉讼法》第39条规定，辩护律师"自案件移送审查起诉之日起，可以向犯罪嫌疑人、被告人核实有关证据"。有观点认为，辩护律师向犯罪嫌疑人、被告人核实证据，并不包含向犯罪嫌疑人、被告人出示证据的内容。这种观点实际上是认为，阅卷权是辩护律师的权利，并非犯罪嫌疑人、被告人的权利，因此，辩护律师在向犯罪嫌疑人、被告人核实证据时，不得向犯罪嫌疑人、被告人展示证据本身，只能就证据内容中存在的疑点向犯罪嫌疑人、被告人进行核实。

本书认为，辩护律师向犯罪嫌疑人、被告人核实证据的规定，包含了向犯罪嫌疑人被告人展示证据的内容。理由如下：

第一，从文字上看，辩护律师向犯罪嫌疑人被告人核实有关证据的规定，就包含了犯罪嫌疑人、被告人可以查阅证据的内容。如果犯罪嫌疑人、被告人不了解证据内容，辩护律师又如何向犯罪嫌疑人、被告人核对？既然要核对，自然是允许犯

罪嫌疑人、被告人查阅,并在查阅的基础上核对;对于有些证据,犯罪嫌疑人、被告人还要亲自进行比对。所以,从文字上看,核实证据,本身就包含了了解、通过查阅了解、了解后比对、通过比对核对等内容。不承认犯罪嫌疑人、被告人有查阅案卷的权利,实际上就是阉割了犯罪嫌疑人、被告人核对证据的权利,这个权利就是不完整的。这样的解释结论,就是对法条的文字含义进行了限缩,并且是没有任何理由的限缩,违背了文义解释的基本原则。

第二,从理论上看,辩护律师行使的所有权利都来自犯罪嫌疑人、被告人;辩护人不过是代表犯罪嫌疑人、被告人行使辩护权,他们行使的这些权利除了犯罪嫌疑人、被告人以外并没有其他独立来源,因此辩护人的阅卷权实际上就是来源于犯罪嫌疑人、被告人。我国刑事诉讼法之所以规定辩护律师自审查起诉之日起有权查阅案卷而没有规定犯罪嫌疑人、被告人有权查阅案卷,主要是因为我国刑事诉讼中绝大多数犯罪嫌疑人、被告人都处于羁押状态,不方便行使阅卷权;另外,犯罪嫌疑人、被告人既然委托了律师,那么,由他们的律师帮助行使阅卷权乃是天经地义;因此,辩护律师的阅卷权就是犯罪嫌疑人、被告人的阅卷权。

第三,不允许辩护律师在审查起诉阶段向犯罪嫌疑人、被告人展示证据,也不利于诉讼效率的提高。《刑事诉讼法》第 195 条规定,“公诉人、辩护人应当向法庭出示物证,让当事人辨认,对未到庭的证人证言笔录、鉴定人的鉴定意见、勘验笔录和其他作为证据的文书,应当当庭宣读……”。该规定中的出示物证,让当事人辨认,对书面证言、书面鉴定意见的宣读,都属于证据的当庭展示;如果在审查起诉阶段不允许辩护律师向犯罪嫌疑人、被告人展示这些证据,被告人在法庭上就有可能要求详细阅读或查看上述证据,以便发表质证意见;若法庭不允许其阅读、查看上述证据,必然引起辩、审之间的紧张对抗,本来应当是控辩对抗的法庭审判,又会演变为激烈的辩审对抗,这既不利于法庭审判的公平正义,也不利于审判的顺利进行。因此,与其让合议庭所有法官及公诉人和辩护律师都陪同被告人在法庭上阅卷,不如允许辩护律师在审查起诉阶段就向犯罪嫌疑人、被告人披露全部案卷材料,以便其充分准备辩护,行使辩护权。

第四节　对质权与强制取证权

一、对质权与强制取证权的含义

（一）对质权的含义〔11〕

对质权包括三项内容，其第一项内容同时也是最低要求，是必须保证被告人在有关其审判的任何阶段出席法庭的权利。如果允许在证人作证时强迫被告人离场，对质权当然也就无法实现。在路易斯诉美国一案中，美国联邦最高法院明确指出："浸透于所有刑事程序法律中的一个引导性原则就是，一旦被告人被提起公诉，则任何事项都不得在被告人缺席的情况下作出决定。"〔12〕

对质权的第二项内容是"眼球对眼球"的权利，也就是"面对面"对质的权利。"眼球对眼球"不过是"面对面"更加形象的说法。它强调的是证人当着被告人的面作证的方式，其原理在于强调当面撒谎对于撒谎者而言通常比较困难，至少也要比背后撒谎困难。从词源学的角度来说，"con －"表示的是对面、反对等含义；"front"有"额头"的意思；"confrontation"就是从额头的正对面。正因如此，莎士比亚在其著作中谈到对质权时，曾借理查二世之口说道："那么就请传唤他们到我们面前，让我们面对面、眉毛对眉毛地对质一番，让我们的被告人倾听其对手，并且自由地与他们对话。"〔13〕

对质权的第三项内容是对不利于己的证人进行交叉询问的权利。无论是哪一方传唤的证人，对方当事人都有权对其进行交叉询问。不过，交叉询问的权利并不是一项绝对的权利；相反，它可能在很多方面受到限制。美国联邦最高法院曾经判定，如果辩护方的问题可能引起对控方证人的偏见，或者引起争点的混淆，或者其提问的只是一些无关紧要的事情，则交叉询问的权利应当受到限

〔11〕 易延友：《"眼球对眼球的权利"——对质权制度比较研究》，载《比较法研究》2010 年第 1 期。

〔12〕 Lewis v. United States, 146 U. S. 370, 13 S. Ct. 136, 36 L. Ed. 1011(1892). 该案中，在挑选陪审团阶段，法官让控辩双方从 35 名备选陪审员名单中各自提出自己的回避申请，但是不允许双方知晓对方提出申请回避的理由。在这个过程中，被告人未被赋予与备选陪审员面对面地进行交流和面对面地提出回避申请的机会。该案上诉后，美国联邦最高法院认为，挑选陪审员是法庭审判的一个关键构成要件，面对备选陪审员提出回避申请的权利是被告人享有的一项重要的权利。因此，审判法院的做法侵犯了被告人的权利，其判决应当予以推翻。

〔13〕 Coy v. Iowa, 487 U. S. 1012(1988).

制。[14] 但是,这并不表明纯粹为了被害人的利益可以削减对质权对被告人的保护。

案例 18-6 拉雷案件与对质权的确立

在星座法院的审判法庭上,法官独自决定被告人是否有罪,被告人更谈不上有对质权的保障。法官将自己的裁决建立在指控被告人的宣誓书的基础之上,而宣誓书则是在被告人不在场的情况下作出的。[15] 著名的瓦尔特·拉雷就是这种带有纠问色彩的程序的牺牲者。1603 年,拉雷被指控叛逆罪。法庭上,检察官出示了科本的证言,证明拉雷曾经与其密谋杀害国王。科本的证言实际上是拷打的产物,而且科本后来给拉雷的信中表示收回其证言。但是,法庭仍然试图以此证言证明拉雷的罪行。拉雷对此证据表示强烈反对,并提出希望他的指控者能够当庭在法庭上作证;拉雷还表示,如果法庭能够满足他的这一要求,他将心甘情愿认罪,而无须法庭再出示其他任何证据。[16] 不幸的是,法官没有满足他的这一愿望,而是继续举证证明他的罪行。为了补强科本的证言,法官传唤了一名水手戴耶,该水手出庭作证说他曾经听一名葡萄牙绅士说过:"你们的国王不可能被加冕了,因为科本和拉雷要在他加冕之前切断他的喉咙。"[17] 拉雷对此证据也提出了强烈的反对,但是法庭最终仍然在科本的供述和戴耶提供的传闻证据基础上判定拉雷罪名成立,并对其执行死刑。

有关拉雷审判的故事一代一代地流传下来,并且成为英美刑事诉讼中确立对质权、反对传闻证据的一个强烈动机。从此,被告人应当有权与提供不利于己的证人当面对质的观念逐渐发展起来,与此同时,反对传闻证据的观念也逐渐获得承认。应当说,二者在本质上都服务于同一个目标。现有文献表明,早在殖民地时代,英国在殖民地美州的刑事法院就已经承认了对质权,因为在 1692 年一个对巫师的审判中,就明确赋予了被告人对质权。[18] 但是,在这个案件中,被告人的其他权利几乎全被拒绝。美国建国后,《权利法案》明确将对质权规定为美国公民的一项宪法性权利。

---

〔14〕 Delaware v. Van Arsdall, 475 U. S. 673, 106 S. Ct. 1431, 89 L. Ed. 2d 674 (1986).

〔15〕 J. Stephen, *A History of The Criminal Law of England*, 1883, p. 326.

〔16〕 David A. Schlueter, *Criminal Evidence: Confrontation And Hearsay In A Nutshell*, 59 Tex. B. J. 999, p. 999(1996).

〔17〕 Charles R. Nesson & Yochai Benkler, *Constitutional Hearsay: Requiring Foundational Testing And Corroboration Under The Confrontation Clause*, 81 Va. L. Rev. 149, p. 149 - 150(1995).

〔18〕 Hakeem Ishola, *Of Confrontation: The Right Not to Be Convicted on The Hearsay Declarations of An Accomplice*, Utah L. Rev. 855, p. 862(1990).

| 案例18－7 | 欧尔登诉肯塔基(Olden v. Kentucky)〔19〕

该案被告人欧尔登被指控绑架、强奸和鸡奸等罪名。审判时被害人马修斯出庭作证。根据她的证言,她和她的朋友巴顿驱车前往肯塔基与一个叫罗塞尔的人交换圣诞礼物;礼物交换完毕后,她和巴顿来到一个酒吧喝酒;后来,她可能喝得有点醉,一个人坐在阴暗的地方。被告人来到她身边并告诉她,她朋友巴顿已经离开此地,但是出了车祸。她便跟着被告人和另一个叫哈里斯的人离开酒吧,哈里斯驾车来到一个地方,欧尔登拿着刀威胁她,对她实施了强奸和鸡奸。之后,她又被带到一个垃圾倾倒场,在那里,另外两名男子上车,被告人在垃圾场外再一次强奸了她。在她的恳求下,他们把她带到离罗塞尔住处不远的地方。尽管马修斯和罗塞尔均已婚并且当时都与别人住在一起,但是很明显两人之间存在婚外的性关系。审判时两人均已离开其配偶而与对方公开同居。

被告人辩护的理由是,他与马修斯之间的性行为是经过同意的;马修斯之所以指控他强奸是为了向罗塞尔解释她为何会从哈里斯的车上出来,以便消除罗塞尔对她的怀疑,从而维护她与罗塞尔之间的不正当关系。为了证明马修斯存在撒谎的动机,被告人请求法庭允许向证人提问有关其二人同居的事实。但是,法庭拒绝了被告人的请求。陪审团在法庭证据的基础上,对被告人哈里斯作无罪裁决;对于欧尔登,陪审团也裁决其强奸罪和绑架罪均不成立;然而令人疑惑的是,法庭同时却裁决欧尔登鸡奸罪名成立。法庭判处被告人10年监禁。

被告人提出上诉,认为法庭拒绝他提问有关马修斯存在撒谎动机的问题的做法侵犯了他依据美国《宪法第六修正案》享有的与证人对质的权利。但是,肯塔基州上诉法院维持了原审判决。肯塔基州州上诉法院虽然并不否认被告人所提问题的相关性,但是却认为对被害人保护的利益需要盖过了对被告人对质权保护的需要。该案上诉至美国联邦最高法院。美国联邦最高法院认为,尽管其以前的判决曾经指出对被告人的对质权可以给予合理的限制,但由于本案中被告人的质问对于控方的胜诉来说是如此关键,她的证言与其所述的事实是如此不符,如果容许被告人对此发问,必将对陪审团的裁决产生重大影响,本案中对被告人对质权的限制却已经超出了合理的范围。因此,美国联邦最高法院判定,本案应当发回重审。

| 评注18－2 | 对质权的意义

对质权的意义,一是保障无辜者不受错误追究,也就是实现消极的实体真实主义;二是实现定罪量刑的精细化操作;三是加强刑事裁判的正当性和可接受性。

在刑事诉讼中,实体真实主义通常可以分为积极的实体真实主义与消极的实

〔19〕 488 U.S. 227 (1988).

体真实主义。所谓积极的实体真实主义,主要是指不惜一切代价发现犯罪、打击犯罪,强调“天网恢恢疏而不漏”,因此在程序上,奉行“有罪必罚”的思想,比较轻忽对人权的保障;与之相对的消极实体真实主义,则强调尽一切可能避免使无辜者受到错误追究,强调“无罪不罚”的效果,因此在程序上比较注重保障人权。[20] 从发现真实的角度来说,对质权对真实的发现或许在总体上贡献不大,因为对质权可能妨碍打击犯罪效率的提高。首先,在很多情况下,证人出庭不仅对查明真相并无明显作用,甚至有可能使本已清楚的案件变得更加复杂——因为证人临场改变证言的情况也有可能发生。其次,在书面化的审理程序中,法官通常天然地推定案卷笔录的可采性,并且对案卷笔录的可信度给予优先接受,从而在一定程度上豁免了控诉方的举证责任。最后,对于一些特殊的案件尤其是强奸案件而言,要求被害人出庭接受被告人的交叉询问势必降低对被害人的保护,有时候无异于对被害人的二次伤害。[21] 因此,对质权的设置将打击被害人告发的积极性。

但是,对质权对于实体真实也有积极的一面,那就是,对质权可以促使证人出庭接受询问,帮助法庭发现真实、保障无辜者不受错误追究。具体而言:第一,被告人始终出席法庭审判,对于存心作伪证的证人是一种天然的威慑,这也是对质权比较强调面对面、“眼球对眼球”这项内容的原因之一。第二,控辩双方、审判法官均可通过对证人作证时的神情、举止进行亲身的观察,从而有助于判断证言的真假。在实行书面审理的情况下,法官虽然也可以通过不同证言之间的比较获得有关证人证言真假的心证,但在证人亲自出庭的情况下,法官的心证将更为准确。第三,通过证人亲自在法庭上向法庭作证,控辩双方均可向证人发问,以发现证人证言中的虚假成分、漏洞和矛盾,从而辨明真相,去伪存真。因此,在证人不出庭从而使被告人无法实现与证人对质时,就有可能增加无辜者被错误定罪的可能性。换句话说,允许必要证人不出庭的刑事审判,其所追求的主要是积极的实体真实,而对消极的实体真实则较少关照。

对质权的意义并不仅仅体现为极端情况下避免冤案的发生,而且还体现在它有助于实现对有罪被告人的准确定罪、公正量刑。在我国刑法中,很多罪名在实践中难以区分。例如,抢劫罪、抢夺罪、盗窃罪、故意伤害罪等。这些不同的罪名在刑罚上存在很大的差异,而证人证言的真伪对于此罪与彼罪的区分又十分关键,可以说一个情节的有无就可能决定罪名的轻重。因此,在证人证言对于区分此罪与彼罪、罪轻与罪重的关键性问题起决定性作用的案件中,证人出庭即使是对于积极的实体真实主义而言意义也较为明显。因为,打击犯罪的效率也有赖于打击的准确

---

〔20〕 [日]田口守一:《刑事诉讼法》,刘迪、张凌、穆津译,法律出版社 2000 年版,第 10 页。

〔21〕 在英国,有一个强奸案件审判时被告人对被害人询问了 6 天。Jenny McEwan, *Evidence and the Adversarial Process – The Modern Law*, 2nd edition, Oxford: Hart Publishing, 1998, p. 127.

性。但是,由于没有对质权制度,在有些案件中,由于有些案件事实无法查明,有些情节无法证实,法官也就只能凭借对控诉方证据的总体印象,对被告人定罪量刑,从而导致有些案件定罪量刑的粗糙。

对质权虽对实体公正也有帮助,但其主要功能则是保障程序的公正,其深层的意义又在于加强裁判中认定的事实的正当性。马克斯·韦伯指出:"作为支配的基础,单靠习惯、个人利害、纯情感或理想等动机来结合仍不够坚实。除了这些之外,通常还需要另一个因素,那就是正当性的信念。经验显示,从来没有任何支配关系自动将其延续的基础限制于物质、情感和理想的动机上。每一个支配系统都企图培养及开发其正当性。"[22] 法律作为一种支配系统,自然也需要培养并开发其正当性。就司法的角度而言,程序公正的意义就在于加强法院裁判令人尊重和服从的属性。如同泰勒所言,"如果人们感到他们受到了公平的对待,那么他们将更有可能与警察和法官合作。(因此)对程序正义的评价一贯成为使人们形成对执法机关印象的中心评价因素。结果就是,警察和法院可以通过程序性机制——使居民感到警察和法院以公平的方式在行使权威的方式——促进其可接受性"。[23]

由于人们对正义的看法不同,实体的正义很多时候属于"看不见的正义",程序正义则属于"看得见的正义"。刑事诉讼虽然追求客观真实,也强调主观符合客观,但是最终究竟有没有发现真实,主观有没有符合客观,主观如何符合客观,却始终是亘古的难题。因此,在一个案件中,法院究竟有没有发现真实,在多大程度上发现了真实,其实很难判断。但是,一个审判程序是否公正,不仅当事人能够感觉到,社会公众也能感觉得到。因此,就被告人的角度而言,对质权的满足可以使被告人感到自己受到了公正对待;在这一基础上,即便最终遭受的是不利于己的裁判,被告人也更有可能心平气和地加以接受,这又进一步有利于实现实体刑法的改造功能,也有助于服刑期满的犯罪人更快地融入社会。就社会公众的角度而言,如果被告人对质的机会能够得到实现,不仅可以更加生动地证实犯罪,同时也向社会、向公众表明,政府不会轻易地对一个公民草率定罪。因此,在难以做到让社会公众对事实深信不疑的情况下,在需要以鲜活的证据使法庭认定的事实在公众当中具有可接受性的场合,对质权的实现将有助于达到这样的功效。在没有对质权的制度下,法官仅凭证人的书面证言形成确信,难免让人产生轻率的印象,从而在很大程度上削弱裁判中认定事实的正当性。在这样的案件中,证人出庭对于实现对被告人的定罪或许并无直接的价值,但它对于加强被告人对案件审理程序上的公正感,

---

〔22〕［德］马克斯·韦伯:《支配的类型:韦伯选集(Ⅲ)》,康乐等编译,远流出版事业股份有限公司2001年版,第3页。

〔23〕Tom R. Tyler, *Procedural Justice, Legitimacy, and the Effective Rule of Law*, Crime & Justice., Vol. 30, p. 286(2003).

以及对于树立公众对司法公正的信心,都有着不可小觑的意义。恰如日本学者谷口安平所指出的那样,“程序正义的观念即使不是赋予审判正当性的唯一根据,也应当被认为是其重要根据之一”。[24] 因此,对质权缺失的最大问题,乃在于它使程序公正受到了极大的伤害,从而使法院裁判单独建立在实体真实的基础之上,而没有程序公正加以支撑。

(二)强制取证权

强制取证权,又称“以强制程序取证权”,是指刑事被告人一方申请法院以强制程序调取对被告人有利的证据的权利,包括强制传唤证人出庭作证、调取物证、书证等。之所以赋予被告方申请法院强制取证的权利,一是因为被告方对于个人、团体均无强制取证的权利,因此无权采用强制手段收集有利于己的证据;有些证据对于被告方的辩护而言又十分关键,缺乏这些证据可能使被告方的辩护成为无源之水、无本之木,对于实现刑事诉讼法保障无辜者不受错误追究的目标也实为不利。二是因为在刑事诉讼中,控方普遍拥有较为强大的取证力量和取证手段,而被告方在取证能力方面则普遍处于弱势,因此赋予其申请法院强制取证的权利有助于弥补被告方在收集证据能力方面的不足,实现控辩双方真正的平等武装。[25]

(三)对质权与强制程序取证权的普遍性

由于对质权对于实现反对方当事人向证人交叉询问的机会具有举足轻重的作用,西方国家几乎无一例外地在刑事诉讼中赋予被告人与不利于己的证人当庭对质的权利和申请法院以强制程序取证的权利,包括强制传唤有利于己的证人出庭作证的权利。在美国,对质权和强制程序取证权都在《宪法第六修正案》中得到明确规定。在欧洲大陆,这一权利在《欧洲人权公约》中得到规定,并且在欧洲人权法院的判例中得到确认和保障。[26] 比较而言,虽然传闻法则、直接原则等制度均直接或间接地与对质的机会有关,但直接原则主要采用于大陆法系;传闻法则主要通行于英美法系,大陆法系也偶有移植,但并不系统;只有对质权和

---

〔24〕 [日]谷口安平:《程序的正义与诉讼》,王亚新、刘荣军译,中国政法大学出版社1996年版,第11页。

〔25〕 陈永生:《论辩护方以强制程序取证的权利》,载《法商研究》2003年第1期。

〔26〕 《欧洲人权公约》第6条第3款规定:“被诉刑事违法的任何人均享有下列最低限度的权利:……d.对不利于他的证人进行质询,并在与不利于他的证人相同的条件下,使有利于他的证人出庭接受交叉询问。”欧洲人权法院关于对质权保障方面的判例及相关讨论,可参见 Stephen C. Thaman, *Comparative Criminal Procedure: A Casebook Approach*, Durham, North Carolina: Carolina Academic Press, 2002, p. 120 – 129。

强制程序取证权制度通行于大陆法系和英美法系。因此,在促使证人出庭接受交叉询问的制度中,对质权是其中最具有普遍性的制度。

二、我国刑事诉讼中的对质权

(一)2012 年之前《刑事诉讼法》及相关司法解释的规定

在我国 1979 年和 1996 年《刑事诉讼法》中,并没有明确规定被告人享有对质权。这意味着:第一,在我国的司法传统中,法律没有宣示的权利,基本上视为不存在;法律既然没有明确宣示对质权,除非司法解释对此作出明确的补充,否则在司法实践中就没有可能获得承认和尊重。第二,从法律文本的表述来看,法律对于证人出庭与否的考量,基本上侧重于事实的认定,而对事实的认定又基本上遵从了职权主义的原则,因此没有对当事人权利予以适当的关照。

在相关的司法解释中,虽然也有个别关于对质的规定,但是却很难找到完整的对质权制度。例如,1998 年颁布的《关于执行〈中华人民共和国刑事诉讼法〉若干问题的解释》第 134 条规定:"对于共同犯罪案件中的被告人,应当分别进行讯问。合议庭认为必要时,可以传唤共同被告人同时到庭对质。"这一规定似乎已经部分承认了被告人的对质权。但是首先,该规定仅适用于共同犯罪案件中的共同被告人;对于非共同犯罪案件则不适用。其次,对于其他证人、被害人,无论是共同犯罪案件还是非共同犯罪案件,均不适用此规定。最后,只有在"合议庭认为必要时",才"可以"传唤共同被告人同时到庭对质。可见,是否传唤共同被告人到庭对质,完全视合议庭的需要,这与刑事诉讼法职权主义的总体传统一脉相承。因此,严格来说,最高人民法院的司法解释并不能理解为确立(哪怕是部分确立)了被告人的对质权。

另外,1999 年颁布的《最高检规则》第 335 条第 3 款规定:"被告人、证人对同一事实的陈述存在矛盾需要对质的,公诉人可以建议法庭传唤有关被告人、证人同时到庭对质。"最高人民检察院的这一规定似乎赋予了被告人对质权。但是仔细斟酌,我们会发现这不是被告人的对质权,而是公诉人的对质权,因为行使权利的主体是公诉人而不是被告人。因此从总体上看,无论是最高人民法院的司法解释还是最高人民检察院的司法解释,均没有赋予被告人对质权。

从司法实务来看,在中国的大部分刑事案件当中,由于被告人对案件事实并无争议,或者其争议在法律上并无价值,从而不需要证人出庭。因此,笼统地以所谓证人出庭率低来指责我国刑事司法实践,其实并不具有正当性。[27] 当然,这

---

〔27〕 以美国为例,虽然其实行的陪审团审判耗时费力,但实际上大部分案件都是通过辩诉交易解决的。在这些通过辩诉交易解决的案件中,不仅证人不出庭作证,大多数时候连审判程序都免了。

并不意味着,在所有的案件中,证人都不需要出庭。如果被告人对证人证言/被害人陈述中可能影响其定罪量刑的部分提出了(有价值的)异议,则证人出庭就成为必要。在这类案件中,还是有相当一部分证人/被害人是出庭的。[28] 但这并不表明被告人的对质权在实践中获得了完全尊重。首先,虽然在一部分案件中由于被害人出庭,被告人与其对质的机会获得了实现,但在这些案件中,出庭作证的几乎全部都是被害人,其出庭的动机乃是出于指控犯罪和经济利益的考虑,与所谓的证人作证义务几乎毫无关系。这也是为什么在那些被告人对其陈述没有提出异议的案件中被害人也出席法庭的重要原因。因此,虽然在有些案件中由于被害人的出庭而使被告人的对质机会得以实现,但是这并非制度设计的结果,也并非出庭被害人作证的本意。其次,在被告人提出了异议的众多案件中,还有大量的证人没有出庭,这在强奸案件中体现得最为充分。在这类案件中,即使被告人对被害人的书面证词提出了异议,并且有些异议的内容关涉定罪量刑的实质性问题,法院也通常容许被害人仅提供书面证言。[29] 最后,即使在被害人出庭的案件中,被告人的对质权也并非完全得到实现,因为有时候被告人有异议的对象并非出庭被害人的陈述而是未出庭证人的证言,或者既包括已出庭被害人的证言,也包括未出庭证人的证言。

(二)2012 年《刑事诉讼法》关于证人出庭作证问题的规定

2012 年《刑事诉讼法》第 187 条第 1 款规定:“公诉人、当事人或者辩护人、诉讼代理人对证人证言有异议,且该证人证言对案件定罪量刑有重大影响,人民法院认为证人有必要出庭作证的,证人应当出庭作证。”第 2 款规定:“人民警察就其执行职务时目击的犯罪情况作为证人出庭作证,适用前款规定。”第 3 款规定:“公诉人、当事人或者辩护人、诉讼代理人对鉴定意见有异议,人民法院认为鉴定人有必要出庭的,鉴定人应当出庭作证。经人民法院通知,鉴定人拒不出庭作证的,鉴定意见不得作为定案的根据。”

根据上述规定,证人、警察证人、鉴定人出庭作证的前提条件是:(1)一方当事人对其证言(鉴定意见)有异议;(2)该证言(鉴定意见)对案件定罪量刑有重大影响;(3)人民法院认为有必要出庭。在上述要求中,只有第 1 项是无可争议的,是非常明确的;第 2 项要求中,“重大影响”中的“重大”,就已经包含了法官裁

---

〔28〕 这一类案件通常都是被害人提出了附带民事诉讼,而被告人却拒绝认罪或者虽认罪但却拒绝赔偿的案件。在这类案件中,被告人与证人当庭对质的机会通常都得到了实现。

〔29〕 除了强奸案件之外,其他案件必要证人不出庭的情况也比较普遍。很多时候,证人不出庭,原因是法院认为其他证人证言或者其他证据与未出庭证人的证言能够相互印证,从而抵消了被告人对未出庭证人书面证词的反驳。

量的因素;第3项实际上明确赋予了法官在证人是否出庭问题上较大的自由裁量权。2012年《刑事诉讼法》虽然基本上采纳了笔者在《证人出庭与刑事被告人对质权的保障》一文中提出的观点(当事人对证人证言有异议;证人证言对定罪量刑有影响),但却加上了“人民法院认为有必要”这一限制条件。

2018年《刑事诉讼法》沿袭了2012年《刑事诉讼法》关于证人出庭条件的规定。

评注18-3　证人出庭只需两个条件

《刑事诉讼法》第192条第1款规定:“公诉人、当事人或者辩护人、诉讼代理人对证人证言有异议,且该证人证言对案件定罪量刑有重大影响,人民法院认为证人有必要出庭作证的,证人应当出庭作证。”这是《刑事诉讼法》有关证人出庭作证条件的规定。主流观点认为,根据该条规定,证人出庭有三个条件。第一个条件是公诉人、当事人或者辩护人、诉讼代理人对证人证言有异议,简称“有异议”;第二个条件是证人证言对案件的定罪量刑有重大影响,简称“有影响”;第三个条件是人民法院认为证人有必要出庭作证,简称“有必要”。就《刑事诉讼法》第192条第1款规定的这三个条件来说,前两个条件都是非常明确的,就是有异议、有影响。第三个条件是不明确的,表面上看好像《刑事诉讼法》赋予了法庭决定证人是否需要出庭的广泛的自由裁量权。

本书认为,只要满足前两个条件,法官就应当认为证人有必要出庭,法院就应当传唤证人出庭。理由是,如果满足这两个条件法官还可以认为没必要,法律就不必规定前两个条件,直接规定第三个条件就可以了,因为一切都可以掌控在法官手中。正是因为立法不认为法官可以随意决定证人是否有必要出庭,所以才规定了前两个条件。只要满足了前两个条件就意味着证人证言对于正确的定罪量刑是有必要的,法官就没有理由拒绝通知证人出庭。法官自由裁量权的范围,是综合案件情况,审查证人证言是否满足前两个条件。而不是在满足了前两个条件的基础上,还能作出认为证人没有必要出庭的决定。

以上理解完全是对《刑事诉讼法》的文本含义所做的文义解释,是从《刑事诉讼法》文本推导出的基本含义。不仅本书认为应当这样理解,最高人民法院发布的司法文件也是这样理解的。最高人民法院2017年2月17日发布的《关于全面推进以审判为中心的刑事诉讼制度改革的实施意见》(以下简称《刑事诉讼改革实施意见》)第14条规定,“控辩双方对证人证言有异议,人民法院认为证人证言对案件定罪量刑有重大影响的,应当通知证人出庭作证”。从以上规定来看,原来刑事诉讼法表述的三个条件,《刑事诉讼改革实施意见》表述为两个条件。第一个条件是有异议,这个基本上没变化。第二个条件是人民法院认为证人证言对定罪量刑有影响，将2012年《刑事诉讼法》规定的第二、三个条件合并为第二个条件。

《刑事诉讼改革实施意见》为什么会这么规定？这是因为在最高人民法院看来，根据《刑事诉讼法》第192条第1款的规定，人民法院并非在所有情况下都能自由决定是否需要通知证人出庭作证；相反，人民法院只是对涉案证人证言是否满足第一、第二个条件有裁量权。由于第一个条件是很清晰的，不需要判断，因此实际上人民法院只需要对证人证言是否满足第二个条件作出判断。可见，最高人民法院的《刑事诉讼改革实施意见》关于证人出庭作证的规定并没有改变刑事诉讼法，只是对刑事诉讼法的规定作了更加明确的解释。由此，《刑事诉讼法》中关于证人出庭的三个条件现在明确表述为两个条件，第二个条件变成"人民法院认为证人证言对案件定罪量刑有重大影响"。只要同时满足这两个条件就应当通知证人出庭作证。

2023年，全国人大常委会将再次修改《刑事诉讼法》纳入了立法规划。本书认为，从法理上看，只要刑事诉讼中的一方对另一方证人证言有异议，且该证人证言对定罪量刑有影响，人民法院就应当通知证人出庭作证。2012年和2018年《刑事诉讼法》的规定如作正确理解，也应当是只需要满足"有异议"和"有影响"两个条件，证人就应当出庭作证。但既然实务部门对于上述规定存在着明显迥异于基本法理的解读，导致被告人的对质权屡屡不能得到实现，将来修改《刑事诉讼法》时，就应当将引起歧义的字句加以修改，将"人民法院认为必要"的表述予以删除，以使立法本意通过正确的法条表述得到更好的表达，刑事诉讼人权保障的目标得到更好的实现。

三、我国刑事诉讼中的强制取证权

（一）有关强制取证权的法律规定

《刑事诉讼法》第41条规定："辩护人认为在侦查、审查起诉期间公安机关、人民检察院收集的证明犯罪嫌疑人、被告人无罪或者罪轻的证据材料未提交的，有权申请人民检察院、人民法院调取。"第43条第1款规定："辩护律师经证人或者其他有关单位和个人同意，可以向他们收集与本案有关的材料，也可以申请人民检察院、人民法院收集、调取证据，或者申请人民法院通知证人出庭作证。"

（二）我国强制取证权与西方国家的比较

从上述规定来看，我国刑事诉讼法实际上赋予了被告方以强制程序取证的权利，该项权利既包括传唤证人出庭作证的权利，也包括调取其他证据的权利。与西方国家不同的地方在于，我国的申请调查取证不仅包括向人民法院申请，也包括向人民检察院申请;这与我国检察机关目前的法律地位是相吻合的,也与法律要求检察机关既要收集不利于被告人的证据、也要收集有利于被告人的证据相吻合。另外,在西方国家,这一权利明确授予刑事被追诉人,也就是犯罪嫌疑人和被告人。在我国,这一权利在法律表述上属于辩护人;理论上,该项权利仍然应当属于刑事被追诉人。

(三)我国强制取证权的实务操作

根据《最高法解释》第57条的规定,辩护人认为在侦查、审查起诉期间公安机关、人民检察院收集的证明被告人无罪或者罪轻的证据材料未随案移送,申请人民法院调取的,应当以书面形式提出,并提供相关线索或者材料。人民法院接受申请后,应当向人民检察院调取。人民检察院移送相关证据材料后,人民法院应当及时通知辩护人。根据《最高法解释》第59条的规定,辩护律师向证人或者有关单位、个人收集、调取与本案有关的证据材料,因证人或者有关单位、个人不同意,申请人民法院收集、调取,或者申请通知证人出庭作证,人民法院认为确有必要的,应当同意。根据《最高法解释》第60条的规定,辩护律师直接申请人民法院向证人或有关单位、个人收集、调取证据材料,人民法院认为确有必要,且不宜或不能由辩护律师收集、调取的,应当同意。

第五节 反对双重归罪

一、法律渊源与理论基础

《公民权利和政治权利国际公约》第14条第7项规定:"任何人已依一国的法律及刑事程序被最后定罪或宣告无罪者,不得就同一罪名再予审判或惩罚。"这就是通常所说的"反对双重归罪"原则或"一罪不二审"原则,有时又被称为"一事不二罚"原则,与民事诉讼中的"一事不再理"原则相对应。它的本质是反对将一个人因为其同一罪行而在生命、肢体、自由、财产等方面遭受两次甚至多次危险。

美国联邦最高法院通过一系列判例对反对双重归罪原则进行了正当化。第一,美国联邦最高法院认为,对同一事项的重复起诉会使公民进入持续尴尬、无穷花费和没有尽头的考验状态,并迫使其生活在持续的焦虑与不安之中。[30] 第二,重复起诉将导致无辜者因资源耗尽而被错误定罪这一无法接受的高度危险。[31] 第三,重复起诉将破坏法院判决的终局性。[32] 本书认为,反对双重归罪原则最基本的理由在于防止政府无限制地使用公诉权对公民进行无休止的骚扰和迫害。

| 评注 18 -4 |　我国已经部分确立了反对双重归罪原则

在我国,根据《最高法解释》第 219 条第 5 项之规定,人民法院依照《刑事诉讼法》第 200 条第 3 项规定宣告被告人无罪后,人民检察院根据新的事实、证据重新起诉的,应当依法受理。很多人据此认为我国不实行反对双重归罪原则。本书认为,我国刑事诉讼法至少部分确立了反对双重归罪原则。理由是:首先,该司法解释规定,对于被告人被宣告无罪的案件,只有属于《刑事诉讼法》第 200 条第 3 项情形时,才能在有新的事实、新的证据的情况下重新起诉,人民法院对新的起诉应当受理。《刑事诉讼法》第 200 条第 3 项规定的是"证据不足,不能认定被告人有罪的,应当作出证据不足、指控的犯罪不能成立的无罪判决"。与之相对应的是,第 200 条第 2 项还规定,"依据法律认定被告人无罪的,应当作出无罪判决"。也就是说,第 200 条实际上规定了两种无罪判决:一种是事实清楚的无罪判决,被告人无罪的事实是确定的;另一种是事实不清楚的无罪判决,被告人还存在事实上有罪的可能性。根据前述司法解释,只有对第二种无罪判决也就是事实不清楚的无罪判决才能在有新事实、新证据的情况下对被告人重新起诉。既然如此,对该司法解释作相反解释,就意味着,对于人民法院依照《刑事诉讼法》第 200 条第 2 项作出的无罪判决,即使发现了新的证据证明被告人事实上还是有罪的,也不能重新提起指控;如果人民检察院再次起诉,人民法院也不应当受理。其次,前述司法解释第 181 条第 6 项还规定:"依照本解释第二百九十六条规定裁定准许撤诉的案件,没有新的影响定罪量刑的事实、证据,重新起诉的,应当退回人民检察院。"根据该规定,人民检察院在宣告判决前要求撤回起诉,人民法院经审查同意撤回起诉的,人民检察院在没有新的影响定罪量刑的事实、新证据的情况下也不能重新起诉,即使重新起诉了人民法院也不予受理。这虽然与完整的反对双重归罪原则还相去甚远,因为反对双重归罪原则要求即使在有新事实、新证据的情况下也不得再次起诉,但该规定至少表明,作为公诉机关的人民检察院不能因同一罪行反复将被告人置于遭受审判的境地,不能在没有新事实、新证据的情况下对被告人重复起诉、反复骚扰。

---

〔30〕 Green v. United States, 355 U. S. 184, 187 (1957).

〔31〕 United States v. Scott, 437 U. S. 82, 91 (1987).

〔32〕 Crist v. Bretz, 437 U. S. 28, 33 (1978).

这与反对双重归罪原则保护公民免受持续不断的焦虑和不安的精神是一致的。最后，在美国，反对双重归罪原则还包含第一审程序中被豁免的较重刑罚不得因第二审程序的启动而施加，这在我国实际上是通过“上诉不加刑”原则实现的。换句话说，在美国以反对双重归罪原则获得保护的利益，在我国以不同的制度形式同样可以获得保护。在这一点上，我国的制度也与反对双重归罪原则是一致的。因此，尽管我国刑事诉讼法并未确立完整的反对双重归罪原则，但其中至少包含了反对双重归罪原则的精神，并且也部分包含了该原则所要求的规则。

二、“同一罪行”

如前所述，反对双重归罪原则保护的是个体免因“同一罪行”遭受“双重危险”。如果行为人实施了多个行为，构成多个罪行，检察机关连续针对多起罪行分别起诉，则并不违反反对双重归罪原则。例如，一名被告人在三天时间内分别实施了三起入室盗窃，则检察机关针对这三起盗窃分别起诉，并不违反反对双重归罪原则。当然，有时候问题不会如此简单。又如，行为人进入大学宿舍，用五分钟时间在三名同学的三个储物柜中分别盗窃了笔记本电脑、手机、现金等物，在这种情况下，检察机关是否可以分三次起诉，且是否侵犯其反对双重归罪的权利？通常不会认为这种情况下的“重复”起诉违反了反对双重归罪原则。复如，假设行为人进入大学生宿舍，从同一个被害人的储物柜中同时盗窃了电脑、手机、现金等物，检察机关仍然分别起诉，此时是否构成对反对双重归罪原则的违反？一般认为也不构成对该原则的违反。再如，假设行为人的一次盗窃行为盗窃了同一被害人的三台笔记本电脑，检察官分三次起诉，分别针对其中的一台笔记本电脑，一般也不会认为是对该原则的违反。

更复杂的情况是，刑法有时候将同一行为规定为多种犯罪，也就是刑法上称为“法条竞合犯”和“想象竞合犯”的情形。例如，运输毒品的行为(《刑法》第 347 条)必然包含了持有毒品(《刑法》第 348 条)；窝藏、转移毒品的行为(《刑法》第 349 条)也必然包括运输毒品和持有毒品。如果检察官针对行为人运输毒品的指控失败，是否可以以非法持有毒品罪再次起诉？或者如果窝藏、转移毒品的指控失败，是否可以以运输毒品罪另行起诉？本书认为，在此种情形下，如果两次指控针对的是同一行为，证据、事实并无变化，仅仅是起诉的“罪名”发生了变化，则这种起诉在反对双归罪原则禁止之列。因为，反对双重归罪原则针对的“同一罪行”是指同一行为，强调的是“罪行”而不是“罪名”。在美国，根据 Blockurger 一案[33]确立的原则,如果两个罪名的犯罪构成要件相同或者其中一个较重的罪名包含了另一个较轻罪名的犯罪构成要件,则该两个罪名属于"同一罪行",受"双重危险"原则约束。在我国,根据刑事诉讼法司法解释的规定,如果法院对检察院指控的事实能够认定,只是对行为性质有不同意见,对行为所触犯的罪名有不同意见,可以根据人民法院查清的事实按照人民法院认定的罪名定罪处罚。因此,如果人民法院经审理后认定被告人罪名不成立时,人民检察院无论如何也不能针对同一事实以不同罪名再次起诉。

三、"双重危险"/"再次起诉"

反对双重归罪原则中的第二个关键词是"双重危险",也就是针对同一罪行二次起诉甚至多次起诉。在美国,根据皮尔斯(Pearce)一案判决,美国联邦宪法上的反对双重归罪原则为被告人提供了三重保护:第一,它保护被告人在被无罪释放后免遭再次起诉;第二,它防止被告人在被定罪后又被再次起诉;第三,它保护被告人免因同一罪行受到多重处罚。[34] 根据美国学者的说法,反对双重归罪原则其实还提供了第四重保护:保护被告人在法院宣布"失审"(mistrial)后免遭再次起诉。[35] 在美国,"失审"是法官根据公诉方或被告方的动议或者根据职权自己作出的、在陪审团达成裁决之前对审判活动的一种司法终结。[36] 由于"失审"是美国刑事诉讼中的一个比较特定的概念,主要涉及陪审团审判,且例外的适用比原则的适用更加常见,使规则本身变得比较模糊,加上我国刑事诉讼中基本上不涉及这种情形,因此本书不予讨论。本书仅对被告人被宣告无罪和被定罪之后检察机关针对同一罪行又再次起诉的情形加以探讨。

(一)被告人被法院宣告无罪后的再次起诉

在美国,反对双重归罪原则严格禁止在被告人被无罪释放后又针对同一犯罪事实再次起诉。该原则对被宣告无罪的被告人再次起诉是绝对禁止的。它适用于所有经陪审团裁决或法官判决宣告被告人无罪(not guilty)的案件;换句话说,如果法官或陪审团作出的裁决并不是被告人事实上无罪(innocent),而是由于事实不清、证据不足,指控的犯罪不能成立的法律上的无罪案件,判决(裁决)宣告后检察官同样不能再次起诉。根据判例,即使一个无罪裁决是建立在异乎

---

〔33〕 Blockburger v. United States, 284 U. S. 299 (1932).

〔34〕 United States v. Pearce, 395 U. S. 711 717 (1969).

〔35〕 Allen & Stuntz et al., *Comprehensive Criminal Procedure*, Fourth Edition, Wolters Kluwer, 2016, p. 1549.

〔36〕 Joshua Dressler, *Understanding Criminal Procedure*, LexisNexis, 2002, p. 695.

寻常的错误的基础上,控方也不得再次起诉。[37] 同样地,即使一个无罪判决的作出是基于法官对法律规定的错误理解导致的对事项的错误裁决,控方也不能再次起诉。[38] 值得注意的是,美国的审级制度与我国有很大不同。通常情况下,检察官不得针对陪审团作出的无罪裁决及法官作出的无罪判决提出上诉,因此对于无罪的一审裁决通常是立即生效的,检察官不能通过上诉来启动上级法院对一个刑事案件的再次审判。所以反对双重归罪原则基本不涉及检察官上诉的问题,只涉及重新起诉。但在有些案件中,陪审团经过审理后裁决被告人罪名成立,法官根据被告方的动议搁置陪审团的定罪裁决,并判决宣告被告人无罪,此时检察官可以针对法官的有罪判决提出上诉;上诉后如法官的判决被推翻,则之前陪审团的有罪裁决发生效力,该上诉并不会导致对被告人进行第二次审判,因此不构成"再次起诉",在此情形下的上诉并不违反反对双重归罪原则。[39] 但是,如果在陪审团不能达成一致而成为悬案陪审团的情况下法官宣告被告人无罪,则检察官不得提起上诉,因为上诉成功将导致重新审判,其上诉就相当于"重新起诉"。

| **案例 18-8** | 被告人贿赂法官导致的无罪裁决不影响检察官再次起诉:人民诉埃尔曼[40]

被告人埃尔曼是一个犯罪团伙的控制者,在经法官审判后被宣告无罪。7 年之后,联邦探员发现,审理该案的法官在对被告人宣告无罪之前收受了被告人 1 万美元贿赂。东窗事发后法官自杀。检察官基于同一罪行再次对埃尔曼提出指控,并且成功获得了大陪审团告发书(indictment)。被告人试图以反对双重归罪原则寻求撤销对其提出的指控,但是州法院容许了检察官的指控。在第二次审判中被告人被判定罪名成立,并被判处 100~300 年监禁。上诉法院指出,本案并不存在双重危险,因为第一次审判实际上就是一个丑闻,它是欺骗和腐败的结果;由于被告人的行为,他在第一次审判中根本就没有遭受任何危险,所以第二次审判也就谈不上是"双重危险"。

(二)被告人被定罪后的再次起诉

如果被告人被定罪,根据反对双重归罪原则确立的基本规则是,如果被告人

---

〔37〕 Fong Foo v. United States, 369 U. S. 141, 143 (1962).

〔38〕 Sanabria v. United States, 437 U. S. 54, 64 (1978). Joshua Dressler, *Understanding Criminal Procedure*, LexisNexis, 2002, p. 705.

〔39〕 Joshua Dressler, *Understanding Criminal Procedure*, LexisNexis, 2002, p. 706.

〔40〕 People v. Aleman, 531 U. S. 1152 (2001).

没有提出上诉或者上诉被驳回,政府不得就被告人的同一罪行再次起诉。根据判例,被告人被定罪后,如果上诉法院以原审据以定罪的证据不充分为由推翻定罪,则控方不得针对被告人在原审判程序中已被定罪的事实再次起诉。[41] 之所以如此,是因为,如果上诉法院认为原审证据根本不足以支撑对被告人定罪的裁决,就表明原审法院的法官本来就应当将案件予以撤销,而不是将其提交陪审团审判;因此,被上诉法院以证据不足为由推翻的定罪裁决,本质上等同于审判法官作出的无罪判决。[42] 另外,如果一个定罪裁决中暗示着控方提出的其他指控不能成立(暗示的无罪裁决),则对暗示的无罪裁决包含的事项检察官也不得再次起诉。

| **案例 18-9** | 反对双重归罪原则禁止控方就暗含的无罪裁决中包含的同一事实再次起诉:格林诉美国[43]

被告人格林被控放火罪和一级谋杀罪。审判中,法官就一级谋杀中包含的二级谋杀罪名向陪审团进行了指示。陪审团裁决被告人放火罪和二级谋杀罪名均成立,但对一级谋杀罪名保持沉默。格林成功地在上诉审中针对谋杀罪名提出了疑问,指出本案证据不支持二级谋杀的指控。案件被发回重审。在新的审判中,格林再次被指控一级谋杀。第二次审判中,他被定罪,并被判处死刑。美国联邦最高法院判定:第二次审判中针对一级谋杀提出的再次起诉侵犯了被告人反对双重归罪的权利。

由于美国的审级制度并不奉行上诉不加刑原则,因此,案件被发回重审后被告人有可能会面临更重的刑罚。但是,如果在原来的审判中陪审团已经明确排除了较重的刑罚,则被告人成功上诉后案件被发回重审时,如果被告人重新被定罪,原来陪审团明确拒绝的刑罚不得加以适用。这一问题在实行上诉不加刑原则的语境下,通常放在第二审程序上诉不加刑原则事项中加以讨论,但在美国则属于反对双重归罪原则探讨的范畴。

| **案例 18-10** | 布林顿诉密苏里州[44]

布林顿因可判处死刑的谋杀罪被定罪。在量刑程序中,陪审团认为其不应当

[41] Burks v. United States, 437 U.S. 1 (1978).
[42] Lockhart v. Nelson, 488 U.S. 33, 39 (1988).
[43] Green v. United States, 355 U.S. 184 (1957).
[44] Bullington v. Missouri, 451 U.S. 430 (1981).

被判处死刑,而应当被判处终身监禁。但对布林顿的定罪裁决在之后的程序中被撤销,原因是挑选陪审团的程序出现了错误。布林顿在新的审判中再次被定罪并被判处死刑。布林顿上诉称,他在之前的程序中已经被原审陪审团裁决不能判处死刑,这相当于陪审团作出了一个“死刑指控无罪”的裁决,因此他不能因同一罪行再次遭受被判处死刑的危险。美国联邦最高法院以5:4的比例支持了被告人的主张。

如前所述,在我国,如果被告人在第一审程序中被判决认定罪名成立但没有被判处死刑,二审发回重审后一审法院如果再次认定被告人罪名成立,同样不能判处被告人死刑。该问题归属于第二审程序中的上诉不加刑原则,本书在第二审程序中仍将继续探讨。

第十九章　公诉案件第一审程序

第一审程序是所有进入审判的刑事案件都必须经历的审判程序，它是刑事诉讼的核心阶段，也是最能充分体现一个国家司法文明程度的诉讼阶段。因此，第一审程序历来是各国刑事诉讼法规范的重点，也是我国刑事诉讼法的重中之重，我国《刑事诉讼法》专门以一编来规范审判程序，其中大多数条文都是用来规范第一审程序。第一审程序涉及的最关键问题乃是对被告人公正审判权的保障和证据的可采性以及证明力的审查判断，这两方面的规则我们都以专章进行了论述。本章将论述刑事诉讼法设置的有关第一审程序的程序性规则。第一审程序包括公诉案件第一审程序、自诉案件第一审程序。为突出重点，集中焦点，本章仅论述公诉案件第一审程序。公诉案件第一审程序又可以分为普通程序、简易程序和速裁程序；本章集中论述公诉案件第一审普通程序。本章第一节论述公诉案件庭前审查程序；第二节论述庭前准备与庭前会议；第三节论述公诉案件的法庭审判；第四节论述延期审理与中止审理；第五节论述评议与宣判；第六节论述判决、裁定和决定。

第一节　公诉案件庭前审查

一、公诉审查的概念与分类

公诉审查是指人民法院收到人民检察院提起公诉的案件后,对有关材料进行审查是否符合起诉的要求以及是否符合法定的形式,以决定是否将该案被告人交付法庭审判的诉讼活动。

对公诉案件的审查,有实体性审查和程序性审查两种。实体性审查是对案件实行全案移送,开庭前由法官对案件的事实、证据、法律的适用等进行全面审查,当然也包括对案件的侦查、起诉、交付审判的程序是否合法进行审查。程序性审查是指起诉机关移送和法院审查的内容,仅围绕是否将被告人交付法庭审判,亦即是否符合开庭审判的条件,不从实体上对案件定性处理。程序性审查的具体内容应包括案件的管辖、侦查、起诉程序是否合法,各种诉讼文书是否完备齐全;起诉书的指控是否有明确的犯罪事实,并附有相应的证据目录说明等。至于案件事实是否清楚,罪名是否成立,证据是否充分、确实,均由开庭审判加以解决。

二、对公诉案件进行审查的内容

(一)从全卷移送主义到主要证据复印件主义:1979~1996年

我国1979年颁布的《刑事诉讼法》第108条的规定属于实体审查,审查的范围与内容包括案件是否属本院管辖、起诉书指控的犯罪事实是否清楚、认定犯罪的事实、情节是否有足够的证据予以证明、被告人是否构成犯罪、认定犯罪的性质和罪名是否符合刑法规定、起诉书中有无遗漏被告人的罪行和应当追究刑事责任的同案人、被告人有无责任能力、有无法定不予追究刑事责任的情形、有无附带民事诉讼、有无法定从重、从轻、减轻或者应当免除刑事处罚的情节、有无须要重新勘验、检查、搜查、扣押、查封和鉴定的情形、侦查、起诉程序是否合法、各种法律手续和诉讼文书是否完备、齐全等内容。1996年修正的《刑事诉讼法》规定的庭前审查程序在本质上是一种程序性审查。其法律性质是对案件的接受、审查,而不是审判。其任务则是审查案件是否符合开庭审判的条件,从而决定是否将被告人交付法庭审判,而不是确定被告人是否有罪。

（二）从主要证据复印件主义回到全卷移送主义：2012 年

2012 年《刑事诉讼法》第 181 条规定："人民法院对提起公诉的案件进行审查后，对于起诉书中有明确的指控犯罪事实的，应当决定开庭审判（2018 年《刑事诉讼法》第 186 条）。"根据这一规定，对公诉案件的审查，主要围绕起诉书是否有明确的指控犯罪事实进行，不再审查是否附有证据目录、证人名单和主要证据复印件。但是这并不表明人民法院在进行公诉审查时就只审查起诉书的形式。根据 2012 年《刑事诉讼法》第 172 条（2018 年《刑事诉讼法》第 176 条第 1 款）的规定，人民检察院向人民法院提起公诉时，应当将案卷材料和证据一并移送人民法院。因此，人民法院在进行公诉案件庭前审查时，除对起诉书进行审查以外，也要对案卷材料和证据进行审查。

（三）全卷移送主义的具体内容

根据《最高法解释》第 218 条的规定，全卷移送主义之下的公诉审查内容包括：（1）是否属于本院管辖。（2）起诉书是否写明被告人的身份，是否受过或正在接受刑事处罚、行政处罚、处分，被采取留置措施的情况，被采取强制措施的时间、种类、羁押地点，犯罪的时间、地点、手段、后果以及其他可能影响定罪量刑的情节；有多起犯罪事实的，是否在起诉书中将事实分别列明。（3）是否移送证明指控犯罪事实及影响量刑的证据材料，包括采取技术调查、侦查措施的法律文书和所收集的证据材料。（4）是否查封、扣押、冻结被告人的违法所得或者其他涉案财物，查封、扣押、冻结是否逾期；是否随案移送涉案财物、附涉案财物清单；是否列明涉案财物权属情况；是否就涉案财物处理提供相关证据材料。（5）是否列明被害人的姓名、住址、联系方式；是否附有证人、鉴定人名单；是否申请法庭通知证人、鉴定人、有专门知识的人出庭，并列明有关人员的姓名、性别、年龄、职业、住址、联系方式；是否附有需要保护的证人、鉴定人、被害人名单。（6）当事人已委托辩护人、诉讼代理人或者已接受法律援助的，是否列明辩护人、诉讼代理人的姓名、住址、联系方式。（7）是否提起附带民事诉讼；提起附带民事诉讼的，是否列明附带民事诉讼当事人的姓名、住址、联系方式等，是否附有相关证据材料。（8）监察调查、侦查、审查起诉程序的各种法律手续和诉讼文书是否齐全。（9）被告人认罪认罚的，是否提出量刑建议、移送认罪认罚具结书等材料。（10）有无《刑事诉讼法》第 16 条第 2 项至第 6 项规定的不追究刑事责任的情形。

三、审查后的处理

根据《刑事诉讼法》第 186 条的规定，人民法院对提起公诉的案件审查后，对于起诉书有明确的指控犯罪事实的,应当决定开庭审判。

根据《最高法解释》第 219 条的规定,提起公诉的案件经审查后,人民法院应当根据不同情况分别处理:(1)不属于本院管辖的,应当退回人民检察院。(2)属于《刑事诉讼法》第 16 条第 2 项至第 6 项规定情形的,应当退回人民检察院;属于告诉才处理的案件,应当同时告知被害人有权提起自诉。(3)被告人不在案的,应当退回人民检察院;但是,对人民检察院按照缺席审判程序提起公诉的,应当按照该解释第二十四章(缺席审判程序)的规定处理。(4)对于不符合《最高法解释》第 218 条第 2 ~ 9 项规定之一,需要补充材料的,应当通知人民检察院在 3 日以内补送。(5)根据《刑事诉讼法》第 200 条第 3 项规定宣告被告人无罪后,人民检察院依据新的事实、证据重新起诉的,应当依法受理。(6)依照《最高法解释》第 296 条规定裁定准许撤诉的案件,没有新的影响定罪量刑的事实、证据,重新起诉的,应当退回人民检察院。(7)被告人真实身份不明,但符合《刑事诉讼法》第 160 条第 2 款规定的,应当依法受理。

对公诉案件是否受理,应当在 7 日内审查完毕。对于决定开庭审判的案件,人民法院应当适用决定书。决定书一旦作出,案件即进入开庭前的准备阶段。

《最高法解释》第 220 条第 1 款规定,对一案起诉的共同犯罪或者关联犯罪案件,被告人人数众多、案情复杂,人民法院经审查认为,分案审理更有利于保障庭审质量和效率的,可以分案审理。分案审理不得影响当事人质证权等诉讼权利的行使。第 2 款规定,对分案起诉的共同犯罪或者关联犯罪案件,人民法院经审查认为,合并审理更有利于查明案件事实、保障诉讼权利、准确定罪量刑的,可以并案审理。

第二节 庭前准备与庭前会议

一、庭前准备

根据《刑事诉讼法》第 187 条的规定以及审判工作的实际需要,人民法院决定开庭后,须进行下列准备工作:(1)确定合议庭的组成人员。根据《刑事诉讼法》第 183 条的规定,人民法院适用普通程序审判第一审案件,应当组成合议庭进行。因此,决定开庭审判后,对于适用普通程序的案件,人民法院应当首先确定合议庭的组成人员。合议庭设审判长 1 人。审判长是审判活动的具体组织者和指挥者,由院长或庭长指定审判员 1 人担任。院长或庭长自己参加审判案件时，由院长或庭长自己担任审判长。人民陪审员一般未受过专业法律训练，而且也不具备法庭审判的经验，所以不能担任审判长。在组成合议庭的同时，还应当确定法庭的书记员，负责审判的记录工作，并办理与审判有关的其他事项。(2)将起诉书副本至迟在开庭10日以前送达被告人及其辩护人；对于被告人未委托辩护人的，告知被告人可以委托辩护人，或者在必要的时候指定承担法律援助义务的律师为其提供辩护。(3)将开庭的时间、地点在开庭3日以前通知人民检察院。根据《刑事诉讼法》的规定，人民法院审判公诉案件，除适用简易程序外，人民检察院均应派员出席法庭支持公诉。将开庭的时间、地点在开庭3日以前通知人民检察院，有利于承办案件的检察员做好出庭支持公诉的准备。(4)传唤、通知当事人、其他诉讼参与人参加诉讼。传唤当事人，通知辩护人、诉讼代理人、证人、鉴定人和翻译人员，传票和通知书至迟在开庭3日以前送达。(5)公告案由，保障公开审判。公开审判的案件，应当在开庭3日以前先期公布案由、被告人姓名、开庭时间和地点(见图19－1)。

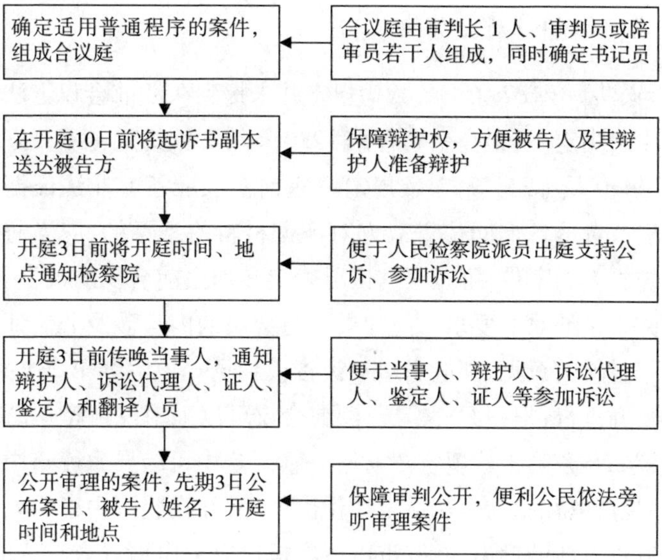

图19－1　公诉案件庭前准备

上述活动情形应当写入笔录，由审判人员和书记员签名。

二、庭前会议

(一)庭前会议的目的与内容

《刑事诉讼法》第187条第2款规定："在开庭以前，审判人员可以召集公诉人、当事人和辩护人、诉讼代理人，对回避、出庭证人名单、非法证据排除等与审判相关的问题,了解情况,听取意见。”这是2012年《刑事诉讼法》修改时新增的规定。根据该规定,人民法院在正式开庭之前,可以召开有公诉人、当事人和辩护人、诉讼代理人参加的庭前会议,对回避、出庭证人名单、非法证据排除等与审判相关的问题,让控辩双方交换意见,也让法官了解双方的意见。其目的在于通过庭前对相关庭审问题充分交换意见,便于法官确定庭审重点,保证庭审质量。

根据《最高法解释》第228条第1款的规定,庭前会议中审判人员向控辩双方了解情况、听取意见的内容包括:(1)是否对案件管辖有异议;(2)是否申请有关人员回避;(3)是否申请不公开审理;(4)是否申请排除非法证据;(5)是否提供新的证据材料;(6)是否申请重新鉴定或者勘验;(7)是否申请收集、调取证明被告人无罪或者罪轻的证据材料;(8)是否申请证人、鉴定人、有专门知识的人、调查人员、侦查人员或者其他人员出庭,是否对出庭人员名单有异议;(9)是否对涉案财物的权属情况和人民检察院的处理建议有异议;(10)与审判相关的其他问题。

(二)庭前会议的性质与功能

《刑事诉讼法》第187条第2款的规定并未提到在庭前会议上法官是否应当就相关事项作出决定。《最高法解释》第230条第2款规定:“召开庭前会议应当通知公诉人、辩护人到场。”第3款规定:“庭前会议准备就非法证据排除了解情况、听取意见,或者准备询问控辩双方对证据材料的意见的,应当通知被告人到场。有多名被告人的案件,可以根据情况确定参加庭前会议的被告人。”因此,被告人的参加并不是绝对的要求。但如果庭前会议的内容涉及非法证据排除和控辩双方对证据材料的意见,则应当通知被告人到场。该解释第231条规定,庭前会议一般不公开进行;根据案件情况,庭前会议可以采用视频等方式进行。

该解释第228条第3款规定:“对第一款规定中可能导致庭审中断的程序性事项,人民法院可以在庭前会议后依法作出处理,并在庭审中说明处理决定和理由。控辩双方没有新的理由,在庭审中再次提出有关申请或者异议的,法庭可以在说明庭前会议情况和处理决定理由后,依法予以驳回。”可见,庭前会议的重点在于解决有可能导致庭审中断的程序性事项,例如管辖、回避、公开审理、证人出庭作证、非法证据排除等问题。法庭应当对这些重大程序事项作出决定。第229条规定:“庭前会议中,审判人员可以询问控辩双方对证据材料有无异议,对有异议的证据,应当在庭审时重点调查;无异议的,庭审时举证、质证可以简化。”可见,庭前会议有筛选证据、确定庭审重点的功能。第228条第2款规定:“庭前会议中,人民法院可以开展附带民事调解。”可见,庭前会议也不限于程序性事项,对于附带民事诉讼可以调解,意味着对附带民事诉讼涉及的实体性问题可以进行初步的处理,甚至提出最终的解决方案。

| 评注 19－1 | 庭前会议应当着眼于解决重大程序事项

本书认为,目前司法解释关于庭前会议的规定切中肯綮。《刑事诉讼法》第 187 条第 2 款规定:“在开庭以前,审判人员可以召集公诉人、当事人和辩护人、诉讼代理人,对回避、出庭证人名单、非法证据排除等与审判相关的问题,了解情况,听取意见。”法院在庭前会议应当对管辖问题、回避问题、非法证据排除问题、辩护人提出的证人出庭申请、调取证据申请、公开审判申请等涉及人民法院管辖权、公正法庭的组成以及辩护人在审判程序中重大权利的行使的前提性要件等问题,不仅应当了解情况、听取意见,而且应当在正式审判之前作出决定,并且将决定书面通知支持公诉的人民检察院和当事人、辩护人以及诉讼代理人。

理由是:第一,《刑事诉讼法》虽然仅规定“了解情况,听取意见”,没有提到就相关事项作出决定,但是也不排除就相关事项作出决定。庭前会议虽然不属于正式的法庭审判,但却是人民法院行使审判权的一个重要方面,是法庭审理的内在组成部分,是审判程序的一个重要环节。在这个重要环节中,对与庭审程序相关的重大问题作出决定,乃是理所当然的事情。第二,对于有些程序性事项如果不在庭审之前作出处理,放到庭审程序中进行处理将使被告人、辩护人的一些权利无法获得有效的保障。例如管辖权问题,它实际上是人民法院对案件行使审判权的前提条件,这一问题如不先行解决,法院审判本身的合法性、正当性都成为问题。又如,回避问题,它是公正法庭组成的前提条件,是当事人、辩护人、诉讼代理人的重要权利,也是人民法院审判权行使正当性的重要条件。将这些问题放在庭前会议中加以解决,有助于加强法庭审判的合法性和正当性。第三,只有在庭前会议中解决这些问题,才能使控辩双方就这些问题的决定提出上诉、申诉在程序设置上成为可能,因此,庭前会议就这些问题作出决定,也是保障被告人、辩护人公正审判权的前提条件。第四,在庭前程序中解决了这些问题之后,庭审程序就不必纠缠于这些程序性事项,也有助于维护法庭的权威。第五,庭前会议就重大程序事项作出决定,有利于法庭审判集中于被告人是否实施了所指控的行为、被告人罪名是否成立、被告人应当遭受何种刑罚等实体性问题的解决,有助于提高法庭审判的效率,有助于节约司法资源。

综上所述,庭前会议中法院不应当止步于“了解情况,听取意见”,而是应当就重大程序性事项作出决定,并在法律规定的范围,允许控辩双方就这些重大事项的决定申请复议;在必要的时候,甚至允许提出上诉,以保证被告人获得公正的审判。对此,《最高法解释》第 228 条第 3 款规定实际上赋予了人民法院在庭前会议后就庭前会议涉及的重大程序性事项作出决定的权力,使得庭前会议能够真正发挥其应有的功效。该款规定还对控辩双方在庭审中就庭前会议已经提出的问题再次提出申请时应当如何处理作出了规定,实际上赋予了控辩双方提出异议或复议的权利。如果能够更进一步,允许控辩双方就管辖、回避、公开审判、证人出庭、非法证据排除等问题的决定提出上诉,实现“审判中的审判”,则对于司法文明程度的提升,意义更为显著。

第三节 公诉案件法庭审判

根据刑事诉讼法的规定,法庭审判程序分为开庭、法庭调查、法庭辩论、被告人最后陈述、评议和宣判五个阶段。

一、开庭

开庭是法庭审理的开始,其任务是为实体审理做好程序上的准备。根据《刑事诉讼法》第190条的规定,开庭阶段应当进行下列活动。

(一)书记员的工作

开庭审理前,书记员应当依次进行下列工作:查明公诉人、当事人、辩护人、诉讼代理人、证人及其他诉讼参与人是否到庭;核实旁听人员中是否有证人、鉴定人、有专门知识的人;请公诉人、辩护人、诉讼代理人及其他诉讼参与人入庭;宣读法庭规则;请审判长、审判员、人民陪审员入庭;审判人员就座后,当庭向审判长报告开庭前的准备工作已经就绪。

(二)审判长的工作

(1)审判长宣布开庭,传被告人到庭后,应当查明被告人的下列情况:姓名、出生日期、民族、出生地、文化程度、职业、住址;是否曾受过刑事处罚、行政处罚、处分及其种类、时间;是否被采取留置措施及留置的时间是否被采取强制措施及强制措施的种类、时间;收到起诉书副本的日期;有附带民事诉讼的,附带民事诉讼被告人收到民事诉状的日期。(2)审判长宣布案件的来源、起诉的案由、附带民事诉讼当事人的姓名(名称)及是否公开审理。对于不公开审理的案件,应当宣布不公开审理的理由。(3)审判长宣布合议庭组成人员、法官助理、书记员、公诉人、辩护人、诉讼代理人、鉴定人和翻译人员等诉讼参与人的名单。(4)审判长应当告知当事人及其法定代理人、辩护人、诉讼代理人在法庭审理过程中依法享有下列诉讼权利:可以申请合议庭组成人员、法官助理、书记员、公诉人、鉴定人和翻译人员回避;可以提出证据,申请通知新的证人到庭、调取新的证据、申请重新鉴定或者勘验、检查;被告人可以自行辩护;被告人可以在法庭辩论终结后作最后陈述。(5)审判长分别询问当事人及其法定代理人、辩护人、诉讼代理人是否申请回避,申请何人回避和申请回避的理由。如果当事人及其法定代理人、辩护人、诉讼代理人申请审判人员、出庭支持公诉的检察人员回避,合议庭认为符合法定情形的,应当依照有关回避的规定处理;认为不符合法定情形的,应当当庭驳回,继续法庭审理。如果申请回避人当庭申请复议,合议庭应当宣布休庭,待作出复议决定后,决定是否继续法庭审理。同意或者驳回回避申请的决定及复议决定,由审判长宣布,并说明理由。必要时,也可以由院长到庭宣布(见图 19－2)。

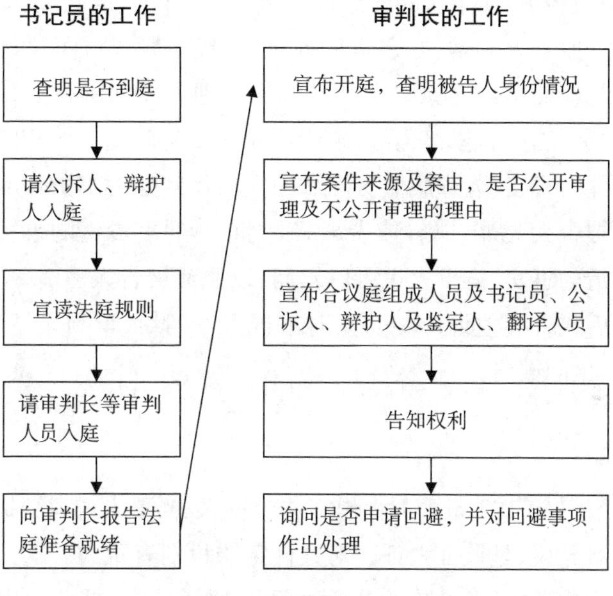

图 19－2　开庭阶段书记员和审判长的准备工作

二、法庭调查

法庭调查是法庭审判的核心阶段。在这一阶段,公诉人、当事人、辩护人在合议庭与其他诉讼参与人的参加下,通过提出证据和对证据进行质证,当庭调查证据,全面查明案件事实真相,为法庭作出正确的裁判提供事实根据。根据《刑事诉讼法》第 191 条至第 197 条的规定,法庭调查应按以下顺序依次进行。

(一)宣读起诉书

审判长宣布进行法庭调查后,首先由公诉人宣读起诉书。通过宣读起诉书,一方面,向法庭阐明公诉犯罪事实即法庭调查的范围和被告人应负刑事责任的事实根据和法律依据;另一方面,也可以使旁听群众了解案情,更深入地观察法庭审判的过程。如果一案有数名被告人,宣读起诉书时应同时在场。

公诉人宣读起诉书后,审判长应分别就指控的犯罪听取被告人、被害人的陈述,目的在于使合议庭了解当事人对指控的基本意见,为下一步深入查明案件事实作必要的准备。

(二)讯问被告人和向被告人发问

被告人、被害人就指控的犯罪事实发表意见后,由公诉人讯问被告人。公诉人通过讯问被告人,可以揭露和证实犯罪,反驳被告人的辩解。被告人犯数罪的,应当根据罪行轻重、作案时间先后逐个讯问。公诉人讯问被告人后,被害人、附带民事诉讼的原告人和辩护人、诉讼代理人,经审判长许可,可以向被告人发问。被害人和附带民事诉讼原告人及其诉讼代理人发问的目的,一方面是证实起诉书的指控;另一方面是对公诉人未能抓住的要害问题甚至遗漏的重要事实、情节进行补充,防止被告人逃脱罪责。辩护人的发问是为辩护作准备,重点在于问清能够证明被告人无罪、罪轻或者减轻、免除其刑事责任的事实、情节。对起诉书中指控不清的事实,辩护人也可以发问,以便让被告人澄清事实。在公诉人讯问被告人之后或者其他诉讼参与人对被告人发问后,审判人员对案件事实有疑问的,也可以讯问被告人。

(三)证人作证

《刑事诉讼法》第 192 条第 1 款规定:"公诉人、当事人或者辩护人、诉讼代理人对证人证言有异议,且该证人证言对案件定罪量刑有重大影响,人民法院认为证人有必要出庭作证的,证人应当出庭作证。"通说认为,据此规定,证人应当出庭作证的情形,必须同时满足三个条件:一是诉讼中的一方或双方对证人证言有异议;二是该证人证言对案件定罪量刑有重大影响;三是人民法院认为证人有必要出庭作证。本书认为,从保障被告人对质权的角度出发,只要被告人、辩护人对证人证言提出了异议且该证人证言对定罪量刑有重大影响,人民法院就应当要求该证人出庭作证(具体可参阅本书第十八章"公正审判权"中对质权一节的有关论述)。

《刑事诉讼法》第 192 条第 2 款规定:"人民警察就其执行职务时目击的犯罪情况作为证人出庭作证,适用前款规定。"该规定最直接的含义是:人民警察在执行职务过程中目击犯罪的,与普通证人并无区别,因此要求其出庭作证,理所应当;在此情况下,如其证言满足该条第 1 款规定的三个条件,自然应当出庭。值得注意的是,根据上述规定,是否可以得出人民警察出庭作证的情形,仅限于在执行职务时目击了犯罪情况的情形?换句话说,如果不是因为目击犯罪而是因为侦查犯罪而了解到犯罪情况,人民警察就不应当被要求出庭作证?

| 评注 19-2 | 警察作证不应仅限于目击犯罪的情形

本书认为,警察作证不应当仅限于目击犯罪的情形,理由是:首先,《刑事诉讼法》第192条第2款直接涉及的是警察作为目击证人时是否应当作证的问题,并不涉及其他问题,因此对于其他问题的回答,应当结合刑事诉讼法的其他条款来进行。其次,从法理与司法实践情况来看,普通证人也不是仅就其目击的犯罪情况来作证,在特定情况下,证人就被告人品格等问题作证,或者就与案件有关的事实,例如被告人的身份事实、年龄事实等作证也是允许的。因此,警察的证言如果对定罪量刑有影响,就不应当与普通证人区别对待。最后,根据相关的司法解释,警察作证的范围也不仅限于目击犯罪的情况。例如,对于取证程序的合法性问题,警察在必要时也应当出庭作证。可见,从上述条文规定不能得出警察作证应当仅限于执行职务时目击犯罪的情形的结论。

《刑事诉讼法》第193条第1款规定:"经人民法院通知,证人没有正当理由不出庭作证的,人民法院可以强制其到庭,但是被告人的配偶、父母、子女除外。"第2款规定:"证人没有正当理由拒绝出庭或者出庭后拒绝作证的,予以训诫,情节严重的,经院长批准,处十日以下的拘留。被处罚人对拘留决定不服的,可以向上一级人民法院申请复议。复议期间不停止执行。"这两款规定分别赋予了人民法院强制证人出庭的权力和对拒绝出庭或出庭后拒绝作证的证人予以处罚的权力。有关证言特免权的含义,本书在第八章"证据"一章已经作了阐述,此处不作赘述。

根据《刑事诉讼法》第194条及《最高法解释》的规定,证人到庭后,审判人员应当先核实证人的身份、与当事人以及本案的关系,告知证人应当如实地提供证言和有意作伪证或者隐匿罪证要负的法律责任。证人作证前,应当在如实作证的保证书上签名。向证人发问,应当先由申请证人出庭的一方进行;发问完毕后,对方经审判长准许,也可以发问。审判长对于向证人发问的内容与本案无关或者发问的方式不当的,应当制止。对于控辩双方认为对方发问的内容与本案无关或者发问的方式不当并提出异议的,审判长应当判明情况予以支持或者驳回。审判人员认为有必要时,可以询问证人。向证人发问应当分别进行。证人经控辩双方发问或者审判人员询问后,审判长应当告知其退庭。证人不得旁听对本案的审理。

(四)鉴定人作证与专家辅助人制度

《刑事诉讼法》第 192 条第 3 款规定:“公诉人、当事人或者辩护人、诉讼代理人对鉴定意见有异议,人民法院认为鉴定人有必要出庭的,鉴定人应当出庭作证。经人民法院通知,鉴定人拒不出庭作证的,鉴定意见不得作为定案的根据。”根据该款规定,鉴定人出庭作证的条件是:(1)控辩中的任何一方对鉴定意见有异议;(2)人民法院认为有必要。如同证人出庭问题一样,刑事诉讼法赋予了人民法院广泛的自由裁量权。这一自由裁量权如行使不当,会在很大程度上使刑事诉讼恢复到职权主义模式,损害法院判决的正当性和可接受性。因此,本书认为,司法实践中,法官应当充分尊重控辩双方的意思,只要任何一方对鉴定意见有异议,就应当通知鉴定人出庭作证,以加强法庭审判的公正性,提升法院裁判的公信力。

《刑事诉讼法》第 197 条第 2 款规定:“公诉人、当事人和辩护人、诉讼代理人可以申请法庭通知有专门知识的人出庭,就鉴定人作出的鉴定意见提出意见。”第 3 款规定:“法庭对于上述申请,应当作出是否同意的决定。”第 4 款规定:“第二款规定的有专门知识的人出庭,适用鉴定人的有关规定。”这 3 款都是 2012 年修改《刑事诉讼法》时新增加的规定,理论上称之为专家辅助人制度。根据上述规定,控辩双方均有权申请法庭通知专家出庭。这样的专家被称为“专家辅助人”。专家辅助人不同于专家证人。专家证人出庭是就案件中的专门问题提供意见,专家辅助人出庭的目的则是就专家的意见提供意见。在英美法系,专家意见都属于意见证据,作为意见证据规则的例外具有可采性。专家辅助人的意见,则属于针对意见证据提出的意见证据。设定该制度的目的,是为双方就对方专家提出的意见进行质证提供方便。

(五)审查核实其他证据

在讯问和发问被告人完毕之后,无论被告人是否当庭承认犯有指控的罪行,合议庭都应当要求公诉人当庭提出证明被告人有罪的其他各种证据并对这些证据当庭予以审查核实。只有经过法庭调查核实的证据,才能作为合议庭认定事实的根据。法庭调查过程中审查核实证据,主要是通过询问证人和鉴定人、辨认物证、宣读有关书面证言等方法进行的。

对指控的每一起案件事实,经审判长准许,公诉人可以提请审判长传唤证人、鉴定人和勘验、检查笔录制作人出庭作证,或者出示证据,宣读未到庭的被害人、证人、鉴定人和勘验、检查笔录制作人的书面陈述、证言、鉴定结论及勘验、检查笔录;被害人及其诉讼代理人和附带民事诉讼的原告人及其诉讼代理人经审判长准许，也可以分别提请传唤尚未出庭作证的证人、鉴定人和勘验、检查笔录制作人出庭作证，或者出示公诉人未出示的证据，宣读未宣读的书面证人证言、鉴定结论及勘验、检查笔录。

控辩双方要求证人出庭作证，向法庭出示物证、书证、视听资料等证据，应当向审判长说明拟证明的事实。审判长同意的，即传唤证人或者准许出示证据；审判长认为与案件无关或者明显重复、不必要的证据，可以不予准许。被告人、辩护人、法定代理人经审判长准许，可以在起诉一方举证后，分别传唤证人、鉴定人出庭作证，或者出示证据、宣读未到庭的证人的书面证言、鉴定人的鉴定结论。

当庭出示的物证、书证、视听资料等证据，应当先由出示证据的一方就所出示的证据的来源、特征等作必要的说明，然后由另一方进行辨认并发表意见。控辩双方可以互相质问、辩论。

在法庭调查过程中，合议庭对证据有疑问的，可以宣布休庭，对该证据进行调查核实。人民法院调查核实证据时，可以进行勘验、检查、查封、扣押、鉴定和查询、冻结。必要时，可以通知检察人员、辩护人到场。公诉人申请出示开庭前未移送或者提交人民法院的证据，辩护方提出异议的，审判长如认为该证据确有出示的必要，可以准许出示。如果辩护方需要对新的证据做必要准备时，法庭可以宣布休庭，并根据具体情况确定辩护方作必要准备的时间。确定的时间期满后，应当继续开庭审理。

当事人和辩护人申请通知新的证人到庭，调取新的证据，申请重新鉴定或者勘验的，应当提供证人的基本信息、证据的存放地点，说明所要证明的案件事实，要求重新鉴定或者勘验的理由。审判人员根据具体情况，认为可能影响案件事实认定的，应当同意该申请，并宣布延期审理；不同意的，应当告知理由并继续审理。

审判期间，公诉人发现案件需要补充侦查，提出延期审理建议的，合议庭可以同意。但是建议延期审理的次数不得超过 2 次。法庭宣布延期审理后，人民检察院在补充侦查的期限内没有提请人民法院恢复法庭审理的，人民法院应当决定按人民检察院撤诉处理。

人民法院向人民检察院调取需要调查核实的证据材料，或者根据被告人、辩护人的申请，向人民检察院调取在调查、侦查、审查起诉期间收集的有关被告人无罪和罪轻的证据材料，应当通知人民检察院在收到调取证据材料决定书后 3 日以内移交。

合议庭在案件审理过程中，发现被告人可能有自首、立功等法定量刑情节，而起诉和移送的证据材料中没有这方面的证据材料的，应当建议人民检察院补充侦查。

三、法庭辩论与被告人最后陈述

(一)法庭辩论

《刑事诉讼法》第198条第2款规定:“经审判长许可,公诉人、当事人和辩护人、诉讼代理人可以对证据和案件情况发表意见并且可以互相辩论。”法庭辩论是指控辩双方在审判长的主持之下,依据法庭调查中已经调查的证据和有关法律规定,对证据的证明力和被告人是否有罪、所犯何罪、罪责轻重、应否处刑和如何处罚等问题,在法庭上当面进行论证和反驳的诉讼活动。法庭辩论活动,既是控方揭露犯罪、证实犯罪的活动,也是辩方据理反驳控诉、维护被告人合法权益的活动。

法庭辩论依法按下列顺序进行:

1. 公诉人发言。公诉人在法庭辩论中的首次发言,司法实践中称为公诉词。发表公诉词是公诉人支持公诉的主要形式之一,也是为了宣传法制、教育群众。公诉词以起诉书为基础,是起诉书内容的进一步深化。公诉词通过对犯罪事实进行深入、精辟的分析,进一步起到公诉活动揭露犯罪、证实犯罪的作用。

2. 被害人及其诉讼代理人发言。被害人是犯罪活动的直接受害者,在诉讼中是控诉一方当事人,有权在法庭辩论中控诉和证实犯罪,请求法庭公正地对被告人加以处罚。犯罪如果给被害人造成了物质损失,被害人还可以成为附带民事诉讼的原告人,要求被告人赔偿损失。诉讼代理人是被害人的辅助人,被害人发言之后,可以继续为被害人发言。

3. 被告人自行辩护。被告人是公诉案件的主要当事人,被告人在辩论中的发言既是被告人行使辩护权的基本形式,也是合议庭了解案件事实和被告人主观恶性的一个主要渠道。但是被告人自行辩护仅仅是被告人的辩护手段之一,被告人也可以放弃辩论中的发言权,由辩护人代为辩护。

4. 辩护人辩护。辩护人在法庭辩论中的首轮发言,司法实践中称为辩护词。辩护词是辩护人辩护宗旨的集中体现,辩护活动的成败,与所发表的辩护词质量高低有一定关系。辩护人必须以事实为根据,以法律为准绳,实事求是地进行辩护,其辩护才可能收到应有的效果。辩护人进行辩论,还应当结合法庭调查的情况进行。如果法庭调查中所提出的证据不足以证明被告人犯了罪,辩护人就当要求合议庭确认控方证据不确实、不充分;如果法庭调查中证据表明起诉书指控的犯罪事实失实或被告人的行为不构成犯罪,辩护人可以请求合议庭注意指控不成立而宣告被告人无罪;如果证据调查中提出的证据不足以认定被告人犯有重罪或者应该从轻处罚,辩护人可以据此而提出从轻、减轻或者免除刑罚的意见和理由。

5. 控辩双方进行辩论。法庭辩论中，控、辩双方的发言以“轮”计。第一轮控、辩双方发言后，可以就存在分歧的地方互相辩论，进一步阐明各自的观点和理由。在辩论中双方发言机会均等，只要控诉方发言，就应当允许辩护方辩驳，每一轮发言都应当完整。

在法庭辩论中，审判长的作用是主持辩论。审判长要善于掌握辩论，使辩论始终集中在与定罪量刑有关的实质问题上。如果双方的争辩与正确处理案件无关，纠缠于枝节问题或者语言失误上，或者双方互相指责甚至进行人身攻击时，应当及时制止。在法庭辩论时，其他审判人员的作用是认真听取双方的论证和辩驳，弄清双方发言的基本宗旨，以形成自己对事实认定和法律运用的正确认识。

辩论中如果发现某些主要事实尚未查清或者提出了有关本案定罪量刑的新事实时，审判长应当宣布暂停法庭辩论，恢复法庭调查，待事实查清后再恢复法庭辩论。如果恢复调查仍未查清，需要补充侦查，应当休庭延期审理。经过一轮或几轮辩论，合议庭认为控辩双方均已提不出新的意见，没有继续辩论的必要时，审判长即终止双方发言，宣布辩论终结。

（二）被告人最后陈述

《刑事诉讼法》第 198 条第 3 款规定，审判长在宣布辩论终结后，被告人有最后陈述的权利。被告人最后陈述是法律赋予被告人的一项重要权利，从程序上讲还是法庭审理的一个独立的诉讼环节。被告人是案件当事人，案件的判决关系到被告人的切身利益。在作出判决前，再给他一个陈述的机会，听取他对案件的意见，既可以让被告人独立完整地叙明自己的意见，强化合议庭对辩护的印象，也可以弥补在法庭调查和法庭辩论中辩护的不足之处，从而也就有利于保证法庭裁判的正确性。因此，审判人员应当切实保障被告人最后陈述的权利，只要被告人的陈述不超出本案范围，就要让其充分陈述。

如果被告人在最后陈述中，提出了新的事实或新的证据，合议庭认为可能影响正确裁判，应当恢复法庭调查；如果被告人提出新的辩解理由，合议庭认为确有必要，可以恢复法庭辩论。无论出现哪种情况，最后陈述的权利都应当由被告人行使。

案例 19－1　被告人最后陈述朗诵诗歌无意义

“我真的冤枉，我没有罪。请允许我用岳飞的《满江红》来表达我此刻的心情……”62 岁的原中国人民保险公司辽宁省分公司副总经理兼沈阳市分公司总经理史某武,在其涉嫌贪污受贿一案再审开庭的最后陈述阶段,情绪激动地侧着身子大声地说出上面的话。他刚吟诵了两句《满江红》,便因此内容与案情无关就被法庭制止。检察机关指控史某武压缩实际住房面积,将412平方米住房"缩水"为295平方米,先后收受下级公司在节日期间送的礼金8万余元。此前,沈阳市中级人民法院一审曾认为史某武犯贪污受贿罪名成立,判处有期徒刑12年,宣判后史某武提出上诉,辽宁省高级人民法院以证据不足发回重审。此次是沈阳市中级人民法院再审开庭。[1]

四、法庭纪律与法庭秩序

(一)法庭秩序与法庭纪律的基本内容

法庭秩序是指人民法院开庭审判时诉讼参与人和旁听人员应当遵守的纪律和秩序。法庭是人民法院行使国家审判权的场所。法庭活动有秩序地进行,不但体现了国家审判活动的严肃性,对于保障审判活动中正确认定案件事实和适用法律也具有重要意义。因此,必须严肃审判活动,维护法庭秩序。

根据《刑事诉讼法》第199条和《最高法解释》第306条的规定,法庭审理过程中,诉讼参与人、旁听人员应当服从法庭指挥,遵守司法礼仪,遵守以下法庭纪律:(1)不得鼓掌、喧哗、哄闹、随意走动;(2)不得吸烟、进食;(3)不得拨打、接听电话,或者使用即时通讯工具;(4)不得对庭审活动进行录音、录像、拍照或者通过发送邮件、博客、微博客等方式传播庭审情况;(5)不得实施其他危害法庭安全或者扰乱法庭秩序的行为。旁听人员不得进入审判活动区,不得随意站立、走动,不得发言和提问。记者经许可对庭审活动进行录音、录像、拍照或者使用即时通讯工具传播庭审活动的,应当在指定的时间及区域进行,不得干扰庭审活动。

(二)对违反法庭纪律、扰乱法庭秩序行为的处罚

根据《刑事诉讼法》第199条和《最高法解释》第307条的规定,在法庭审判过程中,如果诉讼参与人或者旁听人员违反法庭秩序,依法作如下处理:(1)对于违反法庭秩序情节较轻的,审判长应当当庭警告制止根据具体情况,也可以进行训诫;(2)对于不听警告制止的,责令退出法庭,拒不退出的,可以指令法警强行

---

〔1〕 吴丹:《史广武案再开庭,最后陈述竟念满江红》,载《辽沈晚报》2004年6月18日,网络版参见https://finance.sina.cn/sa/2004-06-18/detail-ikknscsi1252135.d.html,最后访问日期:2024年7月7日。

带出法庭;(3)对于违反法庭秩序情节严重的,经报请院长批准后,对行为人处1000元以下的罚款或者15日以下的拘留;(4)未经许可对庭审活动进行录音、录像、拍照或者通过邮件、博客、微博等即时通讯工具传播庭审情况的,可以暂扣相关设备及存储介质,删除相关内容。

被处罚人对罚款、拘留决定不服的,可以向上一级人民法院申请复议,复议期间不停止执行。担任辩护人、诉讼代理人的律师严重扰乱法庭秩序,被强行带出法庭或者被处以罚款、拘留的,人民法院应当通报司法行政机关,并可以建议依法给予相应处罚。对聚众哄闹、冲击法庭或者侮辱、诽谤、威胁、殴打司法工作人员或者诉讼参与人,严重扰乱法庭秩序,构成犯罪的,应当依法追究刑事责任。

案例19－2　到法庭作证为贪官鼓掌　河南卢氏公安副局长被拘

据《大河报》报道,河南省渑池县人民法院审理原卢氏县委书记杜某乾受贿、报复陷害一案的法庭上爆出新闻。被检察院指控向杜某乾行贿的主要人物、被法庭传到法庭作证的卢氏县公安局副局长邹某,由于扰乱法庭秩序被当庭司法拘留。当天,邹某被传到渑池县法庭所在地之后,没有被立即安排出庭作证。邹某就自行进入法庭,坐在法庭的后排旁听。当听到被告人杜某乾不顾法庭制止、大声发表与案件无关的言论时,邹某竟不顾法庭纪律,“啪啪”鼓起掌来。被当庭拘留的邹某向执行法警解释说,他听领导讲话鼓掌鼓惯了,一听杜某乾讲话,就情不自禁地鼓掌了。[2]

本书认为,当庭鼓掌属于比较轻微的违反法庭秩序行为;如果只是一次性情不自禁鼓掌,警告和训诫即可;如不听制止多次鼓掌,可指令法警强行带出法庭;既不听从制止又不能带离法庭或者有其他严重违反法庭秩序行为的,可以司法拘留。

(三)其他程序性事项的处理

根据《最高法解释》的规定,辩护人严重扰乱法庭秩序,被强行带出法庭或者被处以罚款、拘留,被告人自行辩护的,庭审继续进行;被告人要求另行委托辩护人,或者被告人属于应当提供法律援助情形的,应当宣布休庭。

被告人当庭拒绝辩护人辩护,要求另行委托辩护人或者指派律师的,合议庭应当准许。被告人拒绝辩护人辩护后,没有辩护人的,应当宣布休庭;仍有辩护

〔2〕《河南一公安局长身为证人竟当庭为贪官鼓掌》,载《羊城晚报》2002年10月5日,网络版参见https://news.sina.com.cn/s/2002－10－05/1533756602.html,最后访问日期:2024年7月7日。

人的,庭审可以继续进行。有多名被告人的案件,部分被告人拒绝辩护人辩护后,没有辩护人的,根据案件情况,可以对该部分被告人另案处理,对其他被告人的庭审继续进行。重新开庭后被告人再次当庭拒绝辩护人辩护的,可以准许,但被告人不得再次另行委托辩护人或者要求另行指派律师,由其自行辩护;被告人属于应当提供法律援助的情形,重新开庭后再次当庭拒绝辩护人辩护的,不予准许。辩护人拒绝为被告人辩护,有正当理由的,应当准许;是否继续开庭,参照适用前述规定。依照前述规定另行委托辩护人或者指派律师的,自案件宣布休庭之日起至第 15 日止,由辩护人准备辩护,但被告人及其辩护人自愿缩短时间的除外。

五、法庭审判笔录

法庭审判笔录,是全面记载法庭审判活动的诉讼文书。根据《刑事诉讼法》第 207 条的规定,法庭审判的全部活动,应当由书记员写成笔录。因此,制作法庭审判笔录,是书记员一项重要职责。书记员应按照法庭审判活动的顺序,如实地反映审判活动的全过程,对当事人、证人等的陈述,应原话记录,不失原意。

法庭笔录形成后,交审判长审阅后,由审判长和书记员签名。法庭笔录中的证人证言部分,应当当庭宣读或者交给证人阅读。证人在承认没有错误后,应当签名或者盖章。同时,法庭笔录还应当交给当事人阅读或者向他宣读。当事人认为记载有遗漏或者差错的,可以请求补充或者改正。当事人承认没有错误后,应当签名或者盖章,当事人请求补充或改正的内容,审判长、书记员认为有必要时,可以在笔录上注明意见。

第四节 延期审理与中止审理

人民法院受理刑事案件之后到评议之前,可能会遇到使审判无法依照诉讼程序进行或者不能继续开庭的特定情况,根据刑事诉讼法的有关规定,出现这些特定情况时,可以延期审理或者中止审理。

一、延期审理

延期审理即推迟审理,是指人民法院在开庭审理过程中,由于遇到了某些特定情况,而决定将案件的审理推迟,待司法人员将这些情况查明或解决后,再继续审理该案的一种诉讼上的处理。

根据《刑事诉讼法》第 204 条的规定，发生下列情况时，可以延期审理：(1)需要通知新的证人到庭，调取新的物证，重新鉴定或者勘验的；(2)检察人员发现提起公诉的案件需要补充侦查，提出建议的；(3)由于申请回避而不能进行审判的。

另外，一般还认为，除上述法律规定的几种情形外，在审理过程中，下列情况也应当延期审理：(1)被告人以正当理由提出更换辩护人的要求，法庭同意的；(2)公诉人或自诉人变更指控范围，被告人及其辩护人要求重新进行辩护准备的。应当注意的是，上述情况，是发生在“法庭审判过程中”，即人民法院按原定的审理日期，把被告人和其他诉讼参与人通知、传唤到庭正式开庭审理后到合议庭评议前这一阶段中。如果没有正式开庭以前出现了某些情况，甚至是《刑事诉讼法》第 204 条所列情形之一，影响开庭审理的，则是推迟原定开庭日期，而不是延期审理。

延期审理的开庭日期，既可以当庭确定，也可以在休庭以后另行确定。能够当庭确定的，应当当庭确定并公开宣布下次开庭的时间、地点。当庭不能确定的，另行确定并通知公诉人、当事人和其他诉讼参与人。

《刑事诉讼法》第 196 条第 1 款规定：“法庭审理过程中，合议庭对证据有疑问的，可以宣布休庭，对证据进行调查核实。”在法庭审理过程中合议庭依职权主动进行证据调查，可以延期审理，也可以在审理期内当即进行，调查完毕后继续进行开庭审理。延期审理后再行开庭时，如果中途没有更换审判人员，已经调查过的证据可以不再重新进行调查。但是开庭中的当事人、其他诉讼参与人的身份核对和必要的权利义务交代不能省略。

二、中止审理

中止审理即停止审理，指人民法院在审理刑事案件的过程中，由于出现了某些诉讼外的情况，使审判在一定时期内无法继续进行，而暂停审判，待这些情况消失后，再恢复审理的一种诉讼上的处理。根据《刑事诉讼法》第 206 条的规定，中止审理适用于以下情形：(1)被告人患有严重疾病，无法出庭的；(2)被告人脱逃的；(3)自诉人患有严重疾病，无法出庭且未委托诉讼代理人出庭的；(4)有其他不能抗拒的原因的。根据相关的司法实践，中止审理的原因消失后，应当恢复审理；中止审理的期间不计入审理期限。

中止审理的结果虽然同延期审理一样，都引起审判活动的暂停，但它们是两种不同的障碍处理，其区别体现在：(1)障碍原因不同。延期审理的原因，是诉讼内的障碍，该障碍的消除可以通过诉讼上的努力而实现；中止审理的原因，是诉讼外的障碍，该障碍的消除，不能通过诉讼上的努力而实现。(2)障碍产生的时间不同。延期审理的障碍，产生在开庭之后合议庭评议之前，中止审理的障碍可以出现于法庭审理过程之中,也可以出现于法庭审理之前。(3)再行审判的可预测性不同。延期审理的案件,何日再开庭审理,可以预定,甚至当庭就可以决定,但中止审理的案件,再开庭的时间往往无法确定。

第五节 评议和宣判

一、评议

被告人最后陈述后,审判长应当宣布休庭,由合议庭进行评议。合议庭评议,就是合议庭全体成员共同对案件事实的认定和法律的适用进行全面的讨论、评判并作出处理决定的诉讼活动。评议的任务,就是根据已经提出的证据,认定案件事实和对案件作出处理决定,包括对附带民事诉讼和赃款、赃物进行处理。

评议活动应当秘密进行,即评议的过程和评议笔录对外一律不公开,不允许当事人、其他诉讼参与人和其他人旁听、查阅。评议由审判长主持,合议庭成员享有平等的权利。评议应先经过讨论,然后用投票表决的方式对认定事实和适用法律作出决定。表决以简单多数决定,但少数人的意见应记入评议笔录。合议庭应当根据已经查明的事实、证据和有关法律规定,并在充分考虑控辩双方意见的基础上,进行评议,确定被告人是否有罪,应否追究刑事责任;构成何罪,应否处以刑罚;判处何种刑罚;有无从重、从轻、减轻或者免除处罚的情节;附带民事诉讼如何解决;赃款赃物如何处理等,并依法作出判决。

根据《刑事诉讼法》第200条和《最高法解释》第295条的规定,人民法院应当根据案件的具体情况,分别作出以下裁判:(1)起诉指控的事实清楚,证据确实、充分,依据法律认定被告人的罪名成立的,应当作出有罪判决。(2)起诉指控的事实清楚,证据确实、充分,但指控的罪名不当的,应当依据法律和审理认定的事实作出有罪判决。(3)案件事实清楚,证据确实、充分,依据法律认定被告人无罪的,应当判决宣告被告人无罪。(4)证据不足,不能认定被告人有罪的,应当以证据不足、指控的犯罪不能成立,判决宣告被告人无罪。(5)案件部分事实清楚,证据确实、充分的,应当依法作出有罪或者无罪的判决;事实不清,证据不足部分,依法不予认定。(6)被告人因未达刑事责任年龄,不予刑事处罚的,应当判决宣告被告人不负刑事责任。(7)被告人是精神病人,在不能辨认或者不能控制自己行为的时候造成危害结果,不予刑事处罚的,应当判决宣告被告人不负刑事责任;被告人符合强制医疗条件的,应当强制医疗程序的规定进行审理并作出判决。(8)犯罪已过追诉时效期限并且不是必须追诉,或者经特赦令免除刑罚的,应当裁定终止审理。(9)告诉才处理的案件,应当裁定终止审理,并告知被害人有权提起自诉。(10)被告人死亡的,应当裁定终止审理;对于根据已查明的案件事实和认定的证据材料,经缺席审理能够确认被告人无罪的,应当判决宣告被告人无罪。

《最高法解释》第299条规定,合议庭成员、法官助理、书记员应当在评议笔录上签名,在判决书、裁定书等法律文书上署名。第300条规定,裁判文书应当写明裁判依据,阐释裁判理由,反映控辩双方的意见并说明采纳或者不予采纳的理由。

二、宣判

评议结束后,进入法庭宣判阶段。在宣告判决前,人民检察院要求撤回起诉的,人民法院应当审查人民检察院撤回起诉的理由,并作出是否准许的裁定。人民法院在审理中发现新的事实,可能影响定罪的,应当建议人民检察院补充材料或者变更起诉;人民检察院不同意的,人民法院应当就起诉指控的犯罪事实,依法作出裁判。根据《刑事诉讼法》第202条的规定,无论是公开审判还是不公开审判的案件,宣告判决均公开进行。

宣告判决有两种方式:当庭宣判和定期宣判。当庭宣判是指合议庭评议后在继续开庭时当即宣告判决的内容。定期宣判是指当庭宣判不了,另定日期宣告判决。根据《刑事诉讼法》第202条第2款和《最高法解释》第302条的规定,当庭宣告判决的,应当在5日以内送达判决书;定期宣告判决的,应当先期公告宣判的时间、地点,传唤当事人并通知公诉人、法定代理人、辩护人和诉讼代理人,并在判决宣告后立即送达判决书。根据《最高法解释》第303条的规定,判决书应当送达人民检察院、当事人、法定代理人、辩护人、诉讼代理人,并可以送达被告人的近亲属。

地方各级人民法院在宣告一审判决时,无论当庭宣判或者定期宣判,宣判长均应告知当事人有上诉的权利,说明上诉的法定期限、方式、程序和法院。

另外,根据《最高法解释》第301条第1款的规定,庭审结束后、评议前,部分合议庭成员不能继续履行审判职责的,人民法院应当依法更换合议庭组成人员,重新开庭审理。根据该条第2款的规定,评议后、宣判前,部分合议庭成员因调动、退休等正常原因不能参加宣判,在不改变原评议结论的情况下,可以由审判本案的其他审判员宣判,裁判文书上仍署审判本案的合议庭成员的姓名。

第六节 判决、裁定和决定

一、判决

(一)判决的概念和分类

判决是人民法院在诉讼终局时直接针对案件的实体问题所作的决定。起诉活动的基本内容,是诉讼主张的提出者请求人民法院支持自己的诉讼主张。人民法院在审理案件后直接针对起诉所主张的内容即案件实体问题所作出的处理决定就是判决。

判决是人民法院代表国家行使审判权的具体结果,是国家意志在具体案件中的体现,具有一定的稳定性,非依法定程序不能改变。因此,判决只能在调查案件事实后的终局阶段作出。判决一经作出,既标志着实体问题的解决,也标志着程序审理的结束。

刑事判决根据其法律适用的结果可以分为有罪判决、无罪判决和不负刑事责任的判决。根据《刑事诉讼法》第200条的规定,有罪判决是人民法院通过对案件的审理,在案件事实清楚,证据确实、充分,依据法律认定被告人有罪时所作出的判决。有罪判决又可分为科刑判决和免刑判决。科刑判决是确认被告人有罪,决定给予适当刑事处罚的判决;免刑判决是认定被告人行为构成了犯罪,但因犯罪情节轻微不需要判处刑罚或者有其他法定免刑情节而免除对被告人刑事处罚的判决。无罪判决有两种情况:一是依据法律认定被告人无罪的,包括查明被告人没有实施犯罪,被告人的行为在法律上不构成犯罪等;二是证据不足,不能认定被告人有罪的,应当作出证据不足,指控犯罪不能成立的无罪判决。不负刑事责任的判决也包括两种情况:一是被告人因未达到刑事责任年龄,二是被告人是精神病人,在不能辨认或者控制自己行为时造成危害结果。在以上两种情况下,人民法院均应作出被告人不负刑事责任的判决。注意不负刑事责任的判决与定罪免刑判决存在一定区别:定罪免刑的判决是在将被告人的行为认定为犯罪的前提下对被告人免于刑事处分;不负刑事责任的判决则是对被告人行为是否构成犯罪不做评价,在此前提下认定被告人不负刑事责任。

(二)判决书

判决是国家法律的具体适用,是一件非常严肃的事,因此,无论是有罪判决还是无罪判决,都必须制作判决书。判决书是判决的法定表现形式,是刑事诉讼中最重要的法律文书,执行判决一律以判决书为依据。

刑事判决书由以下几部分组成:

1. 开头部分。包括:(1)人民法院名称、判决书类别、案号;(2)公诉机关的名称、公诉人的姓名、职务,如果是自诉案件,则应写明自诉人的情况;(3)被告人姓名、性别、年龄、籍贯、住址,是否在押;(4)辩护人、代理人的姓名、职业;(5)案件由来、开庭日期、审判形式,是否公开审理等。

2. 事实部分。应先写明控方指控的基本内容,被告人、辩护人对指控的看法、态度,然后写明人民法院认定的事实。作有罪判决的,人民法院认定的事实应当详细写明犯罪的时间、地点、动机、目的、手段、行为过程、结果等有关情况;被告人犯数罪的,要写清各罪的犯罪事实和情节;共同犯罪案件中,要写明各个被告人参与的犯罪事实和情节,明确主从关系。叙述事实应以法庭审理中查证属实的证据为根据,层次要清楚,主次要分明。如果事实内容涉及国家机密,应当注意防止泄密;涉及当事人隐私的,不能叙述有关隐私的具体情况和被害人的姓名。无罪判决的事实部分,可以和理由部分合并起来写。

3. 理由部分。有罪判决应当写明认定被告人犯有指控罪行的证据,叙明具体运用证据的理由,确定犯罪性质和罪名的法律依据,判处刑罚或者免除刑罚以及从重、从轻、减轻处罚的理由和根据,这些理由和根据应当包括对辩护意见否定或者肯定的理由和根据。判决无罪的,应当写明判决无罪的具体理由或者有关的证据。

4. 判决结果部分。这判决的主文,是判决书的实质内容,是人民法院对案件所作的结论。认定被告人有罪的,这一部分应当写明被告人犯了何罪,给予的刑事处罚,赃款、赃物的处理;数罪并罚的,应写明对各罪所判的刑罚和决定执行的刑罚;被告人被羁押的日期如何折抵刑期,刑期的起止日期;有附带民事诉讼的,还应写明附带民事部分的处理。无罪判决则应写明对被告人宣告无罪的决定。如果有被扣押、封存的物品、文件等,还应写明如何处理。

5. 结尾部分。(一审判决)应写明对本判决不服可以上诉及上诉的法院和上诉期限;合议庭或独任审判员、书记员署名;判决书制作日期;等等。

二、裁定

(一)裁定的概念

裁定是指人民法院在案件审理或者判决执行过程中,就某些重大程序问题和部分实体问题所作的一种决定。

裁定与判决在使用上有很大区别:(1)判决直接针对起诉主张的内容而作,裁定则不直接针对起诉的内容本身,主要用于解决程序问题或只直接针对诉讼行为,包括起诉、上诉、抗诉、申诉行为本身而作;(2)判决只能在案件审理终结时作出,裁定可以在诉讼的任何阶段作出;(3)判决必须以书面形式作出,裁定则既可以用书面形式,也可以用口头形式作出;(4)一般而言,一个案件中发生法律效力的判决只有一个,而一个案件中则可以形成多个生效裁定。此外,判决和裁定的上诉和抗诉期限也不相同。

(二)裁定的分类和性质

裁定按其性质可以分为程序性裁定和实体性裁定。一般而言,撤销原判决发回重审的裁定和有关是否恢复诉讼期限的裁定,属于程序性裁定;驳回上诉、抗诉和申诉的裁定,以及决定减刑、假释的裁定和核准死刑的裁定,属于实体性裁定。

裁定按审判程序可以分为第一审裁定、第二审裁定、死刑复核裁定和再审裁定。第一审裁定即第一审人民法院作出的裁定,除最高人民法院作出的以外,都可以上诉或抗诉,第一审裁定都是程序性裁定。

三、决定

决定是人民法院在办理案件过程中对某些程序性问题进行处理的一种形式。决定的对象,都是法庭审理中的程序性问题或人民法院自己行使权力的问题,前者需要及时处理,后者并不直接与诉讼参与人的权利相联系。因此,决定作出后,除对驳回回避申请的决定,当事人及其法定代理人可以申请复议一次外,其余的决定均立即生效,不允许上诉或抗诉。

决定既可以是口头的,也可以是书面的。口头决定应当记录在案,以备核查。

第二十章　自诉案件第一审程序

刑事诉讼程序之开启，有国家垄断主义、私人告发主义等模式。在实行国家垄断主义的国家，追诉犯罪完全委诸国家机关，任何个人均不得提起刑事诉讼。在实行私人告发主义的国家，所有的刑事诉讼均必须由个人提起，国家不得主动开启刑事诉讼程序。但在私人告发主义之下，能够提起刑事诉讼的不仅限于被害人或与被害人有一定身份关系之人，一般民众知晓犯罪，均可提起刑事诉讼。例如在英国，自古以来实行私人告发主义，任何人对任何犯罪，均可提起刑事诉讼。而自诉，乃犯罪之被害人或与其有一定身份关系之人针对特定对象，向人民法院提起的要求追究其刑事责任的诉讼请求。因此，在私人告发主义之下，自诉并非提起刑事诉讼的唯一方式。由此亦可推论：与“公诉”相对应的，不是“自诉”，而是“私诉”；只不过，在“私诉”当中，包含“自诉”而已。我国既不实行国家垄断主义，亦不实行私人告发主义，而是采取公诉与自诉相结合的方式。对于比较严重的、事关国家安宁与社会稳定等犯罪，均由国家提起公诉；若仅因个人纠纷或家庭纠纷而引发的犯罪，则将是否追诉的权利赋予被害人及其法定代理人或者近亲属。这样的安排，一方面可以保证国家意志能够在刑事诉讼程序中得到贯彻；另一方面又不致过分侵害当事人的意思自主权。

与公诉案件适用的规则比较而言，自诉相对比较简单。当然，两者的共同点多于不同点。本章讨论的重点，自然是那些自诉不同于公诉的地方。本章分五节。第一节概论，讨论自诉案件的概念与范围；第二节论述自诉案件的提起；第三节论述自诉的追加与撤回；第四节论述自诉案件的受理与审判；第五节讨论反诉。

第一节 自诉概论

一、自诉与自诉案件

在我国刑事诉讼中,自诉案件就是指被害人及其法定代理人或者他的近亲属向人民法院起诉,要求追究被告人刑事责任,由人民法院直接受理的刑事案件。这类案件有的也需要提起自诉之人收集、保全证据,以利将来在法庭上指控成功,但是这种证据收集与保全活动与公诉案件中之侦查活动并非同一概念。其主要区别在于,侦查活动通常具有一定的强制性;而自诉人收集、保全证据的活动,不具有强制他人意志或行为之效果,只能以任意方法为之。[1] 另外,自诉案件不需要经过审查起诉程序,而是由自诉人自主决定是否提起刑事追诉。自诉人在提起自诉之前或许也曾经有过犹豫与思索,甚至亦可能以理性方式对自己的案件进行审查,但这些活动纯粹属于事实行为,并非诉讼法上之行为,与公诉案件之审查起诉更不可同日而语。

二、自诉案件的范围

在很多国家,如法国、日本等,均实行国家追诉主义与起诉垄断主义,[2]因此不存在自诉案件。目前保留自诉的国家尚有德国、俄罗斯等。其中,德国的自诉案件主要包括非法侵入罪、侮辱罪、侵犯通信秘密罪、伤害罪、威胁罪、损坏财产罪,以及《反不正当竞争法》《专利法》《半导体保护法》《濒危动植物保护法》《商标法》《设计注册法》《造型艺术及摄影作品著作权法》等实体法中若干条文规定的犯罪等。[3]

在我国,根据《刑事诉讼法》第 210 条的规定,自诉案件包括下列案件:

---

[1] 此处所谓“任意方法”,源于我国台湾地区学者对侦查之分类,其将侦查分为“任意侦查”与“强制侦查”两种,凡是不具有强制性的侦查,即为任意侦查。因自诉人对任何人均不具强制调查之能力,因此其收集证据,完全不具有强制性。

[2] 日本的起诉实行三大原则,分别为国家追诉主义、起诉垄断主义与起诉便宜主义。其第一项原则为禁止私诉,第二项原则将公诉权赋予检察官独占,第三项原则赋予检察官在起诉与不起诉之间进行自由裁量的权力。

[3] 《德国刑事诉讼法典》第 374 条。参见《德国刑事诉讼法典》,李昌珂译,中国政法大学出版社 1995 年版,第 137 页。

(一)告诉才处理的案件

具体包括《刑法》第 246 条第 1 款规定的侮辱、诽谤案;第 257 条第 1 款规定的暴力干涉婚姻自由案;第 260 条第 1 款规定的虐待案;第 270 条规定的侵占案。根据本书观点,告诉才处理的案件既可以属于公诉案件,也可以属于自诉案件;具体属于公诉还是自诉,要看被害人选择向谁告发——被害人选择向公安机关告发,就属于公诉案件;被害人选择向人民法院告发,案件才属于自诉案件。

(二)被害人有证据证明的轻微刑事案件

具体而言,"被害人有证据证明的轻微刑事案件"是指下列被害人有证据证明的刑事案件:(1)故意伤害案(轻伤);(2)重婚案;(3)遗弃案;(4)侵犯通信自由案;(5)非法侵入住宅案;(6)生产、销售伪劣商品案(严重危害社会秩序和国家利益的除外);(7)侵犯知识产权案(严重危害社会秩序和国家利益的除外);(8)属于《刑法》分则第四章、第五章规定的,对被告人可以判处三年有期徒刑以下刑罚的其他轻微刑事案件。

(三)"公诉转自诉的案件"

《刑事诉讼法》第 210 条第 3 项规定,被害人有证据证明被告人侵犯自己人身、财产权利的行为应当依法追究刑事责任,而公安机关或者人民检察院不予追究被告人刑事责任的案件。这就是通常所说的"公诉转自诉的案件"。这类案件就立法本意而言,是为了解决实践中被害人告状无门、权益受侵害的问题,以达到更好地保护被害人的利益之目的;同时,也是对侦查机关、公诉机关正确行使权力的一种制约和群众监督。但是,不能因此而导致诉讼管辖混乱,对公诉转化成自诉必须进行一定的限制。这些限制的条件在于:第一,起诉的主体只能是自然人,被害单位或法人受害的案件不在此列;第二,仅限于被害人的人身权利、财产权利遭受损害的案件;第三,公安机关或者人民检察院已经作出不予追究的书面决定。

三、提起自诉之限制

所谓提起自诉之限制,是指法律规定不得提起自诉的情形。在我国台湾地区,实行公诉与自诉二元制,几乎全部案件均可提起自诉,亦可提起公诉。但其对于自诉之提起仍然作了很多限制,具体包括:第一,对非属直接被害之犯罪,或高等法院管辖第一审之犯罪,不得提起自诉;第二,对于直系尊亲属或配偶,不得提起自诉;[4]第三,告诉或请求乃论之罪,已不得为告诉或请求者,不得再行自诉;[5]第四,同一案件经检察官开始侦查者,不得再行自诉;第五,少年刑事案件不适用于"刑事诉讼法"关于自诉之规定;第六,对告诉乃论或请求乃论之罪,撤回自诉之人不得再行自诉;第七,已依乡镇市调解条例之规定调解成立之案件,亦不得提起自诉。[6] 我国大陆法律并未明文规定自诉案件禁止的情形,但对属于公诉案件之范围者,显然不得动辄提起自诉,而至少必须在侦查机关、公诉机关拒绝为犯罪之追诉时,方能提起自诉。因此,对公安机关、人民检察院已经追诉或者正在追诉之犯罪,任何人不得同时提起自诉。

第二节 自诉案件之提起

一、提起自诉的主体

(一)被害人

被害人是遭受犯罪行为侵害的人,对于法律允许自诉的案件,理所当然有权向审判机关提出控诉,这在实行自诉的各个国家无一例外。

作为自诉主体的被害人,应当是犯罪行为的直接受害者,即被害人依法享有并受到法律保护的正当权利或利益,包括人身权利、财产权利、名誉权利等,遭受犯罪行为的直接侵害。如果不是本人权益受到侵害,或者被害结果不是由犯罪行为直接造成,均不能成为提起自诉之主体。

(二)被害人的法定代理人

为了保证在某些特殊情况下,被害人的合法权益仍能得到适当的维护,《刑事诉讼法》第 114 条规定,对于自诉案件,被害人有权向人民法院直接起诉;被害人死亡或者丧失行为能力的,被害人的法定代理人有权向人民法院起诉。法定代理人的范围,按照《刑事诉讼法》第 108 条第 3 项的规定,包括被代理人的父

[4] 我国台湾地区"刑事诉讼法"对"告诉"与"自诉"作了严格之区分,对直系尊亲属虽不许自诉,但却允许告诉,从而启动公诉。

[5] 所谓"已不得为告诉或请求者不得再行自诉",是指自诉人在得为告诉期间没有告诉,或者虽经告诉但已经撤回告诉而言。

[6] 上述关于自诉限制诸情形之详细解说,参见黄东熊、吴景芳:《刑事诉讼法论》,台北,三民书局 2002 年版,第 503 ~ 510 页。

母、养父母、监护人和负有保护责任的机关、团体的代表。

（三）被害人的近亲属

《刑事诉讼法》第114条规定，对于自诉案件，被害人死亡或者丧失行为能力的，被害人的近亲属有权向人民法院提起诉讼。此外，《刑法》第98条亦规定，对于告诉才处理的案件，被害人因受强制、威吓无法告诉，被害人的近亲属也可以告诉。法学界对此规定一般理解为，在此情况下被害人近亲属可以为被害人提起自诉。近亲属的范围，根据《刑事诉讼法》第108条第6项的规定，包括夫、妻、父、母、子、女、同胞兄弟姊妹。

二、提起自诉的条件

自诉虽然是由被害人个人提起，但同样是以追究被告人刑事责任为目的，同样可能引起刑事审判的发生。为防止个人滥用诉权，维护刑事审判的严肃性和被告人的合法权益，法律要求提起自诉必须符合一定的条件。这些条件包括：(1)自诉必须是由被害人及其法定代理人或近亲属提起的。这是关于自诉主体方面的条件，即原告必须身份适格。(2)提起自诉必须要有明确的被告人。提起自诉必须向法院提供确定的被告人姓名、性别、住址、工作单位等个人情况，使控诉有明确的对象，便于法院通知被告人应诉。(3)案件属于人民法院直接受理的范围。这是关于自诉范围方面的条件。(4)自诉必须在追诉时效期限内提出。这是关于自诉时间方面的条件。《刑事诉讼法》第16条规定，犯罪已过追诉时效期限的，不追究刑事责任；已经追究的，应当撤销案件。关于自诉案件的起诉时效，法律未作特殊规定的，适用《刑法》第87～89条关于犯罪追诉时效的一般规定。

三、提起自诉的方式

自诉人可以用书状或口头形式直接向有管辖权的人民法院提起诉讼，在一般情况下，自诉人应当制作并向法院呈递刑事自诉状。自诉人书写自诉状确有困难的，可以口头告诉，由法院工作人员制作告诉笔录，向自诉人宣读，自诉人认为没有错误的，应当签名或者盖章。

根据《最高法解释》第319条的规定，自诉状或者告诉笔录应当包括以下内容：(1)自诉人（代为告诉人）、被告人的姓名、性别、年龄、民族、出生地、文化程度、职业、工作单位、住址、联系方式；(2)被告人实施犯罪的时间、地点、手段、情节和危害后果等；(3)具体的诉讼请求；(4)致送的人民法院及具状时间；(5)证据的名称、来源等；(6)证人的姓名、住址、联系方式等。如果被告人是二人以上，自诉人在告诉时应按被告人的人数提供自诉状副本。

四、自诉之可分性

在我国台湾地区，理论上有“告诉在主观上不可分”之原则。所谓“告诉在主观上不可分”，是指在有共犯之情形下，即使仅对其中之一人为告诉，原则上，其效力及于全部之共犯。[7] 之所以有这一原则，理论上的见解是：“告诉并非针对特定之人，而系对犯罪事实请求诉追，故乃有主观上不可分之原则产生。”与此相对，自诉乃与公诉相同，系兼对特定之事实与特定之人行追诉，故属于在主观上可分（并应分）之性质，从而也就不适用“告诉在主观上不可分之原则”。[8] 可见，告诉在主观上虽不可分，起诉在主观上却属可分。这是我国台湾地区关于自诉不适用“不可分”这一原则之理论基础。同时，亦可作为我国大陆刑事诉讼中自诉案件可分性之理论依据。

根据《最高法解释》第 323 条之规定，自诉人明知有其他共同侵害人，但只对部分侵害人提起自诉的，人民法院应当受理，并告知其放弃告诉的法律后果；自诉人放弃告诉，判决宣告后又对其他共同侵害人就同一事实提起自诉的，人民法院不再受理。共同被害人中只有部分人告诉的，人民法院应当通知其他被害人参加诉讼。被通知人接到通知后表示不参加诉讼或者不出庭的，即视为放弃告诉权利。第一审宣判后，被通知人就同一事实又提起自诉的，人民法院不予受理。但当事人另行提起民事诉讼的，不受此限。

五、自诉与公诉之合并审理

自诉不仅具有可分性，而且还可以与公诉进行合并。所谓自诉与公诉之可合性，就是指自诉与公诉合并审判的可能性。此种情形，于实践中虽属罕见，于理论上却不能忽略。例如，一名被告人既犯有应当公诉之罪行，同时亦犯有“告诉乃论”之罪行；公诉机关与自诉人同时提起公诉与自诉，自然发生是否合并审判之问题。对此，《最高法解释》第 324 条规定，被告人实施两个以上的犯罪行为，分别属于公诉案件和自诉案件的，人民法院可以在审理公诉案件时，对自诉案件一并审理。

---

[7] 黄东熊、吴景芳：《刑事诉讼法论》，台北，三民书局 2002 年版，第 143 页。除主观上不可分这一原则外，实践中还存在客观上可分之例外。例如，我国台湾地区案例中，关于通奸罪，对于配偶撤回告诉者，其效力不及于相奸人。此例即为“告诉在主观上不可分”之违反。

[8] 黄东熊、吴景芳：《刑事诉讼法论》，台北，三民书局 2002 年版，第 505 页。

第三节　自诉之追加与撤回

一、自诉之追加

自诉之追加，通常包括两种情形：一种是增加诉讼请求，如自诉人在提起自诉时仅指控侮辱罪，在审判中又指控被告人犯诽谤罪，即属于诉讼请求之追加；另一种是追加被告人，如自诉人在提起自诉时仅起诉甲，在起诉后又追加乙为共同被告人等情形。

二、自诉之撤回

自诉案件主要依自诉人之意思表示而提起，因此亦可因自诉人之意思表示而撤回。撤回自诉既可以是自诉人自己改变主意，也可以是人民法院在审查自诉之后发现缺乏罪证而劝说自诉人撤回自诉。

至于撤回自诉后是否还可以重新就同一事实再次提起自诉，《刑事诉讼法》并无明文禁止。但《最高法解释》第321条规定："对已经立案，经审查缺乏罪证的自诉案件，自诉人提不出补充证据的，人民法院应当说服其撤回起诉或者裁定驳回起诉；自诉人撤回起诉或者被驳回起诉后，又提出了新的足以证明被告人有罪的证据，再次提起自诉的，人民法院应当受理。"笔者认为，出于尊重自诉人意思表示之独立之考虑，只要追诉时效未过，自然应当允许其重新提起自诉；但为防止自诉人重复不断追诉，影响被告人之生活安宁，此项意思表示之自主性拟以二次为限。

对于撤回自诉之时间，按《最高法解释》第329条第1款之规定，应当在宣告判决前为之。倘若已经宣告判决，自诉人希望撤回自诉，当如何处理？笔者以为，如果判决宣告被告人无罪，撤回自诉已无意义；倘若判决宣告被告人有罪，可于被告人上诉后在第二审程序中与被告人达成和解。无论如何，宣告判决后一般不应当再允许撤回自诉。

对于撤回自诉之请求，必须经人民法院审查。审查的内容主要是该请求是否出于自诉人真实的意思表示。对此，《最高法解释》第329条第2款规定："人民法院经审查，认为和解、撤回自诉确属自愿的，应当裁定准许；认为系被强迫、威吓等，并非出于自愿的，不予准许。"该规定虽出于善良之愿望，实践中却难以操作。首先，自诉人撤回是否系被强迫、威吓而不是出于自愿，难以判断；若要加以判断,必先于庭外收集证据,若先于庭外收集证据,必与法院之中立地位相违背。其次,既然自诉人已经要求撤回自诉,无论出于何种原因,人民法院若不予准许,必然在法庭上充当控诉之角色,亦与法官中立之原则背道而驰;法官若不在法庭上充当控诉之角色,自诉人聊为应付,审判将毫无意义。因此,审查后不允许撤诉之决定既违背自诉人意思自治及处分权,亦将导致法院陷入尴尬之境地。最后,该条文与该解释第 331 条之规定难以协调。《最高法解释》第 331 条第 1 款规定:“自诉人经两次传唤,无正当理由拒不到庭,或者未经法庭准许中途退庭的,人民法院应当裁定按撤诉处理。”若按照第 329 条之规定,既然自诉人撤回自诉必须经过准许,为何两次传唤无正当理由不到庭就“应当裁定”按撤诉处理?如果自诉人因受强制、威吓而没有到庭,这会使前一规定保护自诉人之设置落空。或许最高人民法院会回答说:自诉人如受强制、威吓,应当视为“有正当理由”。但问题在于,如果自诉人并未出庭,审判之法官无法得知其受强制、威吓。

实际上,对于自诉案件,本应充分尊重当事人对其利益之处分权,实行当事人意思自治原则。当然,如果自诉人的确受到强制、威吓,人民法院无须收集证据而亦能察觉,自然应当采取措施将自诉人从受强制、威吓之状态中解脱出来,然后再询问其是否撤诉。如果仍然坚持撤诉,再作决定不迟。

第四节　自诉之受理与审判

一、对自诉案件的审查与受理

(一)对自诉的审查

对自诉案件的审查是指人民法院对自诉人提起自诉的案件进行程序上的审查,以决定是否立案的活动。人民法院受理自诉案件,主要审查以下内容:(1)是否属于法律规定的自诉案件范围:对于《刑事诉讼法》第 210 条第 3 项规定的自诉案件,应当出示公安机关或检察机关不予追究被告人刑事责任(如不立案、撤销案件、不起诉)的决定;(2)是否属于本法院管辖;(3)由被害人法定代理人或近亲属代为告诉的,代为告诉人是否提供与被害人关系的证明和被害人不能亲自告诉的原因证明;(4)是否有明确的被告人、具体的诉讼请求和能证明被告人犯罪事实的证据。

（二）审查后的处理

人民法院接到自诉人的刑事自诉状或者接受自诉人的口头控告后，应当认真审查，审查后按照不同情形分别处理。对符合立案条件的，应当在收到自诉状或口头控告后的15日内立案，并书面通知自诉人。对不符合立案条件的，也应当在15日内作出不立案决定，并书面通知自诉人，并说明不予受理的理由。

根据《最高法解释》第320条第2款之规定，自诉案件经人民法院审查属于下列情形之一的，应当说服自诉人撤回自诉；自诉人不撤回起诉的，裁定不予受理：（1）不属于自诉案件范围的；（2）缺乏罪证的；（3）犯罪已过追诉时效期限的；（4）被告人死亡的；（5）被告人下落不明的；（6）除因证据不足而撤诉外，自诉人撤诉后，就同一事实又告诉的；（7）经人民法院调解结案后，自诉人反悔，就同一事实再行告诉的；（8）对于人民检察院没有提起公诉被害人有证据证明的轻微刑事案件，公安机关正在立案侦查或者人民检察院正在审查起诉的；（9）不服人民检察院对未成年犯罪嫌疑人作出的附条件不起诉决定或者附条件不起诉考验期满后作出的不起诉决定，向人民法院起诉的。上述规定应当理解为立案前对自诉进行审查后所作的决定。因此，人民法院对自诉经过审查，可能作出立案决定和不予受理的裁定。之所以如此理解，是因为不立案决定不能上诉，不予受理的裁定可以上诉。且实践中做法亦通常为裁定不予受理。

案例20－1　自诉人死亡的自诉案件应如何处理：邱某隆诉喻某强案[9]

自诉人（反诉被告人）邱某隆。

被告人（反诉自诉人）喻某强。

自诉人邱某隆以被告人喻某强犯诽谤罪，于2014年11月14日向法院提起控诉。2015年3月16日，法院裁定本案中止审理。2017年2月13日，法院裁定本案恢复审理。被告人喻某强于2017年2月20日以自诉人邱某隆犯诽谤罪向法院提起反诉。法院受理后，依法组成合议庭，公开开庭进行了合并审理。自诉人（反诉被告人）邱某隆及其诉讼代理人，被告人（反诉自诉人）喻某强及其辩护人暨诉讼代理人均到庭参加诉讼。现已审理终结。

自诉人邱某隆诉称，2013年8月13日，被告人喻某强在其实名认证的新浪微博上公开发表了标题为《湖南省律师协会"黑打"湖南律师》的文章，为污损自诉人的人格和名誉，被告人喻某强捏造自诉人因贩卖非法出版物而2次坐牢达5年多时间的虚假信息。微博发布后传播甚广，转发次数超过500次。另外，在万某友被

---

〔9〕　湖南省长沙市雨花区人民法院刑事判决书，（2014）雨刑初字第00923号。

“双规”之际,2014年10月22日,被告人喻某强发布题为《举报万某友,为湖南律师除害》的举报信,公然捏造自诉人作为长沙电业局的代理律师与万某友为获得1200万元非法利益,相互勾结的虚假事实,并在成员人数多达80人的微信群“湖广律师互助群”内肆意散播,造谣污蔑自诉人。自诉人曾被评为第四届“全国十大杰出青年法学家”,担任过知名大学法学院院长、湖南省第十届人大常委会委员,现为大学博士研究生导师、刑事法与律师学学科带头人、湖南醒龙律师事务所名誉主任,在法学界与律师界具有相当的知名度与影响力。被告人喻某强恶意中伤自诉人的行为对自诉人在业界的声誉造成了极大的损害,给自诉人的工作、生活、名誉、人格尊严造成严重负面影响。综上所述,被告人喻某强以举报之名,行诽谤之事实,通过微博、微信公然捏造事实、散播虚构的事实,恶意中伤自诉人,致使自诉人的人格、名誉严重受损,情节严重,其行为已经触犯了《刑法》第246条之规定,构成诽谤罪,应依法追究其刑事责任,请求人民法院依法判处。针对起诉的事实,自诉人提供了相关书证等证据,并申请证人张某诚出庭作证。

被告人喻某强辩称:(1)我转发的新闻“专报”中提及的“邱某某”并未明确为“邱某隆”,自诉人邱某隆亦未提供证据证明“邱某某”即为本人,纯属自认为是自己。我作为被“黑打”的律师,转发与此相关的新闻“专报”系正常行使监督权。(2)《湖南省律师协会“黑打”湖南律师》一文系人民网湖南频道的记者张某诚、彭某科接受人民日报湖南分社指派,在对湖南省律师协会取消喻某强会员资格一案进行调查、采访,根据获取的调查资料以及被采访对象陈述的事实撰写的“专报”,并非捏造的事实。(3)我发表在微信群中的举报信是为了实名举报湖南省司法厅副厅长万某友,并非针对自诉人邱某隆,无诽谤自诉人邱某隆的故意。《举报万某友,为湖南律师除害》一文中所述万某友滥用职权的相关行为均属事实,亦有证据予以证明。万某友被“双规”后,湖南省纪委、湖南省人民检察院均向我和邱某隆调查了解了相关的事实,自诉人邱某隆虽未受到刑事追究,但不代表其与万某友勾结的事实不存在。自诉人邱某隆与长沙电业局存在委托代理合同关系是事实,收取代理费亦是必然之事,即使举报信中提及的1200万元代理费与实际不符,也不构成对自诉人的诽谤。(4)我发布的举报信没有给自诉人邱某隆造成严重后果,未达到“情节严重”的程度,不构成诽谤罪。综上所述,自诉人邱某隆诉我犯诽谤罪不符合诽谤罪的构成要件,请求人民法院依法裁定驳回自诉人邱某隆的起诉。

反诉自诉人喻某强诉称,2015年11月,邱某隆公开发表了名为《邱某隆约辩××××提纲》一文,邱某隆直接将反诉自诉人定义为“犯罪嫌疑人”,捏造了“喻某强在担任龙腾公司总经理期间,上千栋国家拨款建设的别墅成了烂尾楼”的事实。文章发布后被广为传播。反诉自诉人曾为长沙市第十三届、十四届人大代表,民革长沙市委常委,长沙市“优秀律师”,在律师界具有一定的知名度,但从未因涉嫌犯罪被公安机关或检察机关立案侦查或审查起诉。邱某隆作为刑法学领域的专业人士,直接用“犯罪嫌疑人”一词定义反诉自诉人,极大地损坏了反诉自诉人的社会形象,对反诉自诉人的人格和名誉造成了恶劣的影响。邱某隆捏造“喻某强在担任龙腾公司总经理期间,上千栋国家拨款建设的别墅成了烂尾楼”的事实并广而告之,严重损害了反诉自诉人在律师界的声誉,大大降低了反诉自诉人的社会评价,对反诉自诉人的工作、名誉、生活等方面造成了严重负面影响。综上所述,反诉被告人邱某隆在毫无事实根据的情况下,公然捏造并散播虚假事实的行为严重损害了反诉自诉人的人格和名誉,其行为已经触犯了《刑法》第 246 条之规定,构成诽谤罪,应依法追究其刑事责任,请求人民法院依法判处。针对反诉的事实,反诉自诉人提供了相关书证等证据,并申请证人张某诚出庭作证。

反诉被告人邱某隆辩称:(1)我将喻某强指称为“犯罪嫌疑人”是以法院的判决和喻某强的自认为依据,与事实相符,并无不当。《刑事诉讼法》第 107 条(2018 年《刑事诉讼法》第 109 条)规定“公安机关或者人民检察院发现犯罪事实或者犯罪嫌疑人,应当按照管辖范围,立案侦查”。由此可知,在公安机关或者人民检察院立案侦查前,对相关人员亦可使用“犯罪嫌疑人”的称谓,“犯罪嫌疑人”所指的仅仅是有犯罪的嫌疑人。且不论喻某强已经被长沙电业局和我分别提起侵占罪、诽谤罪之刑事自诉,湖南省益阳市中级人民法院认定喻某强先后 3 次向被告人陈某伟行贿共计 8 万元,同时,根据长沙市雨花区人民检察院在陈某伟受贿案案发后,对喻某强的询问笔录,除判决认定的 8 万元外,喻某强还曾向陈某伟行贿 30 万元,并在请托事项实现后,向陈某伟索回该 30 万元。湖南省律师协会在对喻某强予以开除会员资格的行业处分中,亦将喻某强向陈某伟行贿作为处分的事实根据。因此,喻某强还因涉嫌行贿罪而属于行贿罪的犯罪嫌疑人。(2)我并未捏造“喻某强担任龙腾公司总经理期间,上千栋国家拨款建设的别墅成了烂尾楼的”的事实。在《邱某隆约辩××××提纲》一文中,我是以疑问的口吻在询问,而非断定的语气在陈述,对于喻某强为社会主义新农村做出多大贡献,我并未做出任何论断,而只是质问,喻某强可以做出答辩。另龙腾公司在宁乡县关山所建大量别墅多年未销售而成烂尾楼,是有目共睹的事实。(3)《邱某隆约辩××××提纲》一文系由“法学学术前沿”微信公众号以《【围观】邱某隆教授如何优雅(cu bao)地“约谈”纪委官员》为题所推出。“法学学术前沿”并非我创立或经营,且其推送的《【围观】邱某隆教授如何优雅(cu bao)地“约谈”纪委官员》一文的点击量仅为 3702 次,不足 5000 次,没有达到“情节严重”,不符合诽谤罪构成条件。综上所述,反诉自诉人喻某强诉我犯诽谤罪既无事实根据,也无法律根据,请求人民法院裁定驳回反诉自诉人喻某强的反诉。

法院经审理认为,自诉人邱某隆提供的证据足以证明被告人喻某强实施了诽谤犯罪的事实。(1)被告人喻某强捏造损害邱某隆人格、名誉的事实并在信息网络上散布,被告人喻某强对张某诚撰写的文章内容进行改动,将涉及邱某隆原始的人物介绍内容篡改为损害邱某隆名誉的事实,并在信息网络上散布,被转发次数达500次以上,被告人喻某强的行为符合最高人民法院、最高人民检察院《关于办理利用信息网络实施诽谤等刑事案件适用法律若干问题的解释》第2条第1项之规定,属于情节严重。(2)被告人喻某强捏造损害邱某隆人格、名誉的事实并在微信群中公然散布。被告人喻某强在"湖广律师互助群"中发布的举报信,捏造邱某隆与万某友为了1200万元的非法利益,相互勾结的事实,损害了邱某隆人格、名誉,且情节严重。故被告人喻某强的行为符合《刑法》第246条关于诽谤罪的犯罪构成要件,应以诽谤罪定罪处罚。关于自诉人邱某隆的诉讼代理人提出被告人喻某强的行为构成诽谤罪的代理意见,如前所述,法院予以采纳。关于被告人喻某强及其辩护人辩称喻某强发布的举报信没有给邱某隆造成严重后果,未达到"情节严重"的程度,不构成诽谤罪。经查,被告人喻某强在人数达80人的微信群中以"举报信"的形式公然散布捏造损害邱某隆人格、名誉的事实,手段恶劣,造成邱某隆人格、名誉严重损害,应认定为情节严重。

关于反诉被告人邱某隆的行为是否构成诽谤罪,法院经审理认为,反诉被告人邱某隆指称喻某强为犯罪嫌疑人不构成诽谤罪。理由是:(1)犯罪嫌疑人和被告人均是指因涉嫌犯罪而受到刑事追诉的人。犯罪嫌疑人是1996年3月17日第八届全国人民代表大会第四次会议通过《关于修改〈中华人民共和国刑事诉讼法〉的决定》后,才有的称谓,以前统称为被告人。根据《刑事诉讼法》的规定,刑事案件包括公诉案件和自诉案件,喻某强虽未涉嫌犯罪被公安机关或者检察机关立案侦查或者审查起诉,但在反诉被告人邱某隆指称喻某强为犯罪嫌疑人之前,喻某强已因涉嫌侵占罪、诽谤罪被他人提起刑事自诉,喻某强在上述两件刑事自诉案件中均系被告人。反诉被告人邱某隆在《邱某隆约辩××××提纲》一文指称喻某强为犯罪嫌疑人,虽有贬损喻某强人格之意,但没有捏造事实损害喻某强的人格、名誉,反诉被告人邱某隆的行为不符合诽谤罪的构成要件。(2)反诉被告人邱某隆在《邱某隆约辩××××提纲》一文中向喻某强提出的三个问题均系提问方式,并非肯定的语气在陈述。即使反诉被告人邱某隆在提问中认定喻某强在担任龙腾公司总经理期间,龙腾公司建设的上千栋别墅成了烂尾楼,也只是损害龙腾公司的商业信誉,并没有损害喻某强个人的人格、名誉。(3)反诉自诉人喻某强控诉反诉被告人邱某隆发布的《邱某隆约辩××××提纲》一文对其具有诽谤行为,但没有提供证据证明《邱某隆约辩××××提纲》一文在网络上被点击、浏览次数达到5000次以上,或者被转发次数达到500次以上。综上,反诉自诉人喻某强控诉反诉被告人邱某隆犯诽谤罪,缺乏罪证。反诉被告人邱某隆辩称自己不构成诽谤罪的辩护意见,如前所述，法院予以采纳。

据此，依照《刑法》第 246 条第 1 款，《最高法解释》第 276 条，最高人民法院、最高人民检察院《关于办理利用信息网络实施诽谤等刑事案件适用法律若干问题的解释》第 1 条第 1 款、第 2 条第 1 项之规定，法院判决如下：(1) 被告人喻某强犯诽谤罪，判处有期徒刑 6 个月；(刑期从判决执行之日起计算。判决执行以前先行羁押的，羁押 1 日折抵刑期 1 日，即自 2017 年 7 月 19 日起至 2018 年 1 月 18 日止。)(2) 反诉被告人邱某隆无罪。

思考　长沙市雨花区人民法院于 2017 年 7 月 26 日作出一审判决。判决后，被告人不服，提出上诉。二审期间，自诉人邱某隆于 2017 年 9 月 21 日突然因病去世，既震惊了法学界，也对该案二审程序提出了挑战。喻某强在看守所闻知邱某隆教授去世的消息后，委托助理对外发布声明称："本人对邱某隆先生的不幸辞世表示沉痛哀悼，向其家属表示慰问。因本人尚无人身自由，着助理代本人参加邱某隆先生追悼会。从即日起，停止对先生的一切诉讼行为。已着助理撤回在长沙中院对邱某隆先生的刑事反诉，取消对邱某隆先生新的诉讼。"尽管如此，该案却并不会由于喻某强单方面撤回对邱某隆的反诉而终止。由于邱某隆去世突然，去世前并未撤回对喻某强的自诉，因此，喻某强对邱某隆的反诉虽然因喻某强单方面撤回而不再继续，但邱某隆对喻某强的自诉仍将继续。根据《刑事诉讼法》第 16 条的规定，被告人死亡的，应当终止审理或者宣告无罪；但对于自诉案件自诉人死亡的情形，则并无法律明文规定应当如何处理。若你是二审法官，面对该案自诉人突然去世的情形，就该案程序问题应当如何决定？

二、自诉案件的审判

《最高法解释》第 326 条规定，人民法院对于决定受理的自诉案件，犯罪事实清楚，有足够证据的，应当开庭审理。第 327 条规定，自诉案件符合简易程序适用条件的，可以适用简易程序审理；不适用简易程序审理的，审判程序参照公诉案件第一审程序的规定进行。根据该解释第 321 条之规定，对已经立案，经审查缺乏罪证的自诉案件，如果自诉人提不出补充证据，人民法院应当说服自诉人撤回自诉或者裁定驳回起诉。据此规定，对于罪证不足的自诉案件，人民法院应当给予自诉人补充提供证据的机会。同时，根据该解释第 325 条之规定，人民法院受理自诉案件后，对于当事人因客观原因不能取得并提供有关证据而申请人民法院调取证据，人民法院认为必要的，应当及时调取。

自诉案件的第一审程序，与公诉案件基本相同。但由于自诉案件主要是直接侵害公民个人合法权益的轻微刑事案件,刑事诉讼法对此类案件的审判程序作了一些特殊的规定。根据《刑事诉讼法》第 210 ~ 213 条的规定,自诉案件的第一审程序具有以下特点。

(一)自诉案件更有可能适用简易程序

根据《刑事诉讼法》和《最高法解释》的规定,对告诉才处理的案件和被害人有证据证明的轻微刑事案件,可以适用简易程序,由审判员一人独任审判。不适用简易程序审理的自诉案件,审判程序可参照公诉案件第一审程序的规定进行。根据《最高法解释》第 369 条的规定,速裁程序只适用于公诉案件,因此,自诉案件不适用速裁程序。

(二)人民法院对自诉案件可以调解,自诉案件当事人可以和解

对告诉才处理的案件和被害人有证据证明的轻微刑事案件,在查明事实分清是非的基础上,人民法院可以通过调解方式结案,这样有利于及时、妥善地解决轻微的刑事案件,提高诉讼效率,防止矛盾激化,维护社会安定。调解应当在自愿、合法、不损害国家、集体以及公民利益的前提下进行。调解达成协议的,人民法院应当制作刑事调解书,由审判员和书记员署名,并加盖人民法院印章。调解书经双方当事人签收后发生法律效力。调解没有达成协议或者调解书签收前一方反悔的,人民法院应当进行判决。需要注意的是,《刑事诉讼法》第 210 条第 3 项规定的案件,法律明确规定不适用调解。

另外,自诉案件在审理过程中,宣告判决前,自诉人可以同被告人自行和解,或者撤回自诉。自行和解是刑事诉讼法赋予自诉案件当事人双方的一种诉讼权利,针对自诉案件的特点,法律允许他们自己协商达成谅解来解决争议。对于已经审理的自诉案件,当事人自行和解的应当记录在卷。对于自诉人申请撤诉的,人民法院经过审查,确属自愿的,应予准许,但要认真审查和解撤诉的原因,防止任何一方当事人或其他人可能采取威胁、引诱等非法方法促成和解撤诉。人民法院裁定准许自诉人撤诉或者当事人自行和解的案件,被告人被采取强制措施的,应当立即予以解除。凡自诉人自愿撤回的自诉案件,除有正当理由外,不得就同一案件再行起诉。此外,自诉人经两次合法传唤,无正当理由拒不到庭的,或者未经法庭许可中途退庭的,应当按撤诉处理。自诉人是两人以上的,其中部分人撤诉的,不影响案件的继续审理。

(三)自诉案件被告人可以反诉

根据《刑事诉讼法》第 213 条的规定,自诉案件的被告人在诉讼过程中,可以

对自诉人提起反诉。反诉适用自诉的规定。对于反诉的案件,原则上人民法院应当与自诉案件合并审理,各方当事人罪责自负,不能相互抵消刑罚。原自诉人撤诉的,不影响反诉案件的继续审理。自诉案件被告人可以反诉自诉人,这是与公诉案件截然不同的地方,因此,本章下一节专门对反诉进行讨论。

第五节 反 诉

一、反诉之概念及适用程序

《刑事诉讼法》第 213 条规定:“自诉案件的被告人在诉讼过程中,可以对自诉人提起反诉。反诉适用自诉的规定。”因此,所谓反诉,就是自诉案件的被告人作为被害人控告自诉人犯有与本案有联系的犯罪行为,要求人民法院追究其刑事责任之诉讼请求。可见,反诉是自诉案件被告人要求追究自诉人刑事责任而向法院所作的一种意思表示行为。反诉相对于自诉而言,以自诉的存在为前提,是一个独立的诉讼,而不是对自诉的答辩。但反诉既由被告人提起,自然属于自诉的范围,因此适用自诉之程序。

二、反诉成立之条件

《最高法解释》第 334 条第 1 款规定:“告诉才处理和被害人有证据证明的轻微刑事案件的被告人或者其法定代理人在诉讼过程中,可以对自诉人提起反诉。反诉必须符合下列条件:(一)反诉的对象必须是本案自诉人;(二)反诉的内容必须是与本案有关的行为;(三)反诉的案件必须符合本解释第一条〔10〕第(一)、(二)项的规定。”据此规定,反诉的条件可概括如下:

(一)反诉仅限于告诉才处理的自诉案件和被害人有证据证明的轻微刑事案件

我国刑事诉讼法规定了三种自诉案件,其中包括“告诉才处理的案件”“人民检察院没有提起公诉,被害人有证据证明的轻微刑事案件”“被害人有证据证明对被告人侵犯自己人身权利、财产权利的行为应当依法追究刑事责任,而公安机

〔10〕 该司法解释第 1 条第 1 项规定的是“告诉才处理”的案件范围;第 2 项规定的是“人民检察院没有提起公诉,被害人有证据证明的轻微刑事案件”范围。

关或者人民检察院不予追究被告人刑事责任的案件”。[11]《刑事诉讼法》本身并未对自诉案件之反诉作出限制,但根据《最高法解释》第 334 条之规定,只有对前两种自诉案件才能提起反诉,对于第三种自诉案件,不能提起反诉。因此,可以提起反诉的案件范围,小于自诉案件之案件范围。最高人民法院作此规定,主要是考虑到第三类自诉案件乃是公诉转自诉的案件,本来应当具有公诉的性质,只是为了防止被害人求告无门,才规定这一类案件可以提起自诉。但是既然第三种自诉案件也是自诉案件,最高人民法院限制被告人提起反诉,依据何在,不无疑问;且第三种自诉案件本为公诉案件,法律赋予被害人提起自诉之权利,一方面虽然可以起到保护被害人之作用;另一方面亦完全可能引致起诉权之滥用,而侵害被告人之利益,[12]如不赋予被告人反诉之机会,被告人之防御力量将大大降低。因此,限定反诉之范围理由是否成立,理论上值得进一步探讨。

(二)反诉的对象必须是本案的自诉人

《刑事诉讼法》和最高人民法院的司法解释均如此规定。因法律已经规定,如被害人死亡或者丧失行为能力,其法定代理人和近亲属可以提起自诉;如被害人因受强制、威吓,其近亲属也可以提起自诉。在上述情况下,自诉人均非被害人本人。此时产生两个问题:

第一,对被害人能否提起反诉?笔者认为,根据《刑事诉讼法》第 16 条的规定,如果被告人死亡,在审判阶段,通常都应当终止审理;即使继续审理,对被告人进行追诉亦毫无意义。因此,在被害人死亡的情况下,应当不允许对被害人提起反诉。如果被害人丧失行为能力,则无法追究其刑事责任,提起反诉同样没有意义。因此,在此种情况下,同样应当不允许提起反诉。如果被害人是受强制、威吓而由其法定代理人或者近亲属提起自诉,则根据刑事诉讼法之规定,反诉只能针对自诉人提起,故如果被告人希望追究本案被害人之刑事责任,只能另行单独提起自诉。

第二,对自诉人能否提起反诉?对此一问题的回答,涉及对反诉成立第三个条件的理解,即反诉必须与本案有关。通常,如果自诉人是本案被害人,则他应当作为共同被害人提起自诉,而不应当作为被害人之法定代理人或者近亲属提起自诉;如果自诉人是作为被害人的法定代理人、近亲属提起自诉,则说明自诉人并非本案被害人。自诉人既非本案被害人,则通常情况下,很难说本案与他有

---

〔11〕《刑事诉讼法》第 210 条;《最高法解释》第 1 条。

〔12〕正因如此,已有学者对这一类自诉案件之设置表示异议,并建议参考德国的强制公诉制度,以取代目前将被害人有证据证明的,公安机关、人民检察院本应追究而没有追究的刑事案件列为自诉案件的做法。参见熊秋红:《论刑事司法中的自诉权》,载《环球法律评论》2003 年第 4 期。

直接关系;既然本案与他没有直接关系,被告人起诉他的行为自然也不可能与本案有关系。因此,如果被告人需对自诉人提起刑事追诉,只能另行起诉。

（三）反诉的内容必须是与本案有关的行为

什么叫"与本案有关的行为"？学理上可作两种解释:第一种,必须限定于案件起诉前的行为。例如,甲侮辱乙,构成侮辱罪;乙在甲实施侮辱行为时将甲打伤,构成伤害罪;甲以伤害罪将乙起诉至法院;乙对甲之侮辱行为提起反诉。此类案件中,无论甲之侮辱行为还是乙之伤害行为,均发生于审判前,甚至可以说几乎同时发生,因此无论谁先起诉,对方提起反诉,均应当认定为"与本案有关的行为"。第二种,不限于案件起诉前的行为。例如,甲以故意伤害罪将乙起诉至法院,乙辩称自己从未伤害过甲,并以"诬告罪"对甲提起反诉,此时,乙所声称之"诬告"行为,是否可认为是"与本案有关的行为"？笔者认为,在法律之解释不涉及人权之保障与审判之公正时,应当考虑效率原则。如果自诉人的自诉纯粹出于故意陷害,而被告人能够提出证据加以证明,当庭提出反诉,从而将二者合并审判,是符合效率原则的。并且,倘若自诉人的确是为诬陷而提起自诉,允许被告人反诉亦可加强被告人之防御力量。因此,对"与本案有关的行为"之解释,应当不限定于案件起诉前之行为。

第二十一章　认罪认罚从宽程序

认罪认罚从宽是2018年《刑事诉讼法》修订时引入的概念。修订后的《刑事诉讼法》第15条规定:“犯罪嫌疑人、被告人自愿如实供述自己的罪行,承认指控的犯罪事实,愿意接受处罚的,可以依法从宽处理。”该条文放在总则中的第一章,是作为原则来对待的。可见,认罪认罚从宽是2018年《刑事诉讼法》修改的重点内容之一。与这一概念相适应,2018年《刑事诉讼法》还同时引入了速裁程序。与简易程序一样,速裁程序的目的也是提高诉讼效率。尽管速裁程序才是认罪认罚从宽制度的集中体现,但认罪认罚从宽并不属于速裁程序专有。相反,认罪认罚从宽是体现和贯穿于整个刑事诉讼过程的。因此,《刑事诉讼法》不仅在审判程序中专门对认罪认罚从宽作了规定,在侦查终结、审查起诉程序中,也对认罪认罚从宽作了规定。同时,在审判程序中,认罪认罚从宽也不是速裁程序的专利;相反,《刑事诉讼法》在第三编第二章第一节“公诉案件”中,就两次提到认罪认罚。可见,按照刑事诉讼法的逻辑,认罪认罚从宽是适用于包括速裁程序、简易程序和普通程序在内的所有程序的原则。应当说,尽管简易程序先于认罪认罚从宽的概念而存在,但简易程序实际上也要求被告人认罪。因此,简易程序与速裁程序一样,都是基于认罪认罚从宽的理念设计的。正因如此,本书将简易程序同速裁程序放在一起论述。但需要注意的是,普通程序并不排斥认罪认罚从宽。另外,我国刑事诉讼法虽然并没有承认辩诉交易的合法性,认罪认罚从宽程序的立法表述也与辩诉交易存在重大差异,但认罪认罚从宽制度本身与辩诉交易的理念至少存在某种相通之处,而且司法实践中实际上也广泛存在类似辩诉交易的诉讼活动。即使我们不承认辩诉交易的妥当性,司法实务中以辩诉交易为实质内容的控辩协商却是广泛存在的。因此,本章对控辩协商也详予探讨。具体而言,本章第一节论述认罪认罚与控辩协商,第二节论述简易程序,第三节讨论速裁程序。

第一节　认罪认罚与控辩协商

一、认罪认罚从宽制度的立法背景

认罪认罚从宽制度是中国共产党第十八届四中全会作出的重大改革部署。为落实这一改革部署，第十二届全国人民代表大会常务委员会第二十二次会议于2016年9月3日通过了《关于授权最高人民法院、最高人民检察院在部分地区开展刑事案件认罪认罚从宽制度试点工作的决定》，授权最高人民法院、最高人民检察院在北京、天津、上海、重庆等全国18个市开展刑事案件认罪认罚从宽试点工作。认罪认罚从宽制度的目的，一是及时有效惩罚犯罪，维护社会稳定；二是落实宽严相济的刑事政策，加强人权司法保障；三是优化司法资源配置，提升司法公正效率；四是深化刑事诉讼制度改革，构建科学刑事诉讼体系。[1] 为实现试点目标，最高人民法院、最高人民检察院、公安部、国家安全部、司法部于2016年11月11日正式下发了《关于在部分地区开展刑事案件认罪认罚从宽制度试点工作的办法》，规定适用认罪认罚从宽制度的条件是犯罪嫌疑人、被告人自愿如实供述自己的罪行，对指控的犯罪事实没有异议，且同意量刑建议，签署具结书。试点的期限为2年。

2018年，试点工作结束。根据最高人民法院刑事审判第一庭在其《认罪认罚从宽制度试点总结报告》所披露的资料，试点期间参与试点的基层人民法院251个，中级人民法院17个，审结认罪认罚案件共204827件，233967人，占同期审结的全部案件总数的53.68%；其中适用速裁程序审结的案件13万余件，占比为65.48%；适用简易程序审结的案件5万余件，占比为26.625%；适用普通程序审结的案件1.6万余件，占比为8.19%。[2] 《认罪认罚从宽制度试点总结报告》认为，“从试点运行情况看，认罪认罚从宽制度试点工作开展稳妥有序，在落实宽严相济、加强人权司法保障、推进繁简分流、优化资源配置、促进司法公平正义等方面取得了明显成效”。[3]

---

[1] 周强：《对〈关于授权在部分地区开展刑事案件认罪认罚从宽制度试点工作的决定（草案）〉的说明》，2016年8月29日，第十二届全国人民代表大会常务委员会第二十二次会议。

[2] 杨立新：《认罪认罚从宽制度试点总结报告》，载胡云腾主编：《认罪认罚从宽制度的理解与适用》，人民法院出版社2018年版，第271页。

[3] 杨立新：《认罪认罚从宽制度试点总结报告》，载胡云腾主编：《认罪认罚从宽制度的理解与适用》，人民法院出版社2018年版，第272页。

在此基础上,2018 年修正的《刑事诉讼法》正式引入了认罪认罚从宽制度。

二、认罪认罚从宽与辩诉交易

根据《布莱克法律辞典》,辩诉交易是刑事案件中的被告人与检察官交流互动从而达成一种双方都满意并且得到法院许可的结果的程序;它通常包括被告人对较轻的罪名答辩有罪,或者在若干指控中承认其中的一项或几项,以换取比可能更严重指控的刑罚较为轻微的刑罚。[4] 根据美国学者的论述,辩诉交易的主要内容就是"以官方的让步换取被告人自认有罪"。[5]

西方历史学家一般认为辩诉交易起源于英国。菲利曾经将它追溯到 19 世纪 30 年代,在那个时代,在伦敦的中央刑事法院,大约有 95% 的案件通过审判的方式获得处理;这意味着有将近 5% 的案件是通过其他方式处理的,其中就应当包括辩诉交易;菲利还指出,从 19 世纪开始,被告人由原来的无罪答辩改为有罪答辩,同时检察官也相应减轻对被告人指控罪名的案件也在逐步增加;1873 年,这样的案件占到全部案件的一半;到 1934 年,这一数字已经增长到 2/3。[6] 艾舒勒也曾考证说,辩诉交易起源于 19 世纪 20 年代,从那时起,英国和美国的辩诉交易就在逐步增长;从 1920 年以后,美国有些司法区的辩诉交易已经增长到 95% 并且再增长的空间已经十分有限。[7] 另外一些学者的文章提供的数据也加强了以上这些数字的可信性。[8] 尽管迄今为止还没有一个关于辩诉交易起源的统一的说法,但对于这一制度起源之历史的研究对于我们理解这一制度而言却具有十分重要的意义。

辩诉交易制度在英美法系招致了一系列批评,但是也不乏高度的赞扬。批评者认为辩诉交易丧失了公开审判中的优点,赞成者则回应说虽然辩诉交易的确有这样的问题,但是这一缺点却有被夸大之嫌;批评者指责辩诉交易使犯罪分子通过宽大的刑罚而逍遥法外,赞成者则回应说(在为获得定罪而必需的情况

---

〔4〕 *Black's Law Dictionary*, 6th ed. 1990, p. 1152.

〔5〕 Albert Alschuler, *Plea Bargaining and Its History*, Law & Society, Winter, p. 213(1979).

〔6〕 Malcolm M. Feeley, *Plea Bargaining and the Structure of the Criminal Process*, The Justice System Journal, Vol. 7, No. 3, p. 344(1982). 菲利此处引用的数字应当是进行学术研究考察的案件数字,而不是官方公布的数字。

〔7〕 Albert Alschuler, *supra* note 6, p. 230 – 232. 从艾舒勒和菲利的文章来看,他们都认为辩诉交易起源于英国而不是美国。在中国,仍然有些学者认为英国不存在辩诉交易,或者不存在美国式的辩诉交易。对此,菲利和艾舒勒均对辩诉交易的性质予以了界定,因此不存在对辩诉交易概念理解上的偏差问题。实际上,英国的辩诉交易是否存在这一问题,国内已有学者撰文给予明确的回应。参见熊秋红:《有罪答辩、辩诉交易及其在中国的尝试》,载陈光中主编:《辩诉交易在中国》,中国检察出版社 2003 年版,第 283 ~ 306 页。

〔8〕 Leonard Plank, *Commentary on "Plea Bargaining and the Structure of the Criminal Process"*, The Justice System Journal, Vol. 7, No. 3, p. 357 – 360(1982).

下）较轻的刑罚总强过没有刑罚；批评者指责说辩诉交易可能强制无辜者被迫作出有罪答辩，赞成者则强调在刑事司法体制中设置的对被告人周到的保护可以使这一危险忽略不计；不仅如此，检察官和辩护律师对各自胜诉机会的估算也可降低诉讼的危险。[9]

案例 21－1　辩诉交易导致对不同被告人量刑差异悬殊：美国诉罗德里格斯[10]

6 名被告人被指控共同犯罪，罪名是出售可卡因。经过辩诉交易，其中 3 名被告人答辩有罪，检察官根据各自被关押时间向法庭提出量刑建议，3 被告人各被判处 17 个月至 60 个月不等的监禁。另 3 名被告人选择陪审团审判，定罪后各被判处 235 个月至 260 个月监禁。3 名被告人上诉称如此量刑侵犯了他们选择由陪审团审判的权利（美国《宪法第六修正案》赋予了被告人由陪审团审判的权利）；因为，量刑上如此巨大的差异——长达 21 年之久的差别——实际上是对那些选择由陪审团来审判的被告人的明显歧视。上诉法院承认，审判法院在该案中给予作出不同答辩的被告人的量刑的确存在巨大差异，这种差异在很多人看来会觉得不公正；但同时又认为，尽管这种差异看起来让人难以接受，但仍然在检察官的自由裁量权范围之内，也没有违反宪法规定的被告人享有由陪审团审判的权利。因此上诉法院决定维持原判。

从历史上看，辩诉交易的产生有一个内部条件，有一个外部原因。所谓内部条件是指刑事程序正当化已经基本完成，尤其是审前程序已经基本上实现了诉讼程序的正当化，犯罪嫌疑人、被告人能够得到较好的保护。从辩诉交易产生的年代来看，当时英美的刑事审前程序已经初步具备这一条件。所谓外部原因，是指随着经济发展而伴随的犯罪率增加，以及刑事程序正当化这两方面的原因导致的案件积压。[11] 其效果亦体现在两个方面：一是节约司法资源，提高诉讼效率；二是将节约下来的司法资源用于重大、复杂案件的审判，从而加强司法公正（如图 21－1 所示）。

---

〔9〕 Douglas D. Guidorizzi, *Should We Really "Ban" Plea Bargaining?: The Core Concerns of Plea Bargaining Critics*, http://www.law.emory.edu/ELJ/volumes/spg98/guido.html.

〔10〕 United States v. Roderiguez, 162 F. 3d 135 (1st Cir. 1998).

〔11〕 在辩诉交易产生之前的 18 世纪，伦敦市区法院每天要进行 12～20 个重罪审判，英国郊区法院差不多也以此速度运转。John H. Lanbein, *Understanding the Short History of Plea Bargaining*, Law and Society Review13, p. 262.［美］爱伦·豪切斯泰勒·斯黛丽、［美］南希·弗兰克：《美国刑事法院诉讼程序》，陈卫东、徐美君译，中国人民大学出版社 2002 年版，第 412 页。

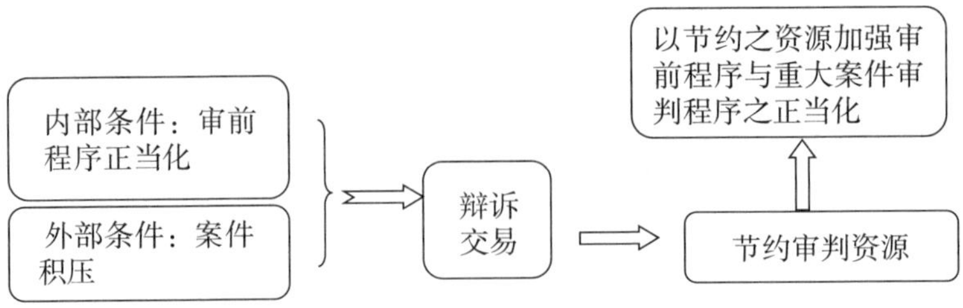

图 21-1　辩诉交易原理

但是，辩诉交易提高诉讼效率的前提是存在案件积压，如果不存在案件积压，辩诉交易是否能够提高效率便很成问题，因为在不存在案件积压的情况下，司法人员可能缺乏提高诉讼效率的动机。另外，在存在案件积压的前提下，诉讼效率之提高是可以预测的，但是否可以加强司法公正，则难以预料。因为一方面，很可能节约下来的司法资源并未被用于加强重大、复杂案件之司法公正；另一方面，即使节约下来的司法资源能够被用于重大、复杂案件的审判，但是它对于辩诉交易程序中的被告人而言，由于保护措施大大削弱，容易造成权利受侵害之现象。因此总体来看，正义之实现是否得到了增加，无法计算。正是基于这些顾虑，我国 1996 年《刑事诉讼法》和 2012 年《刑事诉讼法》均对辩诉交易制度持审慎态度。

应当看到，2018 年《刑事诉讼法》虽然没有明确引入辩诉交易制度，但是也不应否认，新确立的认罪认罚从宽制度引进了辩诉交易制度的合理内核。这一合理内核就是：在案多人少的矛盾日益突出、案件积压日益严重的现实条件下，在审前程序已经逐步正当化，犯罪嫌疑人、被告人人权保障的状况已经得到逐步改善、鼓励控辩协商的内部条件已经基本具备的情况下，在犯罪嫌疑人、被告人自愿认罪的前提下，对符合条件的案件在诉讼程序上予以简化，在量刑上予以宽缓，从而尽可能实现刑事案件繁简分流、提高效率，并将节约下来的司法资源用于重大、特大案件的司法审判，从而加强司法公正。但是在具体的制度设计方面，我们的认罪认罚从宽制度与发源于英美但已盛行于西方国家的辩诉交易制度还是有区别的。有学者指出："认罪认罚从宽制度以契合中国刑事司法实践需要、特点为基本导向，是具有中国特色的刑事司法制度，尽管不同的刑事司法及其运行有其普遍共性，但并不意味着我国推行该制度改革就是辩诉交易制度的翻版。"〔12〕笔者认为，我国认罪认罚从宽制度最大的特点在于，无论犯罪嫌疑人、被告人是否认罪认罚，对于案件定罪的要求都是"犯罪事实清楚，证据确实、充分"；我们不允许在犯罪事实不够清楚，证据不够确实、充分条件下的认罪认罚从

〔12〕　陈卫东主编：《2018 刑事诉讼法修改条文理解与适用》，中国法制出版社 2019 年版，第 12 页。

宽。从这个角度来看，我国的认罪认罚从宽制度在防止无辜者不受错误追究方面，比辩诉交易制度有一定的优势。但在其他方面，过多强调认罪认罚从宽制度和辩诉交易制度的区别，则没有立法上的依据，可能只是学者们自己的意见或看法，会导致实务中对该制度的适用过于拘谨，反而不利于该制度正常发挥其应有的作用。

三、认罪认罚从宽的基本含义

《刑事诉讼法》第 15 条规定："犯罪嫌疑人、被告人自愿如实供述自己的罪行，承认指控的犯罪事实，愿意接受处罚的，可以依法从宽处理。"该条规定是认罪认罚从宽制度的精髓，它包含了该制度所包含的几乎全部基本要素：自愿、认罪、认罚、从宽。认罪认罚是从宽的前提条件。认罪认罚要求自愿。自愿性要求既是防止犯罪嫌疑人、被告人违心认罪从而造成冤假错案的需要，也是确认犯罪嫌疑人、被告人是否真诚认罪悔罪从而给予从宽处理的需要。自愿性原则不仅在《刑事诉讼法》第 15 条有明确规定，在其他条文中亦有重点体现，因此值得单独作为一部分加以讨论。本节下一部分讨论自愿性原则，本部分重点阐述认罪、认罚、从宽概念。

（一）认罪

认罪认罚从宽中的"认罪"概念，是理论上对认罪认罚从宽制度和《刑事诉讼法》第 15 条规定的高度概括，其在《刑事诉讼法》第 15 条对应的表述是"如实供述自己的罪行，承认指控的犯罪事实"。本书认为，所谓"如实供述自己的罪行，承认指控的犯罪事实"，是指犯罪嫌疑人在刑事诉讼中从被控制之时起的任何阶段，在侦查机关、检察机关指控的范围内，承认所指控事实的确实际发生并且自己也实施了所指控的犯罪行为，同时实事求是地将案件事实向办案机关作出陈述。理解这一概念，需要注意以下几个方面。第一，犯罪嫌疑人、被告人无论是在侦查阶段、审查起诉阶段还是审判阶段认罪，都满足认罪认罚从宽制度中的"认罪"这一关键要素。这是因为，刑事诉讼法本身并未规定认罪认罚必须始于侦查阶段。恰恰相反，从刑事诉讼法相关条文的表述来看，不仅侦查机关在侦查阶段要告知犯罪嫌疑人有关认罪认罚从宽的规定，公诉机关、审判机关在案件进入各自管辖范围后，均有义务告知犯罪嫌疑人、被告人有关认罪认罚从宽的法律规定，也就是说，无论是审查起诉还是审判阶段，法律都赋予了犯罪嫌疑人、被告人认罪认罚从而争取从宽的机会。只不过，由于认罪认罚从宽的制度目标之一是提高诉讼效率，因此，犯罪嫌疑人、被告人认罪认罚的时间越早，对其从宽的幅度也就应该越大。第二，犯罪嫌疑人、被告人认罪的范围，是侦查机关侦查、公诉机关指控的范围。这意味着犯罪嫌疑人、被告人不需要成立自首,只需要如实供述被指控的犯罪,即可成立"认罪"。另外,犯罪嫌疑人、被告人也无须在检察机关指控的犯罪事实之外承认其他犯罪。当然,如果犯罪嫌疑人、被告人主动、如实地供述检察机关掌握的犯罪之外的其他罪行,当然成立自首,也可获得从宽处罚。第三,犯罪嫌疑人、被告人的认罪,既包括承认所指控的犯罪事实,也包括承认犯罪事实系自己所为。犯罪嫌疑人、被告人应当将所指控的事实经过以及自己在所指控的犯罪中所起的作用向办案机关如实陈述。犯罪嫌疑人、被告人在承认犯罪事实的前提下对自己实施犯罪行为的原因的解释、对自己在犯罪中所起的作用的辩解,只要符合实际情况,都不影响其认罪事实的成立。

(二)认罚

对于"认罚",《刑事诉讼法》的表述是"愿意接受处罚"。所谓"愿意接受处罚",核心含义是指愿意接受刑罚处罚,具体而言则既包括愿意接受检察机关提出的刑罚建议,也包括犯罪嫌疑人、被告人在自己对法律理解或者接受律师帮助后形成的对法律理解的范围内向办案机关提出自己愿意接受的处罚种类、幅度并获得办案机关同意的情形。如下文将指出的那样,认罪认罚从宽既是结果,也是一个过程。这个过程,就包含了双方就案件事实、指控罪名、量刑幅度等进行磋商的内容。不能简单地把认罪认罚理解为犯罪嫌疑人、被告人一旦被采取强制措施或者一旦被提起刑事追诉就自动认罪认罚了。刑事诉讼法还没有这样神奇,能够通过一项文明的程序性机制的设置让犯罪嫌疑人、被告人全体或大部分自动缴械。因此,认罪认罚,一定是包含了一个协商的过程。既然有协商,就当然既有检察机关提出的量刑条件,也有犯罪嫌疑人、被告人一方提出的量刑条件。无论是哪一方提出,只要双方在审判前甚至审判中达成一致,都不影响"认罚"这一事实的认定。

(三)从宽

对于"从宽",刑事诉讼法的表述是"可以依法从宽处理"。这里的从宽,主要是指对犯罪嫌疑人、被告人适用比较轻缓的刑罚,必要时甚至可以免于处罚;由于不同的罪名、罪数亦决定着刑罚的不同,因此,从宽的表述,应当也包含在罪名、罪数方面从宽,例如将原本较重的罪名改以较轻的罪名起诉,或者在数个犯罪中,只对其中部分事实更加清楚、证据更加充分的犯罪提出指控等。当然,由于认罪认罚从宽制度本身是一项结合了刑事实体法与刑事程序法的制度,因此,从宽不仅包括对犯罪嫌疑人、被告人适用轻缓的刑罚,也包括对犯罪嫌疑人、被告人采用比较宽缓、便利的诉讼程序,包括采用比较轻缓的强制措施、简化和加快诉讼进程，让犯罪嫌疑人、被告人早日从繁复的诉讼程序和未来的高度不确定性中解脱出来。注意刑事诉讼法规定的认罪认罚从宽中的从宽是“可以从宽”。之所以是“可以从宽”而不是“应当从宽”，主要是考虑到一些罪大恶极的犯罪分子可能会在犯罪后利用认罪认罚从宽制度来逃避惩罚。本书认为，一般情况下，犯罪嫌疑人、被告人认罪认罚的，应当从宽；只有在极少数被指控的罪行确实罪大恶极或者犯罪情节极其恶劣的情况下，才可以对认罪认罚的犯罪嫌疑人、被告人不予从宽。

四、认罪认罚的自愿性原则

《刑事诉讼法》第 190 条第 2 款规定：“被告人认罪认罚的，审判长应当告知被告人享有的诉讼权利和认罪认罚的法律规定，审查认罪认罚的自愿性和认罪认罚具结书内容的真实性、合法性。”该规定实际上规定了被告人认罪认罚情况下的三项内容。第一项内容是审判长应当告知被告人认罪认罚的法律规定。在立法修改过程中，对于该条款的表述，也有意见认为应当表述为“审判长应当告知被告人认罪认罚的法律后果”。[13] 但是，立法最终还是没有采用“法律后果”这一表述，而是表述为“法律规定”。从文字上看，认罪认罚的“法律后果”既包含认罪认罚可能被定罪判刑的后果，也包含认罪认罚能够获得从宽处理以及程序上简化的后果，意义更加明确。“认罪认罚的法律规定”则容易让人理解为审判长只需要告诉被告人法律上存在认罪认罚的法律规定。但这也可以理解为审判长应当告知被告人与认罪认罚有关的法律规定，包含认罪认罚在实体上可能被定罪判刑但可能从宽的规定，也包含认罪认罚在程序上可能简化的规定。本书认为，既然《刑事诉讼法》已经采用了“法律规定”而不是“法律后果”这一表述，而“法律规定”本身也包含了“法律后果”的意义内容，则无论是从文义解释还是立法原意解释的角度，都应当认为此处的“法律规定”主要是指法律关于认罪认罚的法律后果的规定。由于在侦查阶段、审查起诉阶段侦查人员、检察人员都有义务履行这一告知义务，而且，在侦查阶段、审查起诉阶段，控方很自然地更希望被告人认罪认罚，告知的重点更有可能是强调认罪认罚中的从宽后果和程序简化后果，因此，为了充分保障认罪认罚的自愿性，到了审判阶段，审判长应当重点告知被告人认罪认罚在实体上可能被定罪并被判处刑罚的后果。

第二项内容是审判长应当审查认罪认罚的自愿性。认罪认罚程序最大的争议就在于它可能迫使无罪的被告人为了简化程序或者获得从宽而违心认罪。该规定的目的就是尽最大可能地防止无辜的被告人在不了解相关法律规定的情况

---

〔13〕 陈卫东主编：《2018 刑事诉讼法修改条文理解与适用》，中国法制出版社 2019 年版，第 212 页。

下,在对司法程序由于陌生而产生恐惧的情况下违背意愿作认罪答辩。可以说,自愿性乃是认罪认罚从宽程序的核心,是认罪认罚从宽的灵魂。没有自愿性这个灵魂,认罪认罚就失去了意义。所以,在2016年颁布的《关于在部分地区开展刑事案件认罪认罚从宽制度试点工作的办法》第1条,其中关于认罪认罚从宽制度适用的条件,就是犯罪嫌疑人、被告人自愿如实供述自己的罪行,将如实供述罪行的自愿性放在第一位加以强调。人民法院对于认罪认罚案件,审查的核心内容就是被告人认罪认罚的自愿性。另外,认罪认罚的自愿性应当建立在犯罪嫌疑人、被告人明确地认识到自己认罪认罚在法律上的后果的基础上,如果犯罪嫌疑人、被告人并不知晓其认罪认罚的后果,还以为实施了故意杀人行为并将被害人杀死只要认罪认罚就可以被释放,则属于对认罪认罚法律后果的重大误解。这种情况下的认罪认罚,并不属于真正意义上的、明智的情况下所作的认罪认罚表示。这也是《刑事诉讼法》第190条第2款首先规定审判人员应当告知被告人认罪认罚的法律规定,然后才规定审查认罪认罚自愿性的逻辑所在。

第三项内容是审判长要审查认罪认罚具结书内容的真实性、合法性。认罪认罚具结书通常是在审查起诉阶段,犯罪嫌疑人和人民检察院之间就认罪认罚从宽问题达成一致之后,由犯罪嫌疑人、被告人签署的认罪认罚的法律文书。如前所述,认罪认罚从宽程序的核心和灵魂,是犯罪嫌疑人、被告人认罪认罚的自愿性。无论是审判阶段还是侦查阶段、审查起诉阶段,犯罪嫌疑人、被告人的认罪认罚都必须是自愿的。如果认罪认罚是不自愿的,则认罪认罚具结书的内容自然就是不真实的。另外,如果认罪认罚具结书的签署不合法,则也会影响认罪认罚自愿性的认定。因此,审查认罪认罚具结书内容的真实性与合法性,其实就是审查认罪认罚的自愿性。

由上可见,《刑事诉讼法》第190条第2款的规定,实际上是从三个方面、三个不同角度,分别强调和保证认罪认罚的自愿性。只有在明知认罪认罚法律后果基础上的认罪认罚,才能认为是自愿的;只有自愿基础上的认罪认罚具结书,才是真实的、合法的,才是实体上认定犯罪、量刑从宽、程序上予以简化的坚实基础。明知、自愿、真实,是认罪认罚具结书合法的基本前提。

| **案例21-2** |　不认罪,就从严——博登科切尔诉哈耶斯[14]

被告人保尔·哈耶斯被指控故意使用伪造文件罪(伪造的文件价值88.3美元),该罪行可判处2~10年监禁。哈耶斯和他的律师与检察官见面后,检察官允诺如被告人作有罪答辩则建议只判5年;否则,考虑到其之前曾两次犯重罪的记

〔14〕 Bordenkircher v. Hayes, 434 U. S. 357, 1978.

录，检察官将诉诸肯塔基州的惯习刑事法，请求以惯习犯罪将被告人起诉并求刑终身监禁。被告人选择做无罪答辩，检察官果然以惯习犯罪将该案起诉至法院。经审判，被告人被陪审团认定罪名成立。在独立的量刑程序中，由于被告人之前曾经两次因犯重罪被定罪，陪审团认定被告人的犯罪属于惯习犯罪，根据肯塔基州惯习刑事法，对其判处终身监禁。被告人提出上诉，称如此量刑侵犯了他的宪法权利。被告人向联邦地区法院申请人身保护令并获得允许，但联邦地区法院经审理认为肯塔基州的法律并不违反宪法。被告人继续上诉。上诉法院推翻了联邦地区法院的裁决，认为本案中检察官的做法违反了联邦最高法院在布莱克莱奇案（Blackledge v. Perry）中确立的“保护被告人免受怀恨在心的检察官报复性行使自由裁量权”原则。州提出上诉。美国联邦最高法院经审理认为，本案肯塔基州的做法并不违反宪法；尽管对被告人施加更加严厉的刑罚可能会打击其选择进入审判的意愿，但是施加于被告人身上的这种困难却是不可避免的，也是应当允许的；要容忍和鼓励答辩协商，法院就必须接受这一制度安排的合宪性与正当性：检察官应当拥有在谈判桌上劝服被告人放弃其作无罪答辩之选择的足够的能力。

五、认罪认罚从宽程序中的控辩协商

（一）认罪认罚从宽制度必定包含控辩协商

《刑事诉讼法》只有有关“认罪认罚从宽”的表述，没有有关控辩协商的表述。但是，既然认罪认罚从宽的核心和灵魂是自愿性，那么，无论是认罪认罚还是从宽，就都应当是控辩协商的结果。《刑事诉讼法》从未规定，犯罪嫌疑人、被告人的认罪认罚，可以是案件侦办机关、公诉机关强迫的结果。相反，《刑事诉讼法》明文规定，“不得强迫任何人证实自己有罪”。而且，如前所述，认罪认罚的前提，是犯罪嫌疑人、被告人自愿认罪。认罪认罚的实体法律后果，是定罪量刑，同时在量刑时从宽。定罪量刑，显然是被告人所不愿意的；被告人所愿意的，是从宽。从不愿意到愿意，显然是一个过程。在这个过程中，任何人都不能强迫犯罪嫌疑人、被告人认罪。如果犯罪嫌疑人、被告人不认罪，司法机关自然也不会主动从宽。因此，犯罪嫌疑人、被告人的认罪认罚和司法机关对被告人的从宽，只能是双方协商的结果。正因如此，尽管《刑事诉讼法》并无一字提到控辩协商，但显而易见，认罪认罚从宽必然包含了协商的过程，必然只能是协商的结果。

（二）侦查阶段一般不宜认罪协商

《刑事诉讼法》在第二章“侦查”第120条第2款规定：“侦查人员在讯问犯罪嫌疑人的时候，应当告知犯罪嫌疑人享有的诉讼权利，如实供述自己罪行可以从

宽处理和认罪认罚的法律规定。”尽管笔者赞成控辩双方就是否认罪以及如何定罪量刑进行协商,但不赞成在侦查阶段就进行协商,因为侦查阶段的主要任务还是查清事实、收集证据,而不是就案件及犯罪嫌疑人应当如何处理作出决定。另外,尽管2018年《刑事诉讼法》确立了值班律师制度,甚至犯罪嫌疑人也享有约见值班律师的权利(《刑事诉讼法》第36条第2款),但在侦查讯问过程中,目前的实践尚未承认犯罪嫌疑人有要求律师到场的权利。因此,如果允许侦查机关就犯罪嫌疑人是否有罪与犯罪嫌疑人进行协商,很难保证侦查机关不利用自己的强势地位向犯罪嫌疑人施加压力,甚至强迫犯罪嫌疑人自证其罪。因此,侦查阶段如允许认罪协商,显然无法保证犯罪嫌疑人认罪认罚的自愿性。而且,按照1996年《刑事诉讼法》的规定,犯罪嫌疑人正式聘请辩护人的权利是从审查起诉阶段开始的,侦查阶段犯罪嫌疑人享有的仅是有限的律师帮助权;2012年和2018年《刑事诉讼法》虽然允许犯罪嫌疑人从第一次讯问后即有权聘请辩护律师,但侦查阶段辩护律师所能提供的帮助与1996年《刑事诉讼法》规定的侦查阶段的律师帮助权并无本质区别。换句话说,无论是根据1996年、2012年还是2018年《刑事诉讼法》,犯罪嫌疑人在侦查阶段获得的都是有限的律师帮助,在这一阶段,律师即使介入也无法查阅案卷,根本不可能全面了解案情,也无法仅仅根据犯罪嫌疑人自己的陈述和律师获得的有限信息对案件作出全面的判断,因此也无法为犯罪嫌疑人就全案提出有完全事实根据的法律意见,也就无法与侦办案件的机关进行有效的协商。因此,《刑事诉讼法》第120条的规定,应当理解为一般性的告知规则,不能理解为允许侦查机关可以就犯罪嫌疑人认罪认罚的事项进行协商。《刑事诉讼法》在侦查终结部分第162条第2款还规定:“犯罪嫌疑人自愿认罪的,应当记录在案,随案移送,并在起诉意见书中写明有关情况。”该规定也只是表明,在犯罪嫌疑人自愿认罪的情况下,侦查机关应当记录在案,随案移送,并在起诉意见书中写明相关情况,并不意味着在侦查终结时侦查机关可以就犯罪嫌疑人是否认罪认罚的事项与其进行协商。本书认为,真正意义上的控辩协商,应当是从审查起诉阶段开始。

(三)审查起诉阶段、审判阶段都可以进行认罪协商

《刑事诉讼法》第173条第2款规定:“犯罪嫌疑人认罪认罚的,人民检察院应当告知其享有的诉讼权利和认罪认罚的法律规定,听取犯罪嫌疑人、辩护人或者值班律师、被害人及其诉讼代理人对下列事项的意见,并记录在案:(一)涉嫌的犯罪事实、罪名及适用的法律规定;(二)从轻、减轻或者免除处罚等从宽处罚的建议;(三)认罪认罚后案件审理适用的程序;(四)其他需要听取意见的事项。”第3款规定:“人民检察院依照前两款规定听取值班律师意见的,应当提前

为值班律师了解案件有关情况提供必要的便利。”以上规定，是关于审查起诉期间犯罪嫌疑人认罪认罚的规定。应当说，从字面上看，以上规定确实未有一字提到认罪协商。如果我们这样机械地理解《刑事诉讼法》的规定，将对犯罪嫌疑人、被告人极其不利。因为，作如此理解，则《刑事诉讼法》通篇就只有“认罪认罚”，“从宽”并非协商的结果，而只是犯罪嫌疑人、被告人单方面“认罪认罚”后，司法机关给予犯罪嫌疑人、被告人的处理结果。

评注 21－1　审查起诉阶段的认罪认罚包含了控辩双方的认罪协商

本书认为，认罪认罚确实是从宽的前提条件，但也应当是在协商的过程中认罪认罚；从公诉机关的角度来看，可以将认罪认罚作为协商的前提；但从犯罪嫌疑人的角度来看，协商和从宽，都应是认罪认罚的目的；认罪认罚只是手段，根本上还是希望通过犯罪嫌疑人的认罪认罚实现其与公诉机关的顺畅沟通、理性协商并达到最后的从宽处罚。如果不是以这一原则来建构认罪认罚从宽程序，则犯罪嫌疑人、被告人就纯粹是被追诉的客体，与程序正义、控辩平等这样的现代刑事诉讼理念就格格不入。同时，我们在解释《刑事诉讼法》时还要兼顾上下文。《刑事诉讼法》第173条第2款是关于认罪认罚从宽的，第1款何尝不是关于认罪认罚从宽？该款规定：“人民检察院审查案件，应当讯问犯罪嫌疑人，听取辩护人或者值班律师、被害人及其诉讼代理人的意见，并记录在案。辩护人或者值班律师、被害人及其诉讼代理人提出书面意见的，应当附卷。”该规定明确要求人民检察院在审查起诉的时候应当讯问犯罪嫌疑人并听取辩护人或者值班律师的意见，实际上就是要求人民检察院就犯罪嫌疑人是否认罪认罚等事实与犯罪嫌疑人接触并听取其意见。将该第1款规定与第2款规定结合起来，就是：人民检察院在审查起诉期间应当讯问犯罪嫌疑人；犯罪嫌疑人可以认罪认罚，犯罪嫌疑人本人及其辩护律师或值班律师可以就此向人民检察院提出要求，包括要求人民检察院以较轻的罪名起诉，或者就犯罪嫌疑人具有从轻、减轻或免除处罚的情节加以认定，或者直接要求人民检察院在提出量刑建议时考虑犯罪嫌疑人及其辩护人或者值班律师的意见；人民检察院应当听取辩护人或者值班律师的意见。

认罪认罚，既可以是犯罪嫌疑人发自内心真诚悔悟的结果，也可以是犯罪嫌疑人基于功利主义、实用主义的目的，希望借此获得较轻刑罚的结果。事实上，《刑法》《刑事诉讼法》均不反对犯罪嫌疑人基于获利的现实需求主动坦白、积极认罪、争取从宽。从人类趋利避害的本性来说，除了那些自认为罪孽深重、一心求死的犯罪嫌疑人以外，每一个正常的犯罪嫌疑人，哪怕内心真的为自己所犯罪行深深悔过，也还是希望通过自己的真诚悔罪的认罪态度，换取较轻的刑罚，早日获取自由，早日回归社会。犯罪嫌疑人在认罪认罚的同时，一定是希望司法机关也认真重视其认罪认罚的态度;更进一步,甚至希望就此与司法机关进行协商也是理所当然的。因此,在犯罪嫌疑人承认有罪的绝大多数案件中,都存在犯罪嫌疑人就自己的认罪态度与办案机关协商的需求。这种需求甚至从案件一进入侦查、调查程序就已经产生了。应当说,2018 年修订以前的《刑事诉讼法》,确实没有明确规定要满足这种需求。但无论如何,这种需求都是现实存在的。2018 年《刑事诉讼法》也没有明确规定要满足犯罪嫌疑人的这种需求,但是从法律文本来看,从法律的体系解释来看,从司法实践的现实需求来看,这种协商无论如何都是不可避免的。

当然,犯罪嫌疑人存在着协商的需求,不见得协商就一定会发生。只有当双方都存在协商需求的时候,协商才会发生。那么,在什么情况下才存在不止犯罪嫌疑人一方存在协商的需求,而是控辩双方都存在协商需求呢?那就是当案件的事实并不特别清楚、证据并不特别充分,或者案件中的法律适用并不那么明确,而是存在一定的讨论空间,从而使案件的处理存在多种可能性的时候;等等。总而言之,在事实清楚、证据确实充分、法律适用明确且检察机关和审判机关都不追求结案速度的案件中,公诉机关是完全不存在协商需求的。在这样的案件中,犯罪嫌疑人可以认罪认罚,争取从宽;但即使认罪认罚了,也不一定从宽;他也可以不认罪认罚,那么,在司法者眼里,理所当然要对他从严处罚。在这类案件中,不仅认罪认罚是单向的,没有协商的;而且从宽也是单向的,是司法者在考虑犯罪嫌疑人、被告人的态度后依职权作出的,并不是双方协商的结果。

但是,案件事实并不总是那么清楚的;证据不会总是那么确实、充分的,所以是有可能存在协商需求的。既然如此,就不应当否定控辩协商的可能性、合理性和妥当性;加上刑事诉讼法并未禁止控辩双方就定罪量刑等问题进行协商,也就不应当否定控辩协商的合法性。

六、认罪认罚具结书与律师帮助

《刑事诉讼法》第 174 条规定:“犯罪嫌疑人自愿认罪,同意量刑建议和程序适用的,应当在辩护人或者值班律师在场的情况下签署认罪认罚具结书。”“犯罪嫌疑人认罪认罚,有下列情形之一的,不需要签署认罪认罚具结书:(一)犯罪嫌疑人是盲、聋、哑人,或者是尚未完全丧失辨认或者控制自己行为能力的精神病人的;(二)未成年犯罪嫌疑人的法定代理人、辩护人对未成年人认罪认罚有异议的;(三)其他不需要签署认罪认罚具结书的情形。”该规定是签署认罪认罚具结书的规定。认罪认罚具结书是对犯罪嫌疑人对指控态度的一种书面表达,是认罪认罚意思表示的书面固定。根据上述规定,签署认罪认罚具结书需要同时满足几个条件:(1)自愿认罪并同意量刑建议;(2)同意程序适用;(3)签署的时候有辩护人或值班律师在场。

这里尤其值得注意的是第三个条件：有辩护人或值班律师在场。辩护人或值班律师在场的目的，主要是为犯罪嫌疑人提供现场指导，就其对事实、证据、罪名认定、刑罚适用、认罪后果等存在的疑问进行现场解答，保证其认罪认罚和同意程序适用的自愿性。根据该规定，签署认罪认罚具结书时要求辩护人或值班律师在场是一个绝对的原则，没有任何例外。无论何种案件，无论犯罪嫌疑人是否聘请了律师为其辩护，在签署认罪认罚具结书时，都应当有辩护人或值班律师在场——如果没有聘请辩护人，就应当有值班律师在场。值班律师此时的功能，和辩护人的功能应当是一样的，就是为犯罪嫌疑人提供法律咨询，包括就事实和证据认定、罪名认定、认罪认罚的法律后果，不认罪认罚对审判结局的影响等，解答法律疑问。值班律师应当站在犯罪嫌疑人的立场，在充分了解案件事实和证据的基础上，在对案件的法律适用已经掌握完整信息并作出准确判断的基础上，为犯罪嫌疑人决定是否认罪认罚提供法律意见，而不仅仅是作为一个见证人，旁观并见证犯罪嫌疑人签署认罪认罚具结书的过程，并随时准备为控方作证，证明犯罪嫌疑人曾经自愿签署认罪认罚具结书。《刑事诉讼法》第 173 条第 3 款规定："人民检察院依照前两款规定听取值班律师意见的，应当提前为值班律师了解案件有关情况提供必要的便利。"这一规定就是为了让值班律师在充分了解案情的基础上准确判断案件走向，并在此基础上为犯罪嫌疑人是否认罪认罚提供咨询意见。可见，从体系解释的角度来看，也不应当将审查起诉阶段犯罪嫌疑人签署认罪认罚具结书时被要求在场的值班律师仅仅视为一个程序事件的见证人，而应当将其视为法律所要求的、犯罪嫌疑人在没有自行聘请辩护律师的情况下政府为其指定的公设辩护人。

《刑事诉讼法》第 174 条还规定了签署认罪认罚具结书的例外，主要是盲、聋、哑人或尚未完全丧失辨认或控制自己行为能力的精神病人和法定代理人、辩护人对未成年人认罪认罚有异议的未成年人。对前述第一种情形之所以规定不需要签署认罪认罚具结书主要是因为这类人本身在意思表示能力上就有一定的瑕疵，即使签署了认罪认罚具结书，审判时也还是要由法官就其认罪认罚是否自愿进行综合的审查判断加以认定。当然，其他案件认罪认罚具结书内容的真实性、合法性也是由法官来判断的，但此处规定的意义是，如果犯罪嫌疑人属于不具有完全行为能力的人，只要他确实表示愿意认罪认罚，那么，即使不签署认罪认罚具结书，也可以认为他自愿同意认罪认罚，接下来的程序仍然可以按照认罪认罚程序往前推进。第二种情形实际上是未成年人案件中的未成年犯罪嫌疑人自己愿意认罪认罚但是其法定代理人或辩护人有异议的情形。在这一情形下，只要未成年犯罪嫌疑人口头表示愿意认罪认罚，也可以不用签署认罪认罚具结书，但诉讼程序仍然按认罪认罚程序向前推进。第三项例外是兜底条款。

七、人民法院对指控罪名与量刑建议的接受与拒绝

《刑事诉讼法》第176条第2款规定:“犯罪嫌疑人认罪认罚的,人民检察院应当就主刑、附加刑、是否适用缓刑等提出量刑建议,并随案移送认罪认罚具结书等材料。”根据2010年《人民检察院开展量刑建议工作的指导意见(试行)》以及2012年《最高检规则(试行)》的规定,人民检察院对于决定提起公诉的案件,“可以”提出量刑建议。根据前述《刑事诉讼法》的规定,人民检察院对于认罪认罚案件,应当就主刑、附加刑以及是否适用缓刑等提出详细的量刑建议。量刑建议可以是人民检察院在犯罪嫌疑人主动认罪认罚之后依职权考虑的结果,也可以是人民检察院与犯罪嫌疑人协商后达成一致的结果。

《刑事诉讼法》第201条规定:“对于认罪认罚案件,人民法院依法作出判决时,一般应当采纳人民检察院指控的罪名和量刑建议,但有下列情形的除外:(一)被告人的行为不构成犯罪或者不应当追究其刑事责任的;(二)被告人违背意愿认罪认罚的;(三)被告人否认指控的犯罪事实的;(四)起诉指控的罪名与审理认定的罪名不一致的;(五)其他可能影响公正审判的情形。”“人民法院经审理认为量刑建议明显不当,或者被告人、辩护人对量刑建议提出异议的,人民检察院可以调整量刑建议。人民检察院不调整量刑建议或者调整量刑建议后仍然明显不当的,人民法院应当依法作出判决。”该条规定的是人民法院对认罪认罚从宽案件人民检察院指控罪名与量刑建议的接受原则与例外情形。

原则上,对于认罪认罚案件,人民法院对人民检察院指控的罪名与量刑建议均应当采纳。但该法条对该原则规定了五项例外:(1)被告人的行为不构成犯罪或者不应当追究其刑事责任的。这种情形实际上是对被告人不应当追诉的情形,人民检察院本应不起诉,但是却错误起诉;并且由于各种可能的原因,被告人在侦查阶段或审查起诉阶段还作出了认罪认罚的意思表示。(2)被告人违背意愿认罪认罚的。在某种意义上,绝大多数被告人的认罪认罚都是非自愿的——即使那些有罪的被告人,其认罪认罚也可能是非自愿的。但是,这里的违背意愿,并不是指被告人在案件败露后为了争取从宽迫不得已认罪认罚的情形,而应当是指被告人的认罪认罚并非基于自己自由意志选择的结果,而是外力胁迫或干涉的结果。因此,被告人违背意愿认罪认罚,往往意味着其在事实上可能并不构成检察机关指控的犯罪。若是如此,则违背意愿认罪认罚的情形,和第一项例外所列情形其实是一样的。当然,也有事实上有罪的被告人由于遭受到不适当的压力认罪认罚的情况。但在这种情况下,人民法院如对其认罪认罚不予认定,反而对被告人不利。对此,正确的处理方法应当是一方面对侦办机关、检察机关对被告人不当施加压力的行为予以纠正,在符合法律规定的情形排除非法证据;

另一方面当庭询问被告人对其犯罪事实的态度,如被告人仍能自愿认罪认罚,则对被告人的认罪认罚仍应予以认可,对人民检察院提出的有利于被告人的量刑建议仍应予以采纳。(3)被告人否认指控的犯罪事实的。被告人当庭否认指控的犯罪事实,意味着其撤回了之前在审查起诉阶段和侦查阶段作出的认罪认罚的意思表示。被告人撤回其之前作出的认罪认罚的意思表示,既可能是因为其之前的意思表示是不真实的,因此也是非自愿的,也可能是因为被告人认为做无罪抗辩会给他带来更加有利的案件处理结果。无论是何种情况,都导致其之前的认罪认罚归于无效。(4)起诉指控的罪名与审理认定的罪名不一致的。如果起诉的罪名与审理认定的罪名不一致,当然要按照人民法院经审理后认定的罪名定罪;罪名不一致,当然就可能影响法院对被告人的量刑作出与人民检察院不一致的判断,因此在量刑上也可能发生调整。但是,人民法院经审理后认定的罪名与人民检察院起诉的罪名不一致,既包括审理后认定为较轻的罪名,也包括审理后认定为较重的罪名。如果人民法院审理后认定为较重的罪名,此时不宜轻易否定人民检察院起诉的罪名和提出的量刑建议,因为这很可能是控辩双方在审查起诉期间充分协商后达成一致的结果。如果人民法院审理后轻易否定,实际上使控辩双方在审查起诉阶段通过协商进行的努力毁于一旦,并不利于认罪认罚从宽制度的实施。因此,本书认为,起诉指控的罪名与审理认定的罪名不一致,只有在审理认定的罪名更轻时,人民法院才能改变罪名的认定和刑罚的适用。否则,就会架空认罪认罚从宽制度。(5)其他可能影响公正审判的情形。这属于兜底条款。

| 评注 21-2 |　"人民法院经审理认为量刑建议明显不当",应当是指量刑建议明显过重

根据规定,人民法院经审理认为量刑建议明显不当,或者被告人、辩护人对量刑建议提出异议的,人民检察院可以调整量刑建议;人民检察院不调整量刑建议或者调整后仍然明显不当的,人民法院应当依法作出判决。这就意味着,第一,审判阶段,被告人仍然可以就量刑建议发表意见;如意见获得人民法院采纳,则可能获得比量刑建议更轻的刑罚。第二,人民法院对人民检察院明显不当的量刑建议可以建议调整;人民检察院拒绝调整或者调整后仍然明显不当的,人民法院可以不采纳人民检察院的量刑建议。

需要指出的是,根据整体解释的原则,《刑事诉讼法》此处所说的"量刑建议明显不当",显然是指量刑建议明显过重,不包括量刑建议明显过轻的情形。换句话说,如果人民法院认为量刑建议明显过重,可以建议人民检察院调整;如果人民法院认为量刑过轻,不能建议人民检察院调整。这是因为,第一,如前所述,量刑建议

要么是人民检察院根据犯罪嫌疑人主动认罪认罚的事实依职权考虑的结果,要么是人民检察院与犯罪嫌疑人经协商达成一致的结果;无论是哪种情况,如果因为人民检察院量刑建议对被告人处罚过轻就否定人民检察院的量刑建议,将会打击犯罪嫌疑人认罪认罚的积极性,并增加人民检察院与犯罪嫌疑人就认罪认罚事项达成一致的难度,不利于认罪认罚从宽制度的顺利实施。第二,该规定中的"人民法院经审理认为量刑建议明显不当",是与"被告人、辩护人对量刑建议提出异议"放在一起规定的。被告人、辩护人对量刑建议提出异议,当然是因为量刑建议对被告人不利,或者不够有利,因此,异议的方向,是朝着更加有利于被告人的方向提出的。既然如此,就应当将整个条文都理解为是为被告人利益设置的。第三,根据不告不理原理,人民法院不得在公诉机关求刑范围之外追求对被告人更重的刑罚。

因此,人民法院认为量刑建议明显不当,也就应当限定为量刑建议明显不利于被告人的情形。此时,人民法院可以建议人民检察院调整量刑建议。如果人民检察院拒绝调整或者调整后人民法院仍然认为明显不当,应当根据人民法院的认定,在判决中适用比量刑建议更轻的刑罚。如果人民法院认为量刑建议明显过轻,则只能在量刑建议的最高幅度内判处处罚,既不能建议人民检察院改变量刑建议,也不能在协商无果后在量刑建议之上判处刑罚。

第二节　简易程序

一、刑事程序之正当化与简易化

(一)刑事程序的正当化与简易化概述

从历史上看,人类所有的刑事诉讼程序都经历了一个正当化过程。所谓刑事程序的正当化,就是追究被告人刑事责任程序从仅注重实体结果而不注重程序之正当性,逐步转变为既注重实体结果之正确性,又注重结果所赖以产生的程序之正当性。为实现刑事程序之正当性,各法治国家刑事诉讼均以各种制度保障诉讼尤其是审判之公正、公平进行,其中对于人权保障之设置尤其细致周到。英美法系之陪审团审判,以及通行于各法治国家之被告人沉默权,讯问时之律师到场权,审判中申请法官回避权、申请管辖异议权、获得律师之有效辩护权、对质权等,皆为实现诉讼与审判之程序正当性而设置。其对于国家权力(包括法官之审判权)之防范,可谓煞费苦心;其对于当事人尤其是犯罪嫌疑人、被告人人权之保护,可谓无微不至。

但由此亦发生效率上之难题。从诉讼成本的角度来看，程序之正当性与程序之效率性实际上是存在冲突的。在总成本不变的情况下，增加对人权保护方面的投入，会导致刑事程序效率的降低；[15]反过来说，一味地注重效率之提高，必然导致人权保障之忽视。因此，在刑事诉讼中，提高效率与保障人权实难二者兼得，有时候必然以牺牲其中之一来获得另一价值之实现。由此而导致刑事程序之一趋势，即刑事程序之简易化。所谓刑事程序之简易化，就是对于一些比较轻微，或者案情比较简单的刑事案件，采取比通常程序更加简便、快捷之方式进行处理的趋势。

刑事程序正当化趋势是先于刑事程序简易化之趋势而存在的，前者也是后者产生与发展的前提与条件。因为，若没有刑事程序的正当化，导致程序变得繁难复杂，则无须实现简易化；同时，若刑事程序的简易化不以该程序之正当化为前提，将导致刑事程序恢复到中世纪之黑暗时代，使“戴着脚镣之舞蹈”成为完全不受约束之群魔乱舞，其后果实堪忧虑。因此，刑事程序之简易化通常必须以刑事程序正当化为前提；不仅如此，简易程序之设置，亦不能偏离程序正当化之轨道。也就是说，即使在简易程序中，一些保障人权、防止压迫与恣意的程序性设置，仍然十分必要。因此，简易程序并非“脱掉脚镣之舞蹈”，而不过是将“脚镣”略微放宽松了一点而已。

（二）刑事程序简易化的基本模式

在刑事程序简易化的道路上，既存在发端于英美法系的辩诉交易模式（控辩协商模式），也存在发端于大陆法系的简易程序模式。在大陆法系，在辩诉交易获得普遍认同之前，主要以简易程序来实现提高诉讼效率之目标。在德国，简易程序是指“对犯罪为某种程度上的简易（迅速）判决”；通常，在刑事法官（独任法官）及参审法院审判之案件，具备下列情形之一时，可适用简易程序：一为检察机关提出声请时；二为案情简单或因其证据情况极为明了，适合进行立即之审判者；三为所处之刑罚为一年以下之自由刑者。除简易程序外，德国还有处刑命令程序，即法院得经由检察机关之声请，以书面的处刑命令科处罚金及一年以下之自由刑，或者科处具有重要法律效果之刑罚，如禁止驾驶等；被告如不服处刑命令，得于送达后两星期内声明异议，则该案进入审判程序，参照普通审判程序进行审判；如被告在法定期间内不声明异议，则该处刑命令具有确定判决之

〔15〕 西方法谚将正当化之刑事程序比喻为“戴着脚镣之舞蹈”，使这一冲突的形象体现：若想舞得又快又美，最好将脚镣去掉；而一旦去掉脚镣，则有失去控制之危险。

效力。[16]

我国《刑事诉讼法》虽未明确采用辩诉交易模式,但在1996年修正的《刑事诉讼法》中首次规定了简易程序,并在2012年修改《刑事诉讼法》时扩大了简易程序适用的案件范围,且在2018年引入了认罪认罚从宽制度,实际上是同时采用了控辩协商模式和简易程序模式。其中,简易程序模式更多地体现了大陆法系简易程序的特点,但在我国也可以理解为控辩协商程序在审判阶段的延伸;速裁程序则更多受到英美法系辩诉交易模式的影响,因此更多地体现了控辩协商模式的特点。

二、简易程序的适用范围

在我国,简易程序是指人民法院审理第一审刑事案件所适用的比普通程序相对简化的审判程序。它只适用于基层人民法院,其他各级人民法院都不能采用简易程序。因此,简易程序所适用的案件,都是犯罪事实较轻并且案件事实清楚、证据充分的第一审刑事案件,第二审程序、死刑复核程序和审判监督程序所审判的案件以及各级人民法院审判的较为疑难、复杂的第一审案件,都不能采用简易程序。

1996年《刑事诉讼法》将简易程序的适用范围限定为3年有期徒刑以下刑罚且事实清楚、证据充分的公诉案件以及告诉才处理的自诉案件和被害人起诉的有证据证明的轻微刑事案件。2012年《刑事诉讼法》将简易程序的适用范围扩大至所有基层法院审理的第一审刑事案件,同时进一步明确了简易程序适用的条件,将案件事实清楚、证据充分,被告人认罪、对适用简易程序无异议作为简易程序适用的前提。

三、简易程序的适用条件

根据《刑事诉讼法》第214条的规定,适用简易程序必须同时满足下列条件:(1)案件事实清楚、证据充分;(2)被告人承认自己所犯罪行,对指控的犯罪事实没有异议;(3)被告人对适用简易程序没有异议。另根据《最高检规则》和《最高法解释》,人民法院和人民检察院均同意适用简易程序的,才能适用简易程序。因此,人民检察院和人民法院同意适用简易程序,也是简易程序适用的条件。

《刑事诉讼法》第215条和《最高法解释》第360条的规定,下列案件不适用简易程序:(1)被告人是盲、聋、哑人,或者是尚未完全丧失辨认或控制自己行为能力的精神病人的;(2)有重大社会影响的;(3)共同犯罪案件中部分被告人不认

---

〔16〕［德］克劳思·罗科信:《刑事诉讼法》,吴丽琪译,法律出版社2003年版,第567～568、602～607页。

罪或者对适用简易程序有异议的;(4)辩护人作无罪辩护的;(5)被告人认罪但经审查认为可能不构成犯罪的;(6)其他不宜适用简易程序审理的。

四、简易程序的适用方式

《刑事诉讼法》第 214 条第 1 款规定,基层人民法院管辖的案件,符合条件的,可以适用简易程序审判;第 2 款规定,人民检察院在提起公诉的时候,可以建议人民法院适用简易程序。根据这一规定,简易程序的适用包括人民检察院建议适用和人民法院主动适用两种方式。《最高检规则》第 430 条规定,人民检察院对于基层人民法院管辖的案件,符合适用简易程序条件的,可以建议人民法院适用简易程序审理。

《最高检规则》第 431 条第 2 款规定,人民法院决定适用简易程序审理的案件,人民检察院认为具有《刑事诉讼法》第 215 条规定情形之一,不符合适用简易程序条件的,应当向人民法院提出纠正意见;具有其他不宜适用简易程序情形的,可以建议人民法院不适用简易程序。《最高法解释》第 359 条规定,基层人民法院受理公诉案件后,经审查认为案件事实清楚、证据充分的,在将起诉书副本送达被告人时,应当询问被告人对指控的犯罪事实的意见,告知其适用简易程序的法律规定。被告人对指控的犯罪事实没有异议并同意适用简易程序的,可以决定适用简易程序,并在开庭前通知人民检察院和辩护人。对人民检察院建议或者被告人及其辩护人申请适用简易程序审理的案件,认为符合适用简易程序条件的,可以决定适用简易程序;认为不符合适用简易程序条件的,应当通知人民检察院或者被告人及其辩护人。

五、适用简易程序案件的审理

根据简易程序的要求,刑事诉讼法作了一些不同于第一审普通程序的规定。人民法院适用简易程序时,不仅应当严格遵守这些规定,而且,在没有特殊规定时,仍应参照第一审程序进行。根据刑事诉讼法的规定,简易程序的法庭审判具有以下特点:(1)对于可能判处 3 年有期徒刑以下刑罚的案件,可以由审判员 1 人独任审判。根据《刑事诉讼法》第 216 条的规定,对于可能判处 3 年有期徒刑以下刑罚的案件,由于一般都案情简单,事实清楚,情节轻微,可以组成合议庭进行审判,也可以由审判员一人独任审判。但对于可能判处的有期徒刑超过 3 年的案件,应当组成合议庭进行审判。根据《最高法解释》第 366 条的规定,适用简易程序独任审理的案件,在审判过程中发现对被告人可能判处的有期徒刑超过 3 年的,应当转由合议庭审理。(2)根据《刑事诉讼法》第 217 条的规定,适用简易程序审理案件应当征求被告人的意见,确认被告人是否同意适用简易程序审理。

(3)法庭调查、法庭辩论程序简化。《刑事诉讼法》第 219 条规定,"适用简易程序审理案件,不受本章第一节关于送达期限、讯问被告人、询问证人、鉴定人、出示证据、法庭辩论程序规定的限制"。可见,在简易程序审判中,法律关于第一审普通程序的规定均可以从简、从略。根据案件的具体情况决定法庭调查和法庭辩论进行,其基本方针是尽可能简单、方便、高效。(4)适用简易程序审理的案件可以批量起诉、批量审理。根据《最高检规则》第 433 条的规定,适用简易程序审理的案件,人民检察院应当派员出庭支持公诉;但是人民检察院可以对适用简易程序审理的案件相对集中地提起公诉,并建议人民法院相对集中地审理。也就是说,适用简易程序审理的案件由于案情相对简单,人民检察院和人民法院可以批量起诉、批量审理。这也是简易程序庭审程序相对简化带来的必然结果。(5)期限较短。《刑事诉讼法》第 220 条规定:"适用简易程序审理案件,人民法院应当在受理后二十日以内审结;对可能判处的有期徒刑超过三年的,可以延长至一个半月。"在适用简易程序审理案件时,必须严格执行刑事诉讼法关于审理期限的规定,否则,简易程序就失去了实际意义。

六、简易程序变更为普通程序

《刑事诉讼法》第 221 条规定:"人民法院在审理过程中,发现不宜适用简易程序的,应当按照本章第一节或者第二节的规定重新审理。"因此,人民法院在适用简易程序审理的过程中,发现不得或不宜以简易程序审判的情形,即应变更为第一审普通程序进行审判。根据《最高法解释》第 368 条的规定,适用简易程序审理的案件应当转为普通程序审理的有下列几种情形:(1)被告人的行为可能不构成犯罪的;(2)被告人可能不负刑事责任的;(3)被告人当庭对起诉指控的犯罪事实予以否认的;(4)案件事实不清、证据不足的;(5)不应当或者不宜适用简易程序的其他情形。决定转为普通程序审理的案件,审理期限应当从作出决定之日起计算。

第三节 速裁程序

一、速裁程序的由来

速裁程序是 2018 年修改《刑事诉讼法》时增加的程序。它直接源于认罪认罚从宽制度的试点。认罪认罚从宽制度又与员额制改革及迅速增长的案件量有关。一方面，由于经济转型、社会转型等，刑事案件数量增加；另一方面，员额制改革使法院真正的办案法官更加稀缺，案多人少的矛盾更加突出。在此背景下，中共中央办公厅、国务院于 2014 年 3 月印发的《关于深化司法体制和社会体制改革的意见》提出要完善轻微刑事案件快速办理机制。同年 10 月，中国共产党第十八届四中全会通过的《关于全面推进依法治国若干重大问题的决定》提出要完善刑事诉讼中认罪认罚从宽制度。与此同时，全国人大常委会于 2014 年 6 月 27 日通过了《关于授权最高人民法院、最高人民检察院在部分地区开展刑事案件速裁程序试点工作的决定》，授权最高人民法院、最高人民检察院在北京、天津、上海、重庆等 18 个城市开展速裁程序试点工作。试点期间，速裁程序仅适用于危险驾驶、交通肇事、盗窃、诈骗、抢夺、伤害、寻衅滋事等情节较轻，依法可能判处的刑罚在 1 年有期徒刑以下等情形，并且事实清楚、证据充分，被告人自愿认罪，当事人对适用法律没有争议的犯罪案件。2016 年 9 月 3 日，全国人大常委会又通过了《关于授权最高人民法院、最高人民检察院在部分地区开展刑事案件认罪认罚从宽制度试点工作的决定》，授权最高人民法院、最高人民检察院在北京等 18 个城市开展认罪认罚从宽制度的试点工作，同时明确在上述地区开展的刑事案件速裁程序试点工作按照新的试点办法继续试点。2016 年 11 月，最高人民法院、最高人民检察院、公安部、国家安全部、司法部联合发布了《关于在部分地区开展刑事案件认罪认罚从宽制度试点工作的办法》，将速裁程序纳入认罪认罚从宽制度进行试点。2018 年《刑事诉讼法》修改时，速裁程序的试点工作已进行了 4 年，取得了比较明显的成效。[17]

二、速裁程序的适用范围、适用条件和适用方式

《刑事诉讼法》第 222 条第 1 款规定："基层人民法院管辖的可能判处三年有期徒刑以下刑罚的案件，案件事实清楚，证据确实、充分，被告人认罪认罚并同意适用速裁程序的，可以适用速裁程序，由审判员一人独任审判。"根据该规定，速裁程序适用的案件范围是基层人民法院管辖的可能判处 3 年有期徒刑以下刑罚的案件。适用的条件是：第一，案件事实清楚，证据确实、充分；第二，被告人认罪认罚；第三，被告人同意适用速裁程序。

《刑事诉讼法》第 223 条规定了不适用速裁程序的几种情形：(1)被告人是盲、聋、哑人，或者是尚未完全丧失辨认或控制自己行为能力的精神病人的；(2)被告人是未成年人的；(3)案件有重大社会影响的；(4)共同犯罪案件中部分

---

〔17〕 更详细的介绍，可参见王爱立主编：《中华人民共和国刑事诉讼法修改条文解读》，中国法制出版社 2018 年版，第 148～153 页。

被告人对指控的犯罪事实、罪名、量刑建议或者适用速裁程序有异议的；（5）被告人与被害人或者其法定代理人没有就附带民事诉讼赔偿等事项达成调解协议或者和解协议的；（6）其他不宜适用速裁程序审理的。以上六种情形中，第一、二种情形不适用速裁程序，主要是因为这两种情形中的被告人在意思表示能力方面均有一定的欠缺，另外对于未成年人，《刑事诉讼法》专门规定了特别程序。第三种情形不适用速裁程序，是因为速裁程序这种相对简化的程序与案件的社会影响不相称。第四种情形是共同犯罪案件部分共同被告人实际上不同意适用速裁程序，或者虽未明确反对速裁程序，但他们对罪名或量刑建议的异议实际上导致案件不适于以速裁程序审理。第五种情形是在有被害人的案件中，被告人与被害方没有就民事赔偿达成一致，适用速裁程序并不能真正实现案件的迅速处理。

《刑事诉讼法》第 222 条第 2 款规定："人民检察院在提起公诉的时候，可以建议人民法院适用速裁程序。"这是关于速裁程序适用方式的规定。根据该条第 1 款的规定，人民法院对于符合速裁程序适用条件的案件，可以依职权适用速裁程序。根据第 2 款规定，对于符合速裁程序的案件，人民检察院在提起公诉的时候，可以建议适用速裁程序。人民检察院建议适用和人民法院依职权适用，都是适用速裁程序的合法方式。

三、速裁程序对普通程序的简化

根据《刑事诉讼法》第 224 条和第 225 条的规定，速裁程序相对于普通程序，在以下方面进行了简化：首先，适用速裁程序审理案件，不受《刑事诉讼法》关于送达期限的限制。《刑事诉讼法》规定的起诉书副本应当在开庭 10 日以前送达被告人；确定开庭日期后，应当在开庭 3 日以前传唤当事人并通知辩护人、诉讼代理人、证人、鉴定人和翻译人员；公开审判的案件要在开庭 3 日前先期公布案由、被告人姓名和开庭时间和地点；等等。适用速裁程序审理案件，均可以不受上述期限限制。其次，速裁程序一般不进行法庭调查，这就意味着不仅出示证据、法庭质证的环节都被省略，而且当然也就不传唤证人、鉴定人出庭。再次，速裁程序也不进行法庭辩论。对此，《刑事诉讼法》规定的是"一般不进行法庭调查、法庭辩论"，也就是说，也可以进行法庭调查和法庭辩论。因此，在速裁程序中，被告人及其辩护人如有不得不说的意见，也还是应当允许其当庭发表。最后，适用速裁程序审理的案件，应当当庭宣判。对此，《刑事诉讼法》没有使用"一般应当当庭宣判"的表述，也就是说，所有适用速裁程序审理的案件，一律都要当庭宣判，没有任何例外。值得指出的是，即使是适用速裁程序审理，即使不进行法庭调查和法庭辩论，被告人聘请了辩护律师的，辩护律师还是要到庭参加审理。理由是，根据前述规定，判决宣告前应当听取辩护人的意见和被告人的最后陈述意见,而适用速裁程序审理的案件一律当庭宣判;如果辩护人不到庭,除非辩护人开庭前已经向法庭陈述意见,否则判决宣告前就无法再向法庭发表意见。因此,即使是适用速裁程序审理的案件,辩护人也应到庭并发表意见。另外,就保证被告人认罪认罚的自愿性角度而言,即使是适用速裁程序,辩护人也应到庭;而且,既然法庭在宣判前仍然要听取辩护人的意见,那么辩护人在审判日到庭也是最适宜的安排。

四、速裁程序的审理期限

根据《刑事诉讼法》第225条的规定,适用速裁程序审理案件,人民法院应当在受理后10日以内审结;对可能判处的有期徒刑超过1年的,可以延长至15日。也就是说,适用速裁程序审理的案件,通常应当在10日内审结;对于可能判处有期徒刑超过1年的,一般也应当在10日以内审结;10日以内无法审结的,审理期限可延长至15日。

五、速裁程序转化为普通程序或简易程序

根据《刑事诉讼法》第226条的规定,人民法院对于适用速裁程序审理的案件,在审理过程中发现有被告人的行为不构成犯罪或者不应当追究其刑事责任、被告人违背意愿认罪认罚、被告人否认指控的犯罪事实或者其他不宜适用速裁程序审理的情形的,应当转普通程序或简易程序重新审理。根据上述规定,速裁程序既可以向普通程序转化,也可以向简易程序转化。但是,由于《刑事诉讼法》第214条规定,简易程序的适用条件是被告人承认自己所犯罪行,对指控的犯罪事实没有异议,因此,对于前述规定中的"被告人否认指控的犯罪事实"这一情形,实际上不能转化为简易程序,而只能转化为普通程序。即使转化为简易程序审理的案件,如果发现不符合简易程序的条件,也仍然要转化为普通程序审理。

第二十二章　上诉与抗诉

上诉与抗诉均是对第一审未生效判决、裁定声明不服、提出抗议并引起第二审程序的方式。上诉权为被告人所专有,但被告人的近亲属和辩护人经被告人同意,也可以提起上诉。抗诉权为人民检察院所专有。人民检察院对第一审的判决、裁定认为确有错误的,可以以抗诉的方式声明不服,这也是所有实行两审终审制的法域通行的做法。被害人不享有上诉权,但可以申请人民检察院抗诉;被害人的抗诉申请,需经人民检察院审查,因此并不像被告人一方的上诉那样必然引起第二审程序。从被害人申请抗诉权的效力和被告方上诉权的效力来看,刑事诉讼法对被告人权利和被害人权利的保障也是不一样的。本章以"上诉与抗诉"为章名,就是为了突出权利保障的地位。具体而言,本章第一节论述上诉、抗诉的概念及其与第二审程序之间的关系等;第二节讨论上诉与抗诉的主体;第三节讨论上诉与抗诉的提起与撤回;第四节讨论上诉、抗诉案件的审判;第五节阐述上诉不加刑原则的含义、意义及其适用。

第一节 上诉与抗诉概论

一、上诉、抗诉与第二审程序

第二审程序,是指第一审人民法院的上一级人民法院对不服一审未生效的判决或裁定而提起上诉或抗诉的案件,依法进行重新审判的诉讼程序。

第二审程序之设置,与上诉和抗诉制度密不可分;在诉讼制度中,上诉与抗诉均是对未确定之裁判声明不服的方式。于此须注意的是,当事人及其法定代理人、诉讼代理人、辩护人等,在诉讼中对侦查机关、检察机关以及审判机关的各种诉讼行为均可能声明不服,如在侦查阶段将犯罪嫌疑人予以拘留的决定,在审查起诉阶段对犯罪嫌疑人作出存疑不起诉的决定,在审判阶段作出驳回回避申请的决定等,均属于对被处分之相对人不利的处分行为。对上述这些行为,当事人均可能声明不服。但对于这些决定,救济的途径只能是申请复议或者复核,只有在对第一审人民法院作出的判决或裁定不服的时候,声明不服的方式才包括上诉与抗诉。

在很多国家,在侦查阶段和起诉阶段对被告人采取的羁押措施,被告人如有异议,也可以向上一级法院声明不服。由于这些国家的羁押措施通常由法院作出,故救济的途径被设定为向上一级法院提出抗告。在我国,由于审前阶段并不存在严格意义上的司法程序,故所谓抗告、上诉等情事,均无由发生。

上诉与抗诉之客体,为第一审未生效裁判。在我国,立法与理论均以是否生效(发生法律效力)来形容一个裁判是否确定。只有发生法律效力的裁判,才是效力确定的裁判。第一审裁判在作出一定时间内,当事人可以声明不服而提出上诉,检察机关可以声明不服而提出抗诉。只要在法定期间内提出上诉或抗诉,该第一审裁判即不再发生法律效力。但若在上诉、抗诉期内既无上诉亦无抗诉,则该裁判发生法律效力。终审的裁判一经作出,立即发生法律效力。对已经发生法律效力之裁判,当事人声明不服的方式为申诉,而非上诉。但对检察机关而言,对已经发生法律效力之裁判,声明不服的方式仍为抗诉。

二、上诉与抗诉制度之意义

上诉与抗诉制度之设置目的,在于加强裁判之正当性与可接受性。诉讼程序在本质上乃解决纠纷之程序,且国家通常需要通过纠纷之解决树立行为的范式，因此，其裁判程序与裁判结果均必须具有正当性，以使受到不利裁判之当事人及社会公众均能接受，从而内化裁判结果所确定的法律内容，实现诉讼上解决纠纷与树立行为范式之功能。然而，即使第一审程序无论从程序上还是从实体上均达到现行法律所规定之正当性，当事人尤其是受到不利裁判之当事人仍有可能对裁判结果产生不满。程序的一个重要功能，就是吸收不满；通过吸收不满，达到纠纷的真正解决，实现社会的真正稳定。[1] 刑事诉讼中的上诉程序，就是赋予当事人一种发泄不满的途径，同时也是赋予当事人对错误裁判进行救济的途径。但是，从审级制度的设计来说，在放任自由主义的纠纷解决模式之下，多一道审级不见得就多一道纠正错误的机会，审级的增加也可能并未导致错误的纠正，而是导致错误的增加；因此，对错误裁判进行救济乃是一派生功能，赋予当事人发泄不满的机会才是根本之所在。但在积极行动主义影响下的政策执行模式中，发泄不满只是附带性功能，纠正错误才是根本。

正是由于上诉、抗诉制度的设计在纠纷解决模式下其目的在于为受不利裁判之当事人提供发泄不满的合法途径，所以，在很多国家，尤其是在实行陪审团审判的国家，其上诉制度呈现出以下两个特征：第一，被告人一方的上诉权受到较多的限制，或者根本没有上诉权；第二，控诉方几乎无权上诉，只有在极为特别的情况下方能上诉。出现这种情况主要是因为：第一，在强调民主的国家，实行陪审团审判的情况下，陪审团的裁决被视为人民的声音，人民之上是没有上级的，所以上诉属于极为例外的情况；第二，在陪审团审判之下，或者即使没有陪审团审判的情况下，由于第一审程序已经充分体现了当事人主义，第一审裁判的结果通常都是当事人自己推进的结果，当事人自己的努力及其意志在裁判中已经得到充分反映，当事人的不满也通常已经由程序的正当化而得到吸收，因此，赋予其发泄不满的途径已经基本上没有意义。所以，在这些国家，通常只有在程序上出现瑕疵时，才允许上诉，而这时候的上诉，其主要目的则是为当事人提供救济，而不是允许其发泄不满——当然，也不禁止其发泄不满。虽然从实体上说，多一道程序就多一次犯错误的机会；但就程序上的错误而言，一旦出现，就必须

---

〔1〕 当一个社会感到压抑时，应当有一定的渠道使受压抑者能够释放其情绪，从而解决社会矛盾，使社会趋于稳定；所以，稳定应当以公正为前提；没有公正的稳定，乃是最大的不稳定。故在刑事诉讼中，为实现公正，必须赋予被压抑者一定的发泄途径。上诉程序正是这样的途径之一。

予以纠正。[2] 因此,英美的上诉程序,主要是纠正程序性错误的程序。

在积极行动主义主导的国家,由于司法官僚等级森严,反而更容易容忍上诉、抗诉制度之存在。按照达马斯卡(Mirjan Damaska)的理论,在实行等级制的司法官僚体制的国家,上诉制度乃是常设的制度,第一审的决定通常不具备最终的意义,其意义仅体现在,它为上一级的决定提供了初步的审查材料,而且上级的审查通常为全面审查。[3] 西欧各国上诉制度仍然作为常设的制度而存在,不仅被告人可以上诉,控诉方也可以上诉,并且第二审通常也是全面审查。在我国清代以前,除极为轻微的案件以外,所有徒、流以上的案件,州县官审理完毕后,均必须逐级上报至中央司法机关,有学者称之为"逐级审转复核制"。这实际上是司法官僚体制极端等级化的体现。

我国1979年《刑事诉讼法》设置的诉讼模式基本上是政策执行模式,1996年修改的《刑事诉讼法》已经朝着纠纷解决模式迈进了一大步。2012年和2018年对《刑事诉讼法》的进一步修改,又使我国刑事诉讼朝着现代化、法制化的方向继续前进。审级制度的设计,也要顺应这一潮流。因此,我国的二审程序,既有纠正实体性错误的功能,也有吸收不满、加强裁判正当性的功能。对于所有的被告人而言,当然都希望第二审程序能够充分保证每一个人的诉讼权利,能够让当事人的意见得到充分陈述和尊重,因此吸收不满的功能自然不容忽略;对于事实上无罪或者遭受一审错误裁判的当事人而言,当然希望能够通过第二审程序纠正第一审程序在认定事实和适用法律上的错误,因此纠错功能也就显得更为突出。我们在完善审级制度设计的时候,应当同时加强这两方面的功能,以更好地实现审级制度的法律目标。

---

〔2〕 这样说并不意味着实体上的错误就可以不纠正,而是说,由于程序乃法律明文之规定,因此是否遵守程序,几乎一眼即可看出,通常也不会存在重大的争论;但是实体上的认定是否正确,通常比较难以判断。同时,上级人民法院的判断也并非一定比下级人民法院的判断更为正确。所以,下级人民法院存在认定实体错误的可能性,上级人民法院同样存在认定实体错误之可能性;英美的上诉法院通常不对下级法官认定的事实进行审查,而仅就法律问题发表意见;大陆法系多数国家实行三级终审制,第三审也仅限于法律之审查。

〔3〕 Mirjan Damaska, *Faces of Justice and State Authority: A Comparative Approach to the Legal Process*, Yale University Press, 1986, p. 50.

评注 22-1　通过上诉率看第一审程序吸收不满的功能

苏力认为，当人们对初审判决提出上诉时，就意味着他认为这个判决不公正。[4] 如果忽略一些特别的因素，例如可能在极其罕见的情况下即使判决不公，当事人也不上诉；另外有时候当事人也可能因无法支付高昂的诉讼费而放弃上诉等，则这一论断大体上能够成立。因此，本书赞成苏力关于上诉率反映判决公正性的判断。但是苏力忽略了公正的感觉既可能来自实体的公正，也可能来自程序的公正。心理学研究表明，人们对法律及法律机构所加的约束是否愿意接受强烈地受到他们对警察与法院的程序正义之评价的影响。[5] 当事人的上诉既可能是对实体处理结果的不满，也可能是对程序不公正的抗议。总之，可以通过上诉率的观察，分析当事人对于第一审法院认定事实的感受以及程序性要素的满足程度，从而获得第一审裁判正当性的初步印象。因此，本书收集了 1987～2021 年我国法院受理的刑事一审和二审案件数（见图 22-1、图 22-3），借此分析其中的变化及其可能反映出的当事人对于第一审判决及其程序的感受情况（见图 22-2、图 22-4）。

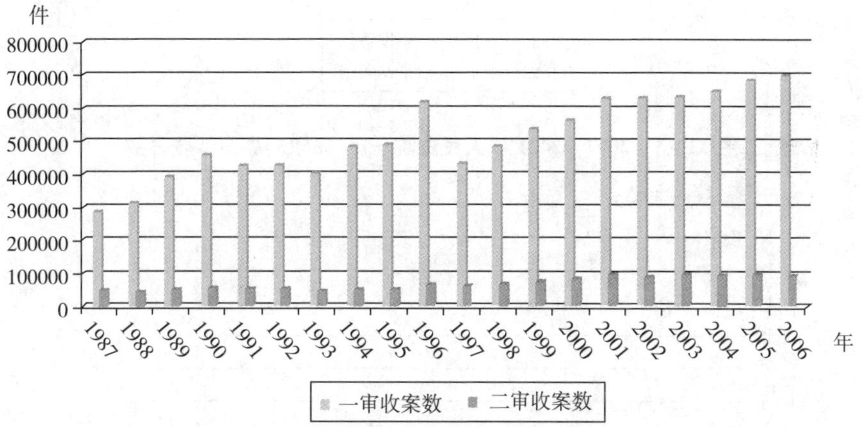

图 22-1　1987～2006 年人民法院一审、二审刑事案件收案数

资料来源：《中国法律年鉴》（1988～2007）。

---

〔4〕苏力：《基层法官的司法素质——从民事一审判决上诉率透视》，载《法学》2000 年第 3 期。苏力考察的结果是，从 1989 年至 1997 年这 9 年基层法院民事案件上诉率是逐年下降的。基于这一结果，苏力认为，基层法院民事案件上诉率的降低体现了基层法院司法质量的提高，也体现了法官业务素质的提高。苏力得出这一结论的前提是：当人们对初审判决提出上诉时，这就意味着他认为这个判决不公正；如果上诉率持续下降，就意味着对于诉讼当事人来说初审判决公正性不断提高；初审判决公正性不断提高的原因既可能是由于法官的道德素质在不断提高，也有可能是法官的业务素质在不断提高，而在一个特定的时期内，在整个社会环境道德水准没有得到普遍提高的情况下，某个群体的道德素质有很大的提高是不可能的，所以，出现这种结果的原因应当是法官业务素质的提高。苏力说："民事诉讼案件一审判决上诉率下降主要是由于基层司法质量提高而造成的。"

〔5〕Tom R. Tyler, *Procedural Justice, Legitimacy, and the Effective Rule of Law*, 30 Crime & Just. 283, p. 284 (2003).

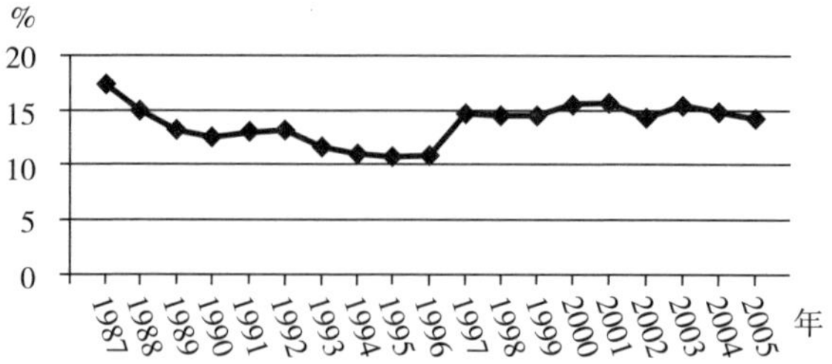

图 22－2　1987～2006 年刑事案件上诉率的变化

资料来源:《中国法律年鉴》(1988～2007)。

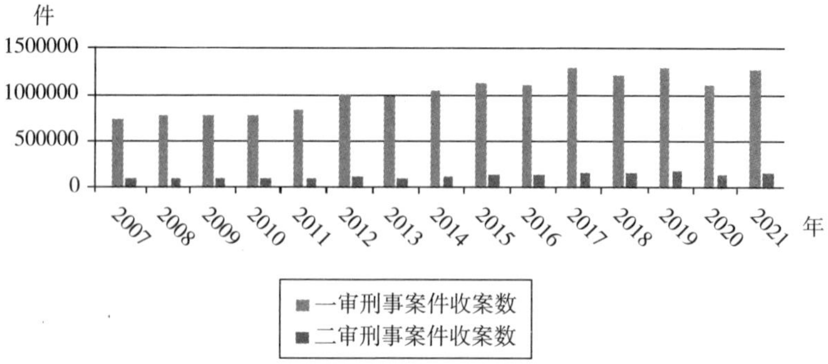

图 22－3　2007～2021 年人民法院一审、二审刑事案件收案数

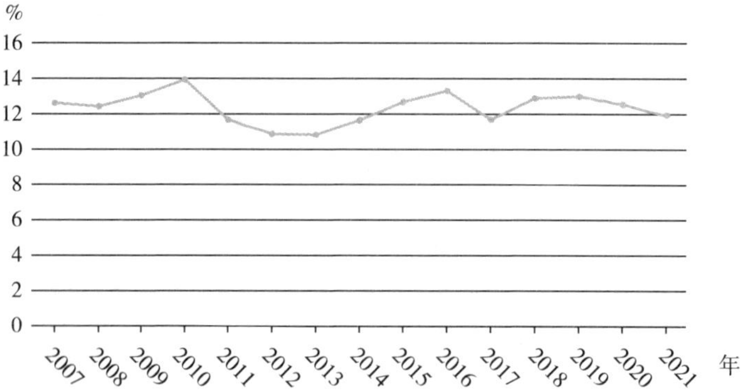

图 22－4　2007～2021 年刑事案件上诉率区间

从图 22－1、图 22－2 展示的数据看,如果忽略上诉率的变化,而仅仅以平均上诉率来评价第一审程序,我们发现,1987～2006 年,我国刑事案件每年的平均上诉率为 13.81%;自 1996 年修正后的《刑事诉讼法》实施以来,平均上诉率也只有14.5%。从图 22－3、图 22－4 展示的数据看,2007～2021 年间,我国刑事案件的上诉率基本上在 10%～14% 这个区间平稳运行。这些数据说明,我国刑事案件 85% 以上的被告人是认罪服判的;如果考虑到上述数据还有检察机关抗诉的情况,则被告人认罪服判的比例应当更高。在美国,20 世纪 40 年代,其刑事案件的上诉率约为2.5%(1/40);20世纪90年代,已经上升至12.5%(1/8)。[6] 在英国,虽然上诉法院每年受理的上诉案件并不多,但是提出上诉的却并不少。[7] 因此,与美国、英国相比,我国的刑事上诉率也并不具有统计学意义上的突出特征。换句话说,我国刑事被告人在第一审判决后提出上诉的比例并不高于西方国家。也就是说,从上诉率来观察,我国刑事裁判具有正当性,甚至其正当性还超过部分西方国家。但是也要看到,我国刑事第一审程序在程序性要素的满足方面仍然是不够的。在这一前提下,刑事裁判的上诉率还能保持在一个大致合理的范围内,其合理的解释就是:虽然程序性要素没有得到充分的完善,但是由于在实体真实方面强调得比较多,我国法院一审刑事案件在实体的认定方面做得比较扎实,从而大大加强了裁判的可接受性。因此,我国刑事裁判的正当性来源主要是实体的正确性。

第二节　上诉与抗诉之主体

第二审程序是由合法的上诉或抗诉而引起的,一个案件是否经过二审,取决于上诉人是否上诉或检察机关是否抗诉。如果依法享有上诉权的人没有在法定期限内提出上诉,一审法院的同级人民检察院也没有在法定期限内提出抗诉,就不会产生二审程序。根据我国刑事诉讼法的规定,启动第二审程序的主体包括上诉权人和抗诉机关。

一、上诉权人(上诉人)

上诉是产生第二审程序的重要途径。所谓上诉,是指自诉人、被告人及其法定代理人,以及经被告人同意的辩护人和近亲属,附带民事诉讼的当事人及其法定代理人不服第一审未生效的判决、裁定,依照法定程序和期限,要求上一级人民法院对案件进行重新审判的诉讼行为。

根据《刑事诉讼法》第227条的规定,上诉人的范围包括:(1)自诉人及其法

---

〔6〕 Frank W. Miller & Robert O. Dawson et al., *Criminal Justice Administration*: *Cases and Materials*, 5th edition, New York, Foundation Press, 2011, p. 1258.

〔7〕 2004年,在英国治安法院被定罪的260000人中,被获准上诉的有12578人,占全部被定罪人数的4.8%;同一年,在刑事法院被定罪的58000人中,被获准上诉的有7665人,占全部被定罪人数的13.2%;两项平均为6.37%。资料来源:http://www.homeoffice.gov.uk/rds/pdfs05/hosb1905.pdf,最后访问日期:2008年9月8日。

定代理人。自诉人是刑事诉讼中的当事人,与案件处理结果有直接利害关系。如果不服一审法院的判决、裁定,自诉人及其法定代理人有权提出上诉。(2)被告人及其法定代理人。被告人是被追究刑事责任的对象,是案件处理结果的承担者,因而对案件的处理结果十分关心。如果不服一审人民法院的判决、裁定,被告人及其法定代理人有权上诉。对被告人的上诉权,不得以任何借口加以剥夺。(3)经被告人同意的辩护人和近亲属。他们没有独立的上诉权,必须事先征得被告人同意才能提起上诉。被告人的辩护人参加过一审诉讼活动,熟悉案情,与案件没有直接利害关系,能够对案件作出比较客观、全面的分析;被告人的近亲属对被告人各方面的情况比较了解,有的对案情比较清楚,并且顾虑较少,因此,在被告人没有提起上诉的情况下,如果辩护人和近亲属认为应当提出上诉,可以在征得被告人同意后提出上诉。之所以要以征得被告人同意为条件,是因为判决、裁定所针对的对象是被告人,被告人对自己是否犯罪和案件具体情况最了解,案件处理结果与他有切身利害关系,是否上诉,应由他作最后决定。被告人的辩护人和近亲属不是案件的当事人,他们提出上诉,归根结底是为了维护被告人的合法权益,所以必须得到被告人同意。这样既有利于被告人充分行使上诉权,又可以防止在被告人已经认罪服判的情况下,辩护人或近亲属违背被告人的意愿而提起上诉,无理纠缠。(4)附带民事诉讼的当事人和他们的法定代理人。附带民事诉讼的当事人和他们的法定代理人,只有权对一审判决、裁定中的附带民事诉讼部分提出上诉,因为只有这一部分与他们有直接利害关系,对判决、裁定的刑事部分,他们无权上诉。附带民事诉讼的当事人如果同时也是刑事诉讼当事人中的被告人、自诉人,则他们既可以对附带民事诉讼部分提起上诉,也可以对刑事诉讼部分提起上诉。如果对刑事部分没有人提出上诉,人民检察院也没有提出抗诉,附带民事诉讼当事人及其法定代理人对附带民事诉讼部分提出的上诉,不影响判决、裁定中刑事部分的生效。

二、抗诉机关

《刑事诉讼法》第228条规定:"地方各级人民检察院认为本级人民法院第一审的判决、裁定确有错误的时候,应当向上一级人民法院提出抗诉。"因此,抗诉是人民检察院认为同级人民法院的判决、裁定确有错误时,提请审判机关依法重新审理并予以纠正的诉讼行为。

抗诉通常分为对一审未生效裁判的抗诉和对生效裁判的抗诉两种,前者也称上诉审程序的抗诉,后者也称再审程序的抗诉。《刑事诉讼法》第228条所指的是对一审未生效判决、裁定的抗诉。有权对一审未生效判决、裁定抗诉的机关,是第一审人民法院的同级人民检察院。根据我国《宪法》规定,人民检察院是国家的法律监督机关，在刑事诉讼中，人民检察院有权对刑事诉讼活动进行法律监督。抗诉权是人民检察院法律监督权的重要组成部分，依法对一审未生效的裁判提起抗诉，是地方各级人民检察院对同级人民法院的审判活动是否合法实行法律监督的重要表现形式。与被告方的上诉不一样的是，抗诉必须是检察机关认为第一审的判决、裁定确有错误；而上诉只需要有上诉权的人不服第一审的判决、裁定即可提起。

三、被害人的申请抗诉权

根据《刑事诉讼法》第229条之规定，被害人及其法定代理人不服地方各级人民法院第一审的判决的，自收到判决书后5日以内，有权请求人民检察院提出抗诉。人民检察院自收到被害人及其法定代理人的请求后5日以内，应当作出是否抗诉的决定并且答复请求人。这是法律赋予被害人的诉讼权利。但是，被害人及其法定代理人的请求抗诉权，不等于上诉权，它不必然引起二审程序。

| 评注22-2 | 为什么允许上诉？为什么限制上诉？——审级制度的价值目标[8]

任何一个诉讼程序都必须追求裁判的正当性。之所以存在上诉制度，也是因为裁判的正当性可以通过上诉审的程序得到加强。具体而言，上诉审程序对于裁判正当性的作用主要通过三个方面来发挥：首先，上诉审程序可通过上级法官对案件事实和法律适用的审查，对第一审法官在认定事实和适用法律两方面构成约束，从而保证第一审程序中提高裁判事实精确性的法律设置能够切实发挥作用。其次，在实行全面审查的上诉审程序之下，上诉审还可以通过审查，发现第一审程序在认定事实或适用法律方面的错误并予以纠正，确保最终裁判的正确性，从而实现裁判的正当性。最后，上诉审程序本身也可以通过程序性要素的满足来为遭受不利于己之裁判的当事人提供发泄不满的途径，通过对第一审认定事实和适用法律的再次确认，加强裁判的权威性。对此，傅郁林教授正确地指出："过于简易的决策过程往往使当事人对判决结果产生怀疑，不满于一次判决的当事人如果拥有一次倾泄的机会，获得上一级法院的复审，那么程序的复杂性、法官人数的增加、审判者司法等级上的权威性，都可能令人感觉案件已经过慎重处理。"[9]因此，审级的增加有助于强化当事人在感觉上的正当性。

但是，任何一个刑事司法制度，都不可能允许当事人无限制地上诉，因为审级

---

〔8〕 易延友：《我国刑事审级制度的建构与反思》，载《法学研究》2009年第3期。

〔9〕 傅郁林：《审级制度的建构原理——从民事程序视角的比较分析》，载《中国社会科学》2002年第4期。

制度的设计同时也要考虑裁判的终局性。裁判的终局性是指一个裁判结束纠纷、终止诉讼的能力。任何诉讼几乎都不大可能出现皆大欢喜的结果,因此任何遭受不利于己裁判的当事人都有可能针对既有的结局再次提出诉讼。如果允许当事人无休止地进行诉讼,无数次地提出上诉或申诉,那么,最终获得胜利的就不是掌握真理或正义的一方,而是对诉讼更有毅力、更加锲而不舍的一方;当然,也可能在理论上根本就不存在"最终获胜"的一方。如此一来,整个社会的法律关系就有可能一直处于动荡不安的境地,裁判的安定性将受到毁灭性的打击。因此,裁判的终局性也是任何一个诉讼不得不加以解决的问题。

裁判的终局性当然依赖于诉讼双方对于裁判结果的接受和服从,但是,这种接受和服从绝不能简单地建立在暴力威慑的基础上。相反,它必须具备一定的正当性基础。一个不具备正当性的裁判,必然是激发无尽不满的源泉;一个具有正当性的裁判,虽然使遭受不利于己的当事人感情上不悦,但却仍然可以获得当事人理智上的接受。因此,一个具有正当性的裁判比一个不具有正当性的裁判更加能够获得服从与接受,从而也就更加能够获得终局性。正因如此,裁判的正当性往往是裁判终局性的基础。

从以上角度来理解世界各国的审级制度,应当不难得出这样的结论:第一审程序自然侧重于追求实体上的正确性和程序的正义,以最大限度地提高裁判中认定事实的精确性和适用法律的准确性,同时通过程序要素的满足尽最大可能地吸收不满,加强裁判的正当性即可接受性。上诉审程序(包括有些国家的第三审程序)则具有两方面的功能,一是通过监督第一审程序的相应机制切实发挥作用,保证第一审程序尽量地提高发现真实的精确性和适用法律的准确性;同时通过赋予当事人尤其是遭受不利于己的裁判的当事人发泄不满的途径,加强裁判的正当性;二是通过第二审甚至第三审程序终结诉讼,实现裁判的终局性。其中,裁判的终局性在很大程度上依赖于其吸收不满的能力。一个能够充分发挥吸收不满功能的上诉程序,通常也就能通过裁判的正当性而获得终局性。一个不能吸收不满甚至强化不满、不断地激发不满的程序,自然无法实现裁判的正当性和终局性。

第三节 上诉与抗诉之提起与撤回

一、提起上诉、抗诉之期限

《刑事诉讼法》第230条规定:"不服判决的上诉和抗诉的期限为十日,不服裁定的上诉和抗诉的期限为五日,从接到判决书、裁定书的第二日起算。"该规定要求上诉人和检察机关在提起上诉、抗诉时，必须严格遵守上述时间限制；超出法定期限，如果没有耽误期限的法定理由，提出的上诉、抗诉便不具有法律效力，第一审判决、裁定即告生效。法律所确定的上诉、抗诉的时间不长不短，它一方面能保证有权上诉、抗诉的人和机关有必要的考虑和准备时间；另一方面又有利于及时纠正错误的判决、裁定，迅速执行第一审判决、裁定，避免诉讼拖延。

二、提起上诉、抗诉之方式

根据《刑事诉讼法》第 227 条的规定，上诉可以用书状或者口头两种形式提出。无论以哪种形式提出，人民法院均应受理。口头上诉的，人民法院应当制作笔录。上诉应当向上一级人民法院提出，但既可以通过原审人民法院提出，也可以直接向上一级人民法院提出。上诉人通过第一审人民法院提出上诉的，第一审人民法院应当在上诉期满后 3 日以内将上诉状连同案卷、证据移送上一级人民法院，同时将上诉状副本送交同级人民检察院和对方当事人。上诉人直接向第二审人民法院提出上诉的，第二审人民法院应当在收到上诉状后 3 日以内将上诉状交第一审人民法院，由其送交同级人民检察院和对方当事人，第一审人民法院应将案卷、证据移送第二审人民法院。

根据《刑事诉讼法》第 232 条的规定，地方各级人民检察院对同级人民法院第一审判决或裁定的抗诉，只能以抗诉书的形式提出，不能采用口头形式。同时，抗诉也只能向原审人民法院提出，不能直接向第二审人民法院抗诉。因此，地方各级人民检察院对同级人民法院第一审判决、裁定的抗诉，应当通过原审人民法院提出抗诉书，并且将抗诉书抄送上一级人民检察院。第一审人民法院应当将抗诉书连同案卷、证据移送上一级人民法院，并且将抗诉书副本送交当事人。

三、上诉、抗诉之理由

《刑事诉讼法》规定，人民检察院对第一审人民法院未生效判决、裁定提出抗诉的前提是认为该判决、裁定“确有错误”。何谓“确有错误”，法律并无明文规定。在实践中，是否“确有错误”，亦以检察机关之认识为标准，客观上并不存在“确有错误”的标准，也不能以第二审人民法院的最终认定为标准。但这并不表明该规定毫无意义，实际上，该规定之重点在于“确有”二字，强调检察机关提起抗诉时必须采取慎重的态度，不可意气用事，否则将造成司法资源的浪费，或者滥用抗诉权，对被告人实施不当的追诉，不利于对人权的保障。

与被告方的上诉不一样的是，抗诉必须是检察机关认为第一审的判决、裁定确有错误；而上诉只需要有上诉权的人不服第一审的判决、裁定即可提起。抗诉机关之抗诉,必须以认为第一审判决、裁定“确有错误”为前提;该前提虽然没有任何客观之标准,但仍然可以视为抗诉成立之实质要件,其形式要件则是具有抗诉权。但就上诉而言,只要在形式上拥有上诉权,则不问实质上是否认为第一审裁判确有错误。由此规定亦可旁证,上诉制度之设置,主要是为受不利裁判之当事人提供一种发泄不满的途径。因此,无论当事人是否认为裁判正确,只要“不服”,即可提出上诉,上诉仅仅是表达其对第一审裁判“不服”的一种手段。

四、上诉与抗诉之撤回

(一)上诉之撤回

上诉是上诉权人行使权利的一种方式,撤回上诉则是上诉权人对上诉权的一种处分。在实行当事人主义的国家,上诉权人处分自己的权利通常无须经过司法审查;但我国因具有较强的职权主义色彩,因此,上诉权人撤回上诉必须经过司法审查。《最高法解释》第 383 条规定,上诉权人在上诉期满后要求撤回上诉的,应当由第二审人民法院进行审查;如果认为原判认定事实和适用法律正确,量刑适当,应当裁定准许撤回上诉;如果认为原判确有错误,应当不准许撤回上诉,并按照上诉程序进行审理。因此,上诉期满后上诉权人撤回上诉的,只有在第二审人民法院审查后允许时,方能撤回上诉。

至于在上诉期满前撤回上诉的,因案件仍然在第一审人民法院,要求其对上诉的撤回进行公正审查,亦属强人所难,因此,《最高法解释》第 383 条规定,上诉人在上诉期限内要求撤回上诉的,人民法院应当准许。

(二)抗诉之撤回

根据《最高检规则》规定,上一级人民检察院在接到下级人民检察院抄送的抗诉书后,应当在第二审人民法院审判以前对抗诉的案件进行认真审查。如果认为第一审的判决、裁定没有错误,或者下级人民检察院抗诉不当的,上级人民检察院应当向同级人民法院撤回抗诉,并且通知下级人民检察院。下级人民检察院对上级人民检察院撤回抗诉的决定,必须执行。

从逻辑上看,既然上诉人撤回上诉需要经过审查,那么,抗诉机关撤回抗诉的诉讼行为,也应当经过审查才对。对此,《最高法解释》第 385 条规定:“人民检察院在抗诉期限内要求撤回抗诉的,人民法院应当准许。”“人民检察院在抗诉期满后要求撤回抗诉的,第二审人民法院可以裁定准许,但是认为原判存在将无罪判为有罪、轻罪重判等情形的,应当不予准许,继续审理。”“上级人民法院认为下级人民检察院抗诉不当,向第二审人民法院要求撤回抗诉的,适用前两款规定。”

从前述规定来看，对于人民检察院撤回抗诉的行为，司法解释如同对上诉人撤回上诉的行为一样，进行了区别对待：抗诉期内要求撤回抗诉的，一律准许；抗诉期满后要求撤回抗诉的，则应当进行审查；审查后如果认为原判存在无罪判有罪或者轻罪重判等情形的，则不允许撤回抗诉。

第四节　上诉、抗诉案件的审判

一、全面审查原则

《刑事诉讼法》第 233 条规定："第二审人民法院应当就第一审判决认定的事实和适用法律进行全面审查，不受上诉或者抗诉范围的限制。共同犯罪的案件只有部分被告人上诉的，应当对全案进行审查，一并处理。"这就是第二审程序的全面审查原则。

全面审查原则的要求是：首先，既要审查一审判决认定的事实是否正确，证据是否确实、充分，又要审查一审判决适用法律是否有错误，而不能仅就某一方面进行审查。其次，既要审查一审判决中已被提出上诉或者抗诉的部分，又要审查没有被提出上诉或者抗诉的部分，而不能只根据上诉或者抗诉的理由审查已被上诉、抗诉的部分。特别是对于共同犯罪案件，如果只有部分被告人上诉，既要对已经提出上诉的那部分被告人的上诉理由进行审查，又要对没有提出上诉的那部分被告人的判决内容进行审查，一并处理。最后，既要从实体上审查一审判决的正确性，又要从程序上审查一审法庭审判活动的合法性，不能只审查实体问题是否获得正确处理，而对审判程序是否合法不管不问。

具体而言，对于上诉、抗诉案件，应当主要审查下列内容：(1)第一审判决认定的事实是否清楚，证据是否确实、充分，证据之间有无矛盾；(2)第一审判决适用法律是否正确，量刑是否适当；(3)在侦查、起诉、第一审程序中，有无违反法律规定的诉讼程序的情形；(4)上诉、抗诉是否提出了新的事实和证据；(5)被告人供述、辩解的情况；(6)辩护人的辩护意见以及采纳的情况；(7)附带民事诉讼部分的判决、裁定是否适当；(8)第一审法庭合议庭、审判委员会讨论的意见。审查后写出审查报告。

二、第二审审判方式

(一)开庭审理

开庭审理,也叫直接审理。它要求第二审人民法院组成合议庭,参照第一审程序规定的开庭、法庭调查、法庭辩论、被告人最后陈述、评议和宣判的步骤对上诉或抗诉案件进行审理。开庭审理的方式,由于有当事人和其他诉讼参与人参加,当庭调查事实,核实证据,进行辩论,有利于彻底查清案件的真实情况,切实纠正第一审判决、裁定中的错误,保护当事人的合法权益。根据《刑事诉讼法》第234条第1款的规定,第二审应当开庭审理的案件包括:(1)被告人、自诉人及其法定代理人对第一审认定的事实、证据提出异议,可能影响定罪量刑的上诉案件;(2)被告人被判处死刑的上诉案件;(3)人民检察院抗诉的案件;(4)其他应当开庭审理的案件。

根据《刑事诉讼法》第234条第3款的规定,开庭审理的地点,根据实际需要,可以在第二审人民法院所在地进行,也可以到案件发生地或者原审人民法院所在地进行。《刑事诉讼法》第235条规定:"人民检察院提出抗诉的案件或者第二审人民法院开庭审理的公诉案件,同级人民检察院都应当派员出席法庭。第二审人民法院应当在决定开庭审理后及时通知人民检察院查阅案卷。人民检察院应当在一个月以内查阅完毕。人民检察院查阅案卷的时间不计入审理期限。"因此,除自诉案件以外,第二审人民法院开庭审判前,都应通知同级人民检察院查阅案卷,了解案情,以便出席第二审法庭,支持公诉,进行法律监督。因为公诉案件在第二审中必然要涉及公诉的有关问题,需要检察人员在场,必要时还需进行辩论、质证。与此同时,第二审人民法院决定开庭前,还应提审在押被告人,传唤其他当事人,通知当事人的法定代理人、证人、鉴定人等到庭;如果被告人委托了辩护人,还应通知辩护人出庭辩护。被告人没有委托辩护人而又属于《刑事诉讼法》第35条规定情形的,应当依法为其指定辩护人。

第二审人民法院开庭审理上诉或者抗诉案件,除参照第一审程序的有关规定外,还应当依照下列规定进行:(1)法庭调查阶段,审判长或者审判员宣读第一审判决书、裁定书后,由上诉人陈述上诉理由或者由检察人员宣读抗诉书;如果是既有上诉又有抗诉的案件,先由检察人员宣读抗诉书,再由上诉人陈述上诉理由;法庭调查的重点要针对上诉或者抗诉的理由,全面查清事实,核实证据。(2)法庭辩论阶段,上诉案件先由上诉人、辩护人发言,后由检察员、诉讼代理人发言;抗诉案件先有检察员、诉讼代理人发言,后由被告人、辩护人发言;既有上诉又有抗诉的案件,先由检察员、诉讼代理人发言,后由上诉人、辩护人发言。

（二）不开庭审理

《刑事诉讼法》第234条第2款规定："第二审人民法院决定不开庭审理的，应当讯问被告人，听取其他当事人、辩护人、诉讼代理人的意见。"不开庭审理，即以第一审的全部案卷为基础，通过调查讯问方式进行的审理，是一种比较简便、节省时间的审判方式。对于符合条件的第二审案件，人民法院可以采用这种方式，以简化诉讼，提高二审效率。但是，应当看到，这种方式毕竟不是开庭审理，对于保护诉讼参与人特别是被告人的诉讼权利和保证第二审质量，仍具有一定的局限性。因此，第二审法院不能只图简单、省事，用不开庭审理代替开庭审理。否则，将损害当事人的合法权益，使刑事案件难以得到公正处理。

｜评注22－3｜　第二审程序中的开庭审理与不开庭审理

根据《刑事诉讼法》第234条的规定，第二审程序在符合规定的情形下应当开庭审理；在不开庭审理的情形下，也应当讯问被告人，听取其他当事人、辩护人、诉讼代理人的意见。第234条的规定确定了第二审的"开庭审理"和"不开庭审理"两种程序模式。第一种"开庭审理"模式实际上是狭义上的开庭审理，其内涵包括传唤应出庭的证人出庭作证，出示物证书证，宣读未到庭证人证言，宣读勘验、检查笔录，控辩双方就证据展开质证和辩论，等等。这在欧洲大陆法系国家被称为"全面复审"。按第二种"不开庭审理"模式，则无须传唤证人、鉴定人到庭，无须进行庭审质证，只需讯问被告人、听取其他当事人、辩护人、诉讼代理人的意见即可。但是，这种不开庭审理模式实际上也应当理解为广义上的"开庭审理"，也就是在阅卷的基础上在法庭上听取控辩双方的意见。如果第二审法院不"开庭"，则意味着允许法官单独去看守所会见并讯问被告人，事实上导致第二审程序演变为秘密审讯，这与《刑事诉讼法》规定的"人民法院，审判案件，除本法另有规定的以外，一律公开进行"的诉讼原则明显是背道而驰的，因此也是不足取的。同理，人民法院如果完全不"开庭"，则听取当事人及其委托的人的意见，就成为秘密听取，私下会见，也违背刑事诉讼法规定的公开审理的基本原则。因此，人民法院为了实现刑事诉讼法规定的必经程序，就必须"开庭审理"，在一个公开的法庭上，公开讯问被告人，公开听取当事人、辩护人、诉讼代理人尤其是辩护人的意见，这才符合刑事诉讼法的规定。正因如此，《刑事诉讼法》第234条规定中的"不开庭审理"，应当是指不必像第一审程序那样传唤证人、鉴定人，出示物证、书证，对所有证据重新进行质证，而不是说完全不必开庭；不完全的开庭，指的就是在公开的法庭上讯问被告人、听取双方的辩论意见。这在欧洲大陆法系国家的上诉审程序中被称为"有限复审"。

三、第二审程序对案件的处理

根据《刑事诉讼法》第236条的规定,第二审人民法院对不服一审判决的上诉、抗诉案件,进行审理后,应当按照不同情形作出如下处理。

(一)驳回上诉或者抗诉,维持原判

原判决认定事实和适用法律正确、量刑适当的,应当裁定驳回上诉或者抗诉,维持原判。这种处理方式,是通过第二审,对第一审正确判决的支持。第二审法院经过审理后,确认第一审判决认定事实清楚,证据确实、充分,援引法律条款定罪准确、量刑适当,审判程序合法时,应当对第一审判决的正确性予以肯定。

(二)直接改判和作其他处理

根据《刑事诉讼法》第236条的规定,第二审人民法院可以直接改判的案件有两种:(1)原判决认定事实没有错误,但适用法律有错误或者量刑不当的。对于这种案件,第二审人民法院应当在改判的判决中维持原判决对案件事实的正确认定,同时纠正原判决在引用法律条款定罪量刑方面的错误或失当之处。(2)原判决事实不清楚或者证据不足,可以在查清事实后改判。这类案件,不是必须直接改判,既可以在查清事实后改判,也可以发回重审。

第二审人民法院审理刑事附带民事上诉、抗诉案件,如果发现刑事和附带民事部分均有错误需依法改判的,应当一并改判。第二审人民法院审理对刑事部分提出上诉、抗诉,附带民事诉讼部分已经发生法律效力的案件,如果发现第一审判决或者裁定中的民事部分确有错误,应当对民事部分按照审判监督程序予以纠正。第二审人民法院审理对附带民事诉讼部分提出上诉、抗诉,刑事部分已经发生法律效力的案件,如果发现第一审判决或者裁定中的刑事部分确有错误,应当对刑事部分按照审判监督程序进行再审,并将附带民事诉讼部分与刑事部分一并审理。在第二审案件附带民事部分审理中,第一审民事原告人增加独立的诉讼请求或者第一审民事被告人提出反诉的,第二审人民法院可以根据当事人自愿的原则就新增加的诉讼请求或者反诉进行调解,调解不成的,告知当事人另行起诉。

对第二审自诉案件,必要时可以进行调解,当事人也可以自行和解。调解结案的,应当制作调解书,第一审判决、裁定视为自动撤销;当事人自行和解的,由人民法院裁定准许撤回自诉,并撤销第一审判决或者裁定。第二审人民法院对于调解结案或者当事人自行和解的自诉案件,被告人被采取强制措施的,应当立即予以解除。在第二审程序中,自诉案件的当事人提出反诉的,第二审人民法院

应当告知其另行起诉。

（三）撤销原判、发回重审

第二审人民法院裁定撤销原判、发回原审人民法院重审的案件，有两种情况：一是根据《刑事诉讼法》第236条第1款第3项规定，原判决事实不清楚或者证据不足的案件；二是根据《刑事诉讼法》第238条规定，发现第一审人民法院的审理有下列违反法律规定的诉讼程序的情形之一的：（1）违反《刑事诉讼法》有关公开审判的规定的；（2）违反回避制度的；（3）剥夺或者限制了当事人的法定诉讼权利，可能影响公正审判的；（4）审判组织的组成不合法的；（5）其他违反法律规定的诉讼程序，可能影响公正审判的。

根据《刑事诉讼法》第236条第2款的规定，第二审人民法院对于因原判决事实不清或者证据不足而发回重审的案件，在原审人民法院再次作出判决后被告人又提出上诉或者人民检察院提出抗诉的，不得再发回原审人民法院重新审判，而是应当直接依法作出判决或者裁定。也就是说，对于原审判决事实不清证据不足的案件发回重审以一次为限。

根据《刑事诉讼法》第239条的规定，原审人民法院对于发回重新审判的案件，应当另行组成合议庭，依照第一审程序进行审判。重新审判后所作的判决，仍属于一审判决，当事人可以上诉，同级人民检察院可以抗诉。第二审人民法院发回原审人民法院重新审判的案件，原审人民法院从收到发回的案件之日起，重新计算审理期限。

｜评注22-4｜　第二审程序的实施状况

本书收集了1989～2021年间第二审案件的改判率和发回率数据。图22-5和图22-6显示的是1989～2006年间刑事第二审案件的改判率、发回率情况；图22-7显示的是2007～2021年间刑事第二审案件的改判率、发回率情况。

从图22-5所列数据显示的情况来看，1989～2006年，在全国法院第二审审结案件中，如果将撤诉、调解、其他处理的案件均归入维持原判一类，将发回重审的案件归入“改判”一类，[10]则平均每年维持原判的案件比例大约为78.16%；改判率大约是21.84%。从各年份的变化情况看，1989～1996年，第二审改判的比例一直保持在14.45%～16.96%，但在1997年突然升至18.52%，为整个统计期间改判率最

〔10〕发回重审的案件在实体上不一定都会改判，也可能维持原判，但发回重审的案件通常都是在程序上严重侵犯当事人诉讼权利，或者在实体上错得离谱的案件。因此，发回重审意味着当事人要么获得实体上改判的结果，要么在程序上获得重新审判、公平对待的机会，其反映上级人民法院监督的效果在实质上与改判更有甚之，因此将其视为“改判”并无不妥。

高的一年。[11] 此后历年的改判率几乎逐年下降,至2003年降至12.81%,为历年改判率最低。但2004~2006年,改判率又有所回升(见图22-6)。

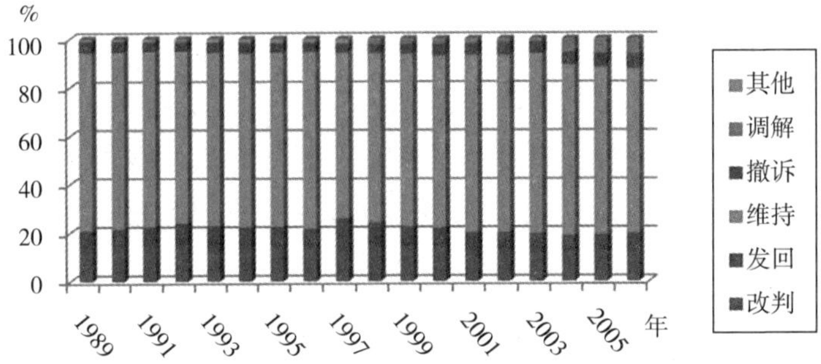

图22-5 1989年至2006年人民法院刑事第二审案件处理结果分布百分比

资料来源:《中国法律年鉴》(1990~2007年)。

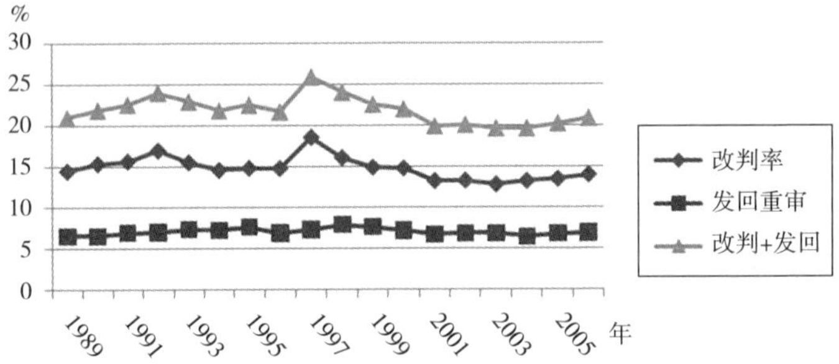

图22-6 1989年至2006年刑事第二审案件改判率变化

资料来源:《中国法律年鉴》(1990~2007年)。

从以上数据来看,笼统地说我国刑事第二审程序不能或者很难起到监督第一审作用发挥的说法是难以成立的。因为,第二审程序尽管在76%的案件中均作出了维持原判或者与维持原判效果相同的判决,但仍然将21%的案件改判或者发回重审。换句话说,21%的当事人(控辩双方)能够通过第二审程序改变判决的结果。我们不能由此得出结论说,只有21%的当事人获得了有效的救济,因为我们不能说那些没有在上诉中获得改判的案件的当事人就没有获得有效的救济。事实上,他们也通过上诉有效地表达了自己的意愿,使自己的声音传达到了第二审人民法院。尽管由于各种原因,他们的意见没有被采纳,但是从一个司法制度的正常运转来说,21%的改判率已经不低了,可见刑事第二审程序事实上正在发挥着对第一审程序的有效监督。另外,从国家间比较的角度来看,我国第二

〔11〕 之所以出现这一现象,很可能是因为1997年修订后的《刑法》开始实施,而很多下级人民法院的法官对于修订后的《刑法》的规定尚不熟悉,从而导致误判的增加。

审程序的改判率也是相当高的。〔12〕

从图22－7所列数据的情况来看，2007～2021年，尽管我国刑事第二审案件的发回率在6%～8%之间徘徊，但改判率却呈现逐年下降的趋势，这导致改判+发回率这一总体数据也呈逐渐下降趋势，2007年为最高，达到22%；2021年时已经下降至15%左右。

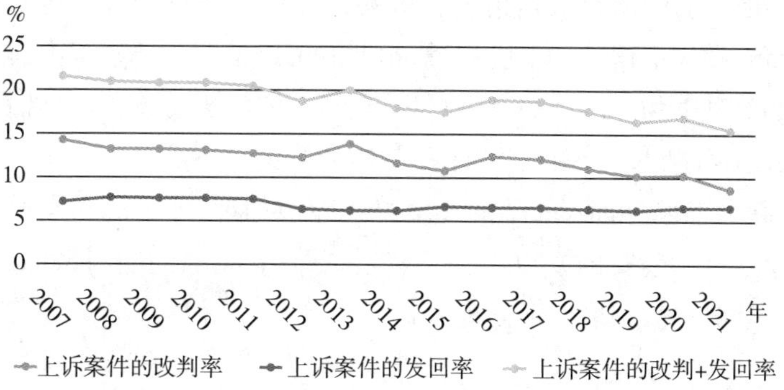

图22－7　2007～2021年刑事第二审案件改判率变化

四、审理期限及裁判效力

根据《刑事诉讼法》第243条第1款之规定，第二审人民法院受理上诉、抗诉案件，应当在2个月以内审结；对于可能判处死刑的案件或者附带民事诉讼的案件，以及有《刑事诉讼法》第158条规定情形之一的，经省、自治区、直辖市高级人民法院批准或者决定，可以延长2个月；因特殊情况还需要延长的，报请最高人民法院批准。此处援引的《刑事诉讼法》第158条规定的情形，包括以下情形：(1)交通十分不便的边远地区发生的重大复杂案件；(2)重大的犯罪集团案件；(3)流窜作案的重大复杂案件；(4)犯罪涉及面广，取证困难的重大复杂案件。根据第243条第2款之规定，最高人民法院受理上诉、抗诉案件的审理期限，由最高人民法院决定。另外，第二审人民法院发回原审人民法院重新审判的案件，原审人民法院从收到发回的案件之日起，重新计算审理期限。

根据《刑事诉讼法》第240条的规定，第二审人民法院对不服第一审裁定的上诉或者抗诉案件，经过审查后，应当参照《刑事诉讼法》第236、238、239条的规

〔12〕 统计表明，在美国，重罪案件通过上诉获得改判的案件仅占全部案件总数的5%～10%；在联邦巡回法院中获得改判的案件仅占全部案件的10.4%，其中改判率最低的巡回法院比例为7.4%，最高者为15%。参见 Yale Kamisar & Wayne R. Lafave et al., *Modern Criminal Procedure: Cases – Comments – Questions*, Eleventh Edition, Thomson/West, 2005, p. 1583。当然，由于制度的不同，这样的比较虽然略显粗疏，但是仍然可在一定程度上说明本处的结论。

定,分别情形用裁定驳回上诉、抗诉,或者撤销、变更原裁定。第二审的判决、裁定和最高人民法院的判决、裁定,都是终审的判决、裁定,一经宣布,立即发生法律效力。

五、查封、扣押、冻结在案财物的处理

查封、扣押的在案财物,是指公安机关、人民检察院在勘验、搜查过程中,人民法院在审查核实证据过程中所查封、扣押的可以证明犯罪嫌疑人、被告人有罪或者无罪的各种财物。冻结的在案财物,是指公安机关、人民检察院在侦查过程中,人民法院在调查核实证据过程中所冻结的与案件有关的犯罪嫌疑人、被告人的存款、汇款。查封、扣押、冻结的在案财物除被扣押、冻结的在案原物外,还包括原物所生孳息。公安机关、人民检察院、人民法院对查封、扣押、冻结在案的财物,应根据不同情况,采取以下处理方式。

(一)保管

公安机关、人民检察院、人民法院对于查封、扣押、冻结在案的犯罪嫌疑人、被告人的财物及其孳息,应当妥善保管,以供核查。任何单位和个人不得挪用或者自行处理。依法扣押的货币、有价证券,应当登记,写明货币或者有价证券的名称、数额,货币应当存入银行专户,并登记银行存款凭证的名称、内容,入卷备查。查封不动产、车辆、船舶、航空器等财物,应当扣押其权利证书,经拍照或者录像后原地封存,或者交持有人、被告人的近亲属保管,登记并写明财物的名称、型号、权属、地址等详细情况,并通知有关财物的登记、管理部门办理查封登记手续。依法扣押的物品,应当登记,写明物品的名称、型号、规格、数量、重量、质量、成色、纯度、颜色、新旧程度、缺损特征和来源等,入卷备查。依法扣押的文物、金银、珠宝、名贵字画等以及违禁品,应当及时鉴定。对扣押的物品应当及时依照有关规定及时估价。

(二)返还

对于被害人的合法财产,被害人明确的,查封、扣押、冻结机关应当及时返还。但须经拍照、鉴定、作价,并在案卷内注明返还的理由,将原物照片、清单和被害人的领取手续入卷备查。对于查封、扣押、冻结的与本案无关的财物,应当返还所有人、持有人或者解冻,但法律另有规定的除外。

(三)移送

对作为证据使用的实物,包括作为物证的货币、有价证券等,应当随案移送。

对于大宗的、不便搬运的物品，由扣押机关开列清单，并附原物照片和封存手续，注明存放地点，入卷随案移送。对于易腐烂、霉变和不易保管的物品，扣押机关变卖处理后，随卷移送原物照片、清单、变价处理的凭证（复印件）。对于违禁品、枪支弹药、易燃易爆物品、剧毒物品及其他危险品，扣押机关依照国家有关规定处理后，随案移送原物照片和清单。

（四）没收、上缴

根据《刑事诉讼法》第 245 条第 3、4 款的规定，人民法院作出判决，应当对查封、扣押、冻结的财物及其孳息作出处理。人民法院作出的判决生效以后，有关机关才能依据判决对查封、扣押、冻结的财物及其孳息进行处理。除依法返还被害人的以外，一律上缴国库。

（五）违法处理查封、扣押、冻结在案财物的责任

根据《刑事诉讼法》第 245 条第 5 款的规定，司法工作人员贪污、挪用或者私自处理查封、扣押、冻结的财物及其孳息的，依法追究刑事责任；不构成犯罪的，给予处分。

第五节　上诉不加刑原则

一、上诉不加刑原则的含义

《刑事诉讼法》第 237 条第 1 款规定："第二审人民法院审理被告人或者他的法定代理人、辩护人、近亲属上诉的案件，不得加重被告人的刑罚。第二审人民法院发回原审人民法院重新审判的案件，除有新的犯罪事实，人民检察院补充起诉的以外，原审人民法院也不得加重被告人的刑罚。"第 2 款规定："人民检察院提出抗诉或者自诉人上诉的，不受前款规定的限制。"依据上述规定，我们可以把上诉不加刑原则的概念概括为：上诉不加刑是指第二审人民法院审判仅有被告人一方上诉的案件时，不得以任何理由改判重于原判决所判刑罚的审判原则。

以上概念表明，第一，上诉不加刑的原则仅适用于第二审程序。我国诉讼程序分为第一审程序、第二审程序、审判监督程序以及死刑复核程序。每一个程序都有其特别适用的原则，上诉不加刑就是只适用于第二审程序的原则。它在死刑复核程序和审判监督程序中就不适用。另外，在发回重审的案件中也不适用。

例如,被告人甲因贪污公款46500元被第一审人民法院判处有期徒刑4年,被告人不服提出上诉,第二审人民法院认为事实不清、证据不足,发回第一审人民法院重新审判。第一审人民法院按照第一审程序重新审理时,发现被告人贪污公款数额不是46500元,而是64500元。公诉人遂建议将被告人的刑期由原来的4年改判为6年,被告人的辩护人对此表示反对,理由就是不得因被告人的上诉加重其刑罚。在这个案件中,辩护人的意见显然就是出于对上诉不加刑原则的误解。

第二,上诉不加刑原则适用的条件是只有被告人一方上诉。在我国,第二审程序提起的主体包括公诉人、被告人、自诉人和他们的法定代理人,以及征得被告人同意的被告人的辩护人和近亲属。在公诉案件中,如果公诉方提出了抗诉,那么,即使被告人上诉,第二审法院对于原判决所判刑罚也可以加重。在自诉案件中,如果自诉人不服第一审的判决,第二审法院在审理该上诉案件时,也可以加重被告人的刑罚。

有的论者将人民检察院抗诉和自诉案件中自诉人上诉的案件,作为上诉不加刑原则的例外来对待,这其实是不确切的。因为,在这类案件中,对被告人可以加重其刑罚,这本来就是上诉不加刑的应有之义,不属于例外情况。在实践中,对于共同犯罪案件只有部分被告人上诉的,既不能加重已经上诉的被告人的刑罚,也不得加重没有上诉的被告人的刑罚。

第三,所谓不得以任何理由改判重于原判决所判刑罚,核心概念是指不得使被告人处于比原判决更为不利的地位。何谓更为不利的地位?首先,不得将原判缓刑改为实刑,即不得撤销原判决的缓刑,例如,原判决判处被告人有期徒刑3年,缓期5年执行,则第二审法院不得以任何理由撤销缓刑,将被告人改判为有期徒刑3年;同时,也不得延长原判决所确定的缓刑考验期。其次,对被告人实行数罪并罚的,不得加重决定执行的刑罚,也不能在维持原判决决定执行刑罚不变的情况下,加重数罪中某罪的刑罚。例如,被告人在第一审程序中因盗窃罪被判处有期徒刑4年,因抢劫罪被判处有期徒刑10年,合并执行有期徒刑12年,那么,第二审法院不得在不改变原判决中盗窃罪和抢劫罪刑期的情况下,将总刑期改为13年。另外,它也不能在不改变总刑期的情况下,将原判决改为盗窃罪5年或抢劫罪11年。最后,对事实清楚、证据充分,但判处的刑罚畸轻,或者应当适用附加刑而没有适用的案件,不得撤销第一审判决,直接加重被告人的刑罚或者适用附加刑,也不得以事实不清或者证据不足为由发回第一审人民法院重新审理。必须依法改判的,应当在第二审判决、裁定生效后,按照审判监督程序重新审判。

人民检察院提出抗诉或者自诉人提出上诉的案件,不受上诉不加刑的限制。

但是,人民检察院抗诉的案件,经第二审人民法院审理后改判被告人死刑立即执行的,应当报请最高人民法院核准。共同犯罪案件中,人民检察院只对部分被告人的判决提出抗诉的,第二审人民法院对其他被告人也不得加重刑罚。

二、上诉不加刑原则的意义

上诉不加刑是刑事诉讼中的一个重要概念,其意义体现为以下几个方面:

第一,上诉不加刑有利于保障被告人的上诉权,保证两审终审制的贯彻执行。在刑事诉讼中,要正确地贯彻上诉制度和两审终审制,必须保障被告人充分行使上诉权。被告人或者他的法定代理人、辩护人、近亲属提出上诉的目的,是为了诉请上一级人民法院改变原判决,减轻、从轻或者免除对被告人的刑罚,改善被告人原来的不利处境。如果上诉后反而加重了被告人的刑罚,恶化其处境,就可能使被告人及其法定代理人、辩护人、近亲属对上诉产生顾虑,即使认为第一审判决不正确,也不敢上诉,客观上导致限制被告人一方行使上诉权的结果,使上诉制度流于形式。因此,必须用上诉不加刑的原则排除被告人一方上诉的这种顾虑,才能保证上诉制度的实行和两审终审制的贯彻。

第二,上诉不加刑有利于促使第一审人民法院加强责任心,不断提高办案质量。根据上诉不加刑原则,第一审法院量刑偏轻的案件,即使到了第二审程序,也不能任意改判加刑。因此,这对第一审人民法院提出更严格的要求,促使第一审审判人员充分认识到自己肩负的重任,使自己在审判第一审案件时更加认真、负责,正确运用法律武器,准确定罪量刑,做到不枉不纵,以期经得起实践的检验和上级人民法院的监督检查。

第三,上诉不加刑有利于促使检察机关履行法律监督职能。人民检察院提出抗诉的案件,不受上诉不加刑的限制,第二审人民法院审理抗诉案件时,如果原判量刑过轻,可以改判加重被告人的刑罚。这就促使第一审人民法院的同级人民检察院及时审查第一审判决,发现确有错误时,依法提起抗诉,督促人民法院改正错误判决,作出正确判决。因此,上诉不加刑可以加强检察机关的责任感,促使其发挥监督功能,及时做好有关量刑过轻案件的抗诉工作。

三、上诉不加刑原则的适用

上诉不加刑是第二审程序的重要原则。但是,根据《刑事诉讼法》第 237 条的规定,它只适用于只有被告人或者他的法定代理人、辩护人、近亲属提出上诉的案件。如果是人民检察院提出抗诉或者自诉人提出上诉的案件,或者在被告人一方提出上诉的同时,人民检察院或者自诉人也提出抗诉、上诉的,则不受上诉不加刑原则的限制。

根据《最高法解释》第401条的规定,第二审人民法院审理被告人或者其法定代理人、辩护人、近亲属提出上诉的案件,不得对被告人的刑罚作出实质不利的改判,并应当执行下列规定:(1)同案审理的案件,只有部分被告人上诉的,即不得加重上诉人的刑罚,也不得加重其他同案被告人的刑罚;(2)原判认定的罪名不当的,可以改变罪名,但不得加重刑罚或者对刑罚执行产生不利影响;(3)原判认定的罪数不当的,可以改变罪数,并调整刑罚,但不得加重决定执行的刑罚或者对刑罚执行产生不利影响;(4)原判对被告人宣告缓刑的,不得撤销缓刑或者延长缓刑考验期;(5)原判没有宣告职业禁止、禁止令的,不得增加宣告;原判宣告职业禁止、禁止令的,不得增加内容、延期期限;(6)原判对被告人判处死刑缓期执行没有限制减刑、决定终身监禁的,不得限制减刑、决定终身监禁;(7)原判判处的刑罚不当、应当适用附加刑而没有适用的,不得直接加重刑罚、适用附加刑。原判判处的刑罚畸轻,必须依法改判的,应当在第二审判决、裁定生效后,依照审判监督程序重新审判。

人民检察院提出抗诉或者自诉人提出上诉的案件,不受上诉不加刑原则的限制。但是人民检察院抗诉的案件,经第二审人民法院审理后,改判被告人死刑立即执行的,应当报请最高人民法核准。共同犯罪案件中,人民检察院只对部分被告人的判决提出抗诉的,第二审人民法院对其他第一审被告人不得加重刑罚。

上诉不加刑是指第二审人民法院直接改判时不得加重原判刑罚,同样适用于发回重审的案件。2012年以前的实务认为,对于第二审人民法院以事实不清或证据不足或者违反诉讼程序为由发回重审的案件,原审人民法院经重新审理,查清事实,补充证据后,该加刑的,可以判处比原判更重的刑罚。这一实务观点导致有些第二审人民法院为了加刑而将不符合条件的案件发回重审,这是对上诉不加刑原则的明显违背。为了杜绝这种现象,2012年修改后的《刑事诉讼法》特别增加规定,第二审人民法院发回重审的案件,除有新的犯罪事实,且人民检察院补充起诉的以外,都不能加重被告人的刑罚。这一规定有利于鼓励被告人行使其上诉权,而不必担心因上诉而以发回重审的名义被加重刑罚。

| 评注22-5 |　上诉不加刑原则的应用问题

对于基层人民法院第一审判处有期徒刑的案件,仅有被告人一方提出了上诉,中级人民法院经审理后认为应当判处无期徒刑或者死刑的,能否撤销原判,改由中级人民法院做第一审。有人认为可以,理由是如果改变管辖,则第二审程序转变为第一审程序,在第一审程序中,不应当受上诉不加刑的限制。有人认为不可以,理由是改变管辖加重被告人刑罚仍然会引起被告人不敢或不愿意行使上诉权的后果,因为无论如何操作,在被告人看来都是因为其上诉所以才招致了不利的后果。

本书认为,在这种情况下不应当改变管辖加重被告人刑罚。但是理由不是因其违反了上诉不加刑原则,而是因其违反了不告不理原则。不告不理原则包括两层含义:第一,没有原告,就没有法官,也就是说,没有原告提出具体的诉讼请求,则法官不能主动受理案件。第二,法官不能主动增加当事人的诉讼请求,这一点在民事诉讼中体现为,原告要求赔偿3000元,法院就不能判决赔偿5000元;在刑事诉讼中则体现为,控诉方要求某种刑罚,法官就不能判决高于该请求的刑罚,因为这不符合不告不理原则的精神。所以,如果只有被告人一方上诉,检察官没有抗诉,第二审人民法院即使认为应当判处无期徒刑或者死刑,也不能通过改变管辖的方式加重被告人刑罚。

另外,可否在不加重刑罚的情况下改变罪名?对此,根据《最高法解释》第401条第2项规定,可以在不加重刑罚的前提下改变罪名——这里说的改变罪名,是指将轻罪名改为重罪名,因为如果是将重罪名改为轻罪名,不违反上诉不加刑原则,也没有探讨的必要。对此,本书认为,从理论上,没有必要、也不应该在不加重刑罚的情况下改变罪名。理由是,上诉不加刑原则的精神是鼓励上诉,鼓励的途径是保证上诉人不会仅仅由于其上诉行为而导致不利的后果。这种不利的后果并不仅体现为刑期的长短,而且也体现为社会对被告人的评价。如果将轻罪名改为重罪名,实际上意味着对被告人主观恶性的谴责更为严厉,对被告人品质的评价更为降低。比如,在古代,强奸罪和通奸罪是不同的罪名,但是这两种罪名实际上代表了两种不同的主观恶性,人们对强奸罪犯的痛恨远远大于对通奸罪犯的痛恨。在今天,人们对抢劫罪犯的痛恨也远远大于对抢夺罪犯的痛恨,因为前者使用了暴力而后者没有使用暴力。所以,罪名的变更实际上是社会对被告人主观恶性评价的变更,这种变更在效果上使被告人遭受了不利益,虽然并不十分明显。但是它显然有违上诉不加刑原则的精神。

第二十三章　申诉与再审

与上诉不同，申诉是对已经生效的判决、裁定声明不服并申请再审的方式。上诉引起的是第二审程序，申诉引起的是审判监督程序，又称再审程序。两者均属于救济程序。二者所不同的地方在于，上诉的对象是未生效裁判，通常必然引起第二审程序；申诉的对象是已生效裁判，且未必引起再审；第二审程序适用独立的程序规范，再审程序虽然在启动程序上有自己独立的规范，但一旦启动再审，其程序既可能依照第一审程序进行，也可能依照第二审程序进行，因此并无完整的独立的程序规范。对于已生效裁判，人民检察院也可以提起抗诉，从而启动再审程序。虽然抗诉的对象不一样，名称却相同，难免让人混淆，因此也是学习中应当注意之处。本章分三节，分别论述再审的概念与特征，申诉的提起与受理以及再审程序的提起与审判。

第一节　再审的概念与特征

一、再审的概念

再审程序，理论上通称为“审判监督程序”，刑事诉讼法辟专章予以规定，其名称亦为“审判监督程序”；由此观之，理论上之称谓，实系沿袭并尊重法律上之规定。因该程序是指人民法院、人民检察院对已经发生法律效力的判决、裁定在特定情形下对案件进行重新审理的程序，因此它在理论上还有一个称谓，即“生效裁判再审程序”。本书认为，“审判监督程序”从字义上给人感觉此程序似乎纯粹是审判机关自己监督而提起之程序，实际上该程序并非仅由审判机关提起；而且，由于人民法院上下级之间本身就是监督与被监督之关系，若仅从实现监督之功能出发界定程序之性质，则第二审程序、死刑复核程序似乎皆可称为“审判监督程序”。因此，本书倾向于称其为“再审程序”，与“二审程序”相对应，既简单明了，又符合该制度之本质。

二、再审程序的特征

再审程序的特征主要体现为以下几个方面：(1)再审程序处理的对象是已经发生法律效力的判决、裁定。这一点与第二审程序、死刑复核程序均不一样。无论是第二审程序还是死刑复核程序，处理的都是尚未生效的判决和裁定。(2)再审程序的提起必须有特定的理由，此点亦区别于第二审程序与死刑复核程序。当事人提起第二审程序只需要对第一审的判决不服即可，人民检察院对第一审的判决、裁定认为确有错误时，亦可通过抗诉开启第二审程序。死刑复核程序则是自动开启。(3)法律对有权提起再审程序的主体进行了严格的限定。(4)再审程序的提起期限并无法律限制，因此只要符合条件，任何时候都可以开启再审程序。(5)再审程序在具体的审判程序规则上不具有独立性，因为再审审判适用的程序规则取决于原作出生效裁判的程序，因此通常参照原作出生效裁判的程序进行。

三、再审程序的材料来源

根据刑事诉讼法的规定及司法实践，再审程序的材料来源主要包括：(1)当事人等的申诉；(2)人民群众来信来访；(3)司法机关复查案件发现的错误；

(4)各级人民代表大会代表提出的纠正错案的议案;(5)机关、团体、企业事业单位和新闻媒体等对已生效裁判提出的意见。实践中,当事人及其法定代理人、近亲属的申诉,是开启再审程序最主要的材料来源。

评注 23-1　再审程序与刑事裁判的终局性

审级制度设计的第二个目标,就是终结诉讼。那么,我国目前的刑事诉讼中,通过第二审程序能否达到终结诉讼这一目标呢?图 23-1 列出了 1987~2006 年我国法院受理刑事第一审案件和第二审案件以及再审案件的数量变化,其变化的趋势如图 23-2 所示。之所以将第一、二审案件数在此处同时列出,是为了更加清楚地观察我国刑事再审案件数量的变化,尤其是这种数量的变化和第一、二审案件数量变化之间的反差。从图 23-1 可知,除个别年份外,第一审案件数基本上呈逐年上升趋势;除个别年份外,第二审案件数基本上也呈逐年上升趋势;无一例外,刑事再审案件数逐年下降;其中,1988 年再审案件数在 1987 年的基础上下降了 75.05%。这主要是由于 1987 年之前的刑事再审程序还承担着拨乱反正的任务,因此在 1987 年之前每年的刑事再审案件数几乎都超过二审案件数。从 1988 年之后,再审程序才正式步入正轨。也正是从这一年开始,再审案件数继续逐年下降。在第一、二审案件数略有下降的年份,刑事再审案件数则呈更大的下降趋势。尤其是 2003 年之后,全国法院受理的刑事再审案件已经不超过 4000 件,仅占当年全部第一审案件总数的 0.57%,以及当年全部第二审案件总数的 3.72%。可见,在民事诉讼中存在的再审案件数居高不下的状况,[1]在刑事诉讼中并不存在。

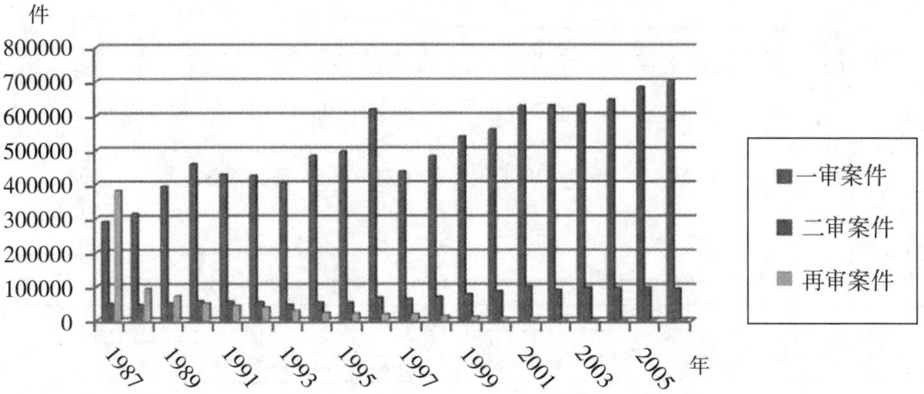

图 23-1　1987 年至 2006 年人民法院受理一审、二审及再审案件数

资料来源:《中国法律年鉴》(1988~2007 年)。

---

[1] Nanping Liu, *A Vulnerable Justice: Finality Of Civil Judgements In China*, 13 Colum. J. Asian L. 35, p. 35-97(1999).

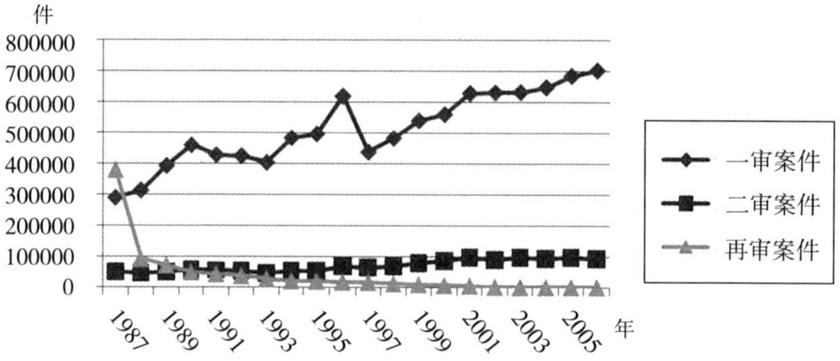

图 23-2 1987~2006 年人民法院一审、二审及再审收案数

资料来源:《中国法律年鉴》(1988~2007 年)。

图 23-3 和图 23-4 分别是 2007~2021 年间人民法院一审、二审案件数折线图和再审案件数折线图(之所以用两张图来展示,是因为再审案件数相对于一审、二审案件数几乎可以忽略不计,如果做成一张图,就需要放大很多倍才能看

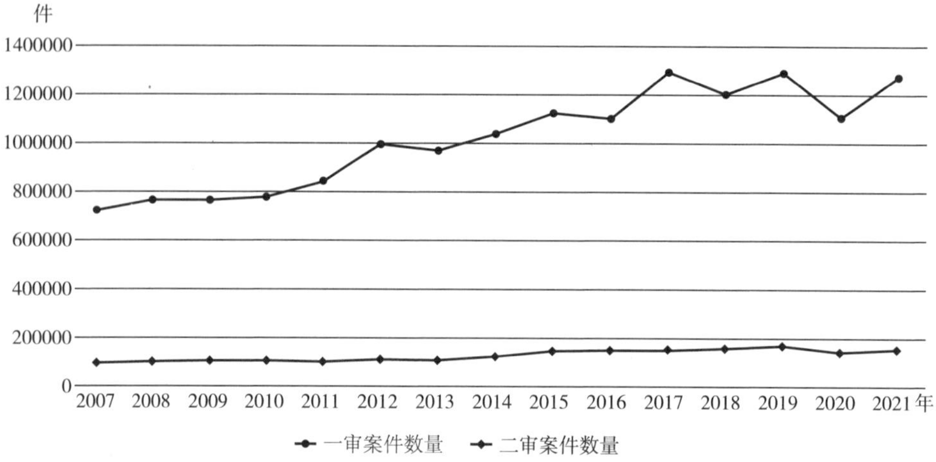

图 23-3 2007~2021 年人民法院一审、二审收案数

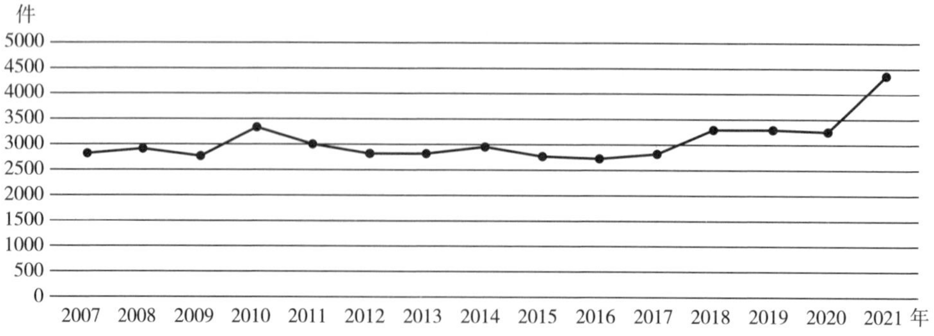

图 23-4 2007~2021 年人民法院再审收案数

清楚再审案件数的变化）。从这两个图表我们可以更加清晰地看到，尽管人民法院每年的一审、二审案件数基本上呈逐年增加的趋势，再审案件数却基本上维持在每年2500件到3500件这个区间，只是在2021年时突然增加到了近4500件。但总体上，再审案件数的变化基本平稳。

总而言之，上述统计数据充分说明，目前我国审级制度在实际运作中，裁判的终局性已经不再是一个问题。

第二节　申诉的提起与受理

一、申诉的概念

《刑事诉讼法》第252条规定："当事人及其法定代理人、近亲属，对已经发生法律效力的判决、裁定，可以向人民法院或者人民检察院提出申诉，但是不能停止判决、裁定的执行。"据此，刑事再审程序中的申诉，是指当事人及其法定代理人、近亲属对已经发生法律效力的判决、裁定不服而提出的对案件进行重新审查和处理的诉讼请求。根据前引法律规定，申诉并不当然地引起再审程序的启动，因此也不能停止对生效裁判的执行。但是，如果申诉符合法律规定的情形，即具备法律规定的理由，则人民法院必须重新审判。

二、申诉的理由

《刑事诉讼法》第253条规定，当事人及其法定代理人、近亲属的申诉符合下列情形之一的，人民法院应当重新审判：（1）有新的证据证明原判决、裁定认定的事实确有错误，可能影响定罪量刑的；（2）据以定罪量刑的证据不确实、不充分、依法应当予以排除，或者证明案件事实的主要证据之间存在矛盾的；（3）原判决、裁定适用法律确有错误的；（4）违反法律规定的诉讼程序，可能影响公正审判的；（5）审判人员在审理该案件的时候，有贪污受贿，徇私舞弊，枉法裁判行为的。当事人及其法定代理人、近亲属的申诉只要符合上述任一情形，即可导致人民法院开启再审程序。

值得注意的是，以上所说的"申诉理由"，指的是应当或者能够引起再审程序的理由。换句话说，只要上述理由当中的任何一个能够成立，就必然引起再审程序的启动。所以，上述理由与其说是申诉理由，不如说是启动再审程序的法定原因。实践中，申诉的理由五花八门，自然不限于上述理由。但是当事人若希望借申诉启动再审,则只能通过上述各项阐述申诉理由,方能获得再审启动的成功。

三、申诉的受理和审查

根据《最高法解释》第 453 条的规定,申诉由终审人民法院审查处理。但是,第二审人民法院裁定准许撤回上诉的案件,申诉人对第一审判决提出申诉的,可以由第一审人民法院审查处理。上一级人民法院对未经终审人民法院审查处理的申诉,可以告知申诉人向终审人民法院提出申诉,或者直接交终审人民法院审查处理,并告知申诉人;案件疑难、复杂、重大的,也可以直接审查处理。对未经终审人民法院及其上一级人民法院审查处理,直接向上级人民法院申诉的,上级人民法院可以告知申诉人向下级人民法院提出。

以上规定的实质,就是申诉的审查由原作出生效裁判的人民法院处理。《最高检规则》第 593 条作了类似的规定,即申诉人选择向检察机关申诉的,由原作出生效裁判的人民法院同级的人民检察院依法办理。

另据《最高法解释》第 455 条的规定,对死刑案件的申诉,可以由原核准的人民法院直接审查处理,也可以交由原审人民法院审查。原审人民法院应当制作审查报告,提出处理意见,层报原核准的人民法院审查处理。《最高法解释》第 454 条还规定,最高人民法院或者上级人民法院可以指定终审人民法院以外的人民法院对申诉进行审查。被指定的人民法院审查后,应当制作审查报告,提出处理意见,层报最高人民法院或者上级人民法院审查处理。

| 评注 23-2 |　申诉应由终审法院的上级法院或上级检察院审查处理

《刑事诉讼法》第 252 条规定,"当事人及其法定代理人、近亲属,对已经发生法律效力的判决、裁定,可以向人民法院或者人民检察院提出申诉"。在此,《刑事诉讼法》并未限定刑事诉讼的当事人及其法定代理人、近亲属一定要向哪一级人民法院或人民检察院申诉。从逻辑上看,当事人及其法定代理人、近亲属之所以选择申诉,一定是认为自己遭受了不公正的裁判。在此情形下,他们大多数不会选择向原作出生效裁判的法院或其同级检察院申诉,而是会选择向上一级法院或检察院申诉。《刑事诉讼法》并未限定申诉人申诉的法院或检察院的级别,实际上是默认了申诉人可以直接向上一级人民法院、上一级人民检察院甚至最高人民法院和最高人民检察院申诉。

从逻辑上看,既然刑事诉讼法并未限定申诉人提出申诉的人民法院或者人民检察院的级别,那么,受理申诉的机关自然应当由申诉人决定:申诉人向作出生效裁判的机关申诉的,由作出生效裁判的机关受理申诉;申诉人向上一级机关申诉的,当然就应当由上一级机关审查处理。因此,申诉由上一级人民法院或者上一级人民检察院受理并审查处理乃是刑事诉讼法规定的应有之义。

然而,《最高法解释》第 453 条和《最高检规则》第 593 条却限定了申诉案件处理法院/检察院的层级,实际上限定了申诉人申诉对象的层级。这一限定既不符合《刑事诉讼法》规定的精神,也使申诉人的申诉变得异常艰难。首先,从常理来看,作出生效裁判的法院/检察院通常不会自己改变自己作出的生效裁判(或提出犯罪指控的立场),因此,向作出生效裁判的法院/检察院申诉无太大意义;要求申诉人向作出生效裁判的法院/检察院申诉,在实体上就天然不利于申诉人的申诉。其次,虽然《最高法解释》对立案审查的申诉案件的审查期限作了规定(6 个月),但由于《刑事诉讼法》和《最高法解释》均未限定作出生效裁判的法院在立案之前对申诉材料进行审查的期限,导致很多申诉案件在作出生效裁判的法院久拖未决。这实际上严重耽误了申诉人继续向上一级人民法院申诉的时间。这同时也消耗掉了上级人民法院启动再审的可能性——即便申诉有理,但案件拖得越久,上级法院启动再审的动力也就越小。以上论述,自然也适用于申诉人选择向人民检察院申诉的情形。

本书认为,《最高法解释》和《最高检规则》的规定并不符合刑事诉讼法的本意,应当予以修订。《刑事诉讼法》修改时,也应当将相关条文的表述加以修改,以使其法条意旨更加明确。对此,本书建议,将《刑事诉讼法》第 252 条修改为:"当事人及其法定代理人、近亲属,对已经发生法律效力的判决、裁定,可以向上一级人民法院或者人民检察院提出申诉。"如此修改,就可以明确,申诉的对象是作出生效裁判机关的上一级机关,有利于申诉人及时将案件提交到上一级司法机关,畅通刑事申诉的处理渠道。

四、申诉的审查期限

根据《最高法解释》第 457 条第 1 款的规定,人民法院对立案审查的申诉案件,应当在 3 个月内作出决定,至迟不得超过 6 个月。因案件疑难、复杂、重大或者其他特殊原因需要延长审查期限的,参照该解释第 210 条的规定处理。《最高法解释》第 210 条规定,对可能判处死刑的案件或者附带民事诉讼的案件以及有《刑事诉讼法》第 158 条规定情形之一的案件,上一级人民法院可以批准延长审理期限 1 次,期限为 3 个月。因特殊情况还需要延长的,应当报请最高人民法院批准。因此,对于申诉案件,因案件疑难、复杂、重大或者其他特殊原因在 6 个月内不能作出决定的,可以经上一级人民法院批准延期 3 个月;如因特殊情况还需要延长的,需经最高人民法院批准。

评注 23-3 人民法院受理申诉到立案审查应当增加期限限制

如前所述,因目前《最高法解释》将申诉人申诉的对象限定为作出生效裁判的人民法院,导致受理申诉的人民法院有可能延宕对申诉案件的审查处理,并导致申诉人向上一级人民法院继续申诉的时间被拖延。前引《最高法解释》第 457 条第 1 款规定,人民法院对立案审查的申诉案件至迟应当在6个月内作出决定。这个规定的含意似乎为作出生效裁判的人民法院最多也就能将申诉人向上一级人民法院继续申诉的时间拖延6个月。这种理解显然是一种误解。《最高法解释》虽然规定了立案审查的期限限制,却没有规定从受理申诉到立案之间的时间限制。值得注意的是,《最高法解释》虽然对受理申诉与立案之间的期限未作规定,但却对人民检察院依照审判监督程序提出的抗诉进行立案的时间规定了期限限制(该期限限制为1个月)。本书认为,《最高法解释》对人民检察院依照审判监督程序提起抗诉从受理案件到立案之间的期限限定为1个月做法是值得赞赏的。但仅仅规定对人民检察院提起抗诉到立案之间的期限限制既是不公平的,也是有漏洞的。本书建议,最高人民法院应当出台相应规定,明确人民法院受理申诉后应当在1个月内立案。将来《刑事诉讼法》修改时,也应当以适当条款明确规定:受理申诉的人民法院应当在收到申诉材料之日起1个月内立案审查。

关于申诉审查之后的处理,根据《最高法解释》第 458 条的规定,具有下列情形之一,可能改变原判决、裁定据以定罪量刑的事实的证据,应当认定为《刑事诉讼法》第 253 条第 1 项规定的"新的证据":(1)原判决、裁定生效后新发现的证据;(2)原判决、裁定生效前已经发现,但未予收集的证据;(3)原判决、裁定生效前已经收集,但未经质证的证据;(4)原判决、裁定所依据的鉴定意见,勘验、检查等笔录被改变或者否定的;(5)原判决、裁定所依据的被告人供述、证人证言等证据发生变化,影响定罪量刑,且有合理理由的。

当事人及其法定代理人、近亲属的申诉只要符合上述任一情形,即可导致人民法院开启再审程序。对不符合上述规定情形的申诉,应当说服申诉人撤回申诉;对仍然坚持申诉的,应当书面通知驳回。

五、对驳回申诉的救济

根据《最高法解释》第 459 条和《最高检规则》第 594 条的规定,申诉人对驳回申诉不服的,可以向上一级人民法院、上一级人民检察院继续申诉。《最高法解释》规定,上一级人民法院经审查认为申诉不符合《刑事诉讼法》第 253 条和《最高法解释》第 457 条第 2 款规定的,应当说服申诉人撤回申诉;对仍然坚持申诉的,应当驳回或者通知不予重新审判。《最高检规则》规定,经两级人民检察院办理且省级人民检察院已经复查过的申诉，如果没有新的证据，人民检察院不再复查；但原审被告人可能被宣告无罪或者判决、裁定有其他重大错误可能的除外。

案例 23-1　聂树斌强奸杀人案〔2〕

1995年3月15日，聂树斌因犯强奸罪、故意杀人罪被石家庄市中级人民法院一审判处死刑立即执行。1995年4月25日，河北省高级人民法院维持了对聂树斌的死刑判决。聂树斌于1995年被执行死刑。

以下是聂树斌案一审判决书主文：

被告人聂树斌，男，1974年11月6日出生，汉族，鹿泉市申后乡下聂庄村人，初中文化，捕前系鹿泉市冶金机械厂工人，住原籍。1994年10月1日被刑事拘留，同年10月9日因故意杀人、强奸妇女被逮捕。现押石家庄市看守所。

河北省石家庄市人民检察院于1995年3月3日以被告人聂树斌犯故意杀人罪、强奸妇女罪向本院提起公诉。本院受理后，依法组成合议庭，不公开开庭审理了本案。河北省石家庄市人民检察院代理检察员田某媛出庭支持公诉，附带民事诉讼原告人康某东，被告人聂树斌及其辩护人张某和到庭参加诉讼。本案现已审理终结。河北省石家庄市人民检察院指控被告人聂树斌，于1994年8月5日17时许，尾随下班回家的石家庄市液压件厂女工康某花至石郊孔寨村的石粉路中段，将康某花拖至路东玉米地内，致昏后强奸。尔后，又将康某花勒颈致死。刑事附带民事诉讼原告人主要提出被告人应赔偿被害人丧葬费、孩子的抚养费及寻找被害人康某花误工、用车等费用10万余元。被告人聂树斌对公诉机关指控的犯罪事实供认不讳。被告人的辩护人辩称，公诉机关指控被告人聂树斌犯强奸妇女罪的证据不足，不能认定，被告人犯罪后认罪态度好。

经审理查明：被告人聂树斌于1994年8月5日17时许，骑自行车尾随下班的石家庄市液压件厂女工康某花，至石郊孔寨村的石粉路中段，聂树斌故意用自行车将骑车前行的康某花别倒，拖至路东玉米地内，用拳猛击康某花的头、面部，致康某花昏迷后，将康某花强奸。尔后用随身携带的花上衣猛勒康某花的颈部，致康某花窒息死亡。石家庄市郊区分局在侦破此案时根据群众反映，将聂树斌抓获后聂树斌即交代了强奸后勒死康某花的犯罪经过，并带领公安人员指认了作案现场及埋藏被害人衣物的地点，与现场勘查一致。被告人聂树斌对康某花被害现场提取物及生前照片进行辨认，均确认系被害人照片及其所穿衣物。聂树斌所供被害妇女

〔2〕 本案全部资料均源自《聂树斌案刑事申诉书》，载南方周末网2013年6月24日，http://www.infzm.com/content/91776。收入本书时除判决书外均作了删节、改写。

体态、所穿衣物与被害人之夫侯某尧、证人余某琴所证一致。据此足以认定康某花系聂树斌强奸后杀死无疑。

本院认为,被告人聂树斌拦截强奸妇女、杀人灭口,手段残忍,情节和后果均特别严重,其行为已构成强奸妇女罪、故意杀人罪。被告人的辩护人辩称,公诉机关指控被告人犯强奸妇女罪的证据不足,经查,有被告人聂树斌多次供述,且与现场勘查吻合,供证一致,足以认定。辩护人所提被告人认罪态度好属实。被告人之行为给被害人家庭造成一定经济损失属实应予赔偿。依照《刑法》第139、132、53、31条及全国人大常委会《关于迅速审判严重危害社会治安的犯罪分子的程序的决定》之规定,判决如下:(1)被告人聂树斌犯故意杀人罪,判处死刑,剥夺政治权利终身;犯强奸妇女罪,判处死刑,剥夺政治权利终身。决定执行死刑,剥夺政治权利终身。(2)判处被告人聂树斌赔偿附带民事诉讼原告人丧葬费及其他费用2000元整。判决生效后1个月内付清。如不服本判决,可自接到判决的第二日起3日内,通过石家庄市中级人民法院或直接向河北省高级人民法院提出上诉。书面上诉的,应交上诉状正本一份,副本一份。一九九五年三月十五日。

聂树斌于1995年被执行死刑后,2005年1月18日,河南警方抓获一名叫王书金的河北广平人,王书金供出曾在河北强奸多名妇女并将其中4人(包括聂树斌案中受害人康某花)杀害。据广平警方透露,王书金供认自己是单独作案,并不认识聂树斌。2005年3月15日,媒体披露“聂树斌冤杀案”,舆论哗然,河北相关机关开始复查聂树斌案。2007年3月,河北省邯郸市中级人民法院对王书金案作出判决:王书金犯故意杀人罪,判处死刑立即执行。但未对王书金自己供认的在河北广平实施的强奸杀人犯罪作出认定。王书金针对该案一审判决提出上诉,理由就是邯郸市中级人民法院未对其自己主动供认的强奸、杀害康某花一案作出认定。河北省高级人民法院虽然宣布启动对聂树斌案的复查,但直至2012年,仍然没有结论。

2013年6月,王书金案第二审程序在延宕了6年之后,终于公开开庭审理。庭审中,王书金陈述的上诉理由是:原判认定的三起故意杀人、强奸犯罪事实属自首,应从轻处罚;所供述的在石家庄市西郊强奸、杀人,是对国家和社会的贡献,属重大立功,应从轻处罚。其中,王书金提出的自首问题,在2007年第一次开庭时已经审理,此次开庭只对王书金提出的供述石家庄西郊强奸、杀人构成重大立功的上诉理由进行审理。辩护人发表意见认为:王书金供述的石家庄西郊玉米地强奸杀人,可以认定应该是王书金所为。对此,河北省人民检察院检察员答辩认为,王书金的上诉理由不成立,石家庄西郊强奸杀人案并非王书金所为。王书金的供述与石家庄西郊强奸杀人案的实际情况在关键情节上存在重大差异。

就在对王书金的第一审判决作出之后,聂树斌的父母于2007年6月向最高人民法院提交了再审申诉书,申请启动再审。其再审申请的主要理由是:(1)石家庄市中级人民法院在严重缺乏必要和足够证据的情况下，仅仅凭借被告人聂树斌的供述，就错误地认定“康某花系聂树斌强奸杀死无疑”，并对聂树斌定罪量刑，判决聂树斌“犯故意杀人罪，判处死刑，剥夺政治权利终身；犯强奸妇女罪，判处死刑，剥夺政治权利终身。决定执行死刑，剥夺政治权利终身”，违反了刑事诉讼法的规定，适用法律错误；而河北省高级人民法院在不对案件事实和证据进行认真调查核实的情况下，错误维持了原判决的死刑判决以及对强奸罪的认定，导致了聂树斌被错杀，酿成了一起骇人听闻的冤案错案。(2)有新的证据表明：河北省石家庄市中级人民法院(1995)石刑初字第53号刑事附带民事判决书和河北省高级人民法院(1995)冀刑一终字第129号刑事附带民事判决书认定的事实确有错误(主要就是王书金案被告人供认自己杀害了康某花的供述)。(3)在聂树斌一案的侦查过程中，公安机关严重违反法律程序和规定，在“有罪推定”的思维和破案立功的因素驱使下，拼凑了所谓聂树斌的犯罪证据；而且，涉嫌刑讯逼供行为。

2016年6月6日，最高人民法院作出(2016)最高法刑申188号再审决定，提审本案。再审过程中，申诉人提出，聂树斌系被错抓、错判，请求宣告聂树斌无罪；其诉讼代理人提出，原审认定聂树斌强奸妇女、故意杀人的事实不清、证据不足，应当依法改判聂树斌无罪。最高人民检察院出庭检察员亦认为，原审判决认定事实不清、证据不足，依据现有证据不能认定聂树斌实施了故意杀人、强奸妇女的行为，应当依法改判聂树斌无罪。

最高人民法院再审判决认定：原审认定原审被告人聂树斌犯故意杀人罪、强奸妇女罪的主要依据是聂树斌的有罪供述，以及聂树斌的有罪供述与在案其他证据印证一致；但综观全案，本案缺乏能够锁定聂树斌作案的客观证据，聂树斌作案时间不能确认，作案工具花上衣的来源不能确认，被害人死亡时间和死亡原因不能确认；聂树斌被抓获之后前5天的讯问笔录缺失，案发之后前50天内多名重要证人的询问笔录缺失，重要原始书证考勤表缺失；聂树斌有罪供述的真实性、合法性存疑，有罪供述与在卷其他证据供证一致的真实性、可靠性存疑，本案是否另有他人作案存疑；原判据以定案的证据没有形成完整链条，没有达到证据确实、充分的法定证明标准，也没有达到基本事实清楚、基本证据确凿的定罪要求。据此，原审认定聂树斌犯故意杀人罪、强奸妇女罪的事实不清、证据不足；根据1979年《刑事诉讼法》的相关规定，不能认定聂树斌有罪。对申诉人及其代理人、最高人民检察院提出的应当改判聂树斌无罪的意见，予以采纳。对申诉人及其代理人提出的王书金系本案真凶的意见，因王书金案不属于本案审理范围，不予采纳。故依法改判聂树斌无罪。

第三节 再审程序的提起与审判

一、再审程序的提起

根据《刑事诉讼法》第254条之规定,有权提起再审程序的主体包括各级人民法院院长及审判委员会、上级人民法院、最高人民法院、最高人民检察院以及上级人民检察院。具体如下:

(一)各级人民法院院长对本院已生效裁判提起再审程序

各级人民法院院长对本院已经发生法律效力的判决和裁定,如果发现在认定事实上或者在适用法律上确有错误,必须提交审判委员会处理。因此,各级人民法院院长自己不能单独提起再审程序,其发现本院已经生效之裁判确有错误时,只能提交审判委员会处理;在审判委员会亦认为该生效裁判确有错误时,方能提起再审程序。

(二)最高人民法院对各级人民法院已生效裁判提起再审程序

最高人民法院对各级人民法院已经发生法律效力的判决和裁定,如果发现确有错误,有权提审或者指令下级人民法院再审。最高人民法院是我国最高审判机关,从理论上说,最高人民法院之上已经没有上级,因此,最高人民法院不仅要监督地方各级人民法院正确履行职责,对其自身可能出现的错误,亦必须加以留意。因此,无论是地方各级人民法院还是最高人民法院自身,在生效裁判确有错误时,均应当提起再审程序。最高人民法院提起再审程序时,既可以提审,也可以指令下级人民法院再审。[3] 所谓提审,就是原作出生效裁判之法院在级别上低于提起再审之法院级别,由上一级人民法院提高审级加以审判之制度。最高人民法院提审,就是将原属于地方人民法院作出生效裁判之案件,提高审级,由最高人民法院再审。所谓指令下级人民法院再审,就是指令地方各级人民法院再审。指令下级人民法院再审时,既可以指令原作出生效裁判之下级人民法院再审,也可以指令其他下级人民法院再审。指令下级人民法院再审之案件,通常都是由地方各级人民法院作出生效裁判的案件。一般而言,最高人民法院作

---

〔3〕 名动一时的刘涌案,就是由最高人民法院提审,具体可参见刘涌组织、领导黑社会性质组织案,最高人民法院(2003)刑提字第5号刑事判决书。但该案在程序上供商榷之处甚多,此处不逐一探讨。

出生效裁判的案件，通常不会指令下级人民法院再审。

（三）上级人民法院对下级人民法院已生效裁判提起再审

上级人民法院对下级人民法院已经发生法律效力的判决和裁定，如果发现确有错误，有权提审或者指令下级人民法院再审。上级人民法院负有监督下级人民法院之责，因此，当发现下级人民法院已经发生法律效力之判决、裁定确有错误时，应当启动审判监督程序，或者提审，或者指令下级人民法院再审。需要注意的是，上级人民法院发现下级人民法院已经发生法律效力的判决、裁定确有错误，是指上级人民法院发现下级人民法院生效裁判确有错误并已经作出再审之决定，该决定通常已经经过审判委员会讨论，因此可以直接提审或者直接指令下级人民法院再审。实践中，对于原判决、裁定认定事实正确，但是在适用法律上有错误，或者案情疑难、复杂、重大的，或者有其他不宜由原审人民法院审理的情况的案件，通常予以提审。

（四）最高人民检察院对各级人民法院已生效裁判提起再审

最高人民检察院对各级人民法院已经发生法律效力的判决和裁定，如果发现确有错误，有权按照审判监督程序向同级人民法院提出抗诉。最高人民检察院是我国最高法律监督机关，它不仅要领导、监督其下级人民检察院，而且要监督包括最高人民法院在内的各级人民法院。因此，无论是地方各级人民法院的生效裁判，还是最高人民法院的生效裁判，只要发现错误，最高人民检察院均可提起再审。

（五）上级人民检察院对下级人民法院已生效裁判提起再审

上级人民检察院对下级人民法院已经发生法律效力的判决和裁定，如果发现确有错误，有权按照审判监督程序向同级人民法院提出抗诉。此处需注意的是，同级人民检察院如果发现同级人民法院已经发生法律效力的判决、裁定确有错误，不能提起审判监督程序，因其不是审判监督程序之主体。[4] 在此情况下，该人民检察院只能向其上级人民检察院报告，请求其上级人民检察院提起再审程序。

---

〔4〕 据此当然可以断定：县一级的人民检察院不是再审程序之提起主体。但是，在地市级人民检察院发现基层人民法院之生效裁判确有错误而向中级人民法院提起再审，中级人民法院将该案指令下级人民法院再审时，县市级人民检察院即可成为支持再审抗诉之主体。

二、对再审案件的审理

根据《刑事诉讼法》及最高人民法院司法解释的规定,对生效裁判进行再审的,应当遵循以下程序。

(一)再审决定书之制作

对决定按照审判监督程序重新审判的案件,除人民检察院提起抗诉的外,人民法院应当制作再审决定书。由于人民检察院是再审提起的主体之一,因此人民检察院提起再审抗诉的情况下,不需要人民法院制作"再审决定书"。只有在再审的确是由人民法院自己作出决定的情况下,才需要人民法院作出再审决定书。因此,再审决定书是人民法院决定再审的标志性法律文书。人民检察院依照审判监督程序提出抗诉,则是人民检察院提起再审的标志性程序行为。

再审期间不停止原判决、裁定的执行。但被告人可能经再审改判无罪,或者可能经再审减轻原判刑罚而致刑期届满的,可以决定中止原判决、裁定的执行,必要时,可以对被告人采取取保候审、监视居住措施。

(二)合议庭之组成

各级人民法院院长对本院已经发生法律效力的判决和裁定,如果发现在认定事实或者适用法律上确有错误,经提交审判委员会讨论决定再审的案件,应当另行组成合议庭进行再审;在上级人民法院指令再审的情况下,如果原作出生效裁判的法院正是再审的法院,同样必须另行组成合议庭进行再审,原参加合议庭的组成人员不得参加再审合议庭。

最高人民检察院对各级人民法院已经发生法律效力的判决和裁定,上级人民检察院对下级人民法院已经发生法律效力的判决和裁定,如果发现确有错误,按照审判监督程序向同级人民法院提出抗诉的案件,接受抗诉的人民法院应当组成合议庭重新审理;对于原判决事实不清楚或者证据不足的,可以指令下级人民法院再审,并将指令再审的决定书送达抗诉的人民检察院。

(三)再审程序之适用

如前所述,再审程序并非独立的一类审判程序,其程序之适用或者参照第一审程序进行,或者参照第二审程序进行,究竟参照何种程序,取决于原作出生效裁判的程序究竟是第一审程序还是第二审程序。根据《最高法解释》,人民法院按照再审程序重新审判的案件,如果原来是第一审案件,应当依照第一审程序进行审判,所作的判决、裁定,可以上诉、抗诉;如果原来是第二审案件,或者是上级人民法院提审的案件，应当依照第二审程序进行审判，所作的判决、裁定是终审的判决、裁定。

（四）再审的审理方式

对原审被告人、原审自诉人已经死亡或者丧失刑事责任能力的再审案件，可以不开庭审理。开庭审理的再审案件，再审决定书或者抗诉书只针对部分原审被告人，其他同案原审被告人不出庭不影响审理的，可以不出庭参加诉讼。开庭审理的再审案件，系人民法院决定再审的，由合议庭组成人员宣读再审决定书；系人民检察院抗诉的，由检察员宣读抗诉书；系申诉人申诉的，由申诉人或者其辩护人、诉讼代理人陈述申诉理由。

（五）全面审查原则

人民法院按照再审程序重新审判的案件，应当对原判决、裁定认定的事实、证据和适用法律进行全面审查。根据《刑事诉讼法》第 253 条之规定，提起再审的理由不外乎事实错误、适用法律错误两个方面（审判人员在审理该案件的时候，有贪污受贿，徇私舞弊，枉法裁判行为的，如果在实体上并未导致错误，虽然能够开启再审程序，但却不一定改变实体上之认定），无论申诉人以哪一个方面作为申诉之理由，再审时均必须对全案进行全面审查。

（六）再审之结案方式

依《刑事诉讼法》第 256 条之规定，再审程序分别情形依照第一审程序或者第二审程序进行，因此，无论公诉、自诉，均可以判决结案，也可以裁定结案。但在公诉案件中，对于附带民事诉讼，是否可以调解结案，司法解释并未规定。本书认为可以调解结案，理由仍然是《刑事诉讼法》第 256 条之规定。

（七）再审之期限

对于再审案件的审理期限，《刑事诉讼法》第 258 条规定："人民法院按照审判监督程序重新审判的案件，应当在作出提审、再审决定之日起三个月以内审结，需要延长期限的，不得超过六个月。接受抗诉的人民法院按照审判监督程序审判抗诉的案件，审理期限适用前款规定；对需要指令下级人民法院再审的，应当自接受抗诉之日起一个月以内作出决定，下级人民法院审理案件的期限适用前款规定。"但是，如前所述，在人民检察院抗诉的案件中，人民法院无须作出再审决定书；在此情况下，审理期限从何时开始起算？本书认为，应当从人民法院收到人民检察院抗诉书之次日起计算，而不能从人民检察院决定抗诉之日起计算。

(八)适用于抗诉案件的特殊规则

《最高法解释》第 462 条规定,对人民检察院依照审判监督程序提出抗诉的案件,人民法院应当在收到抗诉书后 1 个月以内立案。但是,有下列情形之一的,应当区别情况予以处理:(1)不属于本院管辖的,应当将案件退回人民检察院。(2)按照抗诉书提供的住址无法向被抗诉的原审被告人送达抗诉书的,应当通知人民检察院在 3 日以内重新提供原审被告人的住址;逾期未提供的,将案件退回人民检察院。(3)以有新的证据为由提出抗诉,但未附相关证据材料或者有关证据不是指向原起诉事实的,应当通知人民检察院在 3 日以内补送相关材料;逾期未补送的,将案件退回人民检察院。决定退回的抗诉案件,人民检察院经补充相关材料后再次抗诉,经审查符合受理条件的,人民法院应当受理。

《最高法解释》第 463 条规定,对人民检察院依照审判监督程序提出抗诉的案件,接受抗诉的人民法院应当组成合议庭审理。对原判事实不清、证据不足,包括有新的证据证明原判可能有错误,需要指令下级人民法院再审的,应当在立案之日起 1 个月以内作出决定,并将指令再审决定书送达抗诉的人民检察院。

三、再审后的处理

(一)禁止人民法院主动提起不利于被告人的再审原则以及被告人申诉不加刑原则

《最高法解释》第 469 条规定:“除人民检察院抗诉的以外,再审一般不得加重原审被告人的刑罚。再审决定书或者抗诉书只针对部分原审被告人的,不得加重其他同案原审被告人的刑罚。”根据这一规定,除了人民检察院抗诉的以外,再审“一般”不得加重原审被告人的刑罚。也就是说,在人民法院主动启动的再审以及其他当事人申诉引发的再审案件中,作为原则,不得加重原审被告人的刑罚。《最高法解释》实际上排除了人民法院自己主动提起不利于被告人的再审的可能。也就是说,无论是人民法院主动启动的再审,还是被告人申诉引发的再审,都不能加重原审被告人的刑罚。不仅如此,因我国刑事诉讼中当事人包括被害人在内,因此被害人也可以进行申诉。如果被害人直接向人民法院申诉,按照上述规定,“一般”也无法发动对被告人不利的再审。

(二)程序问题的处理

根据《最高法解释》第 470 条的规定,人民法院审理人民检察院抗诉的再审案件，人民检察院在开庭审理前撤回抗诉的，应当裁定准许；人民检察院接到出庭通知后不派员出庭，且未说明原因的，可以裁定按撤回抗诉处理，并通知诉讼参与人。人民法院审理申诉人申诉的再审案件，申诉人在再审期间撤回申诉的，可以裁定准许；但认为原判确有错误的，应当不予准许，继续按照再审案件审理。申诉人经依法通知无正当理由拒不到庭，或者未经法庭许可中途退庭的，可以裁定按撤回申诉处理，但申诉人不是原审当事人的除外。

（三）实体问题的处理

根据《最高法解释》第 472 条第 1 款的规定，再审案件经过重新审理后，应当按照下列情形分别处理：(1)原判决、裁定认定事实和适用法律正确、量刑适当的，应当裁定驳回申诉或者抗诉，维持原判决、裁定；(2)原判决、裁定定罪准确、量刑适当，但在认定事实、适用法律等方面有瑕疵的，应当裁定纠正并维持原判决、裁定；(3)原判决、裁定认定事实没有错误，但适用法律错误，或者量刑不当的，应当撤销原判决、裁定，依法改判；(4)依照第二审程序审理的案件，原判决、裁定事实不清、证据不足的，可以在查清事实后改判，也可以裁定撤销原判，发回原审人民法院重新审判。根据该条第 2 款的规定，原判决、裁定事实不清或者证据不足，经审理事实已经查清的，应当根据查清的事实依法裁判；事实仍无法查清，证据不足，不能认定被告人有罪的，应当撤销原判决、裁定，判决宣告被告人无罪。

根据《最高法解释》第 473 条的规定，原判决、裁定认定被告人姓名等身份信息有误，但认定事实和适用法律正确、量刑适当的，作出生效判决、裁定的人民法院可以通过裁定对有关信息予以更正。第 474 条规定，对再审改判宣告无罪并依法享有申请国家赔偿权利的当事人，人民法院宣判时，应当告知其在判决发生法律效力后可以依法申请国家赔偿。

第二十四章　死刑复核

死刑复核程序是我国刑事诉讼中独有的程序，体现了我国法律传统对生命的尊重，是中国法律体系从程序上对死刑予以约束和限制的一种努力，因此也是我国法律体系中值得骄傲和称赞的一部分。学习死刑复核程序，应当重点对死刑的正当性有所思考，对死刑复核权的历史演变有所了解，对死刑复核程序中应当如何尽可能保证被告人的权利加以关注，对死刑复核程序的完善能提出自己的建议。

第一节 死刑与死刑复核程序

一、死刑正当性之反思

死刑是对被告人剥夺生命的刑罚,是所有刑种中最严厉的一种,也是一个历史十分悠久的刑种。在古代社会,死刑是同态复仇的一种方式,其运用十分广泛。进入阶级社会以后,死刑被广泛地用作统治阶级镇压阶级敌人的工具,当然也作为维持社会治安的手段而存在。据统计,英国在18世纪60年代,规定死刑的成文法已经达到160多部。在欧洲其他国家,死刑也是一种普遍适用的刑罚。

从18世纪初期开始,已有启蒙思想家对死刑的正当性提出反思。意大利的贝卡里亚(Beccaria Marchesedi),是这一领域的先驱。贝卡里亚以古典的社会契约理论来论证死刑的非正义性。贝卡里亚认为,无论是君权还是法律,都是人民通过契约赋予当政者的权力,它们是“少量私人自由的总和,它们代表的是作为个人利益结合体的普遍意志”。既然法律是普遍意志,是私人让渡的一部分自由,它们当然不包括生命权在内。因为“每个人在对自己做出最小牺牲时,怎么会把冠于一切财富之首的生命也搭进去呢?如果说这已成为事实的话,它同人无权自杀的原则怎么协调呢?要是他可以把这种权利交给他人或者交给整个社会,他岂不本来就应该有这种权利吗?”〔1〕

评注24-1 全球范围内的死刑状况

贝卡里亚的名著《犯罪与刑罚》出版于1764年,迄今已经200余年。关于废除死刑的思想已成为国际社会的共识。1976年3月23日生效的《公民权利和政治权利国际公约》第6条规定:“一、人人有固有的生命权。这个权利应受法律保护。不得任意剥夺任何人的生命。二、在未废除死刑的国家,判处死刑只能是作为对最严重的罪行的惩罚,判处应按照犯罪时有效并且不违反本公约规定和防止及惩治灭绝种族罪公约的法律。这种刑罚,非经合格法庭最後判决,不得执行。三、兹了解:在剥夺生命构成灭种罪时,本条中任何部分并不准许本公约的任何缔约国以任何方式克减它在防止及惩治灭绝种族罪公约的规定下所承担的任何义务。四、任何被判处死刑的人应有权要求赦免或减刑。对一切判处死刑的案件均得给予大赦、

---

〔1〕[意]贝卡里亚:《论犯罪与刑罚》,黄风译,中国大百科全书出版社1993年版,第45页。

特赦或减刑。五、对十八岁以下的人所犯的罪,不得判处死刑;对孕妇不得执行死刑。六、本公约的任何缔约国不得援引本条的任何部分来推迟或阻止死刑的废除。”废除死刑的思想不仅上升为国际法律文件,并且成为一种实际行动,且代表着刑罚发展的当代趋势。截至2012年,全世界完全从法律上废除死刑的国家已达97个;仅对普通犯罪废除死刑的国家有8个;法律上虽未废除死刑,但在司法实践中不执行死刑的国家有35个;因此,总体来看,废除死刑的国家已经达到140个;仍然保留死刑的国家则仅有58个,其中包括美国与中国。[2]

二、我国对待死刑的态度

我国目前的死刑政策与党的政策息息相关,并且长期以来作为阶级斗争的一个重要工具。早在1940年,毛泽东同志就指出:“应该坚决地镇压那些坚决的汉奸分子和坚决的反共分子,非此不足以保卫抗日的革命势力。但是决不可多杀人,决不可牵涉到任何无辜的分子。”[3]可见,中国共产党一方面虽然将死刑作为对付敌人的工具,但另一方面也在很早的时候就开始强调保障无辜。1948年,毛泽东同志又指出:“必须坚持少杀,严禁乱杀。主张多杀乱杀的意见是完全错误的,它只会使我党丧失同情,脱离群众,陷于孤立。”[4]中华人民共和国成立以后,毛泽东同志也曾反复强调过“可杀可不杀的不杀”这一政策。

在立法上,我国1979年《刑法》和1997年《刑法》均规定了死刑,但是又对死刑的适用作了各种限制,其中包括适用范围的限制,如《刑法》第48条规定,死刑只适用于罪行极其严重的犯罪分子;犯罪主体的限制,如《刑法》第49条规定,犯罪的时候不满18周岁的人和审判的时候怀孕的妇女,不适用死刑;死刑核准程序的限制;等等。因此,笔者将我国目前的死刑政策概括为三句话:一是不可不杀;二是坚持少杀;三是严禁错杀。

本书认为,严禁错杀是刑事司法程序的最低限度要求;坚持少杀是刑事实体政策的现实选择;不可不杀则体现了目前阶段对生命权之哲学意义的认识水准。目前,大多数刑法学家从各个角度对我国死刑政策持辩护立场,认为死刑是我国现阶段不得已的选择。

---

〔2〕 资料来源:http://www.amnesty.org/en/death-penalty/abolitionist-and-retentionist-Conutries,最后访问日期:2013年1月17日。

〔3〕 《毛泽东选集》(第2卷),人民出版社1991年版,第767页。

〔4〕 《毛泽东选集》(第4卷),人民出版社1991年版,第1271页。

三、死刑复核程序与死刑复核权

(一)死刑复核程序

正是为了体现不可多杀和防止错杀的政策,我国目前刑事诉讼法设置了死刑复核程序,也就是对被告人判处死刑的案件,由有权的人民法院进行复核,以决定是否核准死刑判决并执行死刑所应当遵循的程序。

死刑复核程序是我国刑事诉讼中的一项特别程序,其特别之处可归纳如下:(1)死刑复核程序仅适用于被判处死刑立即执行和死刑缓期二年执行的案件;(2)死刑案件不实行两审终审制,即使经过了第二审程序,第二审法院作出的裁判也不是生效裁判,而是必须经过死刑复核程序之后裁判才发生法律效力(最高人民法院作出的裁判除外);(3)死刑复核程序的启动完全是自动的,不需要当事人的推动,也不需要人民检察院的抗诉;(4)死刑复核权的主体是特定的,即最高人民法院。

(二)死刑复核权

1979 年颁布的《刑法》和《刑事诉讼法》均规定,死刑由最高人民法院核准。但在实践中,大部分死刑案件实际上一直由高级人民法院核准,其法律依据主要是 1981 年第五届全国人大常委会第十九次会议通过的《关于死刑案件核准问题的决定》和 1983 年第六届全国人大常委会通过的《关于修改〈中华人民共和国人民法院组织法〉的决定》,其中规定最高人民法院在必要的时候可以将部分死刑案件授权高级人民法院行使核准权。但 1996 年修正的《刑事诉讼法》第 199 条规定,"死刑由最高人民法院核准"。1997 年修订的《刑法》第 48 条规定,"死刑除依法由最高人民法院判决的以外,都应当报请最高人民法院核准"。这些规定重复了 1979 年《刑法》《刑事诉讼法》的规定,根据这些规定,死刑立即执行的案件,应当由最高人民法院核准;死刑缓期执行的案件,由高级人民法院核准。

2006 年 10 月 31 日通过的全国人大常委会通过《关于修改〈中华人民共和国人民法院组织法〉的决定》。该决定将《人民法院组织法》第 13 条修改为:"死刑除依法由最高人民法院判决的以外,应当报请最高人民法院核准。"[5] 据此,最高人民法院自 2007 年 1 月 1 日起统一行使死刑复核权,其之前发布的关于授权

---

〔5〕 全国人民代表大会常务委员会《关于修改〈中华人民共和国人民法院组织法〉的决定》,2006 年 10 月 31 日第十届全国人大常委会第二十四次会议通过。修订后的《人民法院组织法》条款顺序调整后重新公布,因《人民法院组织法》第 9 条已于 1983 年 9 月 2 日删去,因此调整后原第 13 条变更为第 12 条。

高级人民法院行使部分案件死刑复核权的通知及有关的司法解释条文也相应废止，各高级人民法院不再享有死刑立即执行案件的复核权。

评注 24－2　死刑核准权的历史沿革

对死刑判决进行复核的制度，我国古已有之，且最早可以追溯到隋朝。在隋朝，县级行政长官无权判处死刑，只有州官方可判处死刑，但州官并无死刑之最终决断权，而是必须逐级上报大理寺审核。[6] 即使经过大理复核的死刑判决，执行前也必须向皇帝奏报三次，三次均予准奏，方能执行死刑。这在历史上被称为"死刑三复奏"，从隋唐以来一直延续到清代。[7]

在第二次国内革命战争时期，中国共产党就已经注意死刑案件与其他案件的区别。1932 年 6 月 9 日中华苏维埃共和国中央执行委员会颁行的《中华苏维埃共和国裁判部暂行组织及裁判条例》第 26 条规定："凡判决死刑的案件，虽然被告人不提起上诉，审理该案件的裁判部，也应把判决书及该案件的全部案卷送给上级裁判部去批准。"[8] 1949 年 3 月 23 日华北人民政府发出的《关于刑事复核制度的通令》规定："各县市人民法院，各省、各行署、各直辖市人民法院及其分院，判处死刑的案件，被告声明不上诉或过上诉期限时，县市人民法院呈经省或行署人民法院核转，或省、行署、直辖市人民法院经呈华北人民政府法院复核，送经华北人民政府主席批准，始为确定之判决。"[9]

中华人民共和国成立后，1950 年 7 月 20 日中央人民政府颁布的《人民法庭组织通则》在很大程度上延续了中华人民共和国成立前的死刑复核制度，规定死刑判决必须经过大行政区人民政府（军政委员会）主席签发执行死刑命令后才能执行死刑。1954 年颁布的《人民法院组织法》第 11 条第 5 款规定，死刑案件的判决和裁定，一般由高级人民法院核准后执行，但在当事人对高级人民法院死刑案件终审裁判不服，申请最高人民法院复核的，最高人民法院应当复核。1957 年第一届全国人民代表大会第四次会议决定："今后一切死刑案件，都由最高人民法院判决或者核准。"从而实现了最高人民法院核准死刑的第一次回收。

1979 年《刑事诉讼法》规定，判处死刑立即执行案件的核准权由最高人民法院行使；判处死刑缓期二年执行的案件核准权由高级人民法院行使；1980 年 2 月 12

---

〔6〕"诸州死罪，不得辄决，悉移大理按复，事尽，然后上省奏裁。"

〔7〕除此之外，历史上还曾出现过"五复奏"制度，即死刑判决必须向皇帝奏报五次，获准以后才能执行的制度。

〔8〕韩延龙、常兆儒编：《中国新民主主义革命时期根据地法制文献汇编》（第 3 卷），中国社会科学出版社 1981 年版，第 310 页。

〔9〕韩延龙、常兆儒编：《中国新民主主义革命时期根据地法制文献汇编》（第 3 卷），中国社会科学出版社 1981 年版，第 531 页。

日第五届全国人大常委会第十三次会议决定在1980年对现行的杀人、强奸、抢劫、放火等犯有严重罪行应当判处死刑的案件,最高人民法院可以授权省、自治区、直辖市高级人民法院核准;根据这一决定,最高人民法院于1980年3月18日下发了《关于对几类现行犯授权高级人民法院核准死刑的若干具体规定的通知》,授权省、自治区、直辖市高级人民法院核准部分死刑案件;1981年6月第五届全国人大常委会第十九次会议通过了《关于死刑案件核准问题的决定》,规定除反革命和贪污等判处死刑的案件由最高人民法院核准外,在1981~1983年对犯有杀人、抢劫、强奸、放火、投毒、决水和破坏交通、电力等设备的罪行,由高级人民法院判处死刑或者中级人民法院一审判处死刑,被告人不上诉的,不必报最高人民法院核准。1983年9月2日第六届全国人大常委会第二次会议通过的《关于修改〈中华人民共和国人民法院组织法〉的决定》对死刑复核权作了修改,规定"死刑案件除由最高人民法院判决的以外,应当报请最高人民法院核准。杀人、强奸、抢劫、爆炸以及其他严重危害公共安全和社会治安判处死刑的案件的核准权,最高人民法院在必要的时候,得授权省、自治区、直辖市的高级人民法院行使"。据此,最高人民法院于1983年9月7日发布了《关于授权高级人民法院核准部分死刑案件的通知》,授予各省、自治区、直辖市高级人民法院及解放军军事法院行使上述案件的死刑复核权。

1991年6月6日,1993年8月18日,1996年3月19日,最高人民法院又以通知的形式分别授予云南省高级人民法院、广东省高级人民法院、广西壮族自治区高级人民法院、四川省高级人民法院、甘肃省高级人民法院对部分毒品犯罪死刑案件行使死刑复核权。

2006年《人民法院组织法》再度修改后,最高人民法院于2007年1月1日将死刑(立即执行)核准权全部收回,死刑复核、核准程序重新步入法治轨道。2012年《刑事诉讼法》第235条规定:"死刑由最高人民法院核准。"至此,中华人民共和国成立后经历数十年的反复,死刑核准权最终回到最高人民法院。

第二节 死刑案件的报核

《刑事诉讼法》第247条规定:"中级人民法院判处死刑的第一审案件,被告人不上诉的,应当由高级人民法院复核后,报请最高人民法院核准。高级人民法院不同意判处死刑的,可以提审或者发回重新审判。高级人民法院判处死刑的第一审案件被告人不上诉的,和判处死刑的第二审案件,都应当报请最高人民法院核准。"由于最高人民法院和高级人民法院分别有权对死刑立即执行判决、死刑缓期二年执行判决进行核准,死刑的报核实际上分为两种情况:一是向最高人民法院报核死刑立即执行案件;二是向高级人民法院报核死刑缓期二年执行的案件。以下首先对两种报核程序分别予以论述。

一、向最高人民法院报核死刑立即执行案件程序

根据《最高法解释》第423条之规定,报请最高人民法院核准死刑的案件,应当按照下列情形分别办理:

第一,中级人民法院判处死刑的第一审案件,被告人未上诉、人民检察院未抗诉的,在上诉、抗诉期满后10日以内报请高级人民法院复核。高级人民法院同意判处死刑的,应当在依法作出裁定后10日以内报请最高人民法院核准;认为原判认定的某一具体事实或者引用的法律条款等存在瑕疵,但判处被告人死刑并无不当的,可以在纠正后作出核准的判决、裁定;不同意判处死刑的,应当依照第二审程序提审或者发回重新审判。

第二,中级人民法院判处死刑的第一审案件,被告人上诉或者人民检察院抗诉,高级人民法院裁定维持死刑判决的,应当在作出裁定后10日以内报请最高人民法院核准。

在被告人提出上诉或者人民检察院提出抗诉的情况下,高级人民法院若不同意判处死刑,是直接改判还是发回重审,该司法解释未予明确规定。刑事诉讼法关于第二审程序发回重审各项情形是否适用于死刑复核程序,理论上不无疑义。因此,殊有探讨之必要。笔者认为,在目前体制下,若第一审人民法院判处死刑而高级人民法院认为不应当判处死刑,如果发回重审,则可能导致案件在第一审法院与第二审法院之间往返流动,永无穷尽;因此应当直接改判。这样做,一方面,可以节省审判资源,使案件得到迅速处理;另一方面,可以避免因发回重审而引起的一系列问题。

值得一提的是,中级人民法院第一审作出的死刑立即执行判决,如果当事人没有上诉、检察机关没有抗诉,经死刑复核程序报核至上一级人民法院,上一级人民法院认为不应当判处死刑的,应当提审、改判。提审的程序为第二审程序。但在有上诉或抗诉的案件中,由于该程序本来就是第二审程序,第二审人民法院认为不应当判处死刑的,当然可以直接改判,不需要提审。其所作的裁判,属于终审裁判。改判后既然不判处死刑,当然不必再向最高人民法院报核。对改判之判决,被告人不得上诉,检察机关亦不得抗诉。此处区别,尤为重要。

第三,高级人民法院判决死刑的第一审案件,被告人未上诉、人民检察院未抗诉的,应当在上诉、抗诉期满后10日以内报请最高人民法院核准。

第四,被判处死刑缓期二年执行的罪犯,在死刑缓期执行期间犯罪的,由罪

犯服刑地的中级人民法院依法审判,所作的判决可以上诉、抗诉。认定故意犯罪、情节恶劣,应当执行死刑的,在判决、裁定发生法律效力后,应当层报最高人民法院核准。认定故意犯罪不执行死刑的,不再报最高人民法院核准,死刑缓期执行的期间重新计算,并层报最高人民法院备案。备案不影响判决、裁定的生效和执行。最高人民法院经备案审查,认为原判不予执行死刑错误,确需改判的,应当依照审判监督程序予以纠正。

高级人民法院第一审判处死刑,被告人上诉或者人民检察院抗诉的案件,最高人民法院按照第二审程序维持原死刑判决的裁定是终审的裁定,不需要经过死刑复核程序。

二、向高级人民法院报核死缓案件程序

《刑事诉讼法》第 248 条规定:"中级人民法院判处死刑缓期二年执行的案件,由高级人民法院核准。"这一规定明确了死刑缓期二年执行案件的核准权由高级人民法院行使。必须注意的是,由于我国最高人民法院拥有第一审管辖权,如果最高人民法院第一审判决被告人死刑缓期二年执行,其判决为终审判决,不需要经过复核程序,更无须报请高级人民法院复核;另外,最高人民法院第二审判处被告人死刑缓期二年执行的,也无须报请高级人民法院核准。

根据《最高法解释》第 424 条及相关司法实践,死刑缓期二年执行案件报核的程序也分为几种情况:(1)中级人民法院判处死刑缓期二年执行的第一审案件,被告人未上诉、人民检察院未抗诉的,应当报请高级人民法院核准。(2)中级人民法院判处死刑缓期二年执行的第一审案件,被告人提出上诉或者人民检察院提出抗诉的,高级人民法院应当按照第二审程序进行审理,审理后不同意判处死刑缓期二年执行的,应当依法改判无期徒刑以下刑罚;事实不清、证据不足的,应当发回重新审判。(3)高级人民法院作为第一审法院判处被告人死刑缓期二年执行的案件,是否必须经过死刑复核程序,作出核准死刑的裁定,以及高级人民法院按照第二审程序审理后同意判处死刑缓期二年执行并裁定维持原判的案件,是否仍须经过死刑复核程序,作出死刑复核裁定,实践中有不同做法,理论上亦有待研究。

三、死刑报核中的案卷移送

《最高法解释》第 425 条规定,报请复核的死刑及死刑缓期执行案件,应当一案一报。报送的材料包括报请复核的报告,第一、二审裁判文书,案件综合报告各 5 份以及全部诉讼案卷和证据;同案审理的案件,应当报送全案的案卷和证据;报请复核的报告,应当载明案由、简要案情、审理过程及判决结果。

根据《最高法解释》第426条规定，报请复核死刑、死刑缓期执行的案件综合报告应包括以下内容：(1)被告人、被害人的基本情况，被告人有前科或者曾受过行政处罚、处分的，应当写明。(2)案件的由来和审理经过。案件曾经发回重审的，应当写明发回重审的原因、时间、案号等。(3)案件侦破情况。通过技术调查、侦查措施抓获被告人、侦破案件，以及与自首、立功认定有关的情况，应当写明。(4)第一审审理情况。包括控辩双方意见，第一审认定的犯罪事实，合议庭和审判委员会意见。(5)第二审审理或者高级人民法院复核情况。包括上诉理由、人民检察院的意见，第二审审理或者高级人民法院复核认定的事实，证据采信情况及理由，控辩双方意见及采纳情况。(6)需要说明的问题。包括共同犯罪案件中另案处理的同案犯的处理情况，案件有无重大社会影响，以及当事人的反应等情况。(7)处理意见。写明合议庭和审判委员会的意见。

第三节 死刑案件的复核

一、死刑复核的内容与方式

(一)死刑复核的内容

根据《最高法解释》第427条第1款之规定，复核死刑、死刑缓期执行案件，应当全面审查以下内容：(1)被告人的年龄，有无刑事责任能力，是否系怀孕的妇女；(2)原判认定的事实是否清楚，证据是否确实、充分；(3)犯罪情节、后果及其危害程度；(4)原判适用法律是否正确，是否必须判处死刑，是否必须立即执行；(5)有无法定、酌定从重、从轻或者减轻处罚情节；(6)诉讼程序是否合法；(7)应当审查的其他情况。该条第2款规定，复核死刑、死刑缓期执行案件，应当重视审查被告人及其辩护人的辩解、辩护意见。

(二)死刑复核的方式

从总体上看，死刑复核程序是一系列程序的组合，它既包括下级人民法院的报核，也包括高级人民法院和最高人民法院的复核活动。正是在这个意义上，前文指出，死刑复核程序不是一种独立的审判程序。但是这并不意味着死刑复核程序不包括或者不应当包括审判程序。从理论上说，一旦案件按照报核程序进入有复核权的人民法院，该人民法院就有可能对该死刑案件进行审判；当然，有复核权的人民法院也可以按照行政程序以行政的方式进行书面的复核。但明显的是,无论采用何种方式,其程序必然不同于第二审程序,也不同于第一审程序。

《刑事诉讼法》第249条规定,最高人民法院复核死刑案件,高级人民法院复核死刑缓期执行的案件,应当由审判员三人组成合议庭进行。对于死刑复核的方式,1996年《刑事诉讼法》并未明确规定。2012年《刑事诉讼法》第240条规定:"最高人民法院复核死刑案件,应当讯问被告人,辩护律师提出要求的,应当听取辩护律师的意见。""在复核死刑案件过程中,最高人民检察院可以向最高人民法院提出意见。最高人民法院应当将死刑复核结果通报最高人民检察院。"(2018年《刑事诉讼法》第251条)据此规定,最高人民法院复核死刑案件,并不必然采用开庭审理的方式,而是可以采取秘密讯问被告人的方式。从理论上看,为方便辩护律师提出要求,最高人民法院应当在收到死刑复核案卷后通知辩护律师,以便其决定是否向最高人民法院反映意见。根据《最高法解释》第434条的规定,死刑复核期间,辩护律师要求当面反映意见的,最高人民法院有关合议庭应当在办公场所听取其意见,并制作笔录;辩护律师提出书面意见的,应当附卷。

二、复核后的处理

(一)死刑立即执行案件复核程序之处理

根据《刑事诉讼法》第250条的规定,最高人民法院复核死刑案件,应当作出核准或者不核准死刑的裁定;对于不核准死刑的,最高人民法院可以发回重新审判或者予以改判。依《最高法解释》第429条之规定,最高人民法院复核死刑案件,应当按照下列情形分别处理:(1)原判认定事实和适用法律正确、量刑适当、诉讼程序合法的,应当裁定核准。(2)原判认定的某一具体事实或者引用的法律条款等存在瑕疵,但判处被告人死刑并无不当的,可以在纠正后作出核准的判决、裁定。(3)原判认定事实不清、证据不足的,应当裁定不予核准,并撤销原判,发回重新审判。(4)复核期间出现新的影响定罪量刑的事实、证据的,应当裁定不予核准,并撤销原判,发回重新审判。(5)原判认定事实清楚、证据充分,但依法不应当判处死刑的,应当裁定不予核准,并撤销原判,发回重新审判;根据案件情况,必要时,也可以依法改判。(6)原审违反法定诉讼程序,可能影响公正审判的,应当裁定不予核准,并撤销原判,发回重新审判。

评注24-3 什么情况下应当发回重审?

在死刑立即执行案件的复核程序中,复核的结果既可能是予以核准,也可能是予以改判,也可能是发回重审。依据上述司法解释之规定,发回重审适用于四种情形：一是原判事实不清、证据不足；二是复核期间出现新的影响定罪量刑的事实、证据；三是原判认定事实清楚、证据充分，但依法不应当判处死刑；四是第一审人民法院或者第二审人民法院违反法定诉讼程序，可能影响公正审判。本书认为，从审级制度设计的原理来看，只有在涉及案件事实需要重新认定或者严重违反诉讼程序的情况下才需要发回重审，在法律适用出现错误的情况下通常不应当发回重审。因为上级人民法院对法律问题的掌握和纠正恰恰体现着上级人民法院对下级人民法院的监督，同时，发回重审极易导致案件在上下级人民法院之间往返穿梭，既不利于诉讼效率的提高，亦不利于对被告人权利的保护。因此，本书认为，在原判决认定事实错误或者证据不足的情况下，以及原判认定事实正确但适用法律错误的，复核后均应当直接改判，而不是发回重审。

（二）死刑缓期二年执行案件复核之处理

根据《最高法解释》第428条之规定，高级人民法院复核死刑缓期执行的案件，应当按照下列情形分别处理：(1)原判认定事实和适用法律正确、量刑适当、诉讼程序合法的，应当裁定核准；(2)原判认定的某一具体事实或者引用的法律条款等存在瑕疵，但判处被告人死刑缓期执行并无不当的，可以在纠正后作出核准的判决、裁定；(3)原判认定事实正确，但适用法律有错误，或者量刑过重的，应当改判；(4)原判事实不清、证据不足的，可以裁定不予核准，并撤销原判，发回重新审判，或者依法改判；(5)复核期间出现新的影响定罪量刑的事实、证据的，可以裁定不予核准，并撤销原判，发回重新审判，或者依照该解释第271条的规定审理后依法改判；(6)原审违反法定诉讼程序，可能影响公正审判的，应当裁定不予核准，并撤销原判，发回重新审判。

对于死刑缓期二年执行案件复核后的处理，在原判认定事实不清的情况下，将案件发回重审是应当的；但在证据不足的情况下，如何处理，值得商榷。证据不足可能有两种情形：一种是被告人是否犯罪证据不足；另一种是被告人是否构成死罪证据不足。笔者认为，在第一种情况下，复核死刑的高级人民法院本应按照《刑事诉讼法》第200条第3项之规定，直接判决被告人无罪释放；在第二种情况下，本着存疑作有利于被告人解释的原则，也应当由复核死刑之法院，直接改判无期徒刑或无期徒刑以下刑罚；若是发回重审，同样容易引起“扯皮”。因此，无论是前一种情况还是后一种情况，均不应发回重审。

三、其他程序之事项

根据《最高法解释》第428条第2款的规定，高级人民法院复核死刑缓期执行的案件,不得加重被告人的刑罚。

实务中,对一人有两罪以上被判处死刑的数罪并罚案件,最高人民法院复核后,认为其中部分犯罪的死刑判决、裁定事实不清、证据不足的,应当对全案裁定不予核准,并撤销原判,发回重新审判;认为其中部分犯罪的死刑判决、裁定认定事实正确,但依法不应当判处死刑的,可以改判,并对其他应当判处死刑的犯罪作出核准死刑的判决。

对有两名以上被告人被判处死刑的案件,最高人民法院复核后,认为其中部分被告人的死刑判决、裁定事实不清、证据不足的,应当对全案裁定不予核准,并撤销原判,发回重新审判;认为其中部分被告人的死刑判决、裁定认定事实正确,但依法不应当判处死刑的,可以改判,并对其他应当判处死刑的被告人作出核准死刑的判决。

根据《最高法解释》第435、436条的规定,死刑复核期间,最高人民检察院提出意见的,最高人民法院应当审查,并将采纳情况及理由反馈最高人民检察院;最高人民法院应当根据有关规定向最高人民检察院通报死刑案件复核结果。

评注24-4 死刑复核程序不应当设置期限

在我国刑事诉讼中,几乎所有的诉讼行为,包括审判行为在内,都设置有相应的期限。第一审程序有第一审程序的期限,第二审程序有第二审程序的期限,再审程序有再审程序的期限。唯独死刑复核程序没有期限。实践中,有些案件进入死刑复核程序之后,一直迁延不决,甚至一拖数年,从而引发公众猜测,甚至招致一些批评。例如,山东的聂某黑社会性质组织案、湖南的曾某杰集资诈骗案等。理论上,也有一些学者提出,死刑复核程序应当设置期限。但2012年《刑事诉讼法》和之后颁布的《最高法解释》,均未就死刑复核程序设置期限。笔者认为,死刑复核程序不应当设置期限。理由如下。

首先,人类认识能力毕竟有限,再清楚的事实也可能发生认定上的错误;但人类科技的进步却日新月异,认识手段和认识能力的提高可谓一日千里,因此如果确属冤案,案件拖得越久,越有可能最终水落石出;而一旦核准,若铸成大错,将无可挽回。

其次,死刑本应适用于罪大恶极的犯罪,死刑的适用应当而且实际上体现了一定程度的报应观念;那些所谓恢复性司法、教育改造理论,在死刑问题上都难有意义。报应观念又在一定程度上基于愤怒、仇恨等非理性情感。这些情感是可以随着时间的消亡而消褪的。死刑立即执行判决的核准越往后拖,越有助于人们逐渐回归理性,最终以理性的眼光审视死刑立即执行判决。在这样的前提下,最终核准的死刑立即执行裁定也将是极审慎的决定。

第五编　执行程序与特别程序

第二十五章 执 行

刑事诉讼中的执行，是指人民法院、人民检察院、公安机关及监狱等机关将已经发生法律效力的判决、裁定所确定的内容交付实施，以实现国家刑罚权，以及解决交付实施过程中特定问题而进行的诉讼活动。执行既是一种诉讼活动，也是一个诉讼阶段。但是，并非与判决、裁定执行的整个过程相关的活动都属于刑事诉讼的范围，属于刑事诉讼范围的执行活动仅限于以下两个方面：第一，人民法院自己实现生效裁判的活动，以及人民法院将生效裁判交付执行机关执行的活动以及执行机关对某些判决和裁定执行的活动；第二，解决生效裁判在执行过程中发生的特定问题的活动，如减刑、假释、监外执行等。执行的对象就是生效裁判，即发生法律效力的判决或裁定。根据《刑事诉讼法》第259条第2款的规定，所谓生效裁判是指：第一，已过法定期限没有上诉、抗诉的判决和裁定；第二，终审的判决和裁定；第三，最高人民法院核准的死刑的判决和高级人民法院核准的死刑缓期二年执行的判决。

本章第一节介绍执行的概念与对象；第二节介绍死刑立即执行裁判的执行；第三节论述其他生效裁判的执行包括死刑缓期二年、无期徒刑的执行，有期徒刑和拘役的执行，管制、缓刑和剥夺政治权利的执行，宣告无罪和免除刑罚判决的执行以及财产刑的执行等；第四节讨论执行的变更；第五节讨论执行的变通，也就是通常所说的假释、监外执行（含保外就医）的程序性规定；第六节讨论对新罪、漏罪及罪犯申诉的处理。

第一节　执行的概念与对象

一、执行的概念

刑事诉讼中的执行,是指人民法院、人民检察院、公安机关及监狱等机关将已经发生法律效力的判决、裁定所确定的内容交付实施,以实现国家刑罚权,以及解决交付实施过程中特定问题而进行的诉讼活动。

从严格的意义上看,执行本来并不属于诉讼之范畴。但是,为了解决执行中的一些问题,通常司法机关需要介入,从而在执行程序中发生诉讼上之构造。西方国家司法机关在侦查阶段对侦查活动的介入,改变了侦查程序的构造,故侦查亦属于诉讼程序的一种。同样地,在执行程序中,因审判机关之介入而改变了执行程序之构造,从而使执行成为诉讼中一个独立的阶段。

但是,并非与判决、裁定执行的整个过程相关的活动都属于刑事诉讼的范围,属于刑事诉讼范围的执行活动仅限于以下两个方面:(1)人民法院自己实现生效裁判的活动,以及人民法院将生效裁判交付执行机关执行的活动以及执行机关对某些判决和裁定执行的活动。(2)解决生效裁判在执行过程中发生的特定问题的活动,如减刑、假释、监外执行等。

二、执行的对象

执行的对象就是生效裁判,即发生法律效力的判决或裁定。根据《刑事诉讼法》第259条之规定,所谓生效裁判是指:(1)已过法定期限没有上诉、抗诉的判决和裁定;(2)终审的判决和裁定;(3)最高人民法院核准的死刑的判决和高级人民法院核准的死刑缓期二年执行的判决。

从生效裁判的内容来看,对被告人的处刑主要包括死刑、自由刑、财产刑等内容,因此,生效裁判的执行亦主要包括死刑的执行、自由刑的执行以及财产刑的执行。对宣告被告人无罪的判决,本来不发生执行的问题,只需要将被告人当庭释放即可,[1]但因《刑事诉讼法》在"执行"一编对无罪判决亦有所涉及,如何

---

〔1〕如我国台湾地区学者黄东熊指出,裁判之执行实际上是裁判中意思表示需要其他机关或其他人之合作或者有必要以强制手段来实现;对于无罪之判决及免诉之判决等不以强制为必要之裁判,仅表示其内容,其效果即告完成,则无执行之必要。参见黄东熊、吴景芳:《刑事诉讼法论》,台北,三民书局2002年版,第692页。

理解法律之规定，本章自然亦应予探讨。

第二节 死刑立即执行裁判的执行

一、签发执行死刑命令与交付执行

根据《刑事诉讼法》第 261 条第 1 款之规定，最高人民法院判处和核准的死刑立即执行的判决，应当由最高人民法院院长签发执行死刑的命令。根据《刑事诉讼法》第 262 条第 1 款及《最高法解释》第 499 条第 1 款之规定，最高人民法院的执行死刑命令，由高级人民法院交付第一审人民法院执行，第一审人民法院接到执行死刑命令后，应当在 7 日以内执行。《最高法解释》第 499 条第 2 款规定，在死刑缓期执行期间故意犯罪，最高人民法院核准执行死刑的，由罪犯服刑地的中级人民法院执行。

二、指挥与监督执行

（一）指挥执行

根据刑事诉讼法及《最高法解释》之规定，执行死刑由负责执行的第一审人民法院指挥。司法实践中，人民法院在执行死刑时，通常会指派一名副院长或者庭长现场指挥死刑的执行。其他审判人员亦可参与死刑执行之指挥。根据《刑事诉讼法》，指挥执行的审判人员，对罪犯应当验明正身，讯问有无遗言、信札，然后交付执行人员执行死刑。在执行前，如果发现可能有错误，应当暂停执行，报请最高人民法院裁定。依照《最高法解释》第 505 条之规定，第一审人民法院在执行死刑前应当告知罪犯有权会见其近亲属，罪犯申请会见并提供具体联系方式的，人民法院应当通知其近亲属。确实无法与罪犯近亲属取得联系，或者其近亲属拒绝会见的，应当告知罪犯。罪犯申请通过录音录像等方式留下遗言的，人民法院可以准许。[2]

---

〔2〕 若罪犯提出其他要求，从人道主义角度，能够满足的应当尽量满足；对于无理要求，应当予以拒绝。20 世纪 80 年代，某罪犯在执行死刑前提出一要求："我想吃樱桃。"时值寒冬腊月，此要求根本无法满足；然而当执行人员告知其没有樱桃时，该罪犯又说："没关系，我可以等。"罪犯虽"可以等"，执行人员却不能等，对此无理要求，当然应予拒绝。但若放在今天，虽系寒冬腊月，各种水果均易获得，若罪犯有此要求，尽力满足，方显人道关怀。

(二)监督执行

根据《刑事诉讼法》第263条之规定,人民法院在交付执行死刑前,应当通知同级人民检察院派员临场监督。对此,《最高法解释》第506条进一步规定:“第一审人民法院在执行死刑三日以前,应当通知同级人民检察院派员临场监督。”人民检察院检察员监督死刑执行,可派书记员对执行情况制作笔录。

评注25-1 死刑复核结果应当通知家属和辩护律师

核准死刑是否应当通知家属及辩护律师?执行死刑是否应当通知家属及辩护律师并允许会见?这两个问题曾引起公众的广泛关注,也是刑事诉讼法及相关司法解释悬而未决的问题。

关于第一个问题,2012年《刑事诉讼法》第240条(2018年《刑事诉讼法》第251条)规定:“最高人民法院复核死刑案件,应当讯问被告人,辩护律师提出要求的,应当听取辩护律师的意见。在复核死刑案件过程中,最高人民检察院可以向最高人民法院提出意见。最高人民法院应当将死刑复核结果通报最高人民检察院。”这一条文只规定了死刑复核结果应当通报最高人民检察院,却没有规定应当通知辩护律师及家属。据此,《最高法解释》第436条规定,最高人民法院应当根据有关规定向最高人民检察院通报死刑案件复核结果。同样,《最高法解释》没有规定应当将死刑复核结果通知家属和律师。

这一做法从1979年《刑事诉讼法》制定颁布时就这样了,至于其司法实践习惯的养成则应当更早。长期以来,大部分死刑案件被告人的家属都是在被告人被执行死刑后才知道。从法理上看,死刑复核结果必须通报最高人民检察院却不必通知被告人家属及其辩护律师的做法,明显违反了控辩平等的原则。

关于第二个问题,2012年《刑事诉讼法》第252条(2018年《刑事诉讼法》第263条)第7款规定,执行死刑后,交付执行的人民法院应当通知罪犯家属。这一规定并没有说应当在交付以前通知。《最高法解释》第505条规定,第一审人民法院在执行死刑前,应当通知罪犯有权会见其近亲属。罪犯申请会见并提供具体联系方式的,人民法院应当通知其近亲属。罪犯近亲属申请会见的,人民法院应当准许,并及时安排会见。这里说的是罪犯只要提出会见其近亲属,人民法院就应当通知其近亲属;罪犯近亲属只要申请会见,人民法院就应当准许。这里不存在法院行使裁量权不允许的情形。但就罪犯而言,即便提出了,如不转告,目前也无法监督;就家属而言,因法律和司法解释均未规定核准死刑应当通知,所以往往不知道被告人被核准死刑,无法提出申请。

针对上述问题,2019年最高人民法院颁布的《关于死刑复核及执行程序中保障当事人合法权益的若干规定》第5条规定:"最高人民法院复核裁定下发后,受委托进行宣判的人民法院应当在宣判后五日内将裁判文书送达辩护律师。"据此规定,死刑复核结果应当通知辩护律师。该规定虽然未明确规定死刑复核裁定应当通知家属,但既然通知了辩护律师,辩护律师通知家属也算正常操作。值得称道的是,该规定除了要求死刑复核裁定必须通知辩护律师外,还规定被告人可以要求会见近亲属,以及近亲属以外的亲友,近亲属也可以要求会见被告人,并对相应的程序作出了规定,充分体现了新时代刑罚执行体系的人文关怀。

三、执行死刑的方法与场所

(一)执行死刑的方法

从历史上看,执行死刑的方法经历了一个从野蛮、残忍逐步过渡到文明的过程。在我国商朝时候,有脯、醢、[3]炮烙等刑罚,后来又有焚、烹、凌迟、肢解、腰斩、剖心、射杀[4]等死刑执行方法。辛亥革命以后,所有严酷的执行死刑方法均被废除。1996年修订的《刑事诉讼法》第212条第2款(2018年《刑事诉讼法》第263条第2款)规定:"死刑采用枪决或者注射等方法执行。"此规定扩大了死刑执行的方法范围,因1979年《刑事诉讼法》所确定之死刑执行仅有枪决一种方法。但如何理解"等"在理论界尚有争议。有学者认为,"枪决或者注射等方法",指的就是枪决和注射,除此之外不得采用别的方法执行死刑;另有学者认为,既然是"枪决和注射等方法",就是指除了枪决和注射之外,还可以采纳别的方法执行死刑。但从理论上说,注射的方法乃是比枪决更为文明的执行死刑方式,刑事诉讼法将注射方法引入执行死刑机制,体现了人类文明之进步。因此,为体现更深入之进步,人民法院若采用其他方法执行死刑,必须以该方法比注射方法更人道为前提。

最高人民法院司法解释对刑事诉讼法此一规定采纳的是后一种学说,即刑事诉讼法规定的"枪决或者注射等方法"包括枪决和注射以外的其他方法。但因我国幅员辽阔,且审判人员素质参差不齐,若听任执行死刑之人民法院自行决定死刑执行之方法,极可能出现以不人道方式执行死刑之现象,因此,《最高法解释》第507条第3款规定:"采用枪决、注射以外的其他方法执行死刑的,应当事先层报最高人民法院批准。"

---

[3] "肉酱为醢,肉熟为脯。"参见沈家本:《历代刑法考》,张全民点校,中国检察出版社2003年版,第95页。

[4] 沈家本:《历代刑法考》,张全民点校,中国检察出版社2003年版,第95~162页。

(二)执行死刑的场所

《刑事诉讼法》第263条第3款规定:"死刑可以在刑场或者指定的羁押场所内执行。"《最高法解释》第507条第2款规定:"采用注射方法执行死刑的,应当在指定的刑场或者羁押场所内执行。"《刑事诉讼法》第263条第5款规定:"执行死刑应当公布,不应示众。"对此,《最高法解释》第508条进一步规定:"执行死刑应当公布,禁止游街示众或者其他有辱罪犯人格的行为。"这一规定体现着人类文明的进步。对死刑犯游街示众意味着一种非理性情感的宣泄,而禁止示众的规定恰恰是法律理性的体现。诚如福柯所言,公开处决不过是一种情绪表达方式。否定公开处决则提供了一种理性表达的可能性。[5] 游街示众也往往是希望达到"杀鸡儆猴"的效果,但是这种效果是否能够达到并非没有疑问,通常的结果很可能不是吓坏了猴子,而是使猴子也学会了杀鸡。[6]

四、执行中若干问题的处理

《刑事诉讼法》第262条规定,下级人民法院接到最高人民法院执行死刑的命令后,发现有下列情形之一的,应当停止执行,并立即报告最高人民法院,由最高人民法院作出裁定:(1)在执行前发现判决可能有错误的;(2)在执行前罪犯揭发重大犯罪事实或者有其他重大立功表现,可能需要改判的;(3)罪犯正在怀孕的。前述第1项、第2项停止执行的原因消失后,必须报请最高人民法院院长再签发执行死刑的命令才能执行;由于前述第3项的原因停止执行的,应当报请最高人民法院依法改判。对于前述规定中的"在执行前发现判决可能有错误",《最高法解释》第500条第1款将其解释为以下几种情形:(1)罪犯可能有其他犯罪;(2)共同犯罪的其他犯罪嫌疑人到案,可能影响罪犯量刑;(3)共同犯罪的其他罪犯被暂停或者停止执行死刑,可能影响罪犯量刑;(4)判决、裁定可能有影响定罪量刑的其他错误。《最高法解释》第500条第2款规定,最高人民法院经审查,认为可能影响罪犯定罪量刑的,应当裁定停止执行死刑;认为不影响的,应当决定继续执行死刑。

至于需要改判的案件适用何种程序,刑事诉讼法没有明确规定,从理论上

---

[5] [法]米歇尔·福柯:《规训与惩罚》,刘北成、杨远婴译,生活·读书·新知三联书店1999年版,第105页。

[6] 法国诺贝尔奖获得者阿尔伯特·加缪曾经指出:"酷刑可能会使我们找到30枚炸弹并借此以牺牲荣誉为代价挽救一些生命,但同时它也造成了50个新的恐怖分子,他们会用一些其他方式,在一些其他地方造成甚至更多无辜者的死亡。"转引自[美]布瑞安·英尼斯:《人类酷刑史》,李晓东译,时代文艺出版社2000年版,第12页。此论虽系针对酷刑而发,对于死刑之执行亦昭示深远。

说,死刑裁判经复核后属于生效裁判,对生效裁判的变更程序只能是审判监督程序。对此,最高人民法院《关于对在执行死刑前发现重大情况需要改判的案件如何适用程序问题的批复》曾规定:“对核准死刑的判决、裁定生效之后,执行死刑前发现有刑事诉讼法第二百一十一条〔7〕规定的情形,需要改判的案件,应当由有死刑核准权的人民法院适用审判监督程序依法改判或者指令下级人民法院再审。”

五、执行后的若干事项

执行死刑后,负责执行的人民法院应当办理以下事项:(1)执行死刑后,应当由法医验明罪犯确实死亡,在场书记员制作笔录。负责执行的人民法院应当将执行死刑情况报告最高人民法院。(2)对于死刑罪犯的遗书、遗言笔录,应当及时进行审查,涉及财产继承、债务清偿、家事嘱托等内容的,将遗书、遗言笔录交给家属,同时复制附卷备查;涉及案件线索等问题的,抄送有关机关。(3)通知罪犯家属在限期内领取罪犯骨灰;没有火化条件或者因民族、宗教等原因不宜火化的,通知领取尸体;过期不领取的,由人民法院通知有关单位处理,并要求有关单位出具处理情况的说明;对罪犯骨灰或者尸体的处理情况,应当记录在案。(4)对外国籍罪犯执行死刑后,通知外国驻华使、领馆的程序和时限,依照有关规定办理。

第三节　其他生效裁判的执行

一、死刑缓期二年执行、无期徒刑的执行

根据《刑事诉讼法》第264条第1、2款及《最高法解释》第511条之规定,对于被判处死刑缓期执行、无期徒刑、有期徒刑、拘役的罪犯,应当由交付执行的人民法院在判决生效后10日以内,将判决书、裁定书、起诉书副本、自诉状复印件、执行通知书、结案登记表送达公安机关、监狱或者其他执行机关,由公安机关将罪犯交付执行。实务中,罪犯需要收押执行刑罚,而判决、裁定生效前未被羁押的,人民法院应当根据生效的判决、裁定将罪犯送交看守所羁押,并按照前述规定办理执行手续。在此情形下,羁押所依据的法律文书就是生效的判决或裁定。

---

〔7〕　最高人民法院此处引用的法条序号为2012年《刑事诉讼法》的法条序号,2018年《刑事诉讼法》相应条文为第262条。

这与审判前阶段根据人民检察院或者人民法院签发之逮捕令进行的羁押在效果上是一样的。在我国台湾地区,对审判前未被羁押的被告人收监执行的,通常由警察机关将被告人予以羁押,其依据也是法院确定的判决。

二、有期徒刑和拘役的执行

根据《刑事诉讼法》第 264 条第 2 款之规定,对被判处有期徒刑的罪犯,在被交付执行刑罚前,剩余刑期在 3 个月以下的,由看守所代为执行。对被判处拘役的罪犯,由公安机关执行。实务中,对于判处拘役的罪犯,在判决、裁定生效后,由交付执行的人民法院将判决书、裁定书、起诉书副本、自诉状复印件、执行通知书、结案登记表及时送达公安机关。

《刑事诉讼法》第 264 条第 3 款规定:“对未成年犯应当在未成年犯管教所执行刑罚。”这是对未成年罪犯与成年罪犯实行分管分押的政策,防止未成年人在服刑期间与成年罪犯交叉感染,有利于帮助未成年罪犯达到改造之目的。该规定也适用于未成年犯被判处无期徒刑的情形。

《刑事诉讼法》第 264 条第 4 款规定:“执行机关应当将罪犯及时收押,并且通知罪犯家属。”及时收押,是保证生效裁判权威性的需要;另外,从实际情况看,监狱的生活条件往往好于看守所的生活条件,因此,及时收押也有利于罪犯生活条件的改善。通知罪犯家属的目的,在于使罪犯家属知晓该罪犯之服刑地点,以便探望。此亦为满足人道主义需要的设置。同样地,及时收押和通知罪犯家属的规定,也适用于罪犯被判处死刑缓期二年执行和无期徒刑的情形。

《刑事诉讼法》第 264 条第 5 款规定:“判处有期徒刑、拘役的罪犯,执行期满,应当由执行机关发给释放证明书。”

三、管制、缓刑和剥夺政治权利的执行

《刑事诉讼法》第 269 条规定:“对被判处管制、宣告缓刑、假释或者暂予监外执行的罪犯,依法实行社区矫正,由社区矫正机构负责执行。”第 270 条规定,对被判处剥夺政治权利的罪犯,由公安机关执行;执行期满,应当由执行机关书面通知本人及其所在单位、居住地基层组织。《最高法解释》第 519 条第 1 款规定:对被判处管制、宣告缓刑的罪犯,人民法院应当依法确定社区矫正执行地。社区矫正执行地为罪犯的居住地;罪犯在多个地方居住的,可以确定其经常居住地为执行地;罪犯的居住地、经常居住地无法确定或者不宜执行社区矫正的,应当根据有利于罪犯接受矫正、更好地融入社会的原则确定执行地。

前述解释第 519 条第 2 款规定,宣判时,应当告知罪犯自判决、裁定生效之日起 10 日内到执行地社区矫正机构报到,以及不按期报到的后果。第 3 款规定,

人民法院应当自判决、裁定生效之日起5日以内通知执行地社区矫正机构,并在10日以内将判决书、裁定书、执行通知书等法律文书送达执行地社区矫正机构,同时抄送人民检察院和执行地公安机关。人民法院与社区矫正执行地不在同一地方的,由执行地社区矫正机构将法律文书转送所在地的人民检察院和公安机关。

通常,第一审人民法院判决拘役或者有期徒刑宣告缓刑的犯罪分子,判决尚未发生法律效力的,不能立即交付执行。如果被宣告缓刑的罪犯在押,第一审人民法院应当先行作出变更强制措施的决定,改为取保候审,并立即通知有关公安机关。判决发生法律效力后,再按照前述司法解释规定交付执行。

四、宣告无罪或者免除刑罚判决的执行

《刑事诉讼法》第260条规定:"第一审人民法院判决被告人无罪、免除刑事处罚的,如果被告人在押,在宣判后应当立即释放。"学术界有论者将这一规定理解为,无罪宣判或免除刑罚的宣判比较特殊,因此一经宣判就应当予以执行。但据《刑事诉讼法》第259条第1款之规定:"判决和裁定在发生法律效力后执行。"据此,由于第一审人民法院判决被告人无罪或者免除刑罚的判决不属于生效的判决,因此尚不发生执行的问题。正因如此,《刑事诉讼法》第260条规定的内容不应当属于执行的内容,而是属于强制措施的解除。就立法技术的角度而言,《刑事诉讼法》在"执行"这一编规定强制措施的解除本来并无特别的不妥,因为该法第259条已经明确界定了生效裁判的范围,不可能出现相邻两个法条之间自相矛盾的情形。因此,第260条规定的内容唯一合理的解释就是,它是对强制措施的解除的规定,而不是执行内容的规定。人民法院判决宣告被告人无罪或者免除刑罚,自然包含着人民法院对被告人社会危险性的判断。而在诉讼中,从理论上看,人民法院的判断乃是最具权威性之判断,在人民法院已经认为被告人无罪或者不需要承担刑事责任的情形下,将其继续关押自然有违常理,因此作出解除强制措施的决定,亦属理所当然。

五、财产与财产刑的执行

《刑事诉讼法》第271条规定:"被判处罚金的罪犯,期满不缴纳的,人民法院应当强制缴纳;如果由于遭遇不能抗拒的灾祸等原因缴纳确实有困难的,经人民法院裁定,可以延期缴纳、酌情减少或者免除。"第272条规定:"没收财产的判决,无论附加适用或者独立适用,都由人民法院执行;在必要的时候,可以会同公安机关执行。"根据以上规定以及《最高法解释》第521条至第532条,刑事诉讼中有关民事赔偿及财产刑的执行,遵照以下规定:(1)财产刑和附带民事裁判的

执行,由第一审人民法院负责裁判执行的机构执行。判处没收财产的,判决生效后,应当立即执行。(2)罚金在判决规定的期限内一次或者分期缴纳。期满无故不缴纳或者未足额缴纳的,人民法院应当强制缴纳。经强制缴纳仍不能全部缴纳的,人民法院在任何时候,包括主刑执行完毕后,发现被执行人有可以执行的财产的,应当追缴。由于遭遇不能抗拒的灾祸等原因缴纳罚金确实有困难的,犯罪分子可以向人民法院申请延期缴纳、酌情减少或者免除。人民法院查证属实后,可以裁定对原判决确定的罚金数额予以减少或者免除等。行政机关对被告人就同一事实已处以罚款的,人民法院判处罚金时应当予以折抵。(3)执行刑事裁判涉财产部分、附带民事诉讼裁判过程中,案外人对被执行标的书面提出异议的,人民法院应当参照民事诉讼有关执行异议的规定进行审查并作出处理。(4)执行财产刑,应当参照被扶养人住所地政府公布的上年度当地居民最低生活费标准,保留被执行人及其所扶养人的生活必须费用。(5)被判处财产刑,同时又承担附带民事赔偿责任的被执行人,应当先履行民事赔偿责任;判处财产刑之前被执行人所负正当债务,需要以被执行的财产偿还的,经债权人请求,应当偿还。(6)对判处财产刑的犯罪分子或者附带民事诉讼的判决、裁定有执行财产内容的被告人,在本地无财产可供执行的,第一审人民法院可以委托财产所在地的同级人民法院执行。代为执行的人民法院执行后或者无法执行的,应当将有关情况及时通知委托的人民法院。代为执行的人民法院可以将执行财产刑的财产直接上缴国库;需要退赔的财产,应当由执行的人民法院移交委托人民法院依法退赔。(7)刑事裁判涉财产部分、附带民事裁判全部或者部分被撤销的,已经执行的财产应当全部或者部分返还被执行人;无法返还的,应当依法赔偿。

第四节　执行的变更

一、执行变更的概念

执行的变更是指刑罚在交付执行以及执行的过程中的出现需要变更刑罚的特定情况而依法予以改变的活动。常见的刑罚执行的变更情况包括死缓变更为无期徒刑的案件及减刑案件。死刑在执行过程中也可能出现必须变更的情形,因上一节已经加以论述,此处不赘述。

二、死刑缓期二年执行的变更程序

《刑事诉讼法》第 261 条第 2 款规定:“被判处死刑缓期二年执行的罪犯,在死刑缓期执行期间，如果没有故意犯罪，死刑缓期执行期满，应当予以减刑的，由执行机关提出书面意见，报请高级人民法院裁定；如果故意犯罪，情节恶劣，查证属实，应当执行死刑的，由高级人民法院报请最高人民法院核准；对于故意犯罪未执行死刑的，死刑缓期执行的期间重新计算，并报最高人民法院备案。”该规定从 1979 年的最初文本经过 1996 年作了第一次修订，2018 年修改《刑事诉讼法》时作了第二次修订。1979 年《刑事诉讼法》的表述是：“被判处死刑缓期二年执行的罪犯，在死刑缓期执行期间，如果确有悔改或者立功表现应当依法予以减刑的，由执行机关提出书面意见，报请当地高级人民法院裁定；如果抗拒改造情节恶劣、查证属实，应当执行死刑的，高级人民法院必须报请最高人民法院核准。”根据以上规定，对于被判处死刑缓期二年执行的罪犯，减刑的条件是确有悔改或立功表现；继续执行死刑的条件是抗拒改造情节恶劣。这两种情形都比较极端，实务中也可能有很大一部分罪犯的情况是既没有抗拒改造，更没有情节恶劣，但是也没有真诚悔改，更没有立功表现。所以 1979 年《刑事诉讼法》的规定其实并没有涵盖全部社会生活——恰恰相反，所涵盖的都是较少发生的极端情形。当然，实务中都是将没有故意犯罪就认定为“确有悔改表现”的。因此，1996 年《刑事诉讼法》修改时，将死刑缓期二年执行减刑的条件修改为只要没有故意犯罪就可以减为无期徒刑。也就是说，只要有故意犯罪就还是继续执行死刑；是否故意犯罪成为减刑或继续执行死刑的明确标准。这一修改使该条文的表述变得更加明确和具有可操作性。

但是，故意犯罪的情况也不完全一样。有的是因为受到牢头狱霸欺凌奋起反抗将对方打成轻伤或重伤，有的虽然也实施了故意犯罪但情节并不恶劣甚至情有可原，若是一律执行死刑，也不利于死刑的严格控制。因此，第十二届全国人大常委会在 2015 年通过的《刑法修正案（九）》对被判处死刑缓期二年执行的罪犯执行死刑的条件做了修改，在“故意犯罪”这一条件之上增加了“情节恶劣”的限制，进一步限定了死刑的执行条件，提高了执行死刑的门槛。2018 年修改《刑事诉讼法》时，针对《刑法》所作的这一修改作了修订。根据 2015 年《刑法修正案（九）》的规定和 2018 年修订后的《刑事诉讼法》，对于被判处死刑缓期二年执行的罪犯，执行死刑的条件是在死缓期间内“故意犯罪”并且“情节恶劣”。“故意犯罪”是很明确的条件。是否“情节恶劣”，则由最高人民法院酌情处断。

《最高法解释》第 533 条规定：“被判处死刑缓期执行的罪犯，在死刑缓期执行期间，没有故意犯罪的，死刑缓期执行期满后，应当裁定减刑；死刑缓期执行期满后，尚未裁定减刑前又犯罪的，应当依法减刑后，对其所犯新罪另行审判。”此规定表明被判处死刑缓期执行的罪犯在缓期二年执行期间若没有故意犯罪，则二年期满后无论是否已经裁定减刑，再犯新罪无论是故意犯罪还是过失犯罪，原判死刑都不再执行。根据《最高法解释》第 534 条第 1 项的规定,对被判处死刑缓期执行的罪犯的减刑,由罪犯服刑地的高级人民法院在收到同级监狱管理机关审核同意的减刑建议书后 1 个月以内作出裁定。

三、无期徒刑等刑罚的减刑程序

根据《刑法》第 78 条之规定,减刑是指对被判处管制、拘役、有期徒刑、无期徒刑的犯罪分子,因其在刑罚执行期间认真遵守监规,接受教育改造,确有悔改或者立功表现,因而适当减轻其原判刑罚的制度。从这一概念看,刑法中的减刑制度,并不包括死刑缓期二年执行的减刑。死刑缓期二年执行的减刑属于死刑制度的组成部分。但《最高法解释》第 534 条规定“对减刑、假释案件,应当按照下列情形分别处理”,其中第 1 项就是关于被判处死刑缓期执行罪犯的减刑。可见,最高人民法院实际上将被判处死刑缓期执行罪犯的减刑与被判处其他刑罚的减刑大体上同等对待,只是在程序上略有不同。

(一)有权裁定减刑的主体及审核的期限

根据《最高法解释》第 534 条之规定,减刑案件应当分别不同情形予以处理。(1)对被判处无期徒刑的罪犯的减刑,由罪犯服刑地的高级人民法院在收到同级监狱管理机关审核同意的监狱减刑建议书裁定。高级人民法院应当自收到减刑建议书之日起 1 个月内依法裁定;案情复杂或者情况特殊的,可以延长 1 个月。(2)对被判处有期徒刑(包括减为有期徒刑)的罪犯的减刑,由罪犯服刑地的中级人民法院在收到当地执行机关提出的减刑建议书裁定。中级人民法院应当自收到减刑建议书之日起 1 个月内依法裁定;案情复杂或者情况特殊的,可以延长 1 个月。(3)对被判处拘役、管制的罪犯的减刑,由罪犯服刑地的中级人民法院在收到当地同级执行机关审核同意的减刑建议书后 1 个月以内作出裁定。

(二)审核减刑的程序

根据《最高法解释》,人民法院审理减刑案件,应当依法组成合议庭。合议庭应当审查执行机关移送的材料是否包括下列内容:(1)减刑建议书;(2)原审法院的裁判文书、执行通知书、历次减刑裁定书的复制件;(3)证明罪犯确有悔改、立功或者重大立功表现具体事实的书面证明材料;(4)罪犯评审鉴定表、奖惩审批表等。人民法院经审查,如果上述材料齐备,应当收案;材料不齐备的,应当通知提请减刑执行机关补送。裁定减刑的,减刑裁定应当及时送达提请减刑执行机关、同级人民检察院以及罪犯本人。人民检察院认为人民法院的减刑裁定不当,应当在收到裁定书副本后20 日内,向人民法院提出书面纠正意见。人民法院收到书面纠正意见后，应当另行组成合议庭进行审理，并在 1 个月内作出最终裁定。

第五节 执行的变通

一、执行的变通的概念

执行的变通是指在刑罚不变的情况下，将执行刑罚的方法加以变通的做法。与执行的变通不一样的是，执行的变更通常意味着刑罚的改变，而执行的变通则是在刑罚不变的情况下，将执行刑罚的方法加以变通。从理论上说，执行的变通包括监外执行和假释，因为监外执行和假释实际上均未改变刑罚，改变的仅仅是刑罚的执行方法。

二、假释及假释的决定程序

假释是刑法上的概念。根据《刑法》第 81 条之规定，假释是指被判处有期徒刑、无期徒刑的犯罪分子，在执行一定刑期后，认真遵守监规，接受教育改造，确有悔改表现，没有再犯罪的危险，从而附条件提前释放的刑罚变更执行制度。由于《最高法解释》将减刑与假释并列，因此假释与减刑适用相同的程序。具体可参见上一节减刑程序之相关论述。

三、监外执行的法律规定及相应程序

《刑事诉讼法》第 265 条规定："对被判处有期徒刑或者拘役的罪犯，有下列情形之一的，可以暂予监外执行：（一）有严重疾病需要保外就医的；（二）怀孕或者正在哺乳自己婴儿的妇女；（三）生活不能自理，适用暂予监外执行不致危害社会的。""对被判处无期徒刑的罪犯，有前款第二项规定情形的，可以暂予监外执行。""对于适用保外就医可能有社会危险性的罪犯，或者自伤自残的罪犯，不得保外就医。""对罪犯确有严重疾病，必须保外就医的，由省级人民政府指定的医院诊断并开具证明文件。""在交付执行前，暂予监外执行由交付执行的人民法院决定；在交付执行后，暂予监外执行由监狱或者看守所提出书面意见，报省级以上监狱管理机关或者设区的市一级以上公安机关批准。"据此规定，监外执行的对象包括被判处无期徒刑、有期徒刑和拘役的罪犯。《监狱法》第 25 条规定："对于被判处无期徒刑、有期徒刑在监内服刑的罪犯，符合刑事诉讼法规定的监外执

行条件的,可以暂予监外执行。”据此规定,监外执行的对象包括被判处无期徒刑和有期徒刑的罪犯。两部法律的规定,在无期徒刑、有期徒刑这两大刑罚上均存在交叉。因两部法律均属于全国人大通过的法律,在法律效力上不存在等级之高低问题。因此,从理论上看,应当认为,被判处无期徒刑、有期徒刑和拘役的罪犯,均可适用监外执行。

监外执行仅是一种暂时性的刑罚变通方式,在适用中应当注意如下事项:(1)监外执行仅适用于被判处无期徒刑、有期徒刑或者拘役的罪犯。(2)监外执行的条件包含三种情形:第一种,有严重疾病需要保外就医;第二种,怀孕或者正在哺乳自己婴儿的妇女;第三种,生活不能自理,适用暂予监外执行不致危害社会。对于适用保外就医可能有社会危险性的罪犯,或者自伤自残的罪犯,不得保外就医。发现被保外就医的罪犯不符合保外就医条件的,或者严重违反有关保外就医的规定的,应当及时收监。对罪犯确有严重疾病,必须保外就医的,由省级人民政府指定的医院诊断并开具证明文件,依照法律规定的程序审批。(3)对于暂予监外执行的罪犯,由居住地公安机关执行,执行机关应当对其严格管理监督,基层组织或者罪犯的原所在单位协助进行监督。(4)决定或者批准暂予监外执行的机关应当将暂予监外执行决定抄送人民检察院。人民检察院认为暂予监外执行不当的,应当自接到通知之日起一个月以内将书面意见送交决定或者批准暂予监外执行的机关;决定或者批准暂予监外执行的机关接到人民检察院的书面意见后,应当立即对该决定进行重新核查。(5)暂予监外执行的情形消失后,罪犯刑期未满的,应当及时收监。罪犯在暂予监外执行期间死亡的,执行机关应当及时通知监狱或者看守所。

第六节　对新罪、漏罪及申诉的处理

一、对新罪、漏罪的处理

《刑事诉讼法》第273条第1款规定:“罪犯在服刑期间又犯罪的,或者发现了判决的时候所没有发现的罪行,由执行机关移送人民检察院处理。”罪犯在服刑期间又犯罪,即为新罪;罪犯在服刑期间被发现判决时没有发现的、判决作出前犯下的罪行,称为漏罪。虽然新罪和漏罪概念不一,犯罪时间也不相同,但处理程序则完全一样。具体应当分别不同情形按照如下程序处理:(1)罪犯在监狱、未成年犯管教所被发现犯有新罪或漏罪的,应当由监狱或未成年犯管教所进行侦查,侦查终结后移送人民检察院决定,向有管辖权的人民法院起诉;(2)在看守所服刑的罪犯被发现犯有新罪或漏罪的,由该看守所所属的县级公安机关侦查,侦查终结后移送人民检察院审查起诉,并由该人民检察院向有管辖权的人民法院起诉;(3)被判处管制、剥夺政治权利的罪犯,以及被宣告缓刑,或者被假释、暂予监外执行的罪犯,在服刑或考验期间被发现犯有新罪或漏罪的,应当由负责执行的公安机关侦查终结,移送起诉,并由负责审查起诉的人民检察院决定向有管辖权的人民法院提起公诉;(4)在服刑期间脱逃的罪犯,脱逃后又犯新罪的,如果其新罪系由监狱捕获后发现,则由监狱机关侦查终结并移送起诉;如果是由地方公安机关发现并捕获罪犯,则由地方公安机关侦查终结并移送审查起诉。

二、对判决有误及罪犯申诉的处理

《刑事诉讼法》第275条规定:"监狱和其他执行机关在刑罚执行中,如果认为判决有错误或者罪犯提出申诉,应当转请人民检察院或者原判人民法院处理。"据此规定,监狱和其他执行机关发现判决有误时,应当转请人民检察院或者原判人民法院处理。从理论上说,既然判决是由人民法院作出,则当执行机关发现判决有错误时,应当向人民法院提出才对。检察机关虽为法律监督机关,但因其并非裁判作出之主体,即使检察机关能够发挥其监督职能,执行机关在向其反映后,该检察机关仍然要将案件转交原作出裁判之人民法院处理。因此,对于执行机关在刑罚执行过程中发现判决有错误的,应当转请原判人民法院处理为宜。

罪犯在监狱中提出申诉的,监狱机关应当将申诉材料转请人民检察院或者原判人民法院处理,不得将申诉材料扣押不报。监狱和其他执行机关在刑罚执行过程中自己认为判决有错误的,也可以转请人民检察院或者原判人民法院处理。但在原判人民法院作出处理以前,对原判刑罚应当继续执行。

第二十六章　特别程序

2012年《刑事诉讼法》专门增加一编，为特别程序，设置了未成年人刑事案件诉讼程序（又称未成年人刑事司法程序），当事人和解的公诉案件诉讼程序（又称公诉案件刑事和解程序），犯罪嫌疑人、被告人逃匿、死亡案件违法所得的没收程序（又称违法所得没收程序），以及依法不负刑事责任的精神病人的强制医疗程序（又称强制医疗程序）。2018年修改《刑事诉讼法》，又在特别程序中增加了一节，为缺席审判程序。至此，《刑事诉讼法》在特别程序一编一共设置了五种特别程序。本章分五节分别予以论述。

第一节 未成年人刑事司法程序

一、历史溯源

对犯罪的少年人与成年人区别对待的历史最早可以追溯到罗马法时代。公元534年《优士丁尼法典》就确立了“儿童不可能预谋犯罪”的原则,该原则对应的理论是:不存在天生的坏儿童,也没有不堪挽救的儿童。根据这一原则,该法典规定的刑事责任年龄为男14岁、女12岁。[1] 英国在1324年的习惯法中也确立了相同的原则。到19世纪,英国发展了罗马法中“国王(对少年犯)是负教养责任的家长,而不是实行惩罚的官吏”这一格言,把国家是少年犯“至高无上的家长”这一原则贯穿在青少年法律中,并一直作为青少年审判制度的指导思想流传至今。[2] 但是,世界上第一个关于青少年的专门立法,则是1899年美国伊利诺伊州的《少年法庭法》;[3] 世界上第一个少年法院,是美国于1899年在芝加哥设立的少年法院。[4] 到1912年,美国已有半数的州通过了关于少年法庭的立法。1938年,美国联邦议会通过了《少年法院条例》,成为约束全国少年法庭的共同规则。在日本,穗积陈重于1907年作了题为“美国的少年法院”的讲演,呼吁和阐述了创设少年法院的必要性,但其观点正式体现为立法则是在1922年,这一年,日本颁布了《少年法》。另外,英联邦的成员国印度的加尔各答在1915年设立了少年法庭,1920年印度制定了亚洲的第一个少年法,《儿童法》;德国于1923年颁布了《少年法院条例》;法国于1912年制定了《青少年保护观察法》;1934年,意大利制定了《少年法》。

“二战”后,青少年犯罪率急剧上升,并且成为一个世界性问题,从而引起了国际社会以及联合国的普遍关注。作为这种关注的直接体现,1955年联合国在纽约召开的第一届防止犯罪会议通过的重要决议之一就是关于预防少年犯罪的问题;1966年通过并于1976年生效的《公民权利和政治权利国际公约》也对少年

[1] 康树华、储槐植:《国外保护青少年法规简介》,载北京大学法律系国外法学研究室编:《国外保护青少年法规与资料选编》,群众出版社1981年版,第4页。

[2] 康树华、储槐植:《国外保护青少年法规简介》,载北京大学法律系国外法学研究室编:《国外保护青少年法规与资料选编》,群众出版社1981年版,第4页。

[3] 康树华、储槐植:《国外保护青少年法规简介》,载北京大学法律系国外法学研究室编:《国外保护青少年法规与资料选编》,群众出版社1981年版,第3页。

[4] [日]宫泽浩一:《少年违法犯罪与违法犯罪少年的处遇》,载[日]西原春夫主编:《日本刑事法的形成与特色》,李海东等译,法律出版社、成文堂1997年版,第185页。

刑事司法问题作出了规定。

1980年,联合国第六届预防犯罪和罪犯待遇大会通过的第4号决议要求制定联合国“少年司法和照管少年的最低限度标准规则”供各成员国作为少年立法和司法的样本,这一要求在1985年召开的联合国第七届预防犯罪和罪犯待遇大会中得到实现,该次大会通过了《联合国少年司法最低限度标准规则》(以下简称《北京规则》),该规则是对违法犯罪的青少年进行处理的程序保障。1989年11月20日,第四十四届联合国大会又通过了《儿童权利公约》,该公约对儿童的权利、自由及其成长给予关注和保护。[5] 1990年联合国第八届预防犯罪和和罪犯待遇大会又通过了《联合国保护被剥夺自由少年规则》,该规则“旨在制定出符合人权和基本自由为联合国所接受保护以各种形式被剥夺自由少年的最低限度标准,目的在于避免一切拘留形式的有害影响,并促进社会融合”。[6] 联合国第八届预防犯罪和罪犯待遇大会还于1991年8~9月通过了《联合国预防少年犯罪准则》(以下简称《利雅得准则》),该准则第5条对预防少年违法犯罪政策以及系统研究和详细拟订的措施的内容进行了一般性的概括。

我国在1991年颁布了《未成年人保护法》,该法于2006年第一次修订。其中第54条规定,对违法犯罪的未成年人,实行教育、感化、挽救的方针,坚持教育为主、惩罚为辅的原则;第56条规定,讯问、审判未成年犯罪嫌疑人、被告人,询问未成年证人、被害人,应当通知其法定代理人或者其他人员到场;第58条规定,对未成年人犯罪案件,新闻报道、影视节目、公开出版物、网络等不得披露该未成年人的姓名、住所、照片、图像以及可能推断出该未成年人的资料。以上规定在2012年、2018年修订的《刑事诉讼法》中均得到确认。另外,我国于1999年颁布了《预防未成年人犯罪法》,对未成年人不良行为的预防、矫治、未成年人对犯罪的自我防范、对未成年人重新犯罪的预防以及相关的法律责任等问题作了规定,该法在2012年进行了第一次修订。也是在2012年,第十一届全国人大常委会第五次会议通过的《关于修改〈中华人民共和国刑事诉讼法〉的决定》,在《刑事诉讼法》第五编特别程序专设一章,针对未成年人刑事案件诉讼程序作了规定,其中的部分条款,是对原《刑事诉讼法》、《未成年人保护法》的继承和修改,还有部分条款是完全新增的条款。

---

[5] 我国全国人民代表大会常务委员会于1991年12月29日通过了《关于批准〈儿童权利国际公约〉的决定》。在批准这一公约时,我国对该公约的第6条有所保留,其原文如下:“中华人民共和国将在符合其宪法第二十五条关于计划生育的规定的前提下,并根据《中华人民共和国未成年人保护法》第二条的规定,履行《公约》第六条所规定的义务。”

[6] 《联合国保护被剥夺自由少年规则》第3条。该规则经第四十五届联合国大会通过。

二、未成年人刑事司法程序的一般原则

《刑事诉讼法》第 277 条第 1 款规定,对犯罪的未成年人实行教育、感化、挽救的方针,坚持教育为主、惩罚为辅的原则。《未成年人保护法》第 113 条作了相同的规定。

《刑事诉讼法》第 277 条第 2 款规定,人民法院、人民检察院和公安机关办理未成年人刑事案件,应当保障未成年人行使其诉讼权利,保障未成年人得到法律帮助,并由熟悉未成年人身心特点的审判人员、检察人员、侦查人员承办。该规定是对教育、感化、挽救方针的进一步细化。其中,保障未成年人行使其诉讼权利,原本是刑事诉讼法的通行原则;保障未成年人得到法律帮助,有赖于指定辩护制度的实施;由熟悉未成年人身心特点的人员办案,才真正是未成年人刑事司法程序的特殊要求。

三、指定辩护制度

我国 1979 年《刑事诉讼法》就规定对于没有委托辩护人的未成年被告人人民法院应当指定辩护人为其辩护。1996 年《刑事诉讼法》规定,未成年被告人没有委托辩护人的,人民法院应当指定承担法律援助义务的律师为其提供辩护。2012 年《刑事诉讼法》在“未成年人刑事诉讼程序”一章专门对此作了规定。2018 年《刑事诉讼法》第 278 条规定,未成年犯罪嫌疑人、被告人没有委托辩护人的,人民法院、人民检察院、公安机关应当通知法律援助机构指派律师为其提供辩护。为未成年犯罪嫌疑人、被告人指定辩护是未成年人刑事司法程序的一个重要特征。对于未成年犯罪嫌疑人,不仅人民法院有义务为其指定辩护,人民检察院、公安机关均有义务为其指定辩护。也就是说,只要案件进入正式的刑事司法程序,侦查机关就有义务通知法律援助机构为没有委托辩护人的未成年犯罪嫌疑人指派律师为其辩护。另外,对未成年犯罪嫌疑人、被告人,无论其经济上是否困难,是否有能力支付律师费,只要他们自己没有聘请律师,人民法院、人民检察院、公安机关就应当通知法律援助机构指派律师为其提供辩护。

值得注意的是,2018 年《刑事诉讼法》增设了值班律师制度。《刑事诉讼法》第 36 条第 1 款规定:“法律援助机构可以在人民法院、看守所等场所派驻值班律师。犯罪嫌疑人、被告人没有委托辩护人,法律援助机构没有指派律师为其提供辩护的,由值班律师为犯罪嫌疑人、被告人提供法律咨询、程序选择建议、申请变更强制措施、对案件处理提出意见等法律帮助。”从以上立法表述来看,值班律师为犯罪嫌疑人、被告人提供法律帮助的前提条件是犯罪嫌疑人、被告人自己没有委托辩护人,且法律援助机构也没有指派律师为其提供辩护。但《刑事诉讼法》

第 278 条规定,未成年犯罪嫌疑人、被告人没有委托辩护人的,人民法院、人民检察院、公安机关应当通知法律援助机构为其提供辩护。可见,根据《刑事诉讼法》第 278 条的规定,不应当存在未成年犯罪嫌疑人、被告人既没有自行委托辩护人又没有被指派法律援助律师为其辩护的情形,《刑事诉讼法》第 36 条规定的值班律师制度不适用于未成年犯罪嫌疑人、被告人。虽然本书在"律师帮助权"一章中也主张,值班律师的身份也是辩护人,但是其服务的范围和程度仍然不同于通常意义上的辩护人,当然也不同于通常意义上接受指派为犯罪嫌疑人、被告人提供辩护的辩护人。毕竟,通常意义上的辩护律师提供的服务是全范围、全过程的,值班律师的服务只是暂时的、有限的。不能以值班律师代替法律援助机构为未成年犯罪嫌疑人、被告人指派的辩护律师。

四、成长经历调查

《刑事诉讼法》第 279 条规定,公安机关、人民检察院、人民法院办理未成年人刑事案件,根据情况可以对未成年犯罪嫌疑人、被告人的成长经历、犯罪原因、监护教育等情况进行调查。成长经历调查的目的,一是确定未成年人犯罪的原因;二是使定罪量刑更加精确;三是进行有针对性的教育、感化和挽救,促使其早日回归社会。

五、限制羁押措施的适用与分管分押制度

《刑事诉讼法》第 280 条第 1 款规定,对未成年犯罪嫌疑人、被告人应当严格限制适用逮捕措施。人民检察院审查批准逮捕和人民法院决定逮捕,应当讯问未成年犯罪嫌疑人、被告人,听取辩护律师的意见。据此规定,对未成年人适用羁押措施原则上应当慎用。具体措施是批准逮捕和决定逮捕过程中,讯问犯罪嫌疑人、被告人和听取辩护律师意见都成为必经程序。其实践效果应当表现为:大多数未成年犯罪嫌疑人、被告人在审判前和审判中都应当处于非羁押状态。

《刑事诉讼法》第 280 条第 2 款规定,对被拘留、逮捕和执行刑罚的未成年人与成年人应当分别关押、分别管理、分别教育。分别关押、分别管理、分别教育的意义在于:首先,对未成年人应当以适合其身心特点的方式来对待;其次,防止成年人与未成年人交叉感染。

六、讯问、审判中的特别保护

根据《刑事诉讼法》第 281 条的规定,对于未成年人刑事案件,在讯问和审判的时候,应当通知未成年犯罪嫌疑人、被告人的法定代理人到场。无法通知、法定代理人不能到场或者法定代理人是共犯的,也可以通知未成年犯罪嫌疑人、被

告人的其他成年亲属,所在学校、单位、居住地基层组织或者未成年人保护组织的代表到场,并将有关情况记录在案。到场的法定代理人可以代为行使未成年犯罪嫌疑人、被告人的诉讼权利。到场的法定代理人或者其他人员认为办案人员在讯问、审判中侵犯未成年人合法权益的,可以提出意见。讯问笔录、法庭笔录应当交给到场的法定代理人或者其他人员阅读或者向他宣读。讯问女性未成年犯罪嫌疑人,应当有女工作人员在场。审判未成年人刑事案件,未成年被告人最后陈述后,其法定代理人可以补充陈述。

七、附条件不起诉制度

《刑事诉讼法》第 282 条规定,对于未成年人涉嫌《刑法》分则第四、五、六章规定的犯罪,可能判处 1 年有期徒刑以下刑罚,符合起诉条件,但有悔罪表现的,人民检察院可以作出附条件不起诉的决定。人民检察院在作出附条件不起诉的决定以前,应当听取公安机关、被害人的意见。对附条件不起诉的决定,公安机关要求复议、提请复核或者被害人申诉的,适用《刑事诉讼法》第 179、180 条的规定。未成年犯罪嫌疑人及其法定代理人对人民检察院决定附条件不起诉有异议的,人民检察院应当作出起诉的决定。

附条件不起诉的目的是促使未成年犯罪嫌疑人悔过自新,避免执行刑罚对其带来的不利影响,便于其接受教训,重返社会。适用的条件是涉嫌触犯《刑法》第四、五、六章规定的犯罪,可能面临的刑罚为 1 年有期徒刑以下刑罚,且有悔罪表现。

根据规定,人民检察院在决定附条件不起诉时,应当听取公安机关、被害人的意见。对附条件不起诉的决定,公安机关可以根据《刑事诉讼法》第 179 条的规定申请复议;对复议结果不能接受,还可以提请上一级人民检察院复核。被害人对附条件不起诉决定不能接受的,可以根据《刑事诉讼法》第 180 条的规定,在收到决定书后 7 日以内向上一级人民检察院申诉。上一级人民检察院应当将申诉复查决定告知被害人。被害人不服申诉复查决定的,可以向人民法院起诉。被害人也可以不经申诉,直接向人民法院起诉。

被附条件不起诉的犯罪嫌疑人及其代理人对附条件不起诉决定有异议的,说明该犯罪嫌疑人或其法定代理人不认为自己的行为构成犯罪,或者属于犯罪情节轻微,依照刑法规定不需要判处刑罚或者可以免除处罚。在此情形下,或者是因为未成年犯罪嫌疑人不符合悔罪条件,或者是因为未成年犯罪嫌疑人的行为的确不构成犯罪或者应当免予处罚,但附条件不起诉决定使其处于不利地位,人民检察院都应当作出起诉决定,给未成年犯罪嫌疑人一个公正审判的机会,由人民法院对其是否构成犯罪、是否处罚以及如何处罚进行审理、作出决定。

《刑事诉讼法》第 283 条规定,附条件不起诉的考验期为 6 个月以上 1 年以下。在附条件不起诉的考验期内,由人民检察院对附条件不起诉的未成年犯罪嫌疑人进行监督考察。未成年犯罪嫌疑人的监护人应当对未成年犯罪嫌疑人加强管教,配合人民检察院做好监督考察工作。被附条件不起诉的未成年犯罪嫌疑人在考验期内应当遵守以下规定:(1)遵守法律法规,服从监督;(2)按照考察机关的规定报告自己的活动情况;(3)离开所居住的市、县或者迁居的,应当报考察机关批准;(4)按照考察机关的要求接受矫治和教育。

根据《刑事诉讼法》第284条的规定,被附条件不起诉的未成年犯罪嫌疑人,在考验期内有下列情形之一的,人民检察院应当撤销附条件不起诉的决定,提起公诉:(1)实施新的犯罪,或者发现决定附条件不起诉之前还有其他犯罪需要追诉的;(2)违反治安管理规定或者考察机关有关附条件不起诉的监督管理规定,情节严重的。被附条件不起诉的未成年犯罪嫌疑人在考验期内没有上述情形,考验期满的,人民检察院应当作出不起诉的决定。

八、不公开审理制度

根据《刑事诉讼法》第285条的规定,审判的时候被告人不满18周岁的案件,不公开审理。但是,经未成年被告人及其法定代理人同意,未成年被告人所在学校和未成年保护组织可以派代表到场。

1996年《刑事诉讼法》规定,14周岁以上不满16周岁的未成年人犯罪的案件,一律不公开审理;16周岁以上不满18周岁未成年人犯罪的案件,一般也不公开审理。2012年《刑事诉讼法》修改了这一规定,将审判时不满18周岁的未成年人案件,一律不公开审理。值得注意的是此处规定的是审判时不满18周岁,而不是犯罪时不满18周岁。如果犯罪时不满18周岁,审判时已满18周岁,应当公开审理。

审判时被告人不满18周岁的案件一律不公开审理,这一原则没有例外。但是在不公开审理针对的对象范围方面,法律规定,经未成年被告人及其法定代理人同意,未成年被告人所在学校和未成年保护组织可以派代表到场。允许派代表在场的目的是方便学校和组织了解被告人的犯罪情况,便于他们有针对性地开展教育。但既然是为未成年被告人考虑,当然应当征得未成年被告人及其法定代理人的同意。

思考 未成年人犯罪案件实行不公开审理是基于保护未成年被告人利益的考虑。如果未成年被告人自己及其法定代理人、辩护人都一致认为案件只有公开审理才能真正保护未成年被告人的利益,并且书面申请将案件公开审理,是否应当将案件公开审理?

九、犯罪记录封存制度

《刑事诉讼法》第286条规定,犯罪的时候不满18周岁,被判处5年有期徒刑以下刑罚的,应当对相关犯罪记录予以封存。犯罪记录被封存的,不得向任何单位和个人提供,但司法机关为办案需要或者有关单位根据国家规定进行查询的除外。依法进行查询的单位,应当对被封存的犯罪记录情况予以保密。

未成年人犯罪记录封存制度的目的,在于保护未成年人,使其在就业、参军等关键的人生道路上不受歧视,早日重返社会,避免进一步走向继续实施犯罪的深渊。其实施的条件,是犯罪的时候不满18周岁,且被判处的刑罚为5年有期徒刑以下刑罚。其实施的具体措施,是被封存的犯罪记录除司法机关为办案需要或其他有关单位根据国家规定进行查询的外,不得向任何单位和个人提供。尤其是在就业、参军等重大人生道路抉择方面,有关单位不得向犯罪记录封存机关查询。有关单位在接到查询申请时也应当予以拒绝,对被封存的犯罪记录情况保密。

第二节　公诉案件刑事和解程序

一、适用范围

《刑事诉讼法》第288条规定:“下列公诉案件,犯罪嫌疑人、被告人真诚悔过,通过向被害人赔偿损失、赔礼道歉等方式获得被害人谅解,被害人自愿和解的,双方当事人可以和解:(一)因民间纠纷引起,涉嫌《刑法》分则第四章、第五章规定的犯罪案件,可能判处三年有期徒刑以下刑罚的;(二)除渎职犯罪以外的可能判处七年有期徒刑以下刑罚的过失犯罪案件。”同时规定:“犯罪嫌疑人、被告人在五年以内曾经故意犯罪的,不适用本章规定的程序。”

刑事和解的目的是促使犯罪加害人通过真诚悔过、赔偿损失、赔礼道歉等方式获得被害人谅解,双方达成和解,从而使公权力对加害人的处罚更加轻缓,被告人更容易重返社会。但是,由于刑事犯罪本身不仅是针对个人的侵害,也是针对社会的侵害,因此,并非所有的犯罪都可以在加害人和被害人之间进行和解。在有些犯罪案件中,由于加害人的行为不仅侵害了被害人的利益,而且明显侵害到社会公众的利益,因此被害人实际上无权进行和解;还有一些犯罪案件,例如被害人死亡的案件,因为被害人已经无法表示自己的意愿,所谓谅解就成了被害人家属的谅解,其在法理上是否成立颇成疑问,因此实际上也无法和解。基于这些考虑,刑事诉讼法规定,刑事和解限定于两类案件:一是因民间纠纷引起,涉嫌《刑法》分则第四、五章的犯罪,且可能判处 3 年有期徒刑以下刑罚;二是除渎职犯罪以外的可能判处 7 年有期徒刑以下刑罚的过失犯罪案件。另外,如果犯罪嫌疑人、被告人在 5 年以内曾经故意犯罪,则不适用刑事和解程序。

二、适用程序

《刑事诉讼法》第 289 条规定:“双方当事人和解的,公安机关、人民检察院、人民法院应当听取当事人和其他有关人员的意见,对和解的自愿性、合法性进行审查,并主持制作和解协议书。”

根据上述规定,在刑事诉讼中的侦查阶段、审查起诉阶段和审判阶段,犯罪嫌疑人、被告人均可以与被害人达成和解。上述各阶段的侦查机关、检察机关和审判机关,对于当事人达成的和解协议都应当进行审查。审查时应当听取当事人和其他有关人员的意见。审查的内容主要包括和解的自愿性、合法性。审查后认为和解自愿、合法的,应当在上述机关的主持下制作和解协议书。

三、轻缓刑罚

《刑事诉讼法》第 290 条规定,对于达成和解协议的案件,公安机关可以向人民检察院提出从宽处罚的建议。人民检察院可以向人民法院提出从宽处罚的建议;对于犯罪情节轻微,不需要判处刑罚的,可以作出不起诉的决定。人民法院可以依法对被告人从宽处罚。

根据上述规定,公安机关、人民检察院、人民法院对于达成刑事和解协议的公诉案件,可以对犯罪嫌疑人、被告人从宽处理。在侦查阶段达成和解的,公安机关在侦查终结后可以向人民检察院提出从宽处理的建议。人民检察院对于公安机关提出从宽处理建议的案件,以及在侦查阶段未能达成和解,但是在审查起诉阶段达成和解协议的案件,可以考虑向人民法院提出从宽处罚的建议;对于犯罪情节轻微、不需要判处刑罚的,可以作出不起诉决定。在审判阶段,人民法院对于已经达成和解协议的案件,可以依法对被告人从宽处罚。

第三节 缺席审判程序

一、缺席审判程序的由来

缺席审判是指被告人未出席法庭情形下法庭对被告人涉嫌犯罪的案件进行的审判。与缺席审判对应的是对席审判。在刑事诉讼中,被告人出席法庭是被告人的一项基本权利。在美国,该项权利属于《宪法第六修正案》对质权的一部分。[7] 由于刑事案件事关定罪量刑,关系到公民的生命、自由和财产等基本权利处置,“被告人出席法庭的权利是其行使其他诸项诉讼权利的前提,应当给予被告人参与审判的机会,以查明案情,依法公正处理案件”[8]。在国外,很多国家完全不允许在被告人缺席的情况下进行审判,如新加坡、新西兰等。但在刑事诉讼中设置缺席审判程序的国家也不罕见。例如,在德国,虽然对未接受审判之人不得为判决乃是刑事诉讼中一项重要原则,但该原则亦有例外:对于轻罪案件,被告人经合法传唤未到庭的,可以缺席判决;对重罪案件,法院可以基于证据保全的目的缺席审理,也可以基于人身保全的目的(迫使被告人到案)在被告人未到庭的情况下扣押其财产。[9] 俄罗斯刑事诉讼法亦规定,“刑事案件的法庭审理必须在受审人出庭的情况下进行”,但“在轻罪或中等严重的犯罪案件中,如果受审人申请缺席审理他的案件,则允许在受审人不出庭时进行法庭审理”。[10] 法国刑事诉讼法规定,轻罪案件,“经正常程序受当面传唤的被告人,除提出经传唤法院认可的理由外,必须到庭……如传唤的条件均已符合,被告人无正当理由而不到庭,应当进行缺席审判”。但对于重罪案件,即有可能判处两年或两年以上徒刑的案件,被告人经传唤不到庭的,法院将通过特别决定,以附理由的方式将案件暂停并签发通缉令。[11]

在我国民事诉讼和行政诉讼中,均有缺席审判程序的设置。我国《民事诉讼法》规定,被告经传票传唤,无正当理由拒不到庭的,或者未经法庭许可中途退庭

[7] 易延友:《“眼球对眼球的权利”——对质权制度比较研究》,载《比较法研究》2010 年第 1 期。

[8] 王爱立主编:《中华人民共和国刑事诉讼法修改条文解读》,中国法制出版社 2018 年版,第 188 页。

[9] [德]克劳思·罗科信:《刑事诉讼法》,吴丽琪译,法律出版社 2003 年版,第 570 ~ 571 页。

[10] 《俄罗斯联邦刑事诉讼法典》第 247 条。《俄罗斯联邦刑事诉讼法典》,黄道秀译,中国政法大学出版社 2003 年版,第 187 页。

[11] 《法国刑事诉讼法典》第 410 条。参见《法国刑事诉讼法典》,余叔通、谢朝华译,中国政法大学出版社 1997 年版,第 150 页。

的，可以缺席判决。《行政诉讼法》规定，被告无正当理由拒不到庭或者未经法庭许可中途退庭的，可以缺席判决。但在刑事诉讼中，我国 1979 年、1996 年、2012 年《刑事诉讼法》均未明确规定缺席审判程序（但根据 1996 年和 2012 年《刑事诉讼法》第 15 条的规定，实际上存在对审判阶段死亡被告人宣告无罪的缺席审判，另外实务中也存在被告人死亡情况下审判监督程序中的缺席审判）。2012 年《刑事诉讼法》增设的犯罪嫌疑人、被告人逃匿、死亡案件违法所得的没收程序已经接近于缺席审判程序，但还不是完整的缺席审判程序，因为该程序仅涉及对已逃匿、死亡的犯罪嫌疑人、被告人违法所得财产的处置，不涉及对其犯罪事实的认定以及对其行为在刑法上的完整评价。

2014 年，中央反腐败协调小组提议建立缺席审判制度，主要目的是加强反腐败境外追逃工作的力度，丰富境外追逃的手段，为国际追逃工作提供法律武器："从法律上对外逃犯罪分子作出否定性评价，有利于彰显法律权威，形成对腐败犯罪分子的威慑。"〔12〕因此，2018 年修改《刑事诉讼法》时，在第五编特别程序中专门增加一章，以 7 个条文，完整地规定了刑事诉讼中的缺席审判程序。因国际上有相当一部分国家不允许缺席审判，将缺席审判当作程序不公的一个因素，并在引渡和实施其他司法协助时对曾经被缺席审判的人员的引渡施加了一定的条件限制，因此，我国《刑事诉讼法》在确立缺席审判制度时一方面尽可能保证被缺席审判被告人的基本诉讼权利；另一方面也针对国际上对被缺席审判人员引渡所附加的条件进行了充分考虑并设置了相应条款。

二、缺席审判程序适用的案件范围与适用条件

缺席审判程序适用的案件包括被告人在境外的案件和被告人在境内的案件两种。对于被告人在境外的案件，《刑事诉讼法》第 291 条第 1 款规定："对于贪污贿赂犯罪案件，以及需要及时进行审判，经最高人民检察院核准的严重危害国家安全犯罪、恐怖活动犯罪案件，犯罪嫌疑人、被告人在境外，监察机关、公安机关移送起诉，人民检察院认为犯罪事实已经查清，证据确实、充分，依法应当追究刑事责任的，可以向人民法院提起公诉。人民法院进行审查后，对于起诉书中有明确的指控犯罪事实，符合缺席审判程序适用条件的，应当决定开庭审判。"根据这一规定，对于被告人在境外的案件，缺席审判程序适用的案件范围包含贪污贿赂犯罪案件、严重危害国家安全犯罪案件以及恐怖活动犯罪案件。这些案件适用缺席审判程序的客观条件是犯罪嫌疑人、被告人在境外；主观条件是犯罪事实已经查清，证据确实、充分，依法应当追究刑事责任。对于贪污贿赂犯罪案件，只

---

〔12〕 王爱立主编：《中华人民共和国刑事诉讼法修改条文解读》，中国法制出版社 2018 年版，第 187 页。

需要同时满足以上客观条件及主观条件即可缺席审判。但对于严重危害国家安全犯罪案件以及恐怖活动犯罪案件，还需要满足一个程序性条件：需要及时审判，并经最高人民检察院核准。

对于被告人在境内的案件，《刑事诉讼法》第 296 条规定："因被告人患有严重疾病无法出庭，中止审理超过六个月，被告人仍无法出庭，被告人及其法定代理人、近亲属申请或者同意恢复审理的，人民法院可以在被告人不出庭的情况下缺席审理，依法作出判决。"这类案件属于被告人因患有严重疾病无法出席而导致的缺席审判。其适用的条件是：第一，被告人因患有严重疾病无法出席法庭；第二，由于前述原因导致案件中止审理超过 6 个月；第三，被告人及其法定代理人、近亲属申请或同意恢复审理。在同时满足以上条件的情况下，人民法院可以依职权缺席审判，也可以依被告方的申请适用缺席审判程序。

除以上案件外，《刑事诉讼法》还规定了第三种缺席审判，那就是被告人死亡的情况下的缺席审判。《刑事诉讼法》第 297 条第 1 款规定："被告人死亡的，人民法院应当裁定终止审理，但有证据证明被告人无罪，人民法院经缺席审理确认无罪的，应当依法作出判决。"该规定实际上是对《刑事诉讼法》第 16 条规定的犯罪嫌疑人、被告人死亡情形下案件程序应当如何处理的解释性规范。《刑事诉讼法》第 16 条规定，犯罪嫌疑人、被告人死亡的，不追究刑事责任；已经追究的，应当撤销案件，或者不起诉，或者终止审理，或者宣告无罪。该条对于被告人死亡的情形，实际上规定了不同的程序处理选项：撤销案件、不起诉、终止审理、宣告无罪。撤销案件只适用于侦查阶段。不起诉只适用于审查起诉阶段。从法条的逻辑结构来看，终止审理只适用于在法庭审判所进行到的那个阶段为止法庭仍然认为被告人可能有罪的案件。宣告无罪则适用于当被告人死亡时法庭相信被告人可能无罪的情形。当然，继续审理也还存在被告人有罪的结果的可能性；如果审理的结果仍然是被告人有罪，则仍然应当终止审理。只有在最终查清认为被告人确实无罪的情况下，才在其已经死亡的情况下对其宣告无罪。可见，根据《刑事诉讼法》第 16 条规定，对于被告人可能无罪的情形，实际上已经要求法庭在被告人缺席的情况下继续审理，并在查清真相的基础上对被告人宣告无罪。由此也可见，被告人死亡情况下的缺席审判在 2018 年《刑事诉讼法》修改以前就已经存在。

《刑事诉讼法》第 297 条第 2 款还规定："人民法院按照审判监督程序重新审判的案件，被告人死亡的，人民法院可以缺席审理，依法作出判决。"这一规定并不是 2018 年《刑事诉讼法》的创新，而是对早就存在于司法实务中的做法的肯定。在平反的冤假错案中，不乏平反时被告人已经死亡的案件，如聂树斌案、呼格吉勒图案等。对这些案件的审判，都是在被告人死亡的情况下对案件进行的缺席审判。

三、缺席审判案件的管辖

《刑事诉讼法》第 291 条规定："前款案件，由犯罪地、被告人离境前居住地或者最高人民法院指定的中级人民法院组成合议庭进行审理。"这是对审查起诉和审判时犯罪嫌疑人、被告人在境外的案件进行缺席审判时究竟应当如何确定管辖的规定。根据上述规定，对于贪污贿赂犯罪案件、严重危害国家安全犯罪案件以及恐怖活动犯罪案件，适用缺席审判程序审理的，在级别管辖问题上，一律由中级人民法院管辖。在地域管辖方面，则可以由犯罪地、被告人离境前居住地管辖，也可以由最高人民法院指定的中级人民法院管辖。另外，该条款还规定，缺席审判不实行独任审判，因此应当组成合议庭进行审理。

四、缺席审判案件中传票的协助送达

《刑事诉讼法》第 292 条规定："人民法院应当通过有关国际条约规定的或者外交途径提出的司法协助方式，或者被告人所在地法律允许的其他方式，将传票和人民检察院的起诉书副本送达被告人。传票和起诉书副本送达后，被告人未按要求到案的，人民法院应当开庭审理，依法作出判决，并对违法所得及其他涉案财产作出处理。"该条是关于缺席审判文书送达的规定。如前所述，刑事诉讼中对席审判才是常态，缺席审判是例外。之所以如此，就是因为缺席审判在程序的正当性方面会受到一定的质疑。但是，如经正常传唤、通知而被告人自己选择不到庭参加审判，则至少在一定程度上可以认为，是被告人自己放弃了其在审判中可以享有的诉讼权利；在此情况下，缺席审判的正当性应当可以得到确认。

根据以上规定，对于缺席审判的案件，人民法院送达传票和起诉书副本有三种方式。一是通过有关的国际条约规定的方式。这里的国际条约，既包括我国与他国签订的双边条约和多边条约，也包括我国批准加入的国际公约，包括《联合国反腐败国际公约》《联合国打击跨国有组织犯罪公约》等。二是通过外交途径的方式。例如，1986 年颁布的《关于我国法院和外国法院通过外交途径相互委托送达法律文书若干问题的通知》第 5 条规定，我国法院向在外国领域内的中国籍当事人送达法律文书，如该国允许我国使、领馆直接送达，可委托我驻该国使、领馆送达。此类法律文书可不必附有外文译本。该规定中的委托我国驻该国使、领馆代为送达，也属于外交途径送达。三是被告人所在地法律允许的其他方式。如被告人所在地法律对送达途径并无明确限定，则只要法律允许的送达方法均可采用。

"传票和起诉书副本送达后，被告人未按要求到案"，指的是传票和起诉书副本实际送达以及视为送达的情形下,被告人未按要求到案的情形。实际送达是指传票、起诉书副本送达被告人并由被告人予以签收的情形。视为送达是指传票、起诉书副本送达后被告人拒绝签收的情形。无论是实际送达还是视为送达,目的都是告知被告人及时到案参加诉讼;如被告人在文书送达后拒绝签收或虽然签收但仍然拒不到案,则意味着被告人自动拒绝了在我国接受审判的义务,也放弃了行使审判中的诉讼权利。在此情况下对他缺席审判,应该视为是被告人自行选择的结果。有的国际刑事司法合作条约规定,对于未经送达即进行缺席审判的,可拒绝提供司法合作。之所以如此,就是因为未经送达即行审判缺乏正当性。我国刑事诉讼法作如此规定,既加强了刑事缺席审判程序的正当性,也可避免国际社会因缺席审判程序不够规范而拒绝提供司法协助。

五、缺席审判案件中的律师帮助权

根据《刑事诉讼法》第293条的规定,人民法院缺席审判案件,被告人有权委托辩护人,被告人的近亲属可以代为委托辩护人。被告人及其近亲属没有委托辩护人的,人民法院应当通知法律援助机构指派律师为其提供辩护。据此规定,对于缺席审判的案件,获得律师等辩护人的帮助是被告人的基本权利;不仅被告人可以自行委托辩护人,其近亲属也可以代为委托辩护人;如果被告人本人和其近亲属都没有委托辩护人,人民法院应当通知法律援助机构指派律师为其提供辩护。

本书在“辩护与代理”一章中指出:刑事案件律师辩护全覆盖的对象应当限定为贫穷被告人。其基本的法理是,为贫穷被告人提供律师辩护是社会财富的重新分配,只有在社会中受益最少的那部分人才有资格享受这种免费的福利待遇。根据这一逻辑,在缺席审判程序中,被缺席审判的被告人如果不满足贫穷这一条件,理论上也不应享受获得免费律师帮助的权利。但缺席审判程序中的问题比对席审判更为复杂。缺席审判程序更容易在国际上遭受质疑。在被告人缺席的情况下,辩护律师的到庭相当于见证整个缺席审判程序的过程,辩护律师的见证有利于显著提升缺席审判程序的正当化程度。因此,在缺席审判程序中,获得免费律师帮助的权利可以不限定为贫穷被告人。只要被告人及其近亲属没有委托辩护人,人民法院就应当通知法律援助机构为其提供辩护。

六、缺席审判案件的上诉与抗诉

《刑事诉讼法》第294条规定:“人民法院应当将判决书送达被告人及其近亲属、辩护人。被告人或者其近亲属不服判决的,有权向上一级人民法院上诉。辩护人经被告人或者其近亲属同意,可以提出上诉。”“人民检察院认为人民法院的判决确有错误的,应当向上一级人法院提出抗诉。”本条是关于送达和上诉权、抗诉权的规定。对于送达,法律规定送达的对象包括被告人及其近亲属和辩护人。因被告人在境外,判决书的送达还是要依照《刑事诉讼法》第292条规定的三种法定方式送达。对于被告人在境内的,则以《刑事诉讼法》规定的通常方式送达。对于上诉权,该条规定除被告人有权上诉以外,被告人的近亲属也有独立的上诉权。这主要是考虑被告人在境外,和其在境内的近亲属也可能联系不畅,因此,赋予其境内近亲属独立的上诉权,有利于保障其上诉权的实现。该条也赋予了辩护人附条件的上诉权,所附的条件就是经被告人或者其近亲属同意。与对席审判不一样,对席审判辩护人上诉要经过被告人同意;缺席审判中,辩护人既可以经被告人本人同意后上诉,也可以经被告人近亲属同意后上诉。这也是考虑被告人在境外与辩护人可能联系不畅这一因素所作的变通。

该条第2款还规定了人民检察院的抗诉权。与对席审判一样,如果人民检察院认为人民法院的判决确有错误,也可以提出抗诉。2018年《刑事诉讼法》修改过程中最初起草的修订草案只规定了被告人及其近亲属、辩护人的上诉权,没有规定人民检察院的抗诉权,在草案审议的过程中,全国人大常委会组成人员认为,抗诉是人民检察院代表国家行使检察权的重要内容,既然对席审判允许人民检察院就第一审判决提出抗诉,缺席审判同样存在人民法院判决确有错误的可能性,因此也应当赋予人民检察院在认为人民法院判决确有错误的情况下提出抗诉的权力。[13] 因此,《刑事诉讼法》最终增加了人民检察院针对缺席审判一审判决提出抗诉的权力。

七、缺席审判案件的重新审理

《刑事诉讼法》第295条规定:“在审理过程中,被告人自动投案或者被抓获的,人民法院应当重新审理。”“罪犯在判决、裁定发生法律效力后到案的,人民法院应当将罪犯交付执行刑罚。交付执行刑罚前,人民法院应当告知罪犯有权对判决、裁定提出异议。罪犯对判决、裁定提出异议的,人民法院应当重新审理。”“依照生效判决、裁定对罪犯的财产进行的处理确有错误的,应当予以返还、赔偿。”

该条是关于被告人在缺席审判程序进行过程中或结束后到案时应当如何处理的规定。立法者设置的程序是,审理过程中被告人自动投案或者被抓获的,或者被告人在缺席判决、裁定发生法律效力后到案并提出异议的,原缺席判决、裁定自动失效,原进行的缺席审判也自动失效,人民法院在被告人出席的情况下对

---

〔13〕 王爱立主编:《中华人民共和国刑事诉讼法修改条文解读》,中国法制出版社2018年版,第210页。

案件进行重新审理。之所以如此安排,主要是基于三点考虑。第一,缺席审判程序中由于被告人没有亲自出席审判,没有亲自行使辩护权,在其到案后能够亲自行使辩护权的情况下重新进行审判,是尊重其诉讼权利的基本要求;第二,从国际刑事司法合作情况来看,很多国家把缺席审判作为拒绝司法协助和拒绝引渡的重要理由,但同时将引渡请求国承诺在被引渡人回国后重新审判作为拒绝引渡的例外,因此,被告人到案后重新审理制度既有利于促使被告人回国接受审判,也有利于丰富境外追逃手段,最大限度地寻求境外追逃的国际合作;第三,规定缺席审判被告人到案后重新审判的制度也符合国际通行做法,如法国刑事诉讼法就规定,被告人到案后对缺席判决提出异议的,法院应当重新审判。[14]

值得注意的是,根据前述规定,被告人在不同阶段到案的程序处理是不一样的。在缺席审判尚未结束之际,被告人自动投案或者被抓获的,缺席审判程序自动终止,案件自动转为对席审判程序;在缺席审判程序已经结束,判决、裁定已经做出且生效后被告人才到案的,人民法院应当告知被告人(此时称罪犯)有权对生效判决、裁定提出异议;罪犯提出异议的,案件也转为对席审判程序重新审理;罪犯不提出异议的,原缺席审判作出的生效判决、裁定继续执行。需要注意的是,如果罪犯对缺席审判判决、裁定提出异议,案件也自动转为对席审判程序重新审理,此时的重新审理,不同于按照审判监督程序进行的重新审理,不需要有新的事实或者新的证据,也不需要原缺席审判作出的判决、裁定确有错误,只要罪犯提出异议,即应当转为普通的对席审判程序重新审理。在审判监督程序中,如果原作出生效裁判的是第二审程序,则按照审判监督程序重新审理时按照第二审程序进行;如果原作出生效裁判的是第一审程序,则按照审判监督程序重新审理时按照第一审程序进行。在缺席审判程序中,如果被告人到案,无论在哪个阶段,都可能会导致案件转入对席审判程序重新进行。也就是说,如果被告人在缺席审判第一审程序或第二审程序进行过程中自动投案或被抓获到案,缺席审判应当转入对席审判,之前进行的无论是第一审程序还是第二审程序均归于无效;如果罪犯在缺席审判程序已经完全结束,判决、裁定已经生效时归案,并且被告人对已生效缺席裁判提出异议,案件也转入对席审判程序,之前进行的第一审、第二审缺席审判均归于无效。

《刑事诉讼法》并未明确规定案件转入对席审判之后按照何种程序进行。本书认为,无论被告人/罪犯在哪个阶段归案,案件都转入对席审判程序中的第一审程序,按照第一审程序进行;案件的管辖也按照对席审判第一审的管辖确定;

---

〔14〕 王爱立主编:《中华人民共和国刑事诉讼法修改条文解读》,中国法制出版社 2018 年版,第 21 ~ 24 页。

审判后作出的判决、裁定属于第一审的判决、裁定，依法可以上诉和抗诉。

根据该条第3款的规定，依照生效判决、裁定对罪犯的财产进行的处理确有错误的，应当予以返还、赔偿。按照本条规定的逻辑，这应当是指被告人在缺席判决、裁定生效后到案并对缺席判决、裁定提出异议的情况下，案件经过重新审理，认为原生效裁判对被告人的财产进行的处理确有错误时，在重新审理的裁判中应当予以纠正。

第四节　刑事被追诉人逃匿、死亡案件违法所得没收程序

一、适用范围

《刑事诉讼法》第298条第1款规定："对于贪污贿赂犯罪、恐怖活动犯罪等重大犯罪案件，犯罪嫌疑人、被告人逃匿，在通缉一年后不能到案，或者犯罪嫌疑人、被告人死亡，依照刑法规定应当追缴其违法所得及其他涉案财产的，人民检察院可以向人民法院提出没收违法所得的申请。"据此规定，犯罪嫌疑人、被告人违法所得没收程序的适用，必须同时满足三个条件：一是涉嫌的犯罪为贪污贿赂犯罪、恐怖活动犯罪等重大犯罪案件；二是犯罪嫌疑人、被告人逃匿，通缉一年后仍不能到案，或者犯罪嫌疑人、被告人已经死亡；三是依照刑法规定应当追缴其违法所得及其他涉案财产的。

二、适用程序

（一）申请人

根据《刑事诉讼法》第298条的规定，公安机关认为应当适用逃匿、死亡犯罪嫌疑人、被告人违法所得没收程序的，应当写出没收违法所得意见书，移送人民检察院。没收违法所得的申请应当提供与犯罪事实、违法所得相关的证据材料，并列明财产的种类、数量、所在地及查封、扣押、冻结的情况。人民法院在必要的时候，可以查封、扣押、冻结申请没收的财产。

（二）管辖法院

根据《刑事诉讼法》第299条第1款的规定，没收违法所得的申请，由犯罪地或者犯罪嫌疑人、被告人居住地的中级人民法院组成合议庭进行审理。该规定

确定了三项内容:一是地域管辖,二是级别管辖,三是审判组织。就地域管辖角度而言,法律规定没收违法所得的申请应当由犯罪地或者犯罪嫌疑人、被告人居住地的人民法院管辖,这符合确定管辖的一般原则。就级别管辖的角度而言,法律之所以规定没收违法所得的申请由中级人民法院管辖,主要是因为该程序实际上属于缺席审判程序,由中级人民法院管辖显得比较慎重。就审判组织角度而言,审理没收违法所得的申请,不能由审判员一人独任审判,而应当组成合议庭进行审理,以加强此类案件审理的正当性。

(三)公告期

《刑事诉讼法》第 299 条第 2 款规定,人民法院受理没收违法所得的申请后,应当发出公告;公告期间为 6 个月;犯罪嫌疑人、被告人的近亲属和其他利害关系人有权申请参加诉讼,也可以委托诉讼代理人参加诉讼。据此规定,人民法院受理没收违法所得的申请后,应当以公告的形式,公布需要没收的犯罪嫌疑人、被告人违法犯罪情况、违法所得及其涉案财产情况。公告的期间为 6 个月。公告的目的是保证财产的利害关系人知悉有关诉讼情况,及时参与诉讼过程,维护自己的合法权益。犯罪嫌疑人、被告人的近亲属和其他利害关系人有权申请参加诉讼,并可以委托诉讼代理人参加诉讼。

(四)通知利害关系人参加诉讼

《刑事诉讼法》第 299 条第 3 款规定,人民法院在公告期满后对没收违法所得的申请进行审理。利害关系人参加诉讼的,人民法院应当开庭审理。据此规定,对违法所得没收的申请进行审理有两种方式:一种是没有利害关系人参加诉讼,不开庭审理,合议庭进行书面审理即可;另一种是有利害关系人参加诉讼,应当公开审理。公开审理参照公诉案件第一审程序进行,开庭前应当进行公告,应当通知诉讼参与人到庭参加诉讼,开庭时应当告知诉讼参与人相关的权利和应当遵守的规定,应当允许申请回避,人民检察院应当出示证据,应当允许利害关系人及其诉讼代理人出示证据,对证据进行质证,应当允许群众旁听等。

三、处理结果与程序的终止与回转

(一)处理结果

根据《刑事诉讼法》第 300 条第 1 款的规定,人民法院经审理,对经查证属于违法所得及其他涉案财产,除依法应当返还被害人的以外,应当裁定予以没收;对不属于应当追缴的财产的,应当裁定驳回申请,解除查封、扣押、冻结措施。第

2 款规定对于人民法院的上述裁定,犯罪嫌疑人、被告人的近亲属和其他利害关系人或者人民检察院可以提出上诉、抗诉。

(二)程序的终止与回转

根据《刑事诉讼法》第 301 条第 1 款的规定,在审理过程中,在逃的犯罪嫌疑人、被告人自动投案或者被抓获的,人民法院应当终止审理。该条第 2 款的规定,没收犯罪嫌疑人、被告人财产确有错误的,应当予以返还、赔偿。

案例 26-1 杨某晓违法所得没收案〔15〕

原检察机关为海南省三亚市人民检察院。上诉人(原审利害关系人)陈某,系被告人杨某晓之妻。委托代理人黄某。被告人杨某晓,于 2016 年 10 月 5 日死亡。原审利害关系人三亚金某房地产开发有限公司(以下简称金某公司)。原审利害关系人海南亿安实业有限公司(以下简称亿安公司)。

海南省三亚市中级人民法院审理三亚市人民检察院提请没收被告人杨某晓违法所得一案,于 2018 年 12 月 26 日作出(2018)琼 02 刑没 1 号之一刑事裁定。宣判后,原审利害关系人陈某不服,向海南省高级人民法院提出上诉。海南省高级人民法院受理后,依法组成合议庭,经审查卷宗、听取上诉人陈某及其代理人的意见,决定不开庭审理。现已审理终结。

原审认定:被告人杨某晓自 1994 年 1 月始,任塘丰公司法定代表人。1994 年 1 月,塘丰公司支付给三亚房管处 150 万元合作金,取得金鸡岭 4 亩土地的使用权。2004 年 6 月 13 日,三亚房管处与塘丰公司、三亚六合置业有限公司(以下简称六合公司)签订《土地使用权转让协议》,同意塘丰公司将该 4 亩土地使用权转让给六合公司。2008 年 1 月 21 日,三亚市规划局将该 4 亩土地使用权置换为三亚荔枝沟金凯汽车项目园内的 3998.35 平方米土地使用权,六合公司协助三亚房管处办理了上述 3998.35 平方米土地房屋权证[土地房屋权证为三土房(2009)字第 021 某某号]。2010 年 1 月 7 日,三亚房管处回复六合公司同意继续履行三亚房管处、塘丰公司、六合公司三方于 2004 年 6 月 13 日签订的《土地使用权转让协议》,如与军队的相关规定不相符合,双方另行商定合作方式。2010 年 1 月 26 日,塘丰公司致函三亚房管处,认为三亚房管处同意继续履行三方签订的《土地使用权转让协议》是违法的、无效的。2010 年 2 月 2 日,三亚房管处函复塘丰公司称,其给六合公司的复函是根据三方签订的《土地使用权转让协议》,表达其遵守协议约定的意见。

---

〔15〕 海南省高级人民法院刑事裁定书,(2019)琼刑终 47 号。

2010年1月11日，六合公司向本院起诉塘丰公司、三亚房管处，2010年3月5日，杨某晓收到了本院送达六合公司起诉塘丰公司的确认书。2010年9月28日，本院作出(2010)三亚民一初字第4号民事判决，判决塘丰公司与三亚房管处应于判决生效之日起15日内将三土房(2009)字第02137号土地房屋权证项下的土地交给六合公司使用。塘丰公司对该判决不服，提出上诉。2011年8月19日，海南省高级人民法院作出(2011)琼民一终字第33号民事判决书，判决驳回塘丰公司的上诉，维持原判。2011年12月30日，三亚房管处就广琼字4448C坐落的六合公司项目按评估价值上报总部补办军转民手续，请示军区房管局。

2010年4月29日，塘丰公司与金某公司签订《合作开发塘丰花园合同》，约定塘丰公司以上述土地使用面积为3998.35平方米土地作为投资条件，由金某公司出资进行开发。在与金某公司签订、履行合同的过程中，被告人杨某晓隐瞒了上述3998.35平方米土地使用权纠纷已诉至法院的事实，向金某公司出示了塘丰公司与三亚房管处签订的《金鸡岭肆亩地合作开发合同书》和盖有"广州军区房地产管理局三亚房地产管理处"假印章的三土房(2009)字第02137号土地房屋权证的复印件等相关手续。至2010年5月16日，金某公司向被告人杨某晓个人账户汇入土地合作金共计800万元人民币。2011年12月20日，被告人杨某晓以塘丰公司的名义与金某公司签订《补充协议》，协商约定退回金某公司800万元合作金，但是至案发，被告人杨某晓仍以相关手续在办理中为由躲避、拒绝退款。

2014年1月2日，被告人杨某晓又以相同手段，以塘丰公司名义与亿安公司签订《项目转让合同》，将上述3998.35平方米土地使用权转让给亿安公司。在签订、履行合同的过程中，被告人杨某晓同样隐瞒了上述土地使用权已经法院判决给六合公司，虚构了该土地使用权归塘丰公司的事实。2014年1月6日，亿安公司向被告人杨某晓个人账户汇入土地订金500万元。2014年8月，亿安公司到三亚房管处了解得知上述3998.35平方米土地的使用权经法院判决归六合公司已不属于塘丰公司。亿安公司随即要求杨某晓退还土地订金500万元，杨某晓则以相关手续尚在办理之中为由，拒绝退款。

被告人杨某晓收到金某公司800万元后，该款用于购买广州市××区3208房、海南省海口市××道××号房，购买奥迪汽车一辆。在收到亿安公司500万元订金后，该款用于购买海南省海口市××道××号地下车库、返还给广州市民兴小额贷款公司贷款、购买理财产品，其余款项用于个人、家庭消费等。

2016年10月5日，被告人杨某晓因心脏呼吸骤停死亡。

经公安机关查封、一审法院续封的以下财产系被告人杨某晓违法所得：(1)广东省广州市××区3208房；(2)海南省海口市××道××号房；(3)海南省海口市××道××号地下车库；(4)车牌号码×××奥迪牌汽车一辆；(5)中国银行三亚河东支行杨某晓×××账户上的余额91189.02元;(6)中国银行三亚新华支行杨某晓×××账户上的余额12158.5元;(7)中国银行海口海甸支行杨某威×××账户上的余额293821.64元;(8)中国银行海口海甸支行杨某晓×××账户上的余额206636.73元;(9)中国工商银行海口皇冠支行杨某晓×××账户上的余额518313.63元。

原审认为,本案有证据证明杨某晓实施了合同诈骗行为,构成合同诈骗罪,合同诈骗犯罪金额为1300万元,诈骗金某公司800万元,诈骗亿安公司500万元。检察机关申请没收的财物均源于杨某晓的犯罪行为,事实清楚,证据确实、充分,应当对杨某晓违法所得及其他涉案财产予以追缴后发还被害人金某公司及亿安公司。依照《刑法》第64、224条,《刑事诉讼法》第298条第1款、第300条以及最高人民法院、最高人民检察院《关于适用犯罪嫌疑人、被告人逃匿、死亡案件违法所得没收程序若干问题的规定》第1条第1款第4项、第6条、第16条之规定,裁定:对前述涉案财产由执行机关依法处理并按比例(800:500)发还给利害关系人金某公司、亿安公司;驳回利害关系人陈某的诉讼请求;驳回利害关系人金某公司、亿安公司的其他诉讼请求。

上诉人陈某的上诉理由及代理人的代理意见:原审被告人杨某晓及其塘丰公司的行为不构成合同诈骗罪,本案查封、扣押在案的财产系杨某晓与陈某的合法财产,不应在本案中以违法所得予以没收。上诉请求:原审认定事实不清,适用法律错误,请求撤销原审裁定;宣告杨某晓无罪;保护上诉人陈某财产的合法权益。

上诉人陈某及其代理人二审阶段未提交新证据。二审审理查明的事实与一审认定一致。原审判决书列举了扣押物品清单等物证、银行流水等书证、证人证言、被告人供述等证据证明上述事实,原判所列证据均经原审庭审举证、质证,来源合法,客观真实,与本案具有关联性且能相互印证,足以认定本案事实。海南省高级人民法院经依法全面审理,对原审裁定认定的事实及所列证据予以确认。对上诉人陈某的上诉理由及代理人的代理意见,根据本案事实、证据,海南省高级人民法院综合评判如下:

关于被告人杨某晓是否构成合同诈骗罪的问题。经查,杨某晓犯合同诈骗罪一案,在海南省高级人民法院二审审理过程中,杨某晓因病死亡,海南省高级人民法院裁定终止审理。2012年《最高法解释》第241条第1款第9项规定:“被告人死亡的,应当裁定终止审理;根据已查明的案件事实和认定的证据,能够确认无罪的,应当判决宣告被告人无罪。”根据该规定,杨某晓犯合同诈骗罪一案二审裁定终止审理,并未宣告杨某晓无罪。同时,被告人杨某晓是否构成合同诈骗犯罪非本没收违法所得程序审理事项,如上诉人陈某认为杨某晓不构成合同诈骗犯罪,应另行提起刑事申诉。故海南省高级人民法院对该上诉理由不予采纳。

关于原判认定事实是否清楚、适用法律是否正确、是否侵害上诉人陈某财产合法权益的问题。经查,原审认定杨某晓通过合同诈骗骗得两被害公司 1300 万元后,先后用诈骗款在广州市天河区购买了一套房产,在海口市××区购买了一套房产及停车位,以及一辆奥迪牌汽车;冻结在案的杨某晓、杨某威的银行账户内的资金均来自杨某晓的合同诈骗行为。原审认定事实清楚,证据确实、充分,本案因杨某晓死亡原合同诈骗刑事案件终止审理后,检察机关提起没收违法所得的申请,系依法履行职责,符合法律规定。原审按被告人死亡案件违法所得没收程序依法作出裁定,适用法律正确。根据已查明的事实,本案依法没收的被告人杨某晓违法所得的财产,均来自杨某晓的合同诈骗行为,并未侵害上诉人陈某的合法财产权益,陈某关于本案侵害其合法财产权益的诉求没有充分证据支持,不能成立。综上所述,本案原审认定事实清楚,证据确实、充分,裁判适当,并未侵害上诉人陈某的合法财产权益。

海南省高级人民法院认为,本案有证据证明杨某晓合同诈骗 1300 万元,检察机关申请没收的涉案财物均源于杨某晓的违法所得,应当予以追缴,并依法发还被害人金某公司及亿安公司。原审认定事实清楚,证据确实、充分,适用法律正确,裁定适当。审判程序合法。上诉人陈某及其代理人的上诉理由和代理意见均不能成立,海南省高级人民法院不予支持。依据 2012 年《最高法解释》第 518 条第 1 款第 1 项之规定,裁定如下:驳回上诉,维持原裁定。

第五节 精神病人强制医疗程序

一、制度渊源

《刑法》第 18 条规定,精神病人在不能辨认或者不能控制自己行为的时候造成危害结果,经法定程序鉴定确认的,不负刑事责任,但是应当责令他的家属或者监护人严加看管和医疗;在必要的时候,由政府强制医疗。据此规定,强制医疗实际上是刑法承认、确立的一种制度。但是这种制度在刑事诉讼法上并无相应规定。实践中,一般由公安机关决定,但是由于没有比较权威的、正式的程序规范,导致对精神病人的强制医疗非常混乱。

案例 26－2　农妇因上访被送精神病院[16]

2012 年 10 月 12 日，有微博爆料称“镇安一农妇上访 11 次被送精神病院”，网上反响强烈。县委书记、县长得知情况后，第一时间对此事展开调查核实，确认“上访人李某芳被送精神病院”情况属实后，责成镇党委、政府迅速将李某芳接回。当天，县委专门就此事召开常委会议。会议认为，社区未征得家属同意决定送李某芳到疗养院精神病区检查治疗一事的做法极其错误，在社会上造成不良影响，给上访人及家属造成心理伤害，必须纠正错误，严肃调查处理。社区党支部书记、村委会主任负有直接责任，镇党委政府未及时发现并制止该事件，负有重要责任。经常委会议研究做出初步处理意见，待联合调查组调查结束后再做进一步处理。10 月 12 日上午，县委书记、县长当面向当事人道歉，并对相关责任人进行严肃处理。之后，镇政府就此事与李某芳及其家属达成谅解。

在很多国家，对精神病人的强制医疗通常由法院决定。例如，德国《刑法典》第 63 条规定，犯罪时无刑事责任能力，法院认为该人还可能继续违法犯罪而危害公共安全的，可命令将其收容于精神病院。俄罗斯《联邦刑法典》第 97 条规定，法院对在无刑事责任能力状态下实施犯罪行为的精神病人，可以适用强制医疗手段。从这些规定来看，适用强制医疗措施的主体都是法院。由法院来适用强制医疗措施，可以大大降低强制医疗措施的恣意性，保障被强制医疗的精神病人的合法权利。

基于上述考虑，2012 年我国《刑事诉讼法》修改时增加了有关强制医疗的特别程序。

二、适用条件

《刑事诉讼法》第 302 条规定：“实施暴力行为，危害公共安全或者严重危害公民人身安全，经法定程序鉴定依法不负刑事责任的精神病人，有继续危害社会可能的，可以予以强制医疗。”据此规定，精神病人强制医疗程序的适用，必须同时满足三个条件：（1）必须是实施了危害公共安全或者严重危害公民人身安全的暴力行为；（2）必须是经法定程序鉴定为依法不负刑事责任的精神病人；（3）有可能继续危害社会。

三、适用程序

《刑事诉讼法》第 303 条规定，根据《刑事诉讼法》第五编第五章规定对精神

〔16〕《河南农妇因上访被“精神病”，状告警方终审获胜》，载《京华时报》2014 年 5 月 22 日。

病人强制医疗的,由人民法院决定。公安机关发现精神病人符合强制医疗条件的,应当写出强制医疗意见书,移送人民检察院。对于公安机关移送的或者在审查起诉过程中发现的精神病人符合强制医疗条件的,人民检察院应当向人民法院提出强制医疗的申请。人民法院在审理案件过程中发现被告人符合强制医疗条件的,可以作出强制医疗的决定。

根据《刑事诉讼法》第 303 条第 3 款的规定,对实施暴力行为的精神病人,在人民法院决定强制医疗前,公安机关可以采取临时的保护性约束措施。

四、法庭审理与检察监督

根据《刑事诉讼法》第 304 条的规定,人民法院受理强制医疗的申请后,应当组成合议庭进行审理。人民法院审理强制医疗案件,应当通知被申请人或者被告人的法定代理人到场。被申请人或者被告人没有委托诉讼代理人的,人民法院应当通知法律援助机构指派律师为其提供法律帮助。

根据《刑事诉讼法》第 305 条的规定,人民法院经审理,对于被申请人或者被告人符合强制医疗条件的,应当在 1 个月以内作出强制医疗的决定。被决定强制医疗的人、被害人及其法定代理人、近亲属对强制医疗决定不服的,可以向上一级人民法院申请复议。

根据《刑事诉讼法》第 306 条的规定,强制医疗机构应当定期对被强制医疗的人进行诊断评估。对于已不具有人身危险性,不需要继续强制医疗的,应当及时提出解除强制医疗的意见,报决定强制医疗的人民法院批准。被强制医疗的人及其近亲属有权申请解除强制医疗。

根据《刑事诉讼法》第 307 条的规定,人民检察院对强制医疗的决定和执行实行监督。

案例 26－3 申请对杨某解除强制医疗案〔17〕

申请人杨某泉,系被申请人杨某父亲;张某祺,系被申请人杨某母亲。被申请人杨某,2016 年 7 月 20 日因涉嫌故意伤害犯罪被宝鸡市公安局金台分局刑事拘留,同年 10 月 25 日因在作案时无刑事责任能力(患有偏执型精神分裂症)被释放,自 2017 年 4 月 25 日在宝鸡市康复医院被强制医疗至今。

申请人杨某泉、张某祺于 2017 年 2 月 15 日向本院提出申请,申请对被申请人杨某解除强制医疗。本院受理后,依法组成合议庭,对案件进行了审查,现已审查终结。申请人杨某泉、张某祺申请称,被申请人杨某患有精神疾病,因为故意伤害

〔17〕 陕西省宝鸡市金台区人民法院强制医疗刑事决定书,(2019)陕 0303 刑医 1 号。

他人致人死亡被强制医疗至今，期间申请人常去探望，发现杨某身体虚胖，脸色浮肿，表情呆板冷漠，说话舌根发硬吐字不清，行动迟缓步履蹒跚，头发花白不苟言笑，已不像一个青壮年男子，申请人认为，长时间的住院治疗还可能导致杨某产生其他疾病，对其身心健康造成损害，现申请在杨某病情稳定好转的情况下对其解除强制医疗，申请人保证在杨某出院后与其形影不离24小时监护。提供的证据有常住人口登记表、身份证明、宝鸡市康复医院诊断证明等。本院依法听取了检察机关及杨某主治医生、申请人杨某泉和张某祺、被申请人杨某的意见，调取了被申请人杨某的医学评估报告及强制医疗病案。

经依法审查查明，被申请人杨某暴力伤害被害人贾某某致其死亡，经法定程序鉴定为无刑事责任能力的精神病人，依法不负刑事责任，有继续危害社会的可能，本院于2017年4月25日作出(2017)陕0303刑医2号强制医疗决定书，依法决定对其强制医疗，后公安机关将杨某交付宝鸡市康复医院执行强制医疗。2019年1月10日，宝鸡市康复医院临床诊断，被申请人杨某患有偏执型精神分裂症、高血压2级、肝内胆管结石等疾病，现在该院治疗，同年1月11日，宝鸡市康复医院对杨某做出了精神医学评估，评估意见为被申请人杨某仍存在残留的精神病性症状，需要进一步巩固治疗及精神康复治疗。

本院认为，被申请人杨某因患有偏执型精神分裂症，被强制医疗至今，现仍存在残留的精神病性症状，具有人身危险性，需要进一步巩固治疗及精神康复治疗，不适宜对其解除强制医疗，故对杨某泉、张某祺解除强制医疗申请予以驳回，对被申请人杨某应当继续强制医疗。依据《刑事诉讼法》第306条，2012年《最高法解释》第540、541、542条之规定，决定如下：对被申请人杨某继续强制医疗。

如不服本决定，可在接到决定书之日起5日内，通过本院或者直接向陕西省宝鸡市中级人民法院申请复议。书面申请复议的，应当提交复议申请书正本一份，副本二份。复议期间不停止本决定的执行。

思考　强制医疗的法律文书为何用决定而不是裁定？对于被申请人是否应当继续进行强制医疗的医学诊断评估是否应当由强制医疗机构以外的第三方进行？如本案申请人在提出申请时附有第三方医学机构评估报告，证明被申请人已经不符合强制医疗条件，能否对本案最终处理结果产生实质性影响？被强制医疗的精神病人的治疗费用，是否应当由其法定代理人或者监护人承担？
